정조의 군주상

정조의 군주상

허상과 실상의 경계

지은이 / 김백철
펴낸이 / 강동권
펴낸곳 / (주)이학사

1판 1쇄 발행 / 2023년 4월 28일

등록 / 1996년 2월 2일 (신고번호 제1996-000015호)
주소 / 서울시 종로구 율곡로13가길 19-5(연건동 304) 우 03081
전화 / 02-720-4572 · 팩스 / 02-720-4573
홈페이지 / ehaksa.kr
이메일 / ehaksa1996@gmail.com
페이스북 / facebook.com/ehaksa · 트위터 / twitter.com/ehaksa

ⓒ 김백철, 2023, Printed in Seoul, Korea.

ISBN ISBN 978-89-6147-427-6 93900

이 책의 저작권은 저자가 가지고 있습니다.
저작권법에 의해 보호를 받는 저작물이므로 이 책 내용의 일부 또는 전부를 재사용하려면
저작권자와 (주)이학사 양측의 동의를 얻어야 합니다.

* 책값은 뒤표지에 표시되어 있습니다.

정조의 군주상

허상과 실상의 경계

김백철 지음

이학사

차례

서문   11

연구 서설   15

1장 현재적 시선: 1990년대 '정조신드롬'의 등장 배경   17

  1. 18세기사를 평가해온 시선   20
    1) 학계의 연구 동향   20
    2) 일반 대중의 시선   27

  2. '정조신드롬'의 대두   31
    1) 새로운 모색   31
    2) 대중매체로의 확산   36

  3. 패러다임의 변화와 추세   45
    1) 재조명되는 정조시대   45
    2) 18세기사의 역사적 가치   52
    3) 20세기 패러다임의 전환   59
    4) 21세기 해외 연구의 흐름   65

  4. 현대인이 선망한 탕평군주   81

2장 선왕의 유산: 17-18세기 대동·균역의 위상   85

  1. 경제구조의 전환 배경   88
    1) 전세의 간편화   90
    2) 신역의 화폐가치 환산   93
    3) 공물의 간접 금납화   96

  2. 대동의 파급력   98
    1) 전세의 원용   98

    2) 재원의 확보　　　　　　　　　　　　　100

    3) 화폐의 연동　　　　　　　　　　　　　103

3. 균역의 추진 배경　　　　　　　　　　　　109

    1) 군역 개혁의 필요성　　　　　　　　　　109

    2) 재정추계의 현실화　　　　　　　　　　111

    3) 국가정책의 순문　　　　　　　　　　　115

4. 세제 개혁의 여파　　　　　　　　　　　　120

제1부 탕평의 계승자　　　　　　　　　　127

3장 정조 초반 왕권의 실상과 '청의淸議'의 공인　　129

1. 『명의록』의 서술방식　　　　　　　　　　132

    1) 「존현각일기」의 핍박받는 왕세손　　　　133

    2) 『명의록』의 척신 토역　　　　　　　　　139

    3) 『속명의록』의 범궐 계획 분쇄　　　　　143

2. 현실 속 정국 주도 과정　　　　　　　　　147

    1) 공론의 주도　　　　　　　　　　　　　147

    2) 척신의 일소　　　　　　　　　　　　　153

    3) 청류의 규합　　　　　　　　　　　　　158

3. 의리명변서의 상징성　　　　　　　　　　163

4장 정조 전반 시파의 등장과 '황극皇極'의 회복　　167

1. 두 편의 정조 윤음　　　　　　　　　　　169

    1) 판본 현황　　　　　　　　　　　　　169

    2) 구성 방식　　　　　　　　　　　　　172

2. 송덕상 사건: 노론 청류의 부침　　　　　176

    1) 산림의 화려한 출사(정조 2-3, 1778-1779)　176

    2) 홍국영과 동반 몰락(정조 3-4, 1779-1780)　187

3. 사건의 파장: 시파·벽파의 분기　　　　　192

1) 생전 반발 여론　　　　　　　　　　　　193
　　　2) 사후 정국 변동　　　　　　　　　　　　198
　　4. 윤음 반포 후 변화상　　　　　　　　　　　209

제2부 국법의 수호자　　　　　　　　　　　　213

5장 법치주의하 통치 체제의 재정비　　　　　215

　　1.『대전통편』의 편찬 사업　　　　　　　　　217
　　　1) 법제의 통합　　　　　　　　　　　　　217
　　　2) 증보의 특징　　　　　　　　　　　　　223
　　2. 국법 체계의 재구축　　　　　　　　　　　248
　　　1) 법제 일원화　　　　　　　　　　　　　248
　　　2) 상시 관리 체계　　　　　　　　　　　　260
　　3. 법제 정비의 지향　　　　　　　　　　　　264

6장 국왕 중심의 군제 개편　　　　　　　　　267

　　1. 융정의 이해 방향　　　　　　　　　　　　268
　　2.「병전」의 탄생　　　　　　　　　　　　　　275
　　　1) 구성 방식　　　　　　　　　　　　　　275
　　　2) 관무재와 시사　　　　　　　　　　　　285
　　3. 군제 개혁의 성격　　　　　　　　　　　　293
　　　1) 무신 선발의 특징　　　　　　　　　　　293
　　　2) 균형 선발 정책　　　　　　　　　　　　297
　　　3) 국왕의 신변 강화　　　　　　　　　　　299

제3부 탕평시대의 기억 전쟁　　　　　　　　303

7장 영남 '반역향' 담론의 재검토　　　　　　305

　　1. 차별 담론의 검토　　　　　　　　　　　　306

  1) 다양한 차별론   306
  2) 영남 '반역향'의 등장   318
 2. 영남 출사자의 실상   332
  1) 영남인의 등과 현황   332
  2) 영조–정조 연간 등용책   338
 3. 가문 중심주의 문제점   347
  1) 집단 구조화의 맹점   347
  2) 당파성론 출현 배경   353
 4. 차별 담론의 허상   357

8장 '실학' 담론의 파급효과   361

 1.『경세유표』의 등장 배경   363
  1) 정약용의 편찬 의도   363
  2) '실학' 담론하의 재조명   368
 2. 제도 개혁의 청사진: 서주에서 북학까지   375
  1) 중앙·지방의 관제 개편   375
  2) 관료제 운영의 변화   383
  3) 재정 개혁과 신물물 수용   390
 3. 개혁안의 지향   398

결론   403

 1. 관점의 환기   403
 2. 정조시대의 사회경제적 배경   404
 3. 정조의 군주상: 탕평의 계승자와 국법의 수호자   405
 4. 후대의 기억 전쟁   409

부표   415
참고문헌   437
수록 원고 출전   485

도표 목차

〈그림 1〉 정조시대 연구 성과 발표 현황
〈그림 2〉 역대 관무재 설행 빈도
〈그림 3〉 정조대 시사 설행 빈도
〈그림 4〉 대구 파계사 왕실 유물·유적
〈그림 5〉 무신란 『무신창의록』·『영남인물고』 고을 비교

〈표 1〉 방송 3사의 제작비 증가
〈표 2〉 「방송법시행령」에 따른 프로그램 편성 기준 변화
〈표 3〉 KBS 다큐멘터리 《역사추리》 시대별 방영 비율
〈표 4〉 중학교 『역사』 1-3차 검정 시 17-18세기 평가 비교
〈표 5〉 『승정원일기』 '은화' 논의 빈도
〈표 6〉 정조 즉위년(1776) 토역 교문의 죄인
〈표 7〉 『명의록』 본문 세부 항목
〈표 8〉 『속명의록』 본문 세부 항목
〈표 9〉 『유중외대소신서윤음』 소장 현황
〈표 10〉 「유중외대소신서윤음」의 구성
〈표 11〉 「숭유중도윤음」의 구성
〈표 12〉 『전록통고』·『속대전』·『대전통편』의 찬집 기간 비교
〈표 13〉 대전류의 아문·직제 치폐 현황
〈표 14〉 『전률통보』의 출전
〈표 15〉 『전률통보』 「호전」의 구성
〈표 16〉 『전률통보』 「호전」과 『만기요람』 「재용편」의 관계
〈표 17〉 『전률통보』 「형전」의 구성
〈표 18〉 정조 연간 절목류의 『대전통편』 반영 정도

〈표 19〉 조선시대 중앙군제의 변화와 「병전」 증보
〈표 20〉 『대전통편』 증보조항의 비율
〈표 21〉 숙종-정조 연간 법제서의 육전 구성 비율
〈표 22〉 『속대전』·『대전통편』의 외관직 변동률
〈표 23〉 『대전통편』 「병전」 '시취'의 항목
〈표 24〉 조선시대 무과급제자 지역별 분포
〈표 25〉 조선시대 문과·무과급제자 통합 1-4위 지역별 분포
〈표 26〉 조선시대 문과급제자 지역별 분포
〈표 27〉 조선 후기 경상도 문과급제자 왕대별 현황
〈표 28〉 숙종 후반-고종 연간 영남 문과 상위 급제자
〈표 29〉 숙종 후반-고종 연간 영남 6대 가문의 출사자
〈표 30〉 무신란 가담고을의 문과·무과급제자
〈표 31〉 『경세유표』와 『대전통편』의 아문 변화

〈부표 1〉 정조시대 연구 성과(1954-2000)
〈부표 2〉 KBS 다큐멘터리 정조시대 방영 내역(1994-2001)
〈부표 3〉 KBS 다큐멘터리 방영일 및 주제 목록(1994-2001)
〈부표 4〉 2000년대 정조시대 주요 단행본 출간 현황
〈부표 5〉 「존현각일기」의 주요 사건 일지
〈부표 6〉 정조 연간 삼정승의 당색 비율
〈부표 7〉 관무재 설행 시기
〈부표 8〉 정조 연간 시사 설행 빈도
〈부표 9〉 인조대 경상도 문과급제자 현황
〈부표 10〉 『경상도안』의 지역별 본관 분류
〈부표 11〉 숙종후반-영조대 괘서사건 사례
〈부표 12〉 『경세유표』 문과·무과·남행 선발 절차

서문

　역사학회에서 발간하는 『역사학보』 「회고와 전망」을 살펴보면 조선시대 연구 논저는 2000년대 이후 매년 천여 편이 쏟아져 나오고 있다. 상당수가 18세기사 연구이며 그중 정조시대 연구의 비중이 높은 편이다. 이는 1990년대 규장각 시설의 독립으로 자료의 대규모 간행·배포가 이루어졌고 2000년대 한국학 자료 전산화 작업 덕분에 많은 사료가 온라인을 통해 손쉽게 접근할 수 있도록 바뀌었기 때문이다. 이에 정조시대 정치구조·경제변동·사상 체계·문화 전반 등의 연구에 상당한 진전이 이루어져 상세한 실증과 정교한 이론적 토대가 구축되었다. 이러한 상황에서 새로운 책을 출간한다는 것은 여간 용기가 필요한 일이 아니다. 그럼에도 어느새 직간접적으로 정조시대 관련 글이 9편에 이르러 아쉬움을 뒤로한 채 그동안의 연구를 정리해보고자 한다.

　이 책은 기본적으로 역사학의 시각 문제에서 출발하고 있다. 정조의 군주상을 중심 주제로 하고 있으나 이전의 배경이나 후대의 왜곡된 인식 문제도 함께 다룬다. 그래서 연구 서설, 제1부 탕평의 계승자, 제2부 국법의 수호자, 제3부 탕평시대의 기억 전쟁 등 네 부분으로 구성해보았다.

연구 서설은 정조시대를 바라보는 현재적 관점과 정조가 당면했던 사회경제적 배경을 검토해보는 과정이다. 1장은 정조 연구가 획기적으로 변화한 1990년대 상황의 검토를 위주로 하되 최근의 해외 연구까지 함께 다루어보려고 한다. 정조와 그 시대가 재조명된 계기는 우리가 발 딛고 있는 사회의 인식 변화가 가장 큰 요인으로 파악된다. 이를 통해 현재적 관점이 얼마나 역사학에 영향을 끼치는지 가늠해볼 수 있을 것이다. 2장은 18세기 정치구조의 변화을 가능하게 한 사회경제적 배경을 시계열적으로 추적해보고자 한다. 정조 연간을 살아간 사람들에게는 숙종-영조대 문물제도의 정비와 세제 개혁이 큰 영향을 미쳤다. 선왕이 구축해놓은 국왕의 권위와 물적 토대는 새로운 정책을 펴는 데 든든한 기반이 되었을 것이다. 따라서 다양한 관점의 접근이 필요하다.

제1부 탕평의 계승자는 정조시대의 성격을 정국 변화를 통해 살펴보려는 시도이다. 정조는 정국 운영에서 능수능란한 면모를 보인다. 3장은 군주의 의리명변서義理明辯書를 중심으로 즉위 초 왕권의 실체를 검토해보고, 4장은 윤음綸音을 중심으로 송덕상 사건의 전후 파장에 대해 살펴보려고 한다. 청류淸流를 규합하는 젊은 지도자상이나 황극을 재천명하는 군주의 모습은 영조와 상당히 닮았다. 전자는 토역을 통해 강력한 권력power을 행사해나갔고 후자는 숙종 이래 구축해온 군사론君師論을 바탕으로 요순堯舜의 권위authority까지 획득하기에 이르렀다. 여기서는 양자를 단계적인 접근 방식으로 살펴볼 것이다.

제2부 국법의 수호자는 법치의 성격을 재조명해보는 작업이다. 5장은 18세기 숙종-영조대 법제 정비사업의 전통을 계승하면서도

정조대 새롭게 부여한 성격에 대해 살펴보고, 6장은 무비武備 담론이 반영되는 「병전」 강화 조치를 검토해보려고 한다. 전자는 숙종 이래의 법제 정비사업을 철저히 계승하면서도 한 단계 더 진전시키기 위한 노력으로 추정되며, 후자는 선왕과 다른 정조 자신만의 색깔을 입히는 작업의 시도로 보인다.

제3부 탕평시대의 기억 전쟁에서는 19세기 사람들이 기억하는 18세기 모습에 대해서 그 실상을 추적해보고자 한다. 후대에 정조와 그 시대를 기억하는 방법은 정치세력이 처한 위치에 따라 서로 달랐는데, 그중 남인의 시각이 큰 영향을 미쳤다. 7장은 민간에 만연한 영남 차별론에 대해 18세기 정책과 비교하여 그 실체를 추적해보고, 8장은 재야의 학문으로 인식되고 있는 실학 담론에 대해 18-19세기 사례와 비교하여 재검토해보고자 한다.

정조시대를 바라보는 현재적 관점, 정조가 물려받은 과거의 유산, 정조 당대의 실제 모습, 후대의 전승 등에 대해 총체적으로 접근하여 허상과 실상을 가르는 기억 전쟁의 단면을 구체적으로 들여다볼 것이다. 일련의 과정을 통해서 18세기사에 대한 보다 심도 있는 이해가 가능해지기를 기대해본다. 이 책에서 미처 다루지 못한 부분은 훗날을 기약해보고자 한다.

2023년 2월
영암관에서
김백철

연구 서설

1장
현재적 시선:
1990년대 '정조신드롬'의 등장 배경

1990년대 초반 일련의 사건이 꼬리에 꼬리를 물고 일어났다. 방송사들 사이에 전체 제작비가 증가하였고,[1] 「방송법시행령」의 변화로 교양 방송의 비중이 확대됨에 따라 다큐멘터리documentary 제작률이 향상되었다.[2] 1980년대까지는 BBC의 우주나 NHK의 실

---

[1] 〈표 1〉 방송 3사의 제작비 증가(단위: 억 원)

방송사	1989년	1990년	1991년	1992년
KBS	1,273	1,446	1,627	2,042
MBC	1,044	1,179	1,444	1,605
SBS	×	×	275	1,126

– 전거: 방송문화진흥회 편, 『다매체시대의 방송편성정책』, 1995: 50.

[2] 〈표 2〉「방송법시행령」에 따른 프로그램 편성 기준 변화(단위: 주당 비율)

구분	1964년 「방송법시행령」	1973년 「방송법시행령」	1993년 「방송법시행령」
보도 사항	10% 이상	10% 이상	10% 이상
교양 방송	20% 이상	30% 이상	40% 이상
오락 방송	20% 이상	20% 이상	20% 이상

– 전거: 방송문화진흥회 편, 『다매체시대의 방송편성정책』, 1995: 130.

크로드 등을 소재로 한 수입 다큐멘터리가 주류를 이루었으나 1990년대부터 자체 제작 방송으로 점차 대체되어갔다.[3] 국내 제작 다큐멘터리는 가장 접근하기 쉬운 소재인 우리나라의 자연과 역사에 주목하였다. 그동안 역사를 다루는 방송은 사극 정도가 고작이었는데, 학계의 견해를 대거 반영하는 다큐멘터리 형식이 처음으로 등장한 것이다. 1990년대 중반에 역사 다큐멘터리는 정규편성으로 자리 잡았다. 그런데 유독 한 시대가 주목을 받았다.[4] 또한 문학 분야에서도 1980년대를 풍미했던 시문의 유행은 점차 사라지고 소설이 각광받기에 이르렀는데, 1990년대 초반을 기점으로 역사소설이 쏟아져 나왔다. 이때에도 여러 작품이 동일한 시대를 다루는 경우는 드물었지만 한 시대만은 그렇지 않았다.

그 시대란 정조正祖와 신료들이 개혁을 추구했던 18세기를 가리

---

[3] 1981년 다큐멘터리 방영은 주당 1-2회에 그쳤으며, 대부분이 미국·영국에서 만든 우주(혹은 자연) 소재 다큐멘터리를 수입한 것이었다. 또한 대부분 특별 기획 시리즈로 편성되어 부정기적이었다. 『조선일보』·『중앙일보』·『한국경제신문』「방송편성표」(1981년 1월 1일-1981년 12월 31일) 참조.

[4] 초기 역사 다큐멘터리 정착 계기는 KBS1 《역사의 라이벌》을 들 수 있는데, 주말 황금시간대(저녁 8-9시)에 편성되어 인기를 모아 향후 지속적인 역사 다큐멘터리가 만들어졌다. 《역사추리》의 1996년 1년간 내용을 보면 정조시대에 26%를 할애하고 있다. 같은 해 다른 주제의 경우 10%를 넘기가 어려웠다. 전체《역사추리》방영 기간(1995년 9월 23일-1997년 2월 1일)을 살펴봐도 정조시대의 방영 비율이 23%에 이른다. 이러한 경향은《TV 조선왕조실록》,《역사스페셜》등 정규방송으로 정착되기에 이르렀다.

〈표 3〉 KBS 다큐멘터리 《역사추리》 시대별 방영 비율

구분	세종 연간	선조 연간	정조 연간	고종 연간
개별 방영 횟수 /전체 방송 횟수	2/26	3/26	6/26	3/26
방영 비율	8%	11%	23%	11%

킨다. 이러한 변화의 배경에는 역사학계에서 제기한 새로운 관점이 있었다.[5] 이를 필두로 사회 각 부면에 지대한 영향을 미쳤다. 1993년 외규장각 의궤 반환이 첨예한 외교 분쟁으로 공론화되자 외규장각 설치의 배경이 된 시대에 더욱 관심이 쏟아졌다. 신문 등 언론매체에서도 가세하여 특집기사를 양산했으며, 이 시대를 다루는 영화의 탄생도 단순한 우연만은 아니었다.

연이은 다큐멘터리의 방영, 소설류의 흥행, 영화의 제작, 잇따른 저작물의 출판, 사극의 제작·방영 등은 일순간의 반향으로 간주하기 어렵다. 학계의 새로운 연구 성과를 토대로 시작된 이 같은 반향은 '신드롬syndrome'으로 명명해도 손색이 없을 것이다.[6] 일반적으로 학계의 연구 성과가 사회에 반영되기까지는 상당한 세월이 소요되기 마련인데, 이 같은 빠른 확산은 대단히 이례적인 현상이다. 어떻게 서로 다른 창작자들의 머릿속에서 같은 시대가 그림으로 그려질 수 있었을까?

특히 주목할 점은 1980년대까지도 정조의 평가가 그리 좋은 편은 아니었다는 사실이다. 그런 그가 일약 대성하여 '대왕'으로까지 불린 것이다. 이는 분명 앞 시대와는 다른 평가로서 단층이라 이를 만하다. 불과 1-2년 사이에 사회의 각 분야에서 정조에 대한 평가가

---

[5] 이태진, 「사화와 붕당정치」, 1990; 이태진, 「정조의 『대학』 탐구와 새로운 군주론」, 1992a(이태진 외 편, 『조선후기 탕평정치의 재조명』 하, 2011b); 김성윤, 「탕평의 원리와 탕평론」, 1992.

[6] 신드롬(증후군)은 사전적 의미로는 몇 가지 증세가 함께 발생하지만 그것들이 분명한 원인이 아니거나 증세로서 일괄할 수 없을 때 병명 대신 붙이는 명칭이다. 이 개념을 확장하여 사회과학에서는 사회문화 전반에 걸쳐 이전 시기에 비해 단기간에 단층이 생길 정도의 급격한 변화양상을 말한다. 정조시대에 대한 새로운 평가 역시 급격히 확산된 현상이므로 해당 용어를 적용하였다.

완전히 바뀌고 말았다. 이러한 변화의 연유는 과연 무엇이었을까?

여기에서는 정조가 향유했고 이끌어가고자 했던 시대를 포괄하는 의미로서 '정조'라는 용어에 대표성을 부여하고자 한다. 곧 '정조신드롬'은 단순히 정조를 영웅시한다기보다는 그의 업적과 그 시대의 문화 총체를 의미한다. 이 점에 기반해 1990년대 사회현상으로서 신드롬이라는 개념을 상정해보고자 한다. 주제 자체가 기존의 학문 영역과는 다소 성격이 다르기 때문에 근거자료나 해석 틀의 적용이 시론적일 수밖에 없을 것이다. 이러한 제약에도 불구하고 학계의 연구 동향과 일반 대중이 접근하기 용이한 방송매체 및 대중 서적 등 다양한 자료를 바탕으로 1990년대에 급격히 나타난 새로운 사회현상에 대해 개략적으로나마 살펴보고자 한다.

1. 18세기사를 평가해온 시선

1) 학계의 연구 동향

정조는 과연 어떤 평가를 받을 수 있는 인물이었을까? 그에 대한 평가는 1990년대 이전까지는 학계의 논문 수가 현저히 적고 크게 주목하지 않았기 때문에 학계의 성과물로 이해하기 쉽지 않다. 그런 와중에도 정조가 향유했던 시대상에 대해서는 몇 가지 시선이 교차되어 나타났다.

먼저 18세기를 문예부흥기로 평가하면서 영조·정조를 영주英主로 평가하는 견해가 일찍이 제기된 적이 있다.[7] 정조 연간의 긍정

---

[7] 林泰輔,『朝鮮通史』, 1912: 483-491; 강만길,「정조: 문예부흥의 영주」, 1965;

적 평가는 고종시대에 개혁을 추진하면서 등장한 구본신참舊本新參에서 정조를 전통의 모델model로 인지한 데서 비롯되었고, 일본제국주의 학자들 역시 이 영향에서 쉽게 벗어날 수 없었다. 광복 이후의 우리 학계에서는 강만길의 연구나 진단학회(이상백)가 간행한 『한국사』 등에서도 같은 시각이 확인된다. 정조에 대한 문예군주의 이미지image는 대체로 규장각奎章閣 도서의 활용 및 연구가 집중적으로 이루어지던 시기에 나타났다.

그러나 문예군주의 이미지는 전체 연구사의 경향에서는 상당 부분 사라져 제대로 계승되지 못하였다. 1990년대 전반까지 폭넓게 활용된 한국사 개설서를 살펴보면 한우근의 『한국통사』는 영조·정조를 영주로 소개하기는 하지만 동시에 '전제군주'로 설정함으로써 대체로 붕괴되어가는 조선왕조 체제의 비판 대상으로 묘사하고 있다. 심지어 변태섭의 『한국사통론』은 영조·정조의 탕평책 자체를 왕권으로 신료들을 억누르려고 하는 실패작으로 간주하였다. 또한 이기백의 『한국사신론』, 한국역사연구회의 『한국사강의』·『한국역사』 등 향후 개설서의 신판·개정판에서는 한결같이 조선왕조의 정부 주도 흐름을 부정적으로 평가하고 사회구성체론의 시각에서 재야의 실학운동과 사회경제적 변동에 초점을 두었다.[8]

8 이상백, 『한국사: 근세후기편』, 1965: 316-320; 정옥자, 「정조의 학예사상: 홍재전서 일득록 문학조를 중심으로」, 1978: 2-37; 정옥자, 「奎章閣 抄啓文臣 硏究」, 1981; 정옥자, 「正祖의 抄啓文臣敎育과 文體政策」, 1982; 한우근·이성무 편, 『사료로 본 한국문화사: 조선후기편』, 1985: 304-311.
이기백, 『한국사신론』, 1990: 292(초판 1961); 한우근, 『한국통사』, 1987: 311-313(초판 1970); 변태섭, 『한국사통론』, 1986: 330-333; 한국역사연구회 편, 『한국사강의』, 1989: 171-187; 한국역사연구회 편, 『한국역사』, 1992: 144-156.

19세기 말-20세기 초에 이미 정조시대를 문예부흥기로 보는 선진적인 평가가 등장했음에도 불구하고 1980년대까지 학계의 주된 분위기는 이와 정반대였다. 그 이유는 오랫동안 규장각 도서에 대한 접근이 현저히 제약되어 있어 일반인은 활용하기 어려웠기 때문이다. 일제강점기에는 소수의 일본인 관학자만 실록이나 규장각 도서 등 1차 사료의 열람이 가능하였으므로 18세기사도 후대에 집필된 야사를 바탕으로 논하기 일쑤였다. 이때 조선 망국의 현실을 비판적으로 성찰하던 우리 지식인의 글을 식민사학자들이 대거 악용했으며, 우리도 이를 비판 없이 수용하면서 조선 후기사에 대한 부정적 인식이 싹트기 시작했다. 다시 말해 18세기사는 당대의 원사료보다 1-2세기 후의 편견에 기반한 대체 역사를 수용해왔던 것이다. 곧 방대한 1차 사료가 있음에도 불구하고 접근의 제약으로 인해 2, 3차 사료를 바탕으로 시대사를 재구성하였기에 실제 역사상이 왜곡될 수밖에 없었다. 광복 이후 태백산본을 저본으로 영인影印한 『조선왕조실록朝鮮王朝實錄』(1953-1958)이 보급되면서 비로소 우리 연구자도 원사료 접근이 가능해졌다. 그러나 일반인이 한문으로 된 거질巨帙의 실록을 열람한다는 것은 쉬운 일이 아니었다. 특히 일제강점기에 우리 지식인과 일본 식민사학자가 함께 만들어낸 조선의 부정적 이미지는 쉽게 개선되지 못했다. 심지어 2000년대까지는 학계에서 1차 사료인 실록이나 『승정원일기承政院日記』를 토대로 연구 성과를 제시해도 일반 대중의 인식은 『당의통략黨議通略』이나 『연려실기술燃藜室記述』에서 다룬 부정적 시대상을 벗어나지 못했다.

　한편 일제강점기 독립운동에 전념했던 대부분의 국학자는 고대사의 부활을 통해서 조선 망국의 현실로 입은 정신적 상처를 회복하고자 했다. 그러나 아직 조선시대에 희망을 품은 이들도 적지 않았다. 19세기 말-20세기 초에는 광무개혁의 일환으로 경제학經濟學(實學)이 주목받았고,[9] 1910년대부터 조선광문회가 조직되면서 조선의 고서古書를 발굴하여 보급하는 사업이 추진되었다. 이러한 흐름은 1930년대 정인보鄭寅普 등이 주도한 조선학운동으로 이어져 전통시대를 바라보는 시각의 변화를 촉발시켰고[10] 정약용丁若鏞(1762-1836) 서거 100주년을 기념하여 조선 망국에 대한 비판적 성찰과 대안모색의 일환으로『여유당전서與猶堂全書』간행이 추진되었다.[11] 이 시기에 실학 논의가 이루어지면서 비록 조정이 무능하여 나라가 망했으나 재야의 훌륭한 학자들이 근대사회를 예비하고 있었다는 주장이 나타나기 시작했다. 이는 조선 후기에 대한 첫 긍정적 조명이었지만, 역설적으로 왕정이 무능했다는 인식이 전제되었다.

광복 이후에는 조선 후기 사회경제적 구조에 대한 재인식이 싹텄다. 천관우를 필두로 제기된 실학 논의는 점차 조선 후기 사회변동 논의로 옮아갔다. 제2차 세계대전을 전후하여 전 세계를 강타한 마르크스주의의 영향력이 맹위를 떨치고 있을 무렵이었다. 마르크스주의는 학계에 제한적으로 수용되면서 사회구성체론으로 재명명되었고, 마침 국내에서는 사상적 측면에 치중했던 실학의 외연

---

[9] 노관범,「근대 초기 실학의 존재론: 실학 인식의 방향 전환을 위하여」, 2018: 450.

[10] 전윤선,「1930년대 '조선학' 진흥운동 연구: 방법론의 모색과 민족문제 인식을 중심으로」, 1998: 5-13; 채관식,「1930년대 '조선학'의 심화와 전통의 재발견」, 2006: 4-10; 배연숙,「위당 정인보의 조선학 성립배경에 관한 연구」, 2010: 406-414; 신주백,「'조선학운동'에 관한 연구 동향과 새로운 시론적 탐색」, 2011: 188-190.

[11] 丁若鏞,『與猶堂全書』, 新朝鮮社, 1934-1938.

을 사회경제사 연구로까지 확장하는 흐름과 맞닿아 자본주의맹아론으로 번져나갔다.[12] 1960-1970년대 논의는 동북아시아에서 식민지를 경험한 국가들이 대체로 제국주의의 침탈 없이도 자력으로 근대화를 향해 나아가고 있었음을 입증하려는 것이었다. 이 역시 왕정의 무능에도 불구하고 재야의 지식인과 사회 전반의 흐름은 근대를 지향하고 있었다는 논리가 전제되었으며, 이때까지 왕정에 대한 긍정적 평가는 요원하기만 했다.

게다가 일제강점기에 조선왕조 대한제국을 '자주적인 근대국민국가 수립운동'[13]에 방해가 되는 구체제의 원흉으로 설정했듯이 1970-1980년대를 겪으면서 군사독재정권과 항쟁 구도가 성립되자 아직 동시대사contemporary history(현대사)를 연구 대상으로 삼을 수 없었던 학계는 조선 망국론의 연장선상에서 조선 후기 조정을 부패하고 무능한 정권이자 폭압적 권력으로 묘사하였다. 공개적으로 비판할 수 없었던 군부를 대신하여 조선왕조를 '봉건 정부(구체제)'로 매도한 것이다. 이러한 연구 경향은 때때로 이미 만들어진 결론에 사료를 억지로 맞추는 양상으로 전개되었다.

[12] 구선희, 「해방 후 남한의 한국사 연구 성과와 과제」, 1994: 243-254.
[13] 이는 유럽의 근대국가 이론을 절대시하여 자주·근대화·국민(민족)국가 등을 과제로 설정한 것이다. 그러나 최근 영미권에서는 서구의 국가 건설이 늦어진 현상을 보편화시킨 논리에 대해서 비판하고 비유럽권의 국가 형성 과정과 비교해보는 연구가 이루어지고 있다. Victor B. Lieberman, *Strange Parallels, Vol. 1*, 2003: 1-50; David C. Kang, *East Asia Before the West: Five Centuries of Trade and Tribute*, 2012: 25-53; Francis Fukuyama, *The Origins of Political Order: From Prehuman Times to the French Revolution*, 2012: 97-244[『정치질서의 기원』, 2012]; 아자 가트·알렉산더 야콥슨, 『민족: 정치적 종족성과 민족주의, 그 오랜 역사와 깊은 뿌리』, 2020: 101-161; 김백철, 『왕정의 조건: 담론으로 읽는 조선시대사』, 2021a: 69-72.

하지만 1980년대부터 변화의 조짐이 보이기 시작했다. 조선 후기 정치구조를 재평가하는 작업이 점차 나타나기 시작했다. 일본제국주의가 조선시대를 비판한 주요 논리는 당쟁사관黨爭史官이었다.[14] 식민사학은 초창기에 임나일본부를 통해 한반도 영유권을 서구 열강에게 주장하였으므로[15] 광복 이후에도 우리 연구자들은 우선 고대사 회복에 초점을 두었고 아직 조선시대까지 검토할 여유가 없었다. 그런데 1980년대에 이르러 붕당정치론이 부각되면서 일본제국주의가 만들어낸 '당쟁黨爭'의 대상으로만 여겨지던 붕당朋黨이 근대 정당정치의 선구적 모델로까지 재평가되기에 이르렀다. 이 역시 20세기 초반의 안확 등의 연구가 재조명되었기에 가능한 일이었다.[16] 17세기 붕당정치사의 복권은 조선이 임진왜란 이후 300여 년간 망해가고 있었다는 식민사관의 한 축을 붕괴시키는 데 기여하였다. 그러므로 그다음 시기인 18세기사가 주목받은 것은 자연스러운 수순이었다.

그러나 1980년대까지 정조는 탕평군주로서 별반 주목받지 못했는데, 이는 탕평정치 연구가 대체로 영조 연간에 집중되었기 때문이다.[17] 탕평정책이 영조 연간에 본격적으로 추진되었기에 초기 연구가 이 시기를 대상으로 이루어진 것이다. 이재호의 「탕평정책의 본질고(중)」(1982), 정만조의 「영조대 초반의 정국과 탕평책의 추진」(1883), 박광용의 「탕평론의 전개와 정국 변화」(1984) 등의 성과가 축

---

14 이성무, 「조선후기 당쟁사에 대한 제설의 검토」, 1998: 146-149; 김백철, 『두 얼굴의 영조: 18세기 탕평군주상의 재검토』, 2014a: 358-360.
15 윌리엄 E. 그리피스, 『은자의 나라 한국』, 1999: 87-88.
16 이태진, 「'당쟁'을 어떻게 볼 것인가」, 1985a; 이태진, 「안확」, 1989; 김백철, 「오래된 미래 교과서: 안확의 『조선문명사』」, 2018.
17 변태섭, 1986: 330-333.

적되면서 탕평의 기본구도는 영조시대에 초점이 맞추어졌다.[18]

1990년대 이후에야 비로소 정조는 탕평군주의 이미지를 가질 수 있었다. 예컨대 1980년대에는 문예군주론의 연속선상에서 규장각 연구가 이루어졌다.[19] 이러한 연구 성과를 바탕으로 설석규의 「규장각 연구」(1986)부터는 정조의 원대한 포부를 밝히기 위해 정치사를 재검토할 필요를 제기하였으며, 영조의 탕평책에 관한 연구 시각(탕평 세력 확대를 통한 왕권 강화론)을 고스란히 정조에게 투영했다. 다만 결론에서는 "유교적 질서 수호라는 명분에 집착함으로써 서양의 기술문명 및 실학파의 정치·경제사상 수용에는 미진했던 한계성을 벗어나지 못하였다"고 평하였는데,[20] 이는 정조시대 연구가 당시까지도 얼마나 부정적인 선입견에 사로잡혀 있었는지를 보여준다.

1980년대 이후 붕당정치론이 제기되면서 적어도 일본제국주의가 만든 당쟁사관은 극복되는 듯했으나 탕평정치론까지 그 영향이 미치지는 못하였다. 이 시기에 나온 개설서들에서 여전히 탕평군주는 개혁가이기보다 왕권에 집착하는 전제군주에 지나지 않았다. 곧 독재정권 치하에서 탕평군주를 당시 정권에 빗대어 비판함으로

---

18 이재호, 「탕평정책의 본질고(중)」, 1982(이재호, 『朝鮮政治制度研究』, 1995); 정만조, 「영조대 초반의 정국과 탕평책의 추진」, 1983(이태진 편, 『조선시대 정치사의 재조명』, 1985); 박광용, 「탕평론의 전개와 정국의 변화」, 1984(이태진 편, 1985). 단 이재호의 「탕평정책의 본질고」는 1981년에 상편이 발표되었으나 1982년 중편부터 탕평을 다루므로 여기에 맞추었으며, 1983년 하편은 제목이 '탕평정치'로 바뀌었으나 상편·중편·단행본 제목이 모두 '탕평정책'이므로 오기誤記로 간주하였다.

19 정옥자, 「奎章閣 抄啓文臣 硏究」, 1981: 6-12; 정옥자, 「正祖의 抄啓文臣敎育과 文體政策」, 1982: 116-127; 강순애, 「正祖朝 奎章閣의 圖書編纂 및 刊行」, 1986: 97-98, 124-125.

20 설석규, 「규장각 연구(상·하)」, 1986: 상 117-118, 하 106-107.

써 마치 민주주의 회복을 희구하는 듯했다. 정조시대에 대한 인식은 일제강점기보다 후퇴하였다. 붕당정치론과 탕평정치론이 서로 지향하는 바가 다른 정치 운영론인 것은 사실이지만, 항상 어느 한쪽이 옳고 다른 한쪽이 틀린 것은 아니다. 그러나 고종시대-일제강점기에는 붕당이 비판받을수록 탕평의 가치가 높아졌고 광복 이후에는 붕당이 재조명될수록 탕평의 가치가 전제군주로 비하되었다. 이 모두는 시대적 소산에 지나지 않았다. 다만 일본제국의 식민 지배가 종식되어 광복을 이루고 군사정권을 몰아내 민주화를 이룩한 뒤에도 여전히 같은 전제로 연구하는 것은 합당하다고 볼 수 없다.

2) 일반 대중의 시선

원래 정조에 대한 평가와 그 시대를 보는 시선은 분리되어 있었다. 문예군주나 탕평군주의 이미지보다 실학이 강조될수록 정조의 이미지는 실추되었다. 최근에는 양자를 모두 긍정적으로 보는 듯하지만 사실 두 평가는 전혀 다른 전제에서 출발했다. 이러한 관점이 일반 대중에게 얼마나 확산되었는지를 확인하기 위해 좀 색다른 방법을 시도해보려고 한다. 같은 시기의 문학작품들을 통해서 그 시대의 평가 추이를 살펴보는 방법이다. 이 방법은 문학작품이 당대 사람들의 보편적인 사고와 괴리될 수 없다는 전제에서 출발한다. 소설은 허구일지라도 당대에 축적된 각종 연구 성과가 일반 대중에게 수용된 정도를 여과 없이 보여주기 때문이다.

이 같은 전제에서 먼저 김영곤의 『왕비열전』(1973)이라는 작품을 검토해보고자 한다.[21] 이 작품은 전 20권이며 그중 제16권이 「정

---

21 『왕비열전』은 1973년 초판이 간행되었고 1980년대 후속판 간행이 적극 이

조」편인데, 정조에 대한 묘사는 1990년대와 전혀 다른 분위기를 풍긴다. 학계의 연구 성과가 답보 상태에 있었던 만큼 대중매체의 평가도 냉소적이기 그지없었다. 정조의 정치적 역량이나 개혁 의지는 전혀 주목받지 못했으며, 정조는 단순히 가련한 왕세손의 모습으로 그려질 뿐이었다. 어쩌면 그의 따뜻한 인간미에 더 초점을 맞춘 듯하다.

> 겁이 덜컥 났으나, 품위 없이 소리를 버럭 지를 수도 없고 문을 통탕 열고 맞설 계제도 못 되었다. 마음 같아서는 이불이라도 뒤집어쓰고 납작 엎드리고도 싶었으나, 자칫하다가는 웃음거리가 되기 십상이다.[22]

> 임금은 왕비의 땀투성인 얼굴을 힘껏 가슴에 껴안고 한참을 그대로 있었다. 이윽고 임금의 가슴에까지 후줄근하게 땀이 배었을 무렵, 왕비가 슬며시 고개를 들었다.[23]

> [홍]국영은 낮에 선왕의 필적을 갈파하던 임금이 생각났다. 퍽도 흥겨워하던 임금의 모습. 많이 흥겨워하시오. 죽은 임금들의 글씨나 들여다보면서 많이 흥겨워하시오. 이가 아닌 홍가, 홍국영이가 임금 노릇을 모두 할 테니깐….[24]

루어져 활발히 유통되었다.
22 김영곤, 『왕비열전 16: 정조』, 1982: 43.
23 김영곤, 1982: 125.
24 김영곤, 1982: 162.

신왕 정조는 효자였다. 어머니 홍씨가 부른다는 전갈을 받자 편전을 총총히 나섰다.[25]

위에서 정조는 자객의 위협으로부터 겨우 왕위를 보존하는 군주, 권신 홍국영洪國榮의 숙위소 설치로 인해 꼭두각시가 된 모습, 아내를 사랑하는 평범한 남편, 어머니께 효도하는 아들 등으로 묘사되었다. 여기서 정조는 단순히 평범한 인간으로서 이해되고 있으며, 좀 더 신랄하게 평가하면 유약하고 우둔하며 전형적으로 무능한 임금으로 비친다. 또한 홍국영의 권력 집중에 초점을 맞추어 정조를 평가하며, 그러한 권력 집중을 조심스럽게 흩뜨리는 과정으로서 정국 변화를 설명하고 있다. 특이 사항은 저자가 사관史官의 찬讚이나 시문 등을 자주 활용하여 마치 실록을 참고한 것처럼 묘사하고 있으나, 1990년대 학계에서 제시한 규장각, 장용영壯勇營, 화성華城 등의 업적은 전혀 언급하지 않는다는 점이다. 이때(1973)까지도 정조시대의 치적은 거의 알려지지 않아 일반 대중에게 별반 주목받지 못했음을 알 수 있다.

다음으로 황인경의 『소설 목민심서』(전 5권, 1992)가 주목된다. 이 소설은 당시 크게 인기를 얻어 장편소설 최초로 베스트셀러best seller가 되는 신화를 만들기도 했다. 그러나 정조를 보는 시선은 여전히 개혁가와는 정반대였다. 이는 저자가 1980년대 학계의 연구 성과를 토대로 약 10여 년간 소설을 집필하여 1990년대 초반에 최종 간행이 이루어졌기 때문이다. 학계의 새로운 논의가 1990-1992년에 전격적으로 제기되었기에 이 소설은 1980년대의 분위기를 반영할 수밖에 없었다. 또한 저자는 다산 정약용 서거 150주년 기념 학

---

25 김영곤, 1982: 162.

술대회 등의 여파가 소설에 영향을 미쳤다고 언급하였으므로 실학 담론이 이 소설의 주요 배경임을 알 수 있다. 곧 조선학운동 당시 조선 조정의 무능에도 불구하고 재야의 지식인은 근대사회를 예비하고 있었다는 제한적 평가를 견지하였는데 이러한 인식을 토대로 집필한 것이다.

> 오직 왕만이 그를 제어할 수 있었으나, 그 또한 홍국영의 말만을 좇는 허수아비 노릇을 자청한 터였다.[26]

> 웅장하기보다는 그림같이 아담한 성곽이었다. … 허허벌판에 아담하게 윤곽을 드러낸 훌륭한 성곽은 왕의 절대 권위를 상징하는 듯했다. 효성 깊은 봉건군주의 위력은 수원성이라는 희생적인 제물을 낳은 셈이다.[27]

> 49세의 아직 한창나이였다. 재위 기간 24년. 학문을 숭상하고 바른 왕도를 걸으려 노력했던 임금이었다. 극적이고 무리한 일을 하지 않으려 했던 군왕이었다. 극적이고 무리한 일을 하지 않으려 했던 군왕이었다. 이해와 타협으로 정사를 이끌려 했던 성군이었다.[28]

이러한 평가는 정조 개인에 대해서는 『한중록閒中錄』 등에서 나타나는 사도세자思悼世子의 불운한 모습을 바탕으로 영조와 사도세

---

26 황인경, 『소설 목민심서』 1, 1992: 166.
27 황인경, 『소설 목민심서』 2, 1992: 157.
28 황인경, 『소설 목민심서』 3, 1992: 285.

자 사이의 불화를 그리는 사극으로 표현되어 여러 차례 TV 매체를 통해 방영되었다. 드라마 〈하늘아 하늘아〉(KBS2, 1988)나 〈조선왕조 500년: 한중록〉(MBC, 1988-1989) 등은 혜경궁의 시각에서 사도세자를 다루면서 대개 정조를 가련한 왕세손으로 묘사하였다. 또한 홍국영을 중심으로 다룬 드라마 〈왕도〉(KBS, 1991)에서도 임금은 유약하고 무능한 존재로 그려졌다. 따라서 정조는 1990년대 초반까지도 일반 대중에게는 그저 평범하고 나약한 왕으로 인식되었다. 이는 그가 한때 홍국영이라는 인물에게 전권을 위임했고, 49세라는 젊은 나이에 죽음으로써 그의 정책을 이을 수 없었던 어린 왕(純祖)이 즉위하여 세도정치勢道政治로 이어졌다는 사실에서 파생된 평가라고 할 수 있다. 반면에 한창 실학의 전성기를 구가하던 18세기에 대해서는 재야의 지식인에 주목하여 자주적 근대화의 연결고리로 이해하면서 오히려 긍정적으로 바라보았다. 양자는 전혀 다른 동전의 양면처럼 분리되어 일반 대중에게 수용되었다.

2. '정조신드롬'의 대두

1) 새로운 모색

이처럼 18세기사 연구에서는 먼저 1930년대에 실학을 재조명하여 근대적 요소를 찾으려는 움직임이 일어났다. 그중 실학을 집대성한 정약용 연구가 압도적인 비중을 차지했다.[29] 1960년대 이후

---

29 정약용은 방대한 분야에 걸쳐 저술 활동을 벌였으므로 다산학 연구는 각 양각색의 방향에서 전개되었다. 1930년대 다산 서거 100주년을 기점으

에는 자본주의맹아론의 연장선상에서 사회 신분이나 경제구조 등을 재해석하고자 노력했다.[30] 한편 화폐경제의 진입을 두고 신해통공辛亥通共(정조 15, 1791)의 주역인 채제공蔡濟恭의 연구도 이루어졌다.[31] 그러나 왕정이 주도한 개혁 정책에 대한 평가는 여전히 박하기만 했다.

이러한 분위기 속에서 새로운 시각을 제시하고자 한 연구자들이 있었다. 이태진은 규장각의 자료를 토대로 『규장각소사』(1990)를 집필하였고 「사화와 붕당정치」(1990)에서 개혁군주의 모습을 전제하였으며 「정조의 『대학』 탐구와 새로운 군주론」(1992)에서 새로운 군주상을 제시하였다. 아울러 김성윤은 「탕평의 원리와 탕평론」(1992)에서 이 같은 개혁군주의 가설을 이론적으로 뒷받침하는 논리를 세웠다.[32] 그는 탕평을 보는 시각을 근본적으로 바꾸어야 한다고 주장하였으며, 특히 정조의 탕평을 단순히 국왕 중심의 정치 운영 원리로 이해하는 것에 반대하였다. 나아가 탕평론이 왕권 강화나 붕당 간의 의리義理 다툼에 의한 국론 분열을 극복하는 결과를 낳았다는 일차원적 이해 방식에 대한 시정을 요구하고, 『서경書

로 『여유당전서』가 활자로 간행되어 실학에 대한 관심이 고조되었으며, 1980년대 150주년을 기념하여 대우학술재단의 지원하에 대규모 연구가 이루어졌고 2000년대 다산학문화재단이 설립되어 『다산학사전』이 편찬되었다.

30 오성, 「자본주의맹아론의 연구사적 검토」, 1992; 강만길 편, 『한국 자본주의의 역사』, 2000.
31 【영인】채제공, 『번암선생문집』 상·하, 1975a; 【번역】채제공, 『번암집』, 1975b; 【연구】조광, 「번암 채제공의 서학관 연구」, 1973; 김동철, 「채제공의 경제정책에 관한 고찰: 특히 신해통공발매론을 중심으로」, 1980; 신양선, 1988.
32 이태진, 1990; 이태진, 1992a; 김성윤, 1992.

經』「홍범洪範」의 팔정八政에 주목하였다. 그는 팔정이 탕평책의 경제적·사회적 지향을 표현한다는 점에 기반해 탕평론이 정치 운영에 한정되는 것이 아니라 '전 사회적 개혁 이념'으로서 역사적 성격을 드러낼 수 있다고 강조하였다.[33]

이후 학계가 이를 적극 수용하여 정조시대를 재조명했기 때문에 이러한 시각은 연구 방향에 일대 혁신을 가져왔다. 이러한 연구 성과가 대중적 형태로 나타난 계기는 이태진의 「정조」(1993)였다.[34] '유교적 계몽절대군주'라는 새로운 군주상의 제시는 정조시대의 재평가로 귀결되었다. 이 글에서는 성밖으로 나오는 왕의 모습에 주목하여 능행陵幸을 민정 시찰로 풀이하였다. 특히 격쟁擊錚을 통해 적극적으로 민에게 다가가고, 규장각이나 장용영을 통해 문文·무武의 조화를 이루며, 노비제 혁파 계획을 통해 차별을 해소하고자 했던 사실을 생생히 묘사하였다. 연구 방향이 획기적으로 전환된 계기는 1980년대까지 학계의 소수 견해로 방치되던 문예군주의 이미지가 대중에게 확산되었고, 새로운 개혁군주의 이미지와 시너지synergy를 이루며 널리 보급되었기 때문이다. 여기에는 몇 가지 주요한 배경이 있었다.

먼저 역사소설류가 다양하게 등장하였다. 이인화(류철균)는 『영원한 제국』(1993)을 출간하였다. 이 작품은 기존의 시각과는 근본적으로 차원을 달리하였는데, 학계의 견해를 대거 반영함으로써 정조 연간의 정치 구도를 완전히 다르게 묘사하였다.

너 같은 놈이 건극建極을 하시려는 전하의 성지를 어찌 짐작이

---

33 김성윤, 1992.
34 이태진, 「정조: 유교적 계몽절대군주」, 1993.

나 하겠느냐! 황극皇極을 세워야 한단 말이다. 황극을. 천하의 근심은 나뉘는 것보다 더 큰 근심이 없고, 천하의 어려움 또한 나뉘는 것보다 더 큰 어려움이 없다. 하夏·은殷·주周 3대의 태평성세에는 위로는 조정이, 아래로는 민중이, 밖으로는 사해四海가 모두 그 마음을 한가지로 하여 그 극極에 귀일했었다. 이때는 오로지 하나뿐이었다. 일군만민一君萬民! 하나의 임금 아래 평등한 만민! 한나라의 백성으로 태어나 우리가 알아야 할 진리는 이것뿐이야. 그런데 우리나라는 어떻더냐. 붕당이 생겨나 하나가 4색으로 나뉘더니, 4색은 극단적인 당파싸움으로 치달았다.[35]

인용한 내용은 김성윤의 탕평론을 그대로 반영한 것이다.[36] 이는 1990-1992년 정조를 개혁군주의 반열로 평가한 학계의 연구 성과를 신속히 받아들여 1993년에 소설로 출간한 매우 이례적인 사건이었다. 이 소설로 정조는 개혁군주의 위상을 얻었으나, 동시에 남인에게 전해지던 정조 독살설이 널리 퍼지는 계기가 되기도 했다. 이는 당시 정조의 갑작스러운 죽음으로 개혁이 좌절되고 자신들도 함께 몰락의 길을 걸었다고 생각했던 남인의 입장이었는데 이인화는 남인 가문의 후손이었다. 이 소설은 파급효과가 매우 커서 100만 부 이상 판매되었고, 2000년에는 프랑스 파리에서 프랑스어로 번역 출간되기도 했다. 아울러 영화화도 되어 1995년 대종상 8개 부문을 석권하기에 이르렀다. 이러한 흥행 돌풍 속에서 정조의 영웅화는 가속도가 붙었고 근거 없는 독살설도 마치 정설처럼 대

35 이인화, 『영원한 제국』, 1993: 283.
36 김성윤, 1992.

중에게 각인되었다.37

또한 정약용을 대중적으로 널리 알리는 데 성공한 『소설 목민심서』의 유행과 더불어 정조시대 붐boom이 일어나 아류작도 등장하였다. 박휘웅의 『소설 정조대왕 탕탕평평』(1994)은 확연히 개혁군주의 이미지로 정조를 다루고 있지만 순수한 작품으로 받아들이기에는 여러 가지 문제가 있다.

> 새 땅 새 하늘에 새로운 왕 새로운 나라를 세우려 했던 정조대왕, 정치·경제·문화·국방·상공·농림 수산 등등 전 분야에 걸쳐 과감한 개혁을 단행했던 정조대왕의 그 꿈은 비록 무산되었으나, 실로 2백 년 만에 그의 꿈이 이루어지려 하니 정말 다행이 아닐 수 없다.38

앞서 언급한 두 작품보다 세련미나 깊이 면에서 뒤쳐질 뿐만 아니라 1990년대 초반 집권한 문민정부의 개혁에 대한 희망을 정조의 개혁 의지에 비견하여 묘사했다는 점에서 시세에 영합하는 상당히 정략적인 글이다. 이 소설은 앞의 두 작품만큼 흥행에 성공하지는 못했지만, 전자의 작품들이 일대 혁신을 일으켰다면 후자는 일반적인 사회의식이 새로운 시각을 어느 정도까지 수용해냈는지를 보여준다는 점에서 살펴볼 만하다.

1980년대에서 1990년대로 넘어가면서 시문 중심의 문학은 소설 중심으로 재편되었다. 민주화 이후 신군부의 검열에서 자유로워지

---

37 김호, 「記憶, 敍事 그리고 歷史大衆化: '正祖毒殺說'과 茶山 丁若鏞」, 2016: 122-142(김호, 『조선왕실의 의료문화』, 2017: 296-324).
38 박휘웅, 『소설 정조대왕 탕탕평평』 상, 1994: 11.

자 장편 문학이 정상궤도로 복귀하였기 때문이다. 고대부터 현대까지 전 시기를 망라한 역사소설 분야가 각광을 받은 가운데,[39] 이례적으로 단일한 시기가 주목받아 3종류 9권에 이르는 방대한 소설이 출간되었다. 1980년대 학풍을 반영한 황인경의 『소설 목민심서』는 비록 임금이 아니라 시대를 긍정한 것이었으나 정조를 새롭게 평가하기 위한 최소한의 단서를 마련하였다. 또한 앞서 언급했듯이 장기간 베스트셀러 자리를 지켜 5권으로 된 장편소설이 흥행에 성공하는 역사를 만들어냈고, 이는 자연히 긍정적인 시대상을 퍼뜨리는 데 일정 정도 기여하였다. 이어서 나온 이인화의 『영원한 제국』은 1990년대 학계의 견해가 직접 반영되는 계기가 되었고, 이 책 역시 베스트셀러가 되어 상당한 인기를 끌었으며 영화화까지 되었다. 마지막으로 박휘웅의 『소설 정조대왕 탕탕평평』은 정조와 정조시대에 대한 이미 변화한 사회 전반의 인식을 보여준다. 곧 정조의 개혁정치는 민주화 이후 개혁을 바라던 사람들에게 희망의 상징으로 자리매김한 것이다.

2) 대중매체로의 확산

학계의 연구 성과는 여러 방면에서 반향을 불러일으켰다. 1990년

---

[39] 【고구려】 정립, 『광개토태제』 1-10, 2002; 【백제】 이문열, 『대륙의 한』 1-5, 1995; 【신라】 송지영, 『소설 장보고』 상·중·하, 1993; 【삼국】 이남교, 『高百神鳥』 1-2, 1989; 【고려】 김주영, 『화척』 1-5, 1991; 【조선】 이은성, 『소설 동의보감』 1-3, 1990; 유현종, 『사설 정감록』 1-4, 1990-1991; 【근대】 박경리, 『토지』 1-16, 1994; 김주영, 『객주』 1-9, 1984; 조정래, 『아리랑』 1-12, 1994-1995; 【현대】 이병주, 『지리산』 1-7, 1985; 이병주, 『산하』 1-7, 1989; 조정래, 『태백산맥』 1-7, 1989; 박범신, 『황야』 1-3, 1990.

대 초반에는 병인양요 때 프랑스군에게 약탈당한 외규장각 도서의 반환 문제가 공론화되어 해외 약탈 문화재 반환 운동으로 발전하였다. 프랑스 국립도서관 사서로 근무하던 박병선 박사가 약탈 의궤를 최초 발굴하여 국내 학자들에게 도움을 요청하였고, 국내에서 이태진 교수가 정부 부처를 설득하여 외규장각 도서 반환 운동을 전개하였다. 이러한 분위기로 인해 정조가 설치한 외규장각의 의미가 한층 더 부각되었다.[40] 이태진의 『왕조의 유산』(1994)에는 한국과 프랑스 사이에서 외규장각 도서 반환을 두고 벌어진 외교전이 잘 묘사되어 있다. 더욱이 이 책은 개혁군주로서 정조를 재조명한 글도 시대적 배경으로 싣고 있는데, 출간된 해에 '올해의 좋은 책'으로 선정되고 수년간 베스트셀러 상위 10위 안에 들어 정조시대의 대중 인식 확산에 일조하였다.

이후 정조시대를 다룬 책이 대중서, 학술서를 망라하고 다양하게 출간되었다. 1990년대 중반 이후 유봉학은 수원학으로 불리는 화성 연구를 주도했으며,[41] 기존 조선시대 연구자인 박광용·한영우·정옥자 등이 단행본 집필에 가세함으로써 대중화에 일조하였다.[42] 1994년부터는 학계의 연구 성과가 일정 수준에 도달하여 박사학위논문 분량의 연구가 집약되기 시작했고,[43] 급기야 학술 서적

---

[40] 이태진, 1993.
[41] 유봉학, 『꿈의 문화유산, 화성』, 1996; 유봉학, 『정조대왕의 꿈: 개혁과 갈등의 시대』, 2001; 유봉학, 『개혁과 갈등의 시대: 정조와 19세기』, 2009.
[42] 연구사로는 강만길·정옥자의 연구가 앞선다(강만길, 1965; 정옥자, 1978). 단행본 간행 순서는 다음과 같다. 박광용, 『영조와 정조의 나라』, 1998; 한영우, 『정조의 화성행차 그 8일』, 1998; 정옥자 외, 『정조시대의 사상과 문화』, 1999; 한영우, 『정조대왕 화성행행 반차도』, 2000; 정옥자, 『정조의 수상록 일득록 연구』, 2000; 정옥자, 『정조의 문예사상과 규장각』, 2001; 한영우, 『문화정치의 산실, 규장각』, 2008.

으로 김성윤의 『조선후기 탕평정치 연구』(1997)가 간행되었다. 연구자가 주로 학위논문을 본다면 단행본은 보다 넓은 독자층을 대상으로 하기에 이는 의미 있는 일이었다. 더욱이 그동안 별개 영역으로 간주되어온 정조 개인과 정조시대의 연구가 점차 합쳐지면서 신해통공(정조 15, 1791)의 자유경제 정신으로 주목받은 채제공의 정치사상 분석이나 정약용의 실학사상 연구도 부각되었다.[44]

대중 서적을 비롯한 각종 글로는 이태진의 『왕조의 유산』에 이어 화성에 관한 유봉학의 10여 편의 기고문이 『꿈의 문화유산, 화성』(1996)으로 출간되었다.[45] 이 같은 꾸준한 관심은 대중화의 전기를 여는 데 보탬이 되어 이후에도 김문식의 『조선후기 경학사상연구: 정조와 경기학인을 중심으로』(1996), 한영우의 『정조의 화성행차, 그 8일』(1998), 박광용의 『영조와 정조의 나라』(1998), 정옥자 외의 『정조시대의 사상과 문화』(1999) 등이 다양하게 출간되었다.

한국사 개설서로도 『한국사신론』, 『한국사통론』, 『한국통사』 등을 대신하여 새로운 학설을 반영한 책이 나왔다. 1990년대 초반 『한국사특강』(1990)에서부터 정조의 긍정적 면모가 언급되기 시작했으며, 1990년대 후반 완전히 새로운 개설서인 한영우의 『다시 찾는 우리역사』(1997)가 정조시대를 재평가하는 견해를 수록하기에 이르렀다.[46] 특히 이전까지 이기백의 『한국사신론』이 해외에 번역되어 한국사를 알려왔다면 1990년 후반부터는 『다시 찾는 우리

---

43 박광용, 『조선후기 '탕평' 연구』, 1994; 김성윤, 『조선후기 정조의 탕평정치 연구』, 1996(김성윤, 『조선후기 탕평정치 연구』, 1997a).
44 김성윤, 1997: 261-273.
45 유봉학, 1996.
46 한국사특강편찬위원회, 『한국사특강』, 1990; 한영우, 『다시 찾는 우리역사』, 1997.

역사』가 일본어·영어·러시아어 등으로 번역되면서 한국사의 주요 지표로 자리매김하였다. 이는 정조의 변화된 평가가 학계와 대중 속으로 급속도로 수용된 계기였다. 결국 18세기사의 재평가는 2000년대에 들어서 완전히 굳어져, 출판 시장에는 관련 학술도서를 비롯하여 교양도서, 아동도서, 역사소설 등이 봇물 터지듯 쏟아져 나왔으며,[47] 최근에는 논의가 한층 깊어져 비판적 성찰까지 포괄하고 있다.[48]

마지막으로 정조신드롬에는 앞서 잠깐 언급한 대중매체mass media의 영향이 상당히 작용하였다. 새로운 학설의 반영은 단지 소설이나 대중 서적만으로 끝나지 않았다. 앞서 말했듯이 방송매체 중에서도 다큐멘터리의 형식을 통해 일반 대중에게 빠르게 확산되었다. KBS1 다큐멘터리《역사의 라이벌》을 통해 〈탕평과 붕당〉(1994)이 처음 소개되었고,《역사추리》는 〈정조는 어떻게 한강을 건넜는가〉(1995), 〈사도세자가 뒤주에서 죽은 까닭은〉(1996), 〈정조의 사인 보고서〉(1996), 〈정약전의 흑산도 리포트〉(1996), 〈정조의 신도시〉(1996), 〈정조가 자주 성밖을 나간 까닭은〉(1996) 등을 연이어 내놓으면서 세간의 이목을 끌기 시작했다.[49] 특히《역사추리》는

---

47 〈부표 4〉 2000년대 정조시대 주요 단행본 출간 현황 참조.
48 김인걸 외,『정조와 정조시대』, 2011; 역사학회 편,『정조와 18세기』, 2013; 역사비평편집위원회 편,『정조와 정조 이후: 정조시대와 19세기의 연속과 단절』, 2017. 특히 정조의 밀서密書가 발굴되어 정치사 연구에서 다면적 접근이 가능해졌다. 비밀 어찰 연구는 다음 참조.【영인】국립중앙박물관 편,『국립중앙박물관 소장 정조 임금 편지』, 2009;【번역】정조,『정조어찰첩』, 2009;【연구】김문식, 「새로 발굴한 정조 어찰의 종합적 검토: 정조 말년의 정국 운영과 심환지」, 2009: 79-116; 안대회,『정조의 비밀편지』, 2010; 박철상 외,『정조의 비밀 어찰, 정조가 그의 시대를 말하다』, 2011.
49 〈탕평과 붕당〉,《역사의 라이벌》, KBS1, 1994. 12. 17.; 〈정조는 어떻게 한

1996년에 방송분의 26% 이상을 정조시대에 할애했다.[50]

그중 〈정조는 어떻게 한강을 건넜는가〉(1995)는 수십 척에 달하는 대형 선박을 이용해 거대한 한강을 건너는 임시 교각을 놓을 수 있었던 당대의 과학적 기술을 강조하고, 그것이 오늘날 육군의 도하 기술에 비견된다고 평가하였다. 〈정조의 신도시〉(1996)는 신도시 수원성 건설이 갖는 의미를 분석하여 오히려 오늘날의 정책보다 탁월한 면모를 가진 신도시의 귀감으로 그렸다.[51] 〈정조가 자주 성밖을 나간 까닭은〉(1996)은 살인 혐의를 지닌 여인의 판결을 두고 암행어사를 파견하여 현장을 재조사하였을 뿐 아니라 현대에도 유례가 드물게 4회 이상 판결을 내린 점을 높이 평가하면서 정조의 인명 중시 태도를 강조하였다. 나아가 초계문신抄啓文臣 제도를 통해 경연에서 신하에게 배우는 왕에 머무르지 않고 직접 신하를 가르칠 만큼 학문에 진심이었던 모습을 그렸으며, 군주로서 처음 문집을 편찬했던 사실을 비롯하여 다양한 치적을 재조명하였다.[52] 이

    강을 건넜는가〉,《역사추리》, KBS1, 1995. 9. 23.; 〈사도세자가 뒤주에서 죽은 까닭은〉,《역사추리》, KBS1, 1996. 1. 27.; 〈정조의 사인 보고서〉,《역사추리》, KBS1, 1996. 2. 3.; 〈정약전의 흑산도 리포트〉,《역사추리》, KBS1, 1996. 9. 20.; 〈정조의 신도시〉,《역사추리》, KBS1, 1996. 10. 4.; 〈정조가 자주 성밖을 나간 까닭은〉,《역사추리》, KBS1, 1996. 10. 11.

[50] 〈표 3〉 KBS 다큐멘터리《역사추리》시대별 방영 비율 참조.

[51] 【영인】정조 명편,『화성성역의궤』상·하, 1994; 【번역】정조 명편,『화성성역의궤』상·중·하, 1977-1979; 【다큐】〈정조는 어떻게 한강을 건넜는가〉,《역사추리》, KBS1, 1995. 9. 23.; 〈정조의 신도시〉,《역사추리》, KBS1, 1996. 10. 4.; 〈조선 최대 정치 이벤트: 화성 회갑잔치〉,《역사스페셜》, KBS1, 1998. 11. 28.; 【연구】유봉학, 1996; 한영우, 1998; 한영우, 2000.

[52] 1990년대까지『홍재전서』의 연구 성과는 다음 참조.【영인】정조,『홍재전서』1-5, 1978;【번역】정조,『홍재전서』, 1996; 정조,『국역홍재전서』1-20, 1998;【연구】이태진,『왕조의 유산』, 1994; 이태진,『고종시대의 재조명』,

와 같은 다큐멘터리의 정조시대를 향한 관심은 지속되었다. KBS1 다큐멘터리《역사탐방》에서 〈규장각〉이 방영되었고,《역사스페셜》에서 〈조선 최대 정치 이벤트: 화성 회갑잔치〉(1998), 〈조선판 사건 25시〉(1999), 〈신랑 66세 신부 15세 영조의 결혼식〉(1999), 〈사라진 보물창고 외규장각〉(2001) 등이 꾸준히 제작되었으며,[53] 최근까지도 관심이 이어지고 있다.[54]

2000.

[53] 〈규장각〉,《역사탐방》, KBS1, 날짜 미상; 〈조선 최대 정치 이벤트: 화성 회갑잔치〉,《역사스페셜》, KBS1, 1998. 11. 28.; 〈조선판 사건 25시〉,《역사스페셜》, KBS1, 1999. 7. 31.; 〈신랑 66세 신부 15세 영조의 결혼식〉,《역사스페셜》, KBS1, 1999. 11. 27.; 〈사라진 보물창고 외규장각〉,《역사스페셜》, KBS1, 2001. 1. 13.

[54] 〈조선왕조실록이 산으로 간 까닭은〉,《역사스페셜》, KBS1, 2000. 2. 12.; 〈유네스코 지정 세계기록유산, 승정원일기에 들어 있는 역사의 보물〉,《역사스페셜》, KBS1, 2002. 3. 23.; 〈박지원의 열하일기 4천 리를 가다 1부: 고구려성을 넘어 요하를 건너다〉,《HD역사스페셜》, KBS1, 2006. 7. 28.; 〈박지원의 열하일기 4천 리를 가다 2부: 청의 심장부, 열하에서 황제를 만나다〉,《HD역사스페셜》, KBS1, 2006. 8. 4.; 〈93년 만의 귀환, 조선왕조실록〉,《HD역사스페셜》, KBS1, 2006. 8. 11.; 〈아버지의 눈물〉,《한국사 전》, KBS1, 2007. 7. 21.; 〈조선의 르네상스를 그리다, 단원 김홍도〉,《한국사 전》, KBS1, 2007. 10. 13.; 〈피눈물의 기록 한중록, 혜경궁 홍씨 1부〉,《한국사 전》, KBS1, 2008. 6. 21.; 〈피눈물의 기록 한중록 혜경궁 홍씨 2부〉,《한국사 전》, KBS1, 2008. 6. 28.; 〈무예도보통지 1부: 무의 시대〉,《다큐프라임》, EBS, 2008. 7. 22.; 〈무예도보통지 2부: 무사들의 귀환〉,《다큐프라임》, EBS, 2008. 7. 23.; 〈조선의 프로페셔널 화인 1부: 김홍도〉,《다큐프라임》, EBS, 2008. 7. 28.; 〈조선의 프로페셔널 화인 2부: 신윤복〉,《다큐프라임》, EBS, 2008. 7. 29.; 〈비밀편지 299통, 정조는 왜 정적과 밀통했나〉,《역사추적》, KBS1, 2009. 3. 28.; 〈수도원에 간 겸재 정선, 80년 만의 귀향〉,《역사스페셜》, KBS1, 2009. 10. 3.; 〈145년 만의 귀환, 외규장각 도서〉,《역사스페셜》, KBS1, 2011. 3. 17.; 〈의궤 8일간의 축전 1부: 사중지공〉,《KBS 대기획》, KBS1, 2013. 10. 10.; 〈의궤 8일간의 축전 2부: 불춰무귀〉,《KBS 대기

게다가 영화나 드라마에서도 1980년대 사극이 주로 『한중록』이나 『왕비열전』을 토대로 유약한 왕세손의 모습을 형상화했다면 1990년대 매체는 사뭇 다른 분위기를 자아냈다. 1990년대 중반에 이르면 정조 연간을 개혁의 시대로 그리기 시작했으며, 마치 마지막 선善이 펼쳐지던 시대 혹은 희망을 건 꿈의 시대처럼 설정하곤 했다.

영화 〈영원한 제국〉(박종원 감독, 1995)은 동명 소설을 배경으로 한 만큼 철저한 개혁군주의 이미지를 형상화하였다. 이제 드라마와 영화에서 개혁군주는 더 이상 파격적인 설정으로 인식되지 않았다. 영화 〈귀천도〉(이경영 감독, 1996)는 1997년 흥행 4위에 이르며 서울 기준 20만 570명의 관객을 동원했다. 타임슬립 장르의 판타지 작품임을 고려하면 많은 관객을 모은 편이었다. 이 영화는 정조 연간을 마지막 이상사회로 설정하였고 심지어 그 개혁의 좌절이 오늘날의 폐해를 낳았다는 해석을 전제하였다.[55]

드라마에도 비슷한 경향이 대두했는데, 드라마 〈야망〉(MBC, 1995)은 질적 변화를 보여주는 대표적인 사례로서 정조의 정치를 개혁을 위한 여정으로 조명하였다. 이는 MBC 드라마 〈대왕의 길〉(MBC, 1999)에서도 동일하게 전제하는 요소이며, 2000년대 이후

획〉, KBS1, 2013. 10. 17.; 〈의궤 8일간의 축전 3부: 오늘은 기쁜 날〉, 《KBS 대기획》, KBS1, 2013. 10. 24.; 〈개혁군주 정조, 소상인들의 눈물을 닦아주다〉, 《역사저널 그날》, KBS1, 2015. 5. 17.

[55] 최근에도 정조시대를 배경으로 활용하여 영화 〈미인도〉(전윤수 감독, 2008), 〈조선명탐정: 각시투구꽃의 비밀〉(김석윤 감독, 2011), 〈바람과 함께 사라지다〉(김주호 감독, 2012), 〈조선명탐정: 사라진 놉의 딸〉(김석윤 감독, 2014), 〈사도〉(이준익 감독, 2015), 〈조선명탐정: 흡혈괴마의 비밀〉(김석윤 감독, 2017) 등이 꾸준히 제작되었고 정조를 주인공으로 다룬 영화 〈역린〉(이재규 감독, 2014)도 만들어졌다.

에도 이러한 경향은 줄어들기는커녕 오히려 강화되었고,[56] 심지어 오페라·뮤지컬·연극까지 제작되었다.[57]

학계의 새로운 연구 성과와 변화한 분위기가 매체 전반에 조선후기사를 이해하는 새로운 틀을 제공했다고 볼 수 있다. 정조의 정책은 개혁 지향으로 재평가되었고, 그 영향은 여러 분야로 급격히 확산되었다. 1995년 정조사상연구회 설립, 1997년 화성의 유네스코 세계문화유산 등록, 화성 건설·정조 서거 200주년을 기념하는 수원성축제는 수원학으로 대변되는 지역학 붐을 조성하였다. 오늘날까지 지속되고 있는 정조의 화성행차를 시연하는 축제 역시 1990년대의 산물이다. 이러한 관심은 신드롬이라 불러도 전혀 손색이 없을 것이다. 이제 정조는 '나약한 임금'에서 '위대한 대왕'으로 추앙받았다. 심지어 서양의 프리드리히 2세Frederick II보다 뛰어난 유교적 계몽절대군주였다는 평이 제기되기까지 했다.[58] 이는 일

[56] 드라마 〈TV 목민심서〉(KBS2, 2000)는 개혁군주 정조와 정약용의 모습을 역동적으로 그려냈으며, 드라마 〈홍국영〉(MBC, 2001) 역시 개혁의 당위성을 전제로 드라마를 이끌어갔다. 특히 2007년을 전후해서 정조시대가 재조명되었는데, 드라마 〈한성별곡-正〉(KBS2, 2007), 〈정조암살미스터리 8일〉(OCN, 2007), 〈이산〉(MBC, 2007-2008) 등이 개혁의 좌절과 희망을 강하게 반영하였다. 이후 보다 경쾌하게 정조시대를 배경으로 다룬 드라마 〈바람의 화원〉(SBS, 2008), 〈조선추리활극 정약용〉(OCN, 2009-2010), 〈성균관스캔들〉(KBS2, 2010), 〈무사 백동수〉(SBS, 2010), 〈옷소매 붉은 끝동〉(MBC, 2021) 등이 방영되었다.

[57] 오페라 〈정조대왕의 꿈〉(2005 초연); 뮤지컬 〈정조대왕〉(2006 초연); 연극 〈혜경궁 홍씨〉(2015 초연); 뮤지컬 〈정조: 만천명월주인옹〉(2016 초연); 오페라 〈동백꽃 아가씨〉(2017 초연); 연극 〈정조와 햄릿〉(2018 초연); 뮤지컬 〈시간여행 그날 정조〉(2020 초연); 뮤지컬 〈즐풍목우〉(2021 초연).

[58] 이태진, 1993. 다만 이러한 관점은 서유럽(영국·프랑스)의 절대군주와 동유럽(프로이센·오스트리아·러시아)의 계몽군주(혹은 계몽전제군주)로 이원

반인에게 정조의 개혁이 갑작스러운 죽음으로 좌절되지만 않았더라면 우리나라가 일본보다 먼저 '근대국가' 수립에 성공하여 선진국의 우두머리 자리를 점했을지도 모른다는 안타까움을 자아내기에 충분하였다. 당시 대한민국은 1980년대에 경제적 호황을 누렸고 1990년대 민주화까지 이루어냈으나 여전히 개발도상국의 지위에 머무르면서 선진국 도약을 꿈꾸고 있었기 때문이다.

〈그림 1〉 정조시대 연구 성과 발표 현황[59]

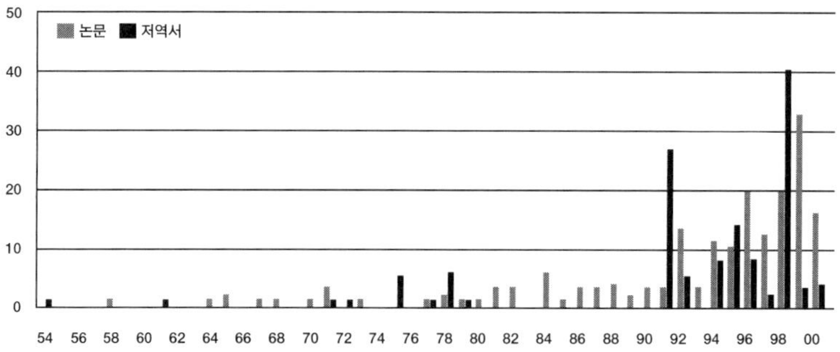

화하여 발전단계를 구분한 방식이다. 그러나 유럽에서는 이미 유럽 전체를 단일한 관점에서 '계몽절대주의enlightened absolutism' 내지 '계몽전제주의enlightened despotism'로 평하는 통합적 인식이 대두한 상태이다. Fritz Hartung, "A Definition of Enlightened Despotism", 1967: 28-31; George Dutcher, "The Importance of Enlightened Despotism", 1967: 1-6; John G. Gagliardo, *Enlightened Despotism*, 1967: v-vii; Isser Woloch, "Political Thought and Enlightened Absolutism", 1982: 246-251; Jeremy Black, "Enlightened Despotism", 1990: 377-381; 김백철, 2014a: 29-30.

[59] 〈부표 1〉 정조시대 연구 성과(1954-2000) 참조.

3. 패러다임의 변화와 추세

1) 재조명되는 정조시대

정조시대의 재인식에는 규장각 도서가 지대한 영향을 미쳤다. 현존하는 서울대학교 규장각한국학연구원 고문헌(약 29만 점) 중 영조·정조·고종시대 문헌이 대다수를 차지한다. 이는 고종 연간에 영조·정조 계승 의식이 강했기 때문이다. 실제로 고종대 구본신참이 천명되면서 두 임금의 묘호가 '영종'·'정종'에서 '영조'(고종 26, 1889)·'정조'(고종 36, 1899)로 각기 추존되었다.[60]

고종시대와 멀지 않았던 일제강점기 식민사학자의 글에서조차 탕평군주의 이미지는 나쁘게 그려지지 않았으며, 영조·정조대가 문예부흥기라는 평가에는 이견이 없었다. 조선총독부는 규장각 도서를 접수하여 사료의 해제와 간행에 힘을 기울였다. 그사이 일본 제국 관학자들은 조선고서간행회(1908)·청구학회(1930) 등을 차례로 만들어 식민지학을 구축하고자 했고, 여기에 맞서 우리 지식인도 조선광문회(1910)·진단학회(1934) 등을 만들어 대항하였다. 한편 조선총독부는 경성제국대학(1924)을 설립하고 이를 중심으로 '규장각총서'(1929-1944)로 명명한 시리즈까지 간행하기에 이른다.[61] 이는 조선학 연구의 주도권을 일본 내지인(東京帝國大學)이나 조선인

---

60 『承政院日記』, 光緖 15年(고종 26) 12月 5日(丙子); 『高宗實錄』卷39, 高宗 36年 12月 7日(陽曆).

61 경성제국대학의 학문 경향은 다음 참조. 박명규 외, 『식민권력과 근대지식: 경성제국대학 연구』, 2011; 정준영, 『경성제국대학 법문학부와 조선 연구: 지양으로서의 조선, 지향으로서의 동양』, 2022.

(진단학회 등)에게 넘기지 않으려는 신경전이기도 했다.⁶²

광복 이후에 비로소 우리는 다시 국립대학교를 세움으로써 정체성이 분명한 지식인을 양성할 수 있었다. 고대(고구려 太學·신라 國學 등)까지 거슬러 올라가지 않더라도 이미 고려·조선에서는 국자감國子監·성균관成均館이 국립대학의 역할을 약 천 년간 자임해왔으며, 조선시대에는 중앙의 오부학당五部學堂, 외방의 향교鄕校와 같은 공립학교가 목민관이 있는 곳이면 반드시 설치되어 있었다. 이러한 공교육제도의 전통이 근대적인 고등교육기관으로 부활한 것이다. 서울에는 갈등이 있었음에도 불구하고 미군정 주도로 국립서울대학교(1946)가 개교하였고,⁶³ 지방에는 다양한 방법으로 거점

---

62 조선총독부는 「조선총독부관제」의 규정에도 불구하고 일본제국 내각의 지휘나 통제를 받지 않았는데, 동경제국대학 교수진(白鳥庫吉 등)이 유물을 조사하면서 임의로 가져가거나 일본인(小倉武之助 등)이 불법 매매 반출하는 일이 반복되자 여러 차례 반환령을 내려 유물을 환수하였다. 특히 오대산본 실록은 1913년 총독(寺內正毅)과 협의 끝에 강릉(주문진)에서 반출되었으나 1차 반환(27책)이 1932년 이루어졌으므로 이 역시 총독부 공식입장은 문화재 반출 금지로 보인다. 2차 반환(47책)은 광복 후 2006년에 이루어졌고, 3차 반환(1책)은 2020년 유출본이 확인되어 경매를 통해 국내에 들어왔다. 각종 문화재 반환 과정은 다음 참조. 아라이 신이치, 『약탈 문화재는 누구의 것인가』, 2014; 국외소재문화재재단, 『우리 품에 돌아온 문화재』, 2014; 국외소재문화재재단, 『오구라 컬렉션』, 2014; 「오대산본 '효종실록' 1책 돌아와 외」, 『조선일보』, 2020. 7. 20.

63 일본제국이 설립한 제국대학 중에서 유일하게 경성제국대학의 교수진과 학생만이 대거 교체되었다. 1938년까지 졸업생은 일본인이 조선인의 약 2배를 기록했는데(『한국근현대사사전』, 전자판), 광복 이후에는 문사철 전공 조선인 졸업생이 167명에 불과했고 그중 사학도가 35명이었다(이승우 외, 『다시 보는 경성제국대학』, 2013: 351, 361). 대만·일본에서는 제국대학이 국립대학으로 전환됨으로써 연속성이 유지되었으나 한국에서는 일본인 교수·학생이 서둘러 귀국한 뒤 미군정이 수도권 대부분의 대학을 통폐합하

국립대학이 점차 설립되었다.⁶⁴ 규장각 도서는 정식으로 서울대학교로 이관되어 사료 해제 및 연구가 재개되었고, 문예부흥의 영주라는 정조에 대한 평가도 되살아났다.

그러나 규장각 도서의 접근성이 다소 개선되었다 해도 방대한 고도서를 해독·열람하는 데는 많은 제약이 따랐다. 이에 1990년대 초반부터 서울대학교는 중앙도서관에서 관리하던 규장각 도서를 분리시켜 규장각이라는 별도의 부속기관을 설립하였다. 그동안 일본제국에 빼앗겼던 '규장각총서'의 명칭도 되찾아와 다시 간행하였으며, 이러한 일련의 노력으로 규장각 도서 열람·연구·배

여 국립서울대학교(1946)를 설립함으로써 다양한 학교의 정체성이 하나로 합쳐졌다. 「국립서울대학교 설립에 관한 법령」(1946. 8. 22.)에는 경성(제국)대학·경성법학전문학교·경성공업전문학교·경성광산전문학교·경성사범학교·경성여자사범학교·경성의학전문학교·수원농림전문학교·경성경제전문학교·경성치과의학전문학교·경성약학전문학교 등 11개 학교가 포함되었다. 실제 경성제국대학에서는 건물과 소수의 조선인 학생만 이어졌고 다른 10개 학교 재학생(김원룡·김성칠 등)·통합 후 편입생(이기백·한우근 등)·신입생(김철준·김용섭 등)으로 구성원이 교체되었다. 교수진도 일본·미국 유학생(이병도·손진태·김상기·강진철·고병익·이상백·김정학 등)·타 대학 출신이 대거 합류하였고 졸업생은 일부(류홍렬·이인영*·채희순·김정학* 등)만 함께하였다. 특히 졸업생 중 유력 인물은 월북하였고(김석형·박시형·전석담·이명원 등), 교수진으로 남은 경우도 6.25전쟁 중 피랍되거나 불의의 사고를 당하여(이인영*·김성칠*·신태현* 등) 세간의 선입견과 달리 제국대학의 식민지 학풍은 크게 영향을 미치지 못했다. ( )는 사학 및 인접 분야 인물, *는 중복.

64 민간에서 자금을 모아 설립한 경우(1946년 부산대학교·1950년 전남대학교·1951년 제주대학교), 기존 학교를 통폐합한 경우(1946년 경북대학교), 광복 후 신설 학교를 전환한 경우(1947년 강원대학교·1948년 경상대학교·1951년 충북대학교·1952년 충남대학교), 광복 후 신설 공립·사립 기관을 합친 경우(1947년 전북대학교) 등이다.

포가 훨씬 원활해졌다. 각종 다큐멘터리를 제작할 때 자료 제공·학술 자문을 대부분 이곳에서 담당했다. 규장각 도서의 열람이 용이해지고 광범위한 보급이 이루어지자 기존의 연구 경향에 의문이 생기기 시작했는데, 광복 이후 꾸준히 추진되어온 국역 사업과 국학 연구의 성과가 이러한 흐름의 밑거름이 되었다. 다양한 양적 성과가 축적되자 한 차원 진전된 문제의식이 싹튼 것이다. 이전까지 망국의 역사에 대한 비판적 성찰은 간과해서는 안 될 주요한 사안이었지만, 그러한 시대상이 사료에 기반한 사실과 상당 부분 다르다는 점은 가히 충격적이었다. 게다가 1990년대 초반 봇물처럼 쏟아진 대중매체의 개혁 지상주의적 선전 요소가 더해지고, 1990년대 후반 정부 차원에서 한국학 연구기관의 전산화를 추진하면서 인터넷을 통한 자료의 무제한 접근이 가능해짐으로써 새로운 역사상이 급속도로 일반 대중에게 퍼져나갔다.

광복 이후 한국사는 식민사학의 극복 과정이었고, 그중 조선시대 후기사의 복구는 지상과제였다. 일제강점기 식민사학자들이 조선은 임진왜란에서 일본에 패했으며,[65] 이후 300년간 망해갔다는 그릇된 주장을 펼쳐 식민지의 정당화에 사용했기 때문이다. 특히 일본제국주의는 문명개화론을 맹신하면서[66] 주자학을 구체제의 상징으로 비판하였고,[67] 메이지 일본제국의 근대화를 선전하며 정체성론을 체계화하였다. 식민지 조선의 경제적 발전은 봉건제에도 이르지 못하여 일본 고대에 불과하다는 망언도 서슴지 않았으며,[68]

---

65 林泰輔, 『朝鮮近世史』, 1901.
66 후쿠자와 유키치, 『문명론개략』, 2020: 485-540; 다카시로 코이치, 『후쿠자와 유키치의 조선정략론 연구: 『時事新報』 조선 관련 평론(1892-1990)을 중심으로』, 2013: 24-26, 45-66, 95-98, 129-130.
67 다카하시 도루, 『조선의 유학』, 1999.

'당쟁'으로 망국의 길을 걸었다는 망상妄想까지 펼쳤다.[69] 사실 메이지 연간 일본제국은 변변한 공산품조차 없는 상황에서 산업혁명을 일으킬 수가 없자 자국의 경제적 독립을 이루기 위한 최소한의 '이익선利益線'으로 한반도 장악(征韓論)을 목표로 내세웠고,[70] 광무개혁기 대한제국의 재정이 흑자로 전환되자[71] 무리한 차관을 떠안겼다.[72] 식민사학은 이처럼 실제로는 일본제국이 군사적 침공을 통

[68] 이만열,「日帝 官學者들의 韓國史 敍述」, 1979: 266; 이만열,「한국사연구」, 2000: 275.

[69] 幣原坦,『韓國政爭志』, 1907; 長野虎太郎·細井肇,『朋黨士禍の檢討』, 1921.

[70] 박홍규,「신국사상의 침략성」, 2019: 53-57; 가토 요코,『근대 일본의 전쟁 논리』, 2003: 55-96.

[71] 김대준,『고종시대의 국가재정 연구』, 2004: 158, 167, 175, 282-287; 김태웅,『대한제국과 3.1운동: 주권국가건설운동을 중심으로』, 2022: 299-307.

[72] 일본제국은 러일전쟁(1904)을 일으킨 뒤 화폐 정리·금융 보조·시정 개선 등을 명분으로 대한제국에 차관(1차 500만 원+2차 200만 원+3차 150만 원+4차 1000만 원)을 부담시켜 건실한 국가재정을 적자 상태로 만들어버렸다. 이것이 을사늑약(1905)·정미조약(1907)을 거쳐 강제병합(1910) 전후까지 약 4,500만 원으로 늘어났다(최창희,「국채보상운동」, 1999: 134-137). 대규모 차관은 식민 지배를 위한 제반 정비와 행정부 장악에 사용되었고, 타국의 차관 도입을 방해함으로써 재정적 종속화를 목표로 했다(이윤상,「통감부시기 재정제도의 개편」, 1999: 323-351; 오두환,「금융지배」, 2000: 14-18; 김정기,「차관제공」, 2000: 14-18, 30-54; 최기영,「언론의 구국투쟁」, 2000: 80-83; 홍준화,『대한제국기 조선의 차관교섭과 국제관계』, 2007: 12-18).
하지만 일본제국은 청일전쟁 때처럼 막대한 배상금을 러시아에게서 얻지 못했으므로 그에 상응하는 재원이 필요했던 것으로 보인다. 일본제국의 전비戰費는 대개 유럽에서 판매한 채권이었다(구대열,「러일전쟁」, 1999: 200). 이에 약속한 차관보다 실제 도입 액수가 적거나 차관액의 10%이상의 수수료를 챙기거나 고액 이자를 물려(최창희, 1999: 134-137) 대한제국을 상대로 고리대를 행하였다. 러일전쟁 직전에 무력으로 관료를 압박해 군수지원을 약속한 한일의정서韓日議定書(1904)를 강제로 체결함으로써 전비를 부담시키려 했다. 또한 국채보상운동조차 그 지휘부를 부정 사용으

해 조선을 약탈했음에도[73] 마치 조선이 내부요인으로 붕괴한 것처럼 세뇌시키고자 했다. 우리는 여기에 맞서 약 1세기 이상 자주적 근대화의 가능성을 입증하고자 노력했다. 이는 조선 후기사를 이해하는 총체적인 패러다임paradigm의 변화를 의미했다.

아울러 남북한이 비슷한 시기에 시작한 실록의 국역 사업도 1990년대에 대단원을 향해 달려갔다(남한 1968-1993, 북한 1975-1991). 그중 『국역 정조실록』(1991)이 출간되었고, 실록의 번역 성과가 데이터베이스인 〈국역 조선왕조실록 CD롬〉(1995)으로 만들어져 컴퓨터를 통한 실록의 열람·보급에 상당히 기여하였다. 이는 현재 국사편찬위원회를 통해 무제한 온라인 열람이 가능하다. 이러한 보급은 역사의 대중화부터 다양한 방송매체의 제작까지 막대한 영향을 미쳤다. 특히 2000년대 방송작가나 시나리오작가 등은 대중화된 사료를 적극 활용하여 문화콘텐츠 제작에 앞장섰는데, 드라마 〈대장금〉(MBC, 2003-2004)이나 영화 〈왕의 남자〉(이준익 감독, 2005) 등은 실록 기사를 활용한 대표적인 사례이다. 그동안 야사野史를 활용하여 만든 드라마와 영화가 권력 암투나 치정 행각에 주목했던 데 비해 정사正史의 풍부한 자료가 번역되고 전산화까지 이루어지자 오히려 상상의 영역이 확대되어 대본이 현격히 좋아졌고, 이

> 로 몰아서 체포하였는데, 그후 자금의 행방이 묘연해졌으므로 기부금도 약탈한 것으로 추정된다. 더욱이 스스로 두 차례나 공사관에 불을 지르고도 임오군란(1882)·갑신정변(1884)의 배상금을 받아갔으며(정교, 『대한계년사』 1, 2004: 81, 139; 전우용, 「전우용의 서울탐사: 충정로, 일본 세력의 서울 침투 제1루트」, 2012. 6. 21.), 청일전쟁기 갑오개혁을 추진하면서 거액의 차관(300만 원)을 도입시킨 전적이 있다(류영익, 「갑오경장」, 2000: 221). 이는 광무 정권이 모두 갚아야 했다.
>
> [73] 조재곤, 「청일전쟁과 1894년 농민전쟁」, 2000: 100; 박홍규, 2019: 39-56; 미타니 타이치로, 『일본 근대는 무엇인가』, 2020: 176-178.

는 세계적 한류韓流열풍을 일으키는 데도 일조하였다.

　이러한 시대적 흐름에 따라 역사소설 및 기타 매체도 급속히 변화하였다. 앞서 제시했듯이 100만 부 이상 판매를 기록했던 『영원한 제국』의 인기는 학계의 새로운 견해를 적극적으로 수용함으로써 정조시대의 이미지를 바꾸는 데 결정적인 역할을 하였다. 게다가 1990년대에 다큐멘터리가 양적이나 질적인 면에서 달라지기 시작했으며 1994년 역사 다큐멘터리가 정규편성에 들어갔다.[74] 1996년 KBS는 정조시대 다큐멘터리를 집중 방영했고,[75] EBS·MBC·SBS 등도 앞다투어 특집 다큐멘터리 형식을 빌려 정조시대를 다루었다. 이 시기를 전후하여 영화 〈영원한 제국〉(박종원 감독, 1995)이 제작되었고, 영화 〈귀천도〉(이경영 감독, 1997)가 만들어졌다. 요컨대 정조시대는 1990-1992년 학계의 시각 변화를 필두로 1993년 이인화 작품의 영향, 1994년 박사학위논문의 출현과 방송매체의 주목, 1995년 영화화, 1996년 학술 서적 출간 등을 통해 일시적 유행이라기보다는 하나의 흐름으로 우리 사회에 정착되었다.

---

[74] 대표 사례는 KBS 다큐멘터리 《역사의 라이벌》(1994-1995), 《역사추리》(1995-1997), 《TV조선왕조실록》(1997-1998), 《TV역사저널》(1998), 《역사스페셜》(1998-2003), 《HD역사스페셜》(2005-2006), 《한국사 전》(2007-2008), 《역사추적》(2008-2009), 《역사스페셜》(2009-2012), 《역사저널 그날》(2013-현재), 《UHD역사스페셜》(2021-2022) 등이다.

[75] 〈사도세자가 뒤주에서 죽은 까닭은〉(1996. 1. 27.), 〈정조의 사인 보고서〉(1996. 2. 3.), 〈정약전의 흑산도 리포트〉(1996. 9. 20.), 〈정조의 신도시〉(1996. 10. 4.), 〈정조가 자주 성밖을 나간 까닭은〉(1996. 10. 11.) 등이다. 〈부표 2〉 KBS 다큐멘터리 정조시대 방영 내역(1994-2001) 참조.

2) 18세기사의 역사적 가치

이러한 변화는 18세기 당대의 훌륭한 문화적 자산 및 토양 덕분이었다. 첫째, 실학 연구이다. 긍정적인 인식의 단서는 광무개혁기부터 보이며 실제로는 1930년대 조선학운동의 일환으로 실학 연구가 본격적으로 이루어지면서 비롯되었다.[76] 이것이 점차 외연을 확장하여 1960년대 자본주의맹아론과 함께 긍정적 인식의 틀로 작용하였다. 실학 연구는 최근까지도 가장 많은 연구 성과가 나오고 있는 분야이다. 게다가 정조 연간 경제정책을 입안하고 정약용을 후원한 채제공의 연구도 이루어지면서 자본주의맹아론이 더욱 부각되었다. 정약용이 다양한 분야에 걸쳐 집필하였으므로 그에 대한 연구도 각양각색으로 전개되면서 정조시대와 함께 자연스럽게 고찰될 수 있었다.

둘째, 국문학계에서 주목한 『한중록』의 가치를 들 수 있다. 이 글은 정조의 어머니인 혜경궁 홍씨가 남편(사도세자)의 참변과 자신의 기박한 운명을 회상하여 기록한 작품이다. 이 글을 통해서 사도세자와 영조의 역학관계를 살피는 게 가능했으며, 이는 자연히 탕평의 주역인 정조를 향한 관심으로 연결되었다. 물론 이 자료를 어떠한 방식으로 활용하느냐에 따라서 양극단의 해석이 가능하다.[77]

---

[76] 전윤선, 1998: 5-13; 채관식, 2006: 4-10; 배연숙, 2010: 406-414; 신주백, 2011: 188-190.

[77] 혜경궁 홍씨의 『한중록』은 일기가 아니라 정조 사후 자기 가문의 명예회복을 손자인 순조에게 요청하기 위해 만든 자료이다. 여기에 초점을 맞추어 보면 영조는 괴팍한 군주로 그려지고 사도세자 역시 광인狂人으로 묘사된다(혜경궁 홍씨, 『한중록』, 1961; 혜경궁 홍씨, 『한중록』, 2008; 정병설, 『권력과 인간: 사도세자의 죽음과 조선왕실』, 2012). 이는 임오화변 당시 국정을 담

이 책은 영문 번역까지 이루어져[78] 전통시대 한국 문화에 대한 영미 학계의 이해에 영향을 미쳤다.[79] 국내에서 각종 드라마의 단골 소재가 되었음은 물론이다.

셋째, 국왕 '정조'의 평가 변화이다. 이는 기본적으로 정조의 일생이 극적이었을 뿐만 아니라 당대의 업적 역시 융성했기 때문이

> 당하던 부친 홍봉한洪鳳漢의 책임면제를 요청하고 심지어 정조가 즉위 후 사사賜死한 숙부 홍인한洪麟漢과 정조 사후 정순왕후貞純王后가 천주교도로 몰아서 죽인 동기同氣 홍낙임洪樂任의 신원伸冤을 간청한 글이다. 반면에 정조가 쓴 「어제(장헌세자천원)지문御製(莊獻世子遷園)誌文」은 사도세자가 덕망이 있고 무예까지 갖춘 위대한 군주라고 강조하였고, 특히 효종을 닮았다고 하면서 마치 북벌의 뜻이 있었던 것처럼 묘사하였다. 심지어 세자가 궁궐에서 100여 명을 죽인 사건은 감춘 채 참소를 당해 죽었으며 영조조차 이를 후회했다고 주장하고 있다. 양자는 모두 선왕先王(영조·정조)이 훙서하자 부친(사도세자·홍봉한)을 신원하기 위해 작성되었으며, 선왕의 발언을 조금씩 왜곡하여 절반의 진실만 담았다("內人奴屬將至百餘而烙刑等慘忍之狀, 不可勝言." 『待闡錄』2册, 壬午(영조 38) 閏5月 13日 〈K2-193〉; 최성환, 「혜경궁의 처지와 『한중록』의 다면적 사실성」, 2015: 153-178; 정해득, 「『한중록』의 집필목적과 그 영향」, 2015: 179-212). 정조 사후 선왕의 이름을 빌린 각 정치세력의 전혀 다른 활동은 기억 전쟁의 단면을 보여준다(노대환, 「19세기에 드리운 정조의 잔영과 그에 대한 기억」, 2017: 137-158). 이하 'K-'는 한국학중앙연구원 장서각 소장.

78　Lady Hyegyong, *The Memoirs of Lady Hyegyŏng*, 1996.
79　마거릿 드래블Margaret Drabble은 소설 『붉은 왕세자빈The Red Queen』(2004)을 발표하였고 마르크 함싱크Marc Hampsink는 임오화변 이후 삼정승의 자살 사건을 다룬 소설 『충신』(2005)과 정약용과 천주교 박해를 다룬 소설 『배교』(2018)를 발표하였다. 마거릿 드래블, 『붉은 왕세자빈』, 2005; 마르크 함싱크, 『충신』, 2009; 마르크 함싱크, 『배교』, 2017; 박인찬, 「동양과 서양 사이: 『한중록』, 『붉은 왕세자빈』, 초문화적 문화소통의 한계」, 『새한영어영문학』 54-1, 새한영어영문학회, 2012: 39-40; 장경순, 「마거릿 드래블의 『붉은 왕세자빈』: 여행문학과 글쓰기 그리고 재현」, 2018: 197-218.

다. 이것이 1990년대 일개 나약한 임금에서 '정조대왕' 혹은 '유교적 계몽절대군주'로 칭송되는 단서를 마련했다. 정조의 특이한 일생이 가련한 인간상과 어우러져 마치 영웅의 일대기를 방불케 하는 모습으로 알려지기 시작한 것이다. 그는 사친私親(사도세자)의 죽음을 목도해야만 했고, 사실 여부와는 무관하게 세손 시절 자객의 위협에 떨어야 했다고 알려졌다. 그리하여 문·무 어느 쪽에도 소홀할 수 없었기에 신하의 스승이 될 만큼 박식했고 50발의 화살 중 49발을 명중시킬 만큼 무예에도 능했다. 물론 화살 하나도 일부러 명중시키지 않았다고 한다.[80] 즉위 후에는 규장각과 장용영을 나란히 설치하여 개혁이 착실히 진행될 수 있었다. 그러한 그가 탕평을 주장한 것은 노비 개혁과 같은 일종의 평등책으로 평가되기도 했다.[81] 또한 경제적으로는 신해통공(정조 15, 1791)을 시행해 자유 상업을 지향했으며, 악형 폐지를 필두로 백성을 위한 법을 만들어나갔다. 그런 그가 노비 개혁을 한 달 앞두고 훙서薨逝하였다. 더욱이 실학을 주도했던 남인이 주요 세력으로 집권하고 있었기에 정조 치세가 조금만 더 지속되었으면 하는 아쉬움을 남겼다.[82] 그의 사후에 정치의 퇴행이라는 세도정치만 없었어도, 신왕(純祖)이 어리지만 않았어도 일본보다 먼저 개항에 성공하고 식민지의 치욕은 없었으리라는 시각이 대두했다. 일본은 미국 페리 함대의 강요로 「미일화친조약」(1854)을 맺음으로써 개항에 접어들었다. 정조의 재위 기간(1776-1800)과 비교해보면 개혁을 마무리지을 수만 있었어도 앞당겨 개항할 수 있었으리라는 설명 방식이다. 일본의 메이지

80 이태진, 1993.
81 김성윤, 「정조대의 토지제·노비제 개혁논의와 정치권」, 1997b.
82 오종록, 「왜 다시 정조의 개혁을 주목하는가」, 2002: 52-53.

유신明治維新(1868)과 정조 서거 시기에 거의 반세기가 넘는 차이가 있었으므로 이러한 주장은 더욱 강조되었다.

하지만 이는 어디까지나 하나의 개연성일 뿐이다.[83] 당시 사람들은 보고 싶은 것만 보고 갈망하는 것을 역사에 투영하고자 했다. 개혁군주로서의 이미지, 자주적인 근대국가 건설에 대한 희망, 시대를 바꾸어줄 일종의 염원을 투영할 만한 개연성을 정조가 갖추고 있다고 보았다. 이러한 평가는 왕권 강화의 명분이 개혁에 있을 수밖에 없고, 18세기 성장하는 민권民權과 향배向背를 같이할 때 군주권이 향상될 수 있었다는 전제에서 출발한다. 물론 이는 탕평군주가 주장한 내용과 정확히 일치한다.[84] 서양의 절대군주 등장도

[83] 전국시대戰國時代에 예수회가 일본에 도착하였고(1542), 천주교 박해(1613, 1627-1631) 후에도 데지마出島를 통해 난학蘭學을 제한적으로 수용하였으므로(1636) 개항이나 메이지유신만 비교 대상으로 삼기는 어렵다. 물론 일본은 대체로 동아시아 국제질서에 편입되지 못하여 주로 조선의 중계무역을 통해 중국과 교류하였으며 간헐적으로 직교역에 성공하더라도 명明과는 감합무역勘合貿易을 어겨 중단당했고 청淸과는 천계령遷界令 해제 후 오히려 대규모 적자가 발생해 무역을 제한했기에 안정적인 교역을 유지하기가 어려웠다. 이러한 결핍은 서구와 교역에 성공한 뒤에 대륙을 침략하는 구조로 이어졌다. 메이지 직후 일본은 중국식 중앙집권체제를 갖추고 유교를 원용한 국민·국가 이념을 만들기에 분주했으며 유럽에 대규모 사절을 파견하고 나서야 서구 제도를 받아들였다(小倉紀藏, 『朱子學化する日本近代』, 2012: 251-272; 요나하 준, 『중국화 하는 일본: 동아시아 문명의 충돌 1천년사』, 2013: 118-129). 또 변변한 공산품이 없어 적자재정을 극복하기 위해 한반도를 군사적으로 침공하였고 만주사변·중일전쟁을 일으켜 블록경제bloc economy를 만들었다(가토 요코, 2003: 55-96; 가토 요코, 『만주사변에서 중일전쟁으로』, 2012: 38; 가토 요코, 『왜 전쟁까지』, 2018: 46-49, 86-88, 239-240). 이후 비로소 1920-1930년대 전반에 약 15년의 짧은 호황을 누렸으므로 19세기 말-20세기 초 고종대 개화 정책에 비해 메이지 일본이 압도적 우위에 있지 않았다.

시기상으로나 정책상으로 이와 유사한 측면이 있었다.[85] 정조의 도고都賈 정책, 화성의 경영, 금난전권禁亂廛權의 폐지 등은 그들의 주장에 신빙성을 더해주었다.[86]

그러나 탕평정치는 명철한 철인군주哲人君主가 치통治統과 도통道統을 겸비한 군사君師의 지위를 확보하고 세도世道(정치 명분)를 주관함으로써 만들어지는 안정적인 정치구조였다. 역설적이게도 어린 임금이 즉위하여 척신戚臣이 세도를 위임받으면 국왕의 권능은 유동적으로 변했다. 군주제하에서 후왕이 선왕의 왕위를 물려받아 권력을 행사하더라도 처음부터 권위까지 가질 수는 없었다.[87] 통상 군주가 즉위하면 의정대신議政大臣은 경륜이 높은 신하로서 정성을 다해 보좌했으나 심복心服하는 수준에 이르지는 못했으며, 임금은 자신이 직접 뽑은 관원이 점차 성장하여 재신宰臣(2품)이나 대신大臣(1품)에 이르고 나서야 비로소 신료들을 온전히 장악할 수 있었다. 이 때문에 혹자는 붕당정치론의 시각에서 탕평이 건전한 견제와 균형에 의한 통치가 아니었기에 세도정치로 이어졌다고 비판하기도 한다.[88] 그런데 앞서 살폈듯이 1990년대 이후 탕평의 개

---

84 "國依於民, 民依於國, 非民無以爲國, 非食無以保民."『承政院日記』, 康熙 17年 (숙종 4) 5月 10日(己酉);"蒼蒼之命我爲君, 非爲君也, 乃爲民也. 天命去就民心向背, 專由於斯民之濟不濟, 不愛民不濟民, 民心怨而天命去, 雖在君位, 卽獨夫也."『列聖御製』卷30, 英宗大王, 文, 恤私民綸音仍示元良〈奎1803-18〉; 김백철, 「영조의 순문과 위민정치: '애민'에서 '군민상의'로」, 2012b: 215-220(김백철, 2014a).

85 Christopher Lovins, *King Chŏngjo: An Enlightened Despot in Early Modern Korea*, 2019.

86 김성윤, 1997a.

87 Carl J. Friedrich, ed., *Authority*, 1958: 3-27, 81-112.

88 石井壽夫,「後期李朝黨爭史について一考察: 後期李朝理學至上主義國家社會の

념과 평가는 "군주의 강력한 권위에 의한 신료 억압"에서 "개혁의 모색"으로 전환되었다. 17세기 붕당정치론은 척신 정치를 비판하면서 등장하였고, 18세기 탕평정치론은 잦은 환국 현상의 대안으로 나타났으며, 19세기 세도정치는 처음에 어린 군주를 보좌하기 위해 세도를 위임받아 등장하였으므로 정치론을 절대선이나 절대악으로 평가하기는 곤란하며, 시대정신을 얼마나 담아냈는가에 따라 치폐置廢를 거듭했을 뿐이다.[89]

세간의 선입견과 달리 18세기와 19세기의 정치체제는 상당 부분 이어져 있다. 탕평군주가 추진한 중앙집권체제의 고도화는 세도정치기에도 유지되었다. 세도는 처음에 위임받은 권력으로서 행사되었으며, 정순왕후의 철렴撤簾 이후 집권에 성공한 시파 정권은 순조를 보필하는 데 온 힘을 기울여 임금이 국정을 한눈에 살필 수 있도록 복잡한 정사를 군정과 재정으로 요약한 『만기요람萬機要覽』(순조 8, 1808)까지 편찬하였다. 특히 세도를 위임받은 김조순金祖淳은 각신閣臣 출신으로 정조가 스승이었고 순조가 사위였으므로 노심초사하며 국정을 보좌했다. 순조 역시 정사에 열심히 임하였고 영조·정조를 본받아 장문長文의 글을 직접 지어 신료에게 하교하였다. 심지어 홍경래洪景來 난(순조 11-12, 1811-1812)이 발생했을 때도 가혹할지언정 신속함을 놓치지 않고 반란을 토벌하였다. 탕평군주가 구축한 통치 체제는 한 치의 오차 없이 돌아가고 있었다.

그러나 정작 문제는 군주의 나이가 아니었다. 순조는 11세에 즉

消長よりみたる(一)·(二)·(完)」, 1940[이태진 편, 1985]; 오수창, 「18세기 조선 정치사상과 그 전후 맥락」, 2012: 25-48(역사학회 편, 『정조와 18세기』, 2013).

89 김백철, 2021a: 69-72.

위하였고 각신 출신의 시파 신료들이 중심으로 그를 보좌하였다. 홍경래 난이 수습되고 군주가 성인(22세)이 되자 김조순을 필두로 십여 년간 보좌해온 노신들이 은퇴하기 시작하여 사실상 순조를 거스를 이는 없었다. 하지만 『순조실록純祖實錄』을 보면 순조 13년(1813)부터 주로 경연(畫講·召對·夜對·別講)이 실려 있고 일부 형식적 기록(任免·氣候·儀禮·科學)으로 채워져 있다. 실록은 국왕의 정사 위주로 기록하므로 임금이 태업하면 그 내용이 충실해지기 어렵다. 순조는 선왕을 계승하여 매번 애민愛民을 주제로 글을 써서 신민에게 반포해왔으나 홍경래 난을 계기로 백성에게 외면받았다고 생각했는지 더 이상 정사에 간여하지 않았다. 그동안 선왕으로부터 위임받은 '세도世道'는 신왕을 보필하는 명분으로 사용되어왔으나 이후에는 군주의 공백(순조 13-20, 1813-1820)을 이용해 호가호위狐假虎威하는 '세도勢道'로 변질되고 말았다.[90] 정조대 각신 출신이 은퇴하자 다음 세대는 순조와 사적인 유대감이 많지 않았다. 물론 순조는 재위 후반기(순조 21-34, 1821-1834)에 장문의 하교를 간헐적으로 내리고,[91] 18세의 효명세자孝明世子에게 대리청정代理聽政(순조 27-30, 1827-1832)을 명함으로써 왕권을 회복하고자 노력했으나 한번 내놓은 권력을 되찾기는 쉽지 않았다. 이러한 상황을 살펴봤을 때 세도

---

[90] 오수창, 「세도정치의 성립과 전개」, 1997: 201-202.
[91] 『純祖實錄』卷23, 純祖 21年 5月 庚戌(1日); 『純祖實錄』卷24, 純祖 21年 11月 丁卯(20日)·戊辰(21日)·12月 己卯(3日)·庚辰(4日)·辛巳(5日)·乙酉(9日)·庚寅(14日); 『純祖實錄』卷25, 純祖 22年 正月 丙寅(20日); 『純祖實錄』卷26, 純祖 22年 10月 庚申(19日); 『純祖實錄』卷27, 純祖 25年 11月 癸巳(10日); 『純祖實錄』卷28, 純祖 26年 4月 壬戌(11日); 『純祖實錄』卷29, 純祖 27年 4月 己酉(4日); 『純祖實錄』卷31, 純祖 30年 8月 丁酉(12日)·9月 丙辰(1日); 『純祖實錄』卷32, 純祖 31年 2月 甲申(1日)·12月 丁酉(19日); 『純祖實錄』卷33, 純祖 33年 4月 丙寅(26日)·庚午(30日)·6月 戊申(9日); 『純祖實錄』卷34, 純祖 34年 7月 己卯(16日)·乙酉(22日).

정치의 책임을 단지 탕평정치나 정조에게 전가하는 것은 타당하지 않음을 알 수 있다.

3) 20세기 패러다임의 전환

이러한 패러다임의 전환이 일어난 원인은 무엇이었을까? 이는 아마도 18세기의 유산이 20세기 사회적 변화에 따라 재평가되었기 때문으로 보이는데, 이를 정치·경제·학술·문화 면에서 보다 구체적으로 살펴보려고 한다.

첫째, 정권교체이다. 문민정부(1993)의 태동은 군사독재를 종결 짓는 의미가 강했다. 이보다 앞서 민주화 항쟁(1987)의 결과로 신군부를 붕괴시키고 대통령 직접선거제도를 회복함으로써 제6공화국 헌법 체제를 수립하였으나 집권 세력은 쉽게 바뀌지 않았다.[92] 한 번에 민주화를 달성하기 어려웠던 만큼 개혁의 열망도 갈수록 강해졌다고 볼 수 있다. 특히 문민정부는 사설 조직인 하나회를 해체하고 신군부의 쿠데타를 심판하여 내란죄로 단죄함으로써 군인정치 시대를 종결짓고 정당한 역사 평가를 강조하였다. 이때 '역사 바로세우기'의 일환으로 왕정을 상징하는 법궁(景福宮)을 가로막고 있던 조선총독부 건물을 해체하였다(1995).[93] 이는 일본제국의 조

---

[92] 당시 민주 진영·구군부 계열·신군부 세력이 제휴하여 집권하였으므로 완전한 의미의 민주화에는 일정한 한계가 있었으나 예상과 달리 개혁을 명분으로 내건 민주 진영이 정국을 주도하였다. 다음 선거(1998)에서도 여전히 민주 진영·구군부 계열이 제휴하여 집권하였으며, 민주 진영의 단독 집권은 2000년대에 가서야 비로소 이루어졌다. 이러한 한계에도 불구하고 약 30여 년간 점진적인 변화를 추구하여 평화적 정권교체를 이루어냈으므로 한국은 아시아에서 보기 드문 민주주의국가로 인정받고 있다.

선 지배 상징물을 제거한 것이다. 곧 일본제국에 항거한 독립운동과 독재정권에 저항한 민주화운동이 하나로 연결되면서 국민주권과 국가 정통성 회복에 집중한 결과였다. 그래서 사람들이 유독 개혁에 초점을 맞추어 정조와 그 시대에 그들의 바람을 투영한 것이다. 1990년대 민주화 이후에 가장 절실했던 것이 개혁의 희망과 실천이었는데, 아직 결핍을 느끼던 사람들에게 실제 개혁을 추진한 정조의 모습은 강렬한 인상을 남겼다. 다시 말해 현재의 개혁 의지가 신드롬의 가장 강력한 배경이 된 것이다.

둘째, 경제 환경의 급격한 변동이다. 1990년대 중반에는 흑자 속에서 경제에 대한 자신감이 충만했지만, 다시 쇠락기로 접어들지도 모른다는 불안감이 퍼져나갔다. 이것이 바로 외환위기 직전의 한국 사회의 모습이었다. 그동안 눈부신 경제성장을 이루어왔음은 믿어 의심치 않았으나 상승의 기운 속에서 존립 기반이 위협받고 있다는 위기의식이 팽배해졌다. 우리의 근원을 되찾으려는 움직임은 전통에 대한 관심으로 나타났다. 1990년대에는 자본주의맹아론이 더욱 확장되면서 18세기를 경제적 번영기로 재인식하였고, 이는 한국 경제의 도약 가능성을 과거 사례를 통해 검증하고자 정조

93 광복 이후 정부 청사로 쓰이다가 1980년대는 국립중앙박물관으로 사용되었으므로 실용적 가치를 주장하는 측의 반대도 많았다. 표면적으로 한일 간의 역사 분쟁이나 풍수지리가 논의되었으나, 실제로는 해체를 계기로 일본 내 세대 간의 인식 차가 커졌다. 그전까지 일본 학생들은 수학여행으로 조선총독부·서울역·서울 시청 등을 차례로 방문하면서 '식민지로서 조선'을 추억하고 식민지 근대화론을 체험하였으나 현장체험의 주요 대상이 사라진 것이다. 더욱이 2000년대 일본 역사 교과서가 우경화되면서 제국주의시대 침탈 사실이 삭제되었음에도 불구하고 처음부터 '선진국으로서 대한민국'을 경험한 10-30세대는 우리 문화에 대한 선입견이 작아져 한류를 보다 쉽게 받아들이고 있다.

시대에 주목하는 계기가 되었다. 당시 우리나라는 양적으로 경제가 팽창하고 중산층이 성장하였지만, 내부적으로는 경제개혁의 문제가 있었고 외부적으로는 늘어난 경제 규모만큼 국제사회 일원으로서 역할도 감당해야 했다. 금융 자율화(1992)를 확대하여 민간경제의 자율성을 강조하는 동시에 금융실명제(1993)를 통해 왜곡된 경제구조를 바로잡고자 하였고, 대외적으로는 세계무역기구 WTO의 출범(1995)으로 정부 정책은 점차 경제를 개방하는 방향으로 흘러갔다. 군부의 통제를 겪었던 민간에 자율성은 반드시 도달해야 할 이상처럼 인식되었다. 이는 정치개혁에서 경제개혁으로 관심이 옮겨오는 계기가 되었다. 다만 충분한 준비 없이 세계경제에 곧바로 편입되자 부작용도 적지 않았다.94 정치 분야에서 미완의 개혁이 완성되기까지 세월이 걸렸듯이 경제 분야에서도 시간이 필요했다. 우리나라가 국제기준에 부합하면서도 안정적 개방경제를 갖춘 것은 2000년대 이후가 되어서였다.

셋째, 학계 연구 방식의 변화이다. 한국사 연구 논저는 1980년대 초반에 이르러 비로소 한국인이 외국인(일본인)의 실적을 양적으로 추월하였으므로 1990년대는 한 단계 질적인 도약이 필요한 시기였

94 세계 금융시장에 경제를 개방하자 동남아 외환 사태가 우리나라에도 영향을 미쳤다. 국내에 들여온 단기자금이 급속히 이탈하여 국가부도 사태를 맞은 것이다. IMF 체제(1997-2001)가 들어서면서 구조조정이 단행되어 수많은 사람이 고통을 겪었다. 하지만 역설적으로 최단기에 외환을 상환하고 분식회계가 소멸함으로써 경제적 투명도를 확보하는 데 성공하였다. 이 사건은 한일 양국의 미래를 바꾸어놓았다. 일본은 구조조정을 회피하여 장기 불황을 의미하는 '잃어버린 30년'에 접어든 반면에 한국은 경제개혁을 마무리하여 선진국으로 발돋움하였다. 또한 농업 시장 개방도 처음에는 농민의 반발을 샀으나 결국 농업의 다각화에 성공하여 세계적 농업기술 강국으로 성장하는 계기가 되었다.

다. 1980년대 군사독재정권에 항거하는 민주화운동을 토대로 성장한 민중사학론은 역사학계에 막대한 영향을 미쳤다. 현대사를 연구하면 정부의 탄압을 받던 당시 상황에서 조선 후기 연구는 대체재로서 활용되는 측면이 많았다. 구체제로 전제된 왕정은 사실상 신군부를 상징하는 듯했고, 반정부 활동은 그 성격이 어떻든 혁명을 위한 봉기로 일방적으로 규정되었다. 독재정권 시기 불의한 현실에 맞섰던 행동하는 지식인은 존중받아 마땅했으나, 민주화 이후에는 이러한 연구 방식이 유지될 수 없었다.

이러한 흐름을 거쳐 오히려 전통시대의 인식은 부정에서 긍정으로 전환되었으며, 개혁이라는 지상과제에 다시 한번 역사 연구를 접목시키려는 움직임이 나타났다. 특히 조선 후기사 연구는 일본제국의 정체성론을 불식시키고, 민주화 항쟁 과정에서 구체제로 낙인찍힌 시대상을 벗어나 자주적이고 주체적 역사 인식을 회복하는 과정이기도 했다. 이처럼 동시대의 현실 인식과 역사학의 방향성은 꾸준히 궤를 같이하였다.

한편 광복 이후 수십 년간 식민사관 극복 운동이 전개되었으나 선한 목적에도 불구하고 검증 과정의 타당성 문제는 여전히 논란으로 남았다. 1990년대 중반 학계는 그동안 집대성해온 내재적 발전론을 구성하는 다양한 이론틀에 대해 스스로 국수주의 비판론을 제기하기에 이른다. 문제의 관건은 식민사관을 비판하는 과정에서 파생된 국수주의를 넘어서 객관적이고 비판적인 전통문화의 계승으로 도약하는 것이었다.

그동안 조선 후기사 연구는 1930년대 실학 담론이 본격적으로 제기되면서 사상사에 집중되었고, 1960년대 자본주의맹아론을 필두로 사회변동 논쟁이 일어나 사회사·경제사에 주목하였다.[95] 1980년대 붕당정치론, 1990년대 탕평정치론이 연이어 제기되면서 균형 잡힌 정치사 이해가 필요해졌고,[96] 1990년대 중반 정조시대의 재평가와 맞물려 진경문화론까지 제창되자 문화사가 각광받았다.[97] 이렇게 사상·경제·사회·정치·문화 등 다양한 분야에서 연구가 축적됨으로써 일본제국주의가 망국의 과정으로 왜곡시킨 조선 후기사 대부분이 복권되었다. 교육과정 역시 그에 맞추어 변화하여 마지막 국정교과서(2002)에 모두 수용되었다.[98] 2000년대에는 선진국의 반열에 이르자 세계 체제 속에서 역사를 재조명하려는 시도까지 나타났고, 이는 중화 보편 논쟁으로 이어졌다.[99] 이러한 학계의 문제의식과 고민은 연구의 질적 향상에 크게 기여하였다.

넷째, 문화의 인식 변화이다. 1980년대부터 전통을 긍정하는 인식이 꾸준히 퍼져나갔다. 기실 광복 이후에도 식민지 교육의 여파로 당파성론을 상식으로 간주해온 사람들에게 붕당정치론이 수용된 이유는 경제성장으로 여유를 되찾고 나서 전통시대에 대해 다소 관대한 시선을 가질 수 있었기 때문이다. 식민지로 전락한 직접적인 원인은 일본제국의 군사적 침탈이었음에도 불구하고 식민사

[95] 이태진,「조선후기 양반사회의 변화: 신분직역제와 향촌사회 운영구조변동을 중심으로」, 1992b: 129-226(이태진,『한국사회사연구』(증보판), 2008).
[96] 이태진 편, 1985; 이태진 외 편,『조선후기 탕평정치의 재조명』상·하, 2011a·2011b.
[97] 진경문화론은 중국식 화풍을 벗어나 조선의 독자적 예술 양식의 탄생에 주목한 것이다. 최완수 외,『진경시대』1-2, 1998; 유봉학,『실학과 진경문화』, 2013; 한국민족미술연구소,『진경문화: 찬란한 우리 문화의 꽃』, 2014.
[98] 국사편찬위원회,『고등학교 국사』상·하, 2002.
[99] 중화 보편 논쟁은 일본제국주의가 사대주의로 왜곡시킨 중화 담론의 실체를 규명하려는 것이다. 당시 등장한 '중국 없는 중화'는 우리 지식인의 기준에서 국제표준을 찾으려는 시도였음을 확인한 것이다. 인하대학교 한국학연구소 편,『중국 없는 중화』, 2009; 우경섭,『조선중화주의 성립과 동아시아』, 2013.

학은 오랫동안 붕괴의 요인이 내부에만 있는 것처럼 호도해왔고, 이는 조선왕조에 대한 원망과 비난으로 점철되었다. 설령 망국의 책임을 비판하더라도 우리의 주체적 시각에 기반해야 했으나, 그동안 일본제국이 정리해놓은 식민 지배 논리를 그대로 답습한 것이 문제였다. 세 차례나 독재정권이 들어선 불의한 현실이었음에도 일단 국가의 주권을 회복하고 생계가 보장되자 마음의 여유가 생기기 시작했다.

1980년대 후반에는 이미 국악國樂의 저변이 확대되고 있었고, 방송사에서 자연이나 역사를 다루는 다큐멘터리를 간헐적으로 제작하기 시작했다. 1990년대에는 전통문화도 충분한 상품가치가 있다는 인식이 퍼져나갔고, 이는 역사 다큐멘터리의 정규편성으로 나타났다. 이른바 '전통문화로의 회귀'는 우리 문화에 대한 관심이 커지면서 서양(혹은 근대) 지상주의가 조금씩 균열을 일으켰음을 보여준다. 한편 과거에는 대한제국이 일본제국과 경쟁에서 패하자 동도서기東道西器·구본신참을 통해 전통과 근대의 접합점을 찾아보려던 노력이 모두 비판받았다. 심지어 서도서기西道西器를 천명하여 정신까지 서구화시켜야 했으나 그러지 못했기에 근대화에 실패하고 말았다는 맹목적인 비난마저 횡행하였다. 눈앞의 현실이 가난한 식민지인지 풍요로운 독립국인지에 따라 동일한 전통에 대한 가치판단이 현저히 달라진 것이다.

전통의 재인식은 단지 정체성을 보존하는 최소한의 민족주의를 넘어서 때로는 배타적인 국수주의 색채를 넘나드는 위태로운 수준까지 도달하였다. 이는 개화기 이래 우리의 모든 것을 비효율적으로 보고 서구의 제도만을 최고로 생각해온 결과가 정신문화의 황폐화를 가져왔다는 자각에서 비롯된 것이다. 이러한 흐름 속에서 정조의 탁월한 업적은 더 이상 설명을 덧붙이지 않더라도 대중의

의식 속에 뿌리내리기에 충분했다.

더욱이 프랑스 외규장각 도서 반환 운동은 해외에 산재한 약탈문화재에 대한 인식을 새롭게 하고 우리 전통문화의 가치를 새삼 자각하는 계기가 되었다. 이는 외규장각 도서의 배경이 되는 18세기사의 새로운 인식으로 이어졌다. 또한 수원학이 대두되었는데, 이는 지방자치의 부활(1991-1995)과 함께 전통문화의 경제적 가치에 눈뜨는 계기가 되었다. 이에 정조 화성행차를 재연하거나 정조시대를 배경으로 하는 공연이 지역축제로 기획되었다. 특히 1997년 화성의 유네스코 세계문화유산 등록이 이러한 흐름을 확고히 하였다. 이 외에도 역사 드라마와 영화의 제작, 대중 서적의 꾸준한 출간 등은 전통문화에 대한 갈증을 대중문화로 확산시키는 촉매제 역할을 하였다. 또한 역사소설이 유행하면서 조선 후기사는 『영원한 제국』이라는 제목에서도 알 수 있듯이 하나의 염원으로 인식되었고, 이는 19세기 말 자주적인 근대국가 수립 운동의 좌절이 이미 1800년 정조의 훙서에서 비롯되었다는 그릇된 믿음으로 굳어졌다.

4) 21세기 해외 연구의 흐름

우리나라에 대한 해외의 인식은 장구한 세월 동안 동북아시아의 '조선朝鮮', 동남아-서남아-북부 아프리카 바닷길 국가(이슬람 지역)의 '신라silla', 중앙아시아-유럽 비단길 국가의 '고려corea' 등으로 교류한 지역과 시기에 따라 다양하게 나타났다.[100]

그러나 근대 한국학(제국주의시대 지역학)의 이미지는 일본제국의 목적과 편의에 따라 만들어졌다. 대표적인 사례로는 『일본서기日

---

[100] 김백철, 「세계 속 한류의 대두와 역사적 배경」, 2014b: 358-365.

本書紀』의 임나일본부任那日本府(神功皇后)가 있다. 실제 보급은 한국을 방문한 적도 없는 자연과학 전공의 윌리엄 그리피스William E. Griffis가 다이가쿠 난코大學南校(東京帝國大學 전신)에 고용되어 왜곡된 시각으로 『은자의 나라 한국Corea, the hermit nation』(1882)을 집필함으로써 서구권에 고립된 한국의 이미지를 전제로 식민사학의 원형을 전파하면서 이루어졌다.101 이후 하야시 다이스케林泰輔가 『조선사朝鮮史』(1892)를 통해서 한국사에 임나일본부를 편입시키려 했는데, 이는 국내뿐 아니라 중국에도 악영향을 미쳤다. 이 책은 후속작인 『조선근세사朝鮮近世史』(1901)와 함께 현채玄采가 『중등교과

---

101 그리피스는 ① 일본의 한반도 영유권을 주장하기 위한 근거로서 임나일본부를 소개하였고, ② 일본 에도시대의 악습을 조선의 것으로 묘사하는 고려장을 최초로 날조하였으며, ③ 임진왜란을 일본의 승전으로 단정하고 부산(왜관)을 점령하고 있는 상황이 이를 뒷받침한다고 왜곡하였다. 실제로는 일본이 패전하여 도요토미 가문이 멸문을 당하고 정권이 바뀌었으며, 조선의 왜관은 일본의 데지마와 본질적으로 동일한데도 일본의 거짓을 진실로 받아들인 것이다. 특히 왜구의 조선 침탈 기록을 조선의 역사왜곡으로 치부한 대목이 가장 납득하기 어렵다. 그는 ④ 조선(통신사)을 에도막부에 조공을 바치는 존재로 묘사했고, ⑤ 고려 때 수용한 목화를 일본이 전수한 것처럼 서술했으며, 당쟁사관의 원형이 될 만한 소재를 체계적으로 수록하였다. 심지어 ⑥ 농업기술조차 일본이 전파했다고 서술했는데, 이는 일본이 에도시대에 이르러 관동평야 개발에 성공함으로써 비로소 조선의 농업생산량에 근접했던 사실과는 상반된 기술이다. 그의 저작은 일본인의 극우사관을 여과 없이 반영하고 있는데, 그가 일본 측 교육사업에 참여하고자 여러 차례 자금을 요청하다가 간신히 고용된 점이나 일본제국의 국권 침탈 이후 일본의 입장을 대변해온 점과도 무관하지 않다. 윌리엄 E. 그리피스, 1999: 87-88, 130, 207, 208, 209, 210-211, 298-301, 565; 안종철, 「윌리엄 그리피스(William E. Griffis)의 일본과 한국 인식, 1876-1910」, 2011: 6-7; 이영미, 「한국 관련 기록의 집대성: 그리피스(William E. Griffis: 1843-1928)와 『은둔의 나라 한국』」, 2020: 43.

동국사략中等敎科東國史略』(1906)으로 번안했는데, 통감정치기 학부에서 검정 교과서로 채택하였고 향후에도 식민 교육에 악용되었다.102 이는 안으로는 정한론征韓論의 정당성을 설파하고 밖으로는 서구 열강에게 한반도 영유권을 주장하기 위한 사전 작업이었다. 그래서 일본제국주의 침탈의 정당화를 목표로 "문명-야만"의 구도를 극대화하였다. 실제로 서양인 견문록 중 상당수는 일본제국이 만든 "문명의 일본 대 야만의 조선" 구도를 진실로 받아들였다.103 이는 일본이 개항 초기 유럽에 야만으로 알려졌기 때문에104 중

102 林泰輔,『朝鮮史』, 1892; 林泰輔, 1901; 玄采,『東國史略』, 1906.
103 외국인의 한국 여행기가 모두 객관적이지는 않았다. 비숍·그리피스·커즈·위그햄·런던 등은 일본의 제국주의 논리를 정당화해나간 반면에 맥켄지·헐버트·게일·테일러 등은 일본의 침략 행위를 고발하였다. 【일본 논리 정당화】 윌리엄 E. 그리피스, 1999; 이사벨라 버드 비숍,『한국과 그 이웃 나라들』, 1994; G. N. 커즌,『100년 전의 여행 100년 후의 교훈』, 1996; 잭 런던,『잭 런던의 조선사람 엿보기: 러일전쟁 종군기』, 2011; 헨리 위그햄,『(영국인 기자의 눈으로 본) 근대 만주와 대한제국』, 2009; 【일본 침략 고발】 F. A. 맥켄지,『대한제국의 비극』, 1999; 호머 헐버트,『대한제국멸망사』, 1999; 제임스 S. 게일,『조선, 그 마지막 10년의 기록(1888-1897)』, 2018; 메리 린리 테일러,『호박 목걸이』, 2014.
104 서양인 견문록에서는 일본인을 중국인·한국인과 비교하여 체구가 작은 사람으로 묘사하거나 일본인과 비교하여 중국인·한국인을 코카서스족(백인, 문명화·선교가 가능한 사람)으로 구분하기도 했다(이사벨라 버드 비숍, 1994: 35; 에른스트 폰 헤세-바르텍,『조선 1894년 여름』, 2012: 18-19; 아손 그렙스트,『스웨덴 기자 아손, 100년 전 한국을 걷다: 을사조약 전야 대한제국 여행기』, 2005: 57; E. 와그너, 「한국의 아동생활」, 1999: 21; 오페르트,『금단의 나라 조선』, 2019: 7-8). 단 선교 초기에는 일본도 백인으로 분류한 기록이 없지 않으나 극히 드물다. 또한 에도(東京)의 나체 풍속·성풍속은 이상한 문화로 묘사했다(Matthew Calbraith Perry, *Narrative of the expedition of an American squadron to the China Seas and Japan*, 1857: p.405; 시미즈 이사오,『메이지 일본의 알몸을 훔쳐보다』 1, 2008a: 67-149; 시미즈 이사오,『메이지 일본의 알몸을 훔쳐보다』 2, 2008b: 13-

국·조선에 이미지를 역전시키려는 작업의 일환이었다.[105] 불행히도 이러한 인식은 한류의 확산에도 불구하고 아직까지 서구권에서 '식민지 근대화론'으로 잔존함으로써 크게 깨지지 못하고 있고,[106] 일본제국의 침략 논리인 타율성론·정체성론은 여전히 영향을 미치고 있다.[107]

122; 에른스트 폰 헤세 바르텍, 2012: 18-19; Amy Stanley, *Selling Women: Prostitution, Markets, and the Household in Early Modern Japan*, 2012: 2, 189).

[105] 신현승, 『제국 지식인의 패러독스와 역사철학』, 2016: 17-142; 정준영, 「이마니시 류의 조선사, 혹은 식민지 고대사에서 종속성 발견하기」, 2017: 283-326; 이태진, 『일본제국의 '동양사' 개발과 천황제 파시즘』, 2022a: 34-56, 135-142; 이태진, 『일본제국의 대외 침략과 동방학 변천』, 2022b: 110-142, 149-155. 244-266.

[106] 일본제국의 침탈이 있었지만 자본주의 자체는 근대의 유산이며 이것이 식민지 시기에 만들어진 것은 객관적 사실이라는 주장이다. 이 주장은 영국·일본이 전통시대 유산과 자본주의를 연결 짓는 방식은 철저히 외면하고 조선만 전통시대와 단절시켜 오직 식민지 시기 이식에 의해서만 경제가 발전했다는 것이다. 여기에는 그리피스가 주장한 야만 지역에 대한 일본의 문명화라는 시각이 전제되어 있다. 【정체성론: 식민지 근대화론】에드윈 O. 라이샤워, 「메이지시대의 근대화」, 1989c: 100-153; 카터 에커트, 『제국의 후예: 고창 김씨가와 한국 자본주의의 식민지 기원, 1876-1945』, 2008: 371-379; 오드 아르네 베스타, 『제국과 의로운 민족: 한중 관계 600년사』, 2022: 108-119.

[107] 대표 사례를 들자면 초창기에는 ① 임나일본부가 주장되었으나(그리피스·하야시·라이샤워) 현재는 ② 한국사의 기원을 한사군으로 서술하거나(라이샤워·키신저·도이힐러) ③ 신라하대-조선 말 단일 지배층을 주장하는 것이 있다(던컨·도이힐러). 고조선이 붕괴되고 한사군이 들어섰음에도 한국사의 시작을 한사군부터 서술하는 것은 하야시의 시각이다. 도이힐러는 한사군을 유교문화 도입 시기로 한정하고 있으나 전통적인 인식은 고조선 기자 시기에 들어왔고 고대사 연구자들은 삼국시대로 상정하고 있다. 따라서 굳이 한사군을 연원으로 삼은 것은 라이샤워 이후의 하버드 학풍으로 이해된다. 또한 단일 지배층설은 19세기 만들어진 족보族譜에서 주로 시조

그럼에도 2000년대 이후로 국내 연구 성과를 해외에서 직접 활용하는 빈도가 늘어나는 추세이다. 최근 크리스토퍼 로빈슨Christopher Lovins의 신간(2019)[108]은 제국주의시대의 편견을 거의 극복한 최초의 연구가 아닐까 싶다. 특히 이는 해외에서 탕평군주 정조의 치세를 본격적으로 다룬 첫 연구이기도 하다. 물론 탕평군주 영조의 연구는 이보다 앞서 산출되었으나[109] 해외에서는 한동안 후속 연구가 나오지 못했다. 왜냐하면 한국사 연구는 18세기사가 상당 부분을 점하고 있으므로 외국인 연구자가 선행연구를 착실히 섭렵

의 연원을 신라하대 관직으로 나열하고 있는데 이를 지나치게 맹신한 형태에 불과하다. 실제로 신라 때부터 이어진 가문이 없지 않지만 신라시대 경주 중심의 골품제 사회와 고려시대 전국을 대상으로 하는 본관 제하 호족을 동일시하기는 어려우며, 고려시대 호족·문벌귀족·무신·권문세족·신진사류·신흥 무장세력 등도 출신 성분이 일치하지 않는다. 더욱이 여말선초 품관品官·한량閑良·첨설添設 등이 사족 모집단에 대거 합류했으며, 조선은 후기로 갈수록 양반 인구가 급격히 팽창하였다. 곧 실제로 한국 사회는 신분이 점차 상향평준화되면서 발전해왔는데, 이러한 역사적 사실을 도외시한 채 극소수의 엘리트 집단만을 일반화한 주장이다. 【타율성론: 임나일본부-남부 지배설】林泰輔, 1892; 윌리엄 E. 그리피스, 1999: 87-88; 에드윈 O. 라이샤워, 「고대 일본: 중국문명의 섭취」, 1989b: 411; 【타율성론: 한사군-역사 시작설】에드윈 O. 라이샤워, 「초기의 한국: 중국형 국가의 출현」, 1989a: 350-352; Martina Deuchler, *The Confucian Transformation of Korea: A Study of Society and Ideology*, 1995: 14[『한국 사회의 유교적 변환』, 2003]; John B. Duncan, *The Origins of the Chosŏn Dynasty*, 2000: 266-283[『조선왕조의 기원』, 2013]; 헨리 키신저, 『헨리 키신저의 중국 이야기』, 2012: 111-117; 마르티나 도이힐러, 『조상의 눈 아래에서: 한국의 친족, 신분 그리고 지역성』, 2018: 47; 김백철, 2021a: 386-392; 【정체성론-단일 지배층설】존 B. 던컨, 2013: 382-406; 마르티나 도이힐러, 2018: 705-729.

---

[108] Christopher Lovins, 2019.

[109] Jahyun Kim Haboush, *A Heritage of Kings: One Man's Monarchy in the Confucian World*, 1988[『왕이라는 유산』, 2017].

하면서 아직 연구하지 않은 주제를 찾는 데는 어려움이 있기 때문이다. 이러한 상황에서 로빈슨이 정조 치세 전체를 연구 대상으로 삼은 것은 대단한 용기라고 생각한다.

이 책은 7개 주제로 구성되어 있는데,[110] 극히 최근에 이루어진 일부 연구를 제외하면 국내외 연구 성과를 거의 자유자재로 다루면서 정조 치세를 그려내고 있다. 대체로 한국사의 개별 연구 성과는 국내 연구 성과에 의지하고 비한국학 분야는 해외의 다양한 연구를 원용함으로써 독자적 시각을 담아낸 이론 모델을 만들고자 시도하였다. 그것이 바로 '한국 근세 계몽전제군주An Enlightened Despot in Early Modern Korea'라는 부제副題에서 드러난다. 여기에서 논점은 크게 두 가지이다. 첫째, 정조는 '계몽전제군주'인가? 둘째, 18세기는 '근세'인가? 이러한 논의는 1장·7장에서 집중적으로 나타나는데, 유럽의 절대왕정과 비교하면서 정조 치세에 대한 가치 판단을 시도하였다. 국내 연구자에게는 이 부분이 가장 흥미로울 것이다. 반면에 조선시대 역사에 대한 기초 지식이 없는 외국인들에게는 2-5장의 국내 연구 성과 분석이 도움이 될 것이다.

무엇보다 1장에서 빅터 리버만Victor Lieberman의 모델을 원용하여 '근세'와 '절대주의absolutism'라는 단일 잣대로 동·서양사의 왕정을 비교하려는 태도를 보인 점이 상당히 인상 깊다.[111] 다만 이 책에서 생략한 개념어에 대해서는 사전에 정리할 필요가 있다.

먼저 17-20세기 전제주의(혹은 전제군주)는 두 가지 의미를 내포

---

110 Introduction, 1장 Early Modernity and Absolutism, 2장 Politics in Early Modern Korea, 3장 Politics of Confucianism, 4장 Power and Factions, 5장 Building a System, 6장 Military Matters, 7장 Chŏngjo in an Early Modern World, Conclusion 등이다.

111 Victor B. Lieberman, 2003.

한다. 하나는 부정적 형태의 독재 권력을 지칭하는데 중국을 비판 대상으로 설정한 몽테스키외·베버·비트포겔 등이 집대성한 것이다.[112] 다른 하나는 효율성을 극대화한 고도의 중앙집권적인 제왕의 통치 체제를 가리키는데, 중국을 발전모델로 삼아 계몽군주론을 설파한 프랑수와 케네가 주창한 것이다.[113] 19세기 중반 영국·프랑스가 제국주의 국가로 성장하자 후발주자인 독일은 서유럽·동유럽이나 서양·동양을 구분하는 인식을 전제로 학문을 발전시켰고, 제2차 세계대전 중에 독일 학자들이 미국으로 대거 망명하면서 오리엔탈리즘orientalism적 학문 경향이 미국 학계에 자리잡았다.[114]

한편 김자현은 1980년대 중국 청 왕조와 조선을 비교할 때 '오토크라시autocracy'를 사용하였는데,[115] 이는 유럽 사회를 발전적으로 평가하는 '절대주의'와는 별개로 설정된 개념이다. 이는 1950년대 유럽에서는 본래 절대왕정에 대한 비판적 관점에서 유래하여 동양의 전제정치부터 현대 독재 권력까지 다양하게 사용되었는데,[116] 1960년대 미국의 청대사清代史 연구에서 적극 원용하였고[117] 1980년

---

112 Montesquieu, *The Spirit of Laws*, 1949: i.18-19, i.25, i.27, i.57, i.32, i.57-60, i.64-66, i.116, i.122, i.129, i.205, i.212, i.297[『법의 정신』, 1988]; Georg Wilhelm Friedrich Hegel, *Lectures on the Philosophy of the World History*, 1975: 200-202[『역사철학강의』, 1978]; 막스 베버, 『지배의 사회학』, 1981: 128-132; Karl August Wittfogel, *Oriental Despotism: A Comparative Study of Total Power*, 1955: 101-136[『東洋的 專制主義: 總體的 權力의 比較硏究』, 1991].

113 François Quesnay, "Despotism in China", 1946: 109-304[『중국의 계몽군주정』, 2014].

114 김백철, 2014a: 43-45.

115 Jahyun Kim Haboush, 1988: 12, 125, 232.

116 Hans Kelsen, "Autocracy", 1949: 300-302.

117 Jonathan D. Spence, *Ts'ao Yin and the K'ang-hsi Emperor: bondservant and master*, 1965: 17; Jonathan D. Spence, "Autocracy at Work: A Study of the

대 명대사明代史 연구에서 구체화되었다.[118] 김자현은 이것을 18세기 조선에 적용하여 중국과 조선을 비교한 것이다.

반면에 이태진은 1990년대 동부 유럽 프로이센의 모델을 정조와 비교하였다.[119] 비록 '유교적 계몽절대군주'라는 평가에서 용어상 '계몽'과 '절대'가 결합되어 있으나 내용상 유럽 서부를 선진 절대주의로, 동부를 후진 계몽전제주의로 구분하는 시각을 토대로 분석한 것이다.

다만 최근 국내외에서는 예수회 연구를 통해 서구 계몽주의시대 근대국가 모델의 연원을 중국의 명·청대 국가체제에서 찾는 정반대의 연구 산물이 나타나고 있는 실정이다.[120] 앞서 살폈듯이 1960년대부터는 유럽 통합의 논의가 본격화되자 유럽 전체를 단일한 관점에서 '계몽절대주의' 내지 '계몽전제주의'로 혼용하여 부르고 있다.[121]

Yungcheng Period, 1723-1735 by Pei Huang", 1976: 933-934.

[118] John W. Dardess, *Confucianism and Autocracy: Professional Elites in the Founding of the Ming Dynasty*, 1985.

[119] 이태진, 1993.

[120] François Quesnay, 1946: 109-304; 朱謙之, 『中國思想對於歐洲文化之影響』, 1940[『중국이 만든 유럽의 근대』, 2010]; David E. Mungello, *Curious land: Jesuit accommodation and the origins of Sinology*, 1989[『진기한 나라 중국: 예수회의 적응주의와 중국학의 기원』, 2009]; David E. Mungello, *The great encounter of China and the West, 1500-1800*, 2005[『동양과 서양의 위대한 만남, 1500-1800』, 2009]; 조혜인, 『공민사회의 동과 서』, 2009; 조혜인, 『동에서 서로 퍼진 근대 공민사회』, 2012; 황태연, 『17-18세기 영국의 공자 숭배와 모럴리스트』 상·하, 2020a; 황태연, 『근대 독일과 스위스의 유교적 계몽주의』, 2020b; 황태연, 『근대 프랑스의 공자 열광과 계몽철학』, 2020d.

[121] Fritz Hartung, "A Definition of Enlightened Despotism", 1967: 28-31; George Dutcher, "The Importance of Enlightened Despotism", 1967: 1-6;

이를 토대로 보면 로빈슨은 보다 진전된 연구사를 바탕으로 유럽을 통합적으로 인식하는 사고를 넘어서 동·서양을 동일한 잣대로 재평가하려는 시도까지 보여주고 있다. 특히 그는 현대 법치의 개념을 시대를 초월하여 적용하는 데 명백히 반대하면서 역사 해석에 매우 신중한 자세를 취한다. 그는 국왕은 여전히 왕국을 보호하고 보존해나갈 의무가 있었다고 지적하는데, 마치 영국 의회주의의 전통 속에서 법치주의를 경제적 의미로 좁게 해석하지 않으려고 노력하는 듯하다. 이는 그가 인용한 프랜시스 후쿠야마Francis Fukuyama가 제시한 법치주의에 대한 다양한 해석 방식과 맥이 닿아 있다.[122] 또한 '유교'를 덧붙여서 여전히 동양을 특수화시키기는 해도 한국사나 중국사에 '유교 국가의 법률적 규범Legal Norms in a Confucian State' 내지 '유교적 입헌주의Confucian Constitutionalism' 개념을 설정하려는 시도와 유사하다.[123] 이는 한국학 연구에서 오리엔탈리즘을 넘어서는 균형 잡힌 시각을 보여주는 모범적인 사례로 평가할 수 있다.

다만 리버만 모델을 유럽사에 한정하여 보면 중앙집권적 영역국가를 근세 절대주의라고 부를 수 있겠으나, 동아시아처럼 역사

John G. Gagliardo, *Enlightened Despotism*, 1967: v-vii; Isser Woloch, "Political Thought and Enlightened Absolutism", 1982: 246-251; Jeremy Black, "Enlightened Despotism", 1990: 377-381.

[122] 후쿠야마는 서구의 국가 이론을 전제로 하되 중국 고대 법가에서 법치주의의 원류를 찾아서 진秦 제국의 국가 통치와 입법 관계를 살펴보았고, 이를 확장시켜 법치 모델로서 후대의 동서양에 적용하였다. 이는 서구 중심주의에서 17세기 영국의 법치주의나 19세기 독일의 법치국가를 법치의 기준으로 삼는 것과는 다른 인식이다. Francis Fukuyama, 2012: 115-116, 119-124, 132-133, 181-182, 276, 289.

[123] William Shaw, *Legal Norms in a Confucian State*, 1981: 3-42, 116-148; Jiang Qing, ed., *A Confucian Constitutional Order*, 2013: 27-112, 139-160.

가 장구한 왕조 국가에서는 중앙집권적 영역 국가가 존재하지 않았던 시기가 드물다. 리버만 모델에서 제기한 중앙집권적 왕정의 국왕 역할은 국가가 출현할 때 나타나는 보편적인 현상으로 보인다. 최근의 연구 경향 역시 유럽의 '근대(혹은 근세)'에 국한되는 국가 이론을 비판적으로 보고 있다.[124]

게다가 '근세' 개념 역시 리버만 등의 견해를 전제해서인지 논의 과정이 생략된 듯한데 기본 개념에 대한 연구가 좀 더 다루어졌다면 이 책에서 고민하는 내용을 보다 자연스럽게 연결 지어 논할 수 있었을 것이다. '근세' 개념은 일본에서 당송 변혁기론을 입안하는 과정에서 만들어졌다.[125] 영미 학계에서는 본래 '르네상스'를 '중세에서 근대로의 이행기'로 풀이했는데, 이것이 동양에서 '근세'로 번역되자[126] 오히려 서양에 역수출된 듯하다. 심지어 후쿠야마는 동양의 전제주의를 설명할 때 당송 변혁기론을 차용하였다.[127] 그동안 시대사 구분이나 왕정 체제를 규정하는 용어의 검토가 몇 차례 이루어져왔는데,[128] 동아시아에서 '근세'는 한국에 수입되어 다양한 의미로 변천되다가 한국사 연구에서는 폐기되었고, 일본에서는 여전히 즐겨 쓰는 개념으로 일본사 연구(에도시대)에

---

[124] David C. Kang, 2012; 아자 가트·알렉산더 야콥슨, 2020; 김백철, 2021a.
[125] 內藤湖南,『中國近世史』, 1947.
[126] Wallace Klippert Ferguson, *The Renaissance*, 1940[『서양근세사: 중세에서 근대로의 이행』, 1989]. 이 외에도 한국·일본의 서양사학계에서는 '서양근세사'라는 이름으로 많은 단행본이 출간되었다. 大類伸 외,『西洋近世史』, 1936; 齋藤淸太郎,「西洋近世史講話」, 1930: 463-464(이상 서울대학교 중앙도서관 고문헌실 소장); 前川貞次郞 외,『西洋近世史』, 1953; 차하순,『서양근세사: 르네상스의 사회와 사상』, 1973; 조경래,『西洋近世史』, 1987.
[127] Francis Fukuyama, 2012: 290-291.
[128] 김백철, 2014a; 이헌창,「조선왕조의 정치체제: 절대군주제」, 2017.

적용되고 있다.

한편 로빈슨이 비교 과정에서 가장 준거로 많이 이용한 모델은 프랑스 루이 14세Louis XIV와 중국 청대 건륭제乾隆帝이다. 특히 전반적인 구도를 프랑스 가톨릭 왕조 대 중국 유교 왕정의 비교로 바라보는 점이 흥미롭다. 청대 강희제·옹정제·건륭제나 프랑스 루이 14세·15세·16세 등의 변화 과정을 비교 잣대로 활용하고 있다. 양자를 일방적으로 동일시하지 않으면서도 공평한 가치척도하에서 동·서 왕조의 유사성을 살펴보고 진지하게 차이점도 하나하나 제시함으로써 비교사의 관점을 충실하게 구현해냈다.

첫째, 청 건륭제는 유교 왕정이라는 관점에서 조선과 유사점이 있음을 다룬다. 이에 정부나 유교 관료 집단 등을 사례로 제시한다. 그러면서도 명대 군사 영웅을 꿈꾼 영락제永樂帝와 건륭제가 대별되는 지점을 제시하고, 이를 다시 정조와 비교한 점이 흥미롭다. 중화의 상징인 한족은 군사적 측면에 주목하고 야만으로 간주되던 만주족은 문치주의의 상징에 유의하여 일종의 '역할 바꾸기'를 보여준다. 이 과정에서 청대에 한대漢代 정현鄭玄을 문묘에 종사從祀하고 고증학이 진작된 분위기를 제시하였는데 이는 마치 김문식의 한漢·송宋 절충적 평가[129]를 떠올리게 한다. 하지만 이 대목에 상당히 공감하면서도 동시에 군사 영웅이 되고 싶어 원정遠征에 나갔다가 실패했던 건륭제의 모습을 간과한 점이 다소 아쉽다.[130]

나아가 청대 비밀 상소인 주접奏摺과 정조의 비밀 어찰도 비교한다. 전자는 신하들이 황제에게 보고하는 것, 후자는 왕이 신하에

---

[129] 김문식, 『조선후기 경학사상 연구: 정조와 경기학인을 중심으로』, 1996.
[130] Mark C. Elliot, Emperor Qianlong: son of heaven, man of the world, 2009[『건륭제』, 2011].

게 내리는 것으로 그 방향에 다소 차이가 있긴 하지만 비밀리에 군신이 서로 소통했다는 공통점이 있다. 양자의 비교는 매우 신선하지만 기존 청대사 연구에서 주접은 소통보다는 황제 권력을 부양하기 위한 정보수집을 목적으로 하는 부정적인 이미지로 각인되어 있으므로[131] 세부 성격에 대한 추가 검토가 필요하지 않을까 한다.

둘째, 프랑스와 조선을 비교한다. 그는 청이 다민족 다문화의 거대 복합 제국이라는 점을 거론하면서 권력의 집중도 면에서 프랑스나 조선은 필적하기 어렵다고 평가하였다. 동시에 후쿠야마와 같이 17세기 프랑스 루이 14세의 치세를 '다소 약한' 절대주의라고 평가하면서 18세기 조선 정조의 치세도 비슷하다고 보았다. 조선 국왕이 상소나 공론公論의 제약을 받았듯이 프랑스 군주는 의회나 재상의 제한을 받았다는 점이나 심지어 결정을 내리기 전에 반드시 자문을 받아야 했다는 점을 들어 양자를 절묘하게 비교하였다.

또한 해의 왕(太陽王)과 달의 왕(萬川明月主人翁)[132]을 대비시킨 점

---

[131] 김인규, 「淸雍正帝의 통치기반과 통치철학」, 2013: 16-19; 차혜원, 「18세기, "손가감위조문서"와 淸朝의 정보 유통」, 2009: 45; 차혜원, 「18세기 청조의 언론통제와 관료사회」, 2004: 228-231.

[132] 정조의 만천명월주인옹萬川明月主人翁이 뜻하는 "만 개의 하천에 비친 밝은 달"(이태진, 1992a)은 완전히 독창적이기보다 세종世宗이 부처의 일대기를 지은 『월인천강지곡月印千江之曲』의 "달이 천 개의 강에 비친다"를 참조한 듯하다(『月印千江之曲』〈C12^8A〉(한국학중앙연구원 장서각 소장)). 이것 역시 원전原典은 『금강경金剛經』「무위복승분無爲福勝分」의 "갠지스강의 모래알만큼 많은 갠지스강이 있다면 이 모든 갠지스강의 모래알은 얼마나 되겠는가? … 칠보七寶로 갠지스강의 모래알만큼의 삼천대천세계三千大千世界를 보시報施한다면 그 복을 얻음이 많겠는가?"로 추정된다(석가모니, 『금강경』, 1992). 이미 남송대 진연陳淵(幾叟)은 '월락만천月落萬川'(宋翼弼, 『龜峯集』卷3, 雜著, 太極問)으로 비유했고, 주희朱熹도 '월인만천月印萬川'을 '이일분수理一分殊'로 해석하여 불교적이라는 비판을 받은 바 있다

도 흥미롭다.¹³³ 가톨릭의 수호와 유교적 교화를 대비시키면서 프랑스 군주가 종교적 의례를 활용한 사례를 설명한다. 특히 양국 모두 정치세력 간 조화와 균형을 마술사처럼 구현하여 귀족층을 설득해냄으로써 권력을 집중시켰다고 평가한 점도 주목할 만하다. 조선의 서얼허통庶孼許通 정책과 프랑스 신귀족층의 등장을 대비하여 새로운 지배층의 변화로 제시하는 것도 인상적이다. 유교와 천주교의 갈등 대 가톨릭과 청교도의 갈등을 비교한 점도 신선하다. 또한 양자를 미완의 개혁으로 평하는 점 역시 공통적이다.

물론 프랑스와 조선의 차이점도 간과하지 않았다. 조선 국왕이 중앙 관료와 지방 목민관의 임명과 면직 권한을 온전히 가진 반면에 프랑스 국왕은 관료를 해임시키려면 '보상'을 주어야 했다고 대비하였다. 조선은 고위관료에게 국왕에 대한 면담권이 있었으나 프랑스는 그렇지 못했다는 차이점도 지적하였다. 또한 전쟁을 일상적으로 치르는 유럽 왕실과 평화로운 조선의 환경에서 유래하는 군사권과 권력 집중의 차이를 다루기도 했다. 교회나 교황의 유무 역시 양국의 사회적 차이를 비교하는 사례로 적절하게 제시되었다. 프랑스 절대왕정은 신교와 구교 중 하나를 선택해야만 했고, 동시에 가톨릭을 활용하면서도 로마교황으로부터 독립을 꿈꾸었다

(『朱子語類』94卷 200條; 『朱子語類』139卷 93條; 류쩌화, 『중국정치사상사 3: 수당송원명청』, 2019: 628, 787-788). 18세기는 세종의 문물이 복원되었고 많은 사찰의 중건重建이 추진되었다. 특히 정조는 사친(思悼世子)의 원찰願刹(龍珠寺)에도 공을 들여 서양화 기법의 후불탱화까지 조성하였기에 이러한 정황과 무관하지 않아 보인다.

133 양자 비교는 김기봉의 선행연구에서 시도되었으나 실패한 이미지화로 평가절하하였다. 김기봉, 「태양왕과 만천명월주인옹: 루이 14세와 정조」, 2012: 223-224(역사학회 편, 2013).

는 점을 상기시킴으로써 정국 운영의 중층적 맥락을 짚어냈다.

　다만 유럽 내 영토는 프랑스와 조선의 비교가 가능하겠지만 프랑스는 농업국가일 뿐만 아니라 대서양 무역 국가로서 17세기 말부터 아메리카 식민지를 본격적으로 늘려나갔다는 사실을 감안해야 한다. 해외 영토를 포함할 경우 경제적 기반의 차이는 매우 커진다. 이것이 프랑스가 혁명을 치르고도 19세기 제국의 팽창기를 여는 단서이자 조선과 다른 길을 걷는 여러 계기 중 한 가지 요소처럼 보인다. 아마도 로빈슨은 17세기 해외 식민지가 아직 미약했던 상황을 고려한 것으로 보인다. 그리고 조선은 프랑스처럼 '상인 자문기구Commerce Council'가 없어서 국정에서 상인 세력을 헤아리지 못했다고 지적하기도 한다. 그러나 영조 연간 공시당상貢市堂上의 설치와 공시순문貢市詢問의 상설화가 이루어졌는데,[134] 이는 상인 세력을 국정의 주요한 정책 대상으로 삼았음을 방증한다. 이 주제는 18-19세기 수도권 상업화 문제를 다룬 연구[135]와 연관 지어 교차 검토를 할 필요가 있다.

　셋째, 다른 유럽 국가와 한국사의 비교도 상당히 흥미롭다. 정조의 교외 행차는 영국 엘리자베스 1세Elizabeth I와 비교하여 빈도수가 많음을 지적하였고, 상언·격쟁(청원 제도)은 신성로마제국 요제프 2세Joseph II와 비교하였다. 영국의 헨리 2세Henry II, 찰스 1세Charles I 등도 비교 사례로 제시되었다. 조선 내 태종·세종의 사례도 거론하였는데, 특히 세종의 집현전과 정조의 규장각을 비교

---

[134] 이근호, 『영조대 탕평파의 국정운영론 연구』, 2002(이근호, 『조선후기 탕평파와 국정운영』, 2016); 김백철, 2012b; 김정자, 「朝鮮後期 正祖代의 政局과 市廛政策: 貢市人詢瘼을 중심으로」, 2013.

[135] 김성윤, 1997a; 김문식, 1996; 고동환, 『서울상업발달사연구』, 1998; 고동환, 『조선시대 서울도시사』, 2007.

하면서 후자가 왕명을 보다 적극적으로 수행하는 역할을 했다고 평가하였다. 특히 영조는 불시에 왕위에 올라 울먹이거나 단식투쟁을 해서라도 신료들을 설득하여 성인군주가 되고자 노력했던 반면에 정조는 신료들에게 자격을 증명할 필요가 없었고 잦은 군사훈련을 직접 보여주면서 예정된 왕위 계승자로서 정통성을 행사했다고 보았다. 이는 최근 국내에서 재평가되는 정조의 정통성에 대한 분석과도 일맥상통한다.[136]

한편 에이미 스탠리Amy Stanley의 18-19세기 에도(도쿄)의 도시화 사례[137]를 제시하면서 이를 17세기 런던·18세기 파리에 비견되는 근세 사회의 태동으로 설명하였다. 하지만 스탠리는 거대한 상업도시에서 팔려 가는 여성의 존재에 주목했는데, 단지 이것만으로 근세의 성격을 비교할 수 있을지는 다소 의문이다.

이 외에도 절대왕정의 폐단으로 발생한 프랑스혁명을 홍경래난·천주교 박해·세도정치 등과 대비시켜서 왕정이 정점에서 점차 기울어가는 과정으로 조명하였다. 특히 루이 15세-16세 의회해산과 고종-대원군의 갈등 사례를 대조한 점이 흥미롭다.

결과적으로 로빈슨의 기본 시각은 왕도王道와 패도覇道의 갈등구조로 정조 치세를 분석하는 것이다. 그는 정조가 절대적 규범absolute rule과 독단적 통치arbitray rule, 계몽전제군주와 폭군 사이를 걷고 있었다고 평하였다.[138] 그러면서 국왕은 겉으로는 대의명분을 좇고 선의를 보여야 하지만 실제로 무서운 권능을 감추고서 때때

---

136 김백철, 「정조 초반 『명의록』과 왕권의 위상: 만들어진 이미지와 실상의 경계」, 2016c(본서 3장 참조).

137 Amy Stanley, 2012: 2, 189.

138 Christopher Lovins, 2019: 149.

로 드러내지 않는다면 통치 권력이 지속되기 어렵다고 설명하였다. 이러한 평가는 그가 인용하는 정조 연구에서도 기초적 형태의 작업이 이루어져 있을 뿐 아니라[139] 영조의 탕평군주상에 대해서도 유사한 평가가 제기되어 있다.[140]

특히 루이 14세의 '분할통치divide and rule'는 김자현의 숙종 평가를 떠올리게 하므로[141] 동시대인 17세기를 기준으로 숙종과 비교해도 유사한 결론에 도달한다. 따라서 숙종·영조·정조 탕평군주 전체와 비교가 필요할 것이다. 물론 이는 프랑스혁명과 홍경래 난 이후를 비교하기 때문에 정조를 루이 16세에 비정하고 싶지 않았던 듯하며, 오히려 순조대와 가깝게 두려 했는지 모른다. 그럼에도 태양왕이 중국 황제가 하는 친경례親耕禮를 모방한 것,[142] 청과 조선에서도 유독 같은 시기에 친경례를 다시 행한 것도 비슷한 맥락에서 볼 수 있다. 이러한 분위기는 숙종·영조·정조, 강희제·옹정제·건륭제 등에서 공통으로 나타나므로 17-18세기 이념적(유교·가톨릭) 명분을 전면에 내세우면서 절대적 권능을 행사하는 군주의 모델로 이해할 여지가 있다. 청의 황제와 조선의 국왕처럼 유교적 명분을 직접 제시하면서 신료를 이끌고 군사君師를 자처하는 경우는 대단히 이례적이다. 이런 경향은 리버만의 모델만으로 설명하기는 다소 어렵고, 로빈슨이 대비시킨 이념의 문제(유교 왕정·가톨릭 왕정)를 통해 보다 적극적으로 첨언한다면 17-18세기의 특성에 대한 설득력을 높일 수 있을 것이다.

139 박현모, 『정치가 정조』, 2001.
140 김백철, 2014a.
141 Jahyun Kim Haboush, 1988: 20.
142 티모시 브룩, 『베르메르의 모자: 베르메르의 그림을 통해 본 17세기 동서 문명교류사』, 2008.

4. 현대인이 선망한 탕평군주

지금까지 1990년대 불어닥친 정조 열풍에 어떤 의미가 내포되어 있었는지 평가 추이와 원인 분석을 통해서 조금이나마 고찰할 수 있었다. 이전까지 한갓 우둔한 왕에 지나지 않았던 정조는 일약 대성하여 '정조대왕' 혹은 '유교적 계몽절대군주'로 불리게 되었다. 하지만 그는 이미 죽었고 새로운 삶을 영위한 것도 아니다. 어째서 동일한 군주와 그 시대가 이토록 전혀 다른 평가를 받게 되었을까? 민주화 이후에 개혁을 갈망하는 분위기 속에서 학계 내 전통의 재인식을 바탕으로 정치·경제·사회·문화 여러 방면에서 변화가 일어났고, 동시에 정조 자신과 그가 향유했던 18세기 역사상 자체가 그만큼 매력적이었기 때문일 것이다.

그렇다면 우리 사회의 정조에 대한 관심은 단지 여기에서 그치는 것일까? 한때의 신드롬처럼 유행을 일으키고 그저 스쳐지나가는 것일까? 하지만 1990년대 초반 학계의 새로운 연구 발표를 필두로 현재까지도 변함없는 관심이 이어지고 있으며, 오히려 관심은 더 불어나고 있다. 이 점은 어떻게 설명할 수 있을까?

정조를 영웅시하는 주요 배경에는 즉위 초 반대파에 의해 고전을 면치 못한 모습이나 이들의 반대로 개혁이 좌초되고 일찍 세상을 떠났다는 점이 전제로 깔려 있다. 그런데 무도한 반대 세력의 이미지는 정조가 직접 쓴 「존현각일기尊賢閣日記」를 『명의록明義錄』에 수록하여 전국에 반포함으로써 형성된 것이다. 『명의록』은 정조가 두 차례나 대규모 숙청을 한 뒤 자신의 정당성을 입증하고자 만든 책이다. 어떤 나약한 임금이 스스로 핍박받았다고 고백할 수 있을까? 대규모 숙청 뒤에 스스로 그렇게 말했다면 세간에 알려진 것만큼 왕권이 미약했다고 볼 수 있을까?

과도한 애정은 증오로도 쉽게 바뀌었다. 2000년대 정조의 비밀어찰이 발굴되자 한편에서는 정치가로서의 면모를 재평가하였고 다른 한편에서는 밀실정치를 비판하고 복고주의자로 매도하는 현상까지 나타났다. 하지만 이러한 비평은 정조가 남인 서학도를 보호하기 위해 문체반정文體反正을 일으켜 노론 북학파 일부를 견제했으며 국왕 자신이 바로 북학파의 영수였다는 사실을 간과하고 있다. 심지어 근대화 좌절의 원인조차 개혁이 미진했기 때문이라는 극단적 비판이 일기도 했다. 유럽에서 계몽주의시대에 그리스·로마 고전을 논하면 근대로의 지향이라 숭앙받았으나 동시대 조선·청에서 삼대三代의 이상정치를 말하면 복고주의자로 낙인찍혔다. 이러한 비난은 제국주의시대의 승패를 과거로 끌어와 억지로 투영한 것에 불과하다.

게다가 정조는 조선의 문물제도 융성기로 평가되는 성종과 비교해도 재위 기간이나 사망 나이가 비교되지 않을 정도이다. 성종은 25년간 재위하였으나 불과 39세에 훙서하였으며, 정조는 24년간 재위하면서 49세에 훙서하였다. 이처럼 두 왕 모두 20여 년 이상 왕위에 있었을 뿐 아니라 정조가 성종보다 오히려 10여 년 이상 더 살았는데도 불구하고 성종은 문물제도를 갖추고 천수를 누렸다고 여겨진 반면에 유독 정조는 요절했다고 인식되었다. 이는 '역사적 사실'보다 '만들어진 이미지'를 통해 근대화의 실패에 대한 아쉬움을 18세기까지 소급하여 이해했기 때문이다. 정조에게 110년 뒤의 국가의 운명조차 책임 지우는 것은 지나치게 가혹한 처사이다.

정조 연구는 한국 사회에 커다란 가능성을 제시해주었다. 민주화 이후 진보·보수 정권을 막론하고 모두 국가정책을 선전하는 데 있어서 정조의 이미지를 차용하기에 바빴다. 그가 개혁을 추진했고 안타깝게도 요절했던 모습 속에서 우리는 자신을 보고 있는지도 모른다. 1990년대 상승과 위기, 안정과 변화 속에서 역사에서 모색 가능한 긍정적 희망으로 정조와 그 시대는 다가왔다. 이와 같은 상승 국면이 오기까지, 또 변화와 위기의 흔들림을 맞을 때까지 우리는 근현대사를 뒤돌아볼 여유를 가질 틈조차 없었다. 광복의 찬란함이 가시기도 전에 전쟁을 경험해야만 했고, 수십 년간 되풀이되는 독재정권하에서 황폐화된 조국을 끌어올리기 위해 사투를 벌여왔으며, 서구문화의 홍수 속에서 우리의 정신을 빼앗겨버리고 말았다.

그런 우리가 1990년대 고비에 들어섰다. 경제의 회복, 물질적 풍요와 고도성장의 놀라운 빛깔 속에서 전통을 되찾으려고 애쓰게 된 것이다. 사람들은 한국 사회의 급속한 성장과 1990년대의 개혁을 정조 시기와 너무도 비슷하게 느낀 듯하다. 비약적이라고 평가할 수밖에 없는 한국 사회의 발전 속에서 정조의 눈부신 활약을 다시 경험하는 것이다. 그러면서 우리 사회는 혹여 지나친 영웅주의에 경도된 것인지도 모른다. 개인의 탁월한 업적이 다음 세대까지 희망을 안겨줄 수는 없다. 그럼에도 불구하고 1990년대의 대중은 영웅을 갈망하였고, 대안을 그 속에서 찾고자 하였다. 찬란했던 정조시대에 대한 재조명은 지금 우리가 바로 그 화려한 결실 속에서 살면서도 삶의 방향성을 잃고, 역사에서 새로운 좌표를 찾기를 희구하기에 더 친근감을 느끼는 것은 아닐까 한다.

2장
선왕의 유산:
17-18세기 대동·균역의 위상

조선은 사회변동기마다 끊임없이 개혁을 모색함으로써 장기간에 걸쳐 국가를 보존할 수 있는 원동력을 확보하였다. 특히 대동법大同法·균역법均役法은 개혁의 대표적 성과로 인식되었다.[1] 그동안 사회경제적 변동을 면밀히 살피거나,[2] 정치사상적 측면에서 소민小民의 안정에 주목한 연구도 산출되었다.[3] 그러나 토지에 세금

---

[1] 김백철, 「조선시대 역사상과 공시성의 재검토: 14-18세기 한국사 발전모델의 모색」, 2013a: 304-314(김백철, 2014a).

[2] 한영국, 「호서에 실시된 대동법(상·하)」, 1960-1961; 한영국, 「호남에 실시된 대동법(上·二·三·四)」, 1961·1963·1964; 김옥근, 「대동법연구: 公剩色, 主要規例, 貢人」, 1975; 김옥근, 「대동법연구」, 1988; 정연식, 「조선후기 '役總'의 운영과 양역변통」, 1993; 최주희, 「조선후기 선혜청의 운영과 중앙재정구조의 변화: 재정기구의 합설과 지출정비 과정을 중심으로」, 2014.

[3] 차문섭, 「임란 이후의 양역과 균역법의 성립」 상·하, 1961; 김윤곤, 「대동법의 시행을 둘러싼 찬반양론과 그 배경」, 1971; 정만조, 「均役法의 選武軍官: 閑遊者 문제와 관련하여」, 1977; 정만조, 「조선후기 良役變通論: 정치상황과 관련해 본 하나의 시론」, 1996; 정만조, 「양역변통론의 추이」,

이 부과되어 농민층에게 부담이 전가되었다거나 일원적 세제稅制가 아니기 때문에 불완전한 개혁에 불과하다는 설명도 비일비재했고,[4] 심지어 19세기 삼정문란의 책임을 지우기도 했다.[5]

이는 종래 개별 연구가 지속적으로 이루어지긴 했으나 연구 성과를 종합적으로 고려할 기회가 충분하지 않았기 때문이다.[6] 이를 해결하기 위해서는 우선 통시적 관점에서 조선 전기와 후기 경제 체계의 질적 변화에 대한 전반적인 청사진을 마련할 필요가 있다. 그다음에 공시적 관점에서 사회경제적 변화에 대해 총체적 접근을 시도해야 한다.

여기에서는 그동안 제각각 검토되어온 학계의 연구 성과를 집대성하고 새로운 사료를 보충하는 방식으로 시론적 차원에서 대동大同과 균역均役이 지닌 역사적 위상에 한 걸음 더 다가가고자 한

    1997; 지두환, 「인조대의 대동법 논의」, 1997; 지두환, 「효종대 대동법 논의」, 2000; 이정철, 「仁祖初 三道大同法 論議와 經過」, 2003; 이정철, 「조선시대 貢物分定 방식의 변화와 大同의 語義」, 2009; 이정철, 「磻溪 유형원의 대동법 인식: 조선후기 개혁론의 '두 가지 입장'에 대해서」, 2010; 이정철, 「대동법의 성립에서 김육의 역할」, 2011.

[4] 한우근, 1986: 317, 319; 변태섭, 1986: 389; 이기백, 1990: 296; 최완기, 「대동법 실시의 영향」, 1990: 208; 최완기, 「붕당정치의 전개와 정국의 변화」, 1994: 144-145; 김우철, 「균역법은 왜 성공하지 못했나」, 2002: 130-131; 역사문제연구소 기획, 「세금제도가 바뀌어도 힘든 살림살이: 수취체제의 변화」, 2011: 218.

[5] 차문섭, 「균역법의 의의와 영향」, 1976: 259-275.

[6] 학계의 연구 성과가 눈부시게 발전했음에도 검정교과서 도입 후 중학교 『역사』는 과거 선입견에 기반한 구체제론이 부활하여 17-18세기 정치·경제구조에 대해 1차(2011)는 모두 비판적이었고(당파성론(관직 다툼·보복론)·전제군주론·개혁무용론(소작인 전가론)), 2차(2012)는 여전히 정치에 초점을 맞추어 부정적으로 서술하였으며(당파성론·전제군주론), 3차(2019)에서 비판의 농도가 다소 옅어졌다(전제군주론). 단 고등학교 『한국사』는 1·3차

다. 먼저 17-18세기 대동과 균역이 등장한 배경을 15-16세기 경제 변동의 측면에서 짚어보고자 한다. 다음으로 17-18세기 대동법이 지닌 사회적 파급력을 몇 가지 방면에서 살펴볼 것이다. 마지막으로 18세기 균역법의 추진 과정에서 변화한 중앙 재정의 방향성과 그 정치적 지향에 대해서 검토해보고자 한다. 이 같은 작업을 통해서 조선시대 개혁의 성격에 대해 재고하는 계기가 되기를 기대해본다.

검정 시 전통시대 비중 축소로 조선 후기 서술이 대거 생략되어 비교가 불가능하므로 제외하였다.

〈표 4〉 중학교 『역사』 1-3차 검정 시 17-18세기 평가 비교

2011년 검정 역사(하)	경제 평가		정치 평가		2012년 검정 역사1	경제 평가		정치 평가		2019년 검정 역사2	경제 평가		정치 평가	
	대동	균역	붕당	탕평		대동	균역	붕당	탕평		대동	균역	붕당	탕평
교학도서	한계	한계	한계	한계	교학사	N/A	개혁	한계	한계	금성출판사	개혁	개혁	한계	중립
교학사	한계	한계	한계	한계	금성출판사	개혁	개혁	한계	한계	동아출판	개혁	개혁	중립	한계
대교	개혁	개혁	한계	한계	두산동아	개혁	개혁	한계	한계	리베르스쿨	개혁	개혁	중립	개혁
미래엔	한계	한계	한계	개혁	미래엔	개혁	개혁	한계	한계	미래엔	개혁	개혁	한계	한계
비상교육	한계	한계	한계	한계	비상교육	개혁	개혁	한계	한계	비상교육	개혁	개혁	한계	한계
지학사	한계	한계	한계	개혁	좋은책신사고	한계	한계	한계	한계	지학사	N/A	개혁	중립	중립
천재교육	개혁	개혁	한계	한계	지학사	N/A	개혁	한계	한계	천재교육	개혁	개혁	중립	한계
- N/A: 해당 없음, 중립: 장·단점 비교. - 개혁: 최신 평가, 한계: 종래 평가.					천재교과서	N/A	N/A	한계	한계					
					천재교육	N/A	개혁	한계	한계					

1. 경제구조의 전환 배경

13세기 후반-14세기 전반 약 1세기 동안 몽골제국은 유라시아 대륙을 단일경제권으로 연결하여 동서무역을 통한 막대한 통상 이익을 바탕으로 국가재정을 운영하였다. 이른바 유럽과 아시아를 잇는 세계경제체제가 도래한 것이다.[7]

그러나 14세기 중반 동서 교류망에 균열이 일어나자 더 이상 대외 교류로 인한 재정 수익은 기대하기 어려워졌다.[8] 중국에서는 농민층의 이반이 홍건적의 난으로 표면화되었다. 명을 건국한 주원장朱元璋(洪武帝)은 홍건적 3대 군벌 세력 중 하나였으며 유학자와 제휴하여 국가체제를 재정비하였다. 이때 대외변수가 지나치게 높은 통상 경제를 문제로 인식하였으며, 국가가 국내 산업을 통제할 수 있는 소박한 농업경제를 꿈꾸었다.[9] 고려 역시 몽골제국의 경제권역에 편입되어 있어 그 여파가 유사했다.[10] 고려 말 신흥 무장세력 중 하나인 이성계 역시 신진사류와 연대하여 전제 개혁을 실시

---

[7] 몽골의 세계 체제는 다음 참조. 재닛 아부-루고드,『유럽 패권 이전: 13세기 세계체제』, 2006; 김호동,『몽골제국과 세계사의 탄생』, 2010; 잭 웨더포드,『칭기스칸 잠든 유럽을 깨우다』, 2013.

[8] 대외 수출에 의지한 경상지출은 심각한 타격을 입었으며 무역망을 회복하기 위해 남은 재원을 총동원하여 추진한 대규모 군사 원정까지 실패로 돌아가고 말았다. 곧 재정적자(경상 비용 부족) → 군사 원정 실패(대규모 원정 비용 적자) → 보초 가치하락(보초 남발) → 농민 세율 인상(농민반란) → 재정적자 등의 악순환이 지속되었다. 또한 원순제元順帝 말엽부터 왕위 계승 전쟁까지 겹치자 제국은 종말을 고하였다.

[9] 존 킹 페어뱅크,『신중국사』, 1994: 171, 177-179.

[10] 이강한,『고려와 원제국의 교역의 역사: 13-14세기 감춰진 교류상의 재구성』, 2013: 191-315.

함으로써 역성혁명에 성공했다. 이른바 조선의 건국은 위화도회군 직후부터 전국에 파견된 도관찰출척사都觀察黜陟使가 양전量田을 시행한 데에서 출발해 공양왕대 고려 토지 문서의 소각과 과전법 반포로 종결되었다.[11]

이 시기 명과 조선에서 강조된 '무본억말務本抑末'은 세계 제국하 최첨^단 통상 무역 경제의 폐해를 접해본 이들의 역설적인 구호였다.[12] 15세기 중앙집권적 관료국가체제가 궤도에 안착하자 토지를 근간으로 하는 조租·용庸·조調도 재건되었다. 국초부터 위정자들은 농본주의 이상국가론을 제창하였다. 이들은 전쟁으로 황폐해진 전토를 복구하고 강력한 통제 정책으로 사무역을 차단하여 대외변수의 영향을 받지 않는 자생적이고 독립적인 농업경제를 재건하였다.

하지만 조정에서 시장의 변화를 인위적으로 막기는 역부족이었다. 이미 15세기 중엽부터 조·용·조 체계에 균열이 생겼으며, 16세기에는 국내 장시場市가 발달하고 세계 은銀 경제망에도 조선이 연결됨으로써 경제가 더욱 활성화되었다.[13] 이제 전세田稅의 곡물, 신역身役의 노동력, 공납貢納의 특산품 등 필요한 자원을 직접 수취하는 전통적 농업국가체제로는 더 이상 재정 운영이 불가능하였다.[14]

---

11 『高麗史』卷78, 志32, 食貨1, 田制, 經理, 禑王 14年 8月;『高麗史』卷137, 列傳50, 辛禑5, 辛昌;『高麗史』卷78, 志32, 食貨1, 田制, 恭讓王 2年 9月.

12 松丸道雄 外,『中國史4: 明·淸』, 1997: 112-120; 박평식,『조선전기 상업사 연구』, 1999: 47-59; 백승철,『조선후기 상업사 연구』, 2000: 86-103; 김백철, 2013a: 304-305.

13 이태진,「16세기 동아시아 경제변동과 정치·사회적 동향」, 1989b: 4-114; 김동철,「국제교역의 발달과 마찰」, 1996: 113-137; 박평식,『조선전기 교환경제와 상인 연구』, 2009: 189-228, 395-464.

14 김태영,「과전법의 붕괴와 지주제의 발달」, 1996: 32-65; 고석규,「상품유

이 시기 경제변동의 여파 속에서 사대부는 국가의 통제에서 벗어나 자유로운 공론 정치를 주창하기도 했다. 사대부는 향촌 사회에서 신농법을 도입해 토지개간을 주도함으로써 경제적 기반을 마련하였고, 나아가 향음주례鄕飮酒禮·향사례鄕射禮·향약鄕約·서원書院·사우祠宇 등을 통해 향촌 사회의 윤리 질서까지 장악함으로써 사족 지배 질서를 구축하였다.15 이러한 힘을 바탕으로 중앙 정계에 사림이라는 이름으로 재진출하였다. 이 같은 배경에서 다음과 같은 세제의 변화가 초래되었다.

1) 전세의 간편화

첫째, 토지의 소유관계가 바뀌었다. 국초의 과전법은 세조대 현직 관리에게만 지급하는 직전법(1466)으로 바뀌었다. 이는 계유정란(1453) 이후 조정 출사자에 대한 특권 보장과 경기京畿에 국한된 과전 부족 때문이었다. 그러나 수조권을 현직 관리에게만 국한하자 은퇴자금을 고려한 가혹한 수취가 이루어졌다. 그래서 성종대에는 관리가 직접 조租를 거두지 않고 관에서 거두어서 지급하는 관수관급제官收官給制(1470)가 실시되었다. 사실상 수조권을 회수하고 일종의 준녹봉으로 전환한 조치였다. 16세기 중엽 명종대에 접어들어서는 이마저도 폐지되기에 이른다(1556).16 이른바 경제외적 강제가 내포된 수조권적 지배 질서가 쇠퇴하여 순수 경제 관계인

통과 공납제의 모순」, 1996: 65-89; 김종수, 「군역제도의 붕괴」, 1996: 89-113.
15 이태진, 「사림파 유향소 복립운동(상·하)」, 1972-1973: 상 5-34, 하 5-33(이태진, 『조선유교사회사론』, 1989).
16 이경식, 『조선전기 토지제도연구』, 1983: 169-279.

지주전호제地主佃戶制로 점차 전환되었다.**17** 후대에 궁방宮房·아문衙門의 절수지折受地에서 수조권이 일부 부활하였으나 특수 목적 토지에 국한되었다.**18**

둘째, 전세의 세율이 고정되었다. 본래 전세는 조租·용庸·조調 중 가장 부담이 높았다. 그래서 15세기 세종대부터 공법을 개혁하여 전세를 안정화시켜나갔다. 이때 연분年分 9등(上上-下下)과 전분田分 6등(1-6等田)을 실시하여 토지 생산력에 세밀한 차등을 둠으로써 세금 부담의 형평성을 제고하였고 국고의 안정적인 확충도 가능해졌다.**19** 그러나 16세기 후반부터 전세의 세율이 점차 하향하는 추세로 나타났다.**20** 16세기 말-17세기 초에 접어들자 조선은 국제 전쟁의 후유증과 기후변화에서 자유로울 수 없었다. 이에 조정의 전후 복구 사업은 버려진 진전陳田을 다시 농사를 짓는 기경전起耕田으로 바꾸는 데 온 힘을 기울였다. 17세기 100여 년간 토지 결수의 증대는 가파른 상승 곡선을 보여 조선 전기 수준까지 거의 회복하였다.**21** 여기에는 조정의 정책도 주요한 몫을 하였다. 한 해의 풍흉을 재는 연분 9등은 이미 선조 초반부터 하지중下之中(6斗) 혹은 하지하下之下(4斗)의 최저 세율로 고정하는 문제가 논의되기 시

---

17 이경식은 조선 전기 토지제도의 변천을 장시 및 방납 등과 연관 지어 살펴보았으며, 박평식도 공납 문제를 교환경제와 연관 지어 보았다. 이경식, 『조선전기 토지제도연구 II: 농업경영과 지주제』, 1998: 111-168, 280-281; 이경식, 『한국 중세 토지제도사: 조선전기』, 2006: 157-168; 박평식, 2009: 229-274.

18 "凡免稅田, 該宮該衙門 各自收稅. ○各衙門免稅田, 毋過定限而收稅每一結, 米二十三斗."『續大典』卷2, 戶典, 諸田.

19 김옥근, 『조선왕조재정사연구』 I, 1984: 212-238.

20 박종수, 「16, 17세기 전세의 정액화 과정」, 1993: 57-123.

21 송찬섭, 「양전사업」, 1998: 416-420.

작하였다.22 이후 동아시아 국제 전쟁의 지속과 장기간의 천변재이天變災異로 인해 17세기 초 선조 후반-인조대는 최저 세율이 제도화되었으며,23 점차 4두로 영구히 고정되었다.24

셋째, 토지의 측정 방식이 바뀌었다. 양전은 세종 26년(1444)에 1-6등전을 등급에 따라서 면적을 달리하여 측정하였으나, 효종 4년(1653)부터 1등전의 자[尺]로 통일한 후 각 등급에 맞추어 산술적으로 감하여 결을 산출하는 방식이 도입되었다.25 유형원柳馨遠은 생산량 단위의 결부법結負法을 토지 단위인 경무법頃畝法으로 바꾸자고 주장하고26 세종대 수등이척隨等異尺에 대해 비판적 입장을 취하였는데,27 거의 동시에 재야의 비판이 조정에서 수용되었다. 생산력을 바탕으로 인식되던 토지 결수는 절대 면적에 생산력 일부를 결합하는 방식으로 변화하였다. 이른바 토지 생산력과 한해의 풍흉 정도를 복합적으로 측량하던 방식에서 절대 면적 우위의 원칙과 고정 세율이 결합한 형태로 바뀐 것이다.

이는 전쟁과 대기근이 반복되는 상황에서 생산력을 촘촘히 살피는 방식이 큰 의미가 없어 세율을 단순화할 필요가 있었기 때문이다. 결국 사림의 성장과 함께 수조권적 지배 질서가 쇠퇴하여 전

22 『宣祖實錄』卷5, 宣祖 4年 11月 丁亥(29日).
23 『宣祖實錄』卷200, 宣祖 39年 6月 壬戌(25日); 『光海君日記』卷97, 光海君 7年 11月 乙酉(13日)(中草本); 『承政院日記』, 天啓 5年(인조 3) 8月 11日(丁亥); 『仁祖實錄』卷20, 仁祖 7年 2月 乙卯(29日); 『仁祖實錄』卷31, 仁祖 13年 11月 己巳(23日).
24 『續大典』卷2, 戶典, 收稅; 『萬機要覽』, 財用編2, 收稅, 各道收稅, 仁祖甲戌(인조 12).
25 『續大典』卷2, 戶典, 量田; 『萬機要覽』, 財用編2, 田結, 量田法.
26 『磻溪隨錄』卷1, 田制上, 分田定稅節目.
27 『磻溪隨錄』卷6, 田制考說下, 國朝田制.

세에 절대 면적의 도입 및 정액화 경향을 촉진하였고, 조정은 세금 체계를 재편하는 데 혁신적인 전세 제도를 활용할 기회를 얻었다.

2) 신역의 화폐가치 환산

신역身役은 노동력을 제공하는 방식에서 점차 현물 화폐를 납부하는 형태로 바뀌었다. 첫째, 천인의 역에서부터 변화가 보인다. 세종대부터 선상노자選上奴子 문제가 제기되었다.[28] 외방의 공노비가 순번대로 입번하여 중앙 각사의 업무를 보좌하였는데, 이때 올라오는 노비를 '선상노자'로 칭하였다. 이것은 아마도 태종대부터 시행된 대규모 사찰 노비 몰수 조치의 여파로 보인다.[29] 이전까지 공노비의 입번 문제는 연구사에서 거의 거론되지 않았다. 건국 초 과전법과 태종대 노비 소송 허용으로 토지개혁이 일정 궤도에 오르고 양민이 안정되자, 사원경제에 대한 개혁을 추진하여 각 고을 크기에 따라 일정 수의 사찰은 유지하되 그 이상은 폐지하고 사원전寺院田·사사노비寺社奴婢를 몰수하였다.[30] 이에 태종대 각사는 막

---

[28] 『世宗實錄』卷105, 世宗 26年 閏7月 丁亥(10日);『端宗實錄』卷12, 端宗 2年 12月 己卯(3日);『睿宗實錄』卷6, 睿宗 元年 6月 辛巳(29日);『成宗實錄』卷61, 成宗 6年 11月 癸酉(28日);『成宗實錄』卷86, 成宗 8年 11月 甲子(1日);『成宗實錄』卷222, 成宗 19年 11月 庚午(11日);『成宗實錄』卷239, 成宗 21年 4月 壬辰(10日);『燕山君日記』卷42, 燕山君 8年 11月 28日(辛丑).

[29] 『太宗實錄』卷10, 太宗 5年 11月 癸丑(21日);『太宗實錄』卷11, 太宗 6年 3月 丁巳(27日);『太宗實錄』卷12, 太宗 6年 閏7月 戊午(1日);『太宗實錄』卷15, 太宗 8年 2月 丁未(28日);『太宗實錄』卷16, 太宗 8年 8月 癸卯(28日);『世宗實錄』卷6, 世宗 元年 11月 戊辰(28日);『世宗實錄』卷13, 世宗 3年 8月 癸巳(3日);『世宗實錄』卷16, 世宗 4年 5月 丙寅(10日);『世宗實錄』卷23, 世宗 6年 3月 戊子(12日);『世宗實錄』卷24, 世宗 6年 5月 癸巳(19日).

대한 토지뿐 아니라 노비까지 확보하게 되었다.³¹ 갑자기 불어난 공노비를 모두 중앙의 아문에서 근무시킬 수 없어 외방의 거주지에서 차례로 입번하게 하였는데, 이것이 선상노자의 문제로 나타난 것이다.

처음에는 경제력이 서로 다른 노자 사이의 입번 순서의 불공정이 주로 문제로 거론되었으나,³² 단종대에 이르러 대립代立의 문제로 발돋움하였다.³³ 심지어 성종대는 대립가代立價가 합법화되기에 이르렀다.³⁴ 선상노자의 역가役價를 빼돌려 사적으로 사용하다가 처벌받는 사건까지 등장했는데,³⁵ 이는 역가가 이미 주요 재원으로 인식되고 있었음을 보여준다. 특히 중종대는 사복시司僕寺의 입역가도 선상選上의 예로 정하였다.³⁶ 이처럼 대립은 점차 영역을 넓혀 나갔다.

둘째, 양인의 군역도 급격한 변화를 보인다. 본래 국초의 양천제 하에서 양인은 광의의 개념으로 사대부까지 포함하며, 16-60세 양정良丁은 군역의 의무를 졌다. 하지만 세종대 이미 일반 고인雇人이나 정군正軍의 자대自代가 출현하였다.³⁷ 아직 관에서는 불법으로

30   김백철,『법치국가 조선의 탄생』, 2016a: 234-236.
31   사원 노비의 혁파와 공노비 문제는 다음 참조. 김인규,「태종대의 공노비정책과 그 성격: 태종 17년 공노비추쇄사목 14조를 중심으로」, 1992: 43-73.
32   『世宗實錄』卷20, 世宗 5年 5月 丁未(28日);『世宗實錄』卷105, 世宗 26年 閏7月 丁亥(10日);『成宗實錄』卷16, 成宗 3年 3月 己未(23日).
33   『端宗實錄』卷12, 端宗 2年 12月 己卯(3日).
34   『成宗實錄』卷61, 成宗 6年 11月 癸酉(28日);『成宗實錄』卷62, 成宗 6年 12月 丁亥(12日);『成宗實錄』卷239, 成宗 21年 4月 壬辰(10日).
35   『成宗實錄』卷86, 成宗 8年 11月 甲子(1日).
36   『中宗實錄』卷35, 中宗 14年 3月 甲午(1日).
37   『世宗實錄』卷112, 世宗 28年 5月 庚午(3日);『世宗實錄』卷117, 世宗 29年 7月

간주하여 금단하고자 했으나 관행을 완전히 통제하지는 못하였다. 평화기가 지속되자 이러한 관행이 군역에도 미쳐 사람을 대신 사서 보내는 대립이 만연하였다. 이는 정군을 경제적으로 보조하기 위해 봉족奉足 2명을 두는 세조대 보법保法이 왜곡된 결과였다. 사람들은 정군보다는 보인保人이 되기를 선호하였다.

성종대에 이르면 중앙은 오위五衛에서 대립이 만연하였고 지방은 진鎭·영營에서 군사를 놓아주고 면포를 받는 방군수포放軍收布가 횡행하였다. 중종대는 대립을 추인하고 역가役價를 국가에서 통일하여 세율이나마 낮추고자 보병 정군正軍에 대한 군적수포제를 실시하였다.³⁸ 이것은 전세의 관수관급제와 같이 국가의 통제하에 세금 부담을 경감시키기 위한 조치였다. 현종 4년(1663) 기병騎兵에 대한 번상番上 의무도 일부 면포 납부를 허락하였다.³⁹ 중앙과 지방의 광범위한 수포군화는 현지 고을에서 군사를 보유하면서 직접 방어하는 형태인 진관체제의 근간을 붕괴시켰다. 번상병이 완전히 없어지지는 않았으나 점차 상당수의 군사가 명부로 존재하면서 군액은 재정수입으로 인식되었다.

셋째, 군역의 금납화 현상은 요역에도 영향을 미쳤다. 요역은 팔결작부八結作夫로 운영되었고, 각종 토목공사에 노동력을 제공하는 연호군煙戶軍은 연간 6일을 넘길 수 없었다.⁴⁰ 그래서 요역의 비중은 본래 매우 낮은 편이었다. 다만 법외에 동원이 이루어질 경우 부담이 가중될 수 있었으며, 이는 오로지 현능한 목민관의 재량에 달려 있었다.

辛亥(21日).
38 『中宗實錄』卷62, 中宗 23年 8月 癸丑(14日); 이재룡, 「조세」, 1994a: 488-490.
39 『顯宗實錄』卷7, 顯宗 4年 11月 辛卯(27日).
40 "凡田每八結出一夫, 一歲不過役六日." 『經國大典』卷2, 戶典, 徭賦.

15세기부터 선상노자의 납공노비화가 진전되었으며,[41] 16세기에는 군역의 대립이 조정의 추인을 받았다. 그리고 16세기 말-17세기 초에 이르러 요역도 연호군이 직접 입번하는 방식에서 면포를 대신 내는 형태로 바뀌었다.[42] 이른바 노동력을 제공하는 각종 신역을 모두 현물 화폐인 면포로 대신 내게 되면서 세제의 금납화 현상이 촉진되었다. 이것은 16세기 대외무역의 활성화와 전국적으로 장시가 출현하여 교환경제가 한 단계 진전됨으로써 임노동자를 손쉽게 고용할 수 있었던 상황과도 무관하지 않았다.[43]

3) 공물의 간접 금납화

공물貢物의 방납防納 현상이 만연해졌다. 본래 현지 특산물을 바치는 공납은 요역에 준하여 징수되었다.[44] 따라서 조·용·조의 중심은 전세와 군역이었으며, 요역과 공납은 부수적인 세제에 지나지 않아서 가벼운 역에 불과했다. 세종대부터 방납이 출현했는데 처음에는 박리다매의 효과와 물류비의 절감을 편의로 내세우며 등장하였다.[45] 세월이 더 흐르자 공안貢案에 등재된 특산물이 현지에서 생산되지 않는 경우에도 다른 지역의 물산物産을 사서 납부할

---

41 『世宗實錄』卷20, 世宗 5年 5月 丁未(28日);『端宗實錄』卷12, 端宗 2年 12月 己卯(3日);『成宗實錄』卷61, 成宗 6年 11月 癸酉(28日);『成宗實錄』卷239, 成宗 21年 4月 壬辰(10日);『中宗實錄』卷35, 中宗 14年 3月 甲午(1日).
42 윤용출,『조선후기의 요역제와 고용노동』, 1998b: 173-220; 윤용출,「요역제의 붕괴와 모립제의 대두」, 1998a: 379-403.
43 이태진, 1989b: 94-114; 김동철, 1996: 113-137; 박평식, 2009: 241-256.
44 이정철,『대동법, 조선 최고의 개혁』, 2012a: 47; 박도식,『조선전기 공납제 연구』, 2011: 98-135; 이성임,「16-17세기 '貢役戶'와 戶首」, 2013: 105-122.
45 『世宗實錄』卷18, 世宗 4年 閏12月 庚午(17日).

수밖에 없었다.[46]

그러나 세종대부터 폭리를 취하는 폐단이 적발되었고,[47] 세조대에 이르자 공신이 방납에 관여하여 균열이 감지되었다.[48] 공납에는 각 고을의 수령守令이 납부하는 과정에 운반비를 포함한 다양한 공무 비용이 필요하였다.[49] 점차 경주인京主人을 대신하여 사주인私主人이 중앙의 각사各司와 왕실의 각전各殿에 납부하는 업무를 담당하였는데, 현지 물품 가격 외에도 타지역특산물을 사오는 데 들어가는 비용, 지방에서 납부 업무를 맡는 비용, 중앙에서 처리하는 데 소요되는 비용 등 각종 수수료가 거품처럼 부풀어올라 특산품 가격보다 훨씬 높아져버렸다.[50] 심지어 명종-선조대 방납 비용은 10배에 달하였다.[51]

이 과정에서 방납 상인이 중앙의 실력자와 연관되는 경우가 많

---

46   고석규, 「16, 17세기 공납제 개혁의 방향」, 1985: 177.

47   『世宗實錄』卷87, 世宗 21年 11月 乙卯(11日).

48   『世祖實錄』卷5, 世祖 2年 11月 己丑(23日); 『世祖實錄』卷33, 世祖 10年 5月 庚辰(28日); 『世祖實錄』卷36, 世祖 11年 7月 辛未(26日); 『世祖實錄』卷40, 世祖 12年 11月 庚午(2日).

49   대동법 입안 과정에서 각종 비용이 세액에 포함되었다. "臣意欲捧十二斗, 而客使時人夫刷馬, 及官中行用刷馬, 禮葬軍, 京營主人添價, 一路積草等, 各樣雜役, 皆就十二斗中, 磨鍊似當矣." 『顯宗改修實錄』卷9, 顯宗 4年 9月 丁丑(13日); 『萬機要覽』, 財用編3, 大同作貢, 夫刷馬價; 한영국, 「대동법의 시행」, 1998: 493-511; 이정철, 「'大同米·布'의 構成: 『湖西大同節目』·『全南道大同事目』을 중심으로」, 2005: 33-59; 이정철, 「磻溪 유형원의 대동법 인식: 조선후기 개혁론의 '두 가지 입장'에 대해서」, 2010: 307-310.

50   박평식, 2009: 229-272.

51   『明宗實錄』卷6, 明宗 2年 8月 辛卯(13日); 『宣祖實錄』卷144, 宣祖 34年 12月 庚辰(17日); 『宣祖實錄』卷180, 宣祖 37年 10月 丁未(1日); 『宣祖實錄』卷193, 宣祖 38年 11月 戊寅(8日); 『宣祖實錄』卷212, 宣祖 40年 6月 甲午(3日); 『宣祖實錄』卷217, 宣祖 40年 10月 壬戌(3日); 『仁祖實錄』卷33, 仁祖 14年 8月 辛卯(20日).

아서 그 이익에 가담한 훈척은 원성의 대상이 되었다.[52] 해당 군현 백성이 희망하지 않는데도 임의로 방납하고서 막대한 수수료를 챙기는 횡포가 만연하였다. 같은 시기 전세는 점진적인 세율 인하가 이루어지고 있었으나,[53] 부수적인 세금에 지나지 않던 공납이 주요 세금으로 등장하였다.[54] 특히 지역특산물을 바치는 방식에서 방납상인에게 돈을 지불하는 형태로 바뀌어 사상私商을 매개로 일종의 준準금납화가 진행되었다. 공물의 방납화 과정은 진상進上에도 영향을 미쳐 향후 대동법 체계 내에 일부 수렴되거나 공인貢人의 체계를 원용하는 방식으로 도입되었다.[55]

2. 대동의 파급력

1) 전세의 원용

향후 방납으로 고통받는 백성을 구제하는 문제가 초유의 관심사로 주목받을 수밖에 없었다. 방납에 간여하던 훈척세력을 비판하고 정계에 진출한 사림이 최우선 개혁 과제로 공납을 거론한 것은 당연한 결과였다.

---

52 『宣祖實錄』卷15, 宣祖 8年 10月 丙申(23日); 『光海君日記』卷104, 光海君 8年 6月 戊午(19日).
53 박종수, 1993: 57-123.
54 『仁祖實錄』卷33, 仁祖 14年 8月 辛卯(20日).
55 오미일, 「18·19세기 새로운 貢人權·塵契 창설운동과 亂塵活動」, 1987: 42-47; 이재룡, 「진상」, 1994b: 469-472; 전상욱, 「호서대동법 실시 전후 진상의 운영과 변화」, 2011: 193-217.

16세기 말부터 공납을 토지의 다과多寡에 따라 쌀로 대신 납부하는 개혁안이 점진적으로 추진되었다.[56] 이는 대공수미법代貢收米法·선혜법宣惠法·상정법詳定法·대동법 등 다양한 명칭으로 각 지역에 적용되었으며, 대개 1결당 12-16두 정도로 통용되었다. 실시 과정에 지역 편차가 존재하였다. 전국 단위에 같은 세금을 부과할 경우에는 명실상부한 '대동법'으로 칭하였으나 고을별로 부과 액수를 조정해야 할 경우에는 '상정법'으로 불렀다.[57]

세제 개혁은 18세기 중반까지도 지속되었다. 실제 완성에는 숙종 후반기 정국 변화가 큰 역할을 하였다. 갑술환국(숙종 20, 1764) 이후 초기 탕평정국에 진입하자 각종 양전·공납 개혁·법제 정비·양역 이정良役釐正 등이 추진되었다. 대동법 역시 정국 안정을 배경으로 전국 단위로 확대 실시되었다.

토지의 다과에 따라 세금을 납부함으로써 백성의 부담이 현격히 줄어들었다. 이는 같은 시기 중국의 세제 개혁 방향과 상당히 유사했다.[58] 공납은 대략 1/5 수준까지 경감되었다.[59] 이 조치로 인해 고을 단위의 공동납에서 벗어나 경제 규모에 따라 개별적으로 세금을 거두게 되었으며, 전세에서 최저 세율의 혜택을 받고 양역良役에서 피역을 누리던 양반계층이 지주라는 잣대로 다시 세금 체계 내로 편입되는 효과가 생겼다. 16세기 말-17세기 초 전세의 절대 면적화 경향과 최저 세율 조치가 전제되었기에 공납에도 단순화된

---

56 김옥근, 1984: 239-309; 박현순, 「16-17세기 공납제 운영의 변화」, 1997: 2-46.
57 한영국, 1998: 479-516.
58 차용진, 「淸代 '地丁銀'制 成立에 關한 一考察」, 1983: 18-27; 김선혜, 「淸初 地丁銀制 改革에 대한 一考察」, 1994: 9-10; 김백철, 2013a: 309-314.
59 이정철, 2012a: 32.

토지세를 적용할 수 있었다. 토지를 기준으로 하는 세금 체계의 출현은 백성에게는 감면 혜택을 주고 피역층에게는 부족분을 추징하여 균등한 세정稅政을 실현하는 밑거름이 되었다.

2) 재원의 확보

대동법은 경제 체계의 근간을 바꾸어놓았다. 그동안 공납은 방납을 통해 사적으로 금납화되었으나 대동법을 통해 국가 체계 내로 편입됨으로써 별도의 중앙 재정이 출현하였다.[60] 이전까지는 백성이 방납으로 특산물이 아닌 현물 화폐인 쌀·면포를 방납 상인에게 지급한다고 해도 정작 조정에서 받는 공납은 이미 구입한 특산물이었기에 방납 이전과 별반 차이가 없었다. 그러나 백성이 국가에 대동미를 직접 납부하게 되자 새로운 재원이 마련되었다.

특히 점진적으로 전세가 1결당 4두(혹은 6두)로 맞추어진 데 비해 대동미가 12두(혹은 16두) 내외로 정착되었기에 전세보다도 그 비중이 최소 3배 이상 높았다. 이것은 지주층에게는 세금 부담을 가중하였으나 조정에서는 대규모 자금을 운영할 수 있는 기회로 작용하였다. 실제로 광해군대 경기선혜법의 효용은 전후 복구 사업과 사신 접대 등과 같은 비상시 소용되는 재원 마련에 있었다. 이 때문에 조정은 독자적인 재정 기구로서 선혜청宣惠廳을 설치하여 호조와 더불어 중앙 재정 전반을 관할하게 하였다.[61]

방납을 담당하던 사주인私主人은 선조 연간부터 공물주인貢物主人으로 칭해지기 시작하더니,[62] 대동법 이후로는 정부에 등록된 관용

---

[60] 한영국, 1998: 504-507; 김옥근, 1984: 294-297; 최주희, 2014: 25-154.
[61] 한영국, 1998: 512-513; 최주희, 2014: 109-154.

상인으로 전환되었다.[63] 선혜청은 막대한 대동미를 거두어들이는 수세收稅 기관으로 출범하였으나 그 외에도 공인貢人에게 지불하는 공가貢價를 결정하여 물품의 조달이나 시장가격에 영향을 미쳤고, 각종 중앙아문의 급대給代를 담당하여 재정지출에도 상당한 권한을 행사하였다. 이것이 과거 최대 세원인 전세를 전담하던 호조 이외에 별도로 선혜청을 설치한 근본 이유였다.[64] 이에 따라 이른바 17세기 국가 주도의 유통경제가 활성화되는 단서가 마련되었다.[65]

한편 대동법의 발효는 중앙 재정뿐 아니라 지방 관아에도 관수官需·아록衙祿·사객지공使客支供·유청지지油淸紙地 등 각종 수요를 유치미留置米를 통해 해결하는 기회를 제공하였다.[66] 더욱이 진휼에 대비하는 환곡 역시 대동법의 영향으로 확장되었다.[67] 초기에는 대동미 중 절반가량을 저치미儲置米로 현지에 남겨두었기 때문이다. 점차 지방 비중이 줄어들기는 했으나 없어지지는 않았다.

17세기 대동법의 확대는 환곡의 점진적 증가와 재정보용財政補用 현상을 촉진하였다. 저치미의 확산으로 환곡 확보가 용이해졌기 때문이다. 경기 선혜법이 실시된 이유는 경기지역이 방납 시 폭리가 극심하여 백성의 원성이 높았을 뿐 아니라 동시에 전란 직후 한성부漢城府와 가까운 곳에서 비상 재원을 확보하는 데 효과적이었기 때문이다.[68] 이는 실제 외교 사신의 접대 등에 많이 활용되었다.

62　『宣祖實錄』卷7, 宣祖 6年 9月 癸卯(26日).
63　『英祖實錄』卷10, 英祖 2年 7月 丁酉(7日).
64　최주희, 2014: 109-154.
65　백승철, 2000: 104-216.
66　한영국, 1998: 507-511; 김옥근, 『조선왕조재정사연구』 III, 1988: 66-75; 문광균, 「영남대동법 시행 초기 지방재정의 개편과 그 성격」, 2013: 192-194.
67　문광균, 2013: 200-201.

조정의 입장에서는 백성의 구제와 재원의 확보가 모두 가능한 일거양득의 정책이었다. 하지만 국가가 백성과 이익을 다툰다는 따가운 시선도 적지 않아서 재정보용책을 전면적으로 추진하는 데는 상당한 세월이 걸렸다.[69]

18세기에 접어들면 지방에서 군포를 받아들이던 병조와 각 군영도 면포의 일정분을 외방의 각 고을에 남겨두고 목민관에게 재정운영을 위임하였다.[70] 대동미가 작전作錢·작목作木이 가능했던 것처럼 군포軍布 역시 작전·작미作米가 가능했다. 과거에는 조·용·조에서 비중이 높은 전세가 세제의 근간이었으나 세금이 금납화되자 공납·군역이 주요한 세원으로 재인식되었다. 이는 대동법·균역법이 국가재정의 골자가 되고 그 운영기관인 선혜청·균역청均役廳이 최대 재정아문으로 발돋움하는 계기가 되었다.[71]

더욱이 중앙 회계에 모곡耗穀을 편입시키는 방법뿐 아니라 환곡의 반출량을 조정하는 방식을 통해서 수익을 극대화하였다. 통상 환곡은 절반을 비축하여 진휼에 대비하고 매년 절반을 풀어 새 곡

---

68 최주희, 2014: 25-65.
69 양진석,『17, 18세기 還穀制度의 운영과 機能 변화』, 1999: 153-216; 문용식,『조선후기 진정과 환곡운영』, 2000: 142-161.
70 1871년 편찬 도지道誌는 18세기 후반-19세기 전반의 재정 정보를 바탕으로 하고 있는데,『湖西邑誌』〈奎12176〉에는 군자창조軍資倉租·상진청미常賑廳米·비국구관곡備局句管穀·경리곡經理穀·통영곡統營穀,『嶺南邑誌』〈奎12173〉에는 상평청미常平廳米·비국군작미備局軍作米·균청미均廳米·사복시구관조司僕寺句管租·통영조統營租,『湖南邑誌』〈奎12175〉에는 비국구관미備局句管米·장악원미掌樂院米·균역청미均役廳米·화성미華城米·강도미江都米·정리곡整理穀 등이 확인된다. 이하 '奎-'는 서울대학교 규장각한국학연구원 소장.
71 최주희, 2014: 205-262.

식으로 바꾸는 개색改色을 실시하였다[半留半分]. 그러나 재정보용의 기능이 확대되자 분급액도 이류일분二留一分·일류이분一留二分·일류삼분一留三分·진분盡分 등으로 다양해졌다.72 이 같은 비율 조정은 국왕의 특별한 재가裁可를 받아야만 가능했다.73 이것은 탕평정치기 진휼 정책과 부세賦稅 개혁의 결과 부족해진 중앙과 지방의 재정을 충당하기 위한 대안으로 마련된 방법이었기 때문이다. 숙종 후반부터 영조대까지 대대적으로 취해지는 농민·공노비·공시인 등의 각종 세금 탕감은 중앙에서 그에 상응하는 경비를 마련하였기에 가능한 조치였다.74

3) 화폐의 연동

16세기에 접어들어 장기간 평화가 지속되자 산업이 회복되고 전국적인 장시가 만들어졌다. 일본의 왜은이 조선을 통해서 명에 들어감으로써 조선은 거대 은 유통망의 일원으로 자리하였다.75 이것이 조선과 명 모두가 세제의 금납화로 접어드는 배경이었다. 양국은 몽골의 세계 체제에서 벗어나고자 계획경제국가를 꿈꾸었지만 불과 한 세기가 못 되어 유럽을 넘어서 아메리카까지 연결된 세계

---

72 『萬機要覽』, 財用編6, 還摠, 總額.
73 양진석, 1999: 241, 243; 문광균, 「영남대동법 시행 이후 대동세 배분방식의 변화와 저치미 운영」, 2015: 149.
74 『增補文獻備考』卷151, 田賦考1, 朝鮮, 肅宗 甲寅-英祖 52年; 김백철, 『조선후기 영조의 탕평정치: 『속대전』의 편찬과 백성의 재인식』, 2010a: 245-252.
75 야마구치 게이지, 『일본근세의 쇄국과 개국』, 2001: 13-58; 안드레 군도 프랑크, 『리오리엔트』, 2003: 235-278, 296-360; 김동철, 「16-18세기 동아시아 교역망과 은 유통」, 2011: 271-290; 융이, 『백은비사』, 2013: 61-133.

경제망에 합류하였다. 급격히 진행된 세금 제도의 와해는 인위적으로 유지해온 농업 입국의 균열 현상이었다. 더욱이 16세기 말 명군의 임진왜란 참전으로 은이 조선 시장에까지 대량으로 유통되어[76] 경제구조의 변동을 촉진하였다.[77]

조선의 은 유통은 17세기 대중·대일 무역에서 정점에 달하였으며,[78] 국내 유통에까지 영향을 미쳐서 사실상 고액 화폐로서 기능하였다.[79] 은화銀貨[80]는 중앙아문의 이식利殖이나 은납銀納에도 활용될 정도로 보편화되었다.[81] 하지만 점차 대청 무역에서 은화 유출이 대규모로 이루어지는 데 비해서 대일 무역을 통해 국내로 유입되던 은화는 일본 도쿠가와막부의 통제로 급격히 감소하였다.[82] 국내에서는 은화의 유통이 현격히 감소하고 상대적으로 동전의 유

---

76 『萬機要覽』, 財用編4, 錢貨, 金銀銅鉛, 銀, 銀貨行用.

77 한명기,「17세기초 은의 유통과 그 영향」, 1992: 1-12; 고동환,『조선시대 시전상업 연구』, 2013: 54-59.

78 한명기, 1992: 13-34; 한명기,「16, 17세기 명청교체와 한반도: 재조지은, 은, 그리고 쿠데타의 변주곡」, 2004: 44-52; 정성일,「조선의 동전과 일본의 은화: 화폐의 유통을 통해 본 15-17세기 한일관계」, 2004: 29-43; 정성일,「조선과 일본의 은 유통 교섭」, 2012: 504-534.

79 류승주,「조선후기 대청무역이 국내산업에 미친 영향」, 1994: 3-19; 원유한,「조선후기 대청관계 및 인식의 변화」, 2000: 3-5; 조영현,「동아시아사 교과서의 '은 유통과 교역망': 주제의 설정과 그 의미」, 2013: 152-158; 권내현,「17세기 후반 18세기 전반 조선의 은 유통」, 2014: 12-19.

80 〈표 5〉『승정원일기』'은화' 논의 빈도

왕대	인조	효종	현종	숙종	경종	영조	정조	순조	헌종	철종	고종
빈도	32	20	23	302	110	379	82	41	8	15	37

- 기준: 국사편찬위원회『승정원일기』(http://sjw.history.go.kr).

81 권내현, 2014: 22-25.

82 山本進,「조선후기 은 유통」, 2013: 215-220; 권내현, 2014: 19.

통이 점차 확대되었다.[83] 또한 서울을 중심으로 광역 단위의 대도시화가 진행되고[84] 지방에는 장시의 수가 폭발적으로 증가하여 전국적인 시장망이 복구되었다.[85] 이로 인해 농업생산물과 수공업 제품이 상품화되어 시장 판매가 폭넓게 이루어졌다.[86] 교환의 매개 수단이 되는 동전의 수요가 날로 늘어났고 그 가치가 널리 인정되자 부의 축적 수단으로 활용되었다.

이러한 상황에서 대동법 시행은 화폐유통의 전환점을 마련하였다.[87] 유형원은 쌀과 더불어 동전을 함께 받을 것을 제안하였는데,[88] 대동법 확대 과정에서 산군山郡에서 쌀이 귀하여 면포나 동전을 대신 내도록 함으로써 동전납이 채택되었다. 15세기 태종대 저화(紙幣),[89] 세종대 조선통보(銅錢),[90] 세조대 팔방통보(箭幣)[91] 등이

83 원유한,「조선후기 화폐유통에 관한 일고찰: 전황문제를 중심으로」, 1972: 134-135; 원유한,『조선후기 화폐사』, 2008: 140-154.
84 이존희,「조선왕조의 유수부 경영」, 1984: 27-59; 배우성,「정조의 유수부 경영과 화성인식」, 2004: 243-276; 정두영,「정조대 도성방어론과 강화유수부」, 2013: 25-59; 조낙영,『조선후기 유수부재정 연구: 강화·광주·화성 유수부를 중심으로』, 2015: 15-24, 94-104, 144-161; 김백철, 2016a: 441.
85 김백철,「조선시대 경상도지역 고을의 형성과 변화: 지리지자료를 중심으로」, 2022: 15, 23.
86 고동환, 1998: 27-95; 고동환, 2007: 127-211; 고동환, 2013: 127-184.
87 화폐의 확대를 대전납代錢納 등 부세 문제와 연결한 경우는 다음 참조. 송찬식,『조선후기 사회경제사의 연구』, 1997: 45-179; 원유한, 2008: 139, 157-159; 정수환,『조선후기 화폐유통과 경제생활』, 2013: 36-88; 고동환, 2013: 66-76.
88 『磻溪隧錄』卷4, 田制後錄下, 錢幣.
89 『高麗史』卷79, 志33, 食貨, 貨幣, 恭愍王 5年 9月·恭讓王 3年 3月·恭讓王 3年 7月.
90 『世宗實錄』卷25, 世宗 6年 8月 丁未(5日).
91 『世祖實錄』卷34, 世祖 10年 11月 壬戌(13日).

발행되었으나 유통은 한시적이었다. 민간에서 사적인 활용을 장려하기 위해서는 국가가 공적인 차원에서 수요를 만들어야 했으나 당시 조·용·조 체제하에서 공가公家(國家)의 화폐수요가 낮았기 때문이다. 태종은 제용감濟用監·사섬시司瞻寺를 동원하여 저화의 관용 입출을 보장하고[92] 수속收贖·공물貢物·상세商稅 등에 활용하였으나 시장의 환영을 받지는 못하였다.[93] 15세기 명목화폐인 저화와 동전은 수속에 주로 이용되었다. 16세기에는 전국 시장의 출현으로 교환경제가 형성되어 점차 조세의 금납화가 촉진되고 있었으나 아직 현물 화폐인 쌀이나 면포는 국가재정체계와 충분히 연동되지 못하였다.

반면에 17세기 초에는 세제가 금납화된 상황에서 인조 원년(1623)에 대동법이 경기·충청도·전라도 등 3도에 실시되었고[94] 인조 4년(1526)부터 동전 제도가 함께 시행되었다.[95] 그러다가 인조 초반 대동법이 후퇴하여 시행 지역이 축소되자[96] 동전 제도 역시 얼마 못 가서 폐지되고 말았다. 한동안의 정체기를 극복하고 세제 개혁이 재개되면서 대동법의 점진적 확대가 이루어졌다. 숙종 3년(1677)에 이르면 경상도에서 대동법이 실시되어[97] 전국 5도까지 확

---

92 『太宗實錄』卷3, 太宗 2年 2月 丁卯(14日).
93 『太宗實錄』卷21, 太宗 11年 正月 壬午(21日).
94 『仁祖實錄』卷1, 仁祖 元年 4月 癸亥(4日); 『仁祖實錄』卷5, 仁祖 2年 3月 壬戌(8日).
95 『承政院日記』, 天啓 5年(인조 4) 12月 17日(乙卯); 『仁祖實錄』卷28, 仁祖 11年 10月 甲戌(15日).
96 한영국, 「대동법의 실시」, 1976: 152-153.
97 『肅宗實錄』卷7, 肅宗 4年 8月 辛巳(13日); 『萬機要覽』, 財用編3, 大同作貢, 大同法, 肅宗丁巳(숙종 3); 문광균, 「17세기 경상도지역 공물수취체제와 영남대동법의 실시」, 2012: 71-78.

대되었다. 다음해(1678) 상평통보가 법화로서 공포되었다.⁹⁸ 대동법의 확대와 동전 유통의 본격화는 상호 밀접하게 연동되었다.⁹⁹ 이 과정에서 조정에서는 동전 2냥의 교환가치를 정은丁銀 1냥으로 설정하였다.¹⁰⁰ 또한 숙종 13년(1687) 호조가 은점銀店을 전담하자 그 수는 전국적으로 68개소에 달하였다.¹⁰¹ 곧 화폐가치를 보장하는 태환兌換이 법제화되었다.

18세기 후반 정조대 『부역실총』에는 비록 강원도·함경도 기록이 누락되어 있으나 나머지 재정의 총액을 합산하면 약 886만 냥에 이르며, 그중 동전납은 약 300만 냥에 달한다. 국가의 1년 예산은 약 1,000만 냥 내외로 추정되고,¹⁰² 동전 유통의 규모도 약 30-40%의 비중을 차지한다.¹⁰³ 조정에서 동전의 공적 사용을 보장하자 민간에서도 공신력을 얻은 것이다. 17세기부터 전후 복구 사업과 진휼 정책에 앞장선 정부 주도의 유통경제가 성장하였고, 18세기에는 장시가 전국적으로 되살아나고 수도권이 점차 상업 경제망을 형성하여 화폐경제가 진전되었다.¹⁰⁴

대규모 화폐교환 체계도 출현하였다. 대동법은 기본적으로는

98　『肅宗實錄』卷7, 肅宗 4年 正月 乙未(23日);『承政院日記』, 康熙 29年(숙종 16) 10月 7日(甲子);『增補文獻備考』卷159, 財用6, 錢貨, 朝鮮, 肅宗 4年·肅宗 5年.

99　숙종 9년(1683)·숙종 11년(1685)·숙종 17년(1691)·숙종 19년(1693)·숙종 21년(1695)·경종 4년(1724) 등에 각각 대규모 동전 주전이 이루어졌다.『萬機要覽』, 財用編4, 錢貨, 鑄錢始末.

100　『續大典』卷2, 戶典, 國幣.

101　『萬機要覽』, 財用編4, 錢貨, 金銀銅鉛, 銀, 採銀.

102　송양섭,「正祖代『軍國摠目』의 체재와 군비·군사재정의 파악」, 2011: 93(손병규·송양섭 편,『통계로 보는 조선후기 국가경제』, 2013).

103　유현재,『조선후기 鑄錢정책과 財政활용』, 2014: 177, 228.

104　고동환, 1998: 27-95; 고동환, 2007: 127-211.

미米로 받는 것을 원칙으로 하되, 지역차를 감안하여 목木·포布·전錢의 납부를 허락하였다. 그런데 이 같은 현물 화폐인 쌀·무명·삼베, 명목화폐인 상평통보 등 4가지 이상의 화폐가 활용됨으로써 화폐 간 교환 비율에 따른 일종의 환전 이익이 발생하였다. 각 군현의 수령은 점차 쌀로 바꾸는 작미作米, 동전으로 바꾸는 작전作錢, 무명으로 바꾸는 작목作木 등이 주류를 이루었고 이 외에도 계절 간 가격차를 이용하는 입본立本, 지역 간 가격차를 이용하는 이무移貿, 동전으로 분급하는 전환錢還, 다른 곡물로 대신 받는 대봉代捧 등 다양한 재정 운영 방안을 모색하였다.[105]

국가에서 책정한 대동미·대동목·대동포·대동전 등의 교환비에 따른 총액(세금 부담액)이 같다는 전제하에 각 지역에서 나타나는 가격차는 현능한 목민관의 출현에 따라 지방 재원을 마련하는 데 요긴하게 이용되었다. 이제 각 고을의 수령이 얼마나 재정을 효과적으로 운영하느냐에 따라 지방재정의 비축 여부와 민심의 향배가 갈렸다. 이른바 조선 전기에 구축된 민정民政·형정刑政·군정軍政 3권을 장악하던 목민관은 17세기부터 재정 운영에도 관심을 두어야 했으며, 18세기에는 일종의 자산 운용가 역할까지 겸하게 되었다.[106]

---

[105] 양진석, 1999: 217-245.
[106] 양진석, 1999: 247.

3. 균역의 추진 배경

1) 군역 개혁의 필요성

17세기의 난점은 전란과 대기근으로 인구가 단기간 급감하는 경우가 잦았는데도 오히려 불안정한 대외 정세로 5군영이 차례로 창설되어 군비가 늘어났다는 데 있다. 인구는 현종 11년(1670) 510만 명에서 현종 13년(1672) 470만 명으로 불과 3년 만에 40만 명이 급감하였고, 숙종 19년(1693) 700만 명에서 숙종 22년(1696) 560만 명으로 무려 140만 명이나 급감하였다.[107] 이것은 당시 대기근이 얼마나 심각했는지를 보여준다.

양역은 금납화되어 비단 군비뿐 아니라 중앙 재정에서 큰 비중을 차지하고 있었다. 양정의 숫자가 짧은 기간 동안에 급격히 변화함으로써 조정은 재정절벽을 우려해야 하는 상황에 직면하였다. 설상가상으로 인력 자원이 부족한 상황에서 양반까지 군역에서 벗어나 군액의 확보는 절체절명의 과제였다.[108] 위정자들은 양역의 폐단을 문제로 인식하였으나 아직 공납을 개혁할 여력조차 충분하지 않았으며, 개혁의 대상이 사대부 자신이었으므로 쉽게 추진할 수도 없었다.[109]

17세기 초반부터 전세가 최저 세율이 되었고 18세기 초반에 이

---

[107] 이태진, 「인구의 감소」, 1998: 374-376; 김백철, 「조선후기 영조대 백성관의 변화와 '민국'」, 2007c: 125, 126-130(김백철, 2010a); 정연식, 『영조대의 양역정책과 균역법』, 2015: 25.
[108] 김성우, 『조선중기 국가와 사족』, 2001: 95-159.
[109] 양역변통 논의는 다음 참조. 정만조, 1977: 90-91; 정만조, 1996: 337-341; 정만조, 1997: 125-131; 정연식, 1993: 177-240; 김백철, 2007c: 126-130.

르면 공납마저 대동법으로 세금이 경감된 상황에서 오직 양역만이 경제력을 반영하는 토지에 직접 연동되지 않아서 백성에게 큰 부담으로 남았다. 더욱이 양반뿐만 아니라 부유한 양민들 중에도 양반을 모칭하여 피역하는 행태가 늘어났으며, 이 때문에 인징隣徵·족징族徵 등으로 세금을 견디지 못하고 유망流亡하는 서민이 적지 않았다. 남아 있는 소민만으로 양역을 감당하기는 무리였다.

숙종 후반부터 정국이 안정되면서 대동법의 확대 실시와 함께 양역가를 1-3필에서 2필로 통일하는 수준의 1차 균역 사업이 이루어졌다.[110] 이를 기반으로 영조대는 본격적인 개혁을 추진할 수 있었다. 당시 주로 논의된 양역변통안은 유포론游布論·호포론戶布論·구포론口布論·결포론結布論 등이다.[111] 유포론은 세금을 내지 않고 있는 양정을 찾아내서 세금 징수를 늘리자는 논의인데, 이것이 확대되어 피역 계층인 양반에게까지 세금을 물리자는 유포론儒布論까지 등장하였다. 전자는 기존 양역 체제를 이정釐正하는 수준이었으며, 후자는 신분제를 전면으로 건드리는 사안이었다. 유포론의 논의가 확대되자 아예 신분 장벽을 허무는 호포론이 등장하였다. 이것은 신분에 관계없이 가호家戶마다 면포를 내도록 하자는 주장이다. 또한 논의가 진전되자 가장 급진적인 구포론까지 등장하였다. 구포론은 신분에 관계없이 인정人丁마다 면포를 내는 방안이다. 마지막으로 결포론은 대동법과 같이 토지의 다과에 따라 세금을 부과하자는 주장이다. 실제 유포론을 제외하고는 모두 양반을 수세 대상에 포함시키자는 논의였으므로 부세 개혁의 추진은 쉽지 않았다. 그럼에도 당시 조야朝野에서는 소민에게만 과중한 부담을 지속

---

[110] 정만조, 1997: 146.
[111] 『景宗實錄』卷4, 景宗 元年 7月 甲午(5日).

시킬 경우 나라의 존망이 위태로울 수 있다는 위기의식이 팽배하였다. 이처럼 세금을 부담하는 대상에 양반을 포함시키자는 목소리는 점차 커져만 갔다.

2) 재정추계의 현실화

18세기 전반까지도 자연재해는 지속되었다. 이 때문에 영조 초반에는 진휼 재원의 마련이 시급하여 궁극적으로 양역변통을 추진할 여유가 없었다. 당시 무곡貿穀·염분鹽盆·주전鑄錢 등의 방책이 추진되었다.[112]

우선 조정에서는 긴급한 재원 마련을 위해서 무곡을 시행하였다.[113] 도道 단위의 재정을 상호교환하여 지역차와 물가 차이를 이용하는 방식으로 진휼곡을 조달하였다. 대동법의 여파로 각도各道에 저치미가 진휼을 위한 상진곡常賑穀으로 남아 있었기 때문이다. 효과적인 진휼을 위해서 숙종-영조대 중앙의 비변사에는 각도마다 팔도구관당상을 설치하였으며, 지방에는 역으로 현지 사정에 따라 여러 도의 재정을 통합하여 관장할 수 있는 진휼사賑恤使를 파견하였다.

다음으로 조정은 염분을 설치하여 새로운 재원을 확보하였다.[114] 조선시대에는 오늘날과 같은 염전은 없었으며 염분에서 바닷물을 고아서 소금을 만들었다. 그동안 소금의 이익은 민간에 맡겨두었

---

112 김백철, 「영성군 박문수(1691-1756)의 정계 활동: 탕평관료의 중층적 위상에 대한 검토」, 2013b: 275-280.
113 김백철, 2013b: 276.
114 김백철, 2013b: 276-277.

으나 이제 국가에서 활용하는 형태로 바뀌었다. 염분으로 비축한 재원은 기민饑民을 구휼하는 데 효과적이었다. 이것은 균역법의 근간을 이루는 어염선세漁鹽船稅 마련의 주요 배경이 되었다.

　마지막으로 주전 정책이 시행되었다. 동전을 주조하는 데에는 많은 비용이 들었기 때문에 진휼책 중 가장 늦게 추진되었으나, 대동법 이후 주전의 효용가치에 새삼 눈뜨게 되면서 재원확보에 주요한 시책으로 인식되었다.115 또한 기근 못지않게 돈이 유통되지 않는 전황錢荒도 심각하였기 때문이다. 그동안 영조는 주전에 반대한 인물로 알려져왔으나116 실제로는 막대한 규모의 주전을 실현시켰다.117 영조 초반까지 기근이 연이어 일어나 화폐를 주조할 여력이 없었으나, 안정기에 접어들자 물력을 비축하여 주전에 돌입하였던 것이다.

　진휼을 위해서 마련했던 다양한 비상 재원은 자연재해가 감소하자 개혁을 안정적으로 추진하는 데 재정적인 뒷받침을 하였다. 양역변통 논의에서도 그동안 면포를 기준으로 호포론·구포론·결포

115　김백철, 2013b: 278-280.
116　『英祖實錄』卷14, 英祖 3年 11月 丁巳(5日);『增補文獻備考』卷159, 財用6, 錢貨, 朝鮮, 英祖 6年.
117　영조 3년(1727) 평안도 감영 15만 냥, 통영 15만 냥, 경상도 감영 10만 냥, 전라도 감영 7만 냥, 개성부 3만 냥 등 총 30만 냥을 주전하였고, 영조 18년(1742) 진휼책의 일환으로 함경도 감영에서 주전이 이루어졌다. 영조 26년(1750) 균역법을 추진하는 과정에서 호조·선혜청·삼군문三軍門 등에서 100만 냥 규모의 주전이 계획되었다가 재조정되어 추진되었으며 통영까지 동원되었다. 영조 33년(1757) 총융청까지 가세하였다.『萬機要覽』財用編4, 錢貨, 鑄錢始末;『增補文獻備考』卷159, 財用6, 錢貨, 朝鮮, 英祖 7年·英祖 26年; 원유한,「조선후기 화폐정책에 대한 일고찰: 고액전의 鑄用論議를 중심으로」, 1971: 77; 김백철, 2013b: 279-280.

론 등이 논의되었으나, 이 시기부터 호전론·구전론·결전론 등 동전을 활용하는 방안이 적극적으로 검토되었다. 이는 주전을 본격화하는 단계에서 가능했던 개혁 방안이다. 마치 대동법과 상평통보가 연동되었듯이 균역법의 추진 배경에도 주전이 있었던 것이다.

한편 양역변통의 기반을 확보하는 구체적인 정책이 실현되자 국가의 재정추계도 체계화되었다. 태조대부터 송대宋代 고사故事를 빌려와 "양입위출量入爲出"이 천명되었으며[118] 법전에도 지속적으로 반영되었다.[119] 그렇다면 달라진 것은 무엇이었을까? 『경국대전經國大典』의 예산편성 원칙은 세월이 흐르면서 한동안 무너져 조정에서 필요에 따라 세금을 걷어 지출하는 방식으로 재원을 운영해왔다. 여기에서 벗어나서 국가의 1년 예산을 미리 편성하고 그에 맞추어 재정을 집행하는 방식으로 복귀하고자 한 것이다. 더욱이 부세의 금납화로 인해 세금 제도·수세 대상의 변화가 촉발되었으므로 재정 규모를 다시 파악하여 세입·지출을 맞출 필요가 있었다. 이에 ①『양역총수良役總數』(영조 19, 1783)·『양역실총良役實摠』(영조 24, 1748) 등 군액을 다시 점검하기 시작하였다. 곧 양역의 총액을 재획정한 것이다. 이 시기 전세에도 비총제가 안착되었다.[120] 이른바 총액제 운영의 틀이 갖추어지고 재정체계가 정비되어 전국의 세수가 표준화되었다.[121] 이를 통해서 국초 재정 원칙을 회복했을

---

[118] "傳旨都堂, 命內帑錢穀布帛, 依宋朝例, 令三司量入爲出, 如有兵興臨時取者, 量宜調度." 『度支志』 「外篇」 卷18, 經費司, 經用部, 經費, 事實, 太祖 7年 戊寅.

[119] "凡經費, 用橫看及貢案." 『經國大典』 「戶典」, 經費 ; "參用大同事目." 『續大典』 「戶典」, 經費 ; "參用度支定例." 『大典通編』 「戶典」, 經費.

[120] 『英祖實錄』卷59, 英祖 20年 7月 乙未(20日) ; 『英祖實錄』卷61, 英祖 21年 正月 庚辰(8日) ; 『英祖實錄』卷68, 英祖 24年 10月 庚寅(9日) ; 『英祖實錄』卷107, 英祖 42年 10月 乙巳(9日) ; 『萬機要覽』, 財用編2, 年分, 英宗庚辰(영조 36).

뿐 아니라 훨씬 더 세밀한 예산안을 갖추게 되었다.

② 군제가 재정비되었다. 한성부의 내부는 삼군문(訓練都監·御營廳·禁衛營)을 중심으로 방어하고 외부는 총융청摠戎廳·수어청守禦廳이 북한산성北漢山城·남한산성南漢山城에 출진出陣하여 방어함으로써 경청京廳을 폐지하였다(영조 25, 1750). 이에 『속병장도설續兵將圖說』(영조 25, 1749)·「수성절목守城節目」(영조 27, 1751)·『수성윤음守城綸音』(영조 27, 1751) 등을 차례로 편찬하여 5군영 편제와 수도 방위 전략을 재정비하였다.¹²² 이것이 정조 연간 사도유수부四都留守府 방어 체계의 시초이다.

③ 일원적 회계원칙이 도입되고 왕실 예산의 절감이 이루어졌다.¹²³ 『탁지정례度支定例』(영조 25, 1749)·『국혼정례國婚定例』(영조 25, 1749)·『상방정례尙方定例』(영조 26, 1750) 등을 연이어 편찬함으로써 중앙 재정의 원칙이 재확립되었다. 국가의 총예산이 파악된 상황에서 새로운 재원이 확보되고 중앙 재정의 개혁이 성과를 내자, 양역변통을 위한 사전 작업도 거의 마무리되었다. 특히 군영의 재편과 왕실 재정의 절감으로 마련된 재원은 균역법의 급대給代에 활용되었다.

---

121 김옥근, 「조선후기 전세제도 연구」, 1972: 46; 이철성, 『17, 18세기 전정운영론과 전세제도 연구』, 2003: 85-130; 김백철, 2013a: 312-313; 송양섭, 「18세기 比摠制의 적용과 齊民政策의 추진」, 2013: 323-353(송양섭, 『18세기 조선의 공공성과 민본이념: 손상익하의 정치학, 그 이상과 현실』, 2015); 송양섭, 「18세기 '公' 담론의 구조와 그 정치·경제적 함의」, 2014: 27-60(송양섭, 2015).

122 김백철, 2013b: 271-275.

123 『度支志』, 「外篇」卷18, 經費司, 經用部, 經費, 事實, 英宗 2年 丙午·16年 庚申; 최주희, 「18세기 중반 『度支定例』類 간행의 재정적 특성과 정치적 의도」, 2011: 251-288(손병규·송양섭 편, 2013); 최주희, 「18세기 중반 定例類에 나타난 王室供上의 범위와 성격」, 2012: 38-69.

3) 국가정책의 순문

여건이 갖추어지자 조정은 본격적으로 군역을 개혁하기 위한 논의에 돌입하였다. 국왕은 양역을 전부 폐지하고 새로운 세제로 바꿀 것을 기대하였다. 영조는 구전론은 양반(士族)·양인(常漢)을 막론하고 인정ㅅㅜ당 세금을 부담하므로 반발이 높을 것으로 보고, 중간 정도에 해당하는 호전론을 지지하였다.[124] 기존의 양역은 양정에 대해서만 부과하여 양반의 부담이 없었다. 반면에 호포제를 실시하면 양인은 인정에서 가호당 징수로 바뀌어 세금이 줄어들고, 양반은 면세에서 호당 세금을 납부하여 균형을 이룰 수 있다고 보았다. 하지만 당시 양인은 부유한 백성(大民)·궁핍한 백성(小民)으로 계층분화가 이루어져 있었으며, 사족조차 출사해서 가문을 보존하거나 지역에서 경영에 성공하여 경제력을 갖춘 양반·몰락한 양반(殘班)이 병존하였다. 따라서 양인과 사족 모두 경제력에 따른 재분류를 선행하지 않고서는 국가에서 수세 재원을 안정적으로 확보할 수 없었다.

영조는 재위 기간 동안 약 200여 차례 이상 백성을 불러 직접 대화하는 순문詢問을 열었는데,[125] 균역법을 입안할 때는 단순한 시혜 차원을 벗어나 조정 정책에 대한 백성의 의견을 직접 물었다.[126] 영조 26년(1750) 5월 19일 창경궁 홍화문弘化門에서 1차 순문을 열어서 개혁 방안의 찬반을 묻고, 여기서 호전제의 지지를 얻어냈다.[127]

---

124 정연식, 2015: 99-105.
125 김백철, 2012b: 183.
126 정연식, 2015: 101; 김백철, 2007c: 130; 김백철, 2012b: 203-204.
127 『英祖實錄』卷71, 英祖 26年 5月 庚申(19日).

그러나 대·중·소호로 나누어서 호전을 부과하는 경우를 계산해본 결과 양역을 폐지하고 호전을 시행하면 중앙 재정은 적자 상태를 면치 못한다는 사실이 확인되었다. 더욱이 호를 3등분하는 데도 어려움을 겪었다.

7월 3일 창경궁 홍화문에서 2차 순문을 열었다.[128] 하지만 이번에는 사족이 반대 의사를 명백히 밝혀 호전론은 더 이상 존속될 수 없었다. 국왕은 개혁의 추진 동력을 확보하기 위해서 감필을 선언하였다.[129] 영조는 백성과 약속한 사안이라고 주장하면서 재정이 빈약하여 양역을 전부 폐지할 수 없다면 절반이라도 감면하겠다고 밀어붙였다. 이제 양역의 면포는 2필에서 1필로 줄어들었다. 이것은 단순한 군액의 축소가 아니었다. 전세와 공납마저 개혁되자 양역이 중앙 재정에서 가장 큰 비중을 차지하고 있었는데, 국왕의 감필 선언으로 양역이 떠받치고 있던 재정의 절반이 일시에 사라져 버린 것이다. 감면한 세수만큼 세원을 확보하지 못한다면 조정이 곧 재정절벽에 직면할 것은 명약관화하였다.

감필 조치의 대안으로 어염선세가 먼저 제기되었다.[130] 영조 초반 진휼 재원 마련을 위해서 설치된 염분을 중심으로 바다에서 나는 모든 이익을 수세 체계 내로 재편하는 방식이다.[131] 어전漁箭·곽세藿稅·선세船稅 등이 모두 중앙 재정으로 귀속되었다. 조선 전기 어염의 수세권은 각 고을에서 갖고 있었으나,[132] 17세기 이래 궁방이

---

128 『英祖實錄』卷71, 英祖 26年 7月 癸卯(3日).
129 『均役廳事目』, 均役事實〈奎1123〉; 정연식, 2015: 105-117.
130 『均役廳事目』, 海稅 第4〈奎1123〉; 정연식, 2015: 162-164.
131 이욱, 「18세기 鳴旨島 公鹽制 運營의 變化와 그 性格」, 2003a: 185-215; 김백철, 2013b: 282-283.
132 『經國大典』卷2, 戶典, 魚鹽.

나 토호 혹은 통영 같은 거대 아문이 장악하였다.[133] 어염세는 그동안 궁방 등에서 폭리를 취해온 과중한 세금을 저율 과세로 바꾼다는 명목하에 수세권을 조정으로 귀속시켜서 만들어냈다. 이 역시 유형원이 소개하고 정약용이 보완책을 제시한 특수세 항목이다.[134]

다음으로 선무군관포選武軍官布를 정책화하였다.[135] 부유한 양인계층으로 양반을 모칭하여 피역하고 있던 이들을 찾아내서 선무군관 선발 절차를 거치게 함으로써 수세 대상에 편입시키는 정책이었다. 일종의 취재取才를 통해서 군관軍官이 되면 자연히 중서층中庶層으로 인정하고 면세혜택도 받았다. 다만 통과하지 못하면 선무군관포라는 세금이 부여되었으나 이 경우에도 양인이 부담하는 수준에 불과하였다. 조정은 양인에 재편입시키지 않고 시험을 통과하거나 세금을 내는 방법으로 새로이 성장한 사회적 신분을 인정해 주었다.

이 외에도 지방의 재원 활용과 경제력에 기초한 과세가 이루어졌다. 처음에는 부족한 재원을 외방에 부담시키는 분정分定이 이루어졌으나, 지방재정의 중앙 편입은 각 고을의 경상비 지출조차 어렵게 만들었으므로 지속되기 어려웠다. 불법적으로 과세 대상에서 제외된 은여결隱餘結을 찾아내는 일도 쉽지 않았다.[136]

이 때문에 영조 27년(1751) 3차 순문이 이루어졌다.[137] 그동안 유

---

[133] 이욱, 「17·18세기 궁방·아문의 어염절수 확대와 의미」, 2003b: 141-166.
[134] 『磻溪隧錄』卷1, 田制上, 雜說; 『磻溪隧錄』卷4, 田制後錄下, 國朝名臣論弊政諸條附, 栗谷; 『經世遺表』卷14, 均役事目追議1, 海稅·魚稅·藿稅·鹽稅; 『經世遺表』卷14, 均役事目追議2, 船稅; 『經世遺表』卷14, 摠論.
[135] 『均役廳事目』, 軍官 第5〈奎1123〉; 정연식, 2015: 165-167.
[136] 『均役廳事目』, 餘結 第3〈奎1123〉; 정연식, 2015: 137-115, 164-165.
[137] 『英祖實錄』卷74, 英祖 27年 6月 壬子(17日).

포론은 선무군관포라는 변형된 형태로 흡수되었고, 호전론은 초기에 채택되었으나 시행 과정에서 좌절을 면치 못하였다. 또한 구전은 호전론보다 급진적이어서 시행이 요원하였다. 남은 대안은 결전론結錢論뿐이었다.[138] 그러나 이미 전세와 대동미를 거두고 있는 마당에 양역까지 토지에 부과할 경우 3중 과세의 혐의가 짙었다. 이것이 결전론이 가장 늦게 추진된 배경이다. 화폐경제가 급진전된 상황에서 경제력을 고려하지 않은 가호나 인정을 기준으로 세금을 부여해봤자 받을 수 있다는 보장도 없었다. 이에 인두세의 성격에서 탈피하여 경제력의 척도인 토지에 과세하는 방안이 현실적인 대안으로 떠올랐다.

하지만 개혁을 추진하면서 오히려 세금이 늘어나는 것은 조정에서도 여간 부담이 아니었다. 이에 각도에서 토지에 부과하던 잡세를 바로잡는다는 명분하에 결전으로 전환하는 방식이 추진되었다.[139] 그 비중은 매우 적어서 1결당 5전鏡에 불과하였다(1냥=10전). 곧 일종의 지방세를 중앙세로 편입시킴으로써 백성은 새로운 세금을 부담하지 않아도 되었고, 중앙도 급대 재원을 마련할 수 있었다. 다만 규모는 축소되었으나 사실상 분정의 변형에 지나지 않았으므로 국가의 지방재정을 일정 부분 희생시키는 형식이었다. 이로써 토지를 소유한 양반이나 부유한 양인, 그리고 지방아문까지 양역 변통 과정에서 수세 대상으로 편입되었다.

균역법의 성립은 다양한 사회 신분 계층이 양역을 나누어 부담하는 형태로 전개되었다. 첫째, 감필은 경제적으로 열악한 소민의 부담을 면포 2필에서 1필로 절반을 줄여주었다. 둘째, 어염선세는

[138] 『均役廳事目』, 結米 第2〈奎1123〉.
[139] 정연식, 2015: 147-151.

장시의 발달로 도래한 새로운 경제적 이익에 주목하여 과세 대상을 발굴하고 그동안 수세를 해온 궁방·토호·외방아문 등의 이익을 국가로 환수하여 백성의 과세 부담은 줄이는 형태로 이루어졌다. 어염선세는 궁방의 절수 비중이 상당히 높았으므로 사실상 왕실의 부를 희생시키는 방식이었다. 셋째, 선무군관포는 조정에서 부유한 양민층의 중서층 편입을 인정하는 대신에 수세 대상에 끌어들이는 정책이었다. 넷째, 분정과 결전은 모두 지방재정을 중앙으로 편입시켜 국가 예산의 손실을 일정 부분 감수하는 방안이었다. 다섯째, 결전은 경제적 기준으로 세금을 부과하는 형태인데 양역에서 이탈한 양반과 부유한 양민을 모두 수세 대상으로 환원하는 방식으로 추진됨으로써 대동법의 과세 정신을 계승하였다.

균역법의 성립으로 소민·왕실·부유한 양민·사족·지방정부 등이 모두 하나의 세금 체계 내에 들어오게 되었으며, 역의 형평성은 놀라울 정도로 개선되었다.[140] 이것이 바로 정약용이 영조에 대해 균역에 반대하는 신하들에게 "나라가 비록 없어질지언정 이 법은 고치지 않을 수 없다"고 한 발언까지 소개하며 극찬을 아끼지 않은 이유이며,[141] 심지어 그는 균역법을 옹호하여 보완책까지 마련하였다.[142]

---

[140] 김백철, 2007c: 133-134.
[141] 『經世遺表』卷首, 邦禮艸本引.
[142] 『經世遺表』卷14, 均役事目追議, 海稅·魚稅·藿稅·鹽稅; 『經世遺表』卷14, 均役事目追議2, 船稅; 『經世遺表』卷14, 摠論.

4. 세제 개혁의 여파

　대동법·균역법은 비단 세금 부담의 형평성만 제고시킨 것이 아니었다. 여기에는 몇 가지 부수적 효과가 수반되었다. 첫째, 국가재정의 일원적인 통합 운영이 강화되었다.[143] 대동법의 실시로 중앙 재원이 확보되면서 선혜청이라는 새로운 중앙 재정 기구가 만들어졌으며, 여기서 비축된 재원은 이획移劃이나 급대라는 명목으로 균역법 시행 과정에서 감면된 세수를 대신하는 데 활용되었다. 더욱이 균역청이 만들어졌으나 곧이어 선혜청과 통폐합되자 거대 재정 기구로 탈바꿈하였다. 대동법·균역법의 세수는 각 계정이 별도로 남아 있었으나 세금 체계의 통합성이 현저히 높아졌다. 유형원은 국가의 경비를 세입에 따라 지출하고 잡다한 세금은 모두 대동법에 포함하여 일원적으로 운영할 것을 주장하였는데,[144] 실제로 대동·균역의 성립으로 재정 일원화 흐름은 속도를 냈다.

　국가의 1년 예산에 대한 표준액이 정해지자 이것이 다시 각 군현에 재분배되었다.[145] 이 때문에 영조 후반 편찬된 『여지도서輿地圖書』(영조 33-?, 1757-?)에는 『신증동국여지승람新增東國輿地勝覽』(중종 25, 1530)에 없던 재정 항목이 보완되었다.[146] 이후 각 고을에서는 읍지邑誌를 증보할 때마다 『여지도서』를 본받아 부세 항목도 모두 갱신하였다. 또한 정조대 편찬된 『부역실총賦役實總』(정조 18, 1794)

---

[143] 최주희, 2014: 205-262.
[144] 『磻溪隧錄』卷3, 田制後錄上, 經費.
[145] 손병규, 『조선왕조 재정시스템의 재발견: 17-19세기 지방재정사 연구』, 2008: 247-297, 315-343.
[146] 영조 명편, 『輿地圖書』 상·하, 1973; 이철성, 「『輿地圖書』에 나타난 田結稅 항목의 텍스트적 이해」, 2006: 531-571.

에는 『양역실총』의 군액을 미米·포布·전錢 등으로 환산한 절가折價를 세밀하게 기재하였으며,¹⁴⁷ 『군국총목軍國摠目』(정조 18, 1794)에는 전총田摠·군총軍摠·곡총穀摠 등 읍지에 수록되던 주요 재정 정보가 집대성되었고,¹⁴⁸ 『전률통보典律通補』(정조 10, 1786)에도 민총民摠·군총·전총·곡총 등이 실렸다.¹⁴⁹

둘째, 조정의 경제정책 기조가 바뀌었다. 이미 대동법을 전후하여 공인이 등장한 상황에서 균역법이 타결되자 영조는 순문의 주요 주제를 농형農形에서 공시貢市로 바꾸었다. 농사의 풍흉을 묻는 일이 없어지지는 않았지만, 공인貢人·시인市人을 소견하여 폐막을 묻고 이를 전담하는 공시당상을 설치하여 1품 대신급에서 맡도록 하였다.¹⁵⁰ 국왕은 공시순문을 정기적으로 열어서 공시인의 어려운 점을 하나하나 조사하여 개선하도록 하였다. 이미 숙종대부터 대동법이 발효되자 공물가에 대한 탕감 조치가 시작되었다.¹⁵¹ 영조대에는 양역변통 과정에서 공인·시인을 대상으로 역가·채권을 탕감하였으며,¹⁵² 공인에게 탕감한 규모만 약 50만석에 달했다.¹⁵³ 균역법으

---

147 송양섭, 「부역실총에 나타난 재원 파악 방식과 재정정책 부역실총」, 2008: 27-56(손병규·송양섭 편, 2013).

148 송양섭, 「正祖代『軍國摠目』의 체재와 군비·군사재정의 파악」, 2011: 71-103.

149 『典律通補』卷4, 別編, 民摠·軍摠·田摠·穀摠〈奎貴1377〉. 영조 37년(1761) 초고본이 만들어지고 정조 10년(1786) 본격적인 편찬에 들어갔다고 추정되므로 여기서는 후자의 연대를 취하였다. 심재우, 1998: 12.

150 『貢弊』〈奎15084〉; 『市弊』〈奎15085〉; 『增補文獻備考』卷163, 市糴考1, 朝鮮, 英祖 29年; 이근호, 2002: 257; 김백철, 2012b: 210; 김백철, 2013b: 283-284; 김정자, 2013: 147-218.

151 『增補文獻備考』卷151, 田賦考1, 朝鮮, 肅宗 7年·9年·42年·英祖 12年·17年.

152 『增補文獻備考』卷151, 田賦考1, 朝鮮, 英祖 17年·21年·24年·27-28年·32-33年·35-38年·41-52年.

153 오미일은 『증보문헌비고』와 『비변사등록』을 대조하여 탕감 규모를 산출

로 농민이 안정되자 정책 대상이 공인·시인까지 확대된 것이다.

이미 서울은 상업도시화되어 농사를 짓는 백성이 드물었을 뿐 아니라[154] 대동·균역의 성립으로 선혜청이라는 통합 중앙 재정 기구가 새롭게 출범하였고, 여기에는 공인·시인의 역할이 큰 비중을 차지했다. 대동법으로 공인이 국가의 인정을 받았고, 균역법으로 각사各司·각전各殿의 재정 개혁에도 공인에게 지급하는 공가貢價 문제가 주요해졌다.[155] 세제 개혁을 안착시키기 위해서는 공인·시인의 안정이 필요하였다. 영조 후반 잦은 공시순문은 이 때문이었으며, 이를 보고 성장한 신료들과 왕세손(정조)이 신해통공(정조 15, 1791)을 기획한 것은 자연스러운 귀결이었다.[156]

셋째, 사회 신분의 범주가 재편되었다. 서얼·선무군관·공시인에 이어서 공노비까지 신분이 변화하였다. 대동·균역으로 양인의 문제가 해결되자 외방에 거주하면서 농사를 짓는 공노비의 신공 감면책도 추진되었다.[157] 숙종대부터 흉년에는 농민과 공노비에게 세금을 지속적으로 탕감해왔는데,[158] 영조대는 심지어 공노비를 국가에서 돌보아야 할 백성으로 전제하였다.[159] 그래서 균역법 이후 세율 인하가 추진된 것은 물론이거니와 영조 만년에는 남녀 노비

하였다. 오미일, 「18-19세기 공물정책의 변화와 공인층의 변동」, 1986: 135.
[154] 고동환, 1998: 27-95; 고동환, 2007: 127-211.
[155] 최주희, 2014: 109-154.
[156] 김동철, 1980: 141-173; 김정자, 『正祖代 通共政策의 施行에 관한 硏究』, 2010: 145-167.
[157] 김백철, 2010a: 239-244.
[158] 『增補文獻備考』卷151, 田賦考1, 朝鮮, 肅宗甲寅(숙종 즉위년)·3年·25年·26年; 김백철, 2010a: 245-252.
[159] 『英祖實錄』卷83, 英祖 31年 2月 戊申(4日)·辛未(27日).

가 모두 종신토록 신공을 바치는 제도를 양인과 같이 남자만 일정한 나이까지 신공을 내도록 개혁하였다. 영조 31년(1755) 노비 신공 반감半減에 균역청에서 2만 66냥을 급대하였고, 영조 50년(1774) 여비女婢 신공身貢의 전감全減에도 균역청에서 1만 3,074냥을 사용하였다.[160] 따라서 이념적으로 균역법에서 양인의 면포를 감면한 정책의 연장선상에서 공노비의 신공 감면이 이루어졌을 뿐만 아니라 실질적인 급대 비용도 균역청의 재원으로 이루어졌다. 이것이 정조 연간 공노비 혁파 논의와 순조대 현실화의 배경이 되었다. 정치 분야의 탕평이 사족의 정계 진출을 확대시키고 그 여파가 서얼허통으로 이어졌다면, 경제 분야의 균역은 양인(농민)의 세부담을 감면시키고 그 영향이 선문군관·공시인·공노비 등에게 미쳤다.[161]

넷째, 세제 개혁은 정치사상의 변화까지 이끌어냈다. 대동법이 점진적으로 확대되던 시기에 유계兪棨는 백성과 국가의 관계에 대한 시제試題를 냈다.[162] 대동의 효용은 "백성을 편하게 하고 나라를 넉넉하게 한다[便民裕國]"고 평가되었다.[163] 이것이 양역변통 논의가 한창이던 시기에 들어와 민사民事와 국계國計를 하나로 이어서 운명공동체로 이해하는 방식으로 전이되었다.[164] 균역법이 타결되자 영조는 한걸음 더 나아가서 "백성을 위해서 군주가 있는 것이지, 군주를 위해 백성이 있는 것이 아니며",[165] "백성을 구제하지 못

---

160 『萬機要覽』, 財用編4, 奴婢貢給代, 英宗乙亥(영조 31)·甲午(영조 50).
161 김백철, 2007c: 130-134.
162 『市南先生文集』卷14, 策問題 九首, 民國熟優歟.
163 『承政院日記』, 崇禎 11年(인조 16) 11月 6日(甲子); 『承政院日記』, 康熙 52年(숙종 39) 5月 6日(壬午).
164 김백철, 2007c: 156-171.
165 『列聖御製』卷27, 英宗大王, 文, 社壇祈年夜坐涵仁庭書錄御製以勉後王.

한다면 임금의 자리에 있어도 독부獨夫(혁명의 대상)에 지나지 않는다"는 과격한 발언을 주저하지 않았다.¹⁶⁶ 이제 맹자의 혁명 사상으로 무장한 탕평군주가 개혁의 중심에 섰다.¹⁶⁷

더욱이 이미 숙종은 "나라는 백성에게 의지하고 백성은 나라에 의지하니 백성이 없으면 나라를 운영하지 못하고 먹을 것이 없으면 백성을 돌보지 못한다"고 강조한 바 있는데,¹⁶⁸ 영조는 이를 계승하여 "백성은 나라에 의지하고 군주는 백성에 의지하며",¹⁶⁹ "백성과 나라가 서로 의지하고",¹⁷⁰ "군주와 백성도 서로 의지한다"고 하며¹⁷¹ 백성을 한갓 시혜의 대상이 아니라 왕정의 동반자로 재설정하였다.¹⁷² 그는 "한평생 민국民國에 몸과 마음을 바쳐왔다"고 술회하기를 주저하지 않았다.¹⁷³ 이른바 '민국'은 장기간 개혁 정책의 여파로 점차 정치 개념으로 형성되었다.¹⁷⁴

---

166 『列聖御製』卷30, 英宗大王, 文, 恤私民綸音仍示元良.
167 김백철, 2012b: 217-220.
168 『承政院日記』, 康熙 17年(숙종 4) 5月 10日(己酉).
169 『御製本固寧本固寧』〈K4-2430〉; 『承政院日記』, 乾隆 40年(영조 51) 8月 9日(甲申).
170 『御製夙夜勤』(영조 49)〈K4-2838〉.
171 『承政院日記』, 乾隆 30年(영조 41) 12月 27日(戊辰); 『承政院日記』, 乾隆 34年(영조 45) 11月 23日(辛丑); 『御製深祝油然需然』(영조 47) 〈K4-3024〉; 『承政院日記』, 乾隆 36年(영조 47) 5月 2日(壬寅)·4日(甲辰)·7月 20日(戊午); 『承政院日記』, 乾隆 37年(영조 48) 4月 6日(辛未); 『承政院日記』, 乾隆 40年(영조 51) 2月 11日(己丑)·12月 10日(癸丑); 『御製可矜者民其便者君』〈K4-0446〉; 『御製君爲民』〈K4-1265〉; 『御製祈民安』〈K4-1554〉.
172 김백철, 2012b: 220.
173 『承政院日記』, 乾隆 26年(영조 37) 4月 8日(辛未)·12月 5日(己巳); 『承政院日記』, 乾隆 28年(영조 39) 7月 16日(辛未); 『承政院日記』, 乾隆 29年(영조 40) 7月 21日(辛未); 『承政院日記』, 乾隆 30年(영조 41) 3月 23日(戊戌); 『承政院日記』, 乾隆 32年(영조 43) 6月 28日(庚申).
174 김백철, 2007c: 169.

다섯째, 문물제도를 정비하는 데 필요한 물적 토대를 마련하였다. 세제 개혁을 통해서 백성의 형평성이 개선되자 국고는 오히려 늘어났다.『동국문헌비고東國文獻備考』(영조 45, 1770)·『홍재전서弘齋全書』(정조 23, 1799) 등을 비롯한 거질巨帙의 규장각 도서는 대부분 영조·정조시대의 유산이다. 동시대 청 역시 지정은제地丁銀制를 통해 세제 개혁에 성공하여 국고를 비축함으로써『고금도서집성古今圖書集成』(1725)·『사고전서四庫全書』(1781) 등으로 대변되는 문화 사업에 집중하였다. 이는 계몽주의시대 영국의『백과사전 또는 기술과 과학의 일반 사전Cyclopaedia, or a Universal Dictionary of Arts and Sciences』(1728) 프랑스의『백과전서 또는 문인 협회에 의한 과학, 기술, 공예에 관한 합리적 사전Encyclopédie, ou dictionnaire raisonnédes sciences, des arts et des métiers』(1751-1772) 등이 대서양 무역으로 비축한 부를 바탕으로 편찬된 것에 비견된다.

결과적으로 조선의 재정 개혁은 15-16세기 경제변동인 금납화 현상으로 촉발되었다. 17세기 전쟁과 기근으로 피폐해진 위기 상황에 대한 조정의 능동적인 대응책이 바로 대동법으로 나타났다. 대동법의 발효로 화폐·환곡이 세제 변동과 연동됨으로써 조선 전기와 구별되는 후기의 경제 체계가 한층 진일보하였다. 더욱이 18세기 대동법이 전국으로 확산되고 균역법까지 타결됨으로써 중앙 재정은 온전히 통합되고 국가 총예산의 운영이 가능해졌다. 경제적 변동은 공시인·공노비의 사회 신분 변화뿐 아니라 백성관의 재인식에도 막대한 영향을 미쳤다. 나아가 이는 18세기 문화 사업을 시행하는 데 필요한 실질적인 재원으로 활용되었다. 따라서 1930년대 조선학 운동 이래 유포된 실학 담론에 대한 인식, 무능한 조정에서 재야 지식인의 주장은 전혀 채택되지 못했다는 인식과는 달리 유형원·정약용의 개혁안은 조정의 정책과 상당한 연속선상에 있었다.

제1부

탕평의 계승자

3장
정조 초반 왕권의 실상과 '청의淸議'의 공인

    1990년대 정조 연간에 대한 새로운 패러다임이 제창되면서 '봉건왕조(구체제)'라는 부정적 시각의 굴레에서 벗어나 개혁의 시대라는 재평가가 이루어졌다.[1] 특히 정조를 개혁군주로 비정하고 재위 기간 전체를 대상으로 단계별로 왕권의 성장과정을 다룬 연구가 나타났다.[2] 반면에 이 시기를 문화 전성기로 평가하면서도 정조 사후 세도 정권 출현의 책임을 묻는 비판적 시선도 공존하였다.[3] 혹은 사상사적 측면에서 양자의 시각을 아우르는 다면적 평가도

---

1   이태진, 1992a: 222-250; 김성윤, 1997a: 186-210, 241-276; 한상권, 1996a; 한상권, 「정조의 군주관」, 2009a: 141-177; 한상권, 「갈등과 소통: 1779년 정조의 영릉거둥」, 2009b: 345-389; 한상권, 「백성과 소통한 군주, 정조」, 2009c: 144-172; 김백철, 「'탕평'을 어떻게 볼 것인가」, 태학사, 2011c: 54-63; 김백철, 「1990년대 한국 사회의 '정조신드롬' 대두와 배경: 나약한 임금에서 절대계몽군주로의 탄생」, 2011d(본서 1장 참조).
2   이태진, 1990; 김성윤, 「정조 연간의 정국구도와 그 동향」, 1990; 이태진, 1992a; 김성윤, 1992; 이태진, 1993; 이태진, 1994; 김성윤, 1997a.
3   정옥자 외, 1999; 유봉학, 2001; 박현모, 2001; 유봉학, 2009.

제기되었다.⁴

한편 정치세력의 변화에 주목한 연구도 점차 가시화되었다. 초기 탕평 연구에서 영조 후반 청류의 비판적 인식(淸議/淸論)이 정조의 의리탕평義理蕩平(峻論蕩平)을 구축하는 데 기여했다는 평가가 산출되었다.⁵ 이후 영조 후반-정조 즉위 초의 반대파 숙청과 왕권 확립 과정을 상세히 검토하는 작업이 이루어졌다.⁶ 대체로 정조시대는 즉위 초에 견제를 받던 왕권이 지속적으로 성장하여⁷ 정조 후반(정조 12-19, 1788-1795)에 정점에 달한 것으로 이해되었다.⁸ 최근에는 정조의 밀서密書까지 다수 발굴되면서 정치사 연구의 외연이 한층 넓어진 상황이다.⁹ 풍부한 자료와 새로운 시각을 발판으로 정조

---

4   김문식, 1996; 김문식, 『정조의 경학과 주자학』, 2000; 윤정, 『18세기 국왕의 '문치'사상 연구』, 2007.
5   박광용, 1984: 210, 213, 245-252.
6   오갑균, 「정조초의 왕권확립과 시벽론」, 1999: 130-160; 김정자, 「영조말-정조초의 정국과 정치세력의 동향」, 2009: 54-62(이태진 외 편, 2011b); 최성환, 『정조대 탕평정국의 군신의리 연구』, 2009: 107-201(최성환, 『영·정조대 탕평정치와 군신의리』), 2020; 김백철, 「영조만년의 초월적 권위와 '大蕩平': 영조 48년(1772) 김치인사건을 중심으로」, 2012a: 31-63.
7   오갑균은 정조 초 국왕의 권력장악 과정을 체계적으로 형상화하면서도 국왕에 대한 반발은 여전히 지속되었다고 지적하였다. 오갑균, 1999: 188-190.
8   현재까지 연구는 정조가 즉위 초 우현좌척론右賢左戚論을 통해서 의리탕평을 주창함으로써 새로운 정치이데올로기를 표방하였으나 왕권은 정조 12년(1788) 이후 비로소 시파 우위의 정국이 출현하여 현륭원顯隆園 공역(정조 13, 1789), 장용영 확대(정조 17, 1793), 화성 축조(정조 18-19, 1794-1795), 화성 행차(정조 19, 1795) 등을 점진적으로 추진함으로써 정점에 올랐다고 평가해왔다. 반면에 화려한 성과에 비추어 즉위 초는 암울한 정국으로 묘사되었다.
9   【영인】국립중앙박물관 편, 2009; 【번역】정조, 2009; 【연구】김문식, 2009:

시대에 대한 한층 진전된 접근이 가능해졌다.[10]

그러나 한 가지 전제만은 전혀 변화가 일어나지 않고 있다. 개별 연구의 시각차가 있지만 공교롭게도 대다수의 연구가 정조 초반에 대해 왕권의 취약성을 전제하고 있다.[11] 이에 즉위 초 취약한 왕권과 반왕反王 세력의 무도함이라는 대립 구도가 당연시되어왔다. 이러한 평가의 근거는 즉위 초의 두 차례 토역에서 비롯되었는데,[12] 정조 즉위년(1776) 사건은 『명의록』에,[13] 정조 원년(1777) 사건은 『속명의록續明義錄』에[14] 각각 수록되어 있다. 두 책은 단지 사족士族만을 보급 대상으로 하지 않고 언해諺解까지 이루어져 중앙·외방에 반포되었다. 특히 왕권의 주체인 군주가 이를 널리 알렸다는 사실에 주목해볼 필요가 있다.[15] 어째서 국왕은 자신의 권력이 미약했다고 스

79-116; 안대회, 2010; 박철상 외, 2011.

[10] Christopher Lovins, 2019; 김지영, 『정조의 예치: 예를 바로잡아 백성의 마음을 기르다』, 2020; 김호, 『정조의 법치: 법의 저울로 세상의 바름을 살피다』, 2020; 백승호, 『정조의 문치: 글쓰기로 인의의 정치를 펴다』, 2020a; 허태구, 『정조의 무치: 문무를 갖춘 완전한 나라를 꿈꾸다』, 2020; 유재빈, 『정조와 궁중회화: 문예군주 정조, 그림으로 나라를 다스리다』, 2022.

[11] 오갑균, 1999; 김성윤, 1997a; 유봉학, 2009; 김문식, 2000; 박광용, 1984; 박광용, 1994.

[12] 오갑균, 1999: 119-190; 김정자, 2009: 37-102.

[13] 『명의록』은 다음 참조. 규장각 편, 「明義錄」, 1981a: 77-78; 규장각 편, 「明義錄」, 1994: 78; 김백철, 「明義錄」, 2005b: 351-353; 황선엽, 「명의록언해」, 1997: 28-41; 규장각 편, 「明義錄諺解」, 2001a: 115-117; 김백철, 「명의록언해」, 2005c: 353-355; 김백철, 「정조대 국왕의리명변서의 편찬과 의미」, 2005g: 385-392; 김경희·김광태 역, 『국역 명의록』, 2006.

[14] 『續明義錄』은 다음 참조. 규장각 편, 「續明義錄」, 1981b: 114; 규장각 편, 「續明義錄諺解」, 2001b: 199-200; 김백철, 「續明義錄」, 2005d: 359-360; 김백철, 「속명의록」, 2005e: 361-362.

[15] 이는 영조가 상언上言·순문詢問·어제서御製書·윤음綸音을 통해 정치 이

스로 폭로한 것일까?[16] 혹은 어째서 대규모 토역에 대한 정당성을 부여할 필요가 있었던 것일까? 여기에서는 『명의록』 편찬을 통해 만들어진 이미지와 실제 왕권의 모습에 대해 검토해보고자 한다.

1. 『명의록』의 서술방식

정조 즉위년(1776) 3월부터 반대파 숙청이 시작되었다가 8월 24일에 이르러 토역이 일단락되면서 『명의록』 찬집청纂輯廳을 설치하였다.[17] 국왕이 적극적으로 간여하여 수록 범위와 체재體裁 등을 제시하였는데, 12월 26일 정조는 왕세손 시절 쓴 「존현각일기尊賢閣日記」를 찬집청에 내리고 『명의록』에 수록하도록 명했으며,[18] 정조 원년(1777) 3월 29일 마침내 『명의록』이 완성되었다.[19] 곧이어 언해본이

념을 백성에게 알린 것과 무관하지 않다(한상권, 『조선후기사회와 소원제도: 상언·격쟁연구』, 1996a: 37-47; 김지영, 『조선후기 國王行次에 대한 연구: 儀軌班次圖와 擧動기록을 중심으로』, 2005: 220-225(김지영, 『길 위의 조정: 조선시대 국왕 행차와 정치적 문화』, 2017); 김백철, 2012b: 190, 〈그림 1〉 영조 연간 대민소통의 흐름). 정치선전propaganda의 개념은 다음 참조. Edward Bernays, *Propaganda*, 2018, Desert[『프로파간다』, 2009]).

16 숙종대 "신강臣强", 영조대 "택군擇君"이 공식기록에 언급될 때 한결같이 국왕의 입을 빌려 제기되고 있다는 점이 흥미롭다. 국왕 스스로 문제를 제기하여 신료를 압박하였기 때문에 발언 주체에 대한 고려 없이 그 평가를 문자 그대로 받아들이기는 곤란하다. 『肅宗實錄』卷11, 肅宗 7年 6月 癸巳(12日); 『英祖實錄』卷40, 英祖 11年 2月 己酉(8日); 『英祖實錄』卷45, 英祖 13年 8月 辛酉(5日).

17 『正祖實錄』卷2, 正祖 卽位年 8月 癸亥(24日).
18 『正祖實錄』卷2, 正祖 卽位年 12月 癸亥(26日).
19 『正祖實錄』卷3, 正祖 元年 3月 乙未(29日).

만들어졌고 이듬해(1778) 2월 『속명의록』까지 편찬되었으며, 이 역시 언해가 갖추어졌다. 정조 5년(1781) 심지어 바다 건너 제주목濟州牧까지 『속명의록』을 반포하였다.[20]

1) 「존현각일기」의 핍박받는 왕세손

『명의록』에는 영조대 토역 후 만들어진 『감란록戡亂錄』이나 『천의소감闡義昭鑑』과 달리 서문이나 본문의 공초 기록 이외에 국왕의 사적인 「존현각일기尊賢閣日記」가 서두序頭에 수록되어 있다. 이것이 체재상 두드러지는 특징이다. 일기는 첫 부분부터 세손이 야간에 익명서로 인하여 두려움에 떠는 내용으로 시작하고 있다. 세간에 알려진 경희궁慶熙宮 존현각尊賢閣 자객 위협설의 단초는 사실 이 일기의 첫 장면에서 비롯되었다. 이 기록이 왕명으로 『명의록』에 추가됨으로써 동궁 시절 반대파의 위협설이 만천하에 공개된 것이다.[21] 하지만 「존현각일기」를 면밀히 살펴보면 세간에 알려진 자객설은 전혀 근거가 없으며 단지 익명서만 언급되었을 뿐이다.[22]

『명의록』의 본문은 건조하게 사건을 기술하고 있는 데 반해 서두에 위치한 「존현각일기」는 홍국영·정민시鄭民始 등 동궁속료東宮屬僚와의 사적인 대화를 담고 있다. 대화체로 구성하여 마치 극적 효과를 고조시키는 듯하다.[23] 「존현각일기」 추가는 당시 정국에 대

---

20 『正祖實錄』卷11, 正祖 5年 6月 辛卯(20日).
21 『正祖實錄』卷2, 正祖 卽位年 11月 丙戌(18日)·12月 癸亥(26日).
22 심지어 왕세손 스스로 흉도凶徒가 퍼뜨리는 부언浮言(뜬소문)에 자객설刺客說이 들어 있으나 황당하다고 판단하여 믿지 않는다고 하였다. 『明義錄』卷首, 尊賢閣日記上, 乙未 2月 8日.
23 〈부표 5〉 「존현각일기」의 주요 사건 일지 참조.

한 왕세손의 불리한 입장을 강조하고 역도逆徒의 무도함을 인식시키기는 가장 효과적인 기법이었다. 특히 언해본 반포는 정조가 보다 적극적으로 자신의 상황을 중앙·외방에 알려서 국왕의 역도 처벌의 정당성을 사士·민民에게 얻으려는 듯했다. 여기서 드는 가장 큰 의문은 과연 왕권이 취약한 군주가 "내가 이런 핍박을 받았다"고 당당히 공개할 수 있을까 하는 점이다.

실제로 「존현각일기」에 제시된 역도의 주요 죄상은 부언訛言(浮言·凶言) 유포였다.²⁴ 핵심 적대세력은 정후겸鄭厚謙(和緩翁主 養子)·홍인한(惠慶宮 叔父)으로 묘사되었다. 이 외에 윤양후尹養厚·홍상간洪相簡(洪趾海 子)·홍지해洪趾海(洪啓禧 子)·민항렬閔恒烈·심상운沈翔雲 등은 부용 세력에 지나지 않았다.

흥미로운 사실은 화완옹주가 사도세자의 누이이자 왕세손의 고모로서 당시 영조의 은총으로 궐내에 특별히 기거하면서 조카인 왕세손을 돌보는 외양을 취하였다는 점이다. 화완옹주는 어린 왕세손을 자주 만나며 조언을 아끼지 않은 듯하다.²⁵ 그러나 「존현각일기」의 서술을 검토해보면 화완옹주 혼자서 왕세손을 만날 때와 비교해 정후겸이 대궐에 다녀간 후에 행동에 변화가 있다. 서술 태도는 화완옹주가 주로 정후겸의 사주를 받은 것처럼 설명하고 있다.²⁶ 이것이 완전히 사실인지는 명확하지 않으나 어린 왕세손이 고모에 대해 복합적인 애증을 지닌 것만은 분명했다.²⁷ 또한 홍인

24 『明義錄』卷首, 尊賢閣日記, 乙未年 2月 5日·6月 21日.
25 『明義錄』卷首, 尊賢閣日記上, 乙未 10月 13日·10月 14日·閏10月 5日; 『明義錄』卷首, 尊賢閣日記下, 乙未 11月 1日·11月 23日·12月 1日.
26 『明義錄』卷首, 尊賢閣日記下, 乙未 11月 23日·12月 8日.
27 정조는 정순왕후를 보호하기 위해 자신의 왕위 계승을 도왔음을 역설하며 척신의 잘못과 분리하여 대응했다(최성환, 2009: 87, 103, 129, 131). 또한

한은 존립 기반 자체가 왕세손의 외가外家라는 사실에 있었으므로 양대 세력은 대외적으로 동궁 보호론을 바탕으로 세력을 부식하고 있었다.28 따라서 표면적으로는 모두 왕세손과 긴밀한 협조 관계에 있어야 했다.29

그럼에도 불구하고 이들은 왕세손을 거의 꼭두각시처럼 조정할 수 있다고 믿어 의심치 않았으며 심지어 역린逆鱗을 자주 범하였다.30 특히 이들은 외방에서 동궁이 외롭다는 것을 빌미로 세력을 모았다.31 이에 왕세손의 입장은 더욱 곤란하였으며, 아직 대안 세력이 없는 상황에서 쉽게 이들과 갈라서지도 못했다. 왕세손은 자신을 꼭두각시처럼 대우하는 행태에 대해 매우 분노하였다. 이는 영조가 십구하교十九下敎에서 택군擇君까지 언급하면서 왕위 계승의 대가를 바라는 노론의 행위를 맹비난한 논조와 별반 다르지 않다.32

> 혜경궁이 홍인한에게 서신을 보내 대리청정을 막지 못하도록 했다고 기술하였으나 『한중록』에는 다르게 기록되어 있으며, 홍봉한 역시 홍인한과 이복형제라는 점을 강조하여 분리 대응을 천명하고 그 아들 홍낙임을 변호하였다(『明義錄』卷首, 尊賢閣日記下, 丙申 2月 28日; 『續明義錄』, 2年(戊戌) 2月 21日; 최성환, 2009: 50, 52). 화완옹주에 대해서도 훗날 다시 귀경歸京 조치를 취하는 등 보호론을 주장하였다(『正祖實錄』卷51, 正祖 23年 3月 壬戌(4日)); 『正祖實錄』卷51, 正祖 23年 3月 乙丑(7日); 『正祖實錄』卷51, 正祖 23年 3月 壬午(24日)). 이는 왕실 지친에 대한 보호와 자신의 직계가족에 대한 권위를 유지하기 위한 방식으로 보인다.

28 『明義錄』卷首, 尊賢閣日記上, 乙未 5月 3日; 최성환, 2009: 88-89, 97-99.
29 최성환, 2009: 89-90.
30 『明義錄』卷首, 尊賢閣日記上, 乙未 5月 25日·6月 23日·7月 5日·8月 14日·9月 19日·10月 5日·10月 14日·10月 27日·閏10月 15日; 『明義錄』, 卷首, 尊賢閣日記下, 乙未 11月 17日·12月 8日·12月 10日.
31 최성환, 2009: 97-99.
32 『英祖實錄』卷33, 英祖 9年 正月 辛丑(19日); 김백철, 2014a: 97 註34.

이러한 갈등은 표면적으로 인사 추천 거부와 동궁속료 배척으로 나타났다. 화완옹주·홍인한 등은 자신들이 계획한 인사가 임명되지 않으면 왕세손을 추궁하기 일쑤였다.³³ 더욱이 자신들 이외에는 동궁 근처에 세력이 형성되는 것을 원치 않아서 홍국영 등을 끊임없이 공격하여 배제하고자 했다.³⁴ 다만 왕정 사회에서 정후겸이 저지른 무례한 언동은 분명 문제가 있었으나 각종 부언浮言만으로 역모로 몰기에는 죄목이 다소 부족하였다.

왕세손이 자칭 동궁 보호 세력과 갈라서게 된 결정적 계기는 대리청정 하교에 대한 반대 움직임이었다.³⁵ 이전까지 왕세손을 등에 업고 권력을 행사하며 호가호위한 이들이 왕위 계승 자체를 방해하자 왕세손은 더 이상 느슨한 형태의 연대도 용납할 수 없었다. 이들은 아마도 호락호락하지 않은 신왕新王보다는 병세가 완연하여 인사를 농단하기 좋은 노왕老王이 더 다루기 쉽다고 여긴 듯하다. 이때 홍인한 일파가 대리청정이 한갓 영조의 충성도 시험에 지나지 않는다는 흉언을 유포하자 왕세손은 강한 불만을 드러냈다.³⁶

곧 「존현각일기」를 관통하는 핵심 정서는 흉적凶賊의 부언에 핍박받는 왕세손의 모습이며, 이에 맞서서 국왕의 공명정대한 입장을 만천하滿天下에 드러낼 필요가 있다는 문제의식이다. 정조는 부언에 격분하여 매양 사실관계를 명확히 밝힐 필요성을 강조하였

---

33 『明義錄』卷首, 尊賢閣日記上, 乙未 5月 25日·6月 19日·6月 20日·10月 4日·10月 5日·10月 14日.

34 『明義錄』卷首, 尊賢閣日記上, 乙未 2月 5日·6月 10日·6月 21日·7月 10日·7月 13日·8月 3日·8月 14日·9月 19日·10月 13日·10月 16日;『明義錄』卷首, 尊賢閣日記下, 丙申 2月 28日.

35 최성환, 2009: 97-102.

36 『明義錄』卷首, 尊賢閣日記下, 乙未 12月 23日.

고, 이는 마치 영조의 총애를 받던 화완옹주의 부당한 음해로부터 본인의 무고함을 밝힐 정당한 수단으로 상세한 기록에 의지하려는 듯했다. 이 때문에 왕세손의 「존현각일기」는 즉위 후 『일성록』으로 전환되어 공식 연대기로 정착되었다. 심지어 토역 교문에도 간단히 와언訛言 문제를 언급하면서 처벌 사유를 밝힐 정도였다.[37] 혈육인 화완옹주를 제외한 부언 유포자는 예외없이 사사賜死되었다.

이러한 정황을 살펴보면 척신계의 행보는 유언비어流言蜚語 유포에 지나지 않는 수준이었던 반면에 정조의 조치는 대규모 숙청이라는 점에서 극명하게 대조된다. 화완옹주는 신왕의 후견인 노릇을 하고 싶어 한 듯하고, 정조 역시 처음에는 고모의 조언을 참고하였으나 점차 독자노선을 걷고자 결심한 듯하다. 이 같은 다소 모순적인 상황을 타개하기 위해서 정조는 선왕(영조)의 하교를 전면에 내세워 대리청정과 전선傳禪을 정당화하였고,[38] 홍국영·정민시 등 동궁속료가 목숨을 무릅쓰고 보좌하였으며 서명선徐命善이 과감히 상소까지 올린 덕분에 비로소 왕좌를 지킬 수 있었다는 설명 방식을 취하였다.[39]

---

37 『正祖實錄』卷2, 正祖卽位年 8月 癸亥(24日).
38 『明義錄』卷首, 尊賢閣日記上, 乙未 10月 7日;『明義錄』卷首, 尊賢閣日記下, 乙未 11月 30日·12月 3日·12月 4日·12月 7日·12月 20日.
39 『明義錄』卷首, 尊賢閣日記上, 乙未 2月 5日·2月 7日;『明義錄』卷首, 尊賢閣日記下, 乙未 11月 3日·12月 1日·12月 2日.

〈표 6〉 정조 즉위년(1776) 토역 교문의 죄인

	인물	죄목	구분	비고
1	홍인한	窩窟. 방자하게 발호. **부언 유포**. 동궁을 우롱함. 三不必知說.	대리청정 반대	賜死
2	정후겸	窩窟. 방자하게 발호. 대리청정 방해. 동궁을 우롱하고 감시함. **부언 유포**.	대리청정 반대	賜死
3	민항렬	심부름꾼. 요악을 부림. 성품이 간교하고 악덕함. 서연에 출입하며 **와언 유포**. 大北의 설.	대리청정 반대	杖斃
4	홍상간	심부름꾼. 요악을 부림. 성품이 간교하고 악덕함. 서연에 출입하며 **와언 유포**. 大北의 설.	대리청정 반대	伏誅
5	심상운	심부름꾼. 온실수 상소. **와언 유포**. 대리청정 반대. 서명선을 노론·소론 대립으로 몰고 가려고 함. 홍인한을 비호함.	대리청정 반대	伏誅
6	윤양후	심부름꾼. 홍인한·정후겸 綱繆. 민항렬·홍상간 사이에 선동.	대리청정 반대	流配
7	윤태연	심부름꾼. 홍인한·정후겸 綱繆. 민항렬·홍상간 사이에 선동.	대리청정 반대	流配
8	윤약연	토역에 가탁하여 윤태연·홍인한 비호. 정후겸을 공박하고 홍인한을 분리시키고자 함.	대리청정 반대	流配
9	이상로	逆家(洪麟漢)의 인척. 서명선 상소를 비방함.	대리청정 반대	杖斃
10	이선해	逆家(洪麟漢)의 인척. 서명선 상소를 비방함.	대리청정 반대	伏誅
11	홍지해	홍계희 아들. 홍인한의 문생. 정후겸과 결탁하고 서종하를 언급함.	대리청정 반대	流配
12	홍찬해	홍계희 아들. 형·조카와 흉모를 꾀함.	대리청정 반대	流配
13	이경빈	아비·숙부와 잘못을 꾀함.	대리청정 반대	流配
14	이덕사	사도세자 신원 상소. 大逆不道. 창도하여 괴귀 노릇을 함.	사도세자 복권	正法
15	이일화	誣上不道. 부화뇌동.	사도세자 복권	正法
16	유한신	誣上不道. 부화뇌동.	사도세자 복권	正法
17	조재한	誣上不道. 낭자하게 꾀어냄.	사도세자 복권	正法
18	최재흥	和應.	사도세자 복권	誅斬

19	박상로	大逆不道. 흉언.	사도세자 복권	正法
20	이범제	梟獍 무리. 조재한·박상로의 무리에 붙음.	사도세자 복권	杖斃
21	이동양	梟獍 무리. 조재한·박상로의 무리에 붙음.	사도세자 복권	正法
22	이도현	이응원의 아비. 영남 사족의 사도세자 신원 상소.	사도세자 복권	誅斬
23	이응원	이도현의 아들. 영남 사족의 사도세자 신원 상소.	사도세자 복권	誅斬

– 전거: 토역 교문(『正祖實錄』卷2, 正祖 卽位年 8月 癸亥(24日)) 및 형량 참조(『正祖實錄』卷1, 正祖 卽位年 4月 壬寅(1日)·丁未(6日)·7月 壬申(3日)·辛卯(22日); 『正祖實錄』卷4, 正祖 元年 9月 丙戌(24日); 『承政院日記』, 乾隆 41年(정조 즉위년) 6月 28日(丁卯)).

2) 『명의록』의 척신 토역

『명의록』의 본문을 살펴보면 날짜별로 27개 항목으로 서술되어 있다. 오히려 권수卷首의 「존현각일기」가 상·하로 나뉘어 총 59개 일자로 서술되어 있기에 본문보다 부록에 해당하는 일기가 더 많은 비중을 차지하고 있는 셈이다. 본문에는 연대기의 기록보다도 최소한의 처벌 사항만 실려 있는데, 무도한 역도에 대한 사형을 계속 미루고 유배만을 허락함으로써 마치 왕도정치王道政治를 행하는 자[王者]가 덕을 베풀어 약소한 처벌을 가하였다는 듯 관대한 인상이 강하다.

『명의록』의 27개 기사는 다음 몇 가지 사건을 중심으로 구성되어 있다. 첫째, 왕세손의 즉위 과정이다. 영조 51년(1755) 11월 21일 대리청정이 확정되어 왕위 계승 절차에 돌입한 시기부터 시작하여 11월 30일 왕세손(正祖)이 대궐의 병권과 조정의 인사권을 장악하였고, 12월 3일 서명선이 상소하여 홍인한의 '삼불필지설三不必知說'을 비판함으로써 왕세손의 왕위 계승 절차가 한결 가속화되었다.[40] 공

〈표 7〉『명의록』 본문 세부 항목

	일자	내용
1	英祖 51年 11月 癸巳(21日)	『御製自省編』과 『御製經世問答』으로 東宮(正祖)에게 進講하도록 命함.
2	英祖 51年 11月 癸卯(30日)	巡鑑軍은 東宮에게 受點을 받게 하고, 吏曹·兵曹의 擬望은 大殿(英祖)에 품한 후에 東宮에게 受點받게 함.
3	英祖 51年 12月 丙午(3日)	徐命善이 상소하여 洪麟漢이 代理聽政을 막은 죄를 바로잡아주시기를 청함. 임금이 徐命善에게 2급을 올려주고 그 父를 致祭하게 함.
4	英祖 51年 12月 庚戌(7日)	王世孫에게 代理聽政을 命함.
5	英祖 51年 12月 癸丑(10日)	임금이 景賢堂에 나아가 王世孫으로 하여금 代理聽政의 賀禮를 받도록 함. 王世孫이 慶賢堂에 앉아 聽政朝參을 하고 百官으로부터 賀禮를 받음. (왕세손이) 進饌하니 임금이 九爵禮를 행함.
6	英祖 51年 12月 乙卯(12日)	假注書 朴相集을 義禁府에 하옥시켜 推問함.
7	英祖 51年 12月 甲子(21日)	沈翔雲을 鞫問하고 絶島에 유배함.
8	英祖 51年 12月 乙丑(22日)	임금이 竄配를 命하고 이하는 小朝(正祖)가 재단하게 함. 申應顯이 洪麟漢을 죄줄 것을 청하였으나 윤허하지 않음.
9	英祖 52年 正月 甲戌(2日)	尹養厚를 海南에 竄逐함.
10	英祖 52年 3月 丙子(5日)	英祖大王이 慶熙宮 集慶堂에서 승하. 辛巳에 임금(正祖)이 崇政門에서 왕위를 이은 것을 宗廟에 告하고, 이를 中外에 頒敎하고 大赦함.
11	正祖卽位年 3月 甲申(13日)	弘文館 應敎 洪國榮을 承政院 同副承旨로 발탁함.
12	正祖卽位年 3月 丙申(25日)	大臣·三司가 鄭厚謙母子의 죄를 바로잡기를 청하자, 慶源府에 竄逐을 命함.
13	正祖卽位年 4月 戊申(7日)	洪麟漢을 礪山府에 竄逐할 것을 命함.
14	正祖卽位年 5月 辛未(1日)	鄭厚謙을 그 유배지에서 栫棘할 것을 命함.
15	正祖卽位年 6月 癸亥(24日)	尹若淵을 親鞫함.
16	正祖卽位年 6月 甲子(25日)	洪相簡을 鞫問하여 사형이 확정되었으나 徑斃됨.
17	正祖卽位年 6月 丙寅(27日)	李善海가 伏誅됨.
18	正祖卽位年 6月 丙寅(27日)	閔恒烈이 伏誅됨.
19	正祖卽位年 6月 丙寅(27日)	李商輅를 鞫問하여 徑斃됨.
20	正祖卽位年 6月 丙寅(27日)	洪趾海를 鞫問하여 자백받음.
21	正祖卽位年 6月 丁卯(28日)	掖庭所屬 70여 명을 有司에게 맡겨 처리하게 함(洪麟漢·鄭厚謙에게 연줄이 닿아 冒屬된 자들임).

22	正祖卽位年 6月 己巳(30日)	大臣이 百官을 인솔하고 洪麟漢·鄭厚謙의 誅殺을 청함.
23	正祖卽位年 7月 庚午(1日)	兩司가 尹養厚·尹泰淵의 拿問을 請함.
24	正祖卽位年 7月 癸酉(4日)	綸音을 내려 八方을 敦諭하고 홍인한·정후겸을 賜死함.
25	正祖卽位年 7月 辛卯(22日)	沈翔雲가 伏誅됨.
26	正祖卽位年 12月 己亥(2日)	尹養厚를 鞫問하여 자백을 받았으나 徑斃됨.
27	正祖 元年 4月 甲辰(9日)	洪啓能을 大靜縣에 栫棘을 命함.

론화 과정을 통해서 홍인한의 군주 기만欺瞞 행위가 조야에 공개되었고, 영조는 대노大怒하여 대신을 대거 교체하였으며 왕세손의 왕위 계승에 대비하기에 이르렀다. 마침내 12월 10일 경현당景賢堂에서 왕세손이 백관으로부터 하례를 받고 청정조참聽政朝參을 주관함으로써 대리청정은 공식화되었다.

둘째, 대리청정기 사전 숙청 단계이다. 영조 51년(1755) 12월 12일-영조 52년(1756) 3월 5일 박상집·심상운·윤양후 등이 처벌받았다. 모두 정후겸·홍인한을 비호한 세력이었으나 주범인 정후겸·홍인한은 아직 단죄되지 못하였다. 먼저 죄과罪科가 거론된 이는 가주서假注書 박상집朴相集이다. 앞서 살폈듯이 서명선이 홍인한을 비판하자 사실 여부를 확인하기 위해 『승정원일기』를 대조하였는데, 박상집은 '황형하교皇兄下敎'와 '삼불필지설'을 기록하지 않아서 처벌받았다.[41] 황형하교는 경종景宗이 "세제世弟(영조)가 하는 것

---

40 『承政院日記』, 乾隆 40年(영조 51) 12月 3日(丙午); 『明義錄』卷1〈奎1328〉. 대리청정 반대 사건에 대해서 혜경궁은 단순한 망발이었다고 변명한 반면에 정조는 혜경궁에게 아뢰어서 홍인한으로 하여금 반대하지 말라는 언질을 주었는데도 재차 반대하였다고 비판하였다. 최성환, 2015: 153-178; 정해득, 2015: 179-212.

41 규장각 편, 1981a: 77-78; 규장각 편, 1994: 78.

이 옳겠는가, 좌우左右가 하는 것이 옳겠는가"라고 한 발언인데, 영조의 왕위 계승 정통성의 언급일 뿐 아니라 왕세손의 대리청정을 위한 명분이었으나 10여 차례나 핑계를 대고 기재하지 않으려 했다.⁴² 또 '삼불필지설'은 홍인한이 "동궁東宮은 노론老論·소론少論을 알 필요가 없고, 이조판서吏曹判書·병조판서兵曹判書를 알 필요도 없으며, 조사朝事까지도 알 필요가 없다"고 하여 세손의 왕위 계승을 반대한 언급인데 이 역시 누락시켰다.⁴³

전자는 경종-영조-왕세손으로 이어지는 대리청정의 명분이라는 점에서 주요하였고, 후자는 반대세력을 처벌하기 위한 가장 확실한 근거로 사용할 수 있었다. 양자 모두 대리청정을 정당화하는 데 효과적인 소재였다. 그럼에도 불구하고 즉위 전에는 단지 기록하지 않은 박상집이나 온실수溫室樹 상소를 올린 심상운 등 하수인만 처벌할 수 있었다. 당시 영조는 유형流刑 이하 죄인의 처벌을 왕세손에게 일임한 상태였으므로 정조의 형정권은 임금의 대리자인 관찰사가 가진 권한과 같았을 뿐이며 사수死囚의 처벌은 아직 군주의 영역이었기 때문이다.⁴⁴

셋째, 즉위 후 본격적인 토역 과정이다. 3월 25일 대신과 삼사三司(弘文館·司憲府·司諫院)가 화완옹주·정후겸 모자母子의 죄를 청하여 정후겸을 유배하였고, 4월 7일 홍인한을 여산부礪山府에 원찬遠竄하

---

42 『景宗實錄』卷5, 景宗 元年 10月 癸酉(16日);『英祖實錄』卷126, 英祖 51年 12月 甲寅(11日);『明義錄』卷首, 尊賢閣日記上, 乙未 10月 8日;『明義錄』卷首, 尊賢閣日記下, 乙未 11月 28日·12月 13日;『明義錄』卷1, 乙未 12月 3日(丙午)·12月 12日(乙卯).

43 『英祖實錄』卷125, 英祖 51年 11月 癸巳(20日);『明義錄』卷首, 尊賢閣日記下, 11月 20日;『明義錄』卷1, 乙未 11月 21日(癸巳).

44 김백철, 2016a: 189.

였다. 7월 4일 홍인한·정후겸이 사사되었고 팔도에 윤음을 내려 효유하였다. 홍상간·이선해李善海·민항렬·이상로李商輅·심상운·윤양후 등이 복주伏誅되었고, 화완옹주·홍찬해洪纘海(洪啓禧 子)·홍계능洪啓能·윤태연尹泰淵·윤약연尹若淵 등은 유배되었다.

이보다 앞서 6월 28일 액속掖屬 70여 명을 모두 정후겸·홍인한의 사인私人으로 지목하여 유사有司에 넘겨 처벌하였고, 이후로도 중관中官(환관)을 전혀 우대하지 않았으며 사족士族과 확연히 구분되는 노비奴婢 신분으로 지목함으로써 신료들의 환심歡心을 샀다.[45] 이는 궁극적으로는 동궁 시절에 겪은 유언비어의 근원을 해소하기 위한 조치였다.[46]

3) 『속명의록』의 범궐 계획 분쇄

『속명의록』은 정조 원년(1777) 7월 28일-정조 2년(1778) 2월 21일에 홍상범洪相範(洪述海 子) 등의 범궐犯闕 사건을 다루고 있다. 『명의록』은 대리청정 반대를 주요 죄목으로 삼았는데, 그 근거는 부언에 불과하여 설득력이 다소 약하였으나 사류士類의 지지 속에 척신 축출이 가능하였다. 그런데 불과 몇 달 만에 다시 정유역모丁酉逆謀가 구체적으로 드러남으로써 병신역옥丙申逆獄까지 치죄治罪할 정당성을 확보하기가 용이해졌다. 『속명의록』의 본문은 다음과 같이 17개 항목으로 구성되어 있다.

이 책은 남양南陽 홍씨洪氏 홍계희洪啓禧 직계直系에 대한 토역 과

45　『正祖實錄』卷1, 正祖 卽位年 5月 壬辰(22日);『正祖實錄』卷2, 正祖 卽位年 12月 丙午(9日);『正祖實錄』卷4, 正祖 元年 9月 癸酉(11日).
46　『正祖實錄』卷1, 正祖 卽位年 6月 丙午(7日).

〈표 8〉『속명의록』 본문 세부 항목

	일자	내용
1	正祖 元年 7月 辛卯(28日)	도적이 慶熙宮에 들어와 捕盜廳에 명하여 譏捕하도록 함.
2	正祖 元年 8月 壬寅(9日)	도적이 昌德宮의 景秋門 담을 넘어 守鋪軍에게 잡힘.
3	正祖 元年 8月 癸卯(10日)	全興文·姜龍輝·姜繼昌 등을 鞫問하니, 田興文·姜龍輝는 伏誅되고 姜繼昌은 徑斃됨.
4	正祖 元年 8月 乙巳(12日)	洪相範·崔世福이 伏誅됨.
5	正祖 元年 8月 乙巳(12日)	金壽大·金興祚·甘丁·貞伊 등도 아울러 伏誅됨.
6	正祖 元年 8月 丙午(13日)	洪述海의 妻 孝任·妾 介連이 伏誅됨.
7	正祖 元年 8月 己酉(16日)	洪相吉·李澤遂를 국문하여 아울러 伏誅됨.
8	正祖 元年 8月 己酉(16日)	閔弘燮은 관작이 추탈됨.
9	正祖 元年 8月 庚戌(17日)	趙榮順은 관작이 추탈되고, 아들 貞喆·元喆은 海島·邊郡에 유배됨.
10	正祖 元年 8月 辛亥(18日)	洪相格가 伏誅됨.
11	正祖 元年 8月 丙辰(23日)	洪啓禧는 관작이 추탈됨.
12	正祖 元年 8月 丁巳(24日)	洪述海가 伏誅됨.
13	正祖 元年 8月 己未(26日)	宗室 李纘이 自盡함.
14	正祖 元年 9月 丁卯(5日)	洪趾海가 伏誅됨.
15	正祖 元年 9月 庚午(8日)	洪纘海가 伏誅됨.
16	正祖 元年 9月 庚午(8日)	洪啓能을 鞫問하자 勝款한 뒤 徑斃됨.
17	正祖 2年 2月 壬子(21日)	洪樂任을 임금이 친히 鞫問하여 특별히 용서하여 방면함.

정을 중점적으로 기록하였다.[47] 먼저 범궐 계획이 발각되었다. 정조 원년(1777) 7월 28일 경희궁에 도적이 들자 궁궐 수비가 강화되었고 7월 30일 창덕궁으로 이어移御되기까지 했다.[48] 경계를 강화

---

47 사건 개요는 다음 참조. 규장각 편, 1981b: 114; 김백철, 2005d: 359-360; 김백철, 2005g: 385-392.

하다가 8월에 창덕궁에 들어온 도적을 잡아들였다. 홍상범(洪啓禧 孫)이 부父(洪述海)와 형兄(洪相簡)의 원수를 갚고자 시도한 것이다.

홍상범은 몰래 병사를 양성하여 반역을 도모하였으며, 호위군관扈衛軍官 강룡휘姜龍輝와 결탁하여 기일을 정해 대궐로 잠입하기로 하였다. 강룡휘·전흥문田興文은 대궐의 존현각尊賢閣 용마루에 올라가 기회를 엿보아 범상犯上하되, 내인內人 강월혜姜月惠(姜龍輝 女)와 내응內應하도록 약속하였다. 불러모은 무뢰배 50명은 뒤를 밟아가며 관망하기로 했다. 이들은 대궐 안으로 들어갔으나 갑작스러운 궐내 수색이 있어 도망쳐 나왔고, 재차 범궐을 도모했으나 수포군守鋪軍에게 잡히고 말았다.[49]

범궐 계획이 발각되었기에 부언이 유포되었을 때보다 토역 명분은 강화되었으나 세간에 알려진 통념과 달리 이는 예비조사 단계에서 완전히 실패한 사건이었다. 더욱이 「존현각일기」에서 정조 자신이 자객설을 와언으로 치부한 데 이어서 『속명의록』에도 범궐이 이미 사전에 적발되어 분쇄되었다고 기록된 것이다.

그럼에도 불구하고 잔당殘黨을 체포하는 과정에서 범궐 시도 이외에도 저주 사건이나 종실 추대의 음모가 추가로 드러나 이 일은 '역모'로 규정되었다. 실제로 홍술해洪述海(洪啓禧 子)의 처妻(孝任)는 홍술해를 석방시키기 위해서 감정甘丁·정이貞伊의 무리를 보내 무녀巫女 점방占房을 통해 홍국영을 저주하였고,[50] 홍계능(洪啓禧 三從弟)은 은전군恩全君 이찬李禶(正祖 庶弟)을 추대하여 역모를 도모하였다.[51] 이 때문에 홍신해洪信海(洪啓能 子)·홍이해洪履海(洪啓能 姪子)·

48 『正祖實錄』卷4, 正祖 元年 7月 癸巳(30日).
49 『續明義錄』, 元年(丁酉) 7月 辛卯·8月 丙午.
50 『續明義錄』, 元年(丁酉) 8月 丙午.

민홍섭閔弘燮·홍상길洪相吉·홍상격洪相格 등이 연루되었고, 이찬은 자진自盡하였으며, 홍상범·홍상길·홍상격·홍지해·홍술해·홍찬해·홍계능·효임(洪述海 妻)·개연(洪述海 妾) 등은 복주·경폐徑斃되었고, 영조대 양역변통에 큰 공을 세웠던 균역의 의리주인義理主人 홍계희마저[52] 자손을 잘못 두어 관작이 추탈되었다.[53] 물론 정조는 홍계희가 사도세자를 음해했다고 생각하여 처벌할 기회를 엿보고 있었다.[54]

마지막으로 정조는 홍낙임(惠慶宮 弟)을 직접 국문하여 무고를 밝혔는데[55] 혜경궁을 위해서 외조부外祖父(洪鳳漢)를 보호한 것과 같은 맥락이었다. 이는 후술하겠지만 정순왕후의 동기同氣(金龜柱) 처벌과 확연히 구분되면서 정조 사후 보복의 단서가 되었다.

51 『續明義錄』, 元年(丁酉) 8月 己未.
52 김백철, 2013b: 283.
53 『正祖實錄』卷4 正祖 元年 8月 甲辰(11日). 최성환은 김상로뿐 아니라 홍계희까지 선세자 모함에 연루되었다고 설명한다. 최성환, 2009: 216-217.
54 "賊臣洪啓禧欲從中構亂, 小朝聞之, 促御徑還. … 教曰, 儲君, 亦君也. 名以臣事, 包藏奸謀可乎. 仍以逆禧之無厭, 荐下嚴教. … 上問逆禧曰, 宮城扈衛可乎. 逆禧進前奏曰, 國家有變, 扈衛宮城, 戊申亦已行之. 上卽命閉城門, 發兵把守宮門. 仍御太僕, 鞫景彦." 『正祖實錄』卷28, 正祖 13年 10月 己未(7日), 御製(莊獻世子遷園)誌文.
55 『續明義錄』, 2年(戊戌) 2月 壬子.

2. 현실 속 정국 주도 과정

1) 공론의 주도

(1) 대리청정의 실현

영조 40년대부터 정국은 홍봉한계와 김치인계가 양립하였다. 이들은 과거의 척신이나 청류와 달리 여러 층위의 인사들과 원만한 관계를 유지하고 명분에도 각각 힘썼을 뿐 아니라 경세관료經世官僚로도 유능했던 대단히 이례적인 정치세력이었다. 그러자 영조는 허물을 만들지 않는 양대 세력의 비대화를 경계하였고, 급기야 영조 48년(1771) 김치인 사건을 일으켜 붕당 결성죄를 물어 두 세력을 모두 조정에서 퇴출시켰다.[56]

이 때문에 영조 만년 2-3년간 홍인한, 정후겸, 김귀주金龜柱 등이 호가호위하면서 권력의 공백을 메운 것이다. 곧 명분보다는 국왕의 의지만을 실현에 옮기는 척신 가문(儀賓家門 포함)이 권력을 장악하여 사류는 운신의 폭이 넓지 못했다. 노론계마저 분열되어 견제되는 상황에서 소론·남인의 행동반경은 더욱 제약되었다.[57] 영조

---

56 김백철, 「영조의 의리명변서 『천의소감』 편찬과 정국 변화: 요순의 두 가지 얼굴, 탕평군주와 전제군주와의 경계」, 2010c: 32-35(김백철, 2014a); 김백철, 2012a: 33-34, 49-54, 59-60.

57 영조 후반 노론계는 북당北黨(洪鳳漢: 戚臣/세자 보호론), 남당南黨(金鍾秀: 淸論/세자 비판론), 중당中黨(兪拓基: 중도/세자 보호론), 동당東黨(李天輔: 淸論/세자 보호론) 등으로 다각화하였다. 여기에 소론(徐命善: 峻少/세자 보호론)과 남인(蔡濟恭: 淸南/세자 보호론)이 청론淸論(淸流)에 합세하였다. 이들이 정조대 시파-벽파로 대립한 이유는 세자에 대한 시각차에서 비롯된 것이다. 단 북당에는 청류가 가담했고 남당에는 척신이 가담했는데, 양자

50년대 임금의 건강이 악화되면서 척신의 권력은 날로 높아졌으나 견제 세력은 전무하였다.

이러한 상황에 대한 비판 여론이 점차 조정·재야에 넘쳐나면서 우현좌척론右賢左戚論이 공론으로 대두하였다.[58] 곧 현실 정치에 비판적인 인사들이 척신을 일소一掃하여 정치에서 배제하고 사류가 소신껏 의사를 개진할 수 있는 자유로운 국면이 도래하기를 갈망하였다.[59] 그동안 소외되었던 노론·소론·남인 등 각 붕당의 청류는 새로운 희망으로 왕세손에 주목하였다.[60]

앞서 살폈듯이 정국을 뒤바꾼 결정적인 계기는 소론 서명선의 상소였다.[61] 영조 51년(1775) 11월 20일에 홍인한이 어전御殿에서 왕세손의 대리청정을 반대하는 '삼불필지설'을 제기하였다.[62] 당시 영조는 대신의 반발에 불만을 가졌으나 적극적으로 제지하지는 못하였고, 홍인한은 영조의 정신이 온전하지 못한 것을 악용해서 권력이양을 무위로 돌리고자 시도하였다. 왕세손의 입장에서는 상당

    에 대해 박광용은 척신 세력으로 간주하였고 최성환은 청류 세력의 분열로 보았으나 여기서는 "척신 대 청류"의 구도로 소개하였다. 박광용, 1994; 최성환, 2009: 74-106; 김백철, 2012a.

58 김정자는 노론·소론·남인 각 붕당의 의리에 대해서 각기 처결하여 영조·사도세자·정조에게 모두 통용되는 의리를 만들고자 노력했다고 보았다. 김정자, 2009: 37-102.

59 정조는 즉위 초부터 이조낭관吏曹郎官의 통청권通淸權을 복구하고 척리戚里를 배척함으로써 조정을 진정시키려는 뜻을 피력하였다. 『正祖實錄』卷1, 正祖 卽位年 5月 壬辰(22日)·己亥(29日); 『正祖實錄』卷2, 正祖 卽位年 9月 庚辰(12日); 『大典通編』卷1, 吏典, 京官職, 肅宗乙丑(숙종 11); 김백철, 「조선후기 정조대 법제 정비와 『대전통편』체제의 구현」, 2008c(본서 5장 참조).

60 김백철, 2012a: 33, 59.

61 『英祖實錄』卷126, 英祖 51年 12月 丙午(3日).

62 『英祖實錄』卷125, 英祖 51年 11月 癸巳(20日).

한 타격이었다. 왕정 사회에서 대리청정에 바로 동의할 수 있는 신하는 드물었으나 영조의 노환이 심한 상황에서 홍인한의 언행은 전례없이 무엄한 것이었다.

이 일은 당초에는 쉽게 무마되는 듯했다. 그런데 약 일주일 뒤 (12월 3일) 서명선이 상소를 통해 대리청정 반대를 왕세손 모독으로 몰아세우면서 공론화함으로써 비로소 명백한 왕권에 대한 도전 행위로 규정되었다. 이 상소가 올라온 당일 영조가 서명선을 불러 대신들과 의논하였으며, 그 자리에서 영의정領議政 한익모韓翼謨·좌의정左議政 홍인한을 처벌하였다. 다음 날(12월 4일) 영의정·좌의정도 김상철金尙喆·이사관李思觀으로 교체되었다. 12월 7일 왕세손의 대리청정이 전격적으로 시행되었다. 12월 13일 승지·이조판서·대사헌·대사간大司諫 등이 모두 교체되었을 뿐만 아니라 서명선도 이 공로로 예조판서禮曹判書에 제배除拜되었다.[63]

이처럼 조정의 주요 관료들이 전격적으로 교체되자 분위기는 완전히 바뀌었다. 12월 21일 왕세손이 존현각에서 청정하는 자리에서 홍인한의 죄를 묻고 그 사이에 비호하는 상소를 올린 심상운을 처벌하는 방향으로 논의가 진행되었다. 이제 조정의 공론은 왕세손을 중심으로 움직이기 시작했다. 서명선은 12월 5일 도총관都摠管에, 12월 13일 예조판서에, 12월 29일 병조판서에, 이듬해(영조 52, 1776) 2월 19일 수어사守禦使에 오르고 다시 2월 25일 이조판서가 되었다.[64] 파격적인 승진 행보였다. 영조는 장차 왕위를 이어나갈 왕

---

63 『英祖實錄』卷126, 英祖 51年 12月 丙午(3日)·丁未(4日)·庚戌(7日)·丙辰(13日).
64 【都摠管-禮判-兵判-守禦使-吏判】『英祖實錄』卷126, 英祖 51年 12月 戊申(5日)·丙辰(13日)·壬申(29日); 『英祖實錄』卷127, 英祖 52年 2月 辛酉(19日)·丁卯(25日).

세손의 안정적인 국정 운영을 위해 가장 믿을 만한 신료로 서명선을 선택한 것이다.[65]

(2) 조정 여론 장악

3월10일 정조는 무사히 즉위에 성공하였다.[66] 3월 27일부터 임금의 대대적인 질책이 이어졌다.[67] 국왕은 말로는 군부君父의 원수를 주토誅討한다면서도 등한시 여겨 배차拜箚한 사람이 하나도 없었다고 하면서 참여하지 않은 옥당玉堂(弘文館)을 모두 체차하였다. 특히 홍인한이 대리청정을 방해한 죄에 대하여 마땅히 목욕재계沐浴齋戒하고 처벌하기를 청해야 하는데 오랫동안 말을 하는 사람이 없었다고 성토하며, 대사헌大司憲 이연李溎, 대사간 이석재李碩載, 집의執義 김낙수金樂洙, 사간司諫 홍언철洪彦喆, 장령掌令 김종선金鍾善·신흔申昕, 헌납獻納 이평李枰, 지평持平 심기태沈基泰, 정언正言 심상현沈商賢, 교리校理 정우순鄭宇淳·이창한李昌漢, 부교리副校理 유항주俞恒柱·이명훈李命勳, 수찬修撰 박재원朴在源·오대익吳大益, 부수찬副修撰 김재인金載人·윤행수尹行修 등을 모두 사판仕版에서 삭제하고 문외출송門外出送하였다.[68] 또 판의금부사判義禁府事 김종정金鍾正은 윤양후의 유배지를 좋은 지역에 정했다는 이유로 파직시켜버렸다.[69]

---

65 이는 경종이 소론 준론의 영수 이광좌를 왕세제(영조)의 스승으로 삼아 사후 즉위를 돕도록 한 것과 유사하다. 『景宗實錄』卷6, 景宗 2年 3月 庚子(15日); 김백철, 2014a: 94 註20.
66 『正祖實錄』卷1, 正祖卽位年 3月 辛巳(10日).
67 『日省錄』, 丙申 3月 27日(戊戌).
68 『正祖實錄』卷1, 正祖卽位年 3月 庚寅(19日)·丙申(25日)·戊戌(27日).
69 『日省錄』, 丙申 3月 27日(戊戌);『正祖實錄』卷1, 正祖 卽位年 3月 戊戌(27日).

4월 2일 심상운을 바다 건너 대정현大靜縣에 천극栫棘하였고,⁷⁰ 4월 7일 홍인한을 여산부礪山府에 찬배竄配하였으며,⁷¹ 4월 26일 고故 대사간 이창임李昌任도 환관과 결탁하여 유언비어를 만든 혐의로 관작을 추탈했다.⁷²

국왕의 질책이 있은 뒤부터 신료들이 토역을 적극적으로 주청하는 정황이 연출되었다. 영조가 김치인 처벌 과정에서 보여주었던 방식이 그대로 재현된 것이다.⁷³ 5월 14일 영중추부사領中樞府事 김상복金相福 등이 백관을 거느리고 정청庭請하여 문녀文女(淑儀 文氏)의 처벌을 청하자 비로소 문녀를 도성都城 밖에 안치安置하도록 명하였다.⁷⁴ 5월 16일 전前 판부사 신회申晦를 삭직하고 부사직 윤광소尹光紹를 변방으로 내쳤다. 삼도수군통제사 조완趙은 파직하였다.

특히 대사간에 제배된 홍억洪檍은 5월 16일부터 문녀를 법대로 처치하기를 청하기 시작했으며,⁷⁵ 5월 23일에도 정후겸의 죄를 조목조목 밝히며 엄벌을 청하는 상소를 올렸고,⁷⁶ 5월 25일에는 정후겸을 목베고 그의 무리를 법대로 정형正刑(사형)하기를 상소하였다. 왕은 홍억의 상소는 윤허하지 않은 반면에 교리 이극생李克生이 두 차례나 상소를 부실하게 올리자 오히려 파직하였다.⁷⁷

6월 1일 정후겸의 잔당까지 처벌하면서 경기관찰사 윤기동尹耆東을 남해현南海縣에 찬배하였고,⁷⁸ 6월 7일에는 홍인한에게 회유되었

70 『日省錄』, 丙申 4月 2日(癸卯).
71 『日省錄』, 丙申 4月 7日(戊申);『正祖實錄』卷1, 正祖 卽位年 4月 戊申(7日).
72 『日省錄』, 丙申 4月 26日(丁卯);『正祖實錄』卷1, 正祖 卽位年 4月 丁卯(26日).
73 김백철, 2012a: 42-49.
74 『日省錄』, 丙申 5月 14日(甲申);『正祖實錄』卷1, 正祖 卽位年 5月 甲申(14日).
75 『日省錄』, 丙申 5月 16日(丙戌);『正祖實錄』卷1, 正祖 卽位年 5月 丙戌(16日).
76 『日省錄』, 丙申 5月 23日(癸巳);『正祖實錄』卷1, 正祖 卽位年 5月 癸巳(23日).
77 『日省錄』, 丙申 5月 25日(乙未);『正祖實錄』卷1, 正祖 卽位年 5月 乙未(25日).

던 내관內官마저 처벌받았다.⁷⁹ 6월 14일 정후겸에 대한 처신 문제를 이유로 전 영남어사嶺南御使 유의양柳義養의 고신告身을 빼앗도록 명하였다.⁸⁰ 6월 23일 윤약연·홍지해 등을 국문하였는데, 이때 홍인한과 여러 역적의 흉언과 흉서가 모두 탄로 나서 차례로 잡아다가 국문하고 절도絶島에 정배하였다.⁸¹ 홍인한은 고금도에 천극을 가하고, 윤약연은 절도에 정배했으나 폐사斃死하였다. 홍지해·홍찬해·이경빈李敬彬 등은 절도 정배, 이성운李成運은 변원邊遠 정배, 이복해李福海는 장 100 유 3000리, 윤상후尹象厚는 방귀전리放歸田里, 서유린徐有隣은 특방特放 등으로 처분하였다. 이날 정조는 친국親鞫하여 죄상 하나하나에 대해 낱낱이 힐문하였고 민항렬에게 장문의 전교를 내렸다.⁸²

6월 25일 국왕이 진노하여 충성과 반역의 구분이 엄격하지 못하다고 지적하면서 영중추부사 김상복·영의정 김양택金陽澤·판중추부사 이은李溵·우의정右議政 정존겸鄭存謙을 삭직하고 좌의정 김상철을 파직하였다. 또 역적의 토죄討罪가 더디다는 이유로 대사헌 이해중李海重을 단천부端川府에 찬배하였다.⁸³ 이에 삼사에서는 합계合啓하여 한익모의 삭탈관작과 윤태연·윤양후의 국문을 청하는 상소를 올려야 했다. 6월 26일에는 행공조판서行工曹判書 박종덕朴宗德 등이 연명으로 홍인한·정후겸을 주벌誅罰하기를 청하였다.⁸⁴

---

78 『日省錄』, 丙申 6月 1日(庚子); 『正祖實錄』卷1, 正祖 卽位年 6月 庚子(1日).
79 『正祖實錄』卷1, 正祖卽位年 6月 丙午(7日).
80 『日省錄』, 丙申 6月 14日(癸丑); 『正祖實錄』卷1, 正祖 卽位年 6月 癸丑(14日).
81 『日省錄』, 丙申 6月 23日(壬戌); 『正祖實錄』卷1, 正祖 卽位年 6月 壬戌(23日).
82 『正祖實錄』卷1, 正祖卽位年 6月 壬戌(23日).
83 『日省錄』, 丙申 6月 25日(甲子); 『正祖實錄』卷1, 正祖 卽位年 6月 甲子(25日).
84 『日省錄』, 丙申 6月 26日(乙丑); 『正祖實錄』卷1, 正祖 卽位年 6月 乙丑(26日).

마침내 7월 3일 심상운이 복주되었고 제적諸賊의 반역한 정절情節을 반시頒示하는 윤음이 중앙·외방에 내려졌다.⁸⁵ 이에 호응하여 7월 5일 영중추부사 김상복 등이 다시 정청庭請을 불사하고 두 역적의 죄를 조목조목 들추며 법대로 정형하기를 청하자 홍인한·정후겸을 사사하였다.⁸⁶ 8월 24일 토역 교문이 최종 반포되었다.⁸⁷

2) 척신의 일소

(1) 화완옹주·혜경궁·정순왕후 세 가문 치죄

신왕은 신속한 권력장악에 나섰다. 정치적으로 민감한 사안들에 대해 기민하게 대응하며 한 치의 빈틈도 용납하지 않았다. 즉위한 지 불과 9일 만에 추천한 상지관相地官이 정후겸의 사인私人으로서 감여학堪輿學에 어둡다는 이유를 들어 총호사摠護使 신회를 파직하였다.⁸⁸ 신회는 영조 후반 오랫동안 의정대신을 지낸 노회한 정치가였는데, 그의 파직은 정국 운영 방식의 변화를 의미했다. 정조는 대리청정을 통해 왕위를 계승하기 4개월 전부터 본격적인 즉위 준비를 해왔으며, 사실상 1개월 전에 서명선으로 대변되는 정조의 측근인사가 요직을 독점한 상황이었다.⁸⁹ 이 과정에서 척신계 인사로 분류되는 정후겸·홍인한 등은 별다른 반발의 움직임을 보이지 못하였다.

---

85 『日省錄』, 丙申 7月 3日(壬申);『正祖實錄』卷1, 正祖 卽位年 7月 壬申(3日).
86 『日省錄』, 丙申 7月 5日(甲戌);『正祖實錄』卷1, 正祖 卽位年 7月 甲戌(5日).
87 『日省錄』, 丙申 8月 24日(癸亥);『正祖實錄』卷2, 正祖 卽位年 8月 癸亥(24日).
88 『日省錄』, 丙申 3月 19日(庚寅);『正祖實錄』卷1, 正祖 卽位年 3月 庚寅(19日).
89 『正祖實錄』卷1, 正祖 卽位年 3月 辛巳(10日).

정조가 먼저 취한 조치는 정후겸·홍인한에 대한 응징이었다. 실제로 3월 25일부터 국왕은 정후겸을 경원부慶源府에 귀양 보내고, 윤양후를 거제부巨濟府에, 윤태연을 위도蝟島에 이배移配하되 윤양후·윤태연은 모두 천극하였고, 인의引儀 조영약趙榮約도 정후겸의 사인이었다는 이유로 사판에서 삭제하였으며 의망擬望했던 전조銓曹의 관원도 파직하였다.[90] 3월 26일 장죄臟罪를 저지른 조엄趙曮을 위원군渭原郡에 유배하였는데,[91] 윤양후·정후겸과 결탁한 죄목이 주요하였다.[92] 정후겸 당여黨與로 지목된 이택진李宅鎭은 찬배하였고 안겸제安兼濟는 삭출削黜하였으며 안관제安寬濟는 고신을 환수하였다.[93]

다음 단계로 정순왕후 일가一家에 주목하였다. 정순왕후는 화완옹주·혜경궁과 마찬가지로 왕세손과 우호관계를 유지했으나 일가 사람들은 정치세력화를 갈망했다.[94] 영조 후반 홍봉한·김치인이 양대 세력을 이루었을 때 김귀주는 척신의 신분으로 청류계와 연대하여 또 다른 척신인 홍봉한을 공격하는 데 앞장섰다.[95] 정조는 청류계의 지지로 즉위했으므로 청류(鄭履煥)의 척신(洪鳳漢) 공격에 김귀주의 예전 상소가 소환되었고,[96] 김귀주·김치인의 유대가 붕괴되면서 서로 책임을 회피하였다.[97] 9월 9일 한성좌윤漢城左尹 김

90 『日省錄』, 丙申 3月 25日(丙申);『正祖實錄』卷1, 正祖 卽位年 3月 丙申(25日)·己亥(28日).
91 『日省錄』, 丙申 3月 26日(丁酉).
92 『正祖實錄』卷1, 正祖 卽位年 3月 丁酉(26日).
93 『日省錄』, 丙申 3月 26日(丁酉);『正祖實錄』卷1, 正祖 卽位年 3月 丁酉(26日).
94 최성환, 2009: 87, 103, 129, 131.
95 『英祖實錄』卷119, 英祖 48年 7月 甲寅(21日).
96 『正祖實錄』卷1, 正祖 卽位年 3月 戊戌(27日).
97 『正祖實錄』卷1, 正祖 卽位年 4月 壬子(11日).

귀주를 흑산도黑山島에 귀양 보냈다.⁹⁸ 9월 10일 김귀주를 두둔했다는 이유로 예문관 제학 정이환鄭履煥을 삭직하여 출송하였다.⁹⁹ 다음 날(9월 11일) "신묘년(영조 47, 1771) 궁성宮城을 호위扈衛하여 사람(恩信君?)을 급히 죽였는데",¹⁰⁰ "어영대장 김한기金漢耆(定順王后 叔父)의 행위"이므로 책임을 물어 삭직하고 구선복具善復으로 대체하였으나 이 사건은 궁극적으로 "김귀주의 죄"라고 규정하였다.¹⁰¹ 동시에 홍낙성洪樂性(洪象漢 子)을 병조판서로 삼았다.¹⁰² 구선복·홍낙성은 정조 초반 권력의 중핵을 차지했던 인물로 임금의 복심腹心이나 다름없었다.¹⁰³

98 『日省錄』, 丙申 9月 9日(丁丑);『正祖實錄』卷2, 正祖 卽位年 9月 丁丑(9日).
99 『日省錄』, 丙申 9月 10日(戊寅);『正祖實錄』卷2, 正祖 卽位年 9月 戊寅(10日).
100 영조 47년(1771) 1월 은언군恩彦君·은신군恩信君(정조 이복형제)의 하인이 민간에 행패를 부리는 일을 엄중히 문책하고 왕자들도 처벌하였고, 2월 갑자기 궁성宮城(대궐)을 호위하게 하고 은언군·은신군의 생모(良娣 林氏, 肅嬪)를 포함하여 잡류를 체포하였으며 심지어 변란을 의미하는 천아성天鵝聲을 불게 하고 도성都城 수비를 명하였다. 친국이 이루어져 두 왕자는 해도에 유배되었는데 은신군이 제주에서 사망하자 은언군은 돌아와서 방면되었고 영조 50년(1774) 모두 신원되었다(『英祖實錄』卷116, 英祖 47年 正月 辛未(29日)·2月 丙子(5日)·4月 壬午(12日);『英祖實錄』卷117, 英祖 47年 7月 己酉(11日);『英祖實錄』卷122, 英祖 50年 5月 甲子(12日)). 김한기金漢耆는 영조 46년(1772)부터 수어사守禦使로 있었고 영조 47년(1771) 2월에 잠시 어영대장이 되었다가 수어사로 돌아와서 8월까지 병권을 지녔다(『承政院日記』, 乾隆 35年(영조 46) 3月 20日(丁酉)·乾隆 36年(영조 47) 2月 11日(壬午)·9月 28日(乙丑)).
101 "上曰, 龜柱之罪, 予當更諭矣. 辛卯之宮城扈衛, 實由金漢耆之所爲, 其時予恐聖德之有累, 忙告大妃殿曰, 金漢耆之事, 此何擧措. 雖急於殺人, 何乃作此無前之變乎云云矣. 此非龜柱之罪乎."(『承政院日記』乾隆 41年(정조 즉위년) 9月 11日(己卯).
102 『日省錄』, 丙申 9月 11日(己卯);『正祖實錄』卷2, 正祖 卽位年 9月 己卯(11日).
103 구선복은 홍국영과 더불어 정조 초반 국왕의 물리력을 뒷받침하였으나 정조 5년(1781) 홍국영, 정조 10년(1786) 구선복이 각기 역모 사건으로 축출

정후겸을 필두로 한 화완옹주 가문, 홍인한을 중심으로 하는 혜경궁 홍씨 일문, 김귀주로 대변되었던 정순왕후 가문이 일시에 붕괴되었다. 마침내 정조는 9월 12일에 대대적으로 척리戚里를 배척하는 하교를 내리면서 이들이 더 이상 정치의 주도권을 가질 수 없음을 선언하였다.[104] 이렇게 즉위 후 불과 6개월 만에 국왕은 정적政敵 숙청 작업을 일단락하였다.

(2) 후속조치: 숙의 문씨 사사와 남양 홍씨 가문 토역

잔적殘賊 소탕도 지속되었다. 이미 7월 23일 국왕이 심상운을 친국한 추안推案이 명백하지 못함을 꾸짖자,[105] 8월 10일 대신과 삼사가 번갈아 차자를 올려 문녀를 사사하였다.[106] 8월 28일 정후겸을 화완옹주의 양자에서 본종本宗으로 되돌리도록 명하였다.[107]

9월 6일 전 판중추 한익모는 풍천부豐川府에, 영중추 김상복은 평해군平海郡에 부처付處하였으며, 삼사는 한익모·김상복을 멀리 귀양 보내도록 청하였다.[108] 9월 13일 자신의 종적을 숨기기 위해 역적의 주토를 청한 장령 이홍제李弘濟를 해남현에 정배하였다.[109] 11월 15일 거제부에 천극한 죄인 윤양후를 대계臺啓에 따라 잡아오게 하였고,[110] 11월 16일 윤양후의 천극을 감시하지 않은 거제부사 윤형

되었다. 김성윤, 1997a: 289-290, 294-295.

104 『日省錄』, 丙申 9月 12日(庚辰);『正祖實錄』卷2, 正祖 卽位年 9月 庚辰(12日).
105 『正祖實錄』卷1, 正祖 卽位年 7月 壬辰(23日).
106 『日省錄』, 丙申 8月 10日(己酉);『正祖實錄』卷2, 正祖 卽位年 8月 己酉(10日).
107 『日省錄』, 丙申 8月 28日(丁卯);『正祖實錄』卷2, 正祖 卽位年 8月 丁卯(28日).
108 『日省錄』, 丙申 9月 6日(甲戌);『正祖實錄』卷2, 正祖 卽位年 9月 甲戌(6日).
109 『日省錄』, 丙申 9月 13日(辛巳);『正祖實錄』卷2, 正祖 卽位年 9月 辛巳(13日).

렬尹衡烈을 해부(義禁府)로 하여금 나문하였으며, 역적과 관련된 홍윤중洪允中을 거제부사로 의망한 죄로 이조판서 이중우李重祐를 파직시켰다.[110] 11월 19일 사간 김이희金履禧의 상소에 따라 홍인한 등과 내통한 박종악朴宗岳을 기장현에 찬배하였다.[112] 12월 2일 직접 윤양후를 국문하고 죄인은 형조刑曹로 이송시켜 결방決放하였다.[113]

정조 원년(1777) 4월 16일 양사의 상소에 따라 송영중宋瑩中은 신지도薪智島에 안치하고 김상익金相翊은 지도智島에 정배했다.[114] 5월 6일 역적 홍상간에 대해서 김방행金方行을 국문했으나 특별히 석방하고 추국을 철파撤罷하였다.[115] 5월 11일 도류안徒流案을 소결疏決하여 박종윤李宗胤·박종악·한익모·김상복 등을 석방했으며, 의금부에서 한익모·김상복을 원찬하자고 청하였으나 받아들이지 않았다.[116] 5월 15일 박종집朴宗集을 절도에 안치하고 한익모·김상복의 석방을 정지해달라는 청을 윤허하지 않았다.[117] 6월 5일 홍계능·홍찬해의 천극을 엄히 가하도록 하였다.[118]

7월 25일 척신이 주관했던 을미년(영조 51, 1775) 문과정시文科庭試 원방原榜을 파방함으로써 그 당여까지 관료 후보군에서 제외시켰다.[119] 이 밖에도 8월 남양 홍씨 일파(홍계희 가문)의 범궐 계획이 드

110 『日省錄』, 丙申 11月 15日 (癸未);『正祖實錄』卷2, 正祖 卽位年 11月 癸未(15日).
111 『日省錄』, 丙申 11月 16日 (甲申);『正祖實錄』卷2, 正祖 卽位年 11月 甲申(16日).
112 『日省錄』, 丙申 11月 19日 (丁亥);『正祖實錄』卷2, 正祖 卽位年 11月 丁亥(19日).
113 『正祖實錄』卷2, 正祖 卽位年 12月 己亥(2日).
114 『日省錄』, 丁酉 4月 16日 (辛亥);『正祖實錄』卷3, 正祖 元年 4月 辛亥(16日).
115 『正祖實錄』卷3, 正祖 元年 5月 庚午(6日).
116 『正祖實錄』卷3, 正祖 元年 5月 乙亥(11日).
117 『正祖實錄』卷3, 正祖 元年 5月 己卯(15日).
118 『正祖實錄』卷3, 正祖 元年 6月 己亥(5日).
119 『日省錄』, 丁酉 6月 5日 (己亥);『正祖實錄』卷3, 正祖 元年 6月 己亥(5日);『正祖

러나면서 이들의 단죄가 추가되었다.[120] 이로써 잔적은 국왕의 주도하에 철저히 궤멸되었다.

3) 청류의 규합

(1) 임오화변 재평가: 왕세자와 왕세손 지지 분리

정조 초반에 기존 붕당의 잣대만으로는 이해하기 어려운 몇 가지 모순되는 판부가 내려졌다. 정조는 즉위식에서 자신이 사도세자의 아들임을 천명하면서도,[121] 소론과 남인의 사도세자 신원伸寃 문제에 대해서는 매우 강경하게 대처하였다.[122] 영조를 계승한 정조는 신임옥사辛壬獄事(경종 1-2, 1721-1722)·무신란戊申亂(영조 4, 1728)·을해옥사乙亥獄事(영조 31, 1755)·임오화변壬午禍變(영조 38, 1762) 등에 대해 선왕의 정치 명분을 훼손하는 판부를 내릴 수 없었다. 일련의 사건은 모두 노론의 명분과도 미묘하게 연동되었다.

정조는 국왕의 의리 명분에 명확한 기준을 확립하고자 하였다. 먼저 신왕은 경모궁景慕宮(사도세자)의 제례祭禮를 정하고 극진히 모심으로써[123] 자신의 정통성에 직접 관련되는 선세자先世子 문제를

實錄』卷4, 正祖 元年 7月 戊子(25日).
120 『續明義錄』〈奎1306〉.
121 해당 기사에는 ① 왕위는 영조, ② 법통은 효장세자孝章世子, ③ 혈통은 사도세자로 전제하면서 각기 그에 맞는 추숭 조치를 표방하고 있다. 이는 세간에 알려진 것처럼 사도세자만을 강조하였다는 평가와는 다소 다르다. 『日省錄』, 丙申 3月 10日(辛巳); 『正祖實錄』卷1, 正祖卽位年 3月 辛巳(10日); 김백철, 2014a: 303.
122 『正祖實錄』卷1, 正祖 卽位年 4月 壬寅(1日); 『正祖實錄』卷2, 正祖 卽位年 8月 乙巳(6日).

신속히 매듭지었다. 곧이어 임오화변(영조 38, 1762)에 연루된 김상로金尙魯·숙의淑儀 문씨文氏 등의 응징이 이루어졌다.[124] 정조 즉위년(1776) 3월 30일 김상로의 관작이 추탈되었으며, 김치양金致讓(金尙魯 子)은 바다 건너 정의현旌義縣에, 김치공金致恭(金尙魯 姪子)은 거제부巨濟府에, 김치량金致良(金尙魯 姪子)은 추자도楸子島에 모두 안치하였다. 또 숙의 문씨는 작호를 삭탈하고 문성국文聖國(淑儀 兄)은 노적孥籍하였으며, 어미는 제주목의 관비官婢로 삼았다.[125] 4월 1일 김치현金致顯(金尙魯 子)은 친국을 위해 가두었다.[126]

하지만 정조는 선왕의 임오의리壬午義理를 변경하는 것을 용인하지 않았다. 김상로 일문一門이 처벌되자 사도세자 문제를 재론하기 위한 움직임도 일어났다.[127] 오히려 소론계 신료는 선세자의 복권을 주창하였다가 처벌을 받았다. 이덕사李德師·박상로朴相老·조재한趙載翰·이일화李一和·최재흥崔載興·류한갑柳翰申·이동양李東讓 등은 복주되었고 이범제李範濟는 경폐되었으며 환관 이흥록李興祿은 물고物故되었다. 한광계韓光綮는 위리안치圍籬安置, 조운형趙雲亨·이훈제李勛濟는 감사정배減死定配, 유한경兪漢敬은 감률정배減律定配, 구상具庠은 절도絶島에 위리안치圍籬安置, 이수진李守鎭은 절도안치, 임성任珹·목조환睦祖煥·이만식李萬軾은 변원정배邊遠定配 등으로 각기

123 『日省錄』, 丙申 3月 20日(辛卯).
124 "文鄭二女, 以兩宮, 同於一闕, 不得讒構, 必欲分宮. … 至分宮, 始有離闕遊幸之說矣."朴涵源 外, 『玄皐記』原編上; 김성윤, 「영조대 중반의 정국과 '임오화변': 임오화변의 발생원인에 대한 재검토를 중심으로」, 2002; 72-73, 91-92.
125 『日省錄』, 丙申 3月 30日(辛丑);『正祖實錄』卷1, 正祖 卽位年 3月 辛丑(30日).
126 『日省錄』, 丙申 4月 1日(壬寅);『正祖實錄』卷1, 正祖 卽位年 4月 壬寅(1日).
127 강지혜, 「정조 즉위년 소론의 사도세자 신원소 제기와 정조의 대응: 『親鞫日記』의 심문기록을 중심으로」, 2017: 65-66, 78.

처분하였다. 조방진趙方鎭·조헌진趙獻鎭·조순진趙純鎭은 본래 율문대로 노적하였고 환관 김수현金壽賢은 대정현 노비로 삼았다. 정조는 선왕(영조)에 대한 무함이라며 눈물을 흘리면서 엄벌에 처하였고 상소문은 모두 원본까지 파기하였다.[128]

8월 6일 남인계 영남 유생儒生 이도현李道顯·이응원李應元 부자가 사도세자의 신원을 주장하고 송시열까지 비난하는 상소를 올렸다가 모두 참형을 당하였다. 이때 국청에서 좌의정 김상철은 울음을 터뜨렸고, 정조는 재차 엄벌에 처할 것을 약속하였다.[129] 국왕은 임오의리를 거론하는 수창자는 모두 주참誅斬하였는데,[130] 즉위를 틈타 새롭게 준동하려는 세력을 물리치고자 하는 의도였다. 이는 당분간 선왕의 명분을 훼손시키지 않기 위한 선택이었다.[131] 곧 신왕은 사친으로 인한 옥사가 없을 것임을 확약한 것이다.

따라서 임오의리 재론은 정조 중반까지 중단될 수밖에 없었다.[132] 정조는 척신 제거와 범청류汎淸流 규합을 우선시하고 있었는데, 임오의리 변개變改는 정권 안정에 실익이 없다고 판단하였기 때문이다.[133] 이는 당시에 왕세자와 왕세손에 대한 지지 여부가 일치하지 않았기 때문이다. 노론 청류계 상당수(南黨)는 자질이 출중한 왕세손에게 충성할 수 있지만, 부덕不德했던 왕세자까지 신원할 수는 없다고 보았다. 이에 정조는 사도세자 죽음에 직접 연루된 이들만 처벌하였고 자신을 지지하는 한 비판적 입장을 가진 이들은

---

128 『正祖實錄』卷1, 正祖 卽位年 4月 壬寅(1日).
129 『正祖實錄』卷2, 正祖 卽位年 8月 乙巳(6日).
130 〈표 6〉 정조 즉위년(1776) 토역 교문의 죄인 참조.
131 『正祖實錄』卷1, 正祖 卽位年 3月 辛巳(10日)·5月 辛未(1日).
132 김성윤, 1997a: 302-304.
133 최성환, 2009: 106.

모두 포용하였다. 사친에 대한 추숭도 효도 차원까지만 추진하였고 정국을 소용돌이로 몰고 갈 신원은 처음부터 봉쇄하였다.

(2) 을해옥사 재평가: 영조 '대탕평'과 노론 의리 분리

정조대는 을해옥사의 처분 역시 적지 않은 논란을 낳았다. 왜냐하면 영조가 만년에 을해 의리를 재수정하는 절차를 진행하였기 때문이다. 이미 영조 40년대 초반부터 소론 박세채朴世采를 탕평의 의리주인으로 천명하였고,[134] 의리의 균형을 되찾기 위해 소론 삼대신의 복권을 수차례 시도하였다가 마침내 영조 40년대 후반 김치인 사건으로 노론 청류를 크게 처벌하면서 그 반발을 무력화하였기에 가능한 조치였다.[135]

하지만 여기에는 난점이 있었다. 하나는 을해옥사로 인하여 소론의 명분이 붕괴되었는데, 국왕이 친히 소론 대신의 복권을 추진한 것이 일견 옥사 처분과 모순되어 보였다.[136] 물론 영조 입장에

---

[134] 박세채의 재평가는 홍봉한의 주도로 이루어졌다. 홍봉한은 노론 척신으로, 김치인이 노론 청류를 대표하는 것과 대비되었다. 그런데 균역법 설행設行 이후 소론 박문수朴文秀와 노론 홍계희의 경세학經世學을 계승하는 신료는 대체로 홍봉한과 김치인으로 비정되었다. 박문수는 무당無黨의 시대 후임자로 홍봉한을 적극 추천하였고, 홍봉한은 소론계의 보호를 주창하였다. 홍봉한은 박세채와 송시열의 관계를 세도를 위임한 것으로 적극적으로 재평가하면서 소론의 명분을 세워주었고, 이는 영조의 대탕평 의도와도 부합하였다. 김백철, 2013b: 286-287;『英祖實錄』卷102, 英祖 39年 12月 己亥(17日);『英祖實錄』卷103, 英祖 40年 5月 丙寅(15日).

[135] 김백철, 2012a: 33-34, 49-54, 59-60.

[136] 최성환은 정조의 처분을 선왕의 의리를 논리적으로 완성하려는 시도로 평가하면서 정조가 영조에 비해 충역 시비忠逆是非를 분명히 했다고 보았다. 최성환, 2009: 70 註252, 117-119.

서는 노론 일방의 우위를 점하는 의리를 인정하지 않고 노론·소론 양대 세력의 보존을 도모한 '대탕평'의 조치였다.[137] 그러나 노론 청류는 동의하지 않았다.

다른 하나는 실제 정조 초반 정치권의 세력 분포에서 노론 청류의 비중이 압도적으로 높았다는 사실이다. 『명의록』 찬집자 명단을 살펴보면 절대다수가 노론이며 소론·남인 일부가 가담하였다.[138] 따라서 근왕勤王 세력의 다수를 점하고 있는 노론 청류를 완전한 지지 세력으로 만들기 위해서 을해옥사의 의리를 재확인하는 일은 주요하였다.[139]

이에 정조는 영조가 말년에 복관復官시킨 소론 삼대신 이광좌李光佐·조태억趙泰億·최석항崔錫恒의 관작을 다시 추탈하여 노론의 명분을 명확히 세웠다.[140] 이로써 선왕의 국시國是가 재조정되었다. 또 송시열을 비판한 유생 이명휘李明徽가 물고物故됨으로써 노론 의리를 재차 보호하였고, 송시열의 후손 송환억宋煥億·송택규宋宅圭를 소견하고 손수 지은 『우암집尤庵集』의 서문까지 내려주었다. 반면

---

137 최성환, 2009: 93-94; 김백철, 2012a: 49-54.
138 김치인金致仁(노)·김상철金尙喆(소)·채제공蔡濟恭(남)·서명선徐命善(소)·홍낙성洪樂性(노)·황경원黃慶源(노)·김종수金鍾秀(노)·홍국영洪國榮(노)·오재소吳載紹(노)·정민시鄭民始(?) 등이다(『明義錄』「奉敎纂輯諸臣」〈奎1328〉). 이들은 대개 동덕회同德會 구성원이다(『正祖實錄』卷4, 正祖 元年 12月 乙未(3日)). 특히 노론 청류를 대표하는 두 인사 중 김치인은 정조의 즉위 사실을 고하는 진주사進奏使로 청에 다녀왔고(『日省錄』, 丙申 3月 22日(癸巳)), 김종수는 동궁 시절부터 돈독한 사제관계를 유지하였다(김지영, 「正祖代 思悼世子 追崇典禮 논쟁의 재검토」, 2013: 337-377). 단 김성윤 및 박광용은 정민시를 노론으로 분류하였으나 최성환은 소론 준론으로 평가하였다(김성윤, 1997a: 295, 313; 박광용, 1998: 157, 170; 최성환, 2009: 140 註162).
139 김성윤, 1997a: 284-289.
140 『日省錄』, 丙申 4月 1日(壬寅).

에 소론은 고故 집의 윤선거尹宣擧·고故 우의정 윤증尹拯의 관작을 추탈하고 문집을 훼손하고 사액祠額을 철거하였다.[141]

그러나 이 처분은 사실상 선왕의 의지와 정면으로 배치된다. 영조는 을해옥사 당시에도 이광좌는 왕세자·왕세손에게 '관일貫日의 충성'으로 언급해왔다면서 역률逆律 처벌을 거부하고 관작만 추탈하였다.[142] 영조 44년(1767) 국왕은 신료들의 신원 반대에 직면하자 책상을 치고 큰소리를 내면서 이광좌 덕분에 자신이 수라를 들 수 있었던 일과 무신란을 진압한 업적을 들어 복관을 주장하였는데, 이 사실을 왕세손에게 주지시켰다.[143] 영조 48년(1771) 황형에게 충성하고 자신에게 불충할 수 있으며 자신의 죄를 이광좌에게만 돌리는 것은 잘못이라고 주장하였다.[144] 또한 소론 삼대신의 복관 없이 탕평은 불가하다는 입장을 표명하였고, 이는 자신의 50년간 고심苦心이므로 재론이 불가하다면서 반대하는 신하를 엄벌에 처하였다.[145] 따라서 정조가 선왕의 이름으로 내세운 '을해옥사의 의리'는 실제로는 영조의 '대탕평'이 아니라 현실의 지지기반인 노론 청류를 위해서 변용한 것이다.

3. 의리명변서의 상징성

영조·정조는 국왕의 의리명변서를 제작하여 정치적 처분의 정

---

[141] 『正祖實錄』卷1, 正祖 卽位年 4月 己未(18日)·5月 壬辰(22日)·6月 壬寅(3日).
[142] 『英祖實錄』卷86, 英祖 31年 10月 癸丑(13日).
[143] 『英祖實錄』卷111, 英祖 44年 8月 癸酉(18日).
[144] 『英祖實錄』卷119, 英祖 48年 8月 己卯(17日).
[145] 『英祖實錄』卷119, 英祖 48年 11月 庚戌(19日).

당성을 설파하였다. 『명의록』은 찬집할 때부터 영조의 의리를 상징하는 『천의소감闡義昭鑑』을 모범으로 하여 편찬되었다.[146] 정조는 선왕대 무신란·을해옥사를 종사宗社(宗廟社稷)를 전패顚沛시킬 최대 위기로 전제하고 『명의록』의 위상을 『천의소감』에 견주었다.[147] 『명의록』은 국왕의 정통성을 천명하는 왕실 역사서의 전통을 그대로 계승했으며, 선왕이 천명한 의리를 주요 기반으로 출발하였다.

『명의록』을 두 차례나 간행할 즈음 더 이상 왕권에 대한 도전은 사실상 불가능했다. 창덕궁 인정전仁政殿에 나가 신하의 불충을 만천하에 교시敎示할 정도였다.[148] 『명의록』(元集·元集諺解·續集·續集諺解) 4종은 역모 사건을 진압하면서 충역 시비를 명변明辨하고자 편찬한 것이다. 정조 연간에는 요堯임금이 나이가 들자 순舜이 섭정하여 삼흉三凶을 찬축竄逐한 『서경』의 고사를 인용하여 국왕 자신이 영조 만년에 대리청정을 맡아서 토역까지 진행한 일을 그에 견주었다.[149] 심지어 『명의록』의 위상을 우리나라의 『춘추春秋』로 격상시키기까지 했다.[150] 『명의록』에는 정조 초반 정국의 상징적인 평가가 결집되어 있었기 때문이다.[151]

---

146 『正祖實錄』卷2, 正祖 卽位年 8月 癸亥(24日); 『明義錄』卷1, 「進明義錄箚」·「凡例」〈奎1328〉; 김백철, 「영조대 국왕의리명변서의 편찬과 의미」, 2005f: 377-384.

147 『明義錄』「御製綸音」.

148 『正祖實錄』卷6 正祖 2年 8月 甲子(7日).

149 『正祖實錄』卷3, 正祖 元年 3月 乙未(29日).

150 『正祖實錄』卷3, 正祖 元年 6月 甲辰(10日); 『正祖實錄』卷6, 正祖 2年 8月 甲子(7日).

151 정조 초반 홍국영을 『명의록』의 의리주인으로 칭송하기까지 하였는데, 정조 4년(1780) 홍국영을 문외출송門外黜送할 때 그가 『명의록』에 공이 컸던 사실이 논란으로 작용하였다(『正祖實錄』卷9, 正祖 4年 1月 丁亥(8日)). 또 토

정조가 행한 일련의 조치는 상당히 계획적이고 의도된 행보로 보인다. 정조 즉위년(1778) 9월 규장각 설치를 명하여 자신의 정책을 뒷받침하는 기구를 설립하였고,[152] 12월 정적 숙청을 정당화하는 『명의록』을 편찬하도록 하였다.[153] 찬집 시기를 전후하여 정조 2년(1778)에 선포된 「대고大誥」에서 이미 국가 전반의 운영 방략을 밝히고 있으며, 향후 개혁 정책은 이러한 밑그림 속에서 진행되었음을 짐작할 수 있다.[154] 게다가 잦은 능행을 통해 민정 시찰과 군사훈련이라는 일거양득의 효과를 거두었으며, 이듬해(정조 3, 1779)에는 수도를 떠나 무려 일주일간이나 남한산성에 거둥하였다.[155] 이는 국왕의 권력이 반석 위에 있지 않고는 쉽게 단행할 수 없는 정치 행보였으며, 정조 19년(1795) 화성행차에 비견되는 행사였다.

따라서 정조 즉위 초를 왕권이 미약한 시기로만 파악하는 것은 상당히 어폐가 있다. 최소한 『명의록』 편찬 시기에는 국왕이 이미 승리자로서 자신의 위치를 공고히 하고 이를 대내외에 과시하였다고 생각한다. 오히려 정적 숙청 이후 극형極刑의 정당성을 홍보할

역토역逆討逆 과정에서 홍낙임의 처분만 자전慈殿(惠慶宮)을 고려하여 처벌 수위를 조절한 것도 논란이 되었다(『正祖實錄』卷8, 正祖 3年 9月 己丑(8日)). 향후 결정을 번복할 때 『명의록』의 위상은 손상을 입지 않을 수 없었다. 심지어 『명의록』을 가문假文이라고 비난한 사건까지 발생했는데 이는 정조 자신에 대한 비판으로 받아들여졌다. 이 사건으로 한후익韓後翼·홍양해洪量海 등이 복주되었다(『正祖實錄』卷6, 正祖 2年 7月 乙巳(18日)).

152 『正祖實錄』卷2, 正祖 卽位年 9月 癸巳(25日).
153 『正祖實錄』卷2, 正祖 卽位年 12月 庚戌(13日).
154 『正祖實錄』卷5, 正祖 2年 6月 壬辰(4日); 김성윤, 1997a: 101-102.
155 김문식, 「1779년 정조의 능행과 남한산성」, 2004: 111-152; 김백철, 2008c; 김백철, 「조선후기 정조대 『대전통편』 「병전」 편찬의 성격」, 2010d(본서 6장 참조).

목적으로 국왕 의리명변서를 반포한 행위로 이해되며, 일견 '정치선전政治宣傳'까지 연상된다.

4장
정조 전반 시파의 등장과 '황극皇極'의 회복

 18세기 조선 국왕은 직접 지은 윤음을 중앙·외방에 반포하여 정국 현안 및 민생 정책에 대한 입장을 천명하였다.[1] 윤음은 전국에 반포된 까닭에 현재 많은 연구기관에 보존되어 있고,[2] 연구도 다방면에서 이루어지고 있다.[3] 대체로 중앙에서 윤음을 제작하면 외방

1 丁若鏞, 『牧民心書』, 奉公六條, 宣化; 김백철, 「영조의 윤음과 왕정전통 만들기」, 2011a: 10-67(김백철, 2014a).
2 온라인 서지 DB를 기준으로 전국 주요 기관을 살펴보면 국립중앙도서관, 서울대학교 규장각한국학연구원, 한국학중앙연구원 장서각, 고려대학교 도서관, 연세대학교 학술정보원, 이화여자대학교 도서관, 부산대학교 중앙도서관(M/F 자료), 경북대학교 중앙도서관, 전북대학교 중앙도서관, 충남대학교 도서관, 계명대학교 동산도서관, 영남대학교 중앙도서관 등에서 윤음이 확인된다. 단 부산대학교 중앙도서관에도 마이크로필름 형태로 수십 종의 윤음이 확보되어 있으나 고서古書 원본이 아니고 복제 자료이므로 제외하였다.
3 윤음 관련 각 소재별 연구는 다음 참조. 박정규, 「조선시대 교서 윤음에 관한 연구」, 1993: 46-57; 오종갑, 「綸音諺解 語彙 索引(I)」, 1989: 421-447; 염정섭, 「18세기 후반 正祖代 勸農策과 水利 진흥책」, 2002: 179-215; 우홍

에서 별도로 간행하여 각 군현에 배부하였다.[4] 외방에 배포된 정조 윤음 중에서 정치적 민감도가 높은 윤음을 찾아보면[5] 송덕상 사건

준, 「'독자영역'으로서의 향약의 권위와 국가권위와의 관계」, 2006: 25-49; 장희흥, 「동학농민혁명기 조선 정부의 농민군 진압과정과 지방관에 대한 대책」, 2006: 51-85; 김규성, 「병인박해의 사회적 배경에 대한 연구: 1860-1865년을 중심으로」, 2011: 81-124; 윤혜영, 「조선시대 윤음 언해본에 나타난 인용구조 연구」, 2011: 247-279; 윤혜영, 「조선시대 윤음 언해본에 나타난 어찌마디 연구」, 2013: 133-176; 배요한, 「정하상의「상재상서」에 관한 연구: 헌종대「척사윤음」과의 비교를 중심으로」, 2014: 211-239; 김준혁, 「정조의 御製文·御撰命撰書를 통한 사도세자 현양」, 2015: 45-77; 신효승, 「영조대 도성 방위의 수성전술 체계」, 2015: 137-174; 김지영, 2016: 106-143; 이영학, 「대원군 집권기의 농업정책」, 2017: 517-542.

4 전국에서 가장 많은 윤음을 보유한 기관은 서울대학교 규장각한국학연구원이고 지방에서 비교적 다양한 종류의 윤음을 소장한 곳은 계명대학교 동산도서관이다. 양자를 비교해보면 규장각본奎章閣本과 감영본監營本의 출판 방식이 확인된다.

5 동산도서관에는 정조대 송덕상 사건, 경기도·제주도·함경도 진휼, 왕세자 책례 기념 직전(인재 등용)·직후(군포 탕감), 헌종대 척사윤음(천주교 배척), 고종대 척사윤음(외세배척) 등 8종이 소장되어 있다. 대개 모두 정조 연간 윤음인데, 그중 정치적으로 민감한 내용은 송덕상 사건이다. 『諭中外大小臣庶綸音』〈951.091 정조유ㅈ〉,〈951.091 정조유주〉(정조 6, 嶺營 木板本)(『正祖實錄』卷14, 正祖 6年 12月 己丑(27日)·庚寅(28日)); 『諭京畿民人綸音』〈951.091 정조ㄱ〉(정조 7, 木板本)(『正祖實錄』卷16, 正祖 7年 9月 庚戌(22日)); 『御製諭濟州民人綸音』〈951.091 정조어제〉(정조 8, 完營 木版本)(『正祖實錄』卷18, 正祖 8年 11月 庚辰(29日)); 『御製諭咸鏡南北關大小民人等綸音』〈951.091 정조어ㅈ〉(정조 12, 嶺營 木板本)(『正祖實錄』卷26, 正祖 12年 10月 癸巳(5日), 慰諭北道民人綸音); 『御製諭大小臣僚綸音』〈951.091 정조어〉(정조 8, 丁酉字)(『正祖實錄』卷18, 正祖 8年 7月 庚申(7日), 貽燕綸音); 『(御製)王世子冊禮後各道身軍布折半蕩減綸音』〈951.091 정조ㅇ〉(정조 8, 嶺營 木板本)(『正祖實錄』卷18, 正祖 8年 8月 乙酉(2日), 施惠綸音·9月 戊辰(16日)); 『諭中外大小民人等斥邪綸音』〈951.091 헌종ㅇ〉(1839/헌종 5, 丁酉字); 『諭中外大小民人等斥邪綸音』〈951.091 헌종ㅂ〉(헌종 6, 完營 木板本)(『憲宗實錄』卷6, 憲宗 5年 10月 庚辰(18日), 斥邪綸

이 주목된다.⁶ 이 사건은 기존 연구들에서 간략히 소개되어왔으나⁷ 정국의 맥락을 설명하는 부수적인 사안으로 취급되어 사건 자체의 맥락이나 여파에 대한 검토는 아직 충분히 이루어지지 못하였다. 여기서는 먼저 정조 6년(1782)에 반포된 『유중외대소신서윤음諭中外大小臣庶綸音』을 중심으로 그 서지 사항을 살펴보고자 한다. 다음으로 해당 자료와 직간접으로 관련되는 사안을 연대기와 대조하여 윤음 반포 전후의 상황을 검토해볼 것이다. 마지막으로 송덕상 사후에 일어난 연계 사건까지 추적하여 시대 상황의 변화 등을 두루 살펴봄으로써 윤음 반포의 역사적 성격과 파급효과에 대해 다루어보고자 한다.

1. 두 편의 정조 윤음

1) 판본 현황

『유중외대소신서윤음』은 문구가 '유諭-(서書)'로 시작하는 유서식諭書式을 따르고 있다. 이는 본래 교서敎書 양식 중 유서諭書로 반포되는 형태를 원용한 것이다.⁸ 여기에 국왕의 어제교서御製敎書 형

音);『御製諭大小臣僚及中外民人等斥邪綸音』〈951.091 고종ㅇ〉(고종 18, 丁酉字)(『高宗實錄』卷18, 高宗 18年 5月 丙子(15日), 斥邪綸音).

6 여기에서는 송덕상의 출사부터 실각까지 사건 경과(정조 2-7, 1778-1783) 뿐 아니라 그가 수괴首魁로 직간접적으로 언급되는 옥사 전체(정조 8-10, 1784-1786)를 '송덕상 사건'의 범위로 다룬다.

7 박광용, 1994: 149, 159-160; 김성윤, 1997a: 200-210; 최성환, 2009: 133-201.

8 최승희, 『한국고문서연구』, 1989: 70; 김백철, 2011a: 17-18.

식을 띠면서 영조 중반기부터 윤음식綸音式이 출현하여 교서식 및 유서식까지 흡수한 형태이다. 현전하는 윤음은 일반적으로 세 가지 형태로 남아 있다.[9]

첫째, 어제서御製書 형식의 독립 책자이다. 당대 중앙·외방에 반포한 원형이 그대로 보존되어 있다. 『유중외대소신서윤음』도 어제서 형태로 국내 여러 연구기관에서 확인된다.[10]

이 윤음의 판본은 크게 두 가지로 구분된다. 하나는 중앙에서 간행하여 배포한 금속활자본이고(서울대학교 규장각한국학연구원본 등), 다른 하나는 외방에서 간행하여 반포한 영영嶺營 목판본이다(계명

---

[9] 김백철, 2011a: 31-32.
[10] 국립중앙도서관 2건(기증 이미지 포함), 서울대학교 30건, 고려대학교 1건, 계명대학교 2건, 경북대학교 1건 등이다.

〈표 9〉『유중외대소신서윤음』 소장 현황

소장처	청구기호	비고
서울대학교 규장각한국학연구원	〈奎2075〉, 〈奎2083〉, 〈奎11185〉, 〈奎11186〉, 〈奎11187〉, 〈奎11188〉, 〈奎11189〉, 〈奎11190〉, 〈奎11191〉, 〈奎11192〉, 〈奎11193〉, 〈奎11194〉, 〈奎11195〉, 〈奎11196〉, 〈奎11197〉, 〈奎11198〉, 〈奎11199〉, 〈奎11200〉, 〈奎11201〉, 〈奎11202〉, 〈奎11203〉, 〈奎11204〉, 〈奎11205〉, 〈奎11207〉, 〈奎11209〉, 〈奎11210〉, 〈奎11212〉, 〈奎11213〉, 〈가람古349.1-J466y〉, 〈一簑古349.1-J466y〉	【한문】丁酉字 /【언해】丁酉字 병용 목활자
국립중앙도서관	〈일산古6022-30〉	丁酉字(추정) (이미지 기증 자료)
고려대학교 도서관	〈만송B9-A12A〉	丁酉字(추정)
계명대학교 동산도서관	〈951.091정조유ㅈ〉, 〈951.091정조유주〉	嶺營 목판본
경북대학교 중앙도서관	〈951.5논77〉	嶺營 목판본(추정)

대학교 동산도서관본 등). 영조-정조 연간 윤음은 1차로 국왕이 글을 직접 지었고, 2차로 금속활자(丁酉字·壬辰字 등)로 간행하였으며, 3차로 다시 외방의 영영이나 완영完營에서 목판본으로 재간행하여 반포하는 양상을 띠었다.

둘째, 연대기 내에 수록된 경우이다. 일반적으로 실록, 『승정원일기』, 『일성록』, 『비변사등록』 등이 해당된다. 이중 실록은 요약되거나 제목만 편집되는 경우가 많았고, 『승정원일기』나 『비변사등록』에 비교적 원형에 가깝게 수록되었다. 어제서, 실록, 『승정원일기』 등은 문장의 윤문 상태에 약간의 차이가 있다.

정조 6년(1782) 윤음 책자(『유중외대소신서윤음』)에는 공교롭게도 두 개의 윤음이 합본되어 있다. 본문에는 「유중외대소신서윤음」이 첫 번째 윤음으로 실려 있고, 「숭유중도윤음崇儒重道綸音」이 두 번째 윤음으로 추가되어 있다. 이것을 중앙·외방에 함께 배포한 것이다.[11] 『정조실록正祖實錄』, 『승정원일기』, 『일성록』에는 두 윤음이 12월 27일과 28일의 차례로 실려 있다.[12] 그런데 이는 어제서 형태의 두 번째 윤음 말미에 기록된 "건륭사십칠년乾隆四十七年(1782) 십이월이십구일十二月二十九日"과 하루의 차이가 보인다. 윤음을 책자로 만든 시간을 포함한 듯하다. 각 판본별로 내사기內賜記에 대개 다음해 정월에 하사한 기록이 보이며,[13] 후속조치도 다음해에 교서

---

[11] 단 〈奎11206〉와 〈奎11208〉은 「諭中外大小臣庶綸音」만 수록되어 있다.

[12] 『承政院日記』, 乾隆 47年(정조 6) 12月 27日(己丑)·28日(庚寅); 『日省錄』, 壬寅(정조 6) 12月 27日(己丑)·28日(庚寅); 『正祖實錄』卷14, 正祖 6年 12月 己丑(27日)·庚寅(28日).

[13] "乾隆四十八年正月日內賜, 慶基殿別檢李廷口, 諭中外大小臣庶綸音一件, 命除謝恩, 檢校直閣臣金(手決)." 『諭中外大小臣庶綸音』〈만송B9-A12A〉(고려대학교 도서관 소장).

로 지속적으로 반포되었다.¹⁴

셋째, 『열성어제列聖御製』에 수록된 경우이다. 대개 문장 길이는 그대로 유지되지만 문장을 윤문하고 제목을 수정하였다. 그러나 두 윤음은 별책으로 간행되어 정조 사후『열성어제』에는 수록되지 못했다.[15] 영조의 경우도 별책으로 반포한 윤음이 제외된 경우가 적지 않았다.

2) 구성 방식

어제서 형식의『유중외대소신서윤음』책자는 보다 자세히 살펴보면 세 부분으로 구성되어 있다. 곧 1차 윤음「유중외대소신서윤음」(9張=18面)·「유중외대소신서윤음언해」(17張=34面), 2차 윤음「숭유중도윤음」(3張=6面) 등이다. 전자는 사족·서민을 포괄하여 언해가 부기되었고 후자는 사족을 대상으로 하여 언해가 생략된 듯하다.

첫 번째 윤음은 송덕상 사건의 발단뿐 아니라 치죄 대상도 다루고 있다. 구성은 대체로 홍국영과 송덕상을 일체화하여 혼란의 근본으로 전제하고 있다. ① 충청도·황해도 옥사, ② 이택징李澤徵·이유백李有白 사건, ③ 권홍징權泓徵 사건, ④ 문인방文仁邦·이경래李京來 사건 등이 주로 치죄 대상으로 언급된다. 송덕상의 죄목으로 '모양도리某樣道理'를 적시하였는데,[16] 국왕은 자신이 현장에서 직

---

14 『日省錄』, 癸卯(정조 7) 正月 2日(甲午)·15日(丁未).
15 『列聖御製』卷54~卷57〈奎1116〉의 '綸音'·'敎書'·'諭書'編 등에 보이지 않는다.
16 실록에는 송덕상의 상소에서 '모양도리'가 나타나는데 정조는 이를 '저사저지儲嗣沮止'로 받아들였다. 반면에 후대에 편찬된 문집의 같은 상소에서

접 들은 내용에 대해 추종세력이 거짓 주석까지 달아서 변론 상소를 올린 데에 분노하였다. 이러한 상소에 대해서 송덕상이 홍국영을 도와 후사에 명백히 간섭한 사건으로 대내외에 공표하였다. 이것은 송시열 가문의 후광을 토대로 복권을 획책한 세력에 대한 명백한 견책譴責이었다.

다만 일반 백성이 문인방 등의 『정감록鄭鑑錄』 관련 사술邪術에 현혹된 경우는 무고하다는 사실을 확인시켜주었다. 국왕은 예언서나 백성을 현혹한 데에 내리는 형률이 따로 있으나[17] 그 적용을 최소한으로 하겠다고 선언하였다.

2차 윤음은 1차보다 훨씬 단순하다. 이는 주로 사족을 대상으로 하여 언해가 부기되지 않았다. 송덕상을 두둔하던 사류가 대거 처벌받았기 때문에 이들을 무마하고자 별도로 윤음을 추가한 것이다. 송덕상을 체포하여 처벌한 것이 사류의 처벌이 아니라 개인 범죄에 국한된 일임을 강조하였다. 그 목적은 송시열과 송덕상을 분리하여 노론 청류계를 안정시키고자 한 것으로 보인다. 동시에 이것이 역률 추시追施가 이루어지지 않은 이유이며 순종 연간 복관의 단서였다.

는 내용이 대거 삭제되었고, 상소 제목이 오히려 정반대로 '청광저사소請廣儲嗣疏'로 변경되었다. 『正祖實錄』卷7, 正祖 3年 6月 庚午(18日); 『果菴集』卷2, 疏, 請廣儲嗣疏, 己亥(정조 3) 6月 18日.

17 『大明律』, 禮律, 儀制, 收藏禁書及私習天文; 김백철, 「조선후기 영조 초반 법제 정비의 성격과 그 지향: 『신보수교집록』 체재를 중심으로」, 2009: 235-236; 김백철, 『탕평시대 법치주의 유산: 조선후기 국법 체계 재구축사』, 2016b: 139-140.

〈표 10〉「유중외대소신서윤음」의 구성[18]

구분	주요 내용	비고
사건 경과	조정이 송덕상의 일에 대해 매번 한번 시원하게 유시하려고 하였으나 지금까지 못한 것은 진실로 차마 붓을 더럽힐 수 없었기 때문이다. … ① 호서와 해주의 옥사는 놔두고 논하지 않더라도, 임금에게 욕을 하는 무리로는 ② 이택징과 이유백이 있었고, 계교를 꾸며 군사를 일으키려는 무리로는 ④ 문인방과 이경래 등이 있었다. … 내 막으로는 서로 통하여 너나없이 송덕상을 뿌리로 삼았다.	서론
송덕상의 죄상 1	기해년(정조 3) 봄에 송덕상이 "전하의 집안일이다"라는 말을 나에게 하였다. … 대체로 이때에 國喪을 당한 변고가 발생하고 권력을 가진 간사한 사람이 감히 의심해서는 안 될 것을 의심하여 은밀히 무슨 말을 드렸던 것인데, 그 말이 차마 이루 형용할 수 없었으므로 내가 엄중한 말로 물리쳐 배척해버렸다.	본문 1: 중전 모함 (정조 3)
송덕상의 죄상 2	그런데 그때 여염에서는 와전된 말이 크게 전파되어 … 장인이 피신하였는가 하면 심지어는 관리도 진짜로 이러한 일이 있는 것으로 알았다. 미리 장인을 붙잡아 보았더니 송덕상이 그때 호조참판으로 있으면서 권력을 쥔 간사한 사람과 서로 번갈아 말을 퍼뜨렸다고 하였으나 예삿일로 보아 넘겼다. 또 며칠 뒤에 입시하여 방자하게 이 말을 입에서 꺼내었으니, 이것이 과연 무슨 마음이란 말인가? … 나와 체통이 같고 지위가 같은 사람은 신민의 국모(왕대비: 貞純王后)와 小君(중전: 孝懿王后)이 아니겠는가?	본문 2: 민간 와전
송덕상의 죄상 3	송덕상이 '某樣道理'라는 4字를 상소에 등장시켰다. 대체로 이른바 모종이란 무엇을 가리키는 것인가? … 宗社의 大計는 오직 王孫을 많이 두는 한 가지 일에 달려 있는데, 국상(元嬪 葬禮)의 변고가 난 초기부터 그들(홍국영·송덕상)이 감히 극력 저지하였고, 이를 보면 그들의 마음이 어디에 있다는 것을 길 가는 사람도 아는 바이다. … 그 도당이 안으로는 원망하는 마음을 품고 밖으로는 구제해야 한다는 말을 외치면서 '모양도리' 4자의 주석을 만들어내어 "이 4자는 中殿의 醫藥의 방법과 名門에서 揀擇한 일을 가리킨 것이지 다른 일이 있지 않다"고 하였다. 대체로 揀擇의 일을 그들이 극력 저지하였는데, 감히 이 일을 위해서 이 말을 하였다고 할 수 있단 말인가? 의약의 방법이란 말과 전하의 집안일이라고 아뢴 말은 또 어쩌면 그리도 상반된단 말인가? … 그 상소 초본 역시 衛所(宿衛所)에서 나왔다. 초본에서 운운한 것은 지금 원본 4자처럼 머리를 감추지 않았으나, 필경에는 4자로 고쳤는데, 이는 내가 만류하였기 때문이다.	본문 3: 某樣道理 (정조 5)

[18] 『諭中外大小臣庶綸音』〈951.091 정조유주〉,〈951.091 정조유주〉(정조 6, 嶺營木版본, 계명대학교 동산도서관 소장); 『日省錄』, 壬寅(정조 6) 12月 27日(己丑); 『正祖實錄』卷14, 正祖 6年 12月 庚寅(28日).

이택징·이유백 사건	대체로 이택징이 그전에 범했던 것만도 너무나 흉악하였는데, 그의 일기 가운데 한 말을 보면 역시 그가 윗사람을 침범하려는 무도한 마음이 평소부터 쌓여 있었다. … 더구나 중전을 침범하는 말은 더욱 망측하였고 帳殿에서 '저'라고 말하지 않고 '나'라고 칭하였는가 하면 獄中에서 '국가'라고 말하지 않고 '그것'이라고 하였다. … 또 더구나 뇌물로 이유백과 결탁하여 같이 모사하여 잇따라 일어났으며, 허무한 일을 꾸며서 오로지 욕하는 것을 일삼았는데, 內殿(효의왕후)을 指斥한 말은 모두 다 그들이 일찍이 계획해온 것으로서 끝까지 써먹지 못한 것이었다.	본문 4: 중앙 신료 반발 (정조 6)
권홍징 사건	권홍징의 일은 … 과인과 관련하여 종이에 가득한 욕설은 우선 놔두더라도 고금에도 없는 매우 흉악하고 어긋난 설로 차마 말할 수 없고 감히 말할 수 없는 곳을 언급하였다.	본문 5: 지방 유생 반발 (정조 6)
문인방·이경래 사건	문인방 같은 자는 처음 요망한 말을 지껄여 인심을 현혹시키다가 나중에는 천지를 나누어놓고 흉악한 꾀를 펴서 아무개는 대장으로 삼고 아무개는 선봉장으로 삼고 … 대궐을 침범한다고 하였다. … 이미 역적 이택징과 연락이 되어 있었으며 또 성사한 뒤에 추존하여 '大先生'으로 삼을 대상자는 바로 송덕상이었다. 그들의 이른바 대장 이경래는 또 역적 이택징의 처조카였는데, 6도와 연결하고 무리를 불러모아 약탈한 다음 곧바로 서울로 올라온다는 말은 문인방의 말과 한 입에서 나온 것 같았다.	본문 6: 군사 정변 (정조 6)
단순 가담 백성 사면	송덕상 같은 자는 죄를 짓지 않았을 때에도 그의 친지가 너나없이 그가 학식이 없어 국가의 부름에 욕되게 한다는 것을 알았으며, 사건이 발생하고 나서는 다만 大家(송시열)의 후손이라는 이유로 조정에서 차마 사형시키지 못하고 귀양 보내는 벌로 그치고 말았다. … 호서와 해서 죄수의 공초에 黨禍의 이야기까지 나왔으니, 비록 얼굴을 모르는 사이라도 아프고 가려운 것처럼 서로 관계되는 의리가 있었다. … 배척할 자는 송덕상뿐이고 죄줄 자는 송덕상뿐이다. … 집안에 예언 서적(鄭鑑錄)을 간직해두면 그에 따른 법이 있는데, 먼 지역의 어리석은 백성이 무슨 글인지 모르는 것은 괴이하게 여길 것이 없다. … 그들의 우두머리에게 먼저 국법을 시행하고 그 나머지 연루된 사람은 모두 우선 사형을 감해준다.	결론

<표 11> 「숭유중도윤음」의 구성[19]

구분	주요 내용	비고
崇儒重道 원칙 천명	崇儒重道 4자는 우리 조정의 법으로 열성이 서로 계승하여 교화와 치화가 아름답고 밝았다.	서론
송덕상 죄상 적시	송덕상은 선정先正(송시열)의 후손으로 선비라는 이름을 훔쳤기 때문에 … 잘못 그를 불렀다가 필경에는 여지없이 낭패를 당하고 말았다. … 세력과 이익만 쫓아가고 권력 있는 간사한 사람만 체결하여 안팎으로 내통하여 스스로 큰 죄에 빠지고 말았다.	본문
단순 가담 사족 사면	근일의 흉악한 역적은 대체로 예언의 문적을 가지고 민심을 현혹시키고 있다. … 예언 서적(鄭鑑錄)을 가지고 있는 데에 대한 법이 있으며 대중을 현혹시키는 데에 따른 형벌이 있으나, 말류에 가서 금지하는 것보다 근본을 구제하느니만 못할 것이다. 그리고 보면 선비를 숭상하고 도를 존중하는 것은 더욱 오늘날의 급무이다.	결론

2. 송덕상 사건: 노론 청류의 부침

1) 산림의 화려한 출사(정조 2-3, 1778-1779)

송덕상은 자신의 작은 명망에 비해서 송시열의 후손이라는 후광 효과가 매우 컸다.[20] 영조 후반에도 산림의 전형적인 돈소敦召 과정을 거쳤으나 응하지 않았다.[21] 이는 영조가 만년까지 소론계 의

---

19 『諭中外大小臣庶綸音』〈951.091 정조유ス〉,〈951.091 정조유주〉(정조 62, 嶺營木版本, 계명대학교 동산도서관 소장); 『日省錄』, 壬寅(정조 6) 12月 28日(庚寅); 『正祖實錄』卷14, 正祖 6年 12月 庚寅(28日).

20 실제 학식이 부족하여 비웃음을 샀던 각종 사례가 확인된다. 김성윤, 1997a: 203, 289-291.

21 『英祖實錄』卷79, 英祖 29年 3月 己卯(23日);【世子翊衛司 洗馬/종5품】『英祖實錄』卷80, 英祖 29年 10月 戊申(27日);【世子翊衛司 諮議/종7품】『日省錄』, 壬午(영조 38) 8月 3日(癸巳);『英祖實錄』卷101, 英祖 39年 2月 甲寅(26日);【世子翊衛司 諮議/종7품】『英祖實錄』卷101, 英祖 39年 3月 辛未(14日);【造紙署 別提/

리를 보존하는 정책을 취하면서 송시열 추숭에 제한을 가하고 있던 상황과 맞물려 있다. 영조 연간 수차례 초치하였으나 관직은 자의諮議(종7품)–장령掌令(정4품)에 불과했다.

반면에 송시열을 효종의 묘정廟庭에 추배하고 주자·송시열의 글을 편집하여 두 사람을 같은 반열에 놓은 『양현전심록兩賢傳心錄』을 만든 이가 바로 정조였다.²² 국왕은 송시열의 후손을 활용하여 세도를 맡기고자 하였다.²³ 곧 정조 즉위년(1776) 6월 승정원 동부승지(정3품 당상),²⁴ 성균관 좨주(종3품: 국학수장),²⁵ 이조참의(정3품 당상: 인사권),²⁶ 7월 예조참의(정3품 당상),²⁷ 정조 2년(1778) 5월 한성부 우윤(종2품),²⁸ 10월 한성부 좌윤(종2품),²⁹ 정조 3년(1779) 2월 의금부 동지사同知事(종2품),³⁰ 5월 이조참판(종2품),³¹ 7월 호조참판(종2품),³² 돈녕부敦寧府 지사知事(정2품)³³ 등 단시간 내에 파격적인 벼

종6품】『英祖實錄』卷107, 英祖 42年 12月 癸丑(17日); 『英祖實錄』卷108, 英祖 43年 2月 壬寅(8日); 【司憲府持平/정5품】『英祖實錄』卷108, 英祖 43年 5月 庚寅(27日); 【司憲府掌令/정4품】『英祖實錄』卷115, 英祖 46年 10月 辛卯(19日).

22 『正祖實錄』卷1, 正祖 卽位年 5月 甲午(24日).
23 『日省錄』, 丙申(정조 즉위년) 7月 11日(庚辰); 『日省錄』, 己亥(정조 3) 正月 10日(乙未)·23日(戊申).
24 『正祖實錄』卷1, 正祖 卽位年 6月 丁巳(18日).
25 『正祖實錄』卷1, 正祖 卽位年 6月 己未(20日).
26 『正祖實錄』卷1, 正祖 卽位年 6月 癸亥(24日).
27 『日省錄』, 丙申(정조 즉위년) 7月 19日(戊子); 『正祖實錄』卷1, 正祖 卽位年 7月 丁亥(18日).
28 『日省錄』, 戊戌(정조 2) 5月 22日(辛巳); 『正祖實錄』卷5, 正祖 2年 閏6月 丙子(18日).
29 『正祖實錄』卷6, 正祖 2年 10月 甲戌(18日).
30 『日省錄』, 己亥(정조 3) 2月 20日(乙亥).
31 『日省錄』, 己亥(정조 3) 5月 25日(戊申).
32 『日省錄』, 己亥(정조 3) 7月 8日(庚寅).

슬을 내렸다. 물론 산림의 초치 시 전직보다 높여주어야 하는 것은 당연하였으나, 하루가 멀다 하고 벼슬을 올려 예우를 표하였다. 17세기 산림의 출사가 당하관堂下官에도 흔하던 전례를 보면[34] 특별한 은택이었다. 산림은 현도상소縣道上疏로 사직을 표하다가[35] 요직을 받으면 도성에 가서 국왕에게 직접 사직소를 올리는 것이 관례였으므로[36] 그 역시 출사와 귀향을 반복하였다.[37]

이보다 앞서 정조가 즉위하고 노론 청류의 의리 명분이 천명되었다.[38] 송덕상은 돈소에 대해 수차례 사직소를 올리고[39] 우악한 비답을 받기를 반복함으로써 산림의 위신을 갖추고 명예롭게 출사하였다.[40] 더욱이 정조는 사변가주서事變假注書, 좌부승지左副承旨,

---

33 『日省錄』, 己亥(정조 3) 12月 6日(丙辰).
34 단 박세채 등은 파격적인 예우를 받았으나 이 역시 숙종 중반기 특정 시기에 한정된다. 산림의 출사 과정은 다음 참조. 우인수, 『조선후기 산림세력 연구』, 1999; 김백철, 「산림의 징소와 출사: 박세채의 사직소를 중심으로」, 2008c.
35 『日省錄』, 戊戌(정조 2) 6月 4日(壬辰)·23日(辛亥).
36 김백철, 2008c: 123-159.
37 『日省錄』, 丙申(정조 즉위년) 7月 11日(庚辰).
38 ① 이광좌·조태억·최석항 등 소론 3대신의 관작을 추탈하였고, ② 윤선거·윤증의 관작을 추탈하고 문집을 훼손하고 사원을 훼철하였으며, ③ 송시열을 효종 묘정에 배향하였다. 이로써 영조가 끝내 보존하고자 했던 소론의 의리 명분은 붕괴되었고 정조 지지 세력 중 절대다수를 점했던 노론 청류의 명분으로 재편되었다. 『正祖實錄』卷1, 正祖 卽位年 4月 壬寅(1日)·5月 壬辰(22日)·甲午(24日); 김백철, 2016c.
39 『果菴集』卷2, 疏, 辭同副承旨兼成均館祭酒疏(정조 즉위년)·辭吏曹參議兼祭酒疏·辭禮曹參議兼祭酒疏·再疏·三疏·別諭後辭疏(정조 2)·辭漢城左尹疏·再疏·辭本兼諸職疏·借來史官傳諭後辭疏.
40 『日省錄』, 丙申(정조 즉위년) 6月 29日(戊辰)·8月 10日(己酉)·12月 11日(戊申)·丁酉(정조 1) 10月 2日(甲午)·9日(辛丑)·戊戌(정조 2) 正月 5日(丙寅)·22日(癸未)·6月 4日(壬辰)·23日(辛亥)·10月 4日(庚申)·8日(甲子)·18日(甲戌)·11月

예조참판 등을 번갈아 보내 함께 오도록 거듭 재촉하였다.[41] 국왕은 다녀왔던 승지에게 송덕상의 건강을 묻고 실제 출사하지 않는 이유가 무엇인지 확인하였는데, 결국 고신에 들어가는 연월(淸年號)이 문제여서 이를 해소해주었다.[42] 마침내 정조와 송덕상의 오랜 줄다리기는 끝이 났다.[43] 정조는 송시열의 묘비 전면墓碑前面에 대자大字까지 써서 내려 예우하였다.[44]

송덕상의 출사 시기는 크게 두 차례로 나뉜다. 1차 출사는 정조 2년(1778) 12월-정조 3년(1779) 2월이며, 2차 출사는 4월-8월이다. 실제로는 송덕상이 조정에 있다가 칭병稱病으로 휴가를 잠시 얻었을 뿐인데도 2월에 관학유생館學儒生 46명, 사학유생 119명이 각기 상소하여 송덕상의 돈소를 주청하였고,[45] 한 달 뒤에 관학유생 321명이 상소하여 돈소를 청하였다.[46] 3월에 다시 주서注書를 보냈으나 칭병하고 연기하였고,[47] 다시 임금의 돈소와 산림의 사양이 반복되었다.[48] 마침내 4월에 2차 출사가 이루어졌다.[49] 그리고 잠

19日(乙巳)·30日(丙辰)·12月 10日(丙寅).

41 『日省錄』, 戊戌(정조 2) 10月 8日(甲子)·21日(丁丑)·23日(己卯)·11月 17日(癸卯)·22日(戊申).

42 『日省錄』, 戊戌(정조 2) 11月 28日(甲寅)·30日(丙辰)·12月 3日(己未).

43 정조가 최초 동부승지를 제수한 시점에서 2년 반이 걸렸고, 관직은 그 사이에 국학의 수장인 성균관 좨주로 격상되었다. 송덕상의 처소는 궁궐과 고작 9일 정도밖에 소요되지 않는 거리였다. 『正祖實錄』卷1, 正祖 卽位年 6月 丁巳(18日); 『日省錄』, 戊戌(정조 2) 12月 3日(己未)·12日(戊辰).

44 『日省錄』, 己亥(정조 3) 正月 25日(庚戌)·4月 6日(庚申).

45 『日省錄』, 己亥(정조 3) 2月 15日(庚午).

46 『日省錄』, 己亥(정조 3) 3月 9日(癸巳).

47 『日省錄』, 己亥(정조 3) 3月 4日(戊子).

48 『日省錄』, 己亥(정조 3) 3月 9日(癸巳)·16日(庚子).

49 『日省錄』, 己亥(정조 3) 4月 6日(庚申).

시 나오지 않으니 임금이 돈유敦諭하였다.⁵⁰ 더욱이 2차 낙향인 9월에는 옥당이 연명으로 차자를 올려서 송덕상의 돈소를 청하였고,⁵¹ 다음 날 관학유생 87명이 연명 상소하였으며,⁵² 이틀 뒤에도 관학유생 82명이 연명 상소하였고,⁵³ 10월에도 관학유생 130명이 연명 상소하였다.⁵⁴ 당시 송덕상의 위상을 가늠할 수 있는 대목이다. 이것이 과연 송시열의 상징성 때문이었을까? 아니면 출사에 동조했던 근신近臣 홍국영과 노론 청류를 이끌던 김종수의 영향이었을까?

송덕상은 출사 후 임금과 대면하여 자신의 의견을 적극 피력하였는데, 주로 경연 자리를 활용하였다.⁵⁵ 그가 건의한 내용을 주제별로 분류해보면 다음 몇 가지로 집약된다.

첫째, 청류의 명분을 바로 세우고자 하였다. 청류는 척신계와 대척점에 있으면서 사류 일반의 입장을 대변하였고, 각 붕당의 청류 대연합으로 정조 정권이 탄생하였다.⁵⁶ 노론 청류는 이들 중 가장 수가 많아서 명분을 주도하였다.

이에 조선왕조의 이상인 단군묘와 기자묘, 도학을 연 정몽주에 치제致祭할 것을 건의하여 가납되었다.⁵⁷ 또 세조 연간 사육신死六臣과 함께 죽은 조숭문趙崇文·조철산趙哲山의 후손도 등용하기를 청하였고,⁵⁸ 인조반정 당시 직접 연루되지 않았으며 폐모살제廢母殺弟

---

50 『日省錄』, 己亥(정조 3) 4月 21日(乙亥).
51 『日省錄』, 己亥(정조 3) 9月 15日(丙申).
52 『日省錄』, 己亥(정조 3) 9月 16日(丁酉).
53 『日省錄』, 己亥(정조 3) 9月 18日(己亥).
54 『日省錄』, 己亥(정조 3) 10月 5日(乙卯).
55 『日省錄』, 戊戌(정조 2) 12月 12日(戊辰)·15日(辛未)·己亥(정조 3) 正月 18日(癸卯)·23日(戊申); 『正祖實錄』卷6, 正祖 2年 12月 辛未(15日).
56 유봉학, 2009: 19, 115-117, 149; 최성환, 2009: 106; 김백철, 2016c.
57 『日省錄』, 己亥(정조 3) 正月 23日(戊申).

에 반대했던 광해군의 인척 김예직金禮直의 후손을 등용하게 하였다.[59] 병자호란 이후 청淸 정벌론을 주장한 의사義士 최효일崔孝一·차례량車禮亮의 후손 등용을 건의하였다.[60] 게다가 송시열이 출사한 효종 연간을 추념하여 무신武臣 이완李浣에게 불천위不遷位를 명하게 간언하였다.[61] 효종의 북벌론뿐 아니라 숙종-영조의 대보단을 찬양하였는데,[62] 대보단 봉심에 참여한 것을 감읍해하면서 남한산성 현절사顯節祠·강화江華 충렬사忠烈祠에 치제하기를 건의하였고, 명나라 귀화인의 후손을 등용하여 돌볼 것을 주장하였다.[63]

반면에 다른 명분론은 성사되지 못하였다. 송덕상은 허형許衡이 송을 배신하고 원을 섬겼다고 하며 문묘 출향黜享을 거듭 요구하였으나 거부되었다.[64] 게다가 그는 출사 초기부터 적극적인 징토론懲討論을 주장하였으나 정조는 즉위 초 단행한 조치를 넘어서는 데는 난색難色을 표하였다.[65] 송덕상이 요구한 것은 과연 무엇이었을까? 1차 출사기에 구체적으로 언급한 대상은 화완옹주(鄭妻)·홍낙임으로 확인된다.[66] 그런데 화완옹주는 정조의 고모이자 어린시절 왕의

58 『日省錄』, 己亥(정조 3) 7月 28日(庚戌).
59 『日省錄』, 己亥(정조 3) 正月 23日(戊申).
60 『日省錄』, 己亥(정조 3) 正月 23日(戊申).
61 『日省錄』, 己亥(정조 3) 8月 15日(丙寅).
62 『日省錄』, 戊戌(정조 2) 12月 12日(戊辰).
63 『日省錄』, 己亥(정조 3) 正月 10日(乙未).
64 『日省錄』, 己亥(정조 3) 7月 8日(庚寅)·8月 28日(己卯)·9月 8日(己丑).
65 이미 정조가 취한 조치는 두 가지이다. 하나는 국왕의 지친이 주 대상이던 척신을 일소하였고, 다른 하나는 영조의 유훈을 모두 넘어서 노론의 명분을 세웠다. 『日省錄』, 戊戌(정조 2) 12月 12日(戊辰); 『日省錄』, 己亥(정조 3) 正月 10日(乙未)·23日(戊申).
66 『日省錄』, 己亥(정조 3) 2月 14日(己巳).

후견인이었고, 홍낙임은 혜경궁의 동기同氣로 정조가 필생 보호했던 인물이다. 그럼에도 이들은 청류가 지목한 척신의 주요 제거 대상이었다.⁶⁷ 청류의 이상을 드높이고자 척신 잔적 숙청을 명분으로 내세운 것이다.

둘째, 노론의 의리를 천명하였다. 2차 출사기에는 주로 노론 명분론의 입장에서 소론 계열 토역을 강도 높게 주청하였다. 왕은 노론 명분의 우위까지는 허용했으나 이것이 반대세력의 치죄로 이어지기를 바라지 않았다. 노론 이재李縡의 서원 건립을 주장했으나 정조는 영조 금령에 저촉된다며 난색을 표하고 장차 방법을 강구해보자고 하였다.⁶⁸ 실제로 이는 숙종-영조대 서원 훼철령에 정면으로 반하는 요구였으므로 수용되기 어려웠다. 또한 기사환국(숙종 15, 1689) 당시 희생된 노론 연최적延最績(송시열 문인)에게 시호諡號 추증追贈을 건의하였다.⁶⁹ 더욱이 김상헌金尙憲의 서원을 안동에 건립하기를 청하자 왕은 즉답을 피하였다.⁷⁰ 그럼에도 이는 향후 정조 연간 안동 김씨의 성장과 김조순金祖淳의 세도 위임으로 이어지는 초석이 되었다.⁷¹

정조 즉위 후 노론의 입장을 반영한 『경종수정실록』이 편찬되었는데, 영조 초반 소론의 입장을 반영한 원본(『경종실록』)의 파기를

---

67 홍낙임은 정조 사후 정순왕후와 노론 벽파가 연대하여 정권이 탄생하자 천주교도로 낙인찍혀 제거되었다. 이 시기에 김귀주 가문은 제거해야 될 척신이 아니라 벽파(노론 청류)의 후원자로 자리매김하였다.
68 『日省錄』, 戊戌(정조 2) 12月 18日(甲戌); 『日省錄』, 己亥(정조 3) 7月 19日(辛丑).
69 『日省錄』, 己亥(정조 3) 8月 15日(丙寅).
70 『日省錄』, 己亥(정조 3) 8月 15日(丙寅).
71 장동壯洞 김문金門의 성장배경은 다음 참조. 이경구, 『조선후기 안동 김문 연구』, 2007.

주장하기도 했다.⁷² 이는 그동안 설령 수정실록을 편찬하더라도 원본을 그대로 보존해온 실록 보존 원칙에 배치되는 주장이었다. 특히 신임옥사 때 처벌된 노론 5명의 포의布衣 후손에 대한 녹용錄用을 건의하여 수용되었는데,⁷³ 이 역시 영조가 결코 용서하지 않던 숙종의 어제시御製詩를 조작한 죄인에 대한 서용 조치로 선왕의 유훈에 정면으로 위배되는 사안이었다. 신축옥사(경종 1, 1721) 당시 연루자 심단沈檀(남인)의 추탈까지 요구하였는데,⁷⁴ 그 역시 영조가 충신으로 불렀던 인물이다.⁷⁵ 더욱이 사육신 연루자에게 정려旌閭를 표하는 자리에서 송덕상은 신임 의리를 재천명하였다. 또한 17세 소녀 묵세默世의 정려를 청하였는데,⁷⁶ 그녀는 임인옥사(경종 2, 1722)에 연루되어 연잉군의 근신 백망白望을 만난 혐의로 국문을 받아 죽은 궁녀였다.⁷⁷ 다음 날 다시 연석筵席에서 신임옥사의 역적을 거론하면서 명분을 재론하였다.⁷⁸ 이처럼 사안의 초점은 대체로 노론의 명분을 강조하는 데 맞추어져 있었으며, 왕실의 정통성이나 국왕의 곤란한 입장은 전혀 고려하지 않았다.

셋째, 교육·인사 제도 개혁도 수차례 건의하였다. 그는 비변사에

---

72 『日省錄』, 己亥(정조 3) 7月 28日(庚戌).
73 『日省錄』, 己亥(정조 3) 正月 23日(戊申)·7月 28日(庚戌).
74 『英祖實錄』卷6, 英祖 元年 6月 戊辰(2日);『日省錄』, 己亥(정조 3) 4月 6日(庚申).
75 경종대 심단은 朴尙儉 사건 직후 형제 우의를 강조하였고, 영조는 심단이 죽자 애도하였으며, 그뿐만 아니라 정조는 선왕(영조)이 심단을 충신으로 불렀다고 증언하였다. 『景宗實錄』卷5, 景宗 元年 12月 己卯(23日);『英祖實錄』卷26, 英祖 6年 5月 甲午(27日);『日省錄』, 庚申(정조 24) 4月 20日(壬寅).
76 『日省錄』, 己亥(정조 3) 7月 28日(庚戌).
77 『景宗實錄』卷7, 景宗 2年 4月 丁卯(13日);『景宗實錄』卷8, 景宗 2年 5月 丁亥(3日).
78 『日省錄』, 己亥(정조 3) 7月 29日(辛亥).

서 선비를 추천할 것과 청백리를 선출할 것을 건의하여 시행하였고,[79] 소학이나 태학의 월강법 등 교육과정도 건의하였으며,[80] 내시교관을 혁파하여 환관이 가르치도록 제도를 환원시켰다.[81] 경연시 앉아서 강독할 수 있도록 허락받았으며,[82] 태학太學(成均館)에 서얼을 입학시킬 것을 주장하였다.[83] 이는 이이·송시열의 서얼허통론과 일맥상통하고 정조 연간의 소통 분위기와도 연관된다. 비교적 간단한 조치는 거의 가납되었다.

아울러 과거제 개혁을 주장하였다. 지방은 향공鄕貢으로 서울은 천선薦選으로 개혁하고자 하였고,[84] 지방에서부터 연령을 낮추어서 인사 적체를 해소하는 방안을 제안하였으나[85] 곧바로 실현되지는 못하였다.[86] 그의 설명은 추천제에 가까워 사림의 현량과賢良科 등과 유사하다. 이 외에도 중앙의 인사 적체를 해소하기 위해 음관 자리를 줄이고 문관 자리를 늘리는 방안을 내놓았다.[87] 조선의 음관은 고려와 달리 음서만을 의미하지 않고 비과거 출신자를 모두 지칭하였으므로 실무능력이 중요했다.[88] 이는 음관에 대한 일반적인 비판과 현실이 차이가 있었음을 의미한다. 따라서 거시적인 안목이 필요한 조치는 대체로 국왕에 의해 거부되었다.

79 『日省錄』, 己亥(정조 3) 正月 23日(戊申)·29日(甲寅)·12月 16日(丙寅).
80 『日省錄』, 己亥(정조 3) 正月 23日(戊申).
81 『日省錄』, 己亥(정조 3) 正月 23日(戊申).
82 『日省錄』, 己亥(정조 3) 4月 9日(癸亥).
83 『日省錄』, 己亥(정조 3) 4月 24日(戊寅).
84 『日省錄』, 己亥(정조 3) 正月 10日(乙未)·7月 28日(庚戌).
85 『日省錄』, 己亥(정조 3) 4月 24日(戊寅).
86 『日省錄』, 己亥(정조 3) 8月 28日(己卯).
87 『日省錄』, 己亥(정조 3) 4月 25日(己卯).
88 『正祖實錄』卷30, 正祖 14年 4月 丁巳(7日); 김백철, 2022: 35.

넷째, 의례를 자문하고 예제禮制의 개편을 주장하였다. 국장 당시 정조 지위는 선왕(영조)의 손자이면서 숙부(효장세자)의 법통을 이어 복잡하였다. 이에 출사 전부터 예제에 대한 자문을 시작하여 출사 후까지 이어졌다.[89] 영조의 하교를 계승하고 고례古禮를 검토하여 여성의 머리장식 사치를 금지하는 정책을 주장하였다.[90] 후손이 없는 집 자손이 남의 양자로 들어가는 경우가 늘어나자 이를 해소하고자 후사를 세우는 법을 바로 세우기를 청하기도 하였다.[91] 다만 그의 견해는 여러 산림 중 하나로서 자문하는 형식에 불과했고 명쾌한 답변을 내놓지는 못하였다. 또 어명으로 원빈元嬪(洪國榮 妹)의 명문을 지었고[92] 원빈 장례의 복제服制에 대해 자문하였으며[93] 지명제술관誌銘製述官이 되었는데,[94] 당시 원빈의 의례를 왕후급으로 높여서 홍국영에게 아첨한다는 비난을 받았다.

특히 대보단大報壇 제례 시 악장樂章과 의복儀服 등을 개정할 것을 건의하였는데, 이때 명의 복색과 맞출 것을 주장하였다.[95] 얼마 뒤 장악원의 음률 개정까지 청하였다.[96] 제후가 황제의 제사를 지내는 것도 참례僭禮인데, 명과 일치도를 더욱 높이자는 취지였다. 이는 영조 후반 천자례天子禮 사용을 주장하는 노론 김약행金若行 논의와

[89] 『日省錄』, 丙申(정조 즉위년) 3月 10日(辛巳)·18日(己丑)·4月 22日(癸亥)·7月 12日(辛巳)·22日(辛卯)·戊戌(정조 2) 3月 22日(壬午); 『正祖實錄』卷1, 正祖 卽位年 3月 甲午(23日).
[90] 『日省錄』, 己亥(정조 3) 2月 14日(己巳).
[91] 『日省錄』, 己亥(정조 3) 9月 2日(癸未).
[92] 『日省錄』, 己亥(정조 3) 5月 25日(戊申).
[93] 『日省錄』, 己亥(정조 3) 6月 2日(甲寅).
[94] 『日省錄』, 己亥(정조 3) 7月 3日(乙酉).
[95] 『日省錄』, 己亥(정조 3) 正月 24日(己酉).
[96] 『日省錄』, 己亥(정조 3) 7月 28日(庚戌).

일맥상통한다.⁹⁷ 그러나 막상 정조가 구체적으로 명나라 예제 적용 시의 문제점을 질의하자 답하지 못하고 오히려 추후로 미룰 정도로 학문이 깊지 못하였다.⁹⁸ 아울러 종묘에서 효종의 축문에 (청)연호 문제를 제기하였는데,⁹⁹ 이는 영조가 이미 거부한 사안이었다.

다섯째, 민간 경제문제이다. 민생이 곤궁하다고 어사 파견을 촉구하였고,¹⁰⁰ 가난한 백성의 혼인을 돕도록 하였으며,¹⁰¹ 남한산성의 저치미를 풀어 경기도 백성을 구휼하기를 제안하였다.¹⁰² 또한 황해도 쌀값 안정을 위해서 수로水路가 있는 지역의 작전作錢 금지를 청하였다.¹⁰³ 궁방 면세 조치의 폐해를 지적하기도 했는데, 전주錢主가 미리 토지의 수세권을 사고팔아서 이익을 남기는 문제를 거론하였다.¹⁰⁴ 지방관아의 환곡 작전 문제를 제기하였다.¹⁰⁵ 조경묘肇慶廟·경기전慶基殿의 제사가 중앙 여러 아문에 나뉘어 있어 제례 물자에 대한 방납 폐단이 있으므로 전주全州에서 전담하기를 건의하였다.¹⁰⁶ 송덕상은 화폐경제의 발달로 인한 농업사회의 변화를 향촌 사회에서 목도하자 그 문제점을 지적한 것이다. 아울러 영조 만년 비공婢貢 혁파 시 함께 없어진 무포巫布에 대해 정조 초반 무

---

97 『英祖實錄』卷110, 英祖 44年 6月 丁卯(11日); 허태용, 『조선후기 중화론과 역사의식』, 2009: 171-184.
98 『日省錄』, 己亥(정조 3) 2月 14日 (己巳).
99 『日省錄』, 己亥(정조 3) 8月 28日 (己卯).
100 『日省錄』, 戊戌(정조 2) 12月 15日 (辛未).
101 『日省錄』, 己亥(정조 3) 正月 23日 (戊申).
102 『日省錄』, 己亥(정조 3) 2月 14日 (己巳)·25日 (庚辰).
103 『日省錄』, 己亥(정조 3) 2月 14日 (己巳)·8月 29日 (庚辰).
104 『日省錄』, 己亥(정조 3) 4月 25日 (己卯).
105 『日省錄』, 己亥(정조 3) 8月 29日 (庚辰).
106 『日省錄』, 己亥(정조 3) 8月 29日 (庚辰).

당이 역모에 간여한 홍상범 사건을 명분으로 복구하게 하였다.[107] 또한 고제인 균전均田 등에 따라 전제를 개혁할 것을 줄기차게 주장함으로써 산림의 위상을 과시하려는 듯했으나 사람들을 설득시킬 만큼 상세하게 논하지는 못하였다.[108]

이상과 같은 송덕상의 '애매한' 활약은 다방면에서 나타났다. 단편적인 건의는 대개 받아들여졌다. 그러나 가장 큰 문제는 정조가 조금만 세밀하게 중국의 문헌과 조선의 현실을 들어 문제점을 질의하면 발을 빼는 모양새를 보였다는 점이다. 과연 세부 방안이 있어서 개혁을 주장한 것인지 의문이 들 지경이었다. 국왕은 개혁을 원했으나 대안이 확실하지 않은 이상론을 실행하기는 어려웠다.

2) 홍국영과 동반 몰락(정조 3-4, 1779-1780)

영조 전반 탕평정국이 단계적으로 안정기에 접어들었으나,[109] 영조 후반 국왕의 통제력이 강해질수록 견제 장치가 제대로 작동하지 못하였다. 송덕상 출사는 영조 만년-정조 초반 정국 상황과 밀접한 연관이 있다.[110] 영조 40년대는 척신계 홍봉한과 청류계 김치인이 호각互角을 이루면서 정국을 이끌었다. 양자 모두 경세관료로 능력이 뛰어났고 처신에 주의를 기울여서 명망이 높았다. 이러한 현상이 장기간 지속되자 따르는 이들이 늘어났고, 청淸·명名·시체時體를 자처하는 세력이 결집되고 있어 영조가 붕당 출현을 우

---

107 『日省錄』, 己亥(정조 3) 正月 23日(戊申)·29日(甲寅).
108 『日省錄』, 己亥(정조 3) 7月 8日(庚寅)·28日(庚戌)·8月 28日(己卯).
109 Kim, Paekchol, "King Yŏngjo's T'angp'yŏng Policy and its Orientation: The trio of the king, state, and people", 2011b: 51-80[김백철, 2014a].
110 박광용, 1994: 147; 김백철, 2012a: 59-60.

려할 정도였다. 이에 영조는 양자에 대한 대대적인 처벌을 단행하여 정치세력의 이합집산을 경계하였다. 문제는 바로 그다음에 일어났다. 명망과 능력을 갖춘 두 대신이 정계에서 물러나고 국왕마저 병환으로 정사를 돌보지 못하자 척신이 호가호위하는 사태가 벌어졌다. 화완옹주의 양자 정후겸, 혜경궁의 숙부 홍인한, 정순왕후의 동기 김귀주 등이 권력을 장악하거나 그에 접근하였다. 영조가 재위한 52년 중 거의 유일한 국왕 권력의 공백기가 마지막 2-3년간 벌어졌다. 당시 출사에서 점차 배제되던 각 붕당의 청류는 척신의 전횡에 비판적이었으며, 왕세손의 즉위에 모든 희망을 걸었다.

  홍국영의 모순은 청류를 대변하여 대의명분을 짊어지고 척신 제거에 앞장섰으나 훗날 노론 명분을 부양하면서 스스로 척리가 되었기에 발생하였다.¹¹¹ 사실 홍국영으로 인해서 정국 구도가 혼돈에 진입했다. 그는 대리청정을 성사시키기 위해 소론 서명선에게 부탁하여 '삼불필지설'을 성토하게 하고, 정조 즉위 후에는 이조전랑권 복구와 산림의 돈소를 통해 척신에 대항하는 범청류계가 결집하는 데 공헌하였으나, 동시에 송시열계를 추숭하고 그 후손을 산림으로 낙점함으로써 노론 명분을 부양하고 소론 명분이 퇴조하게 만들었다.¹¹² 홍국영이 척신이 되자 송덕상을 통해 세도를 발휘하고자 했는데 이것이 그들의 운명을 갈랐다.

  송덕상은 홍국영을 국왕 정조의 복심으로 이해한 듯했다. 왕의 뜻과 홍국영의 의지를 동일시하였다. 사실 홍국영이 실각하기 전

---

111 홍국영의 인물평은 다음 참조. 박광용, 「인물평전: 사극 왕도에서 왜곡된 홍국영의 참모습」, 1991: 380-392.
112 김성윤, 1997a: 132-133; 김백철, 2016c

까지 양자의 경계는 확실히 모호했다. 홍국영이 정조의 역린逆鱗을 범하지 않았다면 파국에 이르지 않았을지도 모른다. 하지만 원빈의 책봉·사망이 정국을 뒤흔들었다. 한번 홍국영이 척신이 되자 바뀐 정국을 되돌릴 수 없었다. 그는 자신이 제거했던 척리 자리에 올랐다. 홍국영은 누이 원빈이 사망한 뒤에도 정조의 이복형제인 은언군恩彦君의 아들 상계군常溪君 이담李湛을 원빈의 양자로 삼아 완풍군完豊君으로 다시 봉하고 훗날을 도모하였다. 문제가 수면 위로 드러난 것은 원빈 사후 다른 후궁을 들이는 데 홍국영이 적극적으로 반대했기 때문이다.[113] 실제로 홍국영의 실각,[114] 소론 가문 화빈和嬪 윤씨의 책봉[115] 등은 연이어 발생하였다.

그런데 얼마 뒤 송덕상은 화빈 윤씨 소생이 죽자 후사가 없는 문제를 들어서 중전 효의왕후孝懿王后의 부덕함을 비판하였고, 후사 문제를 '모양도리'로 언급하였다.[116] 이것은 그가 홍국영의 대변인으로 간주되는 결과를 낳았다. 원래 정조의 의지 실현을 위해 홍국영이 행동하고 송덕상이 명분을 만들어주었는데, 이제 송덕상이 국왕이 아니라 홍국영의 의지를 따르는 것처럼 보였기 때문이다.

---

[113] "時貞純大妃下內敎, 命揀選士族, 置諸嬪御, 以廣求儲嗣, 國榮之妹應嬪, 選未幾嬪喪. 國榮乃倡言曰, 廣儲嗣之擧, 不可再也. 祹有子湛, 國榮視以奇貨, 改其君號曰完豊, 恒言曰吾甥也, 使爲洪嬪守殯官, 聞者驚心, 道路以目."『正祖實錄』附錄續編, (正祖)遷陵誌文.

[114] 홍국영은 정조 3년(1779) 9월에 척리 비판으로 사직소를 올렸는데, 갑자기 정조가 윤허하여 봉조하奉朝賀를 내렸으며 다음해까지 그 영향력이 지속되자 단순 사직이 아니라 전리방축田里放逐을 명시하였다.『正祖實錄』卷8, 正祖 3年 9月 丁未(26日)·己酉(28日);『正祖實錄』卷9, 正祖 4年 2月 乙亥(26日).

[115] 『正祖實錄』卷9, 正祖 4年 3月 己丑(10日).

[116] 『純祖實錄』卷24, 純祖 21年 8月 甲申(7日), 孝懿王后遷陵誌文; 최성환, 2009: 151.

이것이 두 사람의 주된 실각 요인이었다. 그럼에도 국왕은 그동안의 공적을 고려하여 정조 3년(1779) 9월 홍국영이 사직을 청하는 방식으로 정계에서 은퇴시켰다.[117] 이 과정에서 정조의 대리청정을 실현하는 데 주요한 역할을 했던 서명선이 재신임을 받아 소론이 정국을 주도하였다.[118]

송덕상의 2차 낙향은 칭병보다는 홍국영의 실각과 연동된 문제였다. 정조는 송덕상에게 예우를 다하였으나 현실성이 떨어지는 개혁안과 복수를 위한 토역론을 모두 들어줄 수는 없었다. 정조는 숙종·영조가 그랬던 것처럼 산림이 더 이상 필요하지 않으면 버리기를 주저하지 않았다. 송덕상은 국왕의 의중도 모르고 홍국영의 치사致仕에 반대하지 않은 승정원·삼사의 허물을 논하는 상소를 올려 우회적으로 비판하였고,[119] 자신은 낙향해서 칭병하였다.[120] 하지만 아직 송덕상에 대한 예우는 지속되었는데, 국왕이 송시열의 후광을 여전히 활용하고 싶었기 때문이다.

그러나 정조의 본의本意를 알지 못했던 상당수의 조정의 신료는 홍국영의 재출사를 간청하였고 관학유생은 수차례 송덕상의 재초치를 주장하였다.[121] 심지어 충청도·황해도 유생은 송덕상을 위해서 통문通文과 연명상소까지 올렸다. 국왕은 이들을 지지하는 사람들을 주시하고 있었다.

송덕상에 대한 비판은 정조 4년(1780) 10월부터 시작되었다. 먼저 교리 심낙수沈樂洙는 그 조카 송환억에 대해서 홍국영에게 아부하

---

117 『正祖實錄』卷8, 正祖 3年 9月 丁未(26日); 최성환, 2009: 137.
118 『日省錄』, 己亥(정조 3) 10月 3日(癸丑).
119 『日省錄』, 己亥(정조 3) 10月 6日(丙辰)·11日(辛酉).
120 『日省錄』, 己亥(정조 3) 10月 9日(己未).
121 『日省錄』, 己亥(정조 3) 10月 5日(乙卯).

였다고 비판하고 그가 송시열의 후손으로서 안타깝다고 하였다.[122] 심낙수는 다음해 홍국영이 배소配所에서 졸卒하자[123] 두 번째 상소를 올렸다. 그사이 송덕상이 오히려 심낙수가 성상의 성총을 어지럽힌다고 반박하자, 심낙수는 송덕상을 직접 겨냥하여 그가 홍국영의 권세를 더해주는 데 조력하여 송시열의 이름에 누가 된다고 비판하였다.[124] 며칠 뒤 대신 서명선이 공개적으로 홍국영·송덕상의 역절逆節을 성토하고 송덕상의 안치를 요구하였는데 이때 정조는 그동안 특별한 예우를 다했던 송덕상에게 한순간 돌변하여 "명칭은 비록 산림이지만 본래 지각이 없는 사람"이라고 평하였다.[125] 권력의 실세 홍국영이 이미 죽고 집정대신이 지목하여 성토하고 국왕이 여기에 동의를 표하자 이를 신호탄으로 대간臺諫은 벌떼같이 달려들었다. 송덕상·홍국영을 "하나이면서 둘이고 둘이면서 하나"라고 비판하면서 국청을 열어 홍국영을 노적할 것을 청하는 상소가 하루에도 수차례 이어졌다.[126] 송덕상과 친척·인척으로 맺어진 신료들도 살길을 도모하여 하나같이 강도 높게 성토하였다.[127] 이때 국왕이 송덕상의 사자흉언四字凶言(某樣道理)도 처음 거론하였

122 『日省錄』, 庚子(정조 4) 10月 14日(己未).
123 『正祖實錄』卷11, 正祖 5年 4月 戊申(5日).
124 『日省錄』, 辛丑(정조 5) 4月 19日(壬戌).
125 "予曰, 宋德相, 名雖山林, 本無知覺矣." 『日省錄』, 辛丑(정조 5) 4月 28日(辛未).
126 "德相 … 與國榮一而二, 二而一也. … 請物故罪人國榮, 亟施孥籍之典." 『正祖實錄』卷11, 正祖 5年 5月 甲戌(2日); 『日省錄』, 辛丑(정조 5) 4月 28日(辛未)·5月 2日(甲戌)·6日(戊寅)·7日(己卯)·8日(庚辰)·11日(癸未)·12日(甲申)·22日(甲午)·30日(壬寅)·閏5月 22日(甲子)·6月 17日(戊子)·21日(壬辰)·7月 20日(庚申)·24日(甲子)·25日(乙丑)·9月 1日(庚子)·10日(己酉).
127 지평 이명제李明濟는 송덕상의 종남매이다. 『日省錄』, 辛丑(정조 5) 5月 7日(己卯).

으며,¹²⁸ 두 사람과 친척이거나 조금이라도 친분관계가 있으면 어김없이 연좌시켜야 한다는 상소가 빗발쳤다.¹²⁹ 정조가 『명의록』에 홍국영을 의리주인으로 기재한 것과 송덕상에게 선정先正(송시열)의 묘비명에 글자를 내린 것도 이제 문제가 되었다.¹³⁰

인심人心의 변화는 무서울 정도였다. 불과 몇 해 전 홍국영의 사직 시점까지만 해도 홍국영과 송덕상의 돈소를 요청하던 연명상소와는 분위기가 사뭇 달랐다. 소론 집권기에는 이를 기화로 연명상소를 올려 화완옹주·김귀주의 처분도 간청하거나¹³¹ 남인 채제공을 공격하기도 했다.¹³² 전자는 청류의 공통 의견이었고, 후자는 남인 계열에 대한 견제였다. 모두 국왕의 의중과 다른 내용이었다. 심지어 정조는 송덕상의 처벌이나 홍국영의 역률 추시도 원치 않았으며, 홍국영에게 아첨했던 세력을 적당히 와해시키는 선을 지키고 있었다.

3. 사건의 파장: 시파·벽파의 분기

문제는 단순히 홍국영과 송덕상의 실각만으로 사태가 끝나지 않

---

128 『日省錄』, 辛丑(정조 5) 5月 11日(癸未).
129 『日省錄』, 辛丑(정조 5) 5月 12日(甲申)·12月 22日(庚寅)·壬寅(정조 6) 2月 17日(甲申)·5月 10日(丙午)·6月 21日(丙戌)·11月 13日(丙午).
130 『日省錄』, 辛丑(정조 5) 閏5月 9日(辛亥).
131 『日省錄』, 辛丑(정조 5) 5月 12日(甲申)·6月 21日(壬辰)·10月 21日(庚寅)·11月 19日(丁巳)·12月 12日(庚辰)·24日(壬辰); 『日省錄』, 壬寅(정조 6) 正月 20日(丁巳)·6月 21日(丙戌)·29日(甲午)·7月 11日(丙午).
132 『日省錄』, 辛丑(정조 5) 7月 24日(甲子).

았다는 데 있다. 이에 송덕상 사건은 생전(정조 5-7, 1781-1783)·사후(정조 8-10, 1784-1786) 두 가지 측면에서 상당히 유사한 구조의 사건(지방·중앙 반발-군사 정변)이 발생하는 데 영향을 미쳤다.

1) 생전 반발 여론

(1) 지방의 저항: 송시열 가문의 영향력

먼저 정조 6년(1782) 윤음과 직접 연관되는 옥사는 다음과 같다. 한 해 전에 충청도 유생의 집단행동이 발각되었다. 정조 5년(1781) 9월 호서 유생이 송덕상을 위한 통문을 4도에 돌린 움직임이 보고되면서 상황은 격화되었다.[133] 통문은 격서檄書로 받아들여져 옥사로 비화飛禍되었다. 그리고 신료들은 이 모두가 송덕상에 대한 처벌을 미루었기 때문이라고 거듭 상언하였다. 이에 처음으로 송덕상의 유배형이 내려졌다.[134] 호서 옥사를 계기로 홍국영의 역률 추시와 송덕상의 나국拿鞫을 요청하는 상소도 다시 시작되었다.[135]

심지어 중앙에서 심핵사審覈使가 충청 감영으로 파견되었으며 원임대신까지 자진 출사하여 토역을 청하였다.[136] 이들은 송시열의 후손이라도 처벌해야 인심이 안정될 것이라고 진언하였다. 특히 그 사이에 충청도뿐 아니라 경기도 수원·광주 유생까지 연명상소

---

[133] 『日省錄』, 辛丑(정조 5) 9月 12日(辛亥)·14日(癸丑)·19日(戊午)·10月 24日(癸巳).
[134] 『日省錄』, 辛丑(정조 5) 9月 14日(癸丑).
[135] 『日省錄』, 辛丑(정조 5) 9月 24日(癸亥)·27日(丙寅)·29日(戊辰)·10月 9日(戊寅)·12日(辛巳).
[136] 『日省錄』, 辛丑(정조 5) 10月 9日(戊寅).

하여 송덕상을 구원하려고 하자 신료들은 기호畿湖를 선동한다고 처벌을 요구하였고 여기에도 심핵사가 파견되었다.¹³⁷ 정조는 아직 국청을 거부하면서 송덕상에 이어서 조카 송환억을 유배하는 데까지 양보하였다.¹³⁸ 신료들의 상소는 그치지 않았고,¹³⁹ 호서 유생에 대한 처벌로 유배형이 내려지자 역률 적용을 청하였다.¹⁴⁰ 그럼에도 아직 향촌 여론은 송시열 가문을 두둔하는 상황이었다.

아울러 황해도 유생의 비방 사건이 발생하였다. 신형하申亨夏·박서집朴瑞集·권홍징權泓徵·김정채金貞采 비방 사건이 연이어 일어났다. 정조 6년(1782) 3월 황해도 평산平山의 신형하는 송덕상을 옹호하는 글을 지어 송시열의 영당影堂에 고유제를 지냈고,¹⁴¹ 해주海州의 박서집은 신형하를 두둔하며 송덕상의 신원 운동을 벌였다.¹⁴² 또한 송덕상을 옹호하기 위해 충청도 공산의 권홍징은 국왕을 걸桀·주紂에 비견하여 상소하였고,¹⁴³ 강원도에 유배 중이던 전라도 강진의 김정채는 정조를 수양제隋煬帝에 견주었다.¹⁴⁴ 권홍징

---

137 『日省錄』, 辛丑(정조 5) 10月 12日(辛巳)·14日(癸未)·18日(丁亥)·21日(庚寅)·22日(辛卯)·23日(壬辰).
138 『日省錄』, 辛丑(정조 5) 10月 12日(辛巳).
139 『日省錄』, 辛丑(정조 5) 10月 13日(壬午)·11月 12日(庚戌)·19日(丁巳)·12月 1日(己巳)·12日(庚辰)·15日(癸未)·22日(庚寅)·24日(壬辰)·壬寅(정조 6) 正月 20日(丁巳)·3月 8日(乙巳)·6月 25日(庚寅)·26日(辛卯)·29日(甲午)·30日(乙未)·8月 18日(壬午)·23日(丁亥)·25日(己丑)·10月 6日(己巳)·11月 19日(壬子).
140 『日省錄』, 辛丑(정조 5) 10月 24日(癸巳)·11月 1日(己亥);『日省錄』, 壬寅(정조 6) 4月 5日(辛未)·12日(戊寅)·4月 16日(壬午).
141 『正祖實錄』卷13, 正祖 6年 3月 乙丑(28日).
142 『日省錄』, 壬寅(정조 6) 3月 28日(乙丑)·4月 5日(辛未)·8月 10日(甲戌)·14日(戊寅)·16日(庚辰).
143 『正祖實錄』卷14, 正祖 6年 7月 乙卯(20日).
144 『日省錄』, 壬寅(정조 6) 8月 17日(辛巳);『正祖實錄』卷14, 正祖 6年 7月 己未

의 공초가 나오면서 정조의 태도가 변화를 보이기 시작했다.[145] 급기야 송덕상의 친척 송환구宋煥九까지 유배형에 처했으며,[146] 충청도에는 관찰사를 파견하고 황해도에는 안문사按問使를 별도로 파견함으로써 민심을 수습하였다.[147]

마침내 11월 홍충도洪忠道(충청도)의 유생 2,700명이 홍국영·송덕상을 성토하였고, 황해도 평산 유생 965명도 상소하였으며, 별도로 황해도 유생 1,173명이 상소하였다.[148] 모두 같은 날이었다. 지방 여론도 이제 송덕상에게 등을 돌렸다. 지방에서 연대책임에서 벗어나려는 조직적인 움직임이 일어난 것이다.

(2) 중앙의 내응: 이택징·이유백 사건

신료의 반발도 있었다. 소론 서명선이 주도하는 정국에 대한 반발심은 중앙에도 여전하였다. 이에 이택징·이유백 상소 사건이 일어났다. 정조 6년(1782) 6월 이택징은 대신들이 중궁전(孝懿王后)에 문안하지 않은 일을 우회적으로 비판하였고, 이유백은 정조의 묵인 아래 중궁이 "별전別殿에 퇴처退處해 있는데" "삼년상을 함께 치른" 중궁을 버릴 것이냐고 극언하면서 서명선을 적극 비판하는 흉언을 구사하여 처벌받았다.[149] 특히 이유백은 중전과 왕대비(정순

(24日)·8月 甲申(20日).
145 『日省錄』, 壬寅(정조 6) 8月 14日(戊寅).
146 『日省錄』, 辛丑(정조 5) 12月 22日(庚寅); 『日省錄』, 壬寅(정조 6) 5月 10日(丙午)·10月 10日(癸酉).
147 『日省錄』, 壬寅(정조 6) 8月 15日(己卯).
148 『日省錄』, 壬寅(정조 6) 11月 2日(乙未).
149 "反或謂之以退處別殿 … 此猶不足, 乃以與共三年之喪六字." 『正祖實錄』卷13, 正

왕후) 사이를 비방함으로써 절도에 천극되었다.¹⁵⁰ 이와 관련하여 관학유생 761명이 홍국영·송덕상 일파의 처벌을 상소하면서 이택징·이유백을 정면으로 비판하였다.¹⁵¹ 다시 관학유생 1,135명이 연명상소하였다.¹⁵²

마침내 역률 적용까지 요구하였고, 이택징은 가산이 적몰되었다.¹⁵³ 이는 홍국영 실각 후 노론 청류계의 반발이었다. 이유백의 아비 이최중李最中·조카 이의익李義翊도 함께 신문받다가 죽었다.¹⁵⁴ 당시 각종 상소에서 홍국영은 종사를 잇는 대계大計를 막았고, 홍낙순洪樂純은 조카(홍국영)의 권세를 믿었으며, 송덕상은 유명儒名을 빙자하여 권간에게 빌붙었고, 송환억은 숙부(송덕상)를 팔아서 이익을 꾀하였다고 성토하였다.¹⁵⁵

(3) 군사 정변: 문인방·이경래 사건

서민층의 반체제운동이 있었다. 송덕상에 대한 동정여론이 바뀐 데에는 기실 다른 이유가 있었던 듯하다. 정조 6년(1782) 11월 문인

祖 6年 6月 己丑(24日); 최성환, 2009: 151.

150 『日省錄』, 壬寅(정조 6) 6月 24日(己丑); 『正祖實錄』卷13, 正祖 6年 6月 己丑(24日).

151 『日省錄』, 壬寅(정조 6) 7月 1日(丙申); 『正祖實錄』卷13, 正祖 6年 7月 丙申(1日).

152 『日省錄』, 壬寅(정조 6) 7月 11日(丙午).

153 『日省錄』, 壬寅(정조 6) 8月 17日(辛巳).

154 『日省錄』, 壬寅(정조 6) 6月 26日(辛卯)·7月 1日(丙申)·4日(己亥)·11日(丙午)·15日(庚戌)·19日(甲寅)·20日(乙卯)·22日(丁巳). 순조 즉위 후 노론 벽파 정권이 수립되자 비로소 복관되었다. 『日省錄』, 辛酉(순조 1) 3月 27日(癸卯).

155 『日省錄』, 壬寅(정조 6) 7月 2日(丁酉).

방·이경래 역모 사건이 발생하였다.[156] 문제는 여기서 그치지 않았다. 홍국영·송덕상의 실각으로 충청·황해 지역 민심民心이 이반된 상황을 활용하여 군사 정변을 도모한 사건이 발생하였다. 문인방 등 사회불만 세력은 『정감록』 등으로 백성을 현혹시키고 거병 계획까지 마련하였다가 송덕상 추종세력의 어려운 처지를 이용하려고 하였다.[157] 금위영禁衛營의 친국 결과 백천식白天湜 등은 함경·강원·평안·황해 등에서 무리를 결성하여 충청도 진천鎭川에 잠복해 충청·경상·전라를 선동하였고,[158] 문인방은 서울로 올라와 대궐까지 공격하고자 하였으며 송덕상을 '대선생大先生'으로 칭하였음이 확인되었다.[159] 이경래도 체포되어 공초하니 양서(황해·충청)는 도창국都昌國, 삼남(충청·경상·전라)은 문인방, 관동(강원)은 이경래, 관북(함경)은 김정언金廷彦이 각기 군병을 이끌기로 모의하였음이 드러났다.[160]

거병 이후 송덕상을 '대선생'으로 칭한다는 계획이 있었으므로 송덕상은 빠져나갈 수 없었다. 문인방은 곧장 복주되었다. 사건의 고변자가 송덕상 계열인 점을 미루어 상당수의 연구는 송덕상이

---

[156] 문인방 사건은 다음 참조. 고성훈, 「정조조 정감록 관련 역모사건에 대하여: 이경래·문인방 사건을 중심으로」, 1992; 백승종, 「18-19세기『정감록』을 비롯한 각종 예언서의 내용과 그에 대한 당시대인들의 해석」, 1999: 265-290; 고성훈, 「조선후기 변란의 전형: 미륵신앙과 정감록을 내세운 변란」, 2000: 93-102; 백승종, 『정감록 역모사건의 진실게임』, 2006: 137-234; 박상현, 「18세기 '해도진인설'의 변화양상과 의미」, 2012.

[157] 『正祖實錄』卷13, 正祖 6年 4月 庚午(4日)·11月 壬子(19日)·癸丑(20日)·甲寅(21日);『正祖實錄』卷14, 正祖 6年 12月 壬申(10日)·戊子(26日).

[158] 『日省錄』, 壬寅(정조 6) 11月 19日(壬子).

[159] 『日省錄』, 壬寅(정조 6) 11月 20日(癸丑).

[160] 『日省錄』, 壬寅(정조 6) 12月 26日(戊子).

무고하다고 판단하는 듯하다. 정조는 주모자만 처벌한다고 하면서 민간 기찰을 금지하였다.[161] 12월에 의금부·형조의 죄인 소결이 행해졌는데, 이때 무고를 당하거나 혐의를 의심받은 이들도 정조가 직접 변론하여 함께 방면하였고,[162] 이듬해 대부분의 연루자를 석방하였다.[163] 곧 대사면으로 마무리한 것이다.

마침내 정조는 연말에 민심을 수습하기 위해「유중외대소신서윤음」을 내려 문인방·이경래 옥사를 종결짓고 원흉으로 송덕상을 지목하였다.[164] 아울러 사족을 위로하기 위해「숭유중도윤음」을 이어서 내리고 인재 추천을 전국에 명하였다.[165] 여기까지가 상술한 윤음 2편과 연동되는 연대기의 세부 기사에 해당한다. 정조 7년(1783) 옥사가 진행되는 사이에 송덕상은 병사病死하고 말았다.[166]

2) 사후 정국 변동

이미 홍국영·송덕상은 사망하였고 정조는 윤음마저 반포하여 사건이 일단락되기를 바랐지만 아직 정국 변동은 종결되지 않았다. 그들의 사후에도 "중앙·지방의 반발 → 군사 정변" 등으로 이어지는 거의 유사한 형태의 연계 사건이 또다시 발생하였다.

---

161 『日省錄』, 壬寅(정조 6) 12月 28日(庚寅);『正祖實錄』卷14, 正祖 6年 12月 庚寅(28日).
162 『日省錄』, 壬寅(정조 6) 12月 3日(乙丑).
163 『正祖實錄』卷15, 正祖 7年 正月 丁未(15日).
164 『日省錄』, 壬寅(정조 6) 12月 27日(己丑).
165 『日省錄』, 壬寅(정조 6) 12月 28日(庚寅)·癸卯(정조 7) 正月 2日(甲午).
166 『正祖實錄』卷15, 正祖 7年 正月 己亥(7日).

(1) 중앙의 반발: 김하재 사건

먼저 고위관료층의 반발이 있었다. 이른바 김하재金夏材 흉서 사건이다. 정조 8년(1784) 7월 김하재의 흉서가 발각되었다.[167] 그는 사건 직전까지도 이조참판이었고 권력의 실세였다. 그런 그가 문효세자文孝世子 책봉례에 참여하여 선왕(영조)을 비방하는 흉서를 흘려 역적으로 처단되었다.[168]

이보다 앞서 윤득부尹得孚가 상소를 올려 남인 채제공과 소론 서명선을 공격하였는데, 그들을 홍국영에 비견하여 '시의時議'라 부르면서 "순종하면 유리하고 거슬리면 화를 입으며" "청의淸議가 펴지지 않는다"고 비판하였다.[169] 여기서 시의는 청의에 반대되는 개념으로, 모두 군주의 뜻이나 조정 집정대신의 의사에 영합한다는 의미이다. 그런데 김하재는 윤득부를 인사 추천한 인물이었을 뿐 아니라 오히려 채제공을 맹비난하며 공의公議(時議)를 거스른 것에 불과하다고 변론하였다.[170] 이때 공의는 다른 기록에는 '시의'로 표현되어 있는데, 이것이 당시 징토 논의(송덕상 사건)의 비판이자 시

---

167 『日省錄』, 甲辰(정조 8) 7月 28日 (辛巳); 박성순, 「정조대 김하재 사건의 전말과 성격」, 2008; 최성환, 2009: 167-180.

168 "夏材供曰, 一鏡死於甲辰, 今年卽甲辰. 臣欲遺臭萬年, 與一鏡同一心腸, 故作此擧矣. … 近來便同停望, 雖置處望, 亦不揀擬, 有若永枳之人, 故自生怨心, 變爲凶肚逆腸矣. 問曰 … 爾亦先大王臣子, 雖懷怨國之心, 豈忍作此凶言乎. 供曰, 臣有若喪性人, 辱及先世, 自知爲亂臣賊子, 而公然欲誤死, 故作此擧矣."『正祖實錄』卷18, 正祖 8年 7月 辛巳(28日).

169 "號爲時議, 順之則有利, 逆之則有禍. … 淸議不張."『正祖實錄』卷17, 正祖 8年 6月 戊子(5日).

170 "伊後始知得孚, 於昨春朝參時, 有一語大拂公議者, 取見其所懷措語, 則數三句節, 關係不輕, 不但爲文疵語病而已."『正祖實錄』卷17, 正祖 8年 4月 壬子(28日).

파時派의 창출로 평가된다.[171] 이 사건으로 김하재는 이조참판에서 파직되었다. 노론 이노춘李魯春은 "지금 시의를 주장하는 사람들은 온 세상을 침묵시키며 좋아하고 미워하는 것을 사적으로 처리한다"라고 상소하였다가[172] 함께 처벌받았다.[173]

이는 윤득부 → 김하재 → 이노춘 등 노론 청류가 점차 비판의 강도를 높이면서 국왕에게 맞서다가[174] 급기야 소론 서명선과 남인 채제공 비판에서 영조를 향한 원망으로 옮겨간 사건이었다. 정조는 선왕의 신하였던 김하재가 흉서를 쓴 것이나 자신의 즉위의 정당성을 담보하던 서명선을 공격한 것에 분노하였다.[175] 김하재는 홍국영을 처벌하는 합사에 참여한 인물이며,[176] 윤득부도 송덕상의 처벌을 주장하는 합사에 참여하였다.[177] 곧 노론 청류 내에서도 이미 분기分岐가 일어나 이들은 정조의 핵심 세력 역할을 하고 있었

---

171 "先時夏材以吏參, 因事上疏【註: 以尹得孚事上疏】創出時字之說, 蓋以近來懲討之論謂之時議." 沈樂洙, 『定辨錄』上, 甲辰(정조 8) 7月; 심낙수, 『정변록』, 2016, 74; 최성환, 2009: 167. 단 원문에는 송덕상이 언급되지 않았으나 번역본과 최성환은 송덕상 사건으로 풀이하였다. 또한 사료상 시파·벽파의 서술은 정조 12년(1788)에 처음 등장한다("自庚子(정조 4)以後, 朝臣又有分黨之漸, 李命植徐有隣一隊人, 稱時派, 金鍾秀沈煥之一隊人, 稱僻派. 至是萬始疏, 始言時僻二字."『正祖實錄』卷25, 正祖 12年 4月 乙卯(23日)).
172 "今之主張時議者, 鉗勒一世, 好惡惟私."『正祖實錄』卷18, 正祖 8年 11月 庚辰(29日).
173 『正祖實錄』卷18, 正祖 8年 12月 丙戌(5日).
174 김성윤, 1997a: 300.
175 김하재의 영조 비난(정통성 부정)은 사료에서 명확하게 제시되지만 정조 비판(失德 등)은 연구자에 따라 다양하게 해석되고 있다. 박성순, 2008, 133-137; 최성환, 2009: 167; 김정자, 「정조대 전반기의 정국동향과 정치세력의 변화(II):『이재난고』를 중심으로」, 2016: 136-137.
176 박성순, 2008: 172; 김정자, 2016: 137.
177 『正祖實錄』卷15, 正祖 7年 正月 丁酉(5日).

다. 김하재는 화려한 가문 출신이었고 그 덕분에 최연소 과거급제를 했을 뿐 아니라 청요직清要職을 두루 거쳤다.[178] 단지 윤득부 추천 사건으로 잠시 체직을 당했을 뿐인데 국왕의 총애를 받던 이가 흉서를 지니고 스스로 썼다고 주장한 것은 기행奇行이었다.[179]

하지만 엄밀히 말하면 영조는 재위 후반기에 소론계를 부양해서 노론 일방의 의리 명분을 세우지 못하게 했고 남인계에 대해 지속적인 등용 정책을 펼쳐 정조대 정승의 반열에 오를 만큼 육성해냈다. 노론 청류는 이들과 일시적으로 연대해서 정조의 즉위를 도왔으나 점차 노론 의리를 강화해나가면서 영조가 금지한 것을 정조에게서 얻어냈다. 그러다가 송덕상 사건을 계기로 청류 내 소론과 남인의 정국 주도가 현실화되는 가운데 노론계가 집단적으로 반발한 것이다.[180]

특히 한 해 전인 정조 7년(1785) 국왕은 김종수의 사직을 만류하면서 이이李珥가 "시의時義에 용납되지 않은 데" 비유하였고,[181] 정창순鄭昌順은 "시의를 거스를까 두렵다"고 국왕에게 토로하였다.[182] 당초에 시의 비판은 문제가 되지 않았으나 흉서 사건을 계기로 정치 사건으로 비화되었다. 정조 8년(1786) 국왕은 태도를 바꾸어 "청론清論이 아래 신하에게 있다면 좋겠지만 지금은 그렇지 못하다"라고 비판하였다.[183] 이는 노론 청류의 반발을 비판한 것이다. 곧이어

---

[178] 최성환, 2009: 167; 박성순, 2008: 125-126; 김정자, 2016: 137.
[179] 박성순, 2008: 133-137.
[180] 김성윤, 1997a: 292-293; 박성순, 2008: 138-139; 김정자, 2016: 131.
[181] "上慰諭曰, 先正李珥之不容於時議, 豈特比於吏判乎." 『正祖實錄』卷16, 正祖 7年 9月 庚戌(22日).
[182] "昌順曰 … 時議之或咈, 趑趄逡巡, 終不能一言." 『正祖實錄』卷16, 正祖 7年 10月 己卯(21日).

그는 "시의에 참여한 자는 나라 편이고 시의를 등진 자는 역적이 될 것이며", "시의에 참여한 사람이 비록 반드시 선을 다하지는 못하였더라도 나라 편에 든 사람을 버려둘 수는 없으며", "나라를 위할 줄만 알면 좋은 시의가 될 것이다"라고 역설하였다.[184] 김하재 사건은 선왕(영조)을 모독하여 역적으로 처벌받았기에 사건의 파급력이 높았는데, 그 이면에 군주의 의사를 대리하는 자들에 대한 불만이 팽배했기 때문이다.[185] 김하재 사건을 전후하여 노론 청류을 이끌었던 김종수는 미온적으로 대처하면서 송덕상을 사류라고 지칭하였다가 국왕의 문책을 받아 스스로 죄를 청하고 용서받기에 이르렀다.[186]

여러 신료는 상소를 통해 지엽 말단의 처벌만 있었다면서 홍국영·송덕상의 역률 추시·가족 연좌를 요구하였다.[187] 양자가 사망한 상태에서 국왕의 비난을 받았으나 정작 역률은 적용받지 않았다. 특히 노론 청류의 지지하에서 성립한 홍국영·송덕상 정권이 붕괴됨에 따라 소론 서명선이 정국을 이끌게 되었다. 이 과정에서 소론계 명분 회복에 주요한 조치가 내려졌고 소론계 기용이 대대

---

183 "果使淸論在下則好矣, 而今也則不然."『承政院日記』, 乾隆 49年(정조 8) 12月 8日(己丑);『正祖實錄』卷18, 正祖 8年 12月 癸巳(12日).

184 "人[入]於時議者, 當爲國邊, 背於時議者, 當爲賊邊. … 雖然今日時議之人, 亦未必盡善. … 至於銓注用舍, 俱不成樣. … 捨此國邊時議之人, 更將何處得來乎. 從今以往, 擧皆歸正於時議, 只知爲國, 則所謂時議, 將爲好箇時議矣."『承政院日記』, 乾隆 49年(정조 8) 12月 8日(己丑);『正祖實錄』卷18, 正祖 8年 12月 癸巳(12日).

185 유봉학, 1996: 128; 김정자, 2016: 139.

186『日省錄』, 甲辰(정조 8) 12月 12日(癸巳);『正祖實錄』卷18, 正祖 8年 12月 癸巳(12日).

187『日省錄』, 癸卯(정조 7) 正月 5日(丁酉).

적으로 이루어졌다. 정조 6년(1782) 윤선거·윤증의 관작이 복구되었다.[188] 곧 정조 즉위 초와 정반대의 조치가 취해진 것이다. 이 사건은 노론 청류가 홍국영·송덕상과 자신들을 분리하여 대응하는 과정에서 경각심을 일깨워주었다.

소론 서명선에 대한 공세가 시작되면서 노론계는 시의에 영합하는 풍속 비판을 빌미로 결집하였다.[189] 국왕의 경고 뒤에 물러선 김종수 계열은 생존하였으나 끝내 국왕에 대한 비난까지 감수했던 김하재 일파는 역적으로 처벌받았다. 이 사건은 시파時派·벽파僻派의 분기가 되었다. 서명선을 비롯하여 그에 동조하는 노론 분파가 시파에 합류하였고, 반대하는 측이 벽파가 되었다. 초기에 시의의 직접적인 비난 대상은 홍국영이었으나 점차 우회적으로 소론 서명선을 지칭하였다. 따라서 노론 청류 정권의 붕괴 후 수습 차원에서 소론의 정국 주도를 용인할 수 있는지가 시·벽의 갈등의 근원적인 출발점이었다. 이것이 향후 사도세자 신원 문제로 더욱 고양되는 결과를 낳았다.[190]

---

[188] 김성윤, 1997a: 290, 295.

[189] 『정병록』에서는 김종수가 김하재의 시의時議 비판을 칭송했다고 서술하면서 그를 배후로 묘사하였다. 沈樂洙, 『定辨錄』上, 甲辰(정조 8) 7月; 최성환, 2009: 167.

[190] 각 사료나 시기마다 시時·벽僻 구분은 상이하다. ① 초기 연구는 시·벽을 노론 내 분기로 설명하였는데(小田省吾·石井壽夫·박광용), 이는 송덕상·김하재 사건을 분열 계기로 보아 시의에 영합한다는 비판적 입장을 전제한 것이다(김성윤·최성환·박성순·김정자). ② 광복 이후는 사도세자의 추숭 문제로 시·벽을 재분류하였는데(성낙훈·이이화), 이는 본질적으로 영조 중반 사도세자 보호론의 연장선상에서 사건을 파악함으로써 시파時派에게 명분을 부여한 것이다(김성윤·최성환). ③ 절충안으로 각 붕당의 시파는 인정하면서도 비판세력을 모두 벽파로 보기는 곤란하므로 '노론 벽파'와 '반反시파'로 각기 명명하기도 했다(김성윤·최성환). 소론 시파에 대한 반대는

(2) 내외의 호응: 이율·우덕하 사건

다음으로 김하재 연계 사건의 발생이다. 정조 9년(1785) 이율李㻋·김두공金斗恭·홍복영洪福榮·양형梁衡·문양해文洋海 사건이다. 김이용金履鏞·이율은 김하재 사건 이후 "노론이 거의 유실되었다"고 하며[191] 노론의 위기감을 반영하였다. 그런데 김이용이 갑자기 이율(李䌷 弟)·김두공(金夏材 姪子)·홍복용(洪樂純 子)·양형·문양해 등을 고변하였다.[192] 이들은 『정감록』 등을 활용하여 민심을 동요시키고 장차 거병할 계획을 세웠다가 발각되었는데, 모두 송덕상과 교분이 있었고[193] 김두공은 김하재의 조카였다.[194] 특히 김이용은 김종수를 통해 역모를 사전에 국왕에게 고변하여 사태를 조기에 수습하였다.[195] 이것은 위축된 노론 청류계가 재기하는 발판이 되었다.[196]

아울러 정조 10년(1786) 함경도 삼수부에서 흉서 사건이 재발하

소론 내에도 있었지만 노론·남인의 시파가 주도하였고, 남인 시파에 대한 반대 역시 남인 내에도 있었으나 소론 시파가 주도하였으므로 시파는 군주에 대해서만 동일한 의견을 가졌을 뿐 서로 경쟁하는 사이였다. 따라서 시·벽은 전통적인 당색 개념과는 달랐다. 성낙훈, 「한국당쟁사」, 1965: 71-79; 박광용, 「정조 연간 시벽당쟁론에 대한 재검토」, 1990: 136-139, 158-161; 최봉영, 「임오변화와 영조말 정조초의 정치세력」, 1992; 김성윤, 1997a: 291-319; 유봉학, 2001: 197-226; 박성순, 2008: 147; 최성환, 2009: 43-83, 134-166; 김성윤, 2002: 91-92; 김정자, 2016: 139, 161.

191 『正祖實錄』卷19, 正祖 9年 3月 庚戌(1日).
192 『正祖實錄』卷19, 正祖 9年 4月 丁亥(8日).
193 『正祖實錄』卷19, 正祖 9年 3月 辛酉(12日)·乙丑(16日)·辛未(22日).
194 "夏材之姪斗恭, 又出凶書." 朴涵源 外, 『玄皐記』續編上.
195 『正祖實錄』卷19, 正祖 9年 2月 己酉(29日).
196 박성순, 2008: 141.

였다. 송덕상이 함경도 삼수부로 유배 오자 후원했던 우덕하禹德夏 등이 흉서를 중앙에 전달하고 『정감록』을 통해 민간에 혼란을 야기하다가 사전에 적발되었다.[197] 아직 송덕상을 명분으로 내세운 반체제운동이 향촌 사족 사회 내에서 지속되고 있었다.

(3) 군사 정변: 구선복 사건

마지막으로 고위 장신將臣·종친의 역모 사건이 있었다. 정조 10년(1786) 12월 구선복 역모 사건이 발생하였고 이때 상계군을 추대한 사실이 드러났다.[198] 정조는 구선복은 처벌하고 상계군은 자결로 마무리지으려 했다. 그의 부친 은언군을 위해서 역률을 적용하지 않은 것이다.[199]

그런데 비슷한 시기에 김귀주가 죽자 정순왕후의 반격이 시작되었다. 정순왕후 본인은 정조 즉위 과정에 협조하였으나 김귀주 일가의 태도는 적극적이지 못했다. 앞서 살폈듯이 정조는 김귀주가 홍봉한을 공격한 것보다 자신의 이복형제(恩信君)를 죽음에 이르게 한 사실을 직접적인 사유로 지목하여 처벌하였다. 이에 홍국영 등이 송덕상과 협력하여 김귀주를 제거하였고, 그로 인해 정순왕후는 홍국영 등에 원한을 품었다.[200] 김귀주가 유배지에서 병사하자 왕대비는 언문 하교를 내려 상계군 역모의 책임은 이미 사망한 홍

---

197 『正祖實錄』卷21, 正祖 10年 2月 乙酉(11日)·丙戌(12日); 고성훈, 「정조 연간 삼수부 역모사건의 추이와 성격」, 2008: 101-144.
198 최성환, 2009: 186-192.
199 정조 10년(1786) 은언군(父)이 정조의 뜻을 전달하여 상계군(子)이 자결했다는 의혹이 일었다. 최성환, 2009: 185, 187.
200 최성환, 2009: 177.

국영에게 있다고 주장하였다.²⁰¹ 논리상 억측이었으나 동기 김귀주를 잃은 정순왕후는 좌시하지 않았다. 이해에는 5월 문효세자 사망, 윤7월 김귀주 유배지 사망, 9월 세자 생모 의빈宜嬪 성씨成氏 사망, 11월 상계군 사망 등 왕실에 흉사凶事가 연이어 일어났기 때문에 더욱 그랬다.

이 과정에서 왕대비(정순왕후)의 후원하에 노론 청류(김종수 계열)가 다시 부각되었다.²⁰² 홍국영이 생전에 원빈 사망 후 상계군(完豐君)으로 후사를 세우려 했던 정황도 드러났다.²⁰³ 이에 구선복은 복주되기에 이른다.²⁰⁴ 이로 인해 홍국영·송덕상까지 역률로 처벌받아야 하는 상황이 도래하였다.²⁰⁵ 아울러 문효세자·의빈 성씨 죽

---

201 『正祖實錄』卷22, 正祖 10年 12月 庚子(1日); 최성환, 2009: 186.
202 최성환, 2009: 199.
203 『正祖實錄』卷22, 正祖 10年 12月 辛丑(2日)·壬寅(3일)·丁未(8日); 최성환, 2009: 200.
204 『正祖實錄』卷22, 正祖 10年 12月 壬寅(3日)·己酉(10日)·乙卯(16日); 최성환, 2009: 184.
205 『正祖實錄』卷22, 正祖 10年 12月 壬寅(3日)·辛酉(22日). 장기간 홍국영·송덕상의 노륙孥戮(孥籍)을 청했으나 윤허받지 못했는데(『正祖實錄』卷11, 正祖 5年 4月 辛未(28日)·5月 甲戌(2日); 『正祖實錄』卷13, 正祖 6年 2月 庚辰(13日); 『正祖實錄』卷23, 正祖 11年 2月 壬子(14日); 『純祖實錄』卷1, 純祖 卽位년 12月 丁丑(29日)), 이는 특히 양자가 사망한 뒤(정조 5-7, 1781-1783)에는 선왕(영조)의 수교(역률 추시 금지)를 범하지 않기 위함이기도 했다("身已死而追施逆律者 … 竝禁除."『大典通編』「刑典」, 推斷, 英宗己卯(영조 35)). 정조 말년 홍국영에 대한 사면을 내렸다가 신료들의 반대에 부딪혀 철회하였고(『正祖實錄』卷42, 正祖 19年 正月 庚子(17日)), 송덕상은 직접 관련자만 처벌하고 송시열 가문의 보존을 위해 후손의 우대 조치를 지속하였다(『正祖實錄』卷17, 正祖 8年 6月 壬子(29日); 『正祖實錄』卷19, 正祖 9年 2月 癸未(3日); 『正祖實錄』卷20, 正祖 9年 6月 辛丑(24日)·9月 辛亥(5日)). 홍국영은 개국開國 504년(1894)에 죄명이 취소되었고 송덕상은 융희隆熙 2년(1908)에 비로소 관작

음의 배후로 의약醫藥을 담당했던 소론 조시위趙時偉가 지목되자 소론 당국자까지 위협을 받았다. 조시위는 문효세자를 잘 돌보지 못한 책임을 졌으나[206] 독살까지 책임지지는 않았다. 그럼에도 노론에 이어 소론이 명분을 주도하는 시대는 종식되었고 벽청류 계열이 재편되면서 노론(南黨/僻派: 金致仁)-소론(峻少/時派: 李性源)-남인(淸南/時派: 蔡濟恭) 삼상 보합 정권이 탄생하였다.[207] 이제 각 붕당의 정당성 회복을 주장하는 시대에서 벗어난 것이다. 이후 시파가 정국을 주도해나갔다.[208] 다만 벽파도 반왕파가 아니었으므로 정조 후반 국왕은 시파와 함께 국정 동반자로 간주하였다.

결국 정조는 재위 기간 동안 극소수를 제외하면 대체로 여러 붕당의 인사를 골고루 등용하여 삼정승三政丞을 구성하였다.[209] 즉위 초 노론 정권이나 사도세자 신원 문제 당시 남인 정권[210]을 제외하면 대개 두 붕당 이상이 정승을 맡았다. 이러한 보합 체제는 정치세력에게는 오늘날의 연정聯政이나 다름없었고 국왕에게는 탕평

    이 회복되었다(『高宗實錄』卷32, 高宗 31年 12月 己巳(27日); 『純宗實錄』卷2, 純宗 元年 10月 22日(陽曆)).
206 "後時偉移配濟州." 朴涵源 外, 『玄皐記』續編上.
207 김성윤, 1997a: 298; 김정자, 2016: 161.
208 김성윤, 1997a: 289-301; 최성환, 2009: 197-200.
209 숙종대-영조 초반 환국기에 일당전제一黨專制가 존재했을 뿐 이후에는 삼정승을 필두로 각 요직에 복수의 붕당이 배치되었다. 단지 갑술환국 이후 남인이 처음으로 정승으로 자리했다는 점에 의의가 있다. 심지어 벽파 정권으로 알려진 정조 사후 정순왕후 수렴청정기조차 삼정승 중 심환지만 벽파이고 나머지는 시파였다. 〈부표 6〉 정조 연간 삼정승의 당색 비율 참조.
210 〈부표 6〉을 기준으로는 즉위 초에만 단독 집권이 확인되지만, 김성윤은 삼정승이 서로 다른 붕당으로 임명되었다가 채제공을 제외하고 사퇴하였으므로 독상獨相 체제로 설명하였다. 김성윤, 1997: 298-302.

의 상징으로서 중요했다. 그럼에도 누가 영의정이 되는지, 다른 정승의 성향이나 당색黨色에 따라 주도권은 한쪽으로 기울기 십상이었다.

정조는 즉위 초 청류를 대대적으로 기용하였는데 그중 노론 김종수계(南黨)가 정국을 주도하였다. 그러나 홍국영·송덕상 사건을 계기로 노론 청류의 우위는 퇴조하였다. 서명선이『명의록』의 의리 주인으로서 두 사람을 대신해서 정국을 주도하였으므로 소론 계열(峻少)이 대의명분을 장악하였다. 이들은 범청류 내 노론 청류뿐 아니라 남인 계열(淸南)도 견제하였다. 그러나 소론 주도의 정국은 왕실 인사의 연이은 사망과 군사 반란에 직면하여 와해되었다. 남인은 기회가 주어지자 노론이나 소론과 긴장 관계를 유지하면서도 연정에 참여하였다. 이로써 소론과 남인은 정치세력으로서 부활하였다.[211] 양자는 개별적인 고위직 진출이 없지는 않았으나 오랫동안 정국을 주도하는 의리 명분을 내세우지 못하다가 상황이 반전된 것이다. 이 과정에서 범청류 세력 중 노론은 후발주자인 소론·남인을 비판하였는데 이것이 시파·벽파의 분기로 나타난 것이다. 물론 노론·소론·남인 내에서도 정치적 사안에 따라 계속해서 입장이 나뉘었으나 각 붕당에서 시파의 우세현상은 뚜렷하였다. 여러 붕당이 연정을 펼쳐 권력 배분이 이루어짐으로써 탕평정국도 안정적으로 정착되었다.

---

211 김정자,「정조대 전반기의 정국동향과 정치세력의 변화(1)」, 2012: 318; 김정자, 2016: 161.

4. 윤음 반포 후 변화상

조선 후기 윤음은 국왕이 직접 쓴 대對국민담화문의 성격을 띠고 있어 대부분 전국에 반포되었다. 그 과정에서 대량 배포가 이루어졌으며, 이를 지방 감영에서 목판인쇄로 뒷받침하였다. 더욱이 사족뿐 아니라 서민도 대상으로 할 때는 언해까지 추가하였다. 현재 『유중외대소신서윤음』(정조 6, 1782)에서 이 같은 과정을 엿볼 수 있어 국왕이 어떻게 지방 백성을 대상으로 자신의 의사를 직접 알렸는지 확인할 수 있다. 게다가 이 자료에는 정조 연간 정치 지형에 커다란 변화를 초래한 송덕상 사건의 처리 경과가 담겨 있다. 이 사건의 영향은 몇 가지로 갈무리해볼 수 있다.

첫째, 선왕대 탕평 체제의 회복이다. 정조는 즉위 초 의리탕평을 내세우면서 각 붕당의 청론[淸議]을 적극 부양했으므로 숙종·영조가 제한했던 이조전랑권을 청류의 바람대로 복구하였다. 그러나 송덕상 사건 이후 다시 재상권이 강화되고 인사권도 환수되었다.[212] 특히 송덕상이 홍국영의 꼭두각시처럼 발언한 행태가 비난받으면서[213] 조야에서 산림의 권위가 무너졌고 이로 인해 산림의 초치도 중단되었다. 이는 역설적으로 각 붕당의 의리에서 군주의 의리로 정국 운영의 중심축이 옮겨가는 계기가 되었다. 곧 정조 초반 붕당정치에 가까운 정국 운영 방식인 '의리탕평義理蕩平'[214]에서 영조 연간 군주득의君主得意의 '황극탕평皇極蕩平'으로 복귀한 것

---

[212] 『正祖實錄』卷28, 正祖 13年 12月 己未(8日); 김성윤, 1997a: 159-185.
[213] 김성윤, 1997a: 289-291.
[214] "上曰 … 蕩平不害於義理, 義理不害於蕩平, 然後方可謂蕩蕩平平之大義理. 今予所言, 卽義理之蕩平, 非混淪之蕩平也."『正祖實錄』卷1, 正祖 卽位年 5月 丙戌(16日).

이다. 황극탕평론은 숙종대 박세채가 제기했으나[215] 영조대 실현되었으므로 정조와 신료들은 영조의 탕평을 '황극'으로 자주 지칭했다.[216] 급기야 정조는 즉위 초 허락했던 붕당의 준열한 의리를 비판하고 선왕의 '파붕당破朋黨'을 재천명한 『어정황극편御定皇極編』(정조 14년경, 1790년경)을 편찬하기에 이른다.[217]

둘째, 사회의 동요와 개혁의 필요성 절감이다. 송덕상 신원伸冤을 명분으로 조정을 비판할 뿐 아니라 정국의 동요를 틈타 향촌 사회에서 『정감록』 등으로 민심의 이반을 꾀해 군사 정변까지 획책하는 일이 수차례 벌어졌다. 지방과 중앙은 물론이거니와 다양한 계층이 크고 작은 역모에 가담하였다. 정조 초반의 정국 운영에 대한 불만이 여러 경로를 통해서 드러난 사건이었다. 이를 계기로 정치 세력의 다변화가 이루어지자 문신·무신 근위 세력(초계문신 육성·장용영 설치)의 강화뿐 아니라 사회·경제적 개혁(서얼허통 강화·화성 신도시 건설·신해통공·노비제 개혁 등)이 다각도로 모색되었다.[218] 실제로 송덕상 사건 수습 과정에서 1차로 소론 서명선이 정국을 주도

---

215 우인수, 「조선 숙종조 남계 박세채의 노소중재와 황극탕평론」, 1994(이태진 외 편, 2011a).

216 "工曹參判柳義養 … 仍上疏日 … 晩年爲治平之本, 則我英考皇極之化." 『正祖實錄』卷18, 정조 8年 9月 壬戌(10日); "批日 … 趙濟魯策中日, 我先大王誕敷皇極之治, 丕變淫朋之弊, 五十年蕩蕩平平之化." 『正祖實錄』卷23, 正祖 11年 4月 乙巳(8日); "批日 … 大義與淫朋各異, 大議則旣明, 而猶患其不明, 益明之, 淫朋則雖破, 而猶恐其不破, 益破之. … 皇極一篇, 卽予金秤書." 『正祖實錄』卷43, 正祖 19年 10月 辛卯(14日).

217 "今則其爲黨也, 非君子小人也, 特峻於議耳. 彼亦一是非, 此亦一是非, 彼亦有君子有小人, 此亦有君子有小人, 必破其黨, 然後君子可萃而小人可化. … 先大王五十年治功, 莫大於建極. … 斯則皇極之道, 黨於何有." 正祖命編, 『皇極編』, 皇極編序〈古4250-34〉(서울대학교 규장각한국학연구원 소장).

218 김성윤, 1997a: 211-240; 정옥자, 「정조와 정조대 제반정책」, 2013: 18-23.

하였고, 2차로 남인 채제공이 국정에 참여함으로써 노론 청류의 명분 독점 시대는 종식되었다.[219] 곧 군주가 오랫동안 소외되었던 정치세력에게 정국의 주도권을 맡기고 지지기반을 확대하는 전기轉機를 마련한 것이다.

노론은 정조 즉위 후 영조 후반의 조치를 무력화시킴으로써 노론의 명분을 재확립하려 했고, 소론은 정조가 즉위하면서 무위로 돌린 영조 후반의 조치를 회복함으로써 자당의 정당성을 입증하고자 했다. 삼상 보합 이후 정국은 노론·소론의 명분을 넘어 본격적인 탕평정국에 진입하면서 사도세자 추숭 문제로 재편되었다.[220] 이는 마치 영조가 즉위 초 신축·임인옥사로 말미암아 노론·소론의 명분을 을사환국(영조 1, 1725)·정미환국(영조 3, 1727)으로 한 차례씩 들어주고 무신란(영조 4, 1728) 이후에는 각 붕당의 일방적인 명분을 부정하고 탕평론을 제기한 것과 유사한 구도였다.[221] 영조는 1차로 쌍거호대雙擧互對로 노론·소론을 병용하고 2차로 유재시용惟才是用을 단행하여 남인까지 대거 진출시킴으로써 탕평 인사를 구현하였을 뿐 아니라[222] 균역법 추진·공노비 신공 감면·공시인 순문·서얼허통 등을 통해 사회 전반의 개혁을 모색하였다.[223]

셋째, 향후 정치세력의 재편이다. 곧 정조 중반-순조 초반 최대 정치세력인 시파·벽파의 분기가 일어났다. 본래 시파는 시의에 영합하는 세력을 지칭하였고 향후 이에 비판적인 세력을 벽파로 구분하였다. 그래서 시파는 홍국영 정권 비판에 사용되다가 정권 붕

---

219 김성윤, 1997a: 289-301.
220 김성윤, 1997a; 김정자 2016.
221 정만조, 1983; 박광용, 1984.
222 김성윤, 2002: 70.
223 김백철, 2010a.

괴 뒤에는 군주의 뜻을 대행하는 집권 세력을 지칭하였다. 김하재의 반역 사건을 계기로 오히려 국왕이 시의를 정당화하였고, 결집한 각 붕당의 시파는 사도세자 추숭 사업을 통해 명분까지 공유하였다.

정조대 시파·벽파는 국왕의 시책을 두고 찬반 여부가 갈렸으나 서로 다른 시대에 적용되어 혼선이 빚어졌다. 한편으로는 영조 후반 "척신(홍봉한) 대 청류(김치인)" 구도가 마치 그 전신처럼 오인되었고, 다른 한편으로는 순조대 "혜경궁 가문(扶洪派) 대 정순왕후 가문(攻洪派)"의 구도가 그 후신으로 동일시되었다.[224] 이는 정조 즉위 초 척신 숙청을 주도했던 청류 중심의 정치 구도가 송덕상 사건 이후 붕괴되면서 다시 척신 가문이 정치적 입지를 회복해나갔기 때문이다. 특히 영조 후반 김귀주가 노론 청류(남당)와 연계하다가 정조 초반 척신 숙청으로 외면받았고, 정순왕후가 청류를 지원함으로써 연대가 복구되었다. 또한 영조 중반 홍봉한(북당)은 세자 보호론을 펼치며 각 붕당의 청론(동당·준소·청남)과 연대했으나 마찬가지로 척신 숙청으로 위축되었다. 시파가 세자 보호론을 세자 추숭론으로 계승하자 혜경궁 가문도 연결고리를 회복하였다. 따라서 양대 척신 가문이 각기 정치세력과 제휴하거나 대립하면서 정치지형이 지속적으로 변화한 것이다. 그럼에도 그동안 이러한 정국 변화를 면밀히 고려하지 못한 상태에서 영조 후반-정조대-순조 초반의 각기 서로 다른 정치 현실을 동일시해왔다.

---

224 『正祖實錄』卷25, 正祖 12年 3月 甲戌(12日)·4月 乙卯(23日); 『純祖實錄』卷9, 純祖 6年 6月 辛丑(25日); 『純祖實錄』卷11, 純祖 8年 9月 庚寅(27日)·11月 乙丑(4日).

제2부

국법의 수호자

5장
법치주의하
통치 체제의 재정비

18세기 탕평군주의 법제 정비사업[1]은 숙종-영조 연간를 거쳐 정조대에 이르러 대단원의 막을 내렸다. 숙종 연간의 급무는 법제의 집대성이었다. 이는 조종祖宗의 성헌成憲을 존숭하는 분위기 속에서 국법 질서의 회복이 필요하다는 법의식이 싹텄기 때문이다.[2] 영조대는 법제 정비의 당위성을 그대로 물려받으면서 내용 면에서는 백성의 가치와 형정의 개선에 주목하여 다양한 정책을 적극 반영하였고,[3] 외적으로는 법조문의 추상화 작업을 시도하여 최상위 법

[1] 이 책에서 "법제法制"는 조선시대 국법 체계에서 종縱으로는 대전류大典類·통고류通考類·속록류續錄類·수교류受敎類, 횡橫으로는 예서류禮書類·율서류律書類 등을 통칭하기 위해 사용하였다. 특히 현대의 "법전法典"은 전통시대 대전大典에 국한되기 쉽고 "법률法律"은 율서律書로 오인되기 쉽기 때문에 제3의 용어를 선택하였다.

[2] 김백철, 「조선후기 숙종대 『수교집록』의 편찬과 성격: 체재분석을 중심으로」, 2007a(김백철, 2016b); 김백철, 「조선후기 숙종대 국법 체계와 『전록통고』의 편찬」, 2008(김백철, 2016b).

[3] 김백철, 「조선후기 영조대 『속대전』 위상의 재검토: 「형전」 편찬을 중심으

체계인 대전류大典類 편찬이 현안으로 떠올랐다.⁴ 그리하여 『경국대전』 이후 수교受敎를 집대성한 『대전속록大典續錄』·『대전후속록大典後續錄』·『수교집록受敎輯錄』·『신보수교집록新補受敎輯錄』 등 속록류가 모두 『속대전續大典』에 추상화된 조문으로 다듬어져 수록되기에 이르렀다.⁵ 그리고 정조 연간에는 『경국대전』과 『속대전』을 하나로 통합하는 과제가 법제 정비의 현안이 되었다. 따라서 삼왕三王의 법제 정비사업은 연속성을 갖는 작업이었다.

정조 연간 법제 정비사업의 중요성에도 불구하고 『대전통편』에 관한 연구는 거의 진척되지 못하고 단편적인 기초연구가 진행되고 있는 상황이다.⁶ 이에 정조 연간 법제서 편찬의 전모를 파악하

로」, 2007b(김백철, 2010a).

4 김백철, 「조선후기 영조대 법전정비와 『속대전』의 편찬」, 2008b(김백철, 2010a).

5 대전류는 최상위법으로서 추상적인 형태로 법조문이 축조된 것이고, 속록류는 대전류보다 낮은 단계로서 수교를 집대성한 것이며, 통고류는 대전류·속록류를 약간의 재편집을 통해 합본한 것이다. 김백철, 2016c: 8-9.

6 『대전통편』은 정조대 최초 간행되었고, 일제강점기 조선총독부 중추원에서 활자화가 이루어졌으며(정조 명편, 『조선왕조법전집 3: 대전통편·속대전』, 1972), 광복 후 법제처에서 1차 번역이 시도되었다(정조 명편, 『대전통편』, 1954). 이후 단독 번역은 거의 이루어지지 않았고 『대전회통』의 일부분으로서 법제처·고려대학교·한국법제연구원 등에서 번역이 몇 차례 이루어졌을 뿐이다(고종 명편, 『국역 대전회통』, 1960(대전통편 포함); 고종 명편, 『대전회통 연구』 1-4, 1993-1996(대전통편 포함)). 『대전통편』은 『대전회통』에 포함되어 있으나 재편집 과정을 거쳤기 때문에 향후 재편집본을 대상으로 『대전통편』을 연구하면 육전六典의 배치나 세부 항목 등에 착종이 더러 생길 수 있다. 중추원본 역시 일본제국주의 학자들에 의해서 교감校勘이 이루어져 오류가 없다고 보기 어렵다. 그러므로 『대전통편』 원본(규장각본)을 대상으로 체재를 면밀히 검토해보는 작업이 선행되어야 한다. 그러나 1990년대 중반까지 대개 중추원본에 의존한 연구가 일반적이었다.

는 데 어려움을 겪고 있다. 특히 『대전통편』뿐 아니라 함께 추진된 다양한 법제 정비사업도 고려해야 한다. 이는 『대전통편』이 온전히 독자적인 사업으로만 추진되지 않았고 후속 사업이 추진되면서 연속성을 지녔기 때문이다. 여기에서는 정조 연간 전반적인 법제 정비사업의 흐름을 추적해보고자 한다.

1. 『대전통편』의 편찬 사업

1) 법제의 통합

『대전통편』의 편찬은 정조 즉위 초 다양한 법제 정비 논의에서 출발하였다. 법제서의 증보 논의는 정조 원년(1777)부터 「흠휼전칙欽恤典則」 편찬으로 시작되었다.[7] 국왕은 형법에 관한 부분을 아국법(『경국대전』·『속대전』 등)과 중국법(『대명률』)을 절충하여 만들도록 하였다.[8] 편찬을 명한 다음해(정조 2, 1778)에 「흠휼전칙」이 간행되었다. 비교적 간단한 내용으로 형구刑具의 격식格式을 구체적으로 규정해두었다.[9] 이것은 『속대전續大典』 「형전刑典」 '추단推斷'·'남형

> 판본 검토의 문제점은 서울대학교 규장각에서 영인影印 작업이 이루어지면서 비로소 해소될 수 있었다(정조 명편, 『대전통편』 상·하, 1998). 현재 『대전통편』은 판본 해제나(연정열, 「『속대전』과 『대전통편』에 관한 일연구」, 1988a; 염정섭, 「『대전통편』 해제」, 1998a) 단편 연구(장동우, 「『속대전』 「예전」과 『대전통편』 「예전」에 반영된 17세기 전례논쟁의 논점에 대한 고찰」, 2005; 곽낙현, 「『大典通編』 「兵典」 試取를 통해 본 무예」, 2011; 이기봉, 「朝鮮後期 正祖의 立法觀에 관한 考察: 『大典通編』 편찬 과정을 중심으로」, 2022)가 간헐적으로 나타나고 있다.

7 『承政院日記』, 乾隆 42年(정조 1) 12月 27日(己未).
8 『正祖實錄』附錄, 行狀, 正祖 2年 春.

濫刑'을 보완하는 내용이었다. 분량 자체는 얼마 되지 않았으나 두 대전大典과 『대명률』을 합본하여 법제의 일원화를 추구하였다는 점에서 향후 법제서 편찬의 일정한 지침을 마련하였다는 데 의의가 있다.

본격적인 법제 정비 논의는 정조 8년(1784) 3월 14일 『수교집록』을 경연에서 강講하자 자연스럽게 속편의 찬집을 논하면서 시작되었다.[10] 이때 『속대전』의 예例에 따라 강綱과 목目을 세워 분류하여 체제를 갖추어야 한다는 주장도 확인된다.[11] 이는 대전大典 체제로 구성할 것을 염두에 둔 표현이다.

3월 20일 편찬을 담당할 인원이 선발되었다. "속수교집록續受敎輯錄"의 편차당상編次堂上으로 행부사직行副司直 김노진金魯鎭·예조판서 엄수嚴璹·병조참판兵曹參判 정창순鄭昌淳·행도승지行都承旨 김하재·행부사직 이시수李時秀·김재金載 등을 임명하고 좌상左相(李福源)에게 서문序文을 짓도록 하였다.[12] 이때는 가칭假稱 "속수교집록續受敎輯錄"이나 "수교집록속편受敎輯錄續編" 혹은 "증보수교집록增補受敎輯錄" 등으로 불렀다.[13] 처음에는 마치 『수교집록』속편의 편찬처럼 보였다.

그런데 이 작업은 얼마 못 가서 체제를 변경하지 않을 수 없었다. 기존 수교와의 연관성을 고려해야 했기 때문이다. 현실적으로 영조대 후반-정조대 초반 수교를 법제에 편입시킬 필요가 있었지

---

9   『正祖實錄』卷5, 正祖 2年 正月 癸酉(12日).
10 『承政院日記』, 乾隆 49年(정조 8) 3月 14日(己亥); 『日省錄』, 甲辰(정조 8) 3月 14日(己亥); 염정섭, 1998a: 7.
11 『正祖實錄』卷17, 正祖 8年 3月 己亥(14日).
12 『日省錄』, 甲辰(정조 8) 3月 20日(乙巳); 염정섭, 1998a: 7.
13 『承政院日記』, 乾隆 49年(정조 8) 3月 20日(乙巳)·22日(丁未).

만 단순히 수교의 집대성만으로는 만족할 수 없었다.

3월 22일 『경국대전』과 "대전속록大典續錄"을 합본하고 새로운 "보편補編"을 둘 것을 논의하였다.[14] 곧 처음부터 모든 법제를 포괄하고자 계획한 것이다. 그런데 여기서 "대전속록"이 무엇인지가 문제이다.[15] 속록류의 대전 체제 내 편입은 이미 『속대전』을 기점으로 마무리되었으므로 중복 작업을 할 필요는 없었다. 증보 과정을 보면 『경국대전』·『속대전』이 중심축이 되었고, 거기에 정조대 새로운 수교가 뒤따르는 구조였으므로 여기서 "대전속록"은 『속대전』을 지칭한다.[16] 이때 ① 『경국대전』, ② 『속대전』, ③ 보편 등으로 구성한다는 지침이 마련된 것이다.

4월 30일 "육전통편六典通編"이라는 가칭도 확인된다.[17] 이 역시

[14] "仍下敎曰, 受敎輯錄經國大典續大典大典續錄後續錄等書, 注書出去持入, 可也. … 上曰, 受敎輯錄, 當時所編, 非不詳盡, 而到今觀之, 凡例多未盡處, 予意則今番纂輯凡例, 一依淵鑑類函·攷事新書·佩文韻府例, 合經國大典大典續錄, 通爲一書, 首書經國, 次書續錄, 又次今番補編, 則考之無煩, 行之有要, 未知卿等之意何如." 『承政院日記』, 乾隆 49年(정조 8) 3月 22日(丁未).

[15] 단 " "는 정확한 도서를 지칭하지 않는 경우이며 『 』는 분명한 도서를 대상으로 한 경우이다.

[16] 『속대전』 찬집 과정을 보면 "증수대전속록增修大典續錄"이라는 명칭으로 시작되었다가 "속대전속大典"으로 개명된 용례가 있어 주목된다. 이때 "증수대전속록"은 『경국대전』의 속록류를 합본하여 증보한다는 의미로 쓰였다. 이는 영조대 『속대전』이 "속전續典"으로 지칭되면서 삼록三錄의 합본으로 이해된 것과 같은 맥락이다. 정조대 신료들도 『경국대전』-『속대전』을 이른바 "대전大典-보편補編"의 관계로 인식하여 『경국대전』 이후의 속록류를 집대성했다고 인식하였다. "대전속록大典續錄"은 『경국대전』의 범凡속록류"라는 뜻으로 사용되면서 『속대전』을 지칭하였다. 『承政院日記』, 乾隆 9年(영조 20) 6月 26日(壬申); "續大典" 「御製續大典卷首勉勅後昆」; "元典爲大全, 續典爲補編." 『大典通編』 「大典通編序」.

[17] 『日省錄』, 甲辰(정조 8) 4月 30日(甲寅); 염정섭, 1998a: 8.

『수교집록』의 속편과는 다른 층위로 작업이 진행되고 있었기 때문이다. 현전하는 『대전통편』의 체재가 기획 단계에서부터 심도 있게 검토되었음을 알 수 있다. 7월 27일 초고본이 만들어지면서 "대전통편大典通編"이라는 명칭이 왕명으로 정해졌고,[18] 정조 9년(1785) 9월에 최종 완성을 보았으므로 신속하게 찬집이 이루어진 것이다.[19] 이는 영조 연간 『수교집록』의 속집을 만들자는 논의가 『증보전록통고增補典錄通考』를 거쳐 『속대전』으로 확대되기까지 약 19년의 진통을 겪은 것과는 대조적이다.[20] 숙종 역시 초반에 논의를 시작하여 재위 후반에야 비로소 『수교집록』을 거쳐 최종 목표인 『전록통고典錄通考』까지 편찬하였다.

『대전통편』의 구성상 특징은 『경국대전』-『속대전』-보편의 형식을 띤 점이다. 곧 두 대전과 새로운 법조문이 결합된 구조를 지니게 되었다. 정조 역시 『대전통편』 편찬 후 직접 쓴 제사題詞에서 『경제육전』·『경국대전』·『대전속록』·『대전후속록』·『수교집록』·『속대전』 등 아조我朝의 전장典章이 많아 번거로우니 정수精髓만을

---

[18] 『承政院日記』, 乾隆 49年(정조 8) 7月 27日(庚辰); 『日省錄』, 甲辰(정조 8) 7月 27日(庚辰); 염정섭, 1998a: 9.
[19] 『正祖實錄』卷20, 正祖 9年 9月 丁巳(11日).
[20] 〈표 12〉 『전록통고』·『속대전』·『대전통편』의 찬집 기간 비교

구분	최초 편찬 논의	纂輯廳 설치	명칭 확정	초고 완성	인쇄	총기간
典錄通考	숙종 8년 11월 16일	미상	미상	숙종 32년	숙종 34년 9월	약 25년 10개월
續大典	영조 2년 7월 2일	영조 20년 6월 26일	영조 20년 7월 6일	영조 20년 11월 28일	영조 22년 4월 11일	약 19년 9개월 10일
大典通編	정조 8년 3월 14일	정조 8년 3월 20일	정조 8년 7월 27일	정조 8년 7월 27일	정조 9년 9월 11일	약 1년 6개월 27일

모아서 만들었다고 밝혔다.[21]

『경제육전』은 이미 『경국대전』에 반영되었으므로 『전록통고』· 『대전통편』 편찬 시 그 연원으로 인정되기는 했으나 실제 법조문으로 채택되지는 않았다.[22] 『대전속록』·『대전후속록』·『수교집록』 역시 『속대전』에 반영되었으므로 수교를 초출抄出할 필요가 없었다. 따라서 전반적인 체재를 대전으로 정하면서 『경국대전』과 『속대전』을 두 기둥으로 삼고, 여기에 당대 수교를 추가하되 대전 체제로 조문을 격상시킨 것이다.

『경국대전』은 '원原' 자字, 『속대전』은 '속續' 자, 새로 증보된 부분은 '증增' 자로 구분되었고 이는 향후 『대전회통』에서도 그대로 채택되었다. 이것은 사실상 세 대전이 병렬적으로 등장하는 구조가 됨으로써 국초의 『경국대전』을 중심으로 조종 성헌의 계승을 천명하고 영조의 『속대전』도 그에 버금가는 위상으로 추인할 뿐 아니라 현왕現王(정조)의 수교 역시 같은 위치를 부여하는 방식으로 구현되었다.

사실 『경국대전』·『속대전』은 수많은 아국법을 통합하여 추상화한 것이다.[23] 반면에 『대전통편』에서 상기 두 대전과의 통합 작업은 없었다. 두 대전은 여러 왕대를 거쳐 1세기 이상 누적된 수교를 집대성한 결과물이었으나 『대전통편』은 단시간에 만들어져 기존 수교를 산삭刪削하는 수준에 그친 것으로 평가할 수도 있다. 이것은 기존 연구자들이 회통會通에 큰 의미를 부여한 것과는 전혀 다른 시각이다. 『속대전』의 불완전성을 지적하는 논자들은 『경국대

21 『大典通編』「當宁御製大典通編題辭」.
22 『典錄通考』「凡例」; 『大典通編』「大典通編序」.
23 김백철, 2008b: 217-219.

전』과 합본되지 않은 점을 이유로 들지만, 『전록통고』가 『경국대전』을 합본했다고 해서 『속대전』보다 고도로 심혈을 기울여 탄생한 것이 아니듯이 합본 자체의 의미보다는 기존 법을 얼마나 유기적으로 조율하고 담아내느냐가 관건이었다. 그러므로 형태상 『대전통편』은 단순히 두 대전에 현왕의 수교를 담는 데 주력하였기 때문에 이러한 비판도 충분히 가능하다. 『수교집록』・『전록통고』를 전혀 다른 체재로 바꾼 『속대전』과 달리 『대전통편』은 단지 두 대전을 수록하는 데 그쳤기 때문이다. 그렇다면 『대전통편』은 단지 법제를 집대성한 통고류에 그치고 마는 것일까?

그러나 두 대전의 완성도가 높아서 새롭게 원자료를 정리할 필요를 느끼지 못했을 수도 있다. 또한 정조가 추가한 대문大文에 '증'자로 표시된 법조문을 제외하고도 또 하나 변화가 보인다. 곧 세주細註 '증' 자의 존재이다. 대체로 전자는 새로운 수교가 산삭되어 대전으로 반영된 내용이며, 후자는 이전의 법제를 일부 조정하여 수정・보완한 내용이다.[24] 그중 후자는 조선 초부터 당대에 이르는 광범위한 세월 동안 반포된 수교를 망라하여 전체 조문을 보완하는 데 활용하였다. 이것은 이전 법제 전반에 대한 검토 없이는 불가능한 작업이다.

세주의 '증' 자가 『대전통편』에 수록된 『경국대전』・『속대전』에도 자주 보이는데, 이는 조종 성헌을 계승하면서도 부분적인 가감加減을 통해 세 기둥의 회통 정도를 높이고자 한 것이다.[25] 대문의 '증'

---

24 염정섭, 1998a: 15.
25 『전록통고』나 『증보전록통고』에서도 3록과 4록을 그대로 수용하지 않고 일정 부분 가감을 거쳐 최종 편집되었다. 김백철, 2008a: 81-89; 김백철, 2008b: 203-204.

자와 세주의 '증'자는 당대 변화상을 국법 체계에 반영하기 위해 활용한 방식이다. 그러므로 기본 골격이 되는 『경국대전』(原)-『속대전』(續)-『대전통편』(增)뿐 아니라 이들을 유기적으로 연결해주는 세주 '증'자의 활용에 주목해야 한다. 곧 세 대전이 세주를 통해서 유연하고 통일성 있게 연결된 것이다.

『대전통편』은 정조 연간의 수교를 집대성하기 위해 시작된 법제 편찬 사업으로 처음 속록류 편찬 사업으로 출발하였다가 두 대전을 합본하는 형태가 채택되어 통고류 편찬 사업으로 방향이 수정되었다. 이후 회통에 힘쓰면서 최종적으로 대전류 편찬 사업이 되었다. 따라서 정조대 법제 정비사업의 성격은 속록류·통고류·대전류 편찬이라는 다소 복합적인 형태로 나타났다.

2) 증보의 특징

(1) 육전의 보완

『대전통편』은 『경국대전』·『속대전』을 수정·보완하는 역할이 가장 컸다. 앞에서 보았듯이 증보 조항은 크게 전반적인 체제를 조정하는 세주와 새로운 내용을 추가한 본문으로 구성되었다. 전자는 두 대전과 새로 보충된 내용 사이의 모순을 없애주고 유기적인 연결고리를 만들어주는 역할을 하였다. 후자의 경우 『속대전』의 취지를 계승하는 차원의 성격이 강하며, 영조 후반과 정조 초반 사이에 변화한 법제를 '대전' 체계 내에 편입시키는 것이 주된 역할이었다.

대전류를 통해 개별 아문의 변화양상을 살펴보면 『경국대전』의 기본 체제는 『속대전』에 이르러 상당 부분 수정되었다. 곧 조선 후기 신설 아문이 이때 명문화된 것이다. 기로소耆老所·비변사備邊司·

선혜청·제언사堤堰司·강화부江華府·세손강서원世孫講書院·숭인전崇仁殿·세손위종사世孫衛從司·군영아문軍營衙門·훈련도감訓鍊都監·금위영·어영청御營廳·수어청·총융청·경리청經理廳·호위청扈衛廳·용호영龍虎營·포도청捕盜廳·관리영管理營·진무영鎭撫營·별군직청別軍職廳·내사복시內司僕寺·능마아청能麽兒廳·의장고儀仗庫 등 총 25개 아문이 늘어났으며, 전연사典涓司·소격서昭格署·사온서司醞署 등 3개 아문만이 혁파되었다.

『대전통편』에는 신설뿐 아니라 혁파와 이관移管도 많이 표시되어 아문 간에 보다 세밀한 조정이 이루어졌다. 준천사濬川司·규장각奎章閣·경모궁·숭덕전崇德殿·숭령전崇靈殿·선전관청宣傳官廳·수문장청守門將廳·수성금화사修城禁火司 등 총 8개 아문이 추가되었다. 또한 교서관敎書館은 규장각으로, 장예원掌隷院은 형조刑曹로, 귀후서歸厚署는 호조戶曹로, 풍저창豊儲倉은 장흥고長興庫로 4개 아문이 각각 이관되었다. 마지막으로 내자시內資寺·내섬시內贍寺·사섬시[26]·전함사典艦司·충익부忠翊府·사온서司醞署·문소전文昭殿·연은전延恩殿·종학宗學·사축서司畜署·귀후서[27]·경리청·파진군破陣軍·전연사[28]·수성금화사 등 총 15개 아문이 폐지되었다. 이상은 『속대전』에서 혁파된 사안까지 포함하여 정리한 내용이다.

특히 『속대전』은 신설·폐지만 수록하여 『경국대전』을 동시에 열람하지 않으면 전체 규모를 확인하기 어려운 반면에 『대전통편』에

26 사섬시는 『대전통편』 「이전」 및 「호전」에서 모두 '혁파革罷'로 표기되어 있다.
27 귀후서는 『대전통편』 「이전」 및 「예전」 속아문屬衙門에서 혁파하여 호조로 이관하였다.
28 전연사는 『속대전』 「이전」에서 이미 혁파되었으나, 『대전통편』에서 「공전」으로 재분류되어 '혁파'로 표기되어 있다.

는 두 대전이 수록되어 있어 변화한 아문의 규모를 전반적으로 살펴볼 수 있다는 장점이 있었다. 이 때문에 『대전통편』이 편찬된 뒤에는 별도로 두 대전을 휴대할 필요가 없어졌다. 다만 두 대전에서 횡간(표)으로 작성된 내용이 평문으로 바뀌었기에 실제로는 약간의 차이가 발생했다.

〈표 13〉 대전류의 아문·직제 치폐 현황

구분	經國大典	續大典	大典通編
吏典	【屬衙門】內侍府, 忠翊府, 祥瑞院, 宗簿寺, 司饔院, 內需司, 掖庭署		【屬衙門: 革罷】忠翊府
	【京官職: 정1품】宗親府, 議政府, 忠勳府, 儀賓府, 敦寧府【종1품】義禁府【정2품】吏曹, 戶曹, 禮曹, 兵曹, 刑曹, 工曹, 漢城府【종2품】校書館, 司憲府, 開城府, 忠翊府【정3품】承政院, 掌隷院, 司諫院, 經筵, 弘文館, 藝文館, 世子侍講院, 成均館, 尙瑞院, 春秋館, 承文院, 通禮院, 奉常寺, 宗簿寺, 司饔院, 內醫院, 尙衣院, 司僕寺, 軍器寺, 內資寺, 內贍寺, 司䆃寺, 禮賓寺, 司贍寺, 軍資監, 濟用監, 觀象監, 典醫監, 善工監, 司宰監, 掌樂院, 觀象監, 典醫監【정4품】宗學, 修城禁火司, 典設司, 豊儲倉, 廣興倉【종4품】典艦司, 典涓司【정5품】內需司【종5품】昭格署, 宗廟署, 社稷署, 平市署, 司醞署, 義盈庫, 長興庫, 氷庫【정6품】掌苑署, 司圃署【종6품】養賢庫, 典牲署, 司畜署, 造紙署, 惠民署, 圖畵署, 典獄署, 活人署, 瓦署, 歸厚署, 四學·五部, 內侍府【雜職】掖庭署【外官職】京畿, 崇義殿, 忠淸道, 太一殿, 慶尙道, 全羅道, 黃海道, 江原道, 咸鏡道, 平安道【土官職】咸興府, 平壤府, 寧邊大都護府, 義州牧, 會寧, 慶源, 鍾城, 穩城, 富寧, 慶興, 江界都護府	【新說】耆老所, 備邊司, 宣惠廳, 堤堰司, 江華府, 世孫講書院, ⟨各殿⟩, ⟨各陵⟩, 崇仁殿【革罷】典涓司*, 昭格署, 司醞署	【新說】濬川司, 奎章閣, 景慕宮, ⟨各園⟩, ⟨各墓⟩, 崇德殿, 崇靈殿【移管】敎書閣→奎章閣, 掌隷院→刑曹, 歸厚署*→戶曹【革罷】內資寺, 內贍寺, 司贍寺*, 典艦司
戶典	【屬衙門】內資寺, 內贍寺, 司䆃寺, 司贍寺, 軍資監, 濟用監, 司宰監, 豊儲倉, 廣興倉, 典設司, 平市署, 司醞署, 義盈庫, 長興庫, 司圃署, 養賢庫, 五部		【屬衙門: 革罷】司贍寺*, 司醞署【移管】豊儲倉→長興庫

5장 법치주의하 통치 체제의 재정비 225

禮典	【屬衙門】弘文館, 禮文館, 成均館, 春秋館, 承文院, 通禮院, 奉常寺, 校書館, 內醫院, 禮賓寺, 掌樂院, 觀象監, 典醫監, 司譯院, 世子侍講院, 宗學, 昭格署, 宗廟署, 社稷署, 氷庫, 典牲署, 司畜署, 惠民署, 圖畫署, 活人署, 歸厚署, 四學, 文昭殿·延恩殿 參奉		【屬衙門: 新設】景慕宮官 【移管】校書館 → 奎章閣 【革罷】文昭殿, 延恩殿, 宗學, 司畜署, 歸厚署*
兵典	【屬衙門】五衛, 訓鍊院, 司僕寺, 軍器寺, 典設司, 世子翊衛司	【屬衙門: 新設】世孫衛從司	
	【京官職: 정1품】中樞府【정2품】五衛都摠府【정3품】五衛(義興衛·龍驤衛·虎賁衛·忠佐衛·忠武衛), 兼司僕將(禁軍廳), 內禁衛將(禁軍廳), 訓鍊院【정5품】世子翊衛司【外官職】京畿, 忠淸道, 慶尙道, 全羅道, 黃海道, 江原道, 咸鏡道, 平安道【雜織】破陣軍, 隊卒彭排【土官職】咸興府, 平壤府, 寧邊大都護府, 鏡城大都護府, 義州牧, 會寧都護府, 慶源都護府, 鍾城都護府, 穩城都護府, 富寧都護府, 慶興都護府, 江界都護府	【新設】羽林衛將(禁軍廳), 世孫衛從司, 軍營衙門, 訓鍊都監, 禁衛營, 御營廳, 守禦廳, 摠戎廳, 經理廳, 扈衛廳, 龍虎營(禁軍廳), 捕盜廳, 管理營, 鎭撫營, 別軍職廳, 內司僕寺, 能麼兒廳, 忠壯衛將, 忠翊衛將, 空闕衛將, 儀仗庫, 禁軍, 騎步兵, 禁軍, 各營軍士	【新設】宣傳官廳, 守門將廳, 四山參軍 【革罷】經理廳, 破陣軍, 隊卒彭排
刑典	【屬衙門】掌隸院, 典獄署		【屬衙門: 革罷】掌隸院
工典	【屬衙門】尙衣院, 善工監, 修城禁火司, 典涓司, 掌苑署, 造紙署, 瓦署		【革罷】典涓司*, 修城禁火司

- 기준: 『경국대전』과 『속대전』은 『대전통편』 내 산삭刪削 이전 형태 기준.
  *: 중복 표기된 경우.

『대전통편』은 두 대전에서 윤곽이 잡힌 체제를 산삭하고 보완함으로써 최종 조율하는 역할을 맡은 것이다. 이는 국법 체계의 재구축을 의미한다. 두 대전을 중심으로 보완된 부분을 살펴보면 다음과 같다.

첫째, 「이전吏典」에서는 ① 우선 효孝를 강조하는 분위기가 감지된다. 수령으로 보임된 자에게 노친老親이 있으면 휴가를 허용하였으며,[29] 부모를 공양하기 위해 외직外職을 자원하여 걸군乞郡을 청할 때 양가養家나 생가生家를 막론하고 모두 허용하였다.[30] ② 또한 대민 보호정책이 보인다. 영조대 설치한 준천사는 실제 청계천 바닥에 토사土砂가 쌓여 재해를 유발하는 상황에 대한 대응이었다.[31] 양자는 모두 조종祖宗을 계술하고 요순의 덕화德化를 베푸는 왕도정치의 일환이었다.

둘째, 「호전戶典」에서는 ① 국가의 예산편성과 집행 원칙이 천명되었다. 본래 『경국대전』에는 "횡간橫看과 공안貢案에 의거하여 쓴다"고 하였으므로 국가의 재정은 미리 예산으로 편성되어 있었고 수세收稅 대상도 정확하게 파악하고 있었다.[32] 『속대전』에는 「대동사목大同事目」을 추가함으로써 대동법 시행으로 인한 변화상을 반영하였다.[33] 『대전통편』에는 『탁지정례度支定例』까지 추가함으로써 중앙 재정 개혁의 흐름이 착실히 대전에 명문화되었다.[34]

② 균역법도 산발적으로 반영되었다. 어염魚鹽,[35] 선세船稅,[36] 「균

---

29 "補外守令有老親者, 許由." 『大典通編』 「吏典」, 給假.
30 "乞郡, 勿論所後本生家, 竝許施." 『大典通編』 「吏典」, 雜令.
31 "掌疏濬都城內川渠." 『大典通編』 「兵典」, 京官職, 濬川司; 염정섭, 「조선후기 한성부 준천의 시행」, 1998b; 윤정, 「영조의 『성학집요』진강과 정책적 활용: 탕평·균역·준천과의 상관성」, 2006.
32 "凡經費, 用橫看及貢案." 『經國大典』 「戶典」, 經費.
33 "參用大同事目." 『續大典』 「戶典」, 經費.
34 "參用度支定例." 『大典通編』 「戶典」, 經費.
35 어염은 영조대 적극 세원으로 개발되어 수정되었으나 이때는 아직 균역법 시행 전이므로 보완이 필요했다. 【註: 均役後, 革罷專屬之規, 唯燕子津漁磯七處, 屬本府, 以補軍器, 喬桐黍島漁磯一處, 屬喬桐府, 南陽筌朴嶼漁磯一處, 屬花梁鎭, 依江華例免稅. … 均役後, 革罷該院收稅之規, 薦新白魚供上生蟹, 作貢給代.】" 『大典通編』 「戶典」, 魚鹽.
36 "魚鹽船稅本曹錄案收稅之規及宮房折受, 竝革罷移屬均役廳." 『大典通編』 「戶

역사목均役事目」37 등이 수록되었다. 또한 '외관공급外官供給'에서는 삼남 지방 연읍沿邑에서 인부대人夫代·쇄마가刷馬價를 미곡米穀으로 지급할 때 돈으로 대신 주어 균역청의 비축미備蓄米에 보탬이 되도록 한다고 하여 균역법으로 인한 세제 변화상이 대전 체계 내에 들어갔다.38

③ 기타 지출이나 수입도 몇 가지 항목을 특정하여 임금의 재가를 받도록 했다. 예컨대 서적 발간의 문화정책,39 신전新廛·신계新契 등의 상업정책40은 모두 임금의 윤허를 의무적으로 받도록 규정하였다.

셋째, 「예전禮典」에서는 ① 먼저 하위법(혹은 세칙)이 규정되었다. 『경국대전』에는 "『국조오례의國朝五禮儀』를 준용한다"고 하였고 『속대전』에는 "의주儀註의 경우 『속오례의續五禮儀』를 함께 적용한다"고 추가하였으며 『대전통편』에는 "상례喪禮의 경우 『상례보편喪禮補編』을 함께 적용한다"고 명기하였다.41 이는 영조 중반 편찬된 『상례보편』을 대전 체제 내에 편입시킨 것이다.

② 평안도·황해도 등지의 정책 변화도 두드러진다. 이 지역은 과거시험장이 설치되는 해에 중국 칙사勅使가 오더라도 시험을 시

典」, 魚鹽, 英宗庚午(영조 26).

37 "各樣稅納及凡諸擧行, 用均役事目【註: 英宗庚午】."『大典通編』「戶典」, 魚鹽.

38 "三南沿邑夫刷馬價以米上下者, 以錢代給, 以補均廳米儲."『大典通編』「戶典」, 外官供給.

39 "無論內閣玉堂春坊及各司, 刊印書冊, 分定各道時, 必稟旨. 刊進後, 以儲置米會減. 違禁者, 該道監司該廳堂上, 論罪."『大典通編』「戶典」, 雜令.

40 "新廛新契, 非稟請蒙允, 毋得許設. 違禁判堂, 以制書有違律論."『大典通編』「戶典」, 雜令.

41 "凡儀註用五禮儀."『經國大典』「禮典」, 儀註; "參用續五禮儀."『續大典』「禮典」, 儀註; "喪禮, 參用喪禮補編."『大典通編』「禮典」, 儀註.

행하도록 함으로써⁴² 시험 횟수가 줄어드는 것을 방지하고 지역의 인재 선발에 주의를 기울였다. 특히 뒤에서 구체적으로 살펴볼 「병전」에서 이러한 정책의 실효성을 확인할 수 있다.

③ 새보璽寶의 기능을 상세히 구분함으로써 국가의 인장 관리에도 주의를 기울였다. 대보大寶는 사대문서事大文書에 사용하게 하고, 시명지보施命之寶는 교명敎命·교서敎書·교지敎旨 등에, 이덕보以德寶는 통신 문서에, 유서지보諭書之寶는 유서諭書에, 과거지보科擧之寶는 과거 관련 문서에, 선사지기宣賜之記·선황단보宣貺端輔·동문지보同文之寶는 서적을 나누어줄 때, 규장지보奎章之寶는 어제에, 준철지보濬哲之寶는 각신에게 교지를 쓸 때 각기 구분하여 사용하였다.⁴³

④ 문서 행정 체계도 정비하였다. 군문軍門에서 병조兵曹로 관문關文을 통용할 때, 군문에서는 해서楷書로 병조에서는 초서草書로 관문을 쓰도록 행정 체계를 새롭게 하였다.⁴⁴ 중앙에서 내려가는 명령은 군사기밀로서 난독에 속하는 초서로 기재하고, 중앙에 보고되는 문서는 해서로 표기하여 보고 내용이 명확해지도록 하였다. 군정과 관련하여 「병전」에서는 관리가 여행 시 노문路文을 발급할 경우 반드시 해당 사람의 품계와 이름을 정확히 기재하게 하였고 착오가 발생하면 처벌하였다.⁴⁵

---

42 "兩西設場之年, 雖値勅行, 仍設行." 『大典通編』「禮典」, 諸科.
43 "御寶, 有大寶【註: 用於事大文書】, 施命之寶【註: 用於敎命敎書敎旨】, 以德寶【註: 用於通信文書】, 諭書之寶【註: 用於諭書】, 科擧之寶【註: 用於試券及紅白牌】, 宣賜之記宣貺端輔同文之寶【註: 幷用於頒賜書籍】, 奎章之寶【註: 用於御製鈐識】, 濬哲之寶【註: 用於閣臣敎旨】." 『大典通編』「禮典」, 璽寶.
44 "軍門通關兵曹時, 軍門楷書, 兵曹草關." 『大典通編』「禮典」, 用文字式.
45 "自本曹, 刻板印出, 從人名色, 隨品書塡. 大小別星, 一遵路文擧行. 白文先文, 一切嚴禁. 犯者, 以濫騎律論." 『大典通編』「兵典」, 路文.

넷째, 「병전兵典」에서는 ① 군수물자 확보를 위한 조치가 보인다. 사산참군四山參軍을 두어 소나무 도벌을 금하는 정책을 펼쳤다.⁴⁶ 또한 백성의 전결田結에서 마초馬草를 거두어 모으는 것은 불허하였으나 관청 곡식을 나누어준 후 그 양에 따라 마초의 비축을 허락하였고 위반하는 수령은 처벌하였다.⁴⁷

② 군인의 복지를 지원하였다. 또 남한산성의 장교와 군병 등에게는 특별히 전지田地 180결結을 급복給復하도록 하였다. 이는 사실상 우대책이었다.⁴⁸ 비상시 수도를 지키는 최후의 보루가 되는 곳이기에 특혜를 베푼 것으로 생각된다. 아울러 삼군문에서는 약방藥房을 두고 병이 있는 군졸軍卒은 구호救護하고 치료하도록 하였다.⁴⁹

③ 군정과 관련된 기타 조치도 보인다. 황구黃口(5세 이하)와 아약兒弱(14세 이하)을 군역에 충정充定한 수령은 사안의 경중에 따라 논죄하였다.⁵⁰ 또 군무軍務에 관한 일이나 대궐문에 허가 없이 함부로 들어간 사람 외에는 곤장棍杖을 쓰지 않았다.⁵¹

다섯째, 「공전工典」에서도 균역법과 관련된 사안이 산발적으로 수록되었다. 여러 궁가宮家와 각 관청의 선박이 모두 균역청에 속한다

46 "掌四山禁松 … 【註: 罷監役官爲參軍, 以宣薦出身擇差, 東西南北各一員, 分掌都城內外山. 西道屬訓局, 東道屬御營, 南道屬禁營, 北道, 則屬摠廳, 而以本廳哨官中宣薦人兼差, 專管外山. 竝仕滿三十朔, 陞六品.】" 『大典通編』 「兵典」, 京官職, 四山參軍.

47 "不許民結收聚, 皆以分糶後空石, 隨多少, 逐年積置, 違令取民者, 守令論罪." 『大典通編』 「兵典」, 積芻.

48 "南漢山城將校軍兵等, 特許給復【註: 田一百八十結】." 『大典通編』 「兵典」, 復戶.

49 "三軍門置藥房【註: 鍼藥各一】, 救療有病軍卒." 『大典通編』 「兵典」, 救恤.

50 "黃口【註: 限五歲以下】 兒弱【註: 限十四歲以下】, 充定守令, 從輕重論罪." 『大典通編』 「兵典」, 成籍.

51 "軍務事及闕門闌入人外, 毋得用棍." 『大典通編』 「兵典」, 用刑.

고 하였다.[52] 이는 『전률통보』나 『만기요람』에서 별도로 항목을 두어 다양한 변화상을 하나로 묶어서 반영한 것과 대조적이다.[53]

(2) 관료제의 재편

① 인사권의 변화

정조대 인사정책의 변화 요소가 대전에 반영되었다. 첫째, 전랑법銓郎法의 복구이다.[54] 숙종대 이래 자대제自代制를 제한하기 위해 노력하였고,[55] 이것이 『속대전』에 그대로 반영되어 이조 낭관에 대한 통청通淸을 주장하는 것은 금지되었다.[56] 이러한 조치는 그동안 탕평정치의 직접적인 요소로서 크게 주목되었다.[57]

그런데 같은 조문의 상단에 숙종의 수교를 먼저 내세운 점이 흥미롭다.[58] 해당 조문은 일견 자대제를 천명한 것처럼 보이지만 실제로 당하관(正郎·佐郎)이 당상관堂上官과 가부可否를 상의하도록 규

---

[52] "諸宮家各衙門船隻, 並屬均役廳." 『大典通編』「工典」, 舟車, 英宗庚午(영조 16).

[53] 대전류와 절목류의 차이도 있지만 『속대전』에서 대동법을 체계적으로 조정하여 반영한 것과는 차이가 난다. 이는 정조 연간 균역법 인식이 일정 부분 반영된 것이다. 균역법의 폐단이 영조 후반-정조 연간에 제기되기 시작하였고 명확한 결론을 내리지 못한 상태에서 대전 체계로 편입되자 독립 항목으로 설정되지 못한 것이다. 『英祖實錄』卷124, 英祖 51年 3月 庚午(22日); 『正祖實錄』卷1, 正祖 卽位年 6月 壬子(13日).

[54] "復銓郎法." 『大典通編』「吏典」, 京官職, 當宁丙申(정조 즉위년)下敎.

[55] "本曹郞廳, 則堂上自爲選擬, 堂下淸望, 則使郞廳, 依前通塞, 堂上郞廳相議可否, 無郞官時, 堂上相議通淸." 『受敎輯錄』「吏典」, 官職, 康熙 乙丑(숙종 11).

[56] "吏曹郎官, 以曾經三司通融差出, 革其主張通淸之弊." 『續大典』「吏典」, 京官職.

[57] 박광용, 1984: 199.

[58] "本曹郎廳堂上選擬, 堂下淸望則使郞廳依前通塞, 堂上郞廳相議可否, 無行公郎官時長官與他堂上, 相議通淸." 『大典通編』「吏典」, 京官職, 肅宗 乙丑(숙종 11).

정되어 있다. 더욱이 당하관 부재 시에는 이조판서가 당상관과 논의하도록 하였다. 이는 낭관의 독자 권한을 허용하지 않는 것이다. 그럼에도 오히려 정조 연간 위정자는 모두 이를 전랑법 부활로 받아들였다.[59] 두 조문은 상호 모순처럼 보인다. 따라서 전랑법 부활의 의미가 과연 무엇인지를 살펴볼 필요가 있다.

초기 낭관권에 관한 연구에서는 낭관권의 형성에 당상관이 개입하지 않는 것을 주요한 요소로 평가해왔다.[60] 이는 탕평론의 제창과 군주 주도의 정국 운영이 가시화된 시대상을 반영한 것이다. 영조 연간 『속대전』에서는 이를 전랑법 혁파로 계승하여 이조 낭관이 통청을 주장하는 것이 금지되었다.[61] 한편 정조 연간 부활한 전랑법은 당상관과 논의하는 것을 전제로 당하관이 참여하는 선에 그친 것이다. 이것은 제한적인 전랑법의 부활이며, 숙종대 수준의 허용을 의미한다. 따라서 동일한 숙종의 수교를 시대별 정치 상황에 따라 전혀 다르게 인식한 것이다.

아울러 만세불변萬世不變의 조문을 수록하는 대전류에 "임시로 여러 사람의 청에 따라 허용하고 때에 따라 따르거나 혁파한다"라고 명시하였다.[62] 이는 당시에도 논란의 여지가 많았기 때문이다. 실제로 정조 13년(1789) 국왕의 정국 주도권이 고양되자 영조의 수

---

59 "復吏郞通淸之制. … 予則曰我朝士大夫之淬礪名行, 以其有官方之不雜也."『正祖實錄』卷1, 正祖 卽位年 5月 己亥(29日); "吏郞之復古, 亦屢朔矣. 古之設置吏郞者, 使吏議掌堂上通塞, 吏郞掌堂下通塞."『正祖實錄』卷2, 正祖 卽位年 9月 己丑(21日); 『大典通編』「吏典」, 京官職, 當宁 丙申(정조 즉위년); 김성윤, 1997a: 159-168.
60 최이돈, 「16세기 낭관권의 형성과정」, 1986: 5(최이돈, 『조선중기 사림정치』, 2017).
61 "吏曹郞官, 以曾經三司通融差出, 革其主張通淸之弊【註: 假郞廳, 毋得啓下】."『續大典』「吏典」, 京官職; 박광용, 1984: 199.
62 "【註: 姑許群請, 隨時沿革.】"『大典通編』「吏典」, 京官職.

교가 다시 시행되었다.63

둘째, 성균관·사학四學 재임齋任을 유생이 함부로 벌하거나 유적儒籍에서 삭제하지 못하도록 하여64 당색에 따른 자의적인 유벌儒罰을 제어하였다.65 숙종대 이래 유벌은 당론黨論과 무관하지 않았고 탕평의 큰 걸림돌이었다. 공론을 핑계로 임금과 배치되는 여론을 주도하면서 재임조차 벌하는 경우가 다반사였다. 이는 모두 국왕의 정치적 입지와 연관된 문제였다.

셋째, 서얼허통이 확대되었다. 곧 양천첩자손良賤妾子孫까지 제한적으로나마「통의절목通擬節目」에 따라 임용하도록 하였다.66 서얼이 모든 청요직에 나아가지는 못했으나 분야별로 고위직까지 진출이 가능해졌으며 문반·무반·목민관의 승진 제한도 상당 부분 해소되었다.67

63 『正祖實錄』卷28, 正祖 13年 12月 己未(8日); "罷銓郞法."『大典會通』「吏典」, 京官職, 正宗己酉(정조 13).
64 "館學齋任, 毋敢自罰自削."『大典通編』「禮典」, 雜令.
65 이는『속대전』에서 과거 답안에 색목을 언급하지 못하도록 한 조치의 연장이었다. "大小科場文字中, 語及色目, 或用奇僻之語者, 勿取."『續大典』「禮典」, 諸科.
66 "良賤妾子孫限品敍用, 依通擬節目."『大典通編』「吏典」, 限品敍用, 當宁(正祖) 元年 丁酉.
67 서얼은 ① 동반직의 경우 문관은 호조·공조·형조 참상관(정3품-종6품)까지, 음관·무관은 판관(종5품) 이하에, 문과급제자 참상관은 직강直講(종5품)까지 서용하였다. ② 서반직의 경우 무과급제자 참상관은 중추부中樞府에, 문관·무관·음관은 오위장五衛將(종2품)까지, 무관은 우후虞候(종3품-정4품)까지 임명 가능했다. ③ 목민관의 경우 문관·무관 당하관은 도호부사(종3품)까지, 당상관은 목사(정3품)까지, 생원·진사·음관은 군수(종4품)까지지만 치적이 있으면 도호부사(종3품)까지, 인의引儀 출신은 현령(종5품)까지지만 치적이 있으면 군수(종4품)까지 승진 가능했다. "【註: 文參上許戶刑工三曹, 該司判官以下, 雖蔭武, 無礙. … ○文武堂下官限府使, 堂上官

② 왕실 기구의 재정비

첫째, 규장각을 설치하였다.[68] 이는 정조대 실질적인 국왕의 개혁을 뒷받침했던 세력의 중심축이었다.[69] 규장각에 관한 각종 조치는 「이전」·「예전」·「형전」·「병전」에서 상호 유기적으로 연동되어 반영되었다.

「이전」에서는 종2품 아문으로 맨 처음에 규장각을 설정하였고, 종2품 제학提學을 최고 책임자로 두었다. 그 역할은 열성列聖(선왕)의 어제御製·어필御筆·고명顧命, 당저當宁(현왕)의 어진御眞·어제·어필을 봉안한다고 규정하였다.[70] 교서관校書館까지 외각外閣으로 편입시켜 서적의 인쇄와 반포 기능까지 규장각 관할하에 두었다.[71] 또한「예전」은 "『선원보략璿源譜略』을 규장각에 안치할 때는 각신閣臣 2인이 함께 봉심奉審해야 한다"고 규정하였다.[72] 곧 규장각은 왕실의 주요 서적을 보관하는 장소로서 상징적인 의미가 있었다. "규장각에 모신 임금의 초상화는 매년 봄·가을 첫 달에 왕세자가 현직·전직 각신을 거느리고 좋은 날을 택해 봉심하며 4계절의 첫 달 보름에는 현직·전직 각신이 봉심한다"라는 규정이 들어 있다.[73] 규

許牧使. 生進蔭官許郡守, 有治績者許府使, 未生進及引儀出身限縣令, 有治績者許郡守. ○文參上直講, 武參上中樞, 幷無礙. … ○五衛將文蔭武皆無礙, 武臣亦許虞候.』"『大典通編』「吏典」, 限品敍用, 當宁(正祖) 元年 丁酉.

68 『大典通編』「吏典」, 京官職, 從2品衙門, 奎章閣.
69 설석규, 1986; 정옥자, 2001; 배현숙,「규장각 조직에 관한 연구」, 2005; 한영우, 2008.
70 "敬奉列聖御製御筆顧命, 當宁御眞御製御筆."『大典通編』「吏典」, 京官職, 從二品衙門, 奎章閣.
71 『大典通編』「吏典」, 京官職, 從2品衙門, 外閣.
72 "源譜略奉安奎章閣時, 宗簿寺堂郎, 與閣臣二員, 進詣奉安."『大典通編』「禮典」, 藏文書.

장각의 본래 기능이 어진·어제의 보관이기는 하지만, 국왕의 존엄을 상징하는 행사를 규장각을 중심으로 진행하고 차기 왕위 계승자인 왕세자가 직접 주관하게 한 것이다. 또한 왕세자가 주관하지 않을 경우 각신이 대리하게 함으로써 각신의 위상을 강조하였다. 한편 규장각 서적은 출입 기록을 철저히 관리하도록 규정함으로써 다른 관서의 기록물과는 차별화하였다.[74]

「예전」에서는 초계문신 제도를 수록하여 참상관參上官·참하관參下官 중 승문원承文院에 분관分館된 사람을 37세 이하에 한해 뽑아서 의정부議政府를 통해 임금에게 보고하였고 40세가 되면 그만두게 하였다.[75] 초계문신을 대상으로 매월 1일은 친시일親試日로, 20일은 친강일親講日로 정하였다. 시관試官은 규장각 전현직 각신을 열서列書하여 임금의 낙점落點을 받도록 하였다.[76] 또한 각신은 상견례相見禮 규정도 별도로 두었는데,[77] 『경국대전』에서 관료들의 상견례 규정을 정리한 것을 각신에게 확대한 것이다.[78] 또한 규장각(종2품)에

73 "奎章閣奉安御眞每歲春秋孟朔, 王世子率時原任閣臣, 涓吉奉審, 每四孟朔望日, 時·原任閣臣奉審." 『大典通編』「禮典」, 致祭.
74 이 규정은 『속대전』에서 홍문관 서책을 관 중館中에서만 열람하도록 한 조치를 준용한 것으로서 규장각을 홍문관의 위상으로 위치시키려는 의도가 드러난다. "弘文館書冊出納時, 用象牌, 雖官員, 只於館中披覽, 毋得擅出闕門外." 『續大典』「禮典」, 藏文書; "凡內閣書籍, 有命入或請出之時, 必塡其書名於牙牌, 而請出時, 則必書請出閣臣姓名." 『大典通編』「禮典」, 藏文書.
75 "奎章閣抄啓文臣, 以參上參外中槐院分館人, 自政府限三十七歲以下抄啓, 而年滿四十則減下." 『大典通編』「禮典」, 獎勸.
76 "每月初一日, 內閣稟定親試日, 二十日稟定親講日, 試官自內閣, 列書時, 原任閣臣入啓受點." 『大典通編』「禮典」, 獎勸.
77 "內閣直閣待敎於提學就前拜, 則提學擧手答揖, 於直提學就前拜, 則直提學鞠躬答揖. 待敎就前鞠躬揖, 則直閣鞠躬揖. 直提學就前鞠躬揖, 則提學鞠躬答揖. 一二提學, 一二直提學, 一行並揖." 『大典通編』「禮典」, 京外官相見.

서 대신아문大臣衙門(정1품)에 보낼 때는 관문關文을 사용하도록 하였고, 각 관청 및 각도에서 규장각에 보낼 때는 첩정牒呈을 이용하도록 하였다.⁷⁹ 관문은 대등하거나 그보다 낮은 아문에 통지하는 것이고 첩정은 상급관청에 보고하는 형식이다.⁸⁰ 이것은 규장각의 위상을 실제 등급보다 높여서 우대하였음을 의미한다.

「형전」에서는 각신의 위상에 관한 조문이 뚜렷하게 보인다. 각신은 전현직을 막론하고 형신刑訊할 수도 없었고, 항쇄項鎖를 채울 수도 없었으며, 임금의 전지傳旨 없이는 의금부에서 잡아 가둘 수도 없었다.⁸¹ 이러한 조치는 규장각이 국왕권을 직접적으로 뒷받침하는 친위 세력이었음을 입증하는 자료이다.

「병전」에서도 각신은 내사복시內司僕寺의 말을 타는 것이 허락될 정도였다.⁸² 이는 통상 근신(史官·宣傳官 등)이 왕명을 수행할 때 지원하는 제도였다.⁸³ 이러한 연관성을 바탕으로 『대전통편』 편찬 시 육전이 상호 유기적으로 면밀하게 조정되어 개정·증보되었음을 알 수 있다.

둘째, 국왕 친임親臨 의례를 강화하였다. 영조대 열성列聖의 중단된 전통을 계술繼述하는 차원에서 친경례·시학의視學儀·대사례大

---

78 『經國大典』「禮典」, 京外官相見.
79 "內閣公移, 雖大臣衙門必皆通關, 若各司各道報內閣, 則皆具書目牒呈." 『大典通編』「禮典」, 用文字式.
80 "凡中外文字, 同等以下用關, 以上用牒呈, 七品以下用帖." 『經國大典』「禮典」, 用文字式.
81 "【註】閣臣勿論時原任勿請刑, 勿項鎖, 時任拿推者, 政院先捧閣職遞差傳旨, 該府勿爲拿囚, 開坐捧供後, 出送待命所, 原任勿用此例." 『大典通編』「刑典」, 推斷.
82 "動駕時及奉命時, 閣臣許乘內廐馬." 『大典通編』「兵典」, 廐牧.
83 『承政院日記』, 康熙 47年(숙종 34) 正月 9日(丁巳)·雍正 3년(영조 1) 5月 1日(戊戌)·乾隆 41年(정조 즉위년) 9月 26日(甲午).

射禮·양로연養老宴 등을 부활시켜 국왕 자신의 권위를 재정립하였다.[84] 양로연·시학의는 『경국대전』·『국조오례의』에 이미 수록되었고,[85] 대사례는 『국조속오례의國朝續五禮儀』에 반영되었다.[86] 그중 친경례는 상징성이 큰 국왕 의례로서 『속대전』에 일부 반영되기 시작했고, 의주儀註는 『친경의궤』로 별도 편찬되었으며 『대전통편』에 이르러 수록되었다.[87]

셋째, 왕실 사당을 정비하였다. 영조는 사친의 사당인 육상묘毓祥廟에 매년 전배展拜하는 의례를 등재하였고,[88] 육상궁毓祥宮 고비考妣의 묘지기까지 급복給復하였다.[89] 정조는 이를 본받아서 사도세자의 사당인 경모궁에 봄·가을로 전배하였고,[90] 종묘와 동일하게

84 【친경례】『英祖實錄』卷48, 英祖 15年 正月 甲戌(27日);『英祖實錄』卷57, 英祖 19年 3月 壬午(28日);『英祖實錄』卷79, 英祖 29年 正月 丙寅(10日);『英祖實錄』卷103, 英祖 40年 2月 辛卯(9日);『英祖實錄』卷108, 英祖 43年 正月 己丑(24日)·2月 庚申(26日);【시학의】『英祖實錄』卷33, 英祖 9年 2月 丙辰(4日);『英祖實錄』卷55, 英祖 18年 4月 壬寅(13日);【대사례】『英祖實錄』卷57, 英祖 19年 閏4月 乙卯(2日);『英祖實錄』卷103, 英祖 40年 2月 庚寅(8日);【양로연】『英祖實錄』卷57, 英祖 19年 3月 辛巳(27日);『英祖實錄』卷116, 英祖 47年 4月 乙亥(5日); 지두환, 『조선전기 의례연구: 성리학 정통론을 중심으로』, 1994: 137-165; 김백철, 2014a: 71, 216.

85 "每歲季秋, 行養老宴."『經國大典』「禮典」, 宴享;『國朝五禮儀』「吉禮」, 享文宣王視學儀.

86 『國朝續五禮儀』「軍禮」, 大射儀.

87 『親耕儀軌』(영조 15)〈奎14937〉;『親耕儀軌』(영조 43)〈奎14541〉; "親耕時, 盡百畝之制, 收黍稷稻梁, 以供粢盛."『續大典』「戶典」, 籍田; "親耕禮, 本曹每歲首草記稟旨, 有下敎則擧行."『大典通編』「禮典」, 雜令.

88 "【註】毓祥廟展拜, 每年季春桌行."『續大典』「禮典」, 奉審.

89 "【註】毓祥宮考妣墓直給復."『續大典』「戶典」, 徭賦.

90 "【註】宗廟景慕宮展拜, 以孟春孟秋稟定."『大典通編』「禮典」, 奉審; "景慕宮每年春秋奉審, 本宮提調與戶曹及本曹堂郞同爲進去, 修改則工曹堂郞亦參 … ○景慕

출입 시간과 의복을 맞추었으며[91] '경모궁'을 독립 항목으로 만들었다.[92] 육상궁·경모궁은 모두 국왕의 사친(숙빈·사도세자)에 대한 효를 나타내면서도 왕후와 국왕의 예제를 사용하지 않는 절제된 방식으로 군주의 대의명분을 뒷받침하였다.

 넷째, 왕실의 소외된 묘소도 정비하였다. 영조-정조대에는 능행이 활발히 이루어졌는데,[93] 이 과정에서 여타 원묘園墓 제도가 재정비되었다. 뚜렷한 후손이 없던 순회묘順懷墓(明宗 子, 順懷世子), 소현묘昭顯墓(仁祖 子, 昭顯世子), 민회묘愍懷墓(昭顯世子嬪 姜氏), 의소묘懿昭墓(思悼世子 子, 懿昭世孫), 효창묘孝昌墓(正祖 子, 文孝世子) 등에도 수위관守衛官을 2인씩 배치하였다.[94] 사도세자 추도 사업의 일환으로 영우원永祐園의 승격도 이루어졌다.[95]

 다섯째, 팔도에 선왕조先王朝의 시조묘始祖廟도 정비하였다. 조선

  宮每五日, 入直官奉審."『大典通編』「禮典」, 奉審;"景慕宮宮牆, 本曹判書與本宮提調春秋巡審【註: 牆垣修築, 依官牆例自三軍門擧行】."『大典通編』「兵典」, 擲奸.

91 "宗廟外大門依闕門例, 入直部將親監開閉【註: 景慕宮同】."『大典通編』「禮典」, 雜令;"宗廟守僕廟內所著之服, 春秋看審, 自戶曹題給【註: 大門內常着及闕中出入時則並紅衣 ○景慕宮同】."『大典通編』「禮典」, 雜令.

92 "掌守衛宮廟."『大典通編』「吏典」京官職, 從五品衙門, 景慕宮.

93 이태진, 1993; 한상권, 1996a; 김문식, 「18세기 후반 정조 능행의 의의」, 1997; 한상권, 2009b; 한상권, 2009c; 하라 다케시, 『직소와 왕권』, 2000; 김지영, 2005.

94 『大典通編』「吏典」, 京官職, 各墓, 順懷墓·昭顯墓·愍懷墓·懿昭墓·孝昌墓.

95 사도세자의 묘소는 영조 연간 수은묘垂恩墓로 지칭되다가 정조 즉위년(1776) 영우원으로 승격되어『대전회통』에 수록되었다. 정조 13년(1789) 현륭원顯隆園으로 바뀌었다가 고종 36년(1899) 융릉隆陵으로 승격되었다.【垂恩墓】『英祖實錄』卷122, 英祖 50年 5月 甲子(12日);【永祐園】『正祖實錄』卷1, 正祖 卽位年 3月 辛卯(20日);『大典通編』「吏典」京官職, 園, 永祐園;【顯隆園】『正祖實錄』卷28, 正祖 13年 10月 己未(7日);『顯隆園園所都監儀軌』〈奎13627〉,〈奎13628〉;『高宗實錄』卷39, 高宗 36年 9月 1日(陽曆).

은 역대 왕조의 시조 제사를 지냈는데, 『경국대전』의 경기도 숭의전崇義殿(고려 7왕),[96] 『속대전』의 평안도 숭인전崇仁殿(고조선 기자),[97] 경기도 숭의전(고려 태조)[98] 등이 대상이었다. 『대전통편』에 이르러 경상도 숭덕전崇德殿(신라 시조묘), 평안도 숭령전崇靈殿(부여·고구려 시조 東明王) 등이 추가로 수록되었다.[99]

③ 국왕권 강화 정책

첫째, 국왕의 인사권 장악이 강화되었다. 군주를 가까이에서 보필하던 삼사·춘방春坊·국자國子(성균관)의 장長을 지방관으로 임명할 경우 임금에게 계청啓請하여 후보자를 정하게 했으며,[100] 대신에게 물어 차출할 경우 파직된 자와 해유解由되지 않은 자를 추천하면 이조에서 임금에게 반드시 계품啓稟하도록 했다.[101] 이것은 『속대전』 「형전」에서 관료에 대한 사법절차를 집행할 때 국왕에게 하나하나 지시를 받도록 한 조문과 연관된다.[102] 인사권에 대한 국왕의 직접적인 장악력이 어느 정도인지를 보여주는 사례라고 할 수 있다. 더욱이 대리청정 시 세자시강원世子侍講院의 관원을 모두 춘추관春秋館에 배정하도록 함으로써[103] 국정을 대리하는 왕세자의

96　『經國大典』卷1, 吏典, 外官職, 京畿, 崇義殿.
97　『續大典』「吏典」外官職, 平安道, 崇仁殿.
98　"麗太祖春秋祭需, 自開城府備送." 『續大典』「禮典」, 祭禮.
99　"【註】新羅始祖廟, 在慶州." 『大典通編』「吏典」, 外官職, 慶尙道, 崇德殿;"【註】東明王廟, 在平壤." 『大典通編』「吏典」, 外官職, 平安道, 崇靈殿.
100　"三司春坊國子長, 外任啓請備擬." 『大典通編』「吏典」, 除授.
101　"凡問于大臣差出時, 罷職及解由未出人, 破格備擬, 本曹啓稟." 『大典通編』「吏典」, 除授.
102　김백철, 2007b: 116-123.
103　"代聽時, 春坊實兼官, 皆兼帶春秋銜." 『大典通編』「吏典」, 京官職.

측근이 언론의 한 축을 이룰 수 있도록 배려하였다. 이 역시 차기 국왕의 권력 기반을 만들어주는 역할을 하였다.

둘째, 규장각 이외에도 국왕권을 대변하는 기구가 정비되었다. 의금부·형조의 당상관은 겸직할 수 없도록 분리시켜두었다.[104] 두 기관의 분리를 통해서 사법 체계를 조정한 것이다. 전자가 임금에 의한 특별사법기구라면 후자는 일반적인 형정을 다루는 기구로서 서로 역할이 다른데 실무자가 같으면 업무의 구분이 어려우므로 국왕 직속기구의 사법권을 독립시켜둔 것이다. 또한 무신 의금부 판사는 반드시 병판兵判을 거치도록 함으로써[105] 요직을 거친 인물을 등용하였다. 이러한 조치는 '왕부王府'로 별칭되던 의금부의 위상을 강화한 것이다. 「병전」에서도 중추부의 영사領事는 대신(삼정승) 이상으로 하였고, 판사는 이판·예판·병판 등을 역임한 사람으로 규정하였다.[106] 중추부는 소임이 없는 문·무 당상의 우대직인데, 실제로는 돈녕부와 더불어 전직 삼정승 출신이 맡으면서 군주의 자문 역할을 하였다.[107] 국왕을 보필하는 기구에 참여 요건을 강화함으로써 그 위상을 높인 것이다.

104 "金吾堂上拜秋曹, 則遞金吾. 秋曹堂上拜金吾, 則遞秋曹【註: 三司長官不得兼金吾摠管. ○將臣不得兼兩司長官】." 『大典通編』 「吏典」, 京官職.
105 "武臣, 判義禁, 經兵判後通擬." 『大典通編』 「吏典」, 京官職.
106 "【註】大臣外毋得付領事, 未經冢宰宗伯司馬之人, 毋得付判事." 『大典通編』 「兵典」, 京官職.
107 김백철, 2016a: 395-399.

(3) 민생 안정책

① 민전 보호

왕실이나 세력가의 침탈을 막고자 하였다. 첫째, 「호전」에서는 17세기 전후 복구 사업을 기화로 파생된 궁방의 절수 문제가 다시 부각되었다. 숙종대 궁방절수에 대해서는 신료와 국왕 사이에 상당한 입장 차이가 있었다.[108] 『수교집록』은 국초와 같이 왕실의 한도를 정하는 방향으로 이루어졌고[109] 『신보수교집록』은 수세까지 규정하였으며[110] 불법으로 절수한 경우 엄격히 처벌하였다.[111] 대체로 『속대전』에서는 궁방전의 제반 규정을 통합하였으며[112] 『대

---

[108] 『肅宗實錄』卷19, 肅宗 14年 4月 乙丑(23日)·4月 癸丑(11日).

[109] "宮家免稅, 大君公主四百結, 王子翁主二百五十結, 爲定限." 『受敎輯錄』「戶典」, 諸田, 康熙癸卯(현종 4); "宮家折受處, 明其四標, 如有民田混入之事, 則各別痛禁." 『受敎輯錄』「戶典」, 諸田, 康熙戊申(현종 9); "兩西田畓, 諸宮家, 切勿許折受." 『受敎輯錄』「戶典」, 諸田, 康熙己酉(현종 10).

[110] "宮家折受田畓, 一結稅米二十三斗, 昌原則每一負, 捧租二斗." 『新補受敎輯錄』「戶典」, 收稅, 康熙乙亥(숙종 21); "諸宮家免稅卜定處收稅, 依朝家常賦一結不過米十八斗例, 收捧." 『新補受敎輯錄』「戶典」, 收稅, 康熙丁酉(숙종 43).

[111] "戊辰以後代受處, 盡爲出給, 而此後宮家代受, 勿許." 『新補受敎輯錄』「戶典」, 諸田, 康熙乙亥(숙종 21); "舊宮折受, 旣已停止, 新宮則二百結定數. 此外則更不折受." 『新補受敎輯錄』「戶典」, 諸田, 康熙己卯(숙종 25); "誣罔陳告, 折受諸宮家各衙門者, 一一移送法曹, 各別論罪【註: 依大明律, 投獻官豪, 杖一百徒三年】." 『新補受敎輯錄』「刑典」, 禁制, 雍正戊申(영조 4).

[112] "【註: 勿論舊宮新宮, 有王牌特賜與者, 不在定數. ○宮家免稅田, 以元結定給, 明定四標, 而他田混入者, 嚴禁. ○一結收稅, 無過米二十三斗. 永作宮屯處, 則每負收稅租二斗, 船馬價雜費, 皆出其中. ○元結免稅, 續典折受外凡諸折受, 一切勿許. ○兩西江華地, 一切勿許折受. 關防重地有主民結封山禁界不當折受處, 宮差輩只憑指告混爲啓下者, 宮差及指告人, 竝杖一百徒三年】. 大王私親宮, 五百結. 世子私親宮, 三百結. 四宮【註: 明禮於義龍洞壽進】, 各一千結. 新宮, 後宮八百結, 大

『전통편』에서는 미진한 부분을 보완하였는데, 절수의 한도를 추가하거나[113] 무토면세無土免稅나 도장차송導掌差送은 혁파하는 대신에 고을에서 호조에 납부하면 호조에서 궁방에 지급함으로써[114] 궁방의 대표적인 폐단을 막고자 한 것이다.

둘째, 토지 침탈을 예방하는 조치가 취해졌다. 「호전」에서는 백성이 집을 짓도록 허락받은 곳에 본주인이 들어와서 방해하는 것을 처벌하였고 양반호兩班戶의 민전民田 침탈도 엄단하였다.[115] 「예전」에서는 능침에 가까운 사찰의 창건을 엄금하고 원당願堂 역시 일체 혁파하도록 하였다.[116] 이는 대체로 왕실에 의한 사찰 남설濫設을 막는 조치였다. 서원書院의 위토전位土田 역시 본도本道에서 사사로이 내준 경우 엄중히 치죄하도록 함으로써 민전 침탈을 사전에 방지하려고 하였다.[117]

② 진휼 정책

재해대책이 마련되었다. 첫째, 흉년에 대한 대책으로 각도에서 진곡賑穀을 자원 납입하고자 하는 자는 50석 이상은 임금이, 그 이하는 본도에서 시상施賞하도록 하였다.[118] 이는 중종대 이래의 납속

君公主八百五十結, 王子翁主八百結. 舊宮, 後宮二百結, 大君公主二百五十結, 王子翁主二百結." 『續大典』 「戶典」, 諸田, 宮房田.

[113] "郡主四百結【註: 舊宮則一百結】." 『大典通編』 「戶典」, 諸田, 宮房田.

[114] "各宮房無土免稅導掌差送之規, 並革罷. 每結米, 則二十三斗. 錢, 則七兩六錢七分, 自該邑直納本曹, 出給宮房." 『大典通編』 「戶典」, 諸田, 宮房田.

[115] "勿論空垈及圃田, 許民造家, 本主防塞抵毁者, 以制書有違律論【註: 班戶之因此圖占民田討索貨賂不給貫錢者, 以侵占田宅律論】." 『大典通編』 「戶典」, 造造家地.

[116] "陵寢至近之地, 創寺刹者嚴禁, 陵官不禁者重勘." 『大典通編』 「禮典」, 寺社.

[117] "書院請位田, 而本道私自與受者, 隨現重繩." 『大典通編』 「禮典」, 雜令.

[118] "各道賑穀願納人, 五十石以上, 錄啓. 五十石以下, 自本道施賞." 『大典通編』 「戶

책을 적극적으로 제도화한 것인데, 「병전」에서 납속첩納粟帖은 실직實職을 줄 수 없도록 제한한 조치와 연동된다.[119] 곧 영조의 방침을 계승하여[120] 공명첩空名帖에도 동일하게 적용되었다.[121]

둘째, 「예전」에서는 「자휼전칙字恤典則」을 따라 구걸하는 아이는 10세까지, 버려진 아이는 3세까지 진휼청賑恤廳에서 구호하도록 하였다.[122] 이 역시 명종-영조대 기근이 창궐하여 곡식이 귀해져 생명을 구할 방법이 마땅치 않자 임시방편으로 민간에서 버려진 아이를 구휼하면 노비로 삼을 수 있도록 허락한 수교에서 비롯되었으나 상황이 점차 좋아지자 노비가 되는 조건을 제한해나간 것이다.[123] 급기야 정조대에 이르면 국가의 구휼 역할을 보다 적극적으로 확대함으로써 노비로 전락하지 않도록 예방 정책을 펼쳤다.

셋째, 노비의 윤달 신공身貢을 감하도록 하였다. 이는 영조대 균역법 제정 이후 농민과 처지가 비슷한, 외방에 거주하며 농사짓는

典」, 備荒.
[119] "納粟帖加, 勿許實職." 『大典通編』 「兵典」, 京官職.
[120] 『承政院日記』, 雍正 9年(영조 7) 4月 11日(癸卯); "世豈有納粟司直護軍乎. 通政折衝帖文外, 軍職及察訪等帖, 一切勿許." 『新補受敎輯錄』 「吏典」, 雜令, 雍正 辛亥(영조 7).
[121] "【註: 空名帖同】." 『大典會通』 「兵典」, 京官職.
[122] "行乞兒遺棄小兒收養節目, 用字恤典則【註: 行乞兒以十歲爲限, 道傍遺棄兒以三歲爲限, 五部牒報賑廳, 該廳留養 … ○行乞兒, 賑廳外倉門外空閒處, 別設土宇, 以爲留接之所, 照賑廳式例給糧. ○遺棄兒, 流丐女人中擇其有乳者, 每一人分授兩兒, 乳女一日每口, 計給米醬藿, 雖非流丐, 如有自願取養之人, 只授一兒, 量給米醬藿…】." 『大典通編』 「禮典」, 惠恤, 當宁癸卯(정조 7).
[123] 『受敎輯錄』 「禮典」, 惠恤, 嘉靖丁未(명종 2)·崇德癸未(인조 21)·康熙丙午(현종 7)·康熙庚戌(현종 11)·康熙辛亥(현종 12); 『新補受敎輯錄』 「禮典」, 惠恤, 賑恤事目, 康熙乙亥(숙종 21)·雍正壬子(영조 8); 『續大典』 「禮典」, 惠恤; 김백철, 2016a: 187-191.

공노비에게도 점진적으로 동일한 세제감면 효과를 누리게 한 조치였다. 곧 영조가 남녀 노비의 신공은 윤달을 감했고 다시 반필을 줄였으며 여비女婢는 전부 삭감하도록 하였는데, 정조대 남노男奴는 1필만 징수하고 역가役價는 남녀 모두 징수하도록 재조정한 것이다.[124] 이러한 노비 신공 변화는 숙종대 이래의 재해 대응 조치를 계승한 것으로 정조 후반 시노비寺奴婢의 양인화 논의가 확대되면서 순조 즉위 후 공노비 혁파로 이어졌다.[125]

③ 형정 개선

형정은 18세기 크게 개선이 이루어져 기본틀이 이미 『속대전』에 반영되었으며, 후속조치가 『대전통편』을 통해 보완되었다. 형정 개선안을 살펴보면 다음과 같다.

첫째, 악형惡刑을 폐지하였다. 「형전」 '수금囚禁'에서는 직접 범죄를 저지르지 않은 가족을 대신 구속하는 것을 금지하였다.[126] 이는 영조대 수교인데, 여기에 위반자는 승정원에 보고하도록 하여 실제 국왕의 감독을 명시한 것이다.[127] '휼수恤囚'에서는 친국親鞫·정국庭鞫을 막론하고 폭우·폭염을 만나면 추문 장소에 움집·임시 가옥을 설치하도록 했다.[128]

---

[124] "減奴婢閏朔貢【註: 英宗戊辰(영조 24)】. 奴婢貢, 各減半匹【註: 英宗乙亥(영조 31)】. 婢貢, 全減【註: 英宗甲午(영조 50)】. 今(정조 9)則只收奴貢一匹【註: 作役價, 則奴婢並有之.】."『大典通編』「戶典」, 徭賦.

[125] 시노비 혁파는 다음 참조. 平木實, 『조선후기 노비제 연구』, 1982; 전형택, 『조선후기 노비신분 변동 연구』, 1989.

[126] "增以父母代子, 以兄代弟, 以妻代夫, 次知囚禁者, 並嚴禁. 犯者, 以制書有違律論."『大典通編』「刑典」, 囚禁, 英宗辛巳(영조 37).

[127] "【註: 犯者, 該署官員執告政院, 掩置不告者, 論罪.】"『大典通編』「刑典」, 囚禁.

[128] "無論親鞫庭鞫, 值大雨劇暑, 則設草苫假家於訊推處."『大典通編』「刑典」, 當宁

'추단推斷'에서는 영조가 형신을 1일 1회로 제한한 조치에 대해서 고신拷訊으로 추궁하여 기한이 차기 전에 형벌을 가한 경우를 엄벌한다고 추가로 명시하였다.[129] 또한 세종대 수교를 찾아서 태배형笞背刑과 코나 발뒤꿈치를 베는 형벌을 금지하는 근거를 제시하였고,[130] 효종대 수교를 찾아서 교수형 대상자를 방망이로 죽이는 잔혹 행위를 금지하였으며,[131] 영조의 수교를 근거로 추국 죄인에게 왼쪽 수갑을 채우거나 군법이 아닌데도 효수하거나 역률을 추시하거나 난장亂杖을 집행하는 것을 모두 금지하였다.[132] 정조 역시 선왕을 계승하여 「흠휼전칙」(정조 2, 1778)을 만들었는데 「형전」에 반영하여 신문 과정에서 가혹한 형신을 하지 못하도록 규제하였고, 「병전」에도 군무가 아니면 곤장을 사용하고 나머지는 「흠휼전칙」을 준용하도록 하였다.[133] 또 수감된 죄수를 공중에 매다는 것도 추가로 금지하였다.[134]

둘째, 형정 집행 시 관원의 신분을 보장하였다. 고위관료인 경재卿宰(2품 宰臣)의 경우 의금부 심문은 반드시 초기草記하여 임금의

己亥(정조 3).

129 "【註: 拷掠限滿前用刑者, 官員勘罪.】"『大典通編』「刑典」, 推斷.
130 "除笞背刑."『大典通編』「刑典」推斷, 世宗庚戌(세종 12); "禁劓鼻刖足."『大典通編』「刑典」推斷, 世宗甲子(세종 26).
131 "禁處絞人椎殺."『大典通編』「刑典」, 推斷, 孝宗壬辰(효종 3).
132 "除鞫囚左杻."『大典通編』「刑典」, 推斷, 英宗己酉(영조 5); "身已死而追施逆律者, 非軍法梟示者, 竝禁除."『大典通編』「刑典」, 推斷, 英宗己卯(영조 35); "除亂杖刑."『大典通編』「刑典」, 推斷, 英宗庚寅(영조 46).
133 『正祖實錄』卷5, 正祖 2年 正月 癸酉(12日); "笞杖枷杻長廣厚薄, 準大明律式, 定欽恤典則."『大典通編』「刑典」, 推斷, 當宁戊戌(정조 2); "軍務事及闕門闌入人外, 毋得用棍【註: 棍制, 一遵欽恤典則施行】."『大典通編』「兵典」, 用刑. 「흠휼전칙」은 다음 참조. 심재우, 「정조대『흠휼전칙』의 반포와 형구 정비」, 1999.
134 "禁獄囚懸枷之罰."『大典通編』「刑典」, 推斷.

비답批答을 받은 후에 죄인의 공사供辭를 받도록 하였다.[135] 이는 고위 관원의 신분보장과 국왕의 사법권 장악을 의미한다. 동반東班(문반) 잡직雜織만 지냈어도 형장을 치지 않았고 의금부의 결장決杖은 속죄금贖罪金으로 대신하였으며, 감영監營의 결장은 나문拿問으로 대신하였다.[136] 이 역시 하급 관원의 신분을 보장하는 의미가 짙었다.

셋째, 사법 체계도 보다 정교하게 정비되었다. 형조에서 중죄수 사건을 마감할 때는 당상관 3인이 합좌하여 거행하도록 하였다.[137] 현재 갇힌 죄수(時囚)는 5일마다 임금에게 보고하도록 하였고,[138] 포도청은 죄수의 이름자를 빠짐없이 기록하고 죄인을 조사한 월일을 별도로 써서 훗날 증빙으로 참고하도록 하였다.[139] 원래 『경국대전』에서 죄인을 가둔 날짜, 고신이나 결벌을 행한 횟수를 각 아문은 10일 간격으로, 지방은 분기별로 보고하도록 했는데,[140] 이것을 더욱 강화한 조치이다. 특히 영조대 특별 사법권을 지닌 포도청·토포영討捕營에서 죄인이 죽는 경우가 많아져 제한 조치를 두었는데,[141] 이러한 흐름을 반영한 것이다.

---

135 "卿宰禁推, 該府草記, 待批下捧供." 『大典通編』「刑典」, 囚禁.

136 『英祖實錄』卷98, 英祖 37年 12月 己丑(25日); "曾經東班雜職【註: 謂有御寶告身者】, 勿爲決杖. 王府決杖代以金贖. 營門決杖代以拿問." 『大典通編』「刑典」, 雜令, 英宗辛巳(영조 37).

137 "本曹重囚完決時, 三堂合坐擧行." 『大典通編』「刑典」, 推斷.

138 "時囚, 每五日錄啓." 『大典通編』「刑典」, 恤囚.

139 "捕廳詳錄罪囚名字, 別書推覈月日, 作爲文案以憑後考." 『大典通編』「刑典」, 捕盜.

140 "罪人罪名始囚日月拷訊及決罪數, 各其司每十日錄啓, 外則節季啓." 『經國大典』「刑典」, 恤囚.

141 "捕盜將外方捕盜時, 須揀贓證俱備, 閱實有據者捕之. 如不卽輸情, 必須覈實者, 亦質問於捕盜將, 一應所捕人, 囚所在官, 令觀察使分揀決放. ○盜賤就捕者, 自其邑窮問取服後, 移送討捕使. 違者, 以制書有違律論. … ○賊人承款考覆, 討捕使勿爲直啓, 觀察使親問結案後修啓." 『續典』「刑典」, 捕盜.

또한 영조대 『속대전』에는 강상綱常 관련 조문이 만들어졌는데,[142] 정조는 이것을 보완하여 사소한 것도 중앙관청에 초기草記하고 지방에서는 장계狀啓하여 임금에게 아뢴 후 처리하도록 하였다.[143]

넷째, 약자 규정을 별도로 두었다. 여성의 경우 역옥일지라도 아내는 사형하지 못한다고 명시하였다.[144] 특히 종친이나 문묘에 종사된 유현儒賢의 적장손의 경우에도 역옥이 일어나도 처자를 노비로 삼지 못하게 하였는데, 왕실이나 조정에서 우대하는 이들을 보호하기 위한 조치였다.[145] 노인의 경우 살인사건으로 갇혀 80세가 되어 증거·증인이 없어지면 사형을 감하여 정배하도록 하였다.[146] 어린아이(10-15세)가 장난을 치다가 살인한 경우에는 차율次律(流刑)로 등급을 감하였다.[147]

다섯째, 국왕의 국법 준수를 강제하는 규정을 마련했다. 결안結案 작성 전에 임금의 전지로 죽이거나 특지特旨로 주장朱杖을 쓰는 것을 금지함으로써[148] 국왕조차 사법 체계 내에서 권력을 행사할 것

---

142 "綱常罪人【註: 弑父母夫, 奴弑主, 官奴弑官長者】, 結案正法後, 妻子女爲奴, 破家瀦澤, 降其邑號, 罷其守令 … 結案後徑斃者, 一體論. … ○罪犯綱常情理深重者, 杖一百流三千里." 『續大典』 「刑典」, 推斷.

143 "係關倫常罪人, 雖微罪, 京司草記, 外方狀聞, 待覆啓擧行." 『大典通編』 「刑典」, 推斷.

144 "【註: 雖劇逆其妻, 勿爲正法】." 『大典通編』 「刑典」, 推斷.

145 "宗班犯逆妻孥應坐者, 雖用本律, 勿爲奴婢【註: 從祀文廟儒賢之嫡長孫同】." 『大典通編』 「刑典」, 推斷.

146 "殺獄久囚罪人, 年滿八十證援俱絶者, 減死定配." 『大典通編』 「刑典」, 殺獄.

147 "【註: 十歲以上十五以下, 因戲殺人者, 次律減等】." 『大典通編』 「刑典」, 殺獄.

148 "命除不待結案正法, 令軍門梟示, 傳旨正法, 追施逆律之法." 『英祖實錄』 卷94, 英祖 35年 8月 丙申(19日); "罪人未結案, 而傳旨正法者, 身已死, 而追施逆律者, 非軍法梟示者, 並禁除." 『大典通編』 「刑典」, 推斷, 英宗己卯(영조 35); "禁朱杖撞問【註: 雖有特敎, 執法之臣爭執, 勿爲擧行】." 『大典通編』 「刑典」, 推斷, 英宗己卯(영조 35).

을 천명하였다.¹⁴⁹ 이는 모두 영조가 을해옥사(영조 31, 1755)를 반성하며 후대에 내린 수교를 정조가 수록한 것이다. 또한 정조 역시 즉위 초 옥사를 겪었기에 이 조문을 보완하여 결안 작성 전에 역률을 적용하거나 결안 작성 후에 극형을 추가하는 것을 모두 금지하였고,¹⁵⁰ 군문의 효수는 임전臨戰 시가 아니면 자백을 받고 나서야 비로소 임금의 전지를 받아야 한다고 규정하였다.¹⁵¹ 이상은 모두 국왕의 분노로 독단으로 처벌하는 상황을 경계한 내용이다.

이러한 변화를 검토해보면 구성상으로는 국가 체계의 보완이 육전의 주요 골격을 마련하였으며, 내용상으로는 대체로 국왕을 정점으로 하는 관료 체계의 재편과 백성의 안정에 초점을 맞추었음이 확인된다. 이는 『속대전』 편찬의 방향성과 거의 일치하는 내용으로 탕평시대 정치적 지향의 공통점이 그대로 드러나는 자료이다.¹⁵²

2. 국법 체계의 재구축

1) 법제 일원화

『대전통편』이 만들어지던 해에 바로 『전률통보』 찬집에 들어갔

---

149 김백철, 2007b: 97.
150 "自今以後, 未結案而用逆律者, 身已死而追施孥籍者, 結案次律而請加極律者, 並除之." 『正祖實錄』卷2, 正祖 卽位年 9月 己巳(1日); "未結案而用逆律, 結案於次律而加極律者, 禁除." 『大典通編』「刑典」, 推斷.
151 "軍門梟示罪人, 非臨敵時, 則先捧侤音, 次捧傳旨." 『大典通編』「刑典」, 推斷.
152 김백철, 2007b: 85-103.

다.[153] 초고본은 영조 연간에 사찬으로 편찬되었다고 알려졌으나 현전하는 최종본은 정조의 명命으로 진행되어 국왕의 인식을 반영하고 있으므로 『전률통보』에 주목해보아야 한다. 이는 사찬인 『백헌총요百憲總要』를 증보하되,[154] 국가 주도의 『대전통편』 편찬의 흐름을 계승하는 작업이었다. 전자가 실무 지침서로서 기능하였다면 후자는 대전류의 일환으로 국법의 근간이 되는 법제로 자리하였다. 여기에 현행법을 종합한 『전률통보』까지 등장한 것이다.[155]

『전률통보』는 서명에서 알 수 있듯이 전典(大典類)과 율律(『大明律』)을 통합한 것이다. 그래서 각기 절반 정도씩 합친 것으로 오해될 여지가 있으나 실상은 좀 다르다. 명목상 두 체계를 결합한 것으로 규정되어 있지만 사실상 『전률통보』는 기존 모든 법체계를

---

153 심재우, 「『전률통보』해제」, 1998: 5-25.
154 심재우, 1998: 10.
155 현전하는 판본으로는 서울대학교 규장각한국학연구원 소장 5종의 필사본이 있다. 〈奎4306〉은 영조 37년(1761)에 만들어졌다고 하며, 그 외 〈奎4774〉, 〈奎4456〉, 〈奎貴1377〉, 〈古5120-26〉 등 4종은 정조 10년(1786) 전후의 판본이라고 한다(심재우, 1998: 12). 이는 전자와 후자의 항목 구성이 구분되기 때문이다. 두 가지 판본을 살펴보면 「이전」에서 '작품爵品'은 '관계官階'로 수정되었고, 「예전」에서 '국휼國恤'은 '상례喪禮'로 바뀌었다(심재우, 1998: 23). 이 외에도 추가적인 증보가 이루어져 각 판본은 약간 차이가 있다. 초고본 〈奎4306〉에는 본문에 전거가 표기되지만 〈奎4774〉는 목록目錄에 해당 항목의 출전出典과 비중이 표시되었다. 〈奎4306〉에는 현재 시행 여부를 두주頭註를 사용하여 표기하였는데, 이후 판본에는 보이지 않는다. 〈奎4774〉에는 단순히 전거가 표기되었으나 〈奎4456〉부터는 출전을 'ㅁ' 혹은 'ㅇ' 안에 표시하였다. 영인본의 저본인 〈奎貴1377〉은 마치 간본刊本처럼 정교하게 정서正書된 판본이다. 〈古5120-26〉은 도서 크기 자체가 협소하여 실무용으로 후대에 필사된 민간 유통본이다. 5종은 영조대 초고본 〈奎4306〉 → 정조대 〈奎4774〉 → 〈奎4456〉 → 〈奎貴1377〉 → 後寫本 〈古5120-26〉 등의 순서로 만들어진 것으로 보인다.

현행법을 중심으로 집대성한 것이다. 대전류와 『대명률』뿐만 아니라 예제류에서 기타 법식法式에 이르기까지 전 범위에 걸쳐 실제 운영되는 법제가 총망라되었다.

『전률통보』의 각종 출전을 정리해보면 〈표 14〉와 같다. 대전류의 비중이 가장 높다. 세 대전이 포함되어 있으며, 정조 연간 보완한 『대전통편』 외에 추가된 내용은 '보補'자로 표기하였다. 또한 대전류가 중심이지만 『경국대전주해經國大典註解』, 『국조오례의國朝五禮儀』, 『속오례의續五禮儀』, 『흠휼전칙欽恤典則』, 『상례보편喪禮補編』, 『통문관지通文館志』 등 아국我國 법제가 상당수 수록되었다. 육전의 구성은 대전류의 비중이 압도적이므로 대전 체계를 가장 중심에 두고 아국법과 중국법을 하나의 체계 속에 묶어내고자 하는 시도로 볼 수 있다.

이는 『대전통편』의 찬집으로 기존 대전류가 하나의 체계 속으로 이미 집대성되었기에 가능한 후속 작업이었다. 곧 『대전통편』을 축으로 하여 현행법을 묶고, 기타 법제를 비교하여 『대명률』과 합본한 것이다. 『전률통보』에서 전반적인 아국법 대對 중국법의 비율은 4,685:203(약 23:1)으로 나타난다. 오직 「형전」에서만 아국법과 『대명률』의 비율이 약 4.6:1로 『대명률』의 비중이 가장 높다. 이것은 『대명률』의 실제 활용이 18세기에는 현저히 줄어들었고, 형정에서조차 그 수용 빈도가 아국법보다 적었음을 나타내는 것이다.[156] 그러므로 『전률통보』를 이해하기 위해서는 「형전」과 같이 『대명률』이 상당히 활용된 예외 사례의 검토도 필요하지만, 나머지 5전典에서 보이는 일반적인 대전류 우위 현상도 살펴보아야 한다.

---

156 조선 후기 『대명률』 활용 감소는 다음 참조. 조지만, 2007; 심재우, 「조선 말기 형사법 체계와 『대명률』의 위상」, 2007; 김백철, 2008b.

<표 14> 『전률통보』의 출전

	經國大典	續大典	大典通編	補完	기타	大明律
吏典	349	282	195	209	2	4
戶典	51	232	117	165	3	15
禮典	169	236	138	274	155	26
兵典	190	417	263	323	14	22
刑典	141	272	66	92	15	127
工典	21	35	29	15	0	9
補別編	59	3	11	81	61	0
소계	980	1,477	819	1,159	250	203
비율	20%	30%	16%	23%	5%	4%
	4,685					203

- 기타: 『경국대전주해』, 『국조오례의』, 『속오례의』, 『흠휼전칙』, 『상례보편』, 『통문관지』 등.

(1) 대전류 우위의 「호전」

『전률통보』「호전」은 '호적戶籍', '양전量田', '연분', '전세', '대동', '균역', '조전漕轉', '잡세雜稅', '요역徭役', '창고倉庫', '조적糶糴', '비황備荒', '제전諸田', '녹과祿科', '외관공급外官供給', '해유解由', '잡령雜令' 등 총 17개 항목으로 구성되어 있다. 이중 '호적', '양전', '조전', '잡세', '창고', '제전', '녹과', '외관공급', '해유', '잡령' 등은 『대전통편』과 항목명까지 일치하므로 대체로 이를 계승하여 정리한 내용이다.

반면에 신설 항목도 눈에 띈다. '연분', '전세', '대동', '균역', '조적', '비황' 등은 종래에 독립적으로 분류되지 않던 소재를 항목화하고 분산된 소재를 새로운 항목으로 묶음으로써 실무적으로 활용하는 데 편의를 제공한 것이다.

출전상 대전류와 이를 증보한 내용, 그리고 기타 아국법이 절대다수를 이루며, 협주挾註(小註) 등에서 15개 정도만 『대명률』을 인용하고 있다. 사실상 아국법으로 「호전」이 운영되고 있음을 보여준다. 이러한 현상은 「형전」을 제외한 다른 4전典에서도 공통적으로 나타난다.

그런데 『대전통편』 중 가장 이해하기 어려운 점은 균역법의 반영도이다. 균역법 자체가 영조 30년대에 완성되었기 때문에 이전에 편찬한 『속대전』에는 반영될 수 없었다. 그래서 『대전통편』에 가서야 관련 세법이 규정되었는데 반영 정도는 소략하다. 기타 대동법이나 새로 설치한 규장각 규정 등이 별도로 상세히 기재되어 있는 것과 대조적으로 균역법은 하나의 항목으로 묶이지 못하고 지나치게 분산되어 있다.

대동법은 숙종-영조대까지 집대성되어 『속대전』에 수록된 대표적인 세제이다. 『속대전』 「호전」에서는 서두에서부터 「대동사목大同事目」을 여기에 추가함으로써157 전세의 금납화로 인한 변화상을 반영하였다. 그리고 『속대전』 「호전」 '요부繇賦'에는 명확히 대동법의 시행 사실이 명기되어 있고, 관련 세규도 자세히 기록되어 있다. 공납이 개편되었으므로 해당 항목은 대동법으로 거의 대체되었다. 항목 자체를 '대동'으로 고쳐도 손색이 없을 정도이다. 실제 『전률통보』 「호전」 '대동'과 『속대전』 「호전」 '요부'는 대체로 일치하며 약간의 수정만 이루어졌다.

하지만 균역법은 『대전통편』에 산발적으로 반영되었다.158 『대전통편』 「호전」 '어염魚鹽'에 실제로는 「균역사목」 적용이 한 줄로

---

157 『續大典』 「戶典」, 經費.
158 『大典通編』 「戶典」, 魚鹽; 『大典通編』 「戶典」, 外官供給; 『大典通編』 「工典」, 舟車.

〈표 15〉『전률통보』「호전」의 구성

項目 비교		出典 비교					
大典通編	典律通補	경국대전	속대전	대전통편	보완	기타	대명률
1. 經費	1. 戶籍	6	10	3	1	0	2
2. 戶籍	2. 量田	7	7	1	1	0	1
3. 量田	3. 年分*	3	9	6	5	0	0
4. 籍田	4. 田稅*	4	17	12	17	0	0
5. 祿科	5. 大同*	0	18	4	10	0	0
6. 諸田	6. 均役*	0	0	3	5	0	0
7. 田宅	7. 漕轉	8	47	25	38	0	0
8. 給造家地	8. 雜稅	1	8	4	11	0	0
9. 務農	9. 徭役	1	12	3	11	0	3
10. 蠶室	10. 倉庫	0	10	5	6	0	4
11. 倉庫	11. 糶糴*	0	18	6	13	0	0
12. 會計	12. 備荒*	0	9	9	6	0	0
13. 支供	13. 諸田	7	22	12	7	0	0
14. 解由	14. 祿科	10	14	3	8	0	0
15. 兵船載粮	15. 外官供給	1	4	1	3	0	0
16. 魚鹽	16. 解由	0	17	11	12	0	0
17. 外官供給	17. 雜令	3	10	9	11	3	5
18. 收稅		51	232	117	165	3	15
19. 漕轉							
20. 稅貢							
21. 雜稅							
22. 國幣							
23. 獎勸							
24. 備荒							
25. 買賣限							
26. 徵債							

27. 進獻		
28. 徭賦		
29. 雜令		

- ▥:『대전통편』계승 항목.
- *: 신설 항목.

간략히 수록되었다.¹⁵⁹ 다만 어염선세魚鹽船稅의 보완 규정이 세주 2개와 대문 1개로 나오고,¹⁶⁰ 『대전통편』「호전」 '외관공급'에 삼남 연읍沿邑에서 인부대人夫代 및 쇄마가刷馬價를 미곡米穀으로 지급할 때 돈으로 대신 주어 균역청 비축미備蓄米에 보탬이 되게 하는 보완 조치가 이루어졌을 뿐이다.¹⁶¹ 「공전」에도 여러 궁가宮家와 각 관청의 선박은 모두 균역청에 속한다고 하였으므로 이 역시 균역법과 관련된 보완 조치가 들어 있을 뿐이다. 균역법은 대동법보다 훨씬 복잡한 세제로 이 정도의 서술만으로는 사목을 준용한다고 해도 실제 운영이 쉽지 않았을 것이다. 이는 영조 후반-정조 초반 균역법에 대한 비판의식이 비등할 때의 분위기가 대전 편찬 시 반영되었기 때문이다.¹⁶²

정조는 "균역은 선대왕(英祖)이 부세를 고르게 하고 신역을 감해

---

159 "各樣稅納及凡諸擧行, 用均役事目."『大典通編』「戶典」, 魚鹽, 英宗庚午(영조 40).
160 【註: 均役後, 革罷專屬之規, 唯燕子津漁磯七處, 屬本府, 以補軍器, 喬桐黍島漁磯一處, 屬喬桐府, 南陽㲱朴嶼漁磯一處, 屬花梁鎭, 依江華例免稅. … 均役後, 革罷該院收稅之規, 薦新白魚供上生蟹, 作貢給代.】『大典通編』「戶典」, 魚鹽; "魚鹽船稅本曹錄案收稅之規及宮房折受, 竝革罷移屬均役廳."『大典通編』「戶典」, 魚鹽, 英宗庚午(영조 26).
161 "三南沿邑夫刷馬價以米上下者, 以錢代給, 以補均廳米儲."『大典通編』「戶典」, 外官供給.
162 『英祖實錄』卷124, 英祖 51年 3月 庚午(22日);『正祖實錄』卷1, 正祖卽位年 6月 壬子(13日).

주고자 하는 뜻에서 만들었으나 … 법이 오래되어 폐단이 생겼다"
고 보았지만, 당장 대체할 만한 재정이 충분하지 않아 이정釐正하
는 선에서 그칠 수밖에 없다고 하였다.163 반면에 앞서 살폈듯이
정약용은 영조의 균역을 찬양하였고164 긍정적인 방향에서 보완하
는 정책을 대안으로 내놓았다.165 이미 영조대『여지도서』부터 다
양한 변화상이 별도 세목으로 마련되었고 정조대『전률통보』와 순
조대『만기요람』까지 이어졌다.166 그중『전률통보』에는 '균역'에
대한 대문 7개 조문條文이 우선 설정되었고167 상세한 세주 48개가
달렸다. 전거典據에도 기본적인 사안을 제외하면 대개『대전통편』
이후 보충한 내용임을 표시하는 '보'자가 달렸다.

이러한 현상은『전률통보』가『대전통편』의 불완전성을 보완하는
목적이 상당히 컸기 때문이다.『전률통보』의 출전을 살펴보면 기존

163 "先大王均役之本意, 實出於均賦蠲役 … 法久弊生處."『正祖實錄』卷5, 正祖 2年 5月 癸亥(4日).
164 『經世遺表』卷首, 邦禮艸本引.
165 『經世遺表』卷14, 均役事目追議1, 海稅·魚稅·藿稅·鹽稅;『經世遺表』卷14, 均役事目追議2, 船稅;『經世遺表』卷14, 摠論.
166 『여지도서』에는 각 고을별로 '균세均稅' 항목이 설정되어 있고,『만기요람』에는 복수의 균역 관련 항목이 한곳에 순차적으로 배열되어 있다.『輿地圖書』,〈各道〉,〈各邑〉, 均稅;『萬機要覽』, 財用編3, 均役;『萬機要覽』, 財用編3, 結錢;『萬機要覽』, 財用編3, 移劃;『萬機要覽』, 財用編3, 海稅;『萬機要覽』, 財用編3, 免稅結;『萬機要覽』, 財用編3, 軍官布;『萬機要覽』, 財用編3, 會錄;『萬機要覽』, 財用編3, 給代;『典律通補』「戶典」, 均役.
167 "良丁之役, 減一匹. 公賤之貢, 減半匹. 而以出於結役海稅, 收於軍官者, 給其代. ○結錢, 每結捧五錢. ○餘結收稅, 依元結例. ○選武軍官, 每人收布一匹. ○船隻收稅, 鹽盆苫藿海衣田漁箭, 亦收稅. ○船隻鹽盆藿田漁箭之屬, 每春初發送. 惠郞抽栍擲奸稅案式年一改. ○以諸道會錄米木及軍作木, 留置該道以備給代不足之資."『典律通補』「戶典」, 均役.

대전류를 보완한 비율이 23%를 차지한다. 대전 체제하에서 법조문 내 다양한 층위의 내용이 법집행 시 서로 충돌하여 실효성에 문제가 생길 수 있으므로 이를 보완하는 데 주력했음을 알 수 있다.

이 외에도 신설 항목 중 '연분', '대동', '균역', '조적' 등은 『만기요람』에서도 유사하게 만들어져 편입되었다. 『만기요람』 자체가 순조 연간 실무 행정을 위한 지침서로 편찬된 만큼 선왕대(정조) 현행법을 체계적으로 정리한 『전률통보』가 주요 대본이 되었을 것이다.

〈표 16〉 『전률통보』 「호전」과 『만기요람』 「재용편」의 관계

典律通補 戶典	萬機要覽 財用編
年分	年分
大同	戶曹貢物/大同作貢
均役	均役/結錢/移劃/海稅/免稅結/軍官布/會錄/給代/均役廳事例
糶糴	糶糴

(2) 『대명률』을 적극적으로 활용한 「형전」

『전률통보』에서 『대명률』 비중은 대체로 소략한 편이지만 유독 「형전」에서만 활용 비중이 큰 편이다. 이는 육률六律로 구성된 『대명률』 중에서 형법과 관계되는 내용이 대거 「형전」으로 수록되었기 때문이다. 다른 전典에서는 『대명률』이 대개 세주로 편입되는 양상을 보이지만, 「형전」에서는 대문으로 반영되어 주요한 조문으로 취급받았다. 이는 형정에서 아국법의 비중이 상당히 증가하고 있었으나 여전히 형법에서 『대명률』이 차지하는 비율이 적지 않았기 때문이다.

〈표 17〉『전률통보』「형전」의 구성

항목 비교			출전 비교					
大典通編	大明律直解	典律通補	경국대전	속대전	대전통편	보완	기타	대명률
1. 用律	1. 贓盜*	1. 獄具圖	1	1	1	1	4	6
2. 決獄日限	2. 人命	2. 五刑圖	0	0	0	0	0	2
3. 囚禁	3. 鬪毆	3. 推斷	13	30	9	17	0	11
4. 推斷	4. 罵詈*	4. 囚禁	10	13	6	1	0	3
5. 禁刑日	5. 訴訟	5. 用刑	10	12	7	1	0	4
6. 濫刑	6. 受贓*	6. 收贖	6	6	0	4	0	2
7. 僞造	7. 詐僞*	7. 逃亡	1	5	3	3	0	3
8. 恤囚	8. 犯奸	8. 赦令	0	5	1	0	0	3
9. 逃亡	9. 雜犯	9. 逆獄	1	9	4	1	0	5
10. 才白丁團聚	10. 捕亡	10. 綱常	0	1	1	1	0	0
11. 元惡鄕吏	11. 斷獄	11. 賊盜*	6	15	3	1	0	9
12. 銀錢代用	名例律*	12. 受贓*	0	0	0	0	0	1
13. 罪犯準計		13. 姦犯	0	4	0	0	0	5
14. 告尊長		14. 罵詈*	3	1	0	3	0	6
15. 禁制		15. 殺傷	2	12	2	4	1	17
16. 訴冤		16. 辜限	0	0	0	0	0	2
17. 停訟		17. 私和	0	0	0	0	0	1
18. 賤妾		18. 復讎	0	3	0	0	0	2
19. 賤妻妾子女		19. 檢驗	1	5	2	3	0	2
20. 公賤		20. 發塚	0	2	0	1	0	2
21. 私賤		21. 失火	0	2	1	0	0	2
22. 賤娶婢産		22. 詐僞*	3	6	1	3	0	5
23. 闕內各差備		23. 訴告	4	4	1	1	0	4
24. 跟隨		24. 聽理	15	29	3	13	0	10
25. 諸司差備老跟隨奴定額		25. 徵債	4	6	1	2	0	2

26. 外奴婢	26. 公賤	17	27	6	8	0	0
27. 殺獄	27. 私賤	4	8	0	1	0	1
28. 檢驗	28. 分財	22	13	0	5	9	2
29. 姦犯	29. 贖良	4	9	0	2	0	0
30. 赦令	30. 禁制	7	27	11	7	0	3
31. 贖良	31. 雜令	0	16	3	7	1	7
32. 補充隊	32. 律名	6	0	0	1	0	4
33. 聽理	33. 名例*	1	0	0	1	0	1
34. 文記		141	272	66	92	15	127
35. 雜令							
36. 笞杖徒流贖木							
37. 決訟該用紙							

- ▨:『대전통편』계승 항목.
- *:『대명률』계승 항목.

　『전률통보』「형전」의 경우『대전통편』「형전」(37개 항목)과『대명률』「명례율」·「형률」(12개 항목)을 통합하여 총 33개 항목으로 재편하였다. 그중『대전통편』에서는 '추단推斷', '수금囚禁', '도망逃亡', '사령赦令', '간범姦犯', '검험檢驗', '청리聽理', '공천公賤', '사천私賤', '속량贖良', '금제禁制', '잡령雜令' 등 12개 항목을 도입하였고,『대명률』에서는 '적도賊盜', '매리罵詈', '수장受贓', '사위詐僞', '명례名例' 등 5개 항목을 가져왔다. 따라서 대부분 대전류의 항목을 토대로 구성한 것이다.『대전통편』·『대명률』 항목을 그대로 반영한 경우에도 조문은 서로 다른 문헌을 혼용하여 만들었다. 이는 18세기 법 집행 시 아국법·중국법이 어떠한 방식으로 조합되어 운영되었는지를 보여준다.

　보다 다양한 혼합 양상은 신설 항목에서 나타난다. '강상綱常'의 경우『속대전』「형전」'추단' 규정에서 다소 모호한 부분을 재정리한 것이다. 곧 '추단'에는 다양한 조문이 뒤섞여 있어 어디까지 명확히 강상죄綱常罪로 이해할 수 있을지 혼돈의 여지가 있었다. 더욱이 윤리적으로 강상을 범하는 죄와 실제 법률적인 강상죄가 동일한지도 문제가 되었다. 왜냐하면 강상죄의 최고형은 극형으로서 역모죄에 준해서 처벌되었으나 모든 죄가 극형으로 집행된 것은 아니었기 때문이다. 조선 후기에는 형법상 강상죄의 기준이 더욱 엄격히 다루어져 삼강오륜을 범한 모든 죄를 지칭하지 않았기 때문에 범죄 대상이 구체적으로 특정되었고 죄질에 따라 등급이 나뉘어 처벌되었다.[168] 이것이 『전률통보』에서 처음으로 독립 항목인 '강상'으로 설정된 것이다.

이와 마찬가지로 영조대 『속대전』에는 복수復讐 관련 조문이 대거 신설되었고,[169] 정조의 『심리록審理錄』에도 복수 사건이 상당한 비중을 차지한다.[170] 이에 『전률통보』에도 '복수' 항목이 추가됨으로써 가족을 위한 사적 복수에 대한 규정을 명확하게 마련하는 계기가 되었다.[171] 곧 대전에서 소략하거나 혼돈의 여지가 많은 사안을 별도 항목으로 독립시켜 명확히 설명한 것이다.

더욱이 '강상'·'복수'에는 대전류의 조문과 『대명률』에 인용한 조문이 모두 대문으로 수록되었는데, 이는 다른 전典에서 대개 세

---

168 김백철, 2007b: 108-116.
169 "其父被人毆打傷重, 而其子毆打其人致死者, 減死定配. ○其父被殺, 成獄不待究覈, 擅殺其讎人者, 減死定配. ○"妻復夫讎, 母復子讎, 擅殺其讎人者, 依子孫擅殺行兇人律, 杖六十. … ○"未嫁女, 爲人劫姦, 其父母毆殺其人於姦所者, 以應死而擅殺律杖一百." 『續大典』「刑典」, 殺獄; 조지만, 『조선시대의 형사법: 『대명률』과 국전』, 2007: 268-277.
170 심재우, 『『審理錄』 硏究: 正祖代 死刑犯罪 처벌과 社會統制의 변화』, 2005: 123-127(심재우, 『조선후기 국가권력과 범죄 통제: 『심리록』 연구』, 2009).
171 『典律通補』「刑典」, 附復讐.

주로 인용한 경우와 대조적이다. 형정의 한 축으로서 『대명률』이 여전히 건재했기 때문에 두 법제서에 나타나는 규정을 한데 묶어서 융합한 것이다. 다만 『대명률』은 실생활에서 전체 율문이 잘 활용되지 않았기 때문에 주로 활용되는 율문을 명시해둘 필요가 있었다. 따라서 『전률통보』는 단순히 편리함을 도모했을 뿐 아니라 당대 실제 적용한 법조문의 내용을 반영했다는 데 그 의의가 크다.

2) 상시 관리 체계

정조 연간 이루어진 법제 정비로 현행 국법 체계 전반을 다루는 『대전통편』이 찬집되었다. 또한 대전류와 『대명률』을 묶은 『전률통보』가 나왔으며, 예제禮制를 정리한 『춘관통고春官通考』가 찬집되었다. 이로써 전典-예禮-율律의 삼법三法이 재정비되었다. 이러한 국법 체계의 근간을 이루는 법제 외에 부수적인 법제도 정비되기 시작하였다.

절목節目(혹은 事目)의 정리가 광범위하게 이루어졌다. 『정조실록』에는 이전 실록과 달리 각종 절목이 대거 세주로 기재되어 있다.[172] 이전 실록에도 간혹 절목이 보이는 경우가 있지만 정조대처럼 빈번하게 절목을 모두 기입하지 않았다. 이후 실록 편찬 시에도 이러한 지침이 그대로 지켜졌다. 『정조실록』의 편찬은 정조 사후 방침을 따른 것이었지만 이때는 이미 국법 체계의 토대가 갖추어져 있었다.

정조대부터 우의정 이병모李秉模가 "절목정식節目定式·수교정식受

---

[172] 정조 사후 편찬된 실록實錄에는 의례 절차를 상세히 다룬 '의주儀註'도 '사목'·'절목'과 마찬가지로 세주로 실록에 수록되었다. 의궤가 별도로 편찬되고 있는 상황에서 굳이 연대기에까지 수록한 것은 정조 연간 상시 관리 체계의 영향으로 보인다.

敎定式은 『대전통편』에 실렸는데 빠졌거나 반포 후 새로 나온 정식도 있으니 비국備局 중에서 편집당상을 차출하여 삼가 『수교집록』의 예에 따라 일일이 수집하게 하고 이어서 매 3년마다 첨가해 편찬하여 영구히 지속하도록 정식으로 삼아야 한다"고 주장하였다.[173] 이는 대전류 편찬 이후에도 3년 간격으로 수교가 정리되는 체제가 만들어졌음을 의미한다. 『정조실록』에 반영된 정교한 절목의 내용은 이러한 상시 관리 체계의 영향이었다. 그랬기에 약 1세기가 경과한 후에 나온 『대전회통』에서도 정조 후반의 각종 수교가 고스란히 보존되어 수록될 수 있었다.

실록에서 절목을 산출해보면 〈표 18〉과 같다. 정조 9년(1785) 『대전통편』 편찬 이전의 절목과 『대전통편』의 내용을 비교해보면 주로 무비武備와 규장각에 관련되는 내용이 직접적으로 반영되었고, 기타 절목은 시행세칙으로 간주되어 반영되지 않았다. 정조 원년(1777) 서얼허통에 관한 절목이 만들어져서 「통의절목通擬節目」으로 반영되었다.[174] 또한 「유천기사절목有薦騎士節目」, 「초계문신강제절목抄啓文臣講製節目」, 「어진봉심절목御眞奉審節目」, 「제도병마도시절목諸道馬兵都試節目」, 「감문절목監門節目」 등은 실제 『대전통편』의 구성에 영향을 미쳤다. 그중 비중이 높은 것은 「병전」이다. 『대전통편』은 「병전」의 증보 빈도가 높은데 정조대 무비의 관심이 높았기 때문이다.[175] 『대전통편』 편찬 이후에도 지속적으로 사목이 편찬되

---

173 "節目定式 及 受敎定式, 俱載通編, 而亦或有不載於通編者, 又有通編頒行後新定式. 備堂中差出編輯堂上, 謹依受敎輯錄例, 一一蒐輯, 繼又每三年添編, 以至億萬年, 著以爲式." 『正祖實錄』卷41, 正祖 18年 10月 癸未(29日).

174 『正祖實錄』卷3, 正祖 元年 3月 丁亥(21日); 『大典通編』「吏典」, 限品敍用, 當宁(正祖) 元年 丁酉.

175 김문식, 1997; 김문식, 2004; 최형국, 「正祖의 文武兼全論과 兵書 간행: 認識

었으므로[176] 법제 관리 체계가 상시적으로 운영되었음이 확인된다.

둘째, 각종 법제 보완서가 간행되었다.[177] 각 아문의 연혁과 구체적인 행정사무를 다룬 『통문관지』, 『추관지秋官志』, 『규장각지奎章閣志』, 『홍문관지弘文館志』, 『탁지지度支志』 등의 지류志類가 편찬됨으로써 육전을 보완하였다. 지류는 대체로 연혁·규정·실례 등을 부기하는 방식으로 만들어져 해당 아문의 종합 규정집과 같은 역할을 하였다.

또한 사목 등이 별도의 세칙細則으로 간행되었는데, 「흠휼전칙」과 「자휼전칙」이 그것이다. 양자는 한결같이 대전류의 「형전」과 「예전」을 보완하기 위해 실제 운영에 필요한 세부 지침을 마련하는 역할을 하였다. 이 외에도 국왕의 능행 시 한강에 배다리를 놓는 주교사舟橋司의 업무를 다룬 「주교지남舟橋指南」이 편찬되었다. 또 조선 전기에 간행된 원대 법의학서 『무원록』을 여러 차례 논의한 끝에 『증수무원록增修無冤錄』으로 증보하여 간행하였다.[178] 또 살옥殺獄에 대해서는 국왕의 판례집인 『심리록』이 편찬되었다.[179] 이

과 意味를 中心으로」, 2012: 109-111; 허태구, 2020.

176 실록에는 정조 11년(1787)-정조 22년(1798) 약 30개 절목류가 보이고(〈표 18〉 정조 연간 절목류의 『대전통편』 반영 정도), 후대에 서반西班 인사 규정만 별도로 모은 경우도 확인된다(정해은, 「조선후기 西班人事規程集『西銓政格受敎筵奏輯錄』의 검토」, 2003: 81-98).

177 김백철, 2016b: 338-339.

178 학술 역주는 다음 참조. 王興, 『신주무원록』, 2003; 王興, 『역주 증수무원록 언해』, 2004.

179 관련 번역과 연구는 다음 참조. 【번역】 정조, 『신편국역 정조심리록』 1-5, 2006; 【연구】 심재우, 2005; 정순옥, 『조선시대 사죄심리제도와 『심리록』』, 2005; 김현진, 「『심리록』을 통해 본 정조의 범죄판결 특성과 대민교화정책」, 2012.

〈표 18〉 정조 연간 절목류의 『대전통편』 반영 정도

연대	내용	구분	반영	연대	내용	구분	반영
정조 1	帽稅事目	호전	×	정조 14	漢旅新設節目	병전	
	(庶孼許通)節目	이전	○		分面節目*	병전	
	(成均館)圓點節目	예전	△	정조 15	三學釐正節目	예전	
	宣薦內禁衛事目	병전	△		粮餉釐整節目	호전	
정조 2	扈衛廳革罷節目*	병전	○	정조 17	舟橋節目	병전?	
	推刷官革罷節目	형전	×		蓮花坊營屬民戶分契節目	?	
	有薦騎士節目	병전	○		(平安道)各鎭給代節目	호전	
정조 5	(奎章閣)故事節目	이전	△		禁旅節目	병전	
	抄啓文臣講製節目	예전	○		壯勇外營軍制節目	병전	
	抄啓文臣講製追節目	예전	△		粮餉釐整節目	호전	
	(直閣待敎會圈)節目	이전	△	정조 18	華城協守軍制節目	병전	
	御眞奉審節目	예전	○		講製文臣追節目	병전	
	諸道馬兵都試節目	병전	○		楮竹田種養節目*	호전	N/A
	濟州御史賚去事目	이전	×		惠慶宮誕辰陳賀節目*	예전	
	慰諭使事目	이전	×		書寫忠義遷轉節目	병전?	
정조 7	京畿/湖西/湖南/嶺南/海西/關西/關北/關東)御使事目	이전	×	정조 19	華城行宮整理修城穀糶糴節目	호전	
정조 8	監門節目	병전	○		廣州府留守兼南漢守禦使出鎭節目	병전	
	京獄檢驗事目	형전	△	정조 20	廣州府設置添入節目	이전	
	交濟倉節目	호전	△		外整理所進節目	예전?	
정조 9	兩湖作隊船節目	호전	△	정조 21	漕運節目	호전	
	宣傳官廳節目	병전	×		帽蔘節目	호전	
	(長津鎭)節目	병전	×		華城實戶節目	호전?	
정조 11	使行賚去事目	예전	N/A		燕行節目	예전	
정조 12	新定鄕軍節目	병전			蔘包節目	호전?	

정조 12	加髢申禁節目	형전	N/A	정조 21	軍制協守追節目及守城節目	병전	N/A
정조 14	射講節目	병전		정조 22	壯勇外營五邑軍兵節目	병전	

-○: 반영. △: 일부 취지 반영. ×: 미반영. N/A: 해당 사항 없음. *: 명칭만 언급된 경우.
?: 분류 미상

역시 18세기 「형전」을 보완하는 흐름을 구체적으로 반영한 법제서이다.

각종 절목·사목의 반포와 기타 법제서의 편찬은 『대전통편』을 보완하기 위한 법체계 구현의 성격이 짙었다. 숙종대 이후 법제의 집대성과 국법 체계의 위상이 주요 문제로 부각되었고, 영조대에는 집대성된 법제를 새로운 체계 속에서 융합하여 하나로 통합하는 것이 주요 과제였다. 정조대는 이제 법제 정비의 토대가 구축된 상황에서 『대전통편』을 중심으로 국법 체계를 정비하고 이를 뒷받침할 수 있는 상시적인 관리 체계를 만들었고, 구체적인 시행세칙을 편찬하여 국법 체계를 재구축하고자 하였다.

3. 법제 정비의 지향

조선 후기 정조대 편찬된 『대전통편』은 다른 대전의 편찬 과정과는 판이하게 다른 특징을 보인다. 먼저 선왕의 법제 정비보다 훨씬 신속하게 추진되었다. 이는 숙종 연간 환국이 다발하여 집권 붕당이 교체될 때마다 법제 정비사업이 전면 중지되었던 것과는 매우 대조적이다. 영조 연간에도 국왕이 법제 정비를 바랐음에도 실무를 추진하던 신료들이 쉽사리 동참하지 못하여 시작과 중단을 반복해야 했다. 그렇기에 정조 전반 신속한 대전의 간행은 이례적인 현상이었다.

앞서 보았듯이 『대전통편』은 초기에는 속록류 법전인 『수교집록』의 후속편을 만들 목적으로 시작되었으나, 점차 법제 정비의 성격이 변모하여 급기야 『경국대전』이나 『속대전』과 같은 대전류 편찬으로 격상되었다. 『대전통편』의 가장 큰 특징은 두 개의 대전이 포함되어 있다는 점이다. 『경국대전』과 『속대전』이 각기 별개의 기둥을 이루고 있으며, 정조 연간의 수교가 정리되어 별도로 또 하나의 기둥을 형성하였다. 그리하여 성종대 『경국대전』, 영조대 『속대전』, 정조대 증보된 내용이 각기 동일한 반열에 배치되도록 한 점이 특징적이다. 이를 통해서 정조 연간의 모든 법제가 대전류의 위상을 부여받아 『대전통편』으로 집대성되었다.

정조대 법제 정비사업은 전반적인 체계를 살펴볼 필요가 있다. 『대전통편』의 찬집으로 대전류 계통을 통합하였지만 여기서 법제 정비가 끝을 맺은 것은 아니었다. 서로 다른 개별 법제를 하나의 체계 내에 편입시켜 다루고 있는 양상이 확인된다. 이러한 경향성은 정조 연간 만들어진 각종 기타 법제에서도 비슷하게 나타나는 현상이다.

『전률통보』를 통해서는 대전류와 『대명률』의 합본이 시도되었다. 현행법을 기준으로 실효성 있는 조문을 정리한 것이다. 이로써 『대명률』의 실제 준수 범위와 활용에 대한 실상을 가늠할 수 있는 근거가 마련되었다. 『전률통보』는 대전류와 『대명률』 및 기타 법제까지도 하나로 융합하고자 했던 법제 일원화의 대표 작업이었다. 이는 정조 연간 얼마나 법체계의 통합과 운영에 관심을 기울였는지를 확인할 수 있는 자료이다. 또한 이 시기 『춘관통고』의 찬집은 예전류를 총괄하는 정비 작업이었다. 이로써 전-예-율 삼법의 체계적 개편이 궤도에 올랐다.

게다가 정조 연간에는 각종 절목을 수시로 제정하였다. 이는 숙종-영조대와는 전혀 다른 차원으로 활성화되었다. 국법 체계의 재구축은 절목의 상시 관리 체계를 확립하는 수준으로 확대되었다. 이로써 대전류 편찬이 이루어지지 않더라도 새로운 법이 신속히 반영될 수 있도록 제도가 정착되었고, 이것이 『정조실록』부터 규범화되었다. 역대 실록과 비교해도 절목 수록 빈도는 현저히 높아졌다.

각 아문의 행정 실무서인 지류의 편찬으로 실무 지침은 더욱 풍부해졌으며 국법 체계를 재구축하고 보완하는 데 토대가 되었다. 이는 고종대 『육전조례六典條例』의 단서가 된 것으로 보인다. 그리고 각종 실무 지침서인 『무원록』이나 『주교지남』이 편찬되었을 뿐만 아니라 『심리록』과 같은 판례집이 만들어져 법체계를 공고히 뒷받침하였다.

이러한 정조 연간 법제 정비의 흐름은 국가의 통치 기반을 체계화하는 방향으로 이루어졌으며, 『대전통편』을 중심으로 각기 보완 관계가 성립되었다. 연대기와 각종 법제를 비교해보면 그러한 점은 더욱 명확해진다. 게다가 각종 법제서의 편찬도 다양하게 이루어졌다. 이는 무엇이든 체계화하고 정리하고자 했던 국왕 정조의 성격이 일정하게 반영된 것으로 『대전통편』의 찬집 배경과도 맞닿아 있다. 그러므로 당대 법제 정비 상황을 종합적으로 고려하여 접근할 필요가 있다.

6장
국왕 중심의
군제 개편

17세기 후반-18세기 후반 숙종·영조·정조 삼왕은 법제 정비사업을 비약적으로 추진하였다. 정조 연간 조선의 국제國制인 『경국대전』과 『속대전』을 하나로 통합하는 사업이 주요 현안으로 자리 잡았다. 『대전통편』(정조 9, 1785)의 편찬은 약 1세기 이상 추진된 법제 정비 과정을 종합적으로 마무리짓는 사업이었다. 이는 조선의 국법 체계 전반을 고려하여 수정·보완해야 하는 대단히 정교한 작업이었다.

그럼에도 불구하고 선왕(숙종·영조)이 각기 법제 정비에 걸린 세월과 비교하면 신속한 행보였다.[1] 집권한 지 불과 9년 만에 대전류 법제서를 완성했다는 점에서 법제 정비사업을 추진하는 주체가 비교적 명확했으며 이를 추진하는 동력도 강력했음을 엿볼 수 있다. 이러한 변화의 흐름은 강력한 탕평군주로 명성이 드높았던 숙종이나 영조조차 감히 누리지 못했던 영화榮華였다. 어째서 유독 정조

---

1 〈표 12〉 『전록통고』·『속대전』·『대전통편』의 찬집 기간 비교 참조.

연간에만 이러한 변화가 나타난 것일까?

특히 『대전통편』에는 「병전」의 비중이 가장 두드러지게 나타난다. 이것은 이전 시기까지 일관되게 「형전」을 중심으로 법제서의 증보가 이루어진 것과는 사뭇 대조적이다. 이는 법제 정비의 주안점이 어느 정도 이동했다는 것을 의미한다. 과연 왕정에서 누가 1세기 이상 지속된 법제 정비사업의 도도滔滔한 흐름을 대담하게 바꿀 수 있었을까?

변화에는 정국 운영을 주도하는 주체가 필요했으며, 이는 전통시대 왕정 사회에서 국왕 주도의 강력한 정책 추진을 배경으로 하지 않고서는 불가능한 일이었다. 특히 정조 초반은 국왕 정조의 집권 기반이 취약하여 군주 중심의 권력 구도로 재편하는 데 상당한 시간이 소요되었다는 시각이 보편적이었다. 이러한 문제의식을 토대로 『대전통편』「병전」편찬의 성격에 대해서 살펴보고자 한다. 법제 정비사업을 통해 융정戎政의 면모를 확인해봄으로써 정조시대에 대한 보다 정밀한 이해가 가능해지지 않을까 한다.

1. 융정의 이해 방향

정조는 즉위 초반부터 선대왕의 능을 참배한다는 명분으로 행행行幸을 자주 나섰다. 그가 능행을 통해 민정을 시찰하고 왕권 강화를 꾀했다는 것은 이미 많은 연구자가 지적해왔다.[2] 군주가 선왕의 능을 참배한다는 명분하에 도성 밖으로 나가서 직접 백성의 실상을 파악하고 민본정치를 실현한 것은 그동안 정조의 주요 업적

---

[2] 이태진, 1993; 한상권, 1996a; 김성윤, 1997a; 한영우, 1998; 김지영, 2005.

으로 평가되었다. 실제로 능행으로 지나가는 고을에 은택을 내려 백성의 어려움을 덜어주기도 했다.³

그러나 여기에서 한 가지 간과된 사실이 있다. 정조는 능행을 중시한 만큼 준비 과정에서 사소한 실수에도 어김없이 강경한 처벌을 단행하였다. 갑옷을 착용한 상태에서 절을 하지 말라는 하교를 내렸는데 이를 어긴 장수는 어김없이 처벌하였다.⁴ 또 도로 정비가 제대로 되지 않은 책임을 물어 병조판서(洪樂性)를 파직시키기도 했으며, 영기令旗를 보고 절차를 준수하지 않은 채 밖으로 나온 장수에게도 엄벌을 내렸다.⁵ 따라서 능행은 그 자체만으로도 국왕의 권위를 세우고 각 군영의 군사를 친위 세력으로 재편할 수 있는 절호의 기회로 이용되었다. 조선 후기 능행은 조선 초기 원거리 사냥을 통해 강무講武를 시행한 것과 마찬가지로⁶ 군사훈련과 다름이 없었다. 동시에 백성에게는 국왕의 위엄과 은혜를 인식시키는 계기가 되었다.

정조는 즉위 초부터 신속하게 군권을 장악해나갔다. 앞서 살폈듯이 즉위를 도왔던 서명선에게 수어사·총융사摠戎使를 번갈아 맡겼으며, 정조 초반 병권은 국왕에게 충성하는 소수의 핵심 무반武班이 장악하였다. 그는 「대고大誥」(정조 2, 1778)에서 이미 국가 전반의 운영 방략을 밝혔을 뿐만 아니라 융정 개혁도 천명하였다. 향후 각종 조치는 이러한 청사진 속에서 국왕의 장기적인 국정 운영계획에 따라 진행되었다.⁷

3 『正祖實錄』卷2, 正祖卽位年 8月 癸亥(24日).
4 『正祖實錄』卷3, 正祖 元年 正月 癸酉(6日).
5 『正祖實錄』卷3, 正祖 元年 2月 己酉(13日).
6 김백철, 2016a: 431-434.
7 『正祖實錄』卷5, 正祖 2年 6月 壬辰(4日).

먼저 정조 2년(1778) 호위청扈衛廳 삼청三廳을 하나로 통합하였고,[8] 불필요한 군영을 정리한다는 명목으로 수어청·총융청을 통합하는 전면적인 재조정을 시도하였다.[9] 또 금위영·어영청에서 「유천기사절목」을 올리게 했으며,[10] 각 군문의 당상·당하관과 장관·종사관從事官은 병조에서 낙점받게 했다.[11] 그리고 도목정사都目政事 때 군공軍功을 세운 서북西北(평안도)[12]·송도松都(開城府)의 사람을 쓰도록 했다.[13] 이러한 조치는 병권이 분산되어 군영이 피폐해졌다는 이유를 들어 통합론을 펴면서 사실상 병권을 국왕의 직접 통제하에 두고 소외받던 계층을 포섭하여 근위 세력화한 것으로 이해된다.

8   『正祖實錄』卷5, 正祖 2年 2月 丙申(5日).
9   수어청·총융청의 통합은 정조 2년(1778) 수차례 논의되었으나 뚜렷한 결정을 내리지 못하였다. 정조 9년(1785) 비변사 주청에 따라 수어사·총융사를 겸찰兼察하도록 제도화하였고, 정조 10년(1786) 재논의를 통해서 수어사·총융사를 겸찰한 기록이 『승정원일기』에 다수 확인된다. 정조 16년(1792) 수어청에 준하여 총융청을 재조정하였다. 호위청·훈련도감·어영청·금위영 등의 군사가 장용영에 점차 흡수되었고, 정조 19년(1795) 수어청 경청京廳이 혁파되어 전영前營의 이름을 잃었으며, 총융청도 단영單營으로 재편되어 후영後營의 명칭을 잃었으므로 사실상 5군영은 3군영으로 전환되었다. 『正祖實錄』卷5, 正祖 2年 閏6月 辛未(13日); 『正祖實錄』卷20, 正祖 9年 12月 辛丑(26日); 『正祖實錄』卷21, 正祖 10年 4月 乙酉(12日); 『正祖實錄』卷36, 正祖 16年 12月 己卯(15日); 『承政院日記』, 乾隆 60年(정조 19) 2月 10日(壬戌); 이태진, 「조선후기의 정치와 군영제 변천」, 1985b: 273-282.
10 『正祖實錄』卷5, 正祖 2年 6月 庚戌(22日).
11 『正祖實錄』卷5, 正祖 2年 閏6月 乙亥(17日).
12 '서북西北'은 ① 서북면西北面(평안도), ② 서북양계西北兩界·서북양도西北兩道(평안도·함경도), ③ 평안도·황해도, ④ 평안도·황해도·함경도 등 시대별·문맥별로 범위가 일치하지 않는다. 여기서는 정조 연간 다수 용례를 택하여 평안도로 풀이하였다.
13 『正祖實錄』卷6, 正祖 2年 7月 戊子(1日).

또한 세마대洗馬臺에서 5군영의 장수·군사를 호궤犒饋하였는데, 이때 국왕은 융복戎服을 착용하였으며, 각영의 군사·금군禁軍이 차례로 깃발을 세우고 국왕의 통솔을 받았다.[14] 포포가 울려 퍼지고, 군호軍號에 따라 장엄한 의식이 진행되었다. 병사들마다 한 상씩 받음으로써 호궤를 마쳤다. 곧바로 수어청·총융청 군사에게 진陳을 치게 하고 금군으로 하여금 은밀히 시험해보게 하였다. 금군의 활약으로 수어청·총융청은 대패하였다. 모의 전투를 계기로 친위군이 위세를 떨치게 되었다. 노량에서 대열大閱을 행하고, 군문의 기예 명칭을 통일하는 등 군 체제의 일원화를 꾀하였다.[15]

정조 3년(1779) 남한산성의 보축 공사를 마무리하였다.[16] 이때 남한산성의 관할권을 수어사에서 병조로 이관시켰다.[17] 이는 향후 유수부留守府를 설치하여 군주 직할로 두기 위한 사전 포석이었다.[18]

[14] 『正祖實錄』卷6, 正祖 2年 9月 己丑(3日).
[15] 『正祖實錄』卷6, 正祖 2年 9月 癸巳(7日).
[16] 『正祖實錄』卷7, 正祖 3年 6月 庚午(18日).
[17] 『正祖實錄』卷8, 正祖 3年 8月 甲寅(3日).
[18] 사도유수부 체제는 『대전통편』 편찬 이후 기존 한성부·개성부·강화부(인조 5, 1627) 외에 수원부(정조 17, 1793)·광주부(정조 19, 1795) 등을 추가로 유수부로 승격시켜 완성되었다. 이것은 왕경王京을 중심으로 경기京畿 내에 원형으로 5부府를 배치한 것이다. 개성의 관리영管理營·강화의 진무영鎭撫營·광주의 수어청·수원의 장용영 등을 설치함으로써 전시에 수도를 방어하는 군사 거점뿐 아니라 평시에 교통의 중심지로서 상업망을 이루어 수도권 경제를 탄생시켰다. 『經國大典』「吏典」, 京官職, 漢城府; 『經國大典』「吏典」, 京官職, 開城府; 『續大典』「吏典」, 京官職, 江華府; 『大典會通』「吏典」, 京官職, 水原府, 正祖朝 癸丑; 『大典會通』「吏典」, 京官職, 廣州府, 正祖朝 乙卯; 『仁祖實錄』卷16, 仁祖 5年 4月 戊戌(2日); 『正祖實錄』卷37, 正祖 17年 正月 庚戌(16日); 『正祖實錄』卷43, 正祖 19年 8月 丙申(18日); 김문식, 1996: 2-3; 배우성, 「정조의 유수부 경영과 화성인식」, 2004: 245-256.

무비 강화의 도화선은 이해에 전격적으로 단행된 능행이었다.[19] 특히 국왕의 위세를 그대로 이어 전격적으로 단행된 7박 8일의 영릉寧陵(孝宗·仁宣王后)·영릉英陵(世宗·昭憲王后) 행차는 남한산성을 목표로 한 여정으로 대부분의 시간을 산성 시찰·정비에 보냈다.[20] 이는 향후 화성華城 경영과 행차의 전범으로서 받아들여졌다.[21] 남한산성 행차 이후 수도 방어 체계의 재조정이 이루어져 유수부 체제가 확립되었으므로 이를 실현하기 위한 현지 조사의 성격이 강하였다. 정조의 행행은 경기까지 나아가는 과정을 통해 수행하는 친위 부대의 훈련 상태를 점검하고 수도 방어의 전초기지가 될 산성을 점검할 목적에서 비롯되었다. 따라서 이른 시기부터 국왕의 권위는 일정 궤도에 올라와 있었다.

당시 정조는 그동안 문치文治에만 너무 치우쳐서 무비에 힘쓰지 못했으며,[22] 남한산성이 천험天險의 요새이지만 무비가 닦이지 않았다고 지적하였다.[23] 국왕의 인식은 신료들과 크게 다르지 않았다. 대사헌 이재협李在協은 인재 등용을 논하면서 "무비가 완비되지 않은 것은 문교文敎가 진작되지 않은 것보다 심하니, 궁마弓馬에 능

---

19 여기에서 '무비武備' 개념은 실록實錄의 용례를 따라 총체적인 융정戎政의 일환으로 보았다. 『正祖實錄』卷8, 正祖 3年 8月 甲寅(3日); 『正祖實錄』卷8, 正祖 3年 8月 戊午(7日); 『正祖實錄』卷8, 正祖 3年 11月 丁未(27日); 『正祖實錄』卷8, 正祖 5년 10月 庚寅(21日) 등 참조.

20 김문식, 2004: 124-134.

21 기실 정조 19년(1795) 혜경궁의 화갑華甲을 기념하기 위해 화성으로 행차한 7박 8일 행사의 전조前兆로 보아도 무방할 정도이다. 국왕이 일주일 이상 도성 밖에서 장기간 머문 경우는 정조 3년(1779)과 19년(1795) 두 차례에 불과하다.

22 『正祖實錄』卷8, 正祖 3年 8月 甲寅(3日).

23 『正祖實錄』卷8, 正祖 3년 8月 戊午(7日).

숙한 신하를 선발하여 간성干城의 쓰임에 대비해야 한다"고 역설하였다.[24] 좌부승지 김하재도 군정을 주공周公의 서주西周 이상사회의 모습으로 설명하면서 무비에 힘쓰고 적절한 인재를 무신으로 등용해야 한다고 주장하고 무비의 실현은 인재 등용에서 시작한다고 보았다.[25]

국왕 역시 같은 시각에서 서북 지역의 인재에 주목하였다. 서북은 변방으로서 무인武人의 인재 양성에 중요한 기반이었으나 문풍文風이 서북 지역까지 파고들어 더 이상 무재武才를 닦으려 하지 않고 서당만 늘어나고 있다고 한탄하였다. 이 때문에 오히려 융정은 날로 어려워져 변방 방어마저 위협을 받게 되었다고 파악하였다.[26] 조정에서 무신이 제대로 출세를 할 수가 없었기에 서북 지역조차 무인 배출이 어려워져 무비 기반이 흔들리고 있다고 본 것이다. 이에 정조는 그 대책으로서 무신의 등용 방법을 강구하도록 병조에 지시하였다.[27]

사간 이복휘李福徽는 태평한 지가 오래되어 무비가 허술해져 통개筒箇·궁시弓矢의 부류가 단지 화려한 장식으로 취해지며 실효가 없으니 옛 제도를 따라 다시 정비해야 한다고 하였다.[28] 이제 사안이 비단 인재 선발 방법에 치중되지 않고 병장기 정비까지 논의된 것이다. 실제로 사도세자의 존호에 장헌세자莊獻世子를 추가한 것을 기념하는 경과慶科를 설행하여 무신 2,000여 명을 선발하고 여러

24 "至若武備之不競, 殆甚於文敎之未振, 則簡援弓馬之臣, 以儲干城之用." 『正祖實錄』卷12, 正祖 5年 10月 庚寅(21日).
25 『正祖實錄』卷8, 正祖 3年 11月 丁未(27日).
26 『正祖實錄』卷12, 正祖 5年 11月 庚子(2日).
27 『正祖實錄』卷32, 正祖 15年 4月 癸亥(19日).
28 『正祖實錄』卷17, 正祖 8年 3月 壬子(27日).

차례에 걸쳐 장용위壯勇衛에 편입시키기에 이른다.²⁹

북한산성 안찰어사按察御史 신기申耆도 군기軍器를 검열할 때 포구砲具를 쏘는 규식規式과 화약火藥·탄약彈丸의 무게를 군교軍校에게 두루 물었으나 모두 자세히 대답하지 못하였다고 하면서 무비를 갖추기 위해서는 이를 전담할 인력의 확보와 교육이 필요함을 역설하였다.³⁰ 다양한 무비 인식은 당시 상소에서 흔히 보이는 소재였다. 지평 백사근白師謹은 ① 문덕文德을 펴고, ② 무비를 정돈하며, ③ 기강紀綱을 세우고, ④ 부세를 고르게 하며, ⑤ 재용財用을 절약하라는 등 다섯 가지를 상소로 올렸는데,³¹ 여기서도 무비는 문풍과 함께 고려해야 할 사안으로 인식되었다. 문·무는 한쌍을 이루니 어느 하나도 소홀히 할 수 없다는 공감대가 형성되었기 때문이다.

정조대 무비 강화 논의는 시대정신을 반영하였으므로 조정의 공론에 힙입어 국왕이 강력한 융정 개혁을 추진할 수 있었고, 자연히 국왕권의 강화로 귀결되는 단서를 마련하였다.³² 이러한 노력은

29 장용위는 정조 17년(1793) 체제 개편을 통해서 장용영으로 탈바꿈하였으므로 아직 본격적인 제도는 『대전통편』에 수록되지 못하였다. 『正祖實錄』 卷 18, 正祖 8年 9月 辛未(19日); 『正祖實錄』 卷 37, 正祖 17年 正月 丙午(12日).
30 『正祖實錄』 卷 20, 正祖 9年 6月 甲午(17日).
31 『正祖實錄』 卷 20, 正祖 9年 7月 壬戌(15日).
32 정조 13년(1789) 마침내 사도세자의 첫 묘소인 영우원의 천원遷園이 단행되었다. 이때 현륭원 공역이 완공되는 것을 기념하여 천원에 동원된 군사에게는 특별히 배려하는 차원에서 별시사別試射를 치르게 하였다. 아울러 수원 인근 3읍의 백성에게 은택을 베풀었고 특별히 국왕이 머무는 동안에 필요한 거처에 쓰일 물품을 나른 군사에게도 별도의 사방射放을 시행할 기회를 주었다. 이는 사도세자의 신원과 융정의 정비 문제를 하나의 연장선상에서 처리해나가고 있는 국왕의 입장을 확인해볼 수 있는 대목이다. 물론 이러한 현상은 장용영 외영外營의 설치와 화성 경영으로 보다 구체화되었다. 이러한 움직임은 국왕의 물리적 기반을 다지는 한편 당시 융정

『대전통편』「병전」을 통해서 구현되었다. 특히 정조는 융정 개혁의 정당성을 선왕들에게서 확보하고자 하였으므로 그동안 축적된 여러 융정 정책이 집대성되는 결과를 낳았다.

2.「병전」의 탄생

1) 구성 방식

정조는 법제 정비사업을 통해 왕정의 전통을 계승하여 누적 수교를 집대성함으로써 현행법을 국법 체계 내로 편입시켜 그 근거를 강화하고, 자신의 통치 이념 역시 선왕(영조)처럼 대전에 담아내고자 노력했다. 앞에서 보았듯이 영조는 수교를 착실히 모아 법조문의 추상화를 이루었으며 최상위법인 대전류를 다시 만들어냈다. 더욱이 그동안 수교에서 명률을 대신하는 형법 비중이 높아지자「형전」을 강화하고 '관형주의寬刑主義'라는 이념까지 표방했다. 법조문의 축조 의도를 신료들로 하여금 서문에 밝히게 하거나 왕이 직접 써서 관철시킨 것이다.[33] 이로써『속대전』은 백성을 긍휼

의 필요성을 주장하던 신료들의 목소리를 적극적으로 반영했다는 점에서도 주목해볼 필요가 있다.『正祖實錄』卷28, 正祖 13年 10月 庚申(8日);『正祖實錄』卷28, 正祖 13年 10月 癸亥(11日).

33 "今我殿下臨御載, 夙夜憂勤, 克紹祖宗之心法, 惟寬惟明, 以修敎刑 … 而除壓烙減全徒 … 而堯舜無刑之治, 臣將拱手而俟矣."『續大典』卷首, 續大典序; "【註: 噫, 人之秉彝, 本有其性, 豈有犯此律者, 而若有所犯, 敎化之不宣, 官吏之不及蘇瓊者, 然其犯者此律猶輕, 而末俗浮謗難信求諸古事, 於此等處亦不無抱冤者, 此其時京外執法之官, 其可泛以考律處之, 其宜深諒情僞者也.】"『續大典』「刑典」, 推斷, 當宁甲子(영조 20); "【註: 獄者, 所以懲有罪, 本非致人於死. 而祁寒盛暑, 凍餓

히 여기는 형법이 중심이라는 인식이 보편화되었다.

정조 역시 선왕의 방식을 단지 계술하기만 하겠다고 천명하였다.[34] 앞서 살폈듯이 추상화를 통한 대전류의 찬집이나 형법의 보완은 여전히 지속되었다. 더하지만 이 과정에서 약간의 변화가 감지된다. 17세기 이래 강화되어온 「형전」 대신에 「병전」이 부각되었기 때문이다.

조선 후기 제도에서 변화가 큰 부분 중 하나는 병제였다.[35] 그 변화상은 대개 영조대부터 국법 체계 내에 반영되기 시작했다. 먼저 『신보수교집록』·『증보전록통고』 등에 반영되었으며 『속대전』을 통해서 골격이 갖추어졌다. 오위五衛가 오군영五軍營으로 변화하는

疾病, 間有非命致死. 其令中外官吏, 淨掃囹圄, 療治疾病, 無家人護養者, 官給衣糧, 如有解緩不奉行者, 嚴加糾理.)"『續大典』「刑典」, 恤囚, 當宁乙卯(영조 11)下敎;"【註: 凡殺人之律, 雖有疑端, 推官惟期承款不爲細究, 詳覆之後, 三覆審愼, 蓋所以恤刑, 而若係殺人則其不克愼, 三尺爲準, 是豈王者之道, 曾前參以情法, 減律之類, 雖不條列于續典, 此則俱在該曹謄錄. 凡於啓覆, 參情法考前例, 莫曰承款, 務爲消詳, 稟旨裁決.)"『續大典』「刑典」, 殺獄, 英宗甲子(영조 20)下敎;"【註: 雖有特敎, 執法之臣爭執, 勿爲擧行.)"『大典通編』「刑典」, 推斷, 英宗己卯(영조 35)下敎; 김백철, 2016b: 211-212.

34 "遵先王之法, 修明之耳, 小子何述焉."『大典通編』卷首, 當宁御製大典通編題辭; "續典各典之首, 有英廟御製御筆, 今謹摸寫, 合弁于卷首, 仍書各典字以標之."『大典通編』卷首, 大典通編凡例.

35 조선 후기 군제 변화상은 다음 참조. 차문섭, 『조선시대 군제연구』, 1973; 이태진, 1985b; 오종록, 「조선후기 수도방위체제에 대한 일고찰: 오군영의 삼수병제와 수성전」, 1988; 최효식, 『조선후기 군제사연구』, 1995; 차문섭, 『조선시대 군사관계 연구』, 1995; 서태원, 『조선후기 지방군제연구: 영장제를 중심으로』, 1999; 김우철, 『조선후기 지방군제사』, 2000; 김종수, 『조선후기 중앙군제연구: 훈련도감의 설립과 사회변동』, 2003; 육군군사연구소, 『한국군사사 7-8: 조선후기 I-II』, 2012; 김종수, 『숙종시대의 군사체제와 훈련도감』, 2018.

〈표 19〉 조선시대 중앙 군제의 변화와 「병전」 증보

	經國大典	續大典	大典通編
정1품	中樞府	中樞府	中樞府
정2품	五衛都摠府	五衛都摠府	五衛都摠府
정3품	五衛(義興衛·龍驤衛·虎賁衛·忠佐衛, 忠武衛), 兼司僕將(禁軍廳), 內禁衛將(禁軍廳), 訓鍊院	五衛(義興衛·龍驤衛·虎賁衛·忠佐衛·忠武衛), 兼司僕將(禁軍廳), 內禁衛將(禁軍廳), <u>羽林衛將(禁軍廳)</u>, 訓鍊院	五衛(義興衛·驤衛·虎賁衛·忠佐衛·忠武衛), 兼司僕將(禁軍廳), 內禁衛將(禁軍廳), 羽林衛將(禁軍廳), 訓鍊院, <u>宣傳官廳</u>
정5품	世子翊衛司	世子翊衛司	世子翊衛司
종6품		世孫衛從司, <u>[軍營衙門], 訓練都監, 禁衛營, 御營廳, 守禦廳, 摠戎廳, 經理廳, 扈衛廳, 禁軍廳, 捕盜廳, 管理營, 鎭撫營</u>	世孫衛從司, <u>守門將廳</u>, 軍營衙門, 訓練都監, 禁衛營, 御營廳, 守禦廳, 摠戎廳, 扈衛廳, <u>龍虎營(←禁軍廳)</u>, 捕盜廳, 管理營, 鎭撫營
散職		別軍職廳, 內司僕寺, 能麽兒廳, 忠壯衛將, 忠翊衛將, 空闕衛將, 儀仗庫	別軍職廳, 內司僕寺, 能麽兒廳, 忠壯衛將, 忠翊衛將, 空闕衛將, 儀仗庫
雜織	破陣軍, 隊卒彭排	<u>禁軍, 各營軍士, 騎步兵</u>	禁軍, 各營軍士, 騎步兵

- 밑줄: 신설 아문. 단 선혜청·준천사는 『대전회통』 편찬 시 「이전」에서 「병전」으로 바뀌어 제외.

과정은 『신보수교집록』을 통해서 처음 수록되었고, 『속대전』에는 우림위장羽林衛將·세손위종사·훈련도감·금위영·어영청·수어청·총융청·경리청·호위청·금군청禁軍廳·포도청·관리영·진무영·별군직청·내사복시·능마아청·충장위장忠壯衛將·충익위장忠翊衛將·공궐위장空闕衛將·의장고·금군·각영군사各營軍士·기보병騎步兵 등이 편입되었다. 이렇게 변화한 병제는 『속대전』을 통해서 윤곽이 드러났다. 반면에 항목 분류만 보면 『대전통편』에서 신규 병제는 선전관청·수문장청·용호영(←禁軍廳)[36]·사산참군 등에 불과했다.

[36] 친위 군사의 재편은 영조대부터 주요한 관심사였다. 영조는 금군의 처우

어째서 「병전」의 비중이 정조대 편찬된 『대전통편』에서 더 높게 나타난다고 하면서 대부분의 병제가 이미 영조대 편찬된 『속대전』에 있었던 것일까? 이는 법제 정비사업의 상황과 목적이 서로 달랐기 때문이다. 법제 정비 시 현행법을 반영하는 것은 자연스러운 일이었으며, 이전 시기 미처 국법 체계 내에 편입되지 못한 선왕의 수교도 수록해야만 했다. 『속대전』에 반영된 수교는 성종대까지 거슬러 올라간다. 반면에 『대전통편』의 기본적인 수록 대상은 영조 후반-정조 초반이다. 물론 사안에 따라 국초까지 다루기도 한다. 전자는 조선 후기의 변화상을 다루는 것이 주 목적이었으며, 후자는 주로 정조 당대를 중심으로 보완하는 내용이 주류를 이루었다. 이는 국왕의 의도를 보다 적극적으로 『대전통편』에 반영하는 계기가 되었다. 그러한 까닭에 『대전통편』에 수록된 다양한 법제는 설령 선왕대 수교라 할지라도 당대 정조의 의도대로 재해석되고 윤문되어 수록되었다. 또한 실제 운영상 나타나는 미시적 문제에 대해서도 집중적인 보완 작업이 이루어졌다. 앞서 살폈듯이 신규 수교는 차곡차곡 정리되어 대문大文 '증增' 자字로 구분되었으며, 두 대전의 조문을 개정하거나 보완한 내용은 세주細註 '증' 자로 표기되었다. 이때 증보된 문항은 500여 개에 달한다.

『대전통편』에서는 육전 중 단연 「병전」의 증보율이 1위로 가장 높게 나타난다. 이는 숙종대 『수교집록』이나 영조대 『신보수교집록』에서 「형전」이 각기 약 40% 이상 차지하는 것과는 사뭇 다른

개선에 심혈을 기울여 금군청을 용호영으로 개칭하는 일대 조치를 취하였다(이태진, 1985b: 247-261). 그러나 이는 영조 후반의 조치로서 『속대전』에 모두 반영되지 못하여 『대전통편』에 가서야 수록되었다. 정조대 장용영의 설치도 『대전통편』 편찬 후 이루어져 미처 「병전」에 수록되지 못하였다.

〈표 20〉『대전통편』 증보 조항의 비율[37]

구분	吏典	戶典	禮典	兵典	刑典	工典
大文 增字	138	56	90	176	44	6
細註 增字	198	91	105	324	70	24
소계	336	147	195	500	114	30

수치이다.[38] 정조는 『대전통편』을 만드는 과정에서 "새로 첨가하는 조항은 신중하지 않을 수 없으니 사율死律에 관계되는 것은 하나도 넣지 않는다"고 하였기에 「형전」 증보가 중심이 아님을 알 수 있다.[39] 동시에 『대전통편』에서 「병전」이 가장 세밀하다고 자평自評하였으므로[40] 그 주안점이 어디에 있었는지 자명하다. 2위가 「이전」으로 제도적 수정을 요하는 부분에 보완이 이루어졌다. 양자는 동·서반 아문 설치·인사 절차와 직접 연계되므로 정조대 법제 정비사업에서는 관료 기구 전반의 개편이 이루어졌음을 짐작할 수 있다. 반면에 「형전」은 5위에 그쳐 단지 『속대전』의 관형주의를 계승하는 차원에서 마무리되었다.[41] 그동안 정조시대를 형정에 초점을 맞추어 살펴온 것과 다소 다른 경향을 보인다.

---

[37] 대문 '증' 자에 대해 실록은 「이전」 212, 「호전」 73, 「예전」 101, 「병전」 265, 「형전」 60, 「공전」 12 등으로 기재되어 있고, 해제는 「공전」만 11로 나타나 차이가 있으나 현전 판본을 대조하여 대문 6으로 보정하였다. 『正祖實錄』 卷20, 正祖 9年 9月 丁巳(11日); 염정섭, 1998a: 17.

[38] 구덕회, 「『수교집록』 해제」, 2001: 12; 구덕회·홍순민, 「『신보수교집록』 해제」, 2000: 14.

[39] 『國朝寶鑑』卷71, 正祖朝3, 9年 9月.

[40] "六典, 惟兵典最詳密, 各典之皆如兵典, 未可必也." 『正祖實錄』卷19, 正祖 9年 2月 癸卯(23日).

[41] 김백철, 2007b: 85-123.

〈표 21〉 숙종-정조 연간 법제서의 육전 구성 비율

구분	受教輯錄	新補受教輯錄	續大典	大典通編
吏典	115	204	242	138
戶典	161	229	122	56
禮典	130	145	198	90
兵典	181	176	256	176
刑典	402	611	282	44
工典	7	35	39	11

- 기준: 『속대전』과 『대전통편』은 대문 기준으로 조문 수 합산.

대문의 조문 수로만 비교하면 『속대전』「병전」이 256개, 『대전통편』「병전」이 176개로 적지만, 『대전통편』 자체에서의 비중은 「병전」이 압도적이다. 게다가 세주 324개까지 합산하면 수정한 곳은 총 500개로 결코 적지 않은 분량이다.

그렇다면 『대전통편』「병전」을 중심으로 개편된 내용을 살펴볼 필요가 있다. 정조 연간 비교적 중요하게 인식되었던 제도가 대거 편입되었는데, 이를 통해 융정의 방향을 확인해볼 수 있기 때문이다.

첫째, 외관직外官職의 변화이다. 『대전통편』에서 구현된 「이전」의 지방 관제의 변화는 「병전」과 밀접한 연관 속에서 진행되었다. 국초부터 북방·해안과 같은 실질적 국경선에는 무신이 파견되어 국방을 맡았으나 내륙에서는 목민관이 군직을 겸할 수밖에 없었다.[42] 하지만 16세기 말-17세기 초 대규모 국제 전쟁뿐 아니라 18세기 초 무신란(영조 4, 1728)을 겪으면서 내륙 방어의 필요성이 높아졌으므로[43] 일단 요충지의 군직을 늘리고[44] 문관·무관·음관의 파견 고을

---

[42] 김백철, 2021a: 166-179.
[43] 『英祖實錄』卷17, 英祖 4年 4月 甲辰(24日).

을 능동적으로 재배치함으로써 방어선 구축에 주의를 기울였다.[45]

이러한 경향은 18세기 『속대전』·『대전통편』의 외관직 변동을 보아도 확인된다. 영조대는 일차적으로 15세기 말-18세기 초 관직 변동을 반영해야 했으며 이차적으로 양역변통을 추진하면서 비용 절감을 위해 관직을 개편한 내용이 수록되었다. 〈표 22〉와 같이 두 대전의 외관직을 살펴보면 『속대전』은 민정직을 369개 줄이고 군정직을 203개 늘렸으며, 『대전통편』은 민정직 20개, 군정직 3개를 각각 추가하였다. 물론 『대전통편』에서도 삭감이 이루어졌으나 증감 총수는 증가한 것이다. 『속대전』에서 변동률이 압도적으로 높은 것은 대상 시기가 훨씬 길었기 때문이다. 『대전통편』에서 변동률이 상대적으로 낮은 것은 제도를 안정화시키는 보완 작업을 수행했기 때문이다. 전반적으로 외관직은 줄어드는 추세였으나 그중 민정직은 급격하게 줄었고 군정직은 오히려 늘어났다. 민정직보다 군정직을 강화해나간 것이다. 이 역시 17세기 이후 융정 강화의 흐름과 무관하지 않았다.

한편 조선 초기에는 속현을 없애고 지방의 장악력을 높이기 위해서 목민관과 그 보좌진을 고을의 크기에 비례하여 파견하였다.[46] 그러나 이미 수백 년을 거쳐 지방제도가 안정되자 상당수 보좌직이 불필요하다고 여겨졌으며, 더욱이 양역변통을 위한 용관元官 폐지 정책에 따라 중앙·지방 관직을 대거 정리하였다. 그중 『속대전』에서 교수敎授·훈도訓導·역승驛丞·도승渡丞 등은 일괄 폐지되거나 다른 직으로 개편되었다. 판관判官도 큰 고을에 보좌관으로 파견되

---

44 최효식, 1995; 서태원, 1999; 김우철, 2000; 육군군사연구소, 2012.
45 김백철, 2022: 35-38.
46 김백철, 2016a: 416-419, 523-524.

〈표 22〉『속대전』·『대전통편』의 외관직 변동률

속대전	경기	충청	경상	전라	황해	강원	함경	평안	소계
민정직	-51	-60	-68	-68	-29	-29	-25	-39	-369
군정직	29	6	30	25	24	1	39	49	203
대전통편	경기	충청	경상	전라	황해	강원	함경	평안	소계
민정직	-1	-2	4	6	3	-1	4	7	20
군정직	8	1	-5	1	0	-2	2	-2	3

- 민정직: 『續大典』「吏典」, '外官職'; 『大典通編』「吏典」, '外官職'.
- 군정직: 『續大典』「兵典」, '外官職'; 『大典通編』「兵典」, '外官職'.
- 단 『속대전』「이전」에서 이속을 표기했으나 「병전」에 수록하지 못한 경우 『대전통편』에 합산.

는 경우는 대부분 줄였고, 관찰사의 업무를 대행하거나 군사요충지에 필요한 경우는 남기거나 늘렸다. 오히려 군정직은 수군통제사水軍統制使·수군통어사水軍統禦使·병마방어사兵馬防禦使·수군방어사水軍防禦使·진영장鎭營將·중군中軍·통우후統虞候·수군우후水軍虞候·순영중군巡營中軍·별장別將·권관權官 등이 증설되었다.

이러한 대규모 변동을 바탕으로 『대전통편』은 좀 더 미세한 조정을 행하였는데 판관을 추가로 폐지하거나 권관·별장을 증감시켰고 방어사防禦使를 추가하였다.[47] 영조대 주요한 도에는 중군을 설치했는데 정조대 일괄적으로 나머지 지역도 모두 순영중군을 증설하여 관찰사의 군무를 보좌하게 했다.[48] 또한 지방의 군사적 요충지를 담당하는 군직이 경직京職을 겸임하던 특혜를 대부분 폐지해버렸다.[49] 이는 국초에 관찰사 등이 경직을 띠고 지방에 내려가

47 김백철, 2016b: 358.
48 "巡營中軍一員【註: 正三品堂上. [增]增置】." 『大典通編』「兵典」, 外官職, 京畿·忠淸道·慶尙道·全羅道·黃海道·江原道.

던 우대 조항⁵⁰이 점차 사라졌다가 후대에 재조정된 것⁵¹과 비슷한 흐름이다.

둘째, 수군水軍이 정비되었다. 우선 임진왜란을 계기로 만들어진 수군통제사를 필두로 수군통어사·수군절도사 등이 각기 재조정되었다.⁵² 특히 북방 지역을 제외한 다른 지역은 병마절도사를 뽑을 때 반드시 수군절도사를 경험한 인물을 뽑도록 하여 수군을 강화하고자 했다.⁵³

더욱이 병선兵船 제도 역시 확연히 바뀌었다. 국초 『경국대전』에서는 대大·중中·소小의 맹선猛船을 기준으로 구분하였는데, 『속대전』에서는 보다 구체적으로 전선戰船·방선防船·병선兵船·귀선龜船·해골선海鶻船·소맹선小猛船·사후선伺候船·탐선探船·거도선艍舠船·급수선給水船·협선挾船·별소선別小船·추포선追捕船 등으로 바뀌었다. 병제가 세밀해지면서 병선이 용도에 따라 세분화된 것이다. 다만 『대전통편』에서는 추가로 수정이 이루어지지 않았다.⁵⁴

셋째, 절목·사목이 「병전」의 증보로 연결되었다. 실록을 기준

49 "【註: 訓戎潼關高嶺柔遠美錢惠山, 則以京職兼. [增]今廢.】"『大典通編』「兵典」, 外官職, 咸鏡道; "【註: 滿浦麟山方山碧團昌洲高山里, 則以京職兼. [增]今廢.】"『大典通編』「兵典」, 外官職, 平安道.

50 『世祖實錄』卷11, 世祖 4年 閏2月 丁卯(9日);『世宗實錄』卷127, 世宗 32年 正月 甲午(18日).

51 "各道正二品以上觀察使, 京職兼差. 兩界則否."『典錄通考』「吏典」上, 京官職, 續錄; "正二品以上觀察使, 京職兼差【註: 兼府兼牧處則否】."『續大典』「吏典」, 外官職.

52 "罷京畿水使, 以江華鎭撫使兼統禦使, 以喬桐永宗防禦使爲統禦營左右海防將."『大典通編』「兵典」, 外官職, 當宁己亥(정조 3).

53 "西北外諸道兵使, 以已經水使人備擬."『大典通編』「兵典」, 外官職.

54 김백철, 2016b: 359.

으로 정조 연간 확인되는 사목·절목은 52개에 달한다. 그중 20개가 융정으로 가장 비율이 높다.55 「선천내금위사목宣薦內禁衛事目」 (정조 1, 1777), 「호위청혁파절목扈衛廳革罷節目」·「유천기사절목」(정조 2, 1778), 「제도병마도시절목」(정조 5, 1781), 「감문절목」(정조 8, 1784), 「선전관청절목宣傳官廳節目」·「(장진진長津鎭)절목節目」(정조 9, 1785), 「신정향군절목新定鄕軍節目」(정조 12, 1788), 「사강절목射講節目」·「한려신설절목漢旅新設節目」·「분면절목分面節目」(정조 14, 1790), 「금려절목禁旅節目」·「장용외영군제절목壯勇外營軍制節目」(정조 17, 1793), 「화성협수군제절목華城協守軍制節目」·「강제문신추절목講製文臣追節目」(정조 18, 1794), 「광주부유수겸남한수업사출진절목廣州府留守兼南漢守禦使出鎭節目」(정조 19, 1795), 「군제협수추절목급수성절목追節目及守城節目」(정조 21, 1797), 「장용외영오읍군별절목壯勇外營五邑軍兵節目」(정조 22, 1798) 등이다. 다만 실제로 직간접적으로 반영된 절목은 5개 정도인데 이는 대전류가 추상화된 조문이며, 법제 정비사업이 정조 전반기에 이루어져 대상 시기가 일치하지 않았기 때문이다. 그럼에도 불구하고 『대전통편』「병전」은 정조대 중요하게 인식한 병제를 수록하였으므로 융정의 방향성을 보여준다.

넷째, 무신 선발기준이 확대되었다. 『대전통편』「병전」에서 가장 주목되는 부분은 무인 선발기준의 확대이다. 그중 '시취試取'에서는 보다 체계적으로 인재 선발에 대해 규정하고 있다. 〈표 23〉과 같이 『경국대전』을 근간으로 했으나 실제 57개 시험 항목 중 16개만이 국초에 만들어진 제도였다. 『속대전』에서 재정비된 항목은 신설 32개, 보완 2개에 달한다. 『대전통편』에서는 9개 항목을 신설하였고, 12개 항목에 걸쳐 수정이 이루어졌으며, 6개 항목을 폐지(혹

---

55 〈표 18〉 정조 연간 절목류의 『대전통편』 반영 정도 참조.

은 조정)하였다.⁵⁶ 대체로 영조 연간 큰 폭의 변화가 보이고 정조 연간 당대의 현실에 맞추어 조화롭게 보완한 것이다. 이러한 변화는 군주 중심의 병제를 구현하는 방식이었다.

2) 관무재와 시사

조선 후기에는 국왕이 직접 주관하는 무인 선발과 문반·무반 재교육이 시행되었다. 「병전」 '시취'에서 가장 두드러지는 부분은 관무재觀武才와 시사試射이다. 관무재는 특별 행사로 기획되어 능행시 국왕이 직접 무인을 선발하는 형태였고, 시사는 문신·무신을 대상으로 일정 기한마다 국왕이 주관하여 무비의 중요성을 강조하는 형태였다.

(1) 관무재

먼저 관무재는 조선 전기부터 시행되었으나⁵⁷ 후기에 급격히 시행 빈도가 늘어나기 시작했다.⁵⁸ 관무재는 신료들의 간단한 활쏘기(觀射)부터 대규모 열병식閱兵式 등을 모두 포괄하고 있어서 그 규모는 같은 왕대라도 설행 시기에 따라 다소 차이가 있었다. 대체로

---

56 다만 폐지로 표시했어도 직제를 조정하여 재편한 경우도 보인다. 예컨대 「병전」, '시취'에서 내금위·별시위·친군위는 "지금 폐한다[今廢]"고 하였으나 이를 대신해서 다음 항목에서 선천내금위·금어양영기사 등을 재설정하였다. 이는 『경국대전』을 존중하여 폐지로 표기하고 『대전통편』에서 다시 신설로 기재한 것이다.
57 심승구, 「조선전기의 관무재 연구」, 2005: 109-153.
58 〈부표 7〉 관무재 설행 시기 참조.

〈표 23〉『대전통편』「병전」'시취'의 항목

번호	내용	經國大典	續大典	大典通編	번호	내용	經國大典	續大典	大典通編
1	武科式年(初試/覆試/殿試)	○	○	○	30	吹螺赤	○		
2	都試	○	○		31	馬醫	○		
3	別試(初試/殿試)		○	○	32	宣傳官/武兼宣傳官/部將/守門將/禁軍/護衛軍官/忠翊衛		○	○
4	廷試(初試/殿試)		○		33	武藝砲手		○	
5	謁聖試(初試/殿試)		○		34	殺手		○	
6	重試(初試/殿試)		○		35	旗隊長		○	
7	權武科(殿試)			○	36	宿衛騎士			○
8	外方別科(初試(?)/殿試)		○	○	37	砲手		○	
9	觀武才(初試/覆試(殿試))		○	○	38	文臣堂下官		○	
10	內禁衛	○		○(폐지)	39	武臣堂上官		○	
11	宣薦內禁衛			○	40	武臣堂下官		○	
12	禁軍		○		41	專經殿講			○
13	別侍衛/親軍衛	○		○(폐지)*	42	賓廳講		○	○
14	禁御兩營騎士		○		43	武經講		○	○
15	甲士	○		○(폐지)*	44	能麼兒講		○	
16	都摠府堂下官/部將/宣傳官		○	○	45	各營將官		○	
17	內三廳出身		○	○	46	射講			○
18	內三廳南行		○		47	咸鏡道親騎衛		○	
19	武藝	○		○(폐지)	48	平安道別武士		○	
20	堂上軍官		○		49	黃海道別武士		○	○
21	哨官		○		50	江原道別武士		○	

22	教鍊官		○		51	慶尙道別武士			○
23	破敵衛	○		○ (폐지)	52	江華壯義旅	○		
24	壯勇衛	○	○		53	統營武士	○		
25	捉虎甲士	○			54	東萊別騎衛	○		
26	正兵旅帥/隊正	○			55	南漢軍官			○
27	當番正兵鍊才	○			56	水原/坡州 別驍騎士			○
28	當番水軍鍊才	○			57	諸道馬兵	○		
29	隊卒	○		○ (폐지)					

- *: 실제 폐지가 아니라 신제도로 대체한 경우.

중종 후반부터 일정한 형식에 의거하여 열병閱兵이 행해졌으나 완전히 정례화되지는 못하였다. 이러한 관무재가 적극적으로 활용되기 시작한 것은 17세기 이후였다.[59] 특히 국왕의 친시親試로서 활용된 측면이 강했는데, 능행을 빌미로 대규모 군사행동에 나섰다가 환궁하는 길에 국왕이 직접 열무閱武에 참석하여 왕을 수행한 군사를 대상으로 특별 무과인 관무재를 행했다. 이는 친위 군사의 우대 및 확보책이었다.[60] 최근에는 문신정시文臣庭試·유생정시儒生庭試와 대거對擧로 운영되었다는 견해도 연구로 나오고 있다.[61]

59 관무재가 17세기에 보편화되었으므로『만기요람』을 보면 군영별로 훈련도감과 금군청(龍虎營)은 효종 3년(1652), 어영청은 효종 10년(1659), 금위영은 숙종 12년(1686)에 실시되었다.『萬機要覽』, 軍政編, 訓練都監, 試藝, 觀武才;『萬機要覽』, 軍政編, 龍虎營, 試藝, 觀武才;『萬機要覽』, 軍政編, 御營廳, 試藝, 觀武才;『萬機要覽』, 軍政編, 禁衛營, 試藝, 觀武才.
60 『孝宗實錄』卷9, 孝宗 3年 8月 壬寅(3日);『顯宗實錄』卷6, 顯宗 3年 10月 癸卯(3日).
61 이상무,「관무재 대거 정시 운영 연구:『시예등록』을 중심으로」, 2020: 111-134.

숙종 20년(1694) 관무재를 치를 때 호위청 각 청의 부료군관付料
軍官은 금군과 같이 한 가지 기예技藝를 시취하고 나머지 군관은 두
가지 기예로 시취하였다.⁶² 또한 영조 10년(1734)에는 관무재가 있
으면 수어청·총융청의 표하군標下軍은 모두 북한산성·호위청의 예
에 따라 과거시험을 보게 하였으며, 호위청의 정원은 삼청의 군사
를 통틀어 각 100명으로 하였고, 관무재의 초시初試를 볼 때 활쏘기
한 가지로 시취하도록 하였다.⁶³ 이러한 관무재에 관한 사항은 『속
대전』「병전」'시취'에 반영되어 관무재 초시와 복시覆試 규정으로
세분화되었다. 정조대에 이르면 분위기가 확연히 바뀌어 특별시험
인 관무재의 빈도가 낮아지고 정례 시험인 시사의 비중이 높아지
는 경향을 보인다.

(2) 시사

　시사도 본래 조선 전기부터 간헐적으로 국왕과 근신에 의해서
이루어졌으나 후기에 가서 정례화되었다. 관무재가 친위 군사를
대상으로 하는 특별시험에 해당한다면 시사는 기존 관료에 대한
재교육에 가까웠다. 특히 문신에게도 매월 시사에 참여할 것을 강
제한 점이 흥미롭다.⁶⁴ 시관試官은 육경六卿이 돌아가면서 맡았으

62　"觀武才時, 扈衛各廳付料軍官, 依禁軍例, 一技試取. 其餘軍官, 則依前例, 二技試
　　取事, 定式." 『新補受敎輯錄』「兵典」, 試取, 康熙 甲戌(숙종 20).
63　"如有觀武才之擧, 則守禦摠戎兩廳標下軍, 一依北漢扈衛廳例, 使之赴擧." 『新補
　　受敎輯錄』「兵典」, 試取, 雍正 甲寅(영조 10); "扈衛通三廳軍士, 各以一百人定額.
　　凡觀武才初試時, 以射藝單技試取, 而分付兵曹擧行事, 定式." 『新補受敎輯錄』
　　「兵典」, 試取, 雍正 甲寅(영조 10).
64　"文臣朔試射時, 稱病不進員, 並罷職, 勿揀赦前." 『受敎輯錄』「兵典」, 試取, 崇禎

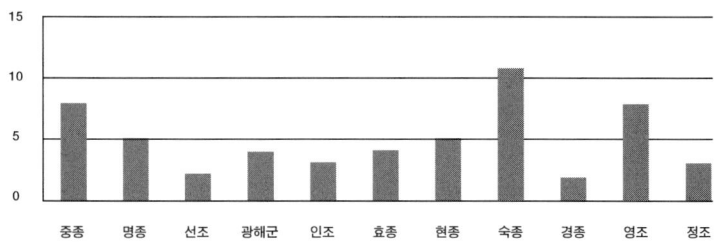

〈그림 2〉 역대 관무재 설행 빈도[65]

며,[66] 하루에 쏘아야 할 연습량까지 10-15순巡으로 규정하고 이를 어길 시 엄히 다스렸다.[67] 이러한 조치는 대개 무신에게 동일하게 적용되었을 뿐만 아니라 더욱 강조되어 평상시에도 화살통을 차게 할 정도였다.[68] 게다가 기추騎芻까지 요구되어 고난도 훈련이 필요했다.[69] 무신 당상관의 시사는 매월 특정일로 정하고 사고가 있어

乙亥(인조 13).

65 조선 전기까지 동일한 기준을 적용하기 위해 실록으로 작성하였다. 단 관무재가 능행 시 주로 이루어진 만큼 조선 역대 임금 중 최다 능행을 기록한 정조대에 관무재가 추가로 실시되었을 개연성은 여전히 남아 있다. 〈부표 7〉 관무재 설행 시기 참조.

66 "文臣朔試射時, 試官, 六卿中輪回差定."『受敎輯錄』「兵典」, 試取, 康熙 甲辰(현종 5).

67 "文臣朔試射, 日長之時, 則以十五巡, 日短之時, 則以十巡, 定式."『受敎輯錄』「兵典」, 試取, 康熙 壬寅(현종 3).

68 『受敎輯錄』「兵典」, 試取, 康熙 丙午(현종 7);『受敎輯錄』「兵典」, 試取, 順治 癸巳(효종 4);『受敎輯錄』「兵典」, 試取, 順治 庚寅(효종 1).

69 "自今, 罷騎射, 專力騎芻, 自春都試, 習騎芻."『受敎輯錄』「兵典」, 試取, 順治 庚寅(효종 1); "武臣朔試射時, 不滿四矢, 應汰之中, 如或得中騎芻, 依孝宗朝受敎, 勿遞."『受敎輯錄』「兵典」, 試取, 康熙 乙卯(숙종 1); "中日騎芻, 四中連三次者, 直赴殿試."『新補受敎輯錄』「兵典」, 試取, 康熙 丙戌(숙종 32); "武科時, 柳葉箭貫邊, 爲三分, 騎芻二中, 倍劃, 爲四分, 一從分數先付."『新補受敎輯錄』「兵典」, 試取, 雍正 乙巳(영조 1).

도 그 달 안에 행하도록 하였다.⁷⁰ 호위청 군관軍官으로 중일시사中日試射⁷¹에 참여하기를 원하면 허락하였다.⁷² 또 금군에 대해서도 세밀한 규정을 두어 정예군화를 꾀하였다.⁷³

시사 규정은 영조 연간 『속대전』에 반영되었으며,⁷⁴ 정조 연간에 보다 적극적으로 보완되어 신료들이 정기적으로 참여하도록 하였다. 정조 원년(1777) 국왕이 경희궁 무덕문武德門(北門)에 나아가 삼군문의 대장大將을 소견하여 팔장사八壯士의 후손을 시험하는 자리에서⁷⁵ 이곳이 "예전 내시사內試射를 하던 곳"이라고 하면서 특별히 의미를 부여하고 이를 잊지 않기 위해 궁전弓箭을 하사하였을 정도

70 "武臣堂上, 朔試射, 時全不擧行, 事體極爲未安. 此後則定以二十二日, 長官有故, 則令次官擧行."『新補受敎輯錄』「兵典」, 都試, 雍正 庚戌(영조 6); "武臣堂上試射, 以每月十七日爲定. 而如有應頉事故, 則當月內, 退行."『新補受敎輯錄』「兵典」, 都試, 乾隆 丁巳(영조 13).

71 중일시사는 자子·오午·묘卯·유酉가 든 날짜에 시사를 치른 것으로 연산군대부터 확인된다.『燕山君日記』卷19, 燕山君 2年 11月 甲寅(11日).

72 "扈衛軍官, 晝直闕中者, 每一番三十員, 而願參於中日試射, 依願許令參射."『新補受敎輯錄』「兵典」, 都試, 康熙 乙卯(숙종 1).

73 "禁軍取才, 出身, 六兩三矢一百十步, 二矢以上入格. 閑良, 六兩三矢一百十五步, 三矢俱入."『受敎輯錄』「兵典」, 試取, 順治 丁酉(효종 8); "禁軍都試, 騎芻一次, 代以鞭芻試之."『受敎輯錄』「兵典」, 試取, 康熙 甲辰(현종 5); "禁軍鞭芻, 每一中, 以一分計畫."『受敎輯錄』「兵典」, 試取, 康熙 甲辰(현종 5); "禁軍取才, 閑良, 遠射六兩三矢, 一百三十五步, 納馬六兩三矢, 一百二十步 辛卯減十步. 出身, 六兩三矢內二矢, 一百三十步, 納馬六兩三矢內二矢, 一百十步."『新補受敎輯錄』「兵典」, 都試.

74 『續大典』「兵典」, 試取, 文臣堂下官;『續大典』「兵典」, 試取, 武臣堂上官;『續大典』「兵典」, 試取, 武臣堂下官;『續大典』「兵典」, 試取, 各營將官.

75 효종대 팔장사는 병자호란으로 봉림대군鳳林大君(효종)이 심양瀋陽에 잡혀갔을 때 호종한 박배원朴培元·신진익申晉翼·오효성吳孝誠·조양趙壤·장애성張愛聲·김지웅金志雄·장사민張士敏·박기성朴起星 등인데 귀국하여 별군직청別軍職廳에 소속되었다. 영조대부터 팔장사 후예를 불러 활쏘기를 시험한 기록이 확인된다.『英祖實錄』卷103, 英祖 40年 2月 庚寅(8日).

였다.⁷⁶ 정조는 즉위 초부터 내시사에 적극적으로 참여하여 시사의 권위를 높였는데,⁷⁷ 삼청(內乘·別軍職·宣傳官)의 내시사에 중관中官(內侍)이 감독하지 못하도록 하고 반드시 임금이 친림親臨하여 시행하도록 격상시켰다.⁷⁸

이 같은 조치는 확대되어 무신의 강무에도 모두 임금이 직접 참관하도록 하였고, 이때 시험과목 중의 하나인 무사武射도 내시사의 예例를 따르도록 하였다.⁷⁹ 각 군영의 내시사도 반드시 선전관이 전교를 듣고 지시하도록 하였고⁸⁰ 시사 규정도 정리하였다.⁸¹ 무신당상녹시사武臣堂上祿試射는 임금이 친히 임명하도록 조정하였다.⁸² 또

76 "上曰, 此古之內試射處也." 『正祖實錄』卷4, 正祖 元年 7月 辛巳(18日).
77 인조 원년(1623) 송대 문언박文彥博의 고사를 인용하여 국란國亂을 대비해 문관 시사의 복구를 논의한 데서 유래했으며, 이후 시사에 종신을 누락시킨 하리를 처벌했다거나 입직군사入直軍士를 위한 내시사를 시행했다거나 문신·무신 시사를 우천雨天으로 시행하지 못했다는 기사가 등장하므로 이미 정례화된 듯하다(『承政院日記』, 天啓 3年(인조 1) 4月 28日(丁亥)·天啓 5年(인조 3) 3月 20日(戊辰)·4月 20日(丁酉)·崇禎 5年(인조 10) 4月 3日(庚午)). 효종 역시 시사를 행하고 궁시를 포상한 기록이 보인다(『承政院日記』, 順治 12年(효종 6) 4月 13日(丁卯)). 그러나 정기적인 시행은 숙종대로 보인다. 숙종은 신료들에게 시사를 엄격히 시행하고 성적에 따라 궁시나 관직을 내려 포상하였다(『承政院日記』, 康熙 30年(숙종 17) 3月 16日(壬寅)·康熙 40年(숙종 27) 4月 29日(丙戌)). 『만기요람』은 용호영(禁軍廳)에 '내시사'를 별도의 항목으로 설정하여 "해마다 정월과 7월 1일에 별장이 선전관청에 들어가서 일내금군一內禁軍의 궁술 시험을 행할 것을 품의하여 왕의 교명敎命으로 실시한다"고 하였는데 이는 정조 10년(1786)에 시작되었다고 기록되어 있다(『萬機要覽』, 軍政編, 龍虎營, 試藝, 內試射).
78 『正祖實錄』卷4, 正祖 元年 9月 癸酉(11日).
79 『正祖實錄』卷11, 正祖 5年 2月 辛酉(18日).
80 『正祖實錄』卷22, 正祖 10年 12月 丙辰(17日).
81 『正祖實錄』卷31, 正祖 14年 9月 辛巳(4日).
82 『正祖實錄』卷29, 正祖 14年 3月 丙申(16日).

초계문신의 시사도 별도로 규정하였을 정도였다.⁸³ 기타 선전관 등 시험규정도 함께 수정하였다.⁸⁴ 정조 연간 시사는 군주가 참관[臨御]하면서 보다 적극적으로 운영되었다. 규식을 보완하는 문제에도 국왕은 관심을 기울였다. 사마광司馬光의 문집을 참고해서 관혁貫革의 규격을 고증하도록 하였을 뿐만 아니라 각 군문의 시사 규식을 정비하도록 하였다.⁸⁵ 5군문에서 당상관은 50세가 되면 사강射講이 제외되었고 60세가 넘어야 비로소 활쏘기까지 면제되었으나 당하관은 그렇지 못하였다.⁸⁶ 이후 화살의 종류·무신당상녹시사 규정도 신칙申飭되었다.⁸⁷ 시사의 범위도 광범위하여 무신당상관·무신당하관·문신당하관이 대상이 되었다. 사실상 문신 당상관을 제외하면 모든 신료가 시사에 응해야 했다. 국왕이 직접 시사에 나가는 상황에서 신료들이 매월 시행되는 시사를 거르기는 어려웠다.

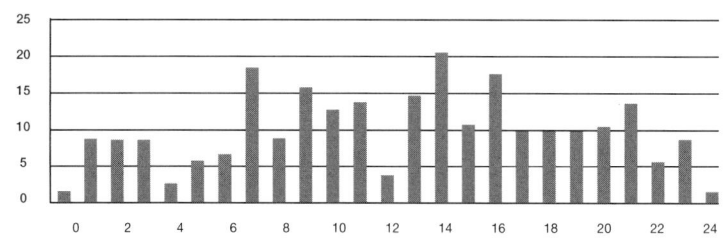

〈그림 3〉 정조대 시사 설행 빈도⁸⁸

83 『正祖實錄』卷20, 正祖 9年 7月 戊辰(21日).
84 『正祖實錄』卷21, 正祖 10年 正月 丁卯(22日).
85 『正祖實錄』卷3, 正祖 元年 2月 壬戌(26日);『正祖實錄』卷31, 正祖 14年 9月 辛巳(4日).
86 "【註】堂上年滿五十除講, 六十除射, 堂下勿論."『大典通編』「兵典」, 試取, 射講.
87 『正祖實錄』卷41, 正祖 18年 9月 庚寅(6日);『正祖實錄』卷35, 正祖 16年 7月 壬寅(5日).
88 실록 기준 정조대 시사는 무려 257회 개최되었다. 〈부표 8〉 정조 연간 시사 설행 빈도 참조.

3. 군제 개혁의 성격

1) 무신 선발의 특징

첫째, 군주가 직접 시험을 통해서 선발하는 방식이 강화되었다. 영조대 별시別試·정시廷試·알성시謁聖試·중시重試·외방별과外方別科·관무재 등이 새롭게 정비된 무신 선발 제도인데, 모두 군주가 전시殿試를 보아 최종 선발하였다. 여기에 정조는 제도를 보완하여 권무과權務科를 복구함으로써[89] 전시만으로 등용하는 제도를 확충시켰다.[90]

앞서 자세히 살폈듯이 무비를 강조하는 분위기 속에서 관무재 및 시사가 제도화되었다. 그중 관무재는 보통 능행을 마치고 돌아오는 길에 노량진 등에 들러 능행을 수행했던 호위 부대를 사열하여 모의 전투 등을 진행하고, 그 과정에서 별도로 무과武科를 보아 친위군 중에서 무신을 선발하는 제도였다. 국왕이 군의 사기를 진작하여 친위 세력을 양성하려는 목적이 매우 컸다. 정조의 장용영과 화성 무과 시행 등도 이러한 전통의 연장선상에서 이해된다.

둘째, 능력 위주의 등용이 이루어졌다. 명망 있는 무반 집안이라도 잡기雜技로 관계官階(품계)를 받은 이는 장수직將帥職에 나아가지 못하도록 하였으며,[91] 실제 경험이 충분한 무신을 장수로 등용하였다. 참상관 무겸선전관武兼宣傳官·수문장守門將 등은 육품六品 실직實

---

89 『正祖實錄』卷11, 正祖 5年 4月 癸丑(10日).
90 "無初會試, 因特敎, 或親臨. 入格直赴殿試." 『大典通編』「兵典」, 試取, 勸武科.
91 "名武之以雜歧加資者【註: 如活人捉虎之類】, 勿許內外將【註: 觀武才別試射時, 若以善射更爲陞資則洗滌, 無得】." 『大典通編』「兵典」, 京官職.

職을 거치지 않고 도사都事·판관判官에 임용 후보로 추천할 수 없었고,⁹² 처음 벼슬할 때 과거 출신이나 한량閑良을 막론하고 선전관 추천은 금군을, 수문장이나 부장部將 추천은 기사騎士를 거쳐서 6개월을 채워야만 임용 후보자로 추천하였다.⁹³

또한 영문營門에서 근무한 지 만 45개월이 지나야 변장邊將으로 추천하였다.⁹⁴ 변장이나 영장營將(鎭營將)이 임기 만료 전에 이직을 도모하면 이력으로 인정하지 않았으나 사고인 경우는 예외로 하였다.⁹⁵ 영장은 새로 가자加資된 경우에 정해진 달수를 채우지 못하고 포폄에서 하下를 받으면 직을 옮겼더라도 자급을 환수하였고⁹⁶ 제수일로부터 15개월을 계산하되 이전에 자급을 올려준 영장은 10개월 전에 옮기는 것을 허락하지 않았다.⁹⁷

병마절도사의 경우 서북 지역을 제외한 각도 병마절도사는 수군절도사의 경력을, 남병사南兵使(咸鏡南道兵馬節度使)는 병마절도사의 경력을 지닌 사람만 임명하는 방침을 취하였다.⁹⁸ 이는 모두 정상적인 관료의 승진 체계를 따르도록 함으로써 실무를 충분히 익힌

92 "參上武兼守門將, 未經六品實職前, 毋得直擬於都事判官等職." 『大典通編』 「兵典」, 京官職.
93 "初仕人, 毋論出身閑良, 宣薦則經禁軍, 守部薦則經騎士【註: 外方守部薦別取才入仕者, 勿拘】, 準朔後【註: 俱以六朔爲限】, 始許擬望." 『大典通編』 「兵典」, 京官職.
94 "各營門久勤, 滿四十五朔後, 始報勤仕, 擬差邊將." 『大典通編』 「兵典」, 京官職.
95 "邊地及營將, 瓜前謀遞者, 履歷勿施【註: 遭故未準朔者, 勿論】." 『大典通編』 「兵典」, 外官職.
96 "【註: 新加資營將, 未準朔貶下, 則雖開坼前移職, 亦收資.】" 『大典通編』 「兵典」, 外官職.
97 "【註: 新資營將, 十五朔, 以除拜日子計之, 舊陞資營將, 十朔前, 勿許遷轉.】" 『大典通編』 「兵典」, 外官職.
98 "西北外諸道兵使, 以已經水使人備擬. 南兵使, 則以曾經兵使人擬差." 『大典通編』 「兵典」, 外官職.

무신을 양성하기 위한 방편이었다.

다만 무과급제한 관료가 승지承旨를 거쳤으면 방어사防禦使를 거치지 않아도 병마절도사의 후보자가 될 수 있도록 하는[99] 시종신侍從臣(승지)의 특혜 조치가 확인된다. 이는 곧 국왕의 친위 세력 육성을 위한 포석이었다. 또한 당상관(정3품 상계)인 우후虞候는 가선대부嘉善大夫(종2품)로 승차하더라도 교체되지 않았는데,[100] 변방의 우후가 승차하는 경우는 군공 외에 가능성이 희박하므로 국왕의 은전恩典의 성격이 짙어서 본래 군무를 유지하게 한 조치로 보인다.

셋째, 재교육정책이다. 영조대 빈청강賓廳講이나 능마아강能麼兒講이 시행되었다. 전자는 50세 이하의 관원을 보고하면 임금이 10인을 지명하여 시험을 보게 하는 방식이며,[101] 후자는 매월 6차례 시험을 보아 분기별로 보고하는 형식이다.[102] 이는 정조대 문신의 초계문신 제도[103]와 무신의 전경전강專經殿講에서 각기 40세 이하를 뽑아서 별도로 시험을 보게 하는 방식과 일맥상통한다.[104] 이러한 흐름은 처음 문관의 중시重試와 같이 관료를 승급시키기 위해 10년

---

99 "武臣, 經承旨, 則雖未經防禦使, 直通閫望."『大典通編』「兵典」, 外官職.

100 "堂上虞候, 雖陞嘉善, 勿遞."『大典通編』「兵典」, 外官職.

101 "【註】年五十以下官, 列書入啓, 十員受點, 承旨一員, 都摠府堂上官, 本曹入直堂上郎官, 間一朔, 會賓廳試講, 連五次純通者加資, 不通者, 推考."『續大典』「兵典」, 試取, 賓廳講.

102 "【註】能麼兒廳堂上官一員郎廳四員, 每朔六次, 試年五十以下官, 四季朔會報本曹."『續大典』「兵典」, 試取, 能麼兒講.

103 "奎章閣抄啓文臣, 以參上參外中槐院分館人, 自政府, 限三十七歲以下, 抄啓, 而年滿四十, 則減下."『大典通編』「禮典」, 獎勸.

104 "【註】每年六月十二月, 內三廳, 報薦後, 本曹以年四十以下人員抄啓, 四孟朔十三日取稟, 十八日設行, 自本曹以武臣東西班正職及時帶軍門人員, 在京無故者, 列書入啓, 二十員受點."『大典通編』「兵典」, 試取, 專經殿講.

에 한 차례 보던 시험을 영조 연간 무과에까지 적용시키면서 확대한 결과였다.[105] 게다가 영조대 문·무 관료의 시사를 제도화한 것도 크게 영향을 미쳤다.[106] 이 외에도 정조대를 전후하여『무예도보통지武藝圖譜通志』등 각종 무예서武藝書를 편찬하여 보급하는 데도 상당한 성과를 내었다.[107]

다섯째, 인사권 장악과 직제를 현실에 맞게 조정하였다. 먼저 중군 이하의 장관이나 종사관은 모두 군영에서 삼망을 갖추어 병조에 보고하면 임금의 재가를 받아 임명하였고,[108] 각도의 중군도 병조에서 임금의 재가를 받아 임명하였다.[109] 이 역시 국왕이 병조판서를 통해 중앙과 지방 군영의 장악력을 높인 조치였다.

또한 상당수 직제가 조정되었다. 내금위內禁衛는 선천내금위宣薦內禁衛로 대신하였고,[110] 별시위別侍衛·친군위親軍衛도 금어양영기사禁御兩營騎士 등으로 변화하여[111] 국왕의 친위 군사와 관련되는 내용이 대폭 강화되었다. 이 외에도 갑사甲士·무예武藝·파적위破敵衛·대졸隊卒 등은「병전」에 폐지로 기재함으로써『경국대전』의 6개

---

105 "【註】十年一次, 同文臣試."『續大典』「兵典」, 試取, 重試.
106 『續大典』「兵典」, 試取, 文臣堂下官;『續大典』「兵典」, 試取, 武臣堂上官;『續大典』「兵典」, 試取, 武臣堂下官;『續大典』「兵典」, 試取, 各營將官.
107 정조 14년(1790)『御製武藝圖譜通志』, 순조 10년(1810)『武科總要』등이 각각 편찬되었다. 관련 연구는 다음 참조. 나영일,『정조시대의 무예』, 2004; 나영일 외,『조선 중기 무예서 연구』, 2006; 나영일,『무과총요 연구』, 2005; 최형국, 2012.
108 "中軍以下將官及從事官, 皆自該營備三望, 移送本曹, 入啓."『大典通編』「兵典」, 外官職.
109 "諸道中軍, 並自本曹差出, 而京畿大興江華咸興平壤中軍履歷與營將, 一體施行."『大典通編』「兵典」外官職.
110 『大典通編』「兵典」, 試取, 內禁衛·宣薦內禁衛.
111 『大典通編』「兵典」, 試取, 別侍衛親軍衛·禁御兩營騎士.

시험 항목을 재조정하기에 이르렀다.

2) 균형 선발 정책

정조는 인재 선발에 비상한 관심을 보였다. 첫째, 지역의 인재를 균등히 선발하도록 배려하였다. 영조대 함경도친기위咸鏡道親騎衛·평안도별무사平安道別武士·황해도별무사黃海道別武士·강원도별무사江原道別武士·강화장의려江華壯義旅·통영무사統營武士·동래별기위東萊別騎衛 등 전국 각지의 요지에서 특별히 인재를 선발할 수 있도록 하였는데, 정조대 이를 계승하여 경상도별무사慶尙道別武士가 추가되었다.

둘째, 서북 출신을 등용하였다.[112] 『대전통편』 「병전」에는 북방 출신의 인재 선발이 강조되어 있다. 영조 21년(1745)의 수교가 수록되었는데, 상대적으로 소외된 국경 근처인 강변칠읍江邊七邑(압록강 인근: 義州·江界·楚山·昌城·朔州·渭原·碧潼) 출신 중에서 매년 초에 평안도 관찰사가 3인을 추천하면 이를 임금에게 아뢰어 수석으로 추천된 사람은 도목정사(都目) 때 내삼청內三廳의 실직實職에 임용하고 그 밑의 두 사람은 금위영·어영청의 초관哨官으로 나누어 임명하였다.[113] 서북의 인재 중에서 무과급제자를 우선 선발하는 방식을 취한 것이다.

또한 각 영문에서 계속 근무하여 만 45개월이 된 후에는 그 기록

---

112 영조-정조대 서북 출신 우대책은 다음 참조. 오수창, 『조선후기 평안도 사회발전 연구』, 2002.

113 『英祖實錄』卷61, 英祖 21年 6月 戊午(17日); "江邊七邑出身, 每歲首, 道臣擇薦三人啓聞, 首薦人, 內三廳實職, 都政調用, 其下兩人, 禁禦兩營分授哨官." 『大典通編』「兵典」, 京官職.

을 보고하도록 하였다.¹¹⁴ 주註에는 일반 아문 외에 의주기발義州騎撥·서북별부료군관西北別付料軍官·평안병영平安兵營 난후사攔後士 등이 별도로 부기되어 있는데 경기감영京畿監營·통어영統禦營·강화부江華府 등은 윤번으로 산출하였으나 북방 지역만은 별도로 기입하고 도목 때마다 1인씩 보고하도록 하였으므로 일종의 특혜였다.¹¹⁵

이는 한편으로는 강변칠읍으로 대변되는 소외 지역의 등용을 강조한 것이었고,¹¹⁶ 다른 한편으로는 전통적으로 무예에 뛰어난 인재를 배출해낸 북방 지역 출신을 활용하기 위한 것이었다.¹¹⁷ 정조는『대전통편』편찬 이전부터 서북 무사 등용을 장려하였고¹¹⁸ 편찬 이후에도 서북인이 문과를 선호하는 현상을 개탄하면서 서북의 전통을 계승하여 무신으로 출사하도록 독려하였다.¹¹⁹

셋째, 귀화인 우대책도 만들었다. 정조 14년(1790)「한려신설절목」을 만들어 한인漢人(중국인) 자손에 대한 특별한 등용책도 제시하였다.¹²⁰ 이것은 소외받는 계층을 적극적으로 제도권 내로 끌어들이고자 한 정책으로 생각된다.

---

114 "各營門久勤, 滿四十五朔後, 始報勤仕."『大典通編』「兵典」, 京官職.
115 【註】京畿監營江華府統禦營, 教鍊官哨官, 輪回. 義州騎撥西北別付料平安兵營攔後士, 取才居首人 … 每都目各一人."『大典通編』「兵典」, 京官職.
116 김선주,『조선의 변방과 반란, 1812년 홍경래의 난』, 2020: 72-74.
117 다만 평안도 전체의 문과·무과급제자 수는 전혀 적지 않았으며(정해은,『조선의 무관과 양반사회』, 2020: 212;〈표 24〉조선시대 무과급제자 지역별 분포;〈표 25〉조선시대 문과·무과급제자 통합 1-4위 지역별 분포 참조), 평안도 내 출사 지역 및 문무과의 불균형이 문제였다.
118 『正祖實錄』卷13, 正祖 6年 6月 乙亥(10日).
119 『正祖實錄』卷29, 正祖 14年 3月 丙戌(6日);『正祖實錄』卷31, 正祖 14年 12月 癸酉(27日).
120 『正祖實錄』卷29, 正祖 14年 3月 己亥(19日).

이러한 흐름은 서얼허통 조치와 일맥상통한다. 정조 원년(1777) 서얼을 허통하고 군무에 종사하게 하는 방안을 논의하였는데,[121] 정조 3년(1780) 실제로 이덕무李德懋·유득공柳得恭·박제가朴齊家·서이수徐理修 등에게 군함軍銜을 주었다가 규장각 검서관檢書官으로 기용하였다.[122]

3) 국왕의 신변 강화

영조대부터 국왕의 신변을 강화하는 조치가 취해졌는데 정조대 더욱 세밀하게 제도화되었다. 첫째, 궁궐 숙위宿衛의 강화이다. 이는 선전관청·수문장청 등 새로운 관제로 정리되었다.[123] 선전관청·수문장청은 기존 관원을 별도의 소속 관청으로 묶어서 국왕 중심의 관리 체계를 강화한 사례로 보인다. 전자는 왕명을 직접 병조에 전달한 곳이고, 후자는 도성 및 궁궐 수비의 보루로서 국왕의 병권 장악과 긴밀한 연관성이 있었다. 궁궐 문을 열고 닫는 것을 보류할 때는 승정원에서 임금에게 표신標信을 청해야 했으며, 표신이 내려지기를 기다려 출입해야 했다.[124] 정조는 즉위 후 범궐 사건을 기화로 역모를 다스렸는데, 이후 궁궐 각 문에 숙위를 배치하고 숙위 대장이 궁궐을 수비하도록 하였다.[125] 이후 문 개폐門開閉

---

121 『正祖實錄』卷3, 正祖 元年 3月 丁亥(21日); 『正祖實錄』卷4, 正祖 元年 7月 乙酉(22日); 『大典通編』「吏典」, 限品敍用, 當宁(正祖) 元年 丁酉.
122 『承政院日記』, 乾隆 44年(정조 3) 6月 5日(丁巳)·7月 13日(乙未).
123 『大典通編』「兵典」, 京官職, 宣傳官廳; 『大典通編』「兵典」, 京官職, 守門將廳.
124 "闕門仍留時, 政院啓請標信未下前, 只閉勿鎖, 雖有下敎, 毋得出入, 待標信下始許出入." 『大典通編』「兵典」, 門開閉.
125 『正祖實錄』卷4, 正祖 元年 8月 甲辰(11日).

는 주요한 정국 현안이 되었다. 정조 2년(1778) 도성의 사대문四大門을 열고 닫는 논의에서도 사례가 확인된다.¹²⁶ 『경국대전』에서도 이미 정해진 시간 외에 도성문을 열 때는 개문좌부開門左符를 내려서 열고 닫을 수 있도록 하였는데,¹²⁷ 정조 6년(1782)에는 장신의 도성 출입 절차까지 재조정하였다.¹²⁸

둘째, 시위군 규정이다. 별초군別抄軍은 50인을 정원으로 하되 임금이 거둥할 때 도성 안이면 연輦의 좌우를 시위侍衛하고 밖이면 가후금군駕後禁軍과 함께 전후前後를 나누어 시위하였으며,¹²⁹ 기마병騎馬兵 1초를 선발해 난후별대欄後別隊를 만들어 장수로 하여금 전후를 나누어 통솔하게 하였다.¹³⁰ 또 장신은 감히 영전令箭으로는 궐내 군대를 지휘할 수 없었고,¹³¹ 임금이 거둥할 때 노상에서 표신이 없으면 시위 행렬 내로 출입할 수 없었으며,¹³² 문관이 겸하는 선전관은 비록 실직實職이 있더라도 시위에 나가도록 하였다.¹³³ 임금이 유숙하는 능행·인산因山·천릉遷陵 시에는 각도의 감사(관찰사)는 도의 경계상에서 대기해야 했다.¹³⁴

---

126 『正祖實錄』卷4, 正祖 元年 11月 己卯(17日); 『正祖實錄』卷6, 正祖 2年 10月 甲申(28日).
127 "非時開都城門, 大內降開門左符, 宮城門用標信開閉." 『經國大典』「兵典」, 門開閉.
128 『正祖實錄』卷13, 正祖 6年 6月 戊寅(13日).
129 "別抄依駕後禁軍例, 以五十定額, 動駕時城內則挾輦侍衛, 郊外則與駕後禁軍分前後侍衛." 『大典通編』「兵典」, 侍衛.
130 "馬兵中抄選一哨, 作爲攔後別隊, 以其將領分前後, 領率侍衛." 『大典通編』「兵典」, 侍衛.
131 "將臣, 毋敢以令箭指揮闕內軍兵." 『大典通編』「兵典」, 侍衛.
132 "動駕時路上, 無標信, 勿許出入衛內." 『大典通編』「兵典」, 侍衛.
133 "文臣兼宣傳官, 雖實職以侍衛進參." 『大典通編』「兵典」, 侍衛.
134 "經宿陵幸因山遷陵時, 諸道道臣, 境上待候." 『大典通編』「兵典」, 雜令.

셋째, 국왕의 출성出城 시 규정이다. 임금이 도성을 비울 때는 병조에서 수궁대장守宮大將을 임금에게 천거하여 임명하면 궐내에 숙직하게 하였고, 대장은 종사관 1인을 임금에게 천거하여 임명하면 문관 시종이 궁궐 담장 안을 순찰하였으며, 또 대신 1인과 현직 혹은 전직 중에서 선임한 삼군문 대장 1인이 도성에 남아서 지켰고, 대신은 호위군관을 거느리고 결진結陣하고 수어청·총융청 양영兩營은 윤번으로 창경궁 홍화문 밖에 머물러 진을 쳤다.[135] 이는 『경국대전』에서 "임금이 나가 있을 경우 내진內陣의 군사는 도총관이, 외진外陣의 군사는 대장이 각기 서명하고 밀봉하여 바친다"는 규정을 보완한 것으로, 실제 정조 2년(1778) 능행 시 취해진 조치였다.[136]

임금이 도성 밖에서 숙박하면서 능행할 때 성문을 닫는 시각에는 반드시 신전信箭·표신이 함께 도착한 후 자지慈旨(대비의 명령)와 부험符驗을 받아야 개문開門이 허용되었다.[137] 이것도 능행으로 인한 도성의 안전을 담보하기 위한 조치로 정조 2년(1778) 능행 시 금위대장禁衛大將 홍국영이 제안하여 채택된 사안이다.[138] 아울러 정조 9년(1785) 능행으로 출궁·환궁할 때 남은 군사가 나와 전송하는 것을 법식으로 만들었다.[139]

넷째, 명소命召 및 밀부密符 규정이다. 삼정승·좌우포장左右捕將·

---

[135] "城外經宿動駕時, 本曹啓差守宮大將, 直宿闕內大將啓差從事官一員【註: 文臣侍從】, 巡察宮牆內, 又大臣一員【註: 時原任中】, 三軍門大將一員, 留都【註: 大臣則領率扈衛軍官結陣】, 守摠兩營, 輪回留陣於弘化門外."『大典通編』「兵典」, 入直.

[136] "行在, 內陣軍士則都摠管, 外陣軍士則大將, 各署名封進."『經國大典』「兵典」, 啓省記;『正祖實錄』卷5, 正祖 2年 3月 辛未(11日).

[137] "經宿陵幸時, 城門留門, 必待信箭標信俱到, 請出慈旨符驗許開."『大典通編』「兵典」, 門開閉.

[138] 『正祖實錄』卷6, 正祖 2年 9月 辛卯(5日).

[139] 『正祖實錄』卷19, 正祖 9年 2月 丙戌(6日).

삼군문대장 (훈련도감·금위영·어영청)·병조판서·겸병조판소兼兵曹判書 등에게는 명소를 나누어주고 기밀機密에 속한 일로 임금이 밤중에 부르면 이를 맞추어보고 사용하였다.140 또한 관찰사·통제사·수어사·총융사·양도유수兩都留守·절도사·방어사 등 병권을 가진 자에게 밀부를 나누어주고 유사시에 부절符節이 일치하면 임금의 유서諭書에 따라 움직이도록 하였다.141 장수에게 준 명소와 밀부는 죄를 지어 왕명을 기다릴 때조차 관직이 교체되어 빼앗기기 전에는 감히 제멋대로 납부할 수 없도록 하였다.142 이는 모두 국왕의 권력 기반을 공고히 하기 위해 제도적으로 뒷받침한 것이었다.

결국 정조 연간 무비 강화 논의는 국왕을 정점으로 하는 융정 정비의 배경이 되었으며, 이것이 『대전통편』「병전」의 편찬으로 귀결되었다. 이는 군주의 권력이 반석 위에 올랐을 때 비로소 추진 가능한 사업이었다.

---

140 "命召【註: 體圓, 一面書命召某職, 傍書年號月日, 一面御押, 中分】, 右一隻, 頒于三大臣, 左右捕將, 三軍門大將, 兵曹判書, 兼兵曹判書, 左二隻藏于大內, 若有機密重事, 昏夜命召則合符擧行." 『大典通編』「兵典」, 符信.

141 "密符【註: 體圓, 一面書第幾符, 一面御押, 中分】. 右一隻, 頒于觀察使, 統制使, 守擄兩使, 兩都留守, 節度使, 防禦使, 左二隻, 藏于大內, 凡有發兵應機等事, 合符防奸, 一依所受諭書擧行." 『大典通編』「兵典」, 符信.

142 "將臣密符命召, 雖待命之時遞職奪符前, 毋敢任自納符." 『大典通編』「兵典」, 符信.

제3부

탕평시대의 기억 전쟁

7장
영남 '반역향'
담론의 재검토

경상도 지역사회에서는 언제부터인가 영남 차별론이 역사적 사실로 받아들여지고 있다. 더욱이 인구人口에 회자膾炙되는 것을 넘어서 논문이나 저서에서도 간헐적으로 이 같은 인식이 드러나고 있다.[1] 여기에는 갑술환국(숙종 20, 1694)·무신란(영조 4, 1728)·신유박해(순조 1, 1801) 등이 남인이 중앙 정계에서 대거 퇴출되는 계기

[1] 영남 탄압·반역향·영남 차별·영남 징계·남인 견제·영남 소외 등을 언급한 연구는 다음 참조. 이원균, 「영조 무신란에 대하여: 영남의 정희량난을 중심으로」, 1971: 80-81; 이수건, 『영남학파의 형성과 전개』, 1995: 564; 김학수, 「갈암 이현일 연구: 정치활동을 중심으로」, 1998: 120; 김성우, 『조선시대 경상도의 권력 중심 이동』, 2012: 331; 우인수, 『조선후기 영남남인 연구』, 2015: 41; 정재훈, 「18세기 말-19세기 초 의리문제를 둘러싼 안동지역 남인과 노론의 대립」, 2016: 1; 손대현, 「윤기의 작품에 나타난 과폐 비판의 양상과 근기남인의식의 형상화」, 2018: 170; 채광수, 「1728년 무신난과 居昌 褒忠祠 건립의 성격」, 2019a: 209; 김인호, 『조선시대 영남 지역 문과급제자 연구』, 2019: 104; 장유승, 「『필원산어』 연구: 영남남인 정체성과 문학사 인식을 중심으로」, 2020: 200, 206.

로 제시되곤 한다. 이후에 남인은 "갑술환국 이후 완전히 폐고廢錮되어 관직에 나갈 수 없었다"거나 "무신란 이후 반역향으로 낙인찍혀 차별받았다"거나 "신유박해 이후 철저히 탄압받았다"고 한다. 이것은 과연 어느 정도 사실일까?

또한 차별을 언급할 때 종종 영남과 남인을 혼동하는 경우가 적지 않다. 영남인(지역)과 남인(정파)은 얼마나 동일시될 수 있을까? 양자의 연관성은 얼마나 입증 가능한 것일까? 여기에는 상식처럼 자리잡은 "가문=학파=정파=지역"라는 도식이 전제되어 있다. 이 역시 검토가 필요하지 않을까 한다.

이러한 의문점들에 대해서 다음과 같이 사례를 분석해보고자 한다. 첫째, 다양한 지역 차별론의 근거를 검토해볼 것이다. 둘째, 남인·영남인의 등용책에 대해 살펴보려고 한다. 셋째, 영남 정체성의 도식화 과정을 재검토하고자 한다. 일련의 검토 과정을 통해서 영남 차별론의 허상과 실상을 점검해볼 수 있을 것이다.

1. 차별 담론의 검토

1) 다양한 차별론

그동안 다양한 지역 차별론이 제기되었다. 호남 차별론, 서북 차별론, 영남 차별론 등이 대표적이다.[2] 그러나 이러한 주장이 타당한 것인지 검토할 필요가 있다. 일반 대중의 상식처럼 과연 지역 차별론은 실재했던 것인가? 우선 학계 연구 성과를 토대로 간략히

---

2 차별 사례는 다음 참조. 김백철, 2021a: 30-33.

논점을 살펴보려고 한다.

(1) 호남 차별론: 현재적 관점의 투영

「훈요십조訓要十條」(942?)를 빙자한 호남 차별론은 현대 각종 언론의 칼럼에서 주로 언급되어온 사안이다.[3] 그런데 여기에 동의하는 학자는 거의 없다.[4] 「훈요십조」 자체의 타당성에 대한 논쟁이 고려시대 연구자들 사이에서 오랫동안 이어졌다. 세상에 공개된 시점이 왜 하필 왕건 사후인가, 혹은 왕건의 최대 지지 세력이 과연 나주를 차별할 수 있었는가 하는 의문이었다.

이 과정에서 차별론의 비판적 근거는 점차 늘어만 가고 있다. ① 왕건 사후 다른 가문의 경쟁심리가 강화되어 나타난 정치의식이나 ② 후백제 견훤의 중심지에 대한 견제 발언으로만 이해하기도 한다. ③ 실제 등용된 호남 인물을 분석하거나 ④ 국난 시 피난지 등을 검토하여 왜곡한 사료로 설명하기도 한다. 더욱이 ⑤ 고려나 조선에서 삼남 지방은 곡창지대로 가장 부유한 지역이었기에 차별 자체가 가능할 수가 없었다. 특히 ⑥ 전주는 조선 왕실의 연원으로 건국 후 부윤(종2품)으로 승격되었고 경기전·시조묘까지 세워져

---

[3] 강종규, 「칼럼: 깜짝쇼라도 보고 싶다」, 『부산일보』, 2009. 6. 5.; 박병곤, 「칼럼: DJ가 YS와 손을 맞잡았더라면」, 『부산일보』, 2009. 8. 21.; 「칼럼: 이념갈등 들여다보면 가족사의 한풀이」, 『데일리안』, 2013. 3. 18.; 「칼럼: 자유시장경제가 더 나은 사회통합 이룬다」, 『데일리안』, 2013. 4. 25.

[4] 신복룡, 「신복룡교수의 한국사 새로보기: 훈요십조와 지역감정」, 『동아일보』, 2001. 6. 22.; 신복룡, 『한국사 새로보기』, 2001; 박종기, 「훈요십조 8조 근거로 현종 측근 위작설 주장」, 『중앙SUNDAY』 321, 2013. 5. 5.; 박종기, 『고려사의 재발견』, 2015: 141-150.

전통시대 차별 지역으로 보기 어렵다.

오히려 현대 군사정권에서 선거 전략을 세우면서 인구가 더 많은 경상도를 선택한 데에서 지역주의가 고착화되었다고 보는 것이 통설이다.[5] 곧 이는 지금의 가장 주관적인 시각이 역사적 사실에 투영되어 왜곡된 전형적인 사례에 해당한다. 대중매체의 역사 인용은 아전인수我田引水에 지나지 않았다.

(2) 서북 차별론: 반정부 운동의 여파

홍경래 난(1811-1812)을 근거로 평안도인(서북인)[6]이 차별받았다는 주장도 제기되었다. 여기에는 19세기를 민중운동사 시각에서 설명하면서 조선왕조를 '구체제'로 보는 관점이 주요하게 작용했다.[7] 그러나 평안도는 중앙에 세금을 내지 않고 비축할 수 있는 특혜를 부여받은 도인데다가 경상도와 더불어 대외무역을 관장하여 가장 부유한 지방이었다.[8] 심지어 반역 사건이 생기면 대부분의 주요 고

---

5   한홍구, 「한국민주주의와 지역감정: 남북분단과 동서분열」, 2019: 687-701.
6   '서북'은 평안도를 지칭하나 후대로 갈수록 함경도에서 황해도까지 영역이 확대되기도 한다. 여기서는 평안도로 한정하였고, 후술하는 와그너의 연구에서만 확장된 개념으로 소개하였다.
7   오수창, 2002: 233-330.
8   문광균은 경상도가 『부역실총』의 6도 중 가장 많은 재원을 지녔다고 분석하였다. 또 권내현은 평안도 재정은 사신 접대 및 군비에 쓰이다가 후기로 갈수록 중앙 재정에서 흡수했다고 한다. 이 역시 역설적으로 재정상 여유가 생겼기 때문에 비축분 이관이 가능했던 것이다. 오수창 역시 농업 발전 및 인구팽창을 소개하였다. 문광균, 『조선후기 경상도 재정 연구』, 2019: 16; 권내현, 『조선후기 평안도 재정 연구』, 2004: 19, 289-290; 오수창, 2002: 39-41.

을이 연루되어 강등되었고 도명道名까지 바뀌기 십상이었다.⁹ 그럼에도 오직 평안도·경상도만 한 번도 도명이 바뀌지 않았을 정도로 우대받았다.¹⁰

그럼에도 이중환李重煥은 마치 태조의 유훈으로 서북인을 차별한 듯이 설명하였고,¹¹ 이가환李家煥은 서북인이 잘 등용되지 못하고 있다고 주장하였다.¹² 하지만 역대 출사자 연구를 보면 서북 지역은 다른 도에 비해 관직 진출 비중이 지나치게 높다.¹³ 특히 무

9   이성학,「韓國古邑의 置廢 및 名號陞降: 變遷攷」, 1984: 111-112; 임승표,『朝鮮時代 賞罰的 邑號陞降制 硏究』, 2001: 26-119; 김세용,「조선시대 읍호승강에 대한 일고찰: 강원도를 중심으로」, 2012: 117-144; 김세용,「조선후기 지방통치정책과 읍호승강: 17세기를 중심으로」, 2013: 167-193.

10 고을의 읍호가 내려가면 ① 인구가 변동되고 ② 과거 응시에 영향을 받았으며 ③ 행정 변화에 따라 세제도 바뀌었다(임승표, 2001: 131-169). 특히 도명 변화를 감수하는 읍호에 해당할 때 평양은 변동이 불가하지만 나주는 가능하다고 보았는데 이는 명백히 평안도와 타도他道의 인식이 달랐기 때문이다(『宣祖實錄』卷22, 宣祖 21年 7月 乙卯(4日);『仁祖實錄』卷46, 仁祖 23年 8月 乙巳(26日)). 더욱이 함경도·함길도·영안도, 황해도·풍해도·황연도, 강원도·원양도·강양도·원춘도, 전라도·전남도·광남도, 충청도·충공도·청공도·공청도·공홍도·홍충도·충홍도 등에서는 감영이나 도명의 잦은 변동으로 행정상 혼돈이 심하였다. 그럼에도 평안도·경상도만 제외된 데는 ① 도명을 이루는 평양·안주, 경주·상주가 반란에 직접 연루되지 않았던 점, ② 대외 교역을 담당하고 있었던 점, ③ 경제적으로 가장 풍요로운 지역이었던 점 등이 이유로 제시되어왔다.

11 손혜리,「한문학을 통해 되돌아보는 차별과 배제의 역사」, 2019: 207.

12 "上之十年, 余來守定州. 州有進士題名案, 取而考之, 自景泰庚午迄于今, 著名凡若干人, 注官者廑若干人. 噫, 天欲限之耶. 何爲賦其才, 使得成名. 國家欲錮之耶. 考繫令無之. 且上每當政注, 以收用西北人, 申戒至懇惻."李家煥,『錦帶詩文抄』「定州進士題名案序(定州進士題名案序)」.

13 와그너의 서북인 문과급제 조사는 14세기 말-15세기(0.3%), 16세기(1.4%), 17세기(7.5%), 18세기(14%), 19세기(15.4%)로 전제하고 다시 고종대(22.8%)

과는 서울과 경기를 제외하면 가장 많은 숫자이며,¹⁴ 문과·무과급제자를 합쳐도 결과는 마찬가지이다.¹⁵ 조선 후기 무과급제자 역시 동일하다.¹⁶ 평안도는 조선시대 무과급제자(9%), 문과·무과급제자(8%), 조선 후기 무과급제자(13.8%) 등 3가지 척도에서 모두 수도권(서울·경기)을 제외하면 압도적 1위를 차지하였다.

차별론을 주장하는 측은 우선 영남인과 마찬가지로 기준을 더욱 세밀화하여 고위직 진출 비중을 내세우고 있다.¹⁷ 하지만 가장 부

를 살폈다. 서북 3도(평안·황해·함경)의 인구비가 조선의 25%이고 서울-경기 급제자가 50%인 점을 고려하여 서북인의 비중이 지방 내에서 2/5에 달한다는 가중치를 계산해냈다. 그리하여 조선 전기에 비해 조선 후기에 서북인의 출사가 역전되었다고 주장했다. 단 그의 범주는 19-20세기에 확대된 서북 개념으로서 평안도뿐 아니라 함경도와 황해도까지 포함한다. 에드워드 와그너, 『조선왕조 사회의 성취와 귀속』, 2007: 54-72.

14 〈표 24〉 조선시대 무과급제자 지역별 분포

지역	서울	경기	평안	황해	경상	전라	함경	강원	충청	미상	합계
인원	8,957 (30%)	6,205 (21%)	2,792 (9%)	2,671 (9%)	2,199 (7%)	2,176 (7%)	968 (3%)	547 (1%)	1,495 (5%)	1,488 (5%)	29,498

 - 기준: 한국학중앙연구원 〈한국역대인물정보 종합정보시스템〉(http://people.aks.ac.kr/index.aks).

15 〈표 25〉 조선시대 문과·무과급제자 통합 1-4위 지역별 분포

지역	서울	경기	평안	경상	전국 급제자
인원	14,469 (32%)	6,970 (15%)	3,577 (8%)	3,531 (7.9%)	44,649

 - 기준: 〈표 24〉 및 〈표 26〉 합계.

16 조선 후기(17-19세기) 무과급제자 조사에서도 서울·경기를 제외하면 평안도 2,279명(13.8%)으로 3위로 집계되고 있다. 정해은, 2020: 212.

17 통청通淸이나 당상堂上 등 고위직 진출자가 적은 것을 자료로 제시하고 있다. 오수창, 「조선시대 평안도 출신 문신에 대한 차별과 통청」, 2008: 45; 손혜리, 2019: 218-220.

유하고 많은 과거급제자를 배출한 도가 차별받았다고 할 수 있을까? 혹은 평안도 내에서도 몇 개 고을이 중심이 되었을 뿐 전체 도(청천강 이북 국경지대)가 균등하게 등용되지 못하였음을 '차별'로 주장하기도 한다.[18] 그러나 그러한 '이상적인 기준'에 걸맞은 지역은 세상에 존재하기 어렵다. 문과·무과급제와 관직 진출의 절대치가 높은 도에 지나치게 엄격한 잣대를 들이대는 것이다.

차별론의 근거 사료를 살펴보면[19] 특정 지역을 차별했다기보다는 현대사회에도 여전히 존재하는 서울 사람의 지방 편견에 지나지 않는다. 서북인 차별은 홍경래 등이 반란을 합리화하기 위한 정치선전이었을 뿐이다. 경제적으로 부유하고 사족의 자부심이 높았던 평안도가 차별받았다면[20] 다른 도는 더 말할 나위도 없었을 것

---

[18] 김선주, 2020: 72-74.

[19] "平西大元帥爲急, 急馳檄事. 我關西父老子弟公私賤, 咸聽此檄. 盖關西箕聖故城, 檀君蒼窟, 衣冠爻濟, 文物炳烺 … 朝廷之等棄西土, 不異於糞土. 甚至於權門奴婢, 見西人則必曰平漢其爲西人者, 豈不冤抑哉. … 見今冲王在上, 權奸日熾, 如金祖淳朴宗慶輩, 專弄國柄, 仁天降災. … 玆以檄文, 先諭列府群侯, 切勿撓動, 洞開城門, 以迎我師. 若有蠢爾頑拒者, 當以鐵騎五千, 蹙之無遺矣. 須速請命擧行宜當者." 『稗林』, 純祖記事9, 純祖 10年 12月 21日. 주로 '서토西土'나 '평한平漢' 등이 격문에서 사용되었다고 언급되었으나 이러한 어휘 자체만으로 차별적인지 의문이 든다. 혁명 명분으로 사용된 것과 실상이 같은지는 불명확하다. 인조대 "서토는 중흥의 기반이다"라고 하였으며(『承政院日記』, 仁祖 3年 10月 19日/甲午; 오수창, 2002: 65), '평한'은 글자대로는 '평양 사람'이나 '평안도 사람'을 가리킨다. 조선 후기 법적 용어로 양인을 '상한常漢'으로 정의하였는데(『속대전』) '보통 사람'이라는 뜻이므로 '한漢' 자체가 비칭卑稱은 아니다. 다만 상한이 근대에 '상놈'(卑稱)이 되고 양반이 현대에 '이 양반'(2인칭)으로 바뀌었듯이 사회적 신분의 변동으로 후대에 뉘앙스가 달라진 것이다.

[20] 김선주 역시 평안도는 사족 급제자가 많고 부유한 지역으로 사족의 자부심이 높다고 설명하였다. 김선주, 「조선후기 평양의 '사족'」, 2015:

이다. 굳이 차별에 가까운 사례를 찾아보면 18세기 천변재이를 겪었을 때 진휼 자금을 평안도의 비축분에서 활용하면서 세금의 중앙 이획이 촉진됨으로써 자율성이 감소되었을 수 있고, 평안도에서 무과보다 문과를 선호하기 시작하면서 상대적 박탈감을 느꼈을 개연성이 있다. 그러나 양자는 본래 다른 도에서는 일반적인 현상으로 오히려 평안도가 그동안 우대를 누렸던 것이다. 실제로는 일제강점기-광복 전후 서북인이 상경하여 정착하는 과정에서 기득권을 갖지 못한 소수가 느꼈던 불안한 정서의 연원을 과도하게 조선시대까지 소급해서 생긴 인식인 듯하다.[21]

(3) 영남 차별론: 「평영남비」 오인

현대에는 단편적 기록을 근거로 삼아 전통시대 역사상을 상상한 경우가 적지 않다. 이는 오랫동안 실록이나 『승정원일기』나 『일성록』 등 1차 사료를 접하기 어려웠기 때문이다. 앞에서 언급하였듯이 조선시대에는 동시대 기록물의 열람에 제한이 있었고, 일제강점기에는 조선총독부가 원사료를 독점하였기에 현대의 연구자들은 광복 이후 영인·번역·전산화 등이 이루어지면서 보급될 때까지 후대에 편찬된 단편적인 야사류에 기반하여 조선시대상을 이해해왔다. 이때 『연려실기술』(서인), 『당의통략』(소론), 『택리지』(남인) 등이 객관적인 자료처럼 대중화되었으나 사실 이는 모두 당색의 시각이 일정하게 들어가 있어 전혀 가치중립적이지 않은 자료이다. 그중 이중환의 『택리지』는 인조반정 이후 남인이 요직 진출

136-137.
21 한홍구, 2019: 683-687.

에 제한을 받았다고 서술하였는데,²² 이는 견제받는 남인 이미지의 최초 서술로 보인다. 하지만 인조대 영남인의 등과登科는 지속적으로 이어졌으며,²³ 실제로 현종-숙종대 예송논쟁을 거치면서 남인이 집권하였으므로 현실과는 달랐다.

오히려 민간에서 흔히 언급되는 것은 영조대 무신란 이후 남인의 출사가 막혀서 수백 년 동안 차별받아왔다는 주장이다. 물론 앞서 살폈듯이 그 기점을 위로는 갑술환국부터 아래로는 신유박해까지 연장해서 보는 시각도 적지 않다. 현재는 없어진 「평영남비平嶺南碑」(정조 4, 1780)의 제목을 근거로 "영남 평정을 기념한 비"라고 주장하기도 한다. 이 같은 설명 방식은 지역사회에도 퍼져 있다.²⁴

그러나 조선은 건국 직후부터 전 왕조의 수도(개경·평양·경주)나 왕실의 연고지(함흥·전주)에 부윤府尹(종2품)을 설치하였다. 대체로 관찰사(종2품)가 동급의 부윤을 겸임하였는데, 오직 경상도만 부윤과 관찰사로 분리되었을 정도로 특별대우를 받았다. 또한 절도사(종2품 병마절도사 2명, 정3품 당상 수군절도사 2명)가 가장 많은 지역도 영남이었다. 이는 고을이 70여 읍에 달하여 가장 많았기 때문이다. 그리고 앞서 살폈듯이 도명을 한 번도 바꾸지 않은 도는 평안도와 경상도뿐이다. 이러한 거대한 도를 차별하면서 국가를 운영할 수 있었다는 전제 자체가 성립하기 어려운 명제이다.

더욱이 영조는 무신란 이후 전국에 연좌제를 금지하였고,²⁵ 난의 주모자가 다수 머물렀던 안동 지역에 도신道臣(朴文秀)까지 보내 특

22 李重煥, 『擇里志』 「人心」; 이중환, 『택리지』, 1993: 141.
23 〈부표 9〉 인조대 경상도 문과급제자 참조.
24 조찬용, 『1728년 무신사태 고찰』, 2003: 180-183; 조찬용, 『1728년 무신봉기와 300년 차별』, 2012: 363.
25 『英祖實錄』卷17, 英祖 4年 4月 癸未(3日).

별사면을 선포하면서 오히려 우대하였다.²⁶ 국왕은 무신란 직후 직접 비망기를 내려 "영남은 웅주雄州이고 명현名賢의 고장인데" "정희량이 나온 것은 영남의 불행이며" "삼남은 국가의 근본이고 양남 중에도 영남이 가장 크다"고 한탄하고 언해까지 해서 공표하였다.²⁷ 얼마 뒤 신료들이 추가로 연루자를 신문하기를 청해도 "왕의 말을 믿어야 한다"며 무고한 연루자가 없도록 조처하였다.²⁸ 그리고 국왕은 의병장 류승현柳升鉉과 부장 권만權萬까지 직접 인견하며 격려하였다.²⁹ 이러한 영조의 태도에 대해서 소론 강필경姜必慶은 "매번 영남이기 때문에 일체 버려두고 대계臺啓도 윤허를 아껴서 여러 사람이 반신반의半信半疑하는 어두운 지경에 섞어두어 천지天地 사이에 스스로 설 수 없게 한다"고 비판했을 정도였다.³⁰ 심지어 김성탁金聖鐸 친국 시에도 극률極律(사형)이 논의되자 영조는 그의 처벌은 어렵지 않으나 "나는 영남인이므로 염려된다"³¹고 하였고

26 『英祖實錄』卷17, 英祖 4年 4月 己酉(29日).
27 "而嶺南則我東之雄州, 自古名賢輩出 … 至于逆賊希亮出矣. 此非徒世道之不幸, 抑亦嶺南之不幸. 噫, 三南, 國家根本之地, 又況嶺南, 比諸兩南, 尤爲大矣. … 又命大提學尹淳, 以諺字翻謄宣布." 『英祖實錄』卷17, 英祖 4年 4月 壬寅(22日).
28 "同副承旨趙德隣上疏略曰 … 一二見出於賊喙者, 宜卽逮來, 覈正其罪…. 批曰, 嶺南事, 已有下諭於道臣者, 王言當信." 『英祖實錄』卷18, 英祖 4年 6月 甲申(5日).
29 『承政院日記』, 雍正 7年(영조 5) 7月 20日(癸亥);『承政院日記』, 乾隆 11年(영조 22) 9月 16日(己酉); 이욱, 「조선 영조대 무신란과 안동지방의 의병」, 2011: 159.
30 "司諫姜必慶上疏略曰 … 而殿下每以嶺南之故, 一切置之, 竝與臺啓而靳允, 使諸人, 混置於疑信黯黮之境, 不得自立於天地之間."『英祖實錄』卷18, 英祖 4年 6月 戊申(29日).
31 "上曰, 聖鐸無論極律次律, 不過孤雛腐鼠, 處之何難, 而予以嶺人爲慮矣."『英祖實錄』卷44, 英祖 13年 5月 乙卯(28日).

"영남인을 위해서 기강을 보여주어야 하지만 사람됨이 어리석어서" 관용을 베푼다32고 하였다. 여기에 노론 김재로金在魯는 "국청鞫廳 전후로 영남 사람을 놓아보낸 자가 많아서" "영남에서 조정을 경시한다"고 국왕을 힐난하였으나33 영조는 "김성탁 때문에 영남인을 전부 버릴 수 없다"고 하였다.34 이는 영조가 영남을 차별하기는커녕 지나치게 감싸고돌았음을 보여준다.35

영조는 대구와 사적인 인연도 깊었다. 정성왕후貞聖王后 서씨徐氏는 처음 연잉군延礽君과 가례嘉禮 당시 달성군부인達城君夫人에 책봉되었고, 부친(徐宗悌)은 훗날 달성부원군達城府院君에 봉작되었다. 이는 바로 달성을 본관으로 하였기 때문이다. 특히 숙종대 중건重建된 대구 팔공산 파계사把溪寺 원통전圓通殿의 목조관음보살좌상의 내부에서는 영조의 도포道袍가 발견되었고,36 숙종이 세자 탄생을 기원하는 뜻에서 세웠다는 기영각祈永閣에는 선조·숙종·덕종·영조의 위패가 있으며 과거에는 숙종·영조·정조의 어필을 보관했다고 전해진다. 그래서 파계사를 영조(왕실)의 원찰願刹로 보기도 한다.

32 "今聖鐸憑藉淸顯之職, 敢稱生三事一之義, 其疏足爲斷案 … 足以正法. 且爲嶺人曉倫綱, 亦不可已者, 而察其爲人, 直是癡駭. 特減其死, 絶島栫棘."『英祖實錄』卷44, 英祖 13年 6月 己未(2日).

33 "左議政金在魯曰, 前後設鞫, 嶺人之放送者多. … 故嶺人每有輕侮朝廷之心."『英祖實錄』卷44, 英祖 13年 6月 戊午(1日).

34 "今以一聖鐸, 盡冒嶺人, 則豈可乎."『英祖實錄』卷44, 英祖 13年 7月 丁亥(1日).

35 이근호는 무신란 이후 '이영남치영남以嶺南治嶺南'으로 영남의 독자성을 인정하였음을 설명하였다. 이근호,「영조대 무신란 이후 경상감사의 수습책」, 2010: 157-165.

36 도포 안면에는 발원문("乾隆五年(영조 16, 1740)庚申十二月十一日服藏記, 聖上主甲戌生李氏(영조), 靑紗上衣一領, 萬世流傳于把溪寺者同家, 願吾上三殿誕日佛供處也.")이 꿰매져 있어서 영조와 파계사의 특별한 관계를 설명해주고 있다.

〈그림 4〉 대구 파계사 왕실 유물·유적

英祖大王道袍(중요민속문화재 220호)

祈永閣(대구광역시문화재자료 11호)

    게다가 무신란 당시 책봉된 분무공신奮武功臣(揚武功臣) 중 친공신은 15명에 불과하여 역대 공신 책봉자로는 최저 숫자였던 반면에 원종공신原從功臣은 약 9,000명에 달하여 역대 최대 규모였으며 하급 관료나 양인·노비를 포함하는 지방민이 주류를 이루었다.[37] 중앙 관료가 공신의 특혜를 챙기기는커녕 조정은 전국적인 화합을 도모하였으므로 특정 지방에 '반역향'이라는 개념을 설정하는 것 자체가 적절하지 않다.[38] 더욱이 이 비碑(「평영남비」)를 세운 시기는

---

[37] 분무공신 1등 1명, 2등 7명, 3등 7명 등 15명이며, 분무원종공신奮武原從功臣 1등 1,034명, 2등 2,554명, 3등 8,776명이다. 『奮武錄勳都監儀軌』〈奎14935〉;『奮武原從功臣錄券』〈奎1745〉; 오갑균, 「분무공신에 대한 분석적 연구」, 1984: 306-319.

[38] 가장 이른 시기 반역향 개념을 제시한 사례는 「행장行狀」에 등장하는 "嶺南賊李麟佐鄭希亮等反"을 '영남 반란'으로 평가한 것인데(『英祖實錄』卷127, 行狀, 4年 戊申 3月; 이수건, 1995: 564), 영조 4년 실록 기사에는 '호남적湖南賊', '호서적湖西賊' 등 도별로 '-적賊'이라는 표현이 나올 뿐 아니라(『英祖實錄』卷16, 英祖 4年 3月 乙亥(25日);『英祖實錄』卷17, 英祖 4年 4月 壬寅(22日))「행장」에도 전국 반란 상황을 이어서 설명하고 있다. 따라서 첫 구절만으로 영남 반란으로 해석하기에는 무리가 있다.

세간의 선입견과 달리 영조대가 아니라 『교남빈흥록嶠南賓興錄』(정조 16, 1792)으로 상징되는 영남인이 중용되던 정조 연간이며,[39] 그 내용 역시 국왕이 무신란 당시 과로로 순직한 관찰사(黃璿)의 공로를 치하하는 연장선상에 이루어진 조치였다.[40] 곧 '황선의 추모비'가 '영남의 정복비'로 둔갑한 것이다.

정조는 주지하다시피 태평성세에 무비를 강화하여 만일에 대비하고 과거 전란에서 국가를 위해 순국한 인물을 발굴하여 포장褒獎하는 일을 적극적으로 추진하였다. 오늘날 우리가 이순신 장군의 업적을 기억하는 것도 수백 년간 잊힌 충무공의 사적을 발굴하여 『이충무공전서李忠武公全書』(정조 19, 1795)를 편찬하였기 때문이다. 정조는 무신란 역시 같은 방식으로 기렸던 것이다. 한문을 읽을 수 있던 시기에는 「평영남비」가 전혀 문제가 되지 않았으나 광복 이후 판독할 수 있는 사람이 줄어들자 이 비의 제목만 보고 내용을 오인한 탓인지 대구 감영 앞에 있던 비는 사라지고 말았다. 그 내용은 현재 『조선금석문총람朝鮮金石文總覽』에 전한다.

---

39 이태진, 1992a: 256; 이수건, 1995: 538-548.

40 『正祖實錄』卷7, 正祖 3年 2月 癸亥(8日);『正祖實錄』卷25, 正祖 12年 3月 癸亥(1日); "戊申春嶺南亂觀察使黃公督州郡兵討之. 踰月乃定. 其四月辛卯公卒于位, 朝廷錄其功果, 贈議政府左贊成兩館大提學. 謚曰忠烈公, 諱璿, 字聖在, 長水縣人. … 然非公克平嶺亂, 國家事其殆矣…. 李宜哲撰·黃景源書,「平嶺南碑」(正祖 4年 11月);『朝鮮金石文總覽』(1913); 〈한국금석문 종합영상정보시스템〉(gsm.nricp.go.kr). 특히 이근호는 민심 순화책의 사례로 평영남비를 제시하였다. 이근호, 2010: 173-174.

2) 영남 '반역향'의 등장

그렇다면 차별론은 어디에서 비롯된 것일까? 여기에는 두 가지 측면의 문제가 있다. 하나는 실제 자료가 보여주는 모습이고, 다른 하나는 인식의 문제이다. 중앙의 자료와 지방의 인식에는 어째서 차이가 생겼을까? 우선 영조-정조 연간 논의되었던 두 가지 사안(김성탁 상소·『무신창의록』)을 통해서 양자의 괴리감을 살펴보고자 한다.

(1) 영조대 김성탁의 이현일 신원 상소

그동안 많은 영남남인 연구에서 영조대 김성탁 사건이 거론되어 왔는데,[41] 이를 근거로 영남남인에 대한 차별이 있었다고 강조해왔다. 하지만 실상은 영조가 무신란 이후 영남에서 변고가 계속 생기는 상황에서도 영남인의 등용을 정책화하기 위해 밀어붙여[42] 등과 후 3일 만에 대간에 임명할 정도로[43] 왕명으로 가려 뽑은 이가 김

---

[41] 남하정,『동소만록』, 2017: 400-403; 김학수,「갈암 이현일 연구: 정치활동을 중심으로」, 1998: 120; 박경,「18세기 기사남인의 복관작 청원을 통해본 격쟁의 정착: 목래선, 이현일 후손들의 복관작 청원을 중심으로」, 2015: 64; 백승호,「정조 연간 남인 문단과 지성인의 결속」, 2020b: 85; 우인수, 2015: 43; 이재현,「순조대(1800-1834) 안동지역 유림의 정치적 동향」, 2018: 119; 마르티나 도이힐러,『조상의 눈 아래서』, 2018: 585; 최석기,『조선후기 경상우도의 학술동향』, 2019: 132-133; 최우혁,「정조-순조대 근기남인의 분화와 정치명분 확립」, 2019: 279; 장유승, 2020: 203.

[42] 『英祖實錄』卷34, 英祖 9年 6月 戊午(9日);『英祖實錄』卷36, 英祖 9年 10月 丙子(28日);『英祖實錄』卷39, 英祖 10年 9月 庚寅(18日), 11月 丙子(5日);『英祖實錄』卷40, 英祖 11年 閏4月 丙戌(17日).

[43] 『英祖實錄』卷40, 英祖 11年 閏4月 戊子(19日).

성탁이었다. 그는 출사한 후 다른 붕당에서 스승을 공격하자 신원 상소를 올려서 국왕의 노여움을 샀다.⁴⁴

이 사건의 발단부터 살펴보면 숙종대 이현일이 인현왕후를 돕고자 상소를 올렸으나 남인 정권에서 폐위를 추진하던 마당에 중전에게 고상한 표현을 쓸 수는 없었다.⁴⁵ 그래서 그는 갑술환국 이후에도 오히려 명의죄인名義罪人이 되었다.⁴⁶ 숙종은 본의가 구원이었음을 고려하여 완전한 신원까지는 아니지만 그의 처벌을 완화하는 조치를 취했다.⁴⁷ 경종 역시 복관을 시도했으나⁴⁸ 실현하기는 어려웠다.⁴⁹ 윤휴가 명성왕후 김씨를 비방했다가 사약을 받은 사례와

---

44 『英祖實錄』卷44, 英祖 13年 5月 乙卯(28日).

45 이현일의 상소는 숙종대 ① 인현황후를 "도리에 순응하지 않아서 하늘을 스스로 끊었다"고 지칭한 표현이 문제가 되었다. 추가로 영조대는 ② 적서 구분이 경종과 영조를 지칭한다고 생각되어 왕의 분노를 샀다. "廢妃閔氏, 弗循壺彛, 自絶于天 … 蓋彼以六禮所聘, 定位中宮, 奉承至尊, 殆將十年." 『肅宗實錄』卷21, 肅宗 15年 9月 丁巳(24日); 『肅宗實錄』卷26, 肅宗 20年 5月 戊申(11日); "玄逸以明嫡庶分義之意, 入言之." 『肅宗實錄』卷26, 肅宗 20年 5月 庚申(23日); 『肅宗實錄』卷26, 肅宗 20年 閏5月 丁丑(11日); 『肅宗實錄』卷27, 肅宗 20年 6月 丁巳(21日)·8月 乙卯(20日); 『肅宗實錄』卷33, 肅宗 25年 5月 癸酉(4日); 『肅宗實錄』卷35, 肅宗 27年 5月 丁未(21日); "今見鞫案, 始知有明嫡庶事矣, 見此不覺驚痛. 上及聖母, 下及景廟與予, 至於窺探上心之用西人與否者, 尤極駭憤." 『英祖實錄』卷44, 英祖 13年 5月 乙卯(28日)·6月 己未(2日); 남하정, 2017: 398-400; 김학수, 1998: 120; 이재현, 「18세기 이현일 문인의 신원운동과 추숭사업」, 2014: 9-10; 박경, 2015: 61.

46 『肅宗實錄』卷26, 肅宗 20年 4月 戊寅(11日).

47 우선 배소의 위리圍籬를 철거하고 석방하여 고향으로 돌려보냈다. 『肅宗實錄』卷31, 肅宗 23年 閏3月 癸巳(13日)·4月 癸酉(24일); 『肅宗實錄』卷33, 肅宗 25年 2月 甲辰(4日); 『肅宗實錄』卷35, 肅宗 27年 5月 丁未(21日); 『肅宗實錄』卷40, 肅宗 30年 11月 己亥(3日).

48 『景宗實錄』卷2, 景宗 卽位年 12月 甲午(2日); 『景宗實錄』卷4, 景宗 元年 6月 壬辰(2日).

비교하면50 국왕이 왕실 모욕에 대한 선왕(숙종-경종)의 판부를 바꾸는 것은 대단히 어려운 일이었다. 더욱이 영조는 인현왕후의 법적 아들이었으며,51 갑술환국이 일어나던 해에 출생하여 사친私親이 숙빈에 책봉되고 자신도 왕세제가 되었다. 또한 그는 이현일이 적서嫡庶 구분을 언급한 사실을 알게 되자 더욱 분개했다. 자신의 존재 명분을 훼손당하고 선왕의 판부까지 바꾸면서 이현일을 신원하기에는 무리가 많았다.

김성탁은 이현일의 문도門徒였으므로 신원 상소를 올린 행위가 향촌 사족으로서 당연한 행동이었을지 모르나 중앙 정계에 출사한 관료로서는 적절하다고 보기 어려웠다. 특히 친국 과정을 보면 영조는 이미 "이현일의 상소가 악역惡逆을 범했다"고 보았는데,52 김성탁은 인현왕후 민씨를 폄하한 문구를 제외하고 문제가 없는 상소문만 외워서 증언하였으므로 이 역시 비호하는 행위로 비난받았다. 그러자 그는 이현일이 전리田里에 방귀放歸된 이후에야 비로소 자신이 수학했다며 역률을 범한 정상情狀은 나이가 어려서 자세히

49　『景宗實錄』卷2, 景宗 卽位年 12月 庚戌(18日);『景宗實錄』卷4, 景宗 元年 6月 乙未(5日).

50　윤휴는 갑인예송 이후 명성왕후에게 '관속管束'을 사용했다가 기사환국 이후 처벌받았다. 경신환국 이후 복관되었다가 갑술환국 이후 다시 추탈되었다. 순종대가 되어서야 복관되었다.『肅宗實錄』卷3, 肅宗 元年 4月 己丑(1日);『肅宗實錄』卷4, 肅宗 元年 11月 戊子(4日);『肅宗實錄』卷9, 肅宗 6年 4月 丙戌(27日);『肅宗實錄』卷20, 肅宗 15年 3月 壬申(5日);『肅宗實錄』卷27, 肅宗 20年 6月 戊午(22日);『純宗實錄』卷2, 純宗 元年 3月 21日(陽曆)·4月 30日(陽曆).

51　「행장行狀」에는 영조와 인현왕후의 각별한 인연을 강조하는 어린시절 고사가 실려 있을 정도이다."方五歲, 手擷禁苑百種花, 爲酒以獻后. 后歎曰, 孝悌固所性, 何其夙就也."『英祖實錄』卷127, 行狀.

52　『英祖實錄』卷44, 英祖 13年 5月 己酉(22日).

알지 못하고 조정에서 일어난 논란도 잘 알지 못한다고 면피하려고 하였다.53

특히 이는 영조대 오광운吳光運·정조대 채제공·고종대 류후조 등이 은인자중隱忍自重하며 중앙 정계 논의에 신중히 참여하면서 자파를 보호하고 남인의 출사 기회를 확대시킨 행보와 무척 대비된다.54 향촌 사회의 불완전한 정보를 기반으로 '우리 스승'을 신원하겠다고 상소를 올려서 사달을 만들고 난 뒤에 조정에서 실제 이현일의 상소 원본을 확인시켜주자 왜곡된 진실을 그제서야 알았다고 변명하였다.55 이는 지나치게 지역사회 논리에 매몰되어 중앙 정계의 흐름을 읽지 못한 데서 일어난 현상이었다.56

영조가 김성탁을 영남 산림으로 극진히 대우했기에57 영남 사류

---

53 『英祖實錄』卷44, 英祖 13年 5月 乙卯(28日).

54 박광용, 1994: 95-108, 165-173; 원재린, 「영조대 후반 소론-남인계 동향과 탕평론의 추이」, 2004: 85, 88-93, 94-96; 김인호, 2019: 114-117.

55 상소문은 현재 『공거문公車文』, 문집文集, 『승정원일기』, 실록 등에 남아 있는데, 『공거문』은 접수 대장이므로 원문에 해당하고, 『승정원일기』나 실록에는 편집하여 요약된 상태로 남아 있다. 반면에 문집에는 전문이 실린 듯하지만 개인이나 가문에 불리한 내용이나 표현은 삭제되거나 바뀌어 있기에 문인이나 후학은 절반의 진실만을 전해 듣곤 한다.

56 남하정南夏正 역시 영조 연간 남인계를 이끌었던 오광운의 대탕평론을 비판하는데, 이는 그가 중앙 정계의 흐름을 얼마나 이해하지 못하고 있었는지를 단적으로 보여준다. 남하정, 2017: 412-415; 유봉학, 「18세기 남인 분열과 기호 남인 학통의 성립: 『동소만록』을 중심으로」, 1983: 9; 원재린, 「『동소만록』에 반영된 남하정의 정국 인식」, 2012: 102-103.

57 【1차】영조 10년(1734) 9월 참봉參奉(종9품) → 11월 사축서 별제別提(종6품) → 【2차】영조 11년(1735) 윤4월 13일 증광전시增廣殿試 6품관 → 19일 사헌부 지평(정5품) → 12월 7일 사간원 정언(정6품) → 【3차】영조 13년(1737) 1월 6일 지제교 → 4월 17일 홍문관 부수찬(종6품) → 5월 11일 홍문관 교리校理(정5품). 『英祖實錄』卷39, 英祖 10年 11月 丙子(5日)·戊寅(7日)·辛

는 과도한 은혜로 기회가 생겼다고 오판한 듯하다.[58] 그러나 정작 경상도 내에서 유생(儒士)이 노론의 당론을 따르면서 그를 공격하는 지경에 이르렀다.[59] 이 같은 행보는 모처럼 영남인의 출사길이 열리고 있었던 찰나에 찬물을 끼얹는 행동이었고, 그를 추천한 소론 신료에게도 타격이 불가피했다.[60] 결국 영남 사류는 노론이 소론을 공격하는 소재로 이용될 뿐이었다. 노론-소론의 대립 구도를 타파하고자 했던 국왕의 탕평정책 역시 한동안 지연될 수밖에 없었다. 노론 신료는 공세를 영남 전체로 확대시키지 않는 선에서 사태를 봉합하려 했다.[61]

김성탁은 국왕이 파격적인 특전을 베풀고 있는 상황을 이용해서 선대의 일을 정치투쟁에 끌어들였기에 비판의 대상이 될 수밖에 없었다. 영조는 등용 시 김성탁에게 당부했던 당론 금지를 깨뜨렸다고 분노했다. 김성탁은 절도에 안치되었다가 석방되었다.[62] 정도의 차이는 있으나 이는 영조가 다른 붕당에도 동일하게 취했던

巳(10日);『英祖實錄』卷40, 英祖 11年 2月 庚午(29日)·閏4月 壬午(13日)·丙戌(17日)·7月 丙辰(19日);『英祖實錄』卷42, 英祖 12年 9月 壬辰(1日);『英祖實錄』卷43, 英祖 13年 1月 乙未(6日)·4月 乙亥(17日); 안장리,『조선 국왕 영조 문학 연구』, 2020: 149-150.

58 "鐸爲朴文秀輩所薦, 上亦寵異之. 以感化嶺南, 遂登瀛選, 卒使聖鐸恃恩妄言, 至於謫死."『英祖實錄』卷40, 英祖 11年 閏4月 丙戌(17日); "上曰, 待遇太過, 故放肆至此. 非但渠罪, 朝廷及予亦可自反矣."『英祖實錄』卷44, 英祖 13年 5月 乙卯(28日).

59 『英祖實錄』卷42, 英祖 12年 8月 辛巳(20日).

60 『英祖實錄』卷44, 英祖 13年 7月 丙午(20日)·己酉(23日)·壬子(26日)·癸丑(27日);『英祖實錄』卷45, 英祖 13年 8月 甲子(8日).

61 『英祖實錄』卷44, 英祖 13年 7月 丁亥(1日).

62 『英祖實錄』卷44, 英祖 13年 6月 己未(2日);『英祖實錄』卷56, 英祖 18年 11月 壬午(27日).

조치였다.⁶³ 국왕은 탕평의 대의大義 앞에 붕당의 투쟁 명분을 세우는 자는 용납하지 않았다.⁶⁴ 그런데도 그동안 이 사건을·이현일의 신원이라는 대의를 실현시키려는 숭고한 선비와 탄압하는 적대세력인 노론 일당의 구도로 서술해온 것이다. 오히려 김성탁 사건으로 인해 탕평을 적극 추진했던 영조는 당분간 운신의 폭이 줄어들었으며, 국왕을 뒷받침해온 소론 신료도 상당히 위축되었다. 그동안 왕정 사회에서 군주의 입장이나 정책 의지는 너무 간과해왔으며 향촌 사족의 행동은 시대 상황을 고려하지 않고 그저 순수한 의도만 강조되어 미화해왔다.

(2) 정조대 이진동의 『무신창의록』

정조 12년(1788) 영남 유생 이진동李鎭東이 무신란 당시 안동 등 13읍이 의병 소집에 응한 내용을 『무신창의록戊申倡義錄』으로 편찬하여 바쳤다. 국왕은 무신란 60주년에 포상하는 전례를 언급하며 간행과 포장을 검토했다. 초기에는 책자 간행 수준으로 보고 지방 유생을 격려하자는 데 신료들이 동조하였다.⁶⁵ 그러나 내용을 검토한 이후 태도가 바뀌었다. 예조를 필두로 영의정 김치인(노론)·좌의정 이성원(소론) 등은 영조대 죄적罪籍에 등록된 인물(金聖鐸·趙德鄰·黃翼再·權榘)이 의병으로 등재되어 있고, 별록別錄에 공사公私 문

---

63 노론계 산림 박필주朴弼周도 정성 들여 기용했으나 정치투쟁에 나서자 바로 등용하지 않았다. 『英祖實錄』卷64, 英祖 22年 9月 丙申(3日); 김백철, 2014a: 101-102.
64 김백철, 2010c: 23-25; 김백철, 「『천의소감』의 서사구조와 명분론」, 2017B: 26-42.
65 『正祖實錄』卷26, 正祖 12年 11月 丙寅(8日).

서가 없어 신빙성에 문제가 있다고 지적하면서 오히려 조정을 시험하려고 한다며 처벌을 주장했다.[66]

문제가 된 인물 중 김성탁은 앞서 살폈듯이 산림으로 지극한 우대를 받다가 이현일 신원 상소를 올려서 친국을 받고 절도에 유배되었으나 왕의 분노가 가라앉은 뒤에는 위리가 풀리고 육지로 옮겨졌다가 석방되었다.[67] 조덕린은 무신란 당시 소모사로 활약하여 승차했다가 상소를 올려서 '정명正名'을 주장한 것이 계기가 되어 당론으로 의심받아 친국까지 당하였으나 혐의가 불명확하다고 하여 석방되었다.[68] 황익재 역시 박사수朴師洙의 추천으로 소모사가 되어 무신란 진압에 참여하였다.[69] 그러나 이전부터 김일경金一鏡의 유배길에 마중하여 재물을 건넨 죄가 거론되었고,[70] 역적 이인좌李麟佐·조세추曹世樞의 공초에서 황익재의 역모 연루가 언급되었다.[71] 이에 서울로 잡혀 왔다가 얼마 지나지 않아 석방되었다.[72] 이때도 영조는 다른 영남인의 조사는 금지시켰다.[73] 또한 권구權榘가 언급

---

[66] 『무신창의록』 본문에는 고을별로 좌목座目, 군문일기軍門日記, 군문절목軍門節目, 통문通文, 격문檄文 등이 모두 실려 있으나 별록에는 명단만 있어 근거 부족을 지적한 것이다. 『正祖實錄』 卷26, 正祖 12年 11月 戊辰(10日).

[67] 『英祖實錄』 卷47, 英祖 14年 5月 癸酉(22日)·6月 辛丑(20日); 『英祖實錄』 卷56, 英祖 18年 11月 壬午(27日).

[68] 『英祖實錄』 卷42, 英祖 12年 8月 辛巳(20日)·甲申(23日)·戊子(27日)·9月 甲午(3日)·壬寅(11日).

[69] 『英祖實錄』 卷16, 英祖 4年 3月 壬申(22日); 『英祖實錄』 卷17, 英祖 4年 4月 甲申(4日)·丙戌(6日); 黃翼再, 『華齋集』 卷5, 素患錄, 戊申日記〈奎15585〉.

[70] 『英祖實錄』 卷5, 英祖 元年 4月 丙子(9日).

[71] 『英祖實錄』 卷16, 英祖 4年 3月 丙子(26日); 『英祖實錄』 卷17, 英祖 4年 4月 丙申(16日).

[72] 『英祖實錄』 卷27, 英祖 6年 8月 辛丑(5日).

[73] 『英祖實錄』 卷26, 英祖 6年 6月 壬寅(5日).

되었으며 이 외에도 동일한 문제를 지닌 이들이 함께 수록되었다. 모두 역적의 초사에 등장하여 의심을 받은 인물로,[74] 무신란 이후 영조의 비호하에 무마되어 석방된 경우였다.[75] 이들의 공통점은 영남의 공론을 대변하는 인물로서 정치투쟁 가능성에 극도의 경계 대상으로 인식되어 국문을 받았다가 왕명으로 풀려났다는 점이다.

그러나 한번 실추된 명예로 인해 간행과 포상은 무위로 돌아갔다. 이 역시 영남남인은 노론 세력의 방해 공작으로 인식하는 듯하다. 정작 『무신창의록』에는 1,213명[76]이 기록되어 있으나 이들은 소집에 응했을 뿐 한 번도 직접 전투를 치른 적이 없으며 곧바로 소집도 해제되었다는 사실을 간과하고 있다.[77] 또한 영조 연간에 호남과 영남에서 전공을 세운 자를 조사하여 이미 포상을 내렸다.[78] 『호

[74] 안동의 권구權榘·권덕수權德秀·권만權萬·황익재黃翼再·김민행金敏行·류몽서柳夢瑞 등이 정희량의 이종姨從 김홍수金弘秀나 이인좌의 동생 이웅좌와 교분이 있어 반군의 포섭 대상이었는데 의병 명단에도 수록되어 있다. 『戊申倡義錄』卷1, 安東義兵軍門座目〈한고조78-9〉(국립중앙도서관 소장); 고수연, 「『무신창의록』을 통해 본 18, 19세기 영남남인의 정치동향」, 2013: 327-329; 고수연, 「조선 영조대 무신란의 실패 원인」, 2015: 236-238.

[75] 『英祖實錄』卷19, 英祖 4年 9月 戊午(11日).

[76] 정조대 본문에는 13읍 1,014명, 별록에는 31명, 고종대 속별록·추록에는 168명이다. 정조 연간 기준으로는 1,045명이다. 고수연, 2013: 312-313.

[77] 『戊申倡義錄』卷1, (安東義兵)軍門日記·(尙州義兵)軍門日記·(禮安義兵)軍門日記; 『戊申倡義錄』卷2, (醴泉義兵)軍門日記·(榮川義兵)軍門日記·(順興義兵)軍門日記·(豊基義兵)軍門日記; 『戊申倡義錄』卷3, (永川義兵)軍門日記·(義城義兵)軍門日記·(英陽義兵)軍門日記·(奉化義兵)軍門日記·(眞寶義兵)軍門日記·(龍宮鄕校)倡義日記; 『戊申倡義錄』卷4, 追錄, (新寧義兵)軍門日記·(靑松義兵)軍門日記·(聞慶義兵)軍門日記·(咸昌義兵)軍門日記·(義興鄕校)倡義日記〈한고조78-9〉(국립중앙도서관 소장), 〈고4250-61〉(서울대학교 규장각한국학연구원 소장); 이욱, 2011: 144-151; 고수연, 2013: 326.

[78] 『英祖實錄』卷17, 英祖 4年 4月 戊子(8日).

『남창의록湖南倡義錄』에는 실제 무신란 당시 전투를 치른 의병이 기재되어 있으나 그중에서 수훈受勳된 인물은 30명으로 제한적이다.[79] 원종공신이 약 9,000명에 달하는데도[80] 호남에서 전투에 참여한 모든 의병이 포상을 받지는 못했다. 심지어 영조 연간에는 앞에서 언급했듯이 경상도 관군의 전투를 총지휘한 관찰사 황선이 과로로 순직했음에도 공로를 인정받지 못했을 정도로 공적 심사가 엄격히 실시되었다. 대개 의병일지라도 직접 전투에 참여하여 공을 세웠거나 관군에 종군한 사람(李述源 子孫)에게 포상했기 때문이다.

그런데 전투 경험도 없는 유학幼學 900여 명을 기재해 와서 포상을 요구하는 것이 과연 조정 신료들의 상식적인 수준에서 용납될 수 있었을지는 의문이다.[81] 영남남인을 지지하던 우의정 채제공(남인)만이 간행하는 선에서 사족을 격려하자고 원론적인 지지 입장을 밝혔을 뿐,[82] 노론·소론 신료 역시 일반적인 수준으로 응대한 것으로 보인다. 특히 영조대 김성탁 사건에서 영남남인을 추천하고 옹호했던 소론마저 돌아선 것은 채제공에 대한 견제도 없지 않지만 해당 사건으로 탕평파가 큰 타격을 입었기 때문이다.

더욱이 무신년(영조 4, 1728) 국청에서 공초에 언급되었거나 선왕대 처벌받은 인물을 의병 명단에 넣어서 포상하는 것은 별도로 논

---

79 고수연, 「1728년 호서 지역 무신란의 반란군 성격」, 2011a: 51-52; 황재문, 「1728년 무신란 관련 문헌의 재검토」, 2019: 214.
80 오갑균, 1984: 306-319.
81 『무신창의록』에는 유학(1,046명: 본문 897명, 추록 149명) 및 업무業武(본문 5명)의 비중이 압도적이다. 전직 관료의 비중은 대단히 낮으며, 진사進士나 생원生員조차 희귀하다. 원종공신의 책봉 범위를 참고해볼 때 관함官銜을 띤 자는 대부분 관군에 합류한 듯하다. 정조대 올린 판본에는 유학·업무가 902명이었다. 『戊申倡義錄』〈한古朝78-9〉(국립중앙도서관 소장).
82 『正祖實錄』卷26, 正祖 12年 11月 戊辰(10日).

의해야 하는 사안이었다. 영조는 이미 안동 사족이 무신년 당시 국청에서 언급된 사실을 알고 있었음에도 그들에게 면죄부를 주었는데,[83] 왕이 바뀌자 포상까지 요구한 것이다. 영남 유생은 이번에 모든 것을 만회하려고 한 듯하다. 영남안무사嶺南安撫使(朴師洙) 휘하 호소사號召使(趙德鄰)·소모사召募使(黃翼再)의 소집에 응한 의병 모두의 포상을 바랐을 뿐 아니라 죄적에 들어 있던 인사까지 한 번에 신원하려고 한 것이다.

현존하는 『무신창의록』에는 흥선대원군이 발탁한 영남 출신 우의정[84] 류후조의 서문이 실려 있는데, 이때(고종 12, 1875) 정식으로 간행되었다. 여기에도 영남 지역의 감정이 지극히 고스란히 담겨 있다. 정조가 이진동에 대해 '재상의 그릇[宰相之器]'이라고 찬탄했다거나,[85] 왕명으로 무신란의 전공자 조사를 명했으나 도신이 보고하지 않았다는 등 간행 경위를 설명하고 있다. 전자는 『일성록』에서 유사한 기록이 보이지만,[86] 후자는 정확한 설명이 아니다. 수록 명단 중 안동의 김성탁, 영천榮川의 나학천 등은 영조대 무신란 이후 기용되었다.[87] 또 조정에서는 순절殉節한 경상도 거창좌수 이술

---

83 "諭慶尙監司朴文秀書曰 … 安東之人能曉解逆順, … 使得曉然知之, 安心居住, 益勉忠義. 仍俾安東士民, 知予深嘉善俗之意. 時安東人連出逆招, 上一切置之. … 後, 朴文秀承有旨, 親往安東府, 招境內士人, 會鄕校 … 宣示有旨, 誦傳德音, 夢瑞等, 皆感泣." 『英祖實錄』卷17, 英祖 4年 4月 己酉(29日).

84 『고종실록』·『승정원일기』에는 고종대 우의정의 직함만 보이지만 사후에 '고좌상故左相'으로 표기되어 착종이 보인다. 『承政院日記』, 同治 5年(고종 3) 5月 癸酉(15日)·光緒 5年(고종 16) 3月 己巳(25日).

85 柳厚祚, 「序」(고종 11) 『戊申倡義錄』(卷首) 〈한고朝78-9〉(국립중앙도서관 소장).

86 정조는 실제 '유재상풍의有宰相風儀'라고 하였다. 『日省錄』, 戊申(정조 12) 11月 16日(甲戌).

87 무신란 이후 이미 관직이 있던 나학천은 승지·병조참의(정3품 당상)까지

원李述源의 자손도 녹용하였다.[88] 정조 연간에도 안동 지역(柳升鉉·權萬) 의병에 대한 포장褒奬을 단행했다.[89] 심지어 『무신창의록』 간행이 좌절된 직후에도 정조는 무신란에서 호소사·소모사[90]로 활약한 조덕린·황익재의 죄명을 탕척蕩滌해주었다.[91] 그런데도 포상받지 못했다고 주장하는 것은 아마도 중앙과 향촌 사이의 기대치 차이로 보인다.

일각에서는 정조가 만들게 한 『영남인물고嶺南人物考』(정조 22, 1798)에 대해서도 19읍[92]만 대상으로 하여 경상도 70여 읍을 모두 반영하지 못했다고 소외론을 주장해왔다.[93] 그러나 전국 단위 『인

승진하였고, 본래 관직이 없던 김성탁은 특별 과거와 파격적인 승차를 통해 홍문관 교리(정5품)까지 기용되었다. 『英祖實錄』卷22, 英祖 5年 5月 乙巳(1日); 『英祖實錄』卷29, 英祖 7年 2月 庚申(27日); 『英祖實錄』卷44, 英祖 13年 5月 戊戌(11日).

[88] 『英祖實錄』卷36, 英祖 9年 12月 丁卯(20日); 『英祖實錄』卷40, 英祖 11年 2月 乙卯(14日).

[89] 이성원李性源은 "13고을 중 안동이 으뜸인데, 안동의 상장上將(大將: 류승현)과 부장副將(권만)에게 이미 금년 봄에 특별히 작질을 높여 관직을 추증追贈(이조참판·참의)하는 명을 내렸다"라고 지적하였다(『正祖實錄』卷26, 正祖 12年 11月 戊辰(10日)). 실제 두 사람의 의병 활동 및 포상 기록은 영조 연간 및 정조 연간에도 교차 확인된다(『英祖實錄』卷17, 英祖 4年 4月 丙戌(6日); 『正祖實錄』卷25, 正祖 12年 4月 丁酉(5日)).

[90] 영조 연간에는 소모사가 혼용되고 있으나 정조 연간 『무신창의록』 이후 호소사·소모사를 구분하려는 듯하다. 『日省錄』, 戊申(정조 12) 11月 10日(戊辰).

[91] 『正祖實錄』卷26, 正祖 12年 11月 戊辰(10日); 『日省錄』, 戊申(정조 12) 11月 10日(戊辰).

[92] 『영남인물고』 권1-3은 안동, 권4는 상주(1), 권5는 상주(2)·예안·군위·영양, 권6은 경주·밀양·신령, 권7은 성주·의성, 권8은 진주·함양·자인, 권9는 영천永川·대구, 권10은 영천榮川·용궁·하양·진보 등을 반영하였다.

[93] 이수건, 1995: 548.

물고』나 『국조인물고』에 2,000여 명이 수록되었는데 지역단위에서 경상도만 별도로 600여 명을 추가로 선별했다면 이 자체가 특혜일 뿐더러 이미 전국 단위의 약 30%에 달하는 수치이다.[94] 전국에서 가장 많은 고을을 지니고 사족 자원이 풍부한 경상도를 기준으로 모든 고을을 상세히 수록하면 역설적으로 사류가 변변치 못한 다른 도를 차별하는 결과를 초래하게 된다.

그런데 19읍 중 상당수는 『무신창의록』에 등장하는 고을이다.[95] 곧 양자에서 중첩되는 고을은 본문 중 안동·상주·예안·영양·의성·영천永川·영천榮川·용궁·진보, 추록追錄[96] 중 군위·경주·신령·하양 등 13읍이다. 『영남인물고』의 수록 범위는 무신란 당시 북부의 의병 지역이 중심이 되었고 남부의 관군 지역(성주·대구·진주)을 비롯한 일부 대읍이 추가되었으며 심지어 반군에 가담한 지역(함양)까

[94] 정조 연간 전국 단위 『인물고』(1,817명)나 『국조인물고』(2,065명)가 편찬되었고 지역단위 『영남인물고』에는 19읍이 수록되었는데, 판본별로 인원수는 상이하다(『다음백과』 515명, 규장각한국학연구원 533명, 『한국민족문화대백과』 541명, 강주진 578-655명, 이수건 655명). 전자의 전국 단위는 주제별·서인 위주로 수록되었고 후자의 지역단위는 고을별·남인 위주로 수록되었다. 이성무, 「국조인물고해제」, 1978: 6-7; 강주진, 「서문」, 1978: 3-5; 이수건, 1995: 548; 신승운, 「조선조 정조명찬 인물고에 관한 서지적 연구」, 1987: 83-85; 「영남인물고해제」(서울대학교 규장각한국학연구원 전자판); 「영남인물고」, 『한국민족문화대백과』(전자판); 「영남인물고」, 『다음백과』(전자판).

[95] 『무신창의록』 본문 권1-3에는 안동, 삼계서원三溪書院, 도연서원道淵書院, 상주, 예안, 예천, 영천榮川, 순흥, 풍기, 영천永川, 의성, 영양, 봉화, 진보, 용궁향교龍宮鄕校 15곳(13읍)이 실려 있다. 권4의 별록에는 안동*, 상주*, 선산, 예안*, 영천榮川*, 예천*, 영해, 하동이 실렸으며, 속별록에는 안동*, 선산*, 추록에는 신녕, 청송, 문경, 함창, 의홍향교, 군위향교(경주, 하양, 의홍 홍씨) 등 6곳이 본문 형식에 맞추어 추가되었다(*: 중복 고을).

[96] 단 본문(권1-3)·별록(권4)은 정조 연간에, 속별록(권4)·추록(권4)은 고종 연간에 각기 편찬된 것으로 보인다. 고수연, 2013: 325.

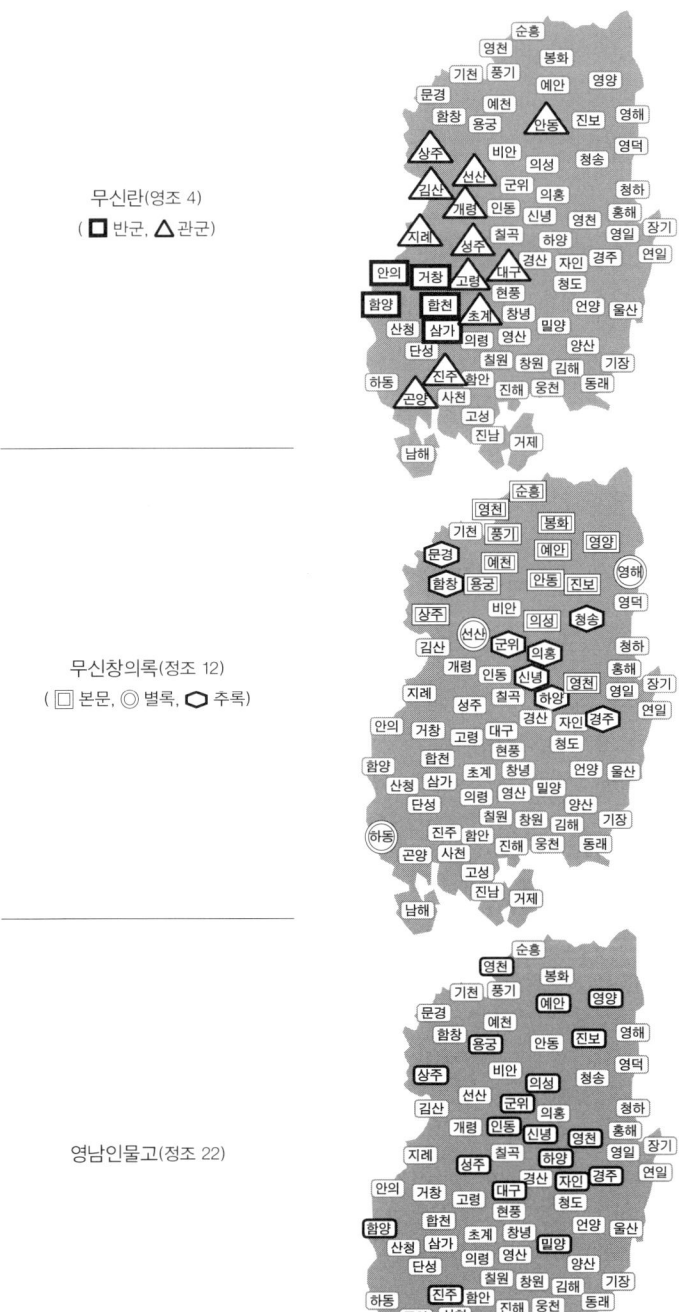

〈그림 5〉 무신란·『무신창의록』·『영남인물고』 고을 비교

지 포함시켜 최대한 지역통합과 균형을 맞추고자 노력했다.

특히 『영남인물고』에는 무신란 당시 의병 권구(안동)·류승현(안동)·권만(안동)·김성탁(안동)·황익재(상주)·조덕린(영양) 등의 업적이 상세히 수록되어 있으며, 또한 권상일權相一(상주) 역시 무신란 당시 만경현령으로 있으면서 변산적邊山賊을 탐문한 공로가 상세히 수록되어 있다.[97] 앞서 살폈듯이 권구·황익재는 역적의 초사에 언급되었으며, 김성탁·조덕린은 상소를 올린 것이 정치투쟁으로 간주되어 명의죄인으로 죄적에 오른 인물이다. 그런데 이러한 상황을 한꺼번에 만회한 것이다.

따라서 『무신창의록』은 ① 죄적에 실려 있는 인물 문제, ② 실제 전투를 치르지 않은 상황, ③ 대부분 뚜렷한 경력을 증명할 수 없는 유학을 900여 명이나 대상자로 삼은 문제, ④ 별록에는 근거 문서조차 제시하지 못한 채 명단만 올려 공적을 부풀린 문제 등이 있어 처음 올렸을 때는 간행으로 연결되지 못했다. 그럼에도 정조는 영조와 마찬가지로 영남을 부양하기 위해 『영남인물고』를 별도로 편찬하여 다른 형태로 명예를 보존시켜주었다. 향촌 사회의 입장에서는 영남의 모든 인물을 게재하고 싶겠으나 중앙의 조정에서는 조선 초부터 지방 인물 수록에 회의적인 반응을 보였을 정도로 별반 관심이 없었다.[98]

---

[97] 『嶺南人物考』卷3, 安東(3); 『嶺南人物考』卷5, 尙州(2); 『嶺南人物考』卷5, 英陽; 정조 명편, 『영남인물고』, 1978: 166-167, 172-175, 170-171, 266-269, 319-322.

[98] 세종대 『세종실록』 「지리지」에는 아예 인물을 비롯한 문화 정보가 거의 없으며 지방 통치에 필요한 정보만 수록되었다. 또 영조대 『여지도서』 편찬 시에도 통치 정보를 수집 정리하는 것이 목적이었으므로 각 지방의 과도한 문화 정보를 지양했으나 경상도만 인물이나 시문을 대거 수록하였을 정도로 대단히 예외적인 행보를 보여왔다. 물론 사족의 입장을 적극

결과적으로 대규모 명단과 고을 단위 행적만을 수록한 『무신창의록』에 비해서 명현을 선별한 『영남인물고』에 등재되는 것이 향촌 사족에게 훨씬 더 영광이었을 것이다. 정조는 일부 인물에 대한 포장(류승현·권만), 신원(조덕린·황익재·김성탁), 도산서원陶山書院의 시사試士 및 『교남빈흥록』 간행, 주요 고을(13읍)의 『영남인물고』 편찬 사업까지 단행하여 영남에 대한 최선의 우대를 베풀었다.

2. 영남 출사자의 실상

1) 영남인의 등과 현황

민간에는 영남 차별의 인식이 보편화되어 있으나 실제 조선시대 영남인의 등과 현황을 보면 경이롭기만 하다. 첫째, 『문과방목』과 『무과방목』을 통해 영남인의 급제 현황을 확인해볼 수 있다. 그토록 차별받았다고 주장하는 경상도는 조선시대 지방 문과급제자 1위를 기록하고 있다.[99] 영남보다 급제자가 높은 지역은 오직 한성뿐이다. 심지어 문과급제자는 지방 사족이 주로 응시하는 정기 시

반영한 성종-중종 연간 『신증동국여승람』이 있으나 지역별 문화 정보가 가득한 반면에 민감한 통치 정보는 삭제되어 있다. 이는 양자의 편찬 목적이 전혀 달랐기 때문이다. 정조 명편, 「慶尙道」, 『輿地圖書』下, 1973; 김백철, 「고종대 邑誌의 연대분류 試論」, 2016d: 282-284.

[99] 〈표 26〉 조선시대 문과급제자 지역별 분포

지역	한성	경상	충청	전라	평안	경기	함경	강원	황해	미상	합계
인원	5,512 (36%)	1,332 (8%)	998 (6%)	820 (5%)	785 (5%)	765 (5%)	194 (1%)	235 (1%)	134 (0.8%)	4,176 (27%)	15,151

- 기준: 한국학중앙연구원 〈한국역대인물정보 종합정보시스템〉(http://people.aks.ac.kr)

험이 36.6%이고 중앙 사족에게 기회가 많은 비정기 시험(增廣試·別試·廷試·謁聖試·親試·外方試·春塘臺試)이 63.4%이므로[100] 응시 기회 자체가 훨씬 적은 영남이 2위를 차지한 것은 일정한 우대 정책이 시행되지 않고서는 실현되기 어려운 상황이다. 문과급제자가 중요한 이유는 주지하다시피 조선시대 과거급제자 중 대부분이 실제 출사로 이어져 참상관이나 당상관에 도달했기 때문이다.[101] 세간에서 급제와 출사를 분리해서 이해하는 경향과 전혀 다른 실상이다.

더욱이 문과·무과를 합쳐도 평안도 다음으로 많은 급제자를 배출했다.[102] 이 같은 실적이 조선 전기에 집중되었을 것이라는 비판도 있다. 그러나 영남 거주지로 확인되는 문과급제자를 다시 갑술환국을 기점으로 나누어보면 전자가 572명(42%), 후자가 760명(57%)에 달하여 오히려 증가하였음을 알 수 있다. 특히 최초 과거 시행 시점부터 갑술환국 직전 해(1393-1693)까지 301년 동안 연 1.89명이 급제한 데 반해 갑술환국부터 최종 과거 시행 시점(1694-1894)까지 201년 동안 연 3.78명이 급제하였다. 이는 갑술환국 이후 영남인이 폐고되기는커녕 연간 두 배나 더 많은 과거급제자를 배출하였음을 보여준다.

index.aks).
– 단 영남의 급제자를 이원명은 1,750명, 김인호는 1,766명으로 산출하였으므로 본서의 조사(1,332명)보다 많다(이원명,『조선시대 문과급제자 연구』, 2004: 102; 김인호, 2019: 28, 33).

100 김인호, 2019: 22-23.
101 원창애는 조선시대 문과급제자 14,684명 중 당상관(37%), 참상관(53%), 참하관(4%), 미진출자(6%)로 집계하였다. 김인호는 영남 문과급제자 중 최고 관직 파악이 가능한 1,749명을 대상으로 당상관 379명(21.7%), 참상관 1,233명(70.5%), 참하관 137명(7.8%)으로 집계하였고, 그중 1품 31명(1.7%), 2품 177명(10%)으로 분석하였다. 원창애,「문과방목에 담긴 양반사회의 구조와 변화」, 2010: 113; 김인호, 2019: 194.
102 〈표 25〉 조선시대 문과·무과급제자 통합 1-4위 지역별 분포 참조.

경상도 거주 문과급제자는 갑술환국 이후 숙종 후반-영조 초반 92명, 무신란 이후 영조 전반-정조 연간 188명, 신유박해 이후 순조-고종대 481명으로 지속적으로 증가하였다.[103] 더욱이 갑과 1-3위·을과 1-2위·병과 1위 등 장원壯元·아원亞元·탐화랑探花郎 80명을 배출하였는데, 숙종 후반부터 고종대까지 고르게 나타나고 그중 장원이 무려 22명에 달한다.[104] 그동안 서인·노론이 과거科擧에서 영남남인의 진출을 막고 있었다는 주장[105]과는 전혀 다른 실상이다.

[103] 〈표 27〉 조선 후기 경상도 문과급제자 왕대별 현황

왕대	숙종 20-46	경종	영조 1-3	영조 4-52	정조	순조	헌종	철종	고종	합계
인원	56	12	24	91	97	146	71	78	185	760

- 기준: 한국학중앙연구원 〈한국역대인물정보 종합정보시스템〉(http://people.aks.ac.kr/index.aks).

[104] 〈표 28〉 숙종 후반-고종 연간 영남 문과 상위 급제자

등급	총수	숙종 20-46	경종	영조	정조	순조	헌종	철종	고종
갑과1위 壯元	22	1		2	3	1	5	2	8
갑과2위 亞元	11	1			3	1	1		5
갑과3위 探花郎	16	3	1	1	3	2	1		5
을과1위 아원	17			1	2	1	4	1	7
을과2위 탐화랑	11			1		3	2	2	3
병과1위 탐화랑	4						2	1	1
누계		5	1	5	11	8	15	6	29

- 기준: 한국학중앙연구원 〈한국역대인물정보 종합정보시스템〉(http://people.aks.ac.kr/index.aks).
- 숙종 후반: 숙종 20년(1694) 기준. 단 과거 응시자 수에 따라 아원·탐화랑의 순위는 가변적임.

[105] 이수건, 1995: 564; 김성우, 2012: 331; 우인수, 2015: 41; 손대현, 2018: 170; 장유승, 2020: 206.

둘째, 『도당록都堂錄』을 통해서 옥당(홍문관)의 진출 비율을 확인해볼 수 있다. 그동안 등과는 했으나 출사하지 못했다거나 출사했어도 고위직에 가지 못했다는 주장도 비일비재하였다. 하지만 조선 후기 홍문관의 출신지를 살펴보면 경상도가 4위에 달하며, 서울을 제외하면 2-4위까지 모두 8-10%대로 분포하고 있어 큰 차이가 없다.[106] 홍문관은·청요직 중에 가장 명예로운 관직이다. 대부분 옥당을 거쳐 고위직에 올랐기 때문이다.

셋째, 갑술환국 이후 영남의 6개 가문을 표본으로 추출하여 관직 진출 현황을 살펴볼 수 있다.[107] 관직의 품계에 따라 분류해보면 출사자 중 당상관 39%, 참상관 50%, 참하관 10%로 나타난다. 심지어 당상관 중에는 1품관 2명, 2품관 21명이 포함되어 있다. 이들의 출생년은 18세기 숙종 후반-정조 연간 55명(35%), 19세기 순조-고종 연간 72명(46%)에 달하여 줄어들기는커녕 더욱 늘어만 갔다.

그동안 벌열 연구에서 주요 가문을 중심으로 연구했을 때는 서울-경기와 비교하여 상대적으로 낮게 나타났으나 실제 영남 일부

---

[106] 정조-고종 연간 『도당록』 입록자의 거주지가 서울 61.8%(1위), 경기 10.6%(2위), 충청 9.6%(3위), 경상 8.8%(4위), 전라 2.9%(5위), 강원 1.6%(6위), 평안 1.1%(7위), 함경 0.3%(8위), 황해 0.3%(9위) 등으로 집계된다. 차장섭,『조선후기 벌열연구』, 1997: 154-155.

[107] 〈표 29〉 숙종 후반-고종 연간 영남 6대 가문의 출사자

품계	〈대신〉(1품)	〈재신〉(2품)	당상관 (1품-정3품 상계)	참상관 (정3품 하계-6품)	참하관 (7-9품)					
인원	〈2〉	〈21〉	61(39%)	78(50%)	16(10%)					
출생년	효종	현종	숙종	경종	영조	정조	순조	헌종	철종	고종	19세기
인원	2	1	18	2	35	24	51	14	3	2	2
시기별	3(1%)		55(35%)				72(46%)				

- 전거: 河謙鎭 編,『慶尙道案』I-II, 아라, 2013. 숙종 후반: 숙종 20년(1694) 이후.
- 출생년: 관직 기준으로 생년과 동일(혹은 다음) 왕대. 〈 〉: 당상관에 이미 포함된 수치.

만 조사해봐도 일반적인 과거급제자의 관직 진출 비율보다 높게 나타난다. 통상 문과급제자는 참상관에서 당상관으로 올라갈수록 급격히 감소하기 마련인데,[108] 영남 가문에서는 참상관(50%)과 당상관(39%)의 차이가 17명에 불과하다. 이는 그동안 영남인이 당상관 이상이 되기 어려웠고 대신 혹은 재신[109]을 배출하지 못했다는 주장과도 상충된다. 또한 왕대별로 보아도 갑술환국·무신란·신유박해 등으로 영남 사람이 폐고되었다고 보기 어렵다.

넷째, 영남남인 류후조의 사례를 표본으로 추출해볼 수 있다. 그는 순조대부터 연명 상소를 올려 정치활동에 참여하기 시작하여 헌종대 형조좌랑(정6품)·정랑(정6품)에 올랐다.[110] 이미 철종대부터 사헌부 지평(정5품)·공조 참의·승정원 우부승지·좌부승지·동부승지·사간원 대사간(정3품 당상) 등 청요직을 두루 거쳤다.[111] 고종대에 이르러 이조참판·사헌부 대사헌(종2품)·공조 판서(정2품)·의정부 우의정(정1품)·중추부 판사(종1품)·약방제조 등에 임명되었

---

108 원창애, 2010: 113.
109 1품관은 대신大臣·대관大官으로 불리는데, 의정부·돈녕부·중추부·의금부 등에 속하는 조정의 원로로 국왕의 자문과 최종 결정에 참여하였다. 2품관 이상은 재신宰臣·재상宰相으로 불리는데, 대체로 육조판서·팔도관찰사·팔도병사·한성판윤 등 중앙-지방의 민정-군정을 장악하여 국가의 주요 실무를 관장하는 직위를 지칭하였다. 2품 이상은 임명되면 고신告身이 교서敎書로 내려졌고, 자식이 서얼일지라도 출사가 보장되었으며, 퇴직 후에는 봉조하奉朝賀가 되었고, 사후에도 시호를 받는 특전을 누렸다. 김백철, 2016a: 396-397.
110 『承政院日記』, 道光 7年(순조 27) 11月 3日(甲辰)·道光 21年(헌종 7) 12月 25日(乙巳)·道光 22年(헌종 8) 6月 22日(己亥).
111 『承政院日記』, 咸豊 8年(철종 9) 5月 20日(甲午)·11月 9日(庚辰)·13日(甲申)·14日(乙酉)·咸豊 9年(철종 10) 5月 25日(甲午)·咸豊 11年(철종 12) 7月 27日(癸丑).

다.¹¹² 이는 고종대 영남남인의 진출이 갑자기 이루어진 것이 아니라 19세기 세도정치기에도 꾸준히 이어지고 있었음을 보여준다. 마치 정조대 채제공의 삼정승 역임이 영조대 남인 등용의 결과였던 것과 마찬가지이다.

따라서 ①『문과방목』·『무과방목』이나 ②『도당록』(옥당)이나 ③ 표본조사, ④ 류후조 사례 등 각종 기록을 모두 살펴봐도 영남인의 관로官路가 막힌 적은 없었다. 남인 출신 정승도 갑술환국 이후 정조대(近畿南人 蔡濟恭)·고종대(嶺南南人 柳厚祚) 두 차례나 나타난다. 경화사족京華士族의 발달로 서울 출신이 비정상적으로 폭증하는 상황에서도 경상도는 서울 다음으로 많은 문과급제자를 배출하였다.¹¹³

---

112 『承政院日記』, 同治 3年(고종 1) 12月 6日(癸酉)·同治 4年(고종 2) 2月 25日(辛卯)·11月 10日(辛未)·同治 5年(고종 3) 正月 5日(乙丑)·同治 6년(고종 4) 8月 3日(癸未).

113 집계 기준에 따라 결과의 차이가 있는데 조선시대(500년)·15-17세기(300년) 등을 기준으로 하면 영남이 지방 1위를 차지한다. 그러나 이원명의 연구에서는 영남 급제자가 15세기 241명, 16세기 300명, 17세기 383명, 18세기 339명, 19세기 495명으로 18세기에 일시적인 감소 현상이 나타났고, 지방 1위는 18세기 충청도 452명, 19세기 평안도 639명으로 집계된다. 이는 영남의 장기 증가 추세에도 불구하고 일시적인 감소가 있었고, 지방 1위가 도전받는 현상이 나타났음을 의미한다. 영남의 소외감은 이 같은 수치적 변화를 배경으로 등장한 것으로 보인다.
하지만 왕대별로 살펴보면 15세기 태조·정종·태종·세종대 급제자가 연간 0.5-1.6명인 데 반해 18세기 숙종·경종·영조·정조대가 연간 3.2-4명에 달하여 영남 진출자가 적다고 평가하기는 어려울 듯하다. 또 김인호는 18세기 충청도의 약진을 노론뿐 아니라 기호남인畿湖南人의 약진이 함께 고려되고 『속대전』 이후 음직자 연한 제한이 생겼기 때문으로 보았으며, 차미희는 유재시용惟才是用에 따라 서북인 등용이 이루어지면서 생긴 규정으로 분석하였다. 이는 오히려 영남이 주장해온 남인 등용·능력 위주 인사정책이 실시되어 나타난 역설적 현상이었다. 19세기 평안도의 지방

이는 서울보다 뒤처진다고 볼 수 있으나 지방 차별로 보기는 어렵다. 더욱이 고종 연간 영남인의 진출을 살펴보면[114] 문과급제자는 186명으로 단일 왕대로 역대 최대치에 달하며, 그중 갑과 1-3위·을과 1-2위·병과 1위 등 상위권 급제자는 29명에 이른다.[115] 또한 고종대 정승까지 배출하여 집권에 성공했음은 주지의 사실이다.[116]

2) 영조-정조 연간 등용책

(1) 남인 우대책

남인 계열은 갑술환국 이후 정상적인 출사가 막힌 적은 없었다. 단지 단독 집권을 지속적으로 하지 못했을 뿐이다. 그럼에도 경종

1위 석권은 지역 균형 선발 정책의 일환인데, 이 역시 영남 출사와 연계하여 이루어진 조치였다. 차미희, 『조선시대 문과제도 연구』, 1999: 216-217, 255-256; 이원명, 2004: 102; 김인호, 2019: 31-32, 34, 41.

[114] 세도정치기를 포함해도 영남의 연간 문과급제자는 순조 4.5명, 헌종 4.9명, 철종 5.7명, 고종 6.1명으로 증가하는 현상이 나타났다. 김인호는 영남남인이 각 정국에서 왕권 강화에 이바지하는 입장을 피력하면서 만인소를 올린 결과로 분석하였다. 김인호, 2019: 110-114.

[115] 〈표 28〉 숙종 후반-고종 연간 영남 문과 상위 급제자 참조.

[116] 민간에서는 여전히 노론이 독재하여 영남인의 관로가 막혀 조선이 망했다는 주장을 일삼고 있다. 특히 갑술환국 이후 남인의 관로가 막혔다는 점, 을사조약 체결 가담자나 강제병합 이후의 훈작 대상이 모두 노론이었고 영남학파가 없었다는 점 등 특정 시기의 일부 사실만 뽑아서 도식화하는 경향이 있다. 노론 책임론은 일제강점기 식민사학자의 당쟁사관에서 등장한 논리이다. 弊源坦, 『韓國政爭志』, 三省堂, 1907; 다카하시 도루, 『조선의 유학』, 1999; 도광순, 「영남학파의 개념과 성격특성」, 1998: 29; 조찬용, 2003: 89.

연간에는 소론(급소)과 남인 일부가 합세하여 임인옥사를 일으키기도 했다. 목호룡睦虎龍은 남인 서얼 출신인데 옥사를 통해서 3등 공신으로 동성군東城君에 봉작되었고 동지중추부사(종2품)까지 받았다. 반反왕세제(영조) 노선을 통해 출사를 도모하였는데 경종과 영조의 단결로 실패로 돌아가고 말았다. 이 때문에 영조 즉위를 도운 소론(준소·완소)-남인(청남)은 중앙 정계에서 활약하게 되었고, 여기서 배제된 소론(급소)-남인(탁남)은 무신란에 동참하였다. 따라서 영조에 대한 지지와 반대 모두에 각 붕당이 참여하고 있었으므로 반란에 일부 남인이 가담했다고 해서 중앙 정계에서 배척할 수 없었으며, 더욱이 영남에서는 의병까지 일으켜 진압에 참여하고자 했으므로 이들을 모두 적으로 돌려 처벌할 수 없었다. 이는 모두 상식 밖의 추측에 불과하다.

무신란 이후 중앙의 인사는 노론-소론을 동일 비율로 등용하는 쌍거호대가 시행되다가 정국이 안정된 이후 능력에 따라 등용하는 유재시용이 점차 표방되었고 이후 장망長望(4인 이상 추천)까지 도입되어 남인의 등용 폭이 확대되어갔다.[117] 영조가 이 같은 정책을 제도화하지 않았다면 정조 연간 남인의 고위관료 진출은 쉽지 않았을 것이다.[118]

영조 연간 총애를 받던 오광운은 개성유수(종2품)까지 오르며 재신의 반열에 들었고, 홍경보洪景輔 역시 대사간(정3품 당상)과 경기관찰사(종2품)를 거쳐 좌찬성(종1품)에 추증되어 대신급으로 올라섰다.[119] 특히 영조는 만년에 탕평대신을 현창顯彰할 때도 노론·

---

117 김성윤, 2002: 70.
118 김성윤, 1997a: 351-287, 〈정조대 주요 정치참여자의 가문별 분포〉.
119 오광운·홍경보의 정국 참여는 다음 참조. 이근호, 2016: 194-195.

소론뿐 아니라 남인을 전면에 내세울 정도로 남인 관료와 각별하였다. 국왕은 "오광운과 홍경보는 지금 조정에서 마음에 들어 임용한 신하들과 달라서 무신년(영조 4, 1728)에 대의를 지켰으니, 현재까지 더욱 그 사람들이 생각난다"고 하면서 두 사람에게 사제賜祭하였고 그 자손은 승서陞敍하도록 하교하였을 정도로 특별히 우대하였다.[120]

정조 연간[121] 채제공이 우의정·좌의정·영의정(정1품)까지 올랐음은 주지의 사실이다. 윤동섬尹東暹은 이조판서·병조판서를 거쳐 판의금부사(종1품)로, 홍수보洪秀輔는 예조판서를 거쳐 판의금부사(종1품) 등으로 각각 대신의 반열로 승차하였다.

이가환은 광주부윤(정2품)·개성유수(종2품)·형조판서(정2품), 윤방尹坊은 예조판서(정2품), 이헌경李獻慶은 한성판윤(정2품), 한치응韓致應은 병조판서(정2품), 채홍리蔡弘履는 형조판서, 홍검洪檢은 대사헌(종2품), 오대익은 병조참판·호조참판(종2품), 류강柳焵은 병조참판, 임희교任希敎는 이조참의·대사헌(종2품), 임희증任希曾은 대사헌·호조참판, 윤필병尹弼秉은 대사간·형조참판(종2품), 채홍원蔡弘遠은 공조참판(종2품), 이유경李儒慶은 우포도대장·삼군수군통제사·평안병사(종2품), 홍화보洪和輔는 함경북도병마절도사·황해도병마절도사(종2품) 등 재신의 반열에 이르렀다. 특히 이창운李昌運

---

120 "吳光運洪景輔, 異於當朝嚮用之臣, 而能守大義於戊申, 到今愈思其人. 光運景輔幷賜祭, 其子孫陞敍." 『英祖實錄』卷84, 英祖 31年 5月 丙申(23日); 김백철, 2014a: 111.

121 정조 연간 인물은 다음 참조. 단 북인은 그중 소북계가 근기남인으로, 대북계가 영남남인으로 각기 편입되었으므로 모두 남인에 포함시켰다. 김성윤, 1997a: 356-287; 정호훈, 『朝鮮後期政治思想硏究: 17세기 北人系 南人을 중심으로』, 2004: 101-174.

은 함평군咸平君에 봉작되고 총융사·어영대장(종2품)에 제수되었고, 최헌중崔獻重은 영춘군寧春君에 봉작되고 참판(종2품)에 올랐으며, 이익운李益運 역시 이조판서(정2품)에 증직되었다.

정약용은 형조참의(정3품), 윤영희尹永僖는 참의(정3품), 이유경은 승지 및 병조참지(정3품), 신정권申挺權은 승지(정3품), 신경준申景濬은 제주목사(정3품), 이종섭李宗燮은 능주목사(정3품), 신우상申禹相은 사간·집의(종3품) 등 3품관(당상관 포함)으로 활약하였다.

특히 목만중睦萬中은 정조대 가선대부(종2품)에 이미 올랐고 채제공이 정계에서 물러난 뒤에도 남인계를 보호하였으며 순조대 신유박해 당시에는 오히려 천주교 탄압 선봉에 서면서 대사간과 지중추부사(정2품)까지 올랐다.[122] 이는 남인이 모두 서학도는 아니었으므로 19세기에도 여전히 출사가 막히지 않았음을 보여준다.

(2) 영남 등용책

'추로지향鄒魯之鄕'은 조선 전기부터 양남(호남·영남)을 대상으로 사용하는 표현이었다.[123] 이는 '인재지부고人材之府庫'와 더불어 즐겨 쓰였는데,[124] 조선 후기에는 오직 영남만을 대상으로 '추로지향'의 표현이 살아남았다.[125] 이것은 조선시대 지방 문과급제자 1위를

---

122 목만중은 자신의 가문을 탁남에서 청남으로 재규정하고 순조 연간 천주교 박해 시에도 생존할 정도로 중앙 정계에 기민하게 대응하였다. 백승호, 2020b: 77-80; 최우혁, 「정조-순조대 근기남인의 분화와 정치명분 확립」, 2019: 273, 279, 281, 298.
123 『中宗實錄』卷31, 中宗 12年 12月 己巳(28日).
124 『英祖實錄』卷10, 英祖 2年 7月 辛亥(21日);『正祖實錄』卷13, 正祖 6年 6月 乙亥(10日).
125 『孝宗實錄』卷5, 孝宗 元年 11月 辛酉(11日);『英祖實錄』卷42, 英祖 12年 9月 壬

오로지 영남이 차지하였기 때문이다.

　그럼에도 갑술환국 이후 중앙 정계에서 영남인에 대한 인재 등용책이 지속적으로 논의되었다. 경종대는 소론 조태억이 발의하였고 영조대는 노론 민진원閔鎭遠·유척기兪拓基·소론 김상성金尙星·조지빈趙趾彬·이태좌李台佐 등이 건의하였다.[126] 특히 소론 측은 무신란 이후에도 영남의 적극적인 등용을 주장하였다.[127] 이 때문에 민간의 선입견과 달리 갑술환국 이후에도 영남 거주자의 문과급제는 중단되지 않았다.[128] 심지어 평안도·경상도는 지역 할당제까지 실시하였다.[129] 이 때문에 두 지방은 급제자 수를 고비율로 유지할 수 있었다. 다른 지역도 같은 수준의 지역 할당제를 요구했으나 들

　　寅(11日);『英祖實錄』卷87, 英祖 32年 3月 丙戌(18日);『英祖實錄』卷90, 英祖 33年 10月 戊寅(19日);『英祖實錄』卷112, 英祖 45年 4月 丁巳(5日);『正祖實錄』卷13, 正祖 6年 6月 乙亥(10日);『正祖實錄』卷19, 正祖 9年 3月 壬申(23日);『正祖實錄』卷27, 正祖 13年 6月 丙子(22日);『正祖實錄』卷33, 正祖 15年 12月 己未(19日);『正祖實錄』卷47, 正祖 21年 7月 辛巳(14日);『純祖實錄』卷18, 純祖 15年 6月 壬申(18日);『純祖實錄』卷29, 純祖 27年 5月 丙申(21日);『高宗實錄』卷6, 高宗 6年 2月 乙巳(3日).

126　『景宗實錄』卷3, 景宗 元年 5月 辛未(11日);『景宗實錄』卷14, 景宗 4年 正月 丙戌(11日);『英祖實錄』卷6, 英祖 元年 5月 丁巳(20日);『英祖實錄』卷9, 英祖 2年 5月 甲辰(13日);『英祖實錄』卷13, 英祖 3年 9月 壬戌(9日)·丁卯(14日);『英祖實錄』卷15, 英祖 4年 正月 辛巳(30日).

127　『英祖實錄』卷15, 英祖 4年 正月 辛巳(30日); 마르티나 도이힐러, 2018: 582-585.

128　갑술환국 이후에도 영남 거주 문과급제자는 762명(57%)에 달한다.

129　영조는 즉위 초부터 문관·무관·음관 모두 주의注擬(인사 추천)할 때 서북西北의 전례에 따라서 '영남嶺南'이라고 주주를 달고 특별히 기용하도록 하였고, 다른 지방에도 검토하라고 명했으나(『英祖實錄』卷6, 英祖 元年 5月 丁巳(20日)) 실제로는 두 지역이 중심이었다(『英祖實錄』卷37, 英祖 10年 正月 己丑(12日);『英祖實錄』卷39, 英祖 10年 10月 癸丑(11日)).

어주지 않았다. 다만 영조는 무과의 경우에는 전국적인 지역 할당제를 실시하였다.130 정조 역시 선왕의 정책을 계승하되 전국 단위로 별무사를 확대하면서 영남에서 제일 먼저 시행하였다.131

갑술환국 이후 숙종 연간에도 영남은 계속 급제자를 배출하고 있었으나 경종 연간에 이르러 영남인을 정책적 차원에서 좀 더 배려해야 한다는 주장이 제기되었고, 이러한 기조는 영조 연간에도 지속되었다. 특히 소론·노론 모두 이러한 입론을 세웠기 때문에 주요하게 볼 필요가 있다. 더욱이 현대 학자들이 영남남인 탄압의 원흉으로 생각하는 영조대 민진원조차 같은 주장을 펼쳤다. 심지어 정조대 채제공은 노론과 연대하여 보합 정권을 세우기도 했다.132 이는 경상도 지역에서 노론이 남인의 적대세력으로 이미지화되어 있는 것과는 전혀 다른 모습이다.

국왕 영조는 신료들의 간언을 채택하는 방식으로 영남인을 할당제로 등용하도록 법제화하였다. 무신란이 일어나면서 영남인의 등용에 신중을 기하는 목소리가 없지 않았으나 이는 노론만의 목소리는 아니었으며, 괘서사건이 계속해서 일어나고 있었기에 조정에서 경계의 눈초리를 보이지 않기는 어려웠다. 또한 괘서의 비중은 호남이 압도적으로 높았는데도133 그동안 영남 비판 기사만을 찾

130　서울은 양소兩所에 각 220명을, 영남(경상도)·호남(전라도)은 각 80명을, 호서(충청도)·해서(황해도)·관서(평안도)는 각 50명을, 관동(강원도)은 20명을, 함경남도·함경북도는 각 15명을 취하였다. 『英祖實錄』卷13, 英祖 3年 9月 丁卯(14日).

131　『正祖實錄』卷13, 正祖 6年 6月 乙亥(10日);『大典通編』「兵典」, 試取, 慶尙道別武士; 김백철, 2016b: 291-293.

132　김성윤, 1997: 291-319; 최성환, 2009: 147, 155-156; 김백철, 「정조 6년(1782) 윤음의 반포와 그 성격: 송덕상 사건을 중심으로」, 2019b: 99(본서 4장 참조).

아내 영남 차별론의 근거처럼 이용해온 것은 문제가 있다. 지나치게 지역의 입장을 강조한 나머지 과도한 해석이 적용되어왔다. 사료상 영남을 비판하는 언사는 다른 도에 관해서도 마찬가지로 나온다.

각종 변란에도 불구하고 영조의 강력한 의지로 지역 할당제를 통해서 영남인은 꾸준히 등용되었다.[134] 영조 연간 권상일은 병조참판·대사간을 거쳐 대사헌(종2품)·지중추부사(정2품)까지 이르렀다.[135] 정옥鄭玉은 황해도관찰사(종2품), 이형상李衡祥은 경주부윤(종2품)까지 도달했고,[136] 류정원柳正源은 대사간·형조참의(정3품)를 지냈다.[137] 특히 무신란 당시 순절한 사인士人(座首) 이술원은 대사헌에까지 추증되었다.

게다가 영조 37년(1761) 영남 지역 향전鄕戰에서 노론계가 외지인이나 신생 양반(新鄕)을 이용해 분쟁을 일으킬 때도 국왕은 기존 양반(舊鄕)에 대한 보호조치를 취했다.[138] 정조 13년(1786) 영남에서 향전을 배후에서 조정한 관찰사(洪檍)를 탄핵하자 국왕은 도신에 대해 즉각적인 처벌까지 단행하는 이례적인 행보를 보였다.[139] 이

---

133 〈부표 11〉 숙종 후반-영조대 괘서사건 사례 참조.
134 영남 문과급제자는 영조 초반(영조 1-3)에만 24명이며, 무신란 이후(영조 4-영조 52)에도 91명에 달한다. 〈표 27〉 조선 후기 경상도 문과급제자 왕대별 현황 참조.
135 노혜경, 「18세기 한 영남남인의 관직 생활: 권상일의 『청대일기』를 중심으로」, 2007: 315.
136 이수건은 두 인물을 노론의 체제 내 출사로 비판하고 있으나 이는 당시 국왕 주도의 탕평정국을 노론 정권으로 이해하는 방식으로 실상과 다르며, 2품 재신은 가벼운 지위가 아니었다. 이수건, 1995: 403.
137 우인수, 「영조대 영남남인 류정원의 관계 진출과 관직 생활」, 2020: 28-29.
138 김봉곤, 「영남남인 하대관의 가문계승의식과 향촌사회활동」, 2018: 182.

역시 관권을 매개로 사족을 장악하려는 시도에 대해서 선왕과 마찬가지로 철퇴를 내린 조치였다.

정조 연간 남인의 중앙 정계 진출이 대거 이루어지면서 영남인의 등용도 함께 추진되었다. 영남에서는 정조가 즉위하자마자 국왕의 정치 명분을 높여서 출사의 기회로 삼으려는 시도가 지속되었다. ① 정조 즉위년(1776) 이도현-이응원 부자가 사도세자의 신원을 상소했다가 사형을 당했다.[140] 이는 영남인의 바람과 달리 정조의 최대 지지 세력이 노론 청류였으므로 즉위 직후 선왕의 국시國是를 변동시키는 것은 불가능했기 때문이다.

② 정조 12년(1788) 근기남인 채제공의 협조하에 『무신창의록』을 올렸으나 일부 인사(조덕린·황익재)만 신원되었고 간행이나 포상에는 실패하였다.[141] 하지만 이를 전후하여 남인 채제공의 정국 주도가 이루어졌다.

③ 정조 16년(1792) 윤4월에 「영남만인소嶺南萬人疏」(1만 57명)를 올려 사도세자의 신원을 재차 상소하여 추숭 사업의 분위기를 돋우었다.[142] 이는 같은 해 3월에 도산서원에서 특별히 영남 사족을 대상으로 시사試士를 보도록 명하고 국왕이 직접 채점하는 은택을 내려 『교남빈흥록』으로 편찬하기에 이르렀으므로 우호적인 분위기 속에서 추진된 것이다.[143] 물론 『빈흥록』 편찬은 영남만을 위한 것

---

139 『正祖實錄』卷27, 正祖 13年 6月 丙子(22日).

140 『正祖實錄』卷1, 正祖 卽位年 4月 壬寅(1日);『正祖實錄』卷2, 正祖 卽位年 8月 乙巳(6日); 김백철, 2016c.

141 『正祖實錄』卷26, 正祖 12年 11月 丙寅(8日)

142 『正祖實錄』卷34, 正祖 16年 4月 壬寅(4日);『正祖實錄』附錄, 行狀, 壬子(정조 16); 이태진, 1992a: 263; 이수건, 1995: 542-548; 김성윤, 1997: 304.

143 『正祖實錄』卷34, 正祖 16年 閏4月 乙未(27日); 이수건, 1995, 538-548; 김성

은 아니었으며, 팔도 전체로 대상을 확대하면서 경상도 역시 연계한 것이었다.

④ 정조 19년(1795) 상언上言을 통해 김성탁 신원 운동을 벌였는데 마침내 국왕의 의지로 복관되었다.¹⁴⁴ 정조는 즉위 후 화성을 축조해왔는데 이때는 연초에 화성행차를 단행하여 사도세자 추모 사업이 추진된 시점이었다.¹⁴⁵ 비록 사도세자가 완벽한 신원에는 이르지 못했으나 당시의 기억은 고종대로 고스란히 전달되었다.¹⁴⁶

⑤ 정조 22년(1798) 전국 단위의 『인물고』 및 『국조인물고』가 편찬되자 영남을 대상으로 별도로 『영남인물고』까지 추가로 편찬하여 지역 인물을 현창하도록 했다.

영남의 기대는 초창기 실패에도 불구하고 점차 소기의 성과를 이루었다. 이처럼 남인 및 영남남인에게 비교적 우호적인 분위기는 영남인의 뇌리에 정조시대에 대한 긍정적인 향수를 각인시켜주었다. 지나칠 정도로 정조와 영남남인을 동일시하면서 정조 독살설 같은 음모론까지 생겼다.¹⁴⁷ 더욱이 정조 사후 신유박해로 채제공 계열이 상당히 타격을 입자 마치 남인 전체가 폐고된 것처럼 단

윤, 1997a: 302-304.
144 『正祖實錄』卷43, 正祖 19年 10月 己丑(12日); 『正祖實錄』卷43, 正祖 19年 10月 庚寅(13日).
145 김성윤, 1997a: 241-252; 한영우, 1998: 108-259.
146 고종대 영남남인의 대규모 등과 및 출사가 이루어졌다(고수연, 2013: 319-324; 정필준, 「1860-1870년대 근기남인의 내부갈등과 동향」, 2015). 고종 26년 영조의 묘호가 먼저 추존되자(김백철, 2014a: 309-343) 고종 36년(1899) 대한제국 선포 후 태조·정조·순조·문조 추존과 더불어 사도세자 신원 사업(1차 莊宗, 2차 莊祖懿皇帝)도 자연스럽게 마무리되었다(『承政院日記』, 己亥(고종 36) 7月 27日(壬申)(양력 9월 1일), 11月 12日(丙辰)(양력 12월 14일)).
147 김호, 2016: 122-142.

정 짓는 기억 왜곡까지 더해졌다. 이는 일제강점기 조선학운동이 『여유당전서』를 중심으로 이루어지면서 정약용의 학맥에 시대 상황을 과도하게 투영하여 생긴 오류이다.

하지만 국왕은 모든 붕당·지역에 애정을 보이면서 충성을 요구했을 뿐이며, 노론-소론이나 시파-벽파 역시 정조의 친위 세력이었다.[148] 또한 앞서 살폈듯이 남인 내 서학도의 타격에도 불구하고 근기남인이나 영남남인의 출사는 19세기에도 지속되었다.

3. 가문 중심주의 문제점

1) 집단 구조화의 맹점

오늘날 '서울공화국'으로 불리는 고도의 중앙집중은 19세기 세도정치기 이른바 '경화사족'의 벌열가문閥閱家門 등장으로 비롯된 것이다. 조선시대에 가장 부유하고 과거급제자가 많았던 경상도와 평안도가 지역 차별을 주장하는 것은 상식적으로 이해하기 어렵다. 특정한 정파나 지역 출신이 단독으로 집권하지 못했다고는 말할 수 있을지 모른다. 하지만 그것을 차별이라고 볼 수 있을지는 의문이다. 중앙의 집권 여부와 지방의 차별은 별개의 사안이다. 평안도나 경상도는 모두 개인의 과거급제나 출사는 자유롭게 이루어지고 있었으나 중앙 정계에서 단일한 정치세력을 형성하지 못했을 뿐이다. 오히려 이보다 열악한 출사 환경을 지닌 다른 도는 아무런 구호도

---

[148] 박광용, 1984: 210, 213, 245-252; 최성환, 2009: 95-106; 김백철, 2012a: 31-32; 김백철, 2016c: 177-181; 김백철, 2019b: 97-102.

내세우지 못했다. 이것은 우리가 그동안 "학파=정파=가문=지역"이라는 시각을 지나치게 투영해서 바라봤기 때문에 생긴 문제이다.

첫째, 학파-정파의 경우 학파를 규합하여 정치세력을 형성하는 형태가 대단히 늦게 출현하였다. ① 서인을 대표하는 율곡학파의 사례를 살펴보면 17세기 말까지도 완전히 확립되지 못하였다.¹⁴⁹ 붕당정치기는 물론이거니와 탕평정치기에도 이 같은 결속의식이 얼마나 강했는지는 알기 어렵다. ② 붕당이 집권하면 나타났던 분기 현상도 학파 의식이 공고했다면 불가능한 것이다. 서인에서 노론·소론으로, 동인에서 남인·북인으로, 남인에서 청남·탁남으로 각기 분열을 반복하였는데 대부분 정치투쟁 과정에서 나타나는 주도층과 비주도층의 견제 구도에 불과했다. 정치 현안에 대한 입장은 개인 차이가 컸기 때문이다. 이런 현상에 그럴듯한 정치 명분이 덧붙여진 것이다. ③ 당색 간 합종연횡도 잦았다. 17세기 인조반정 이후 소북은 남인으로 편입되었다(近畿南人/京南/畿湖南人). 18세기에 남인과 소론이 연대하거나(신임옥사 睦虎龍-金一鏡, 무신란 李麟佐-李思晟), 소론이 노론으로 전향하거나(金榦),¹⁵⁰ 남인이 노론으로 변신하였다(安鍊石).¹⁵¹

둘째, 정파-가문의 경우에도 동질성을 항상 유지하지는 못했다. 후대 사람은 '반부배조叛父背祖'나¹⁵² 변절로 표현하지만¹⁵³ 사실 같

---

149 유새롬,「17세기 서인의 학통의식과 栗谷年譜의 편찬」, 2006: 9-13, 65-67; 김백철, 2008c: 128-129.
150 정경희,「17세기 후반 '전향노론' 학자의 사상: 박세채·김간을 중심으로」, 1994: 113-114.
151 이욱, 2011: 155.
152 이수건, 1995, 427; 정진영,「18세기 영남 노론의 존재형태: 영조 14년(1738) 안동 김상헌서원 건립과 훼파를 통해 본 '새로운 세력'에 대한 검토」, 2015a: 220.
153 마르티나 도이힐러, 2018: 585.

은 가문 내에서 당색의 변동은 매우 잦았다. 이미 14세기부터 권문세족 가문에서 신진사류가 등장하였고(趙浚), 15세기 훈구 가문에서 사림이 등장하였으며(趙光祖), 18세기 사촌 간에도 노론과 소론이 갈려 당색을 달리하였다(趙泰采-趙泰耉). 같은 가문(本貫姓氏 기준) 내에서 소론과 노론은 물론이거니와 남인이나 북인까지 병존하는 현상이 일반적이었다.154 다른 당색 간 혼인이 이루어졌고,155 기존 당색을 넘나들며 자신의 개혁 의지를 실현하거나 이권을 쟁취하기 위해서 청류와 반反청류로 결집했다.156

셋째, 지역-정파의 경우에도 일대일대응을 찾기는 어렵다. 영남에 노론서원이 들어서고157 호남에도 노론서원이 세워짐으로써158

---

154 김성윤, 1997a: 356-387; 채광수, 「조선후기 영남지역 노론계 가문의 분포와 서원 건립 추이」, 2019b: 111-114.

155 조강희는 영남 가문의 혼인 관계 연구에서 통상적인 영남 내 학파가 일치하지 않은 경우 '자유혼'으로 분류하고 있으며, 앙혼仰婚과 낙혼落婚을 통해 신분을 상향하거나 하향하는 혼인 형태도 소개하고 있다. 또 채광수는 소론 가문의 다른 당색 가문과의 통혼 양상도 분석하였다. 조강희, 『영남지방 양반가문의 혼인관계』, 2006: 63-65, 68, 70, 80-81, 83, 86-87, 98-99, 146-147; 채광수, 「영남 소론계 가문의 존재와 계승 양상: 봉화 진주강씨 姜恪가문을 중심으로」, 2020: 7-11.

156 박광용, 1984: 210, 213, 245-252; 최성환, 2009: 95-106; 김백철, 2012a: 31-32; 김백철, 2016c; 김백철, 2019b.

157 정만조, 「영조 14년 안동 김상헌서원 건립 시비」, 1982: 49-83; 우인수, 2015: 42; 정진영, 「18세기 서원 건립을 둘러싼 향촌사회의 갈등관계: 영조 14년(1738) 안동 김상헌서원 건립 문제를 중심으로」, 2015b: 229-268; 채광수, 「경주 여주이씨 玉山派의 章山書院 건립과 운영: 조선후기 영남지역 노론계 서원 건립 사례 연구」, 2017: 110-114; 마르티나 도이힐러, 2018: 588-592; 채광수, 2019b: 111-114.

158 고수연, 「1728년 호서 지역 무신란의 반란군 성격」, 2011a: 35; 이선아, 「18세기 호남의 노론계 서원과 평해황씨: 홍덕 동산서원과 정읍 고암서원

지역 간 당색도 불분명해졌다. 특히 남인은 경기-호서,[159] 호남,[160] 영남[161] 등 다양하게 존재하여 본래 지역 개념과 일치하지 않았다. 노론이나[162] 소론[163] 역시 영남을 비롯해 여러 지방에 폭넓게 거주하였다.

넷째, 영남 내 차별론 역시 재고가 필요하다. 최근 들어 서울-영남의 대립 구도뿐 아니라 영남 내 좌도와 우도의 대립을 구조화하려는 시도가 폭넓게 일어나고 있다. 북인-남인 또는 남명학파-퇴계학파의 구도를 설정하는 선에서 그치는 것이 아니라 "무신란은 좌도가 우도를 진압한 사건이다"라고 예단하기도 한다.[164] 하지만 여기에는 많은 무리수가 있다. 인조반정 이후 당색으로서 북인의 정체성은 소멸되었고 남인에 흡수되었으므로 남명학파를 북인으로 재규정하려는 시도는 문제가 있다. 이는 지극히 제한된 지역의 입장을 학문에 투영하여 독립성을 부여하려는 경향에 불과하다.

더욱이 ① 무신란 당시 안동을 중심으로 집결한 의병은 실전을 치르지도 못했고, 관군의 신속한 움직임으로 모반 세력은 이미 초기에 분멸되었는데도 좌도와 우도의 대립을 설정할 수 있을지 의문이다. ② 실제로 동인의 분기 이후 남인을 표방한 이덕형 가문은 무신란 당시 반란과 진압 양측에 모두 가담했다.[165] ③ 상주(韓世

를 중심으로」, 2018: 69-102.
159 정호훈, 2004: 101-174; 김성윤, 「기호남인의 홍범이해」, 2001: 80.
160 고영진, 「호남남인 윤선도의 관계망」, 2018: 140-168.
161 이수건, 1995; 김성우, 2012; 우인수, 2015.
162 이연숙, 「17-18세기 영남지역 노론의 동향: 송시열 문인가문을 중심으로」, 2002: 94-107; 정진영, 2015b: 229-268.
163 채광수, 2020: 7-11.
164 고수연, 2013: 345-346; 조찬용, 2003: 77-78.
165 무신란 당시 이덕형 가문에서 이석인은 진압군에 참여한 공으로 당하관

弘·金弘秀), 문경(曺世樞·李白全), 하동(李命根·朴必移) 등에서는 무신란 가담자가 출현하였으나[166] 동시에 의병도 함께 일어났다.[167] ④ 무신란은 전국 규모 반란(경기·평안도·충청도·경상도·전라도 등)이었는데도 경상도 70여 읍 중에서 반란에 가담한 고을은 고작 안의·거창·합천·함양·삼가 등 5읍에 불과했다.[168] 그러므로 경상도 전체를 차별했다고 보거나 좌도-우도의 대립 구도를 만들어 설명하는 것 자체가 얼마나 심각한 역사왜곡인지 알 수 있다. ⑤ 조정에서는 반란을 일으킨 지역조차 향후에 발생할지 모르는 차별 가능성에 주의를 기울였으며 공로자를 적극 포상하였다. 영조는 무신란 직후 "안음·거창 사람이라 할지라도 모두 주륙하는 것은 옳지 못하다"라고 당부하였다.[169] 거창좌수 이술원은 반군에 맞서다가 순절했으며 그 아들은 종군하여 정희량의 반군을 물리쳤다.[170] 조정에서는 부자의 절의節義를 기려 이술원을 대사헌에 추증하고 사

을 가자받았고, 이지인은 반란군에 가담하여 처벌되었다. 이근호 「조선후기 남인계 가문의 정치사회적 동향」, 2014a: 87-88.
[166] 조찬용, 2003: 47 〈무신사태 주도층의 확대 상황〉.
[167] 『戊申倡義錄』卷1, 尙州義兵軍門座目; 『戊申倡義錄』卷4, 別錄, 河東; 『戊申倡義錄』卷4, 追錄, 聞慶義兵軍門座目〈한고朝78-9〉(국립중앙도서관 소장).
[168] 『英祖實錄』卷17, 英祖 4年 4月 辛巳(1日)·壬午(2日)·甲午(14日); 李宜哲撰·黃景源書, 「平嶺南碑」(정조 4); 오갑균, 「영조 무신란에 관한 고찰」, 1977: 84-87; 조찬용, 2003: 53-61.
[169] "雖安陰居昌之人, 不可盡誅." 『英祖實錄』卷22, 英祖 5年 6月 戊戌(25日).
[170] 『英祖實錄』卷16, 英祖 4年 3月 丁丑(27日); 『英祖實錄』卷17, 英祖 4年 4月 壬午(2日)·甲午(14日); 『英祖實錄』卷21, 英祖 5年 3月 乙卯(11日); 『英祖實錄』卷22, 英祖 5年 6月 戊戌(25日); "十三日突入居昌居昌縣縣監避匿座首被殺." 吳彦耉, 『南征日錄』, 3月 28日〈K2-185〉(한국학중앙연구원 소장); 李遇泰, 『禾谷戊申日記』〈古3653-73〉(국립중앙도서관 소장); 河世渥, 『戊申日記』〈古2511-88-8〉(국립중앙도서관 소장); 「李升原戊申日記」, 『두산백과』(전자판).

당(褒忠祠)을 세워서 액호까지 하사하였으며 원종공신에 녹훈하여 그 아들과 손자까지 녹용하였다.[171] 이는 반란이 일어난 지역을 차별했다는 주장과 배치된다. ⑥ 그동안 영남 전체 혹은 우도의 출사길이 막혔다는 주장이 제기되었으나 실상은 반란에 참여한 5읍의 문과·무과급제조차 전혀 막히지 않았다.[172]

따라서 무리하게 좌도와 우도를 나누고 가문에 따라 정파를 분류하여 '상상의 담론'을 펼치는 것은 지양해야 한다. 처음부터 남명학파와 퇴계학파가 단일한 대오를 펼칠 수는 없었으나 이들은 점차 영남 동류의식을 공유해나갔다.[173]

---

[171] 『英祖實錄』卷46, 英祖 13年 12月 乙巳(22日); 『英祖實錄』卷47, 英祖 14年 3月 乙亥(23日); 『英祖實錄』卷66, 英祖 23年 11月 甲寅(28日); 『英祖實錄』卷79, 英祖 29年 正月 癸未(27日); 『英祖實錄』卷82, 英祖 30年 8月 乙卯(8日); 『英祖實錄』卷123, 英祖 50年 12月 乙酉(6日); 채광수, 2019a: 223-231.

[172] 〈표 30〉 무신란 가담 고을의 문과·무과급제자

고을	영조 4-52	정조	순조	철종	고종
거창	무 1			문 1	
삼가	무 1	무 1	무 1	문 1	문 1
안의/안음		문 1	문 3	문 1	문 3
함양	문 1	문 1/무 6	문 3	문 3	문 9
합천	무 3	무 1		문 1	문 1

– 기준:한국학중앙연구원〈한국역대인물정보 종합정보시스템〉(http://people.aks.ac.kr/index.aks).

[173] 18세기 퇴계학파 김성탁은 남명-퇴계를 남두南斗-북두北斗로 추숭했고, 19세기 초 남명학파도 퇴계학파와 연대하여 회재-퇴계-남명을 모시는 삼산서원三山書院 추숭 사업을 벌였다. 최석기, 2019: 57, 132-133.

2) 당파성론 출현 배경

　이러한 변화상은 모두 학파나 가문 그리고 지역을 고려하지 않고 개인의 신념에 따라 정치활동(정파)을 선택한 결과였다. 중앙 정계의 출사와 재편이 자유로웠던 시절에 개인의 선택은 중요하게 작용하였다. 현대 정치에서 대부분 개인의 자유의지에 따라 정치 이념을 선택하듯이 조선시대에도 마찬가지였다.[174] 심지어 조상의 음덕을 받지 못하는 한미한 가문 출신도 다수 문과에 급제하였다.[175] 그런데도 전통시대에는 개인이 존재하지 못했다는 근대 지상주의近代至上主義의 선입견 속에서 가문에 속박된 인간 군상人間群像을 상상해온 것이다.

　물론 동서고금을 막론하고 대를 이어 견고한 정치 성향을 보존하는 가문도 없지 않았다.[176] 특히 세도정치기 경화사족을 중심으로 조정이 운영되자 향촌 사회에서는 양반의 지위를 유지할 방법

---

[174] 심지어 일제강점기 제국대학에서 수학한 기득권층 자제 중에서도 상당수가 사회주의자가 되어 월북하였다(김석형·박시형·전석담 등).

[175] 한영우는 한미한 가문의 기준으로 ①『방목』에 성관이 없는 경우, ② 성관의 족보를 만들지 못한 경우, ③ 족보에 급제한 가계家繼가 없는 경우, ④ 족보에 부父·조祖의 이름이 확인되지 않는 경우, ⑤『방목』에 서얼·공생貢生(향리)으로 기재된 경우, ⑥ 족보에 외조·4대조 벼슬 기록이 없는 경우 등을 제시하였다. 그중 18세기 영남 출사자를 확인해보면 영조대 총 794명 중 78명(9.8%), 정조대 총 412명 중 71명(17.2%)이다. 이는 영남 문과 급제자 중 영조대(115명 기준)의 67%, 정조대(97명 기준)의 73%에 달한다. 한영우,『과거 출세의 사다리 1: 태조-경종』, 2013a: 99-101; 한영우,『과거 출세의 사다리 2: 광해군-영조』, 2013b: 427-644; 한영우,『과거 출세의 사다리 3: 정조-철종』, 2013c: 45-160; 〈표 27〉 조선 후기 경상도 문과 급제자 왕대별 현황 참조.

[176] 조강희,『영남지방 양반가문의 혼인관계』, 2006: 153-181; 김인호, 2019: 56-70.

을 찾아야 했다. 이에 향촌 양반은 족보族譜·문집文集·당색보黨色譜·당론서黨論書·학안學案 등을 제작하여 과거의 영광을 추억하면서 가문의 정통성을 내세웠다. 점차 지방에서 자신들의 학파·정파·가문·지역 등을 동일시해나갔다. 특히 양반 인구가 급증하던 상황에서[177] 그들과 구분되는 명예로운 가문의 영광을 지키는 일은 주요했다. 현존하는 대다수의 족보가 19세기에 편찬된 것은 결코 우연이 아니다. 또한 향촌에서 거액을 투자하여 문집을 간행한 경우도 자주 발견된다.[178]

더욱이 18세기 탕평정국에서 해체된 당색을 강조하는 주장 역시 19세기에 두드러진다. 중앙 정계에 가장 많은 인사가 출사했던 붕당-탕평정치기의 당색이 중요해졌다. 곧 이미 붕당정치가 소멸한 지 수백 년이 지난 시점에 가문이 가장 화려하게 영향력을 행사했던 시기를 기록하고 그 후예임을 주장하는 행태가 나타난 것이다. 19세기부터 당론서가 급격히 편찬되었다는 것은 주지의 사실이다.[179] 이때 당색의 이동이 가능했던 '역사적 사실'보다 고정되었을

---

[177] 이준구,「양반층의 증가와 분화」, 1995: 13-24.

[178] 허전許傳(1797-1886)의 『성재집性齋集』(총 17책)은 문인(朴致馥·李命九)이 1903년 편찬하였는데, 비용만 비교해보면 약 8,613냥(이하 절삭)이며 소값으로 치면 약 170마리의 금액에 해당한다. 한우 한 마리 가격은 2019년 800만 원(정상)-2020년 200만 원(폭락)이므로 환산하면 13억 6,000만 원(최대)-3억 4,000만 원(최소)이 소요되므로 1책당 8,000만 원(최대)-2,000만 원(최소)의 비용이 필요했다. 손계영,「『性齋先生文集刊所用下記』를 통해 본 19세기 후반 문집 간행과정과 간행비용 분석」, 2015: 172-173; 진창일,「물난리에 죽은 소 500마리… "200만 원도 못 받고 죽인다"」, 『중앙일보』, 2020. 9. 10.

[179] 당론서는 자당自黨의 정통성을 강조하기 때문에 사건 발생 시기보다 후대에 집필되는 것이 보통이었고 그마저도 대다수는 필사본으로 전해지다가 그중 일부가 20세기 초반 소론계 『당의통략黨議通略』(李建昌, 朝鮮光文

것이라는 '강렬한 믿음'이 더 중시되었다. 후대에 성씨와 본관을 기준으로 수많은 종류의 『남보南譜』(또는 『午譜』)가 편찬되었고,[180] 심지어 20세기 일제강점기에는 16세기 말-17세기 초 북인과 남인으로 분화된 동인의 계보를 편찬하였을 정도였다. 이는 마치 족보에서 동성 집단이 확장되어가는 현상과도 유사하다.[181] 이러한 현상은 향촌 사회에서 불안정해진 양반의 지위를 보존할 수 있는 명분 찾기에 지나지 않았다.

동시에 지나치게 영남의 정체성을 강조하는 경향도 경계가 필요하다.[182] 『경상도안慶尙道案』(1944)의 294개 본관 성씨를 보면 경상도(125) · 전라도(46) · 충청도(38) · 경기(30) · 황해도(20) · 중국계(16) · 강원도(15) · 평안도(3) · 한양(1) 등으로 확인된다.[183] 경상도의 비중

會, 1910), 남인계 『동소만록桐巢漫錄』(南夏正, 匯東書館, 1925), 노론계 · 『아아록我我錄』(南紀濟, 我我錄出版社, 1927; 普文社, 1928) 등 차례로 간행되기에 이르렀다. 이보다 다양한 정황을 다루는 자료는 광복 이후 비로소 영인이 시작되었고 최근 들어 번역이 이루어지고 있다. 그중 비교적 영조-정조대 정치적 입장과 관련된 자료는 『皇極編』(正祖/국왕), 『待闡錄』(朴夏源/峻少), 『壬午本末』(趙翰逵/峻少), 『定辨錄』 · 『純忠傳』 · 『黨逆列傳』(沈樂洙/老論時派), 『玄皐記』(朴海源 · 朴宗謙/老少時派), 『隨聞錄』(李聞政/峻少), 『壬午日記』(미상/老論僻派), 『公車指南』(미상/老論僻派), 『待百錄』(洪重寅/남인) 등이다. 이이화 편, 『朝鮮黨爭關係資料集』 1-20, 1983; 최성환, 2009: 55-57; 김백철, 2014a: 360-361.

180 김영진, 「조선후기 당파보 연구(2): 『남보』」, 2016: 73-90.
181 동족 · 동류의식이 확대되면서 동성종합보同姓綜合譜가 출현하였으며 19세기 이후에는 대동보大同譜 · 만성보萬姓譜까지 등장하였다. 권기석, 『족보와 조선 사회: 15-17세기 계보의식의 변화와 사회관계망』, 2011: 58-59, 336-338.
182 박홍갑은 본관과 거주지가 다른 지역에서 활동한 사례를 구체적으로 제시하였다. 박홍갑, 『우리 성씨와 족보이야기』, 2002: 351-366.
183 다음 자료를 토대로 통계를 처리하였음. 河謙鎭 編, 『慶尙道案』 I-II, 아라, 2013.

은 42%로 절반을 넘지 못한다. 고려 이후 성립한 본관이 천여 년 이상 지속적으로 거주지 재편 과정을 통해 오늘날 영남인으로 만들어진 것이다. 영남의 정체성 자체가 오랜 세월을 두고 서서히 형성되었고 후대로 갈수록 심화되었을 것으로 추정된다.

그런데도 20세기 사람들은 가문과 당색을 내세우면서 200년 전에 해체된 붕당정치의 실제 모습이 아니라 당시에도 없던 인습을 전통적인 양반 인식이라고 주장하였다. 일본제국주의는 이러한 폐습을 악용하고 붕당정치를 '당파싸움(黨爭)'으로 곡해하여 조선 망국의 원인으로 내놓았다.[184] 그러므로 당파성론은 19세기 말-20세기 초 향촌 사회에서 양반의 지위를 유지하고자 했던 불우한 시절의 잔상殘像을 조선시대 전체에 투영해서 이해하려던 데서 비롯된 왜곡된 인식이다.

일본제국의 주장대로 붕당으로 망하려고 해도 붕당이 중앙 정계에서 이미 없어졌는데 어떻게 그것으로 망할 수 있겠는가? 중앙의 정치체제인 '붕당정치'와 사람들의 동류의식을 반영하는 '당색'은 층위가 전혀 다른 개념이다. 최근에는 인사 집행 시 당색을 고려한 사실을 들어 '당파정치'로 설명하려는 경향도 감지된다.[185] 그러나 이는 18세기 탕평정치기에도 그대로 확인되며, 당색을 균등하게 배치하고자 고려했다는 사실이 붕당에 의한 정치 지배를 의미하지는 않는다.

이는 실제로 조선은 외세 침략으로 붕괴되었는데도 일본제국은 그 책임 소재를 가해자(외부요인)가 아니라 피해자(내부요인)에게

---

[184] 이태진, 1985a: 13-26; 김백철, 2011c: 44-62.

[185] 김덕현, 「고종 친정 초기 지방관 임용과 당파정치: 함경도 지방관 임용에 대한 사례연구」, 2019a: 209-238; 김덕현, 「19세기 후반 당파정치와 당파 기록물의 이중성: 승정원일기(초)와 조보(초)의 사례분석을 중심으로」, 2019b: 375-404.

돌리려 했기에 민간의 당색 인식을 활용하여 당쟁사관·당파성론을 보급한 것이다. 향촌 사회에서 양반의 위상을 유지하는 데 화려한 가문의 이력이 중요했기 때문이다. 이러한 현상은 지극히 현재적 관점에서 전통시대를 곡해하여 바라본 사례라고 할 수 있다.

4. 차별 담론의 허상

경상도는 명현을 가장 많이 배출하고 경제적으로 매우 부유한 지역이었다. 전통시대 영남은 어떠한 잣대를 적용하더라도 '추로지향'과 '웅주'로서 자부심을 가지기에 충분한 지역이었다. 그런데도 일각에서는 '반역향' 담론을 거론하기 일쑤이다. 이처럼 그릇된 인식이 생긴 이유는 무엇 때문이었을까?

첫째, 정치 사건의 트라우마trauma이다. 특정 사건이 충격으로 남아서 상대적인 기억의 왜곡 현상이 일어난 것이다. 마치 숙종대 이현일의 처벌, 영조대 김성탁의 처벌, 정조의 훙서 등으로 차별의 시대가 도래한 것처럼 인식하게 되었다. 그러나 실제로는 영남 출사자가 감소하거나 출사가 중단되지 않았다. 심지어 세도정치기뿐 아니라 고종시대에도 오히려 영남인의 출사가 폭증하는 현상이 나타난다. 이는 차별론의 시선에서 바라봤던 선입견과는 전혀 다른 현실이다.

둘째, 과거급제자 수의 일시적 변동이다. 한편으로는 18세기 영남 급제자가 단기간에 감소하였고, 다른 한편으로는 18-19세기 충청도와 평안도 급제자 수가 일시적으로 경상도를 앞서는 시점이 도래했다.186 이를 모집단의 변화로 인식하였을 가능성이 높다. 하

---

186 이원명, 2004: 102; 김인호, 2019: 28, 33.

지만 이는 남인 등용책과 더불어 기호지방 출사가 늘어났기 때문이고, 서북인 등용 확대 역시 영남인 우대 조치와 연동하여 등장한 것이다. 게다가 음관의 연한을 제한하는 공평한 인사정책과 지역 균형 정책이 맞물려 추진되자[187] 역설적으로 영남인의 독보적인 급제자 수는 단기간 감소할 수밖에 없었다. 그럼에도 영남의 조선시대 지방 과거급제자 평균 배출 실적은 전혀 흔들리지 않았다.

셋째, 현재적인 관점에서 지역 차별을 논하면서 과거 역사에 투영하는 방식이다. 이는 주로 지방의 정치권에서 선거철이 되면 자주 일어나는 현상이다. 하지만 대한민국에서 가장 많은 대통령을 배출한 지역이 경상도임은 주지의 사실이다.[188] 또한 우리나라는 수도권에 약 2,600만 명[189]이 살고 있고, 영남에 약 1,250만 명[190]이 살고 있다. 그래서 실제로 인구(5,178만 명) 중 약 50%가 수도권에, 약 25%가 영남 지역에 분포되어 있다. 사실상 75%가 수도권-경상도에 집중된 구조이다. 이런 상황에서 지역 차별의 주장은 설득력이 약하다.

그럼에도 일반 대중이 차별 혹은 소외로 기억하는 이유는 비교 척도가 가장 높은 16세기 영남의 관직 진출률을 기준으로 삼으면서 명재상인 유성룡柳成龍을 내세우기 때문이다. 이는 500년 중에

---

[187] 차미희, 1999: 216-217, 255-256; 김인호, 2019: 31-32, 34, 41.
[188] 역대 대통령·고향은 1-3대 이승만(서울), 4대 윤보선(충남), 5-9대 박정희(경북), 10대 최규하(강원), 11-12대 전두환(경남), 13대 노태우(경북), 14대 김영삼(경남), 15대 김대중(전남), 16대 노무현(경남), 17대 이명박(경북), 18대 박근혜(경북), 19대 문재인(경남) 등인데, 12명 중 4명을 제외하면 8명(66%)이 모두 경상도 출신이다(2022년 4월 기준). 실제 재임 기간을 기준으로 하면 경상도의 비중은 훨씬 더 커진다.
[189] 2019년 정부 기준 서울 970만, 경기 1,330만, 인천 300만 등이다.
[190] 2019년 정부 기준 대구 243만, 경북 226만, 부산 340만, 경남 336만, 울산 114만 등이다.

서도 최전성기 영남의 위상을 기준으로 재단하는 것이다. 곧 권력을 오랫동안 향유한 곳일수록 조금만 약화되어도 예민하게 반응하는 듯하다.

더욱이 영남은 전국에서 과거급제자 수가 압도적 1위였음에도 불구하고 비교 대상은 다른 지방이 아니라 오직 서울뿐이다. 물론 19세기에 중앙이 비대해져서 지방이 상대적으로 소외되는 경향은 지적받아 마땅하다. 그러나 이것이 특정한 지역인을 낙인찍어 차별했다는 뜻은 아니다. 양자는 비슷해 보이지만 전혀 다른 개념이다. 심지어 세도정치기 벌열가문을 중심으로 요직을 차지하던 시기에도 경상도·평안도 급제자 수 자체는 증가하였다.

엄밀히 말해서 경상도가 지역 차별을 받은 적은 없었다. 단지 서울을 꿈꾸기 때문에 욕망에 비례하여 갈증을 느낄 뿐이다. 극단적으로 비교한다면 광복 이후에 북한은 평안도 세력이 집권하고 있고 남한은 경상도 세력이 집권하고 있는 상황이다. 이는 이전부터 배출해온 인재의 모집단과 경제적 부를 바탕으로 시대 전환에 성공했기 때문이다. 차별받던 지역이 갑자기 권력을 만들어내기는 대단히 어렵다. 이러한 상황은 비슷해 보이는 사료를 가지고 어떻게 해석하느냐에 따라 실제 모습이 얼마나 왜곡될 수 있는지를 보여준다.

8장
'실학' 담론의 파급효과

 다산茶山 정약용(1762-1836) 연구는 다양한 방면에서 추진되어왔다. 특히 조선학운동 당시부터 『여유당전서』(1934-1938) 간행으로 많은 관심이 촉발되었으며,[1] 심지어 현재는 '다산학茶山學'으로 정립되기에 이르렀다.[2] 그동안 기초적인 번역이나 저작에 대한 연구는 지속적으로 이루어져왔다.[3] 그중 『경세유표經世遺表』(1817)를 둘러싸고도 다양한 논의가 행해졌는데 초창기에는 토지제도에 주목했으나[4] 최근에는 전체 국가 개혁안에 대해서도 다양한 분석이 병

---

[1] 전윤선, 1998: 5-13; 채관식, 2006: 4-10; 배연숙, 2010: 406-414; 신주백, 2011: 188-190; 김선희, 「근대 전환기 다산 저술의 출판과 승인: 『경세유표』를 중심으로」, 2017: 67-97.

[2] 다산학술문화재단 편, 『다산학사전』, 2019.

[3] 【영인】丁若鏞, 『經世遺表』, 1914; 丁若鏞, 『與猶堂全書』, 1934-1938; 정약용, 『여유당전서 보유』 1-5, 1974-1975; 丁若鏞, 『與猶堂全書』 1-6, 1981; 정약용, 『定本 與猶堂全書』 1-37, 2012; 【번역】 정약용, 『경세유표』 1-4, 1986(정약용, 『경세유표』 1-3, 1997).

[4] 신용하, 「茶山 丁若鏞의 閭田制 土地改革思想」, 1983(신용하, 『조선후기 실학

행되고 있다.[5]

하지만 각기 다른 시대의 시각은 여전히 검토가 필요한 사안이다. 하나는 18세기 후반-19세기 전반 정약용이 살았던 시대 배경

[5] 파의 사회사상연구』, 2000); 홍덕기, 「茶山 丁若鏞의 土地改革思想 硏究: 閭田論을 중심으로」, 1990(홍덕기, 『(다산 정약용의) 토지개혁사상』, 2018); 이을호, 『다산의 생애와 사상』, 1991; 서근식, 「茶山 丁若鏞의 國家改革論: 田制改革論을 중심으로」, 2002; 전호수, 「茶山 丁若鏞의 政治經濟認識과 井田制 土地改革論 硏究」, 2008; 이정철, 「정약용의 전제개혁론의 역사적 맥락」, 2012b; 엄기석, 「丁若鏞의 井田制論과 兵農一致의 軍制改革案」, 2016; 정호훈, 「조선후기 새로운 국가구상의 전통과 『경세유표』」, 2017; 윤석호, 『丁若鏞 經世學의 國家改革論과 農者得田』, 2018; 최윤오, 「다산 정약용의 土地公概念과 閭田制」, 2019a; 최윤오, 「다산 정약용의 역사인식과 토지론」, 2019b; 최윤오, 「다산 정약용의 토지개혁론과 현실인식」, 2020a; 최윤오, 「『목민심서』에서 『경세유표』로의 전환: 양전제와 방전법을 중심으로」, 2020b; 최윤오, 「반계 유형원과 다산 정약용의 토지개혁론 비교: 여리경과 여전론을 중심으로」, 2020c; 안병직, 『경세유표에 관한 연구』, 2021.

강석화, 「丁若鏞의 官制改革案 硏究」, 1989; 이유진, 「정약용의 『경세유표』의 연구」, 2000; 김익수, 『茶山實學에 있어서 經學과 經世學의 關聯性 硏究』, 2005; 전광수, 『茶山 法思想의 倫理的 性格에 관한 硏究』, 2009; 송낙선, 「다산의 인재등용을 위한 과거제 개혁에 관한 연구」, 2009; 전성건, 『茶山의 禮治思想 硏究』, 2010; 김태영, 「경세유표에 드러난 다산 경세론의 역사적 성격」, 2011a; 박종목, 『茶山 實學의 社會改革論과 民本主義 法思想』, 2012; 김성준, 「茶山 정약용의 유통물류·상업관 연구: 『經世遺表』를 중심으로」, 2012; 강석화, 「다산의 중앙정부 조직안과 관료제의 공적 운영」, 2013; 이진형, 「다산 정약용의 외관제 개혁론: 『경세유표』를 中心으로」, 2014; 김용흠, 「『경세유표』를 통해서 본 복지국가의 전통」, 2017; 김태희, 「다산 정약용의 군주론과 『경세유표』」, 2017; 이진형, 「茶山 丁若鏞의 鄕村社會認識과 改革構想」, 2017; 정성희, 「磻溪 經世學의 계승과 과거제 개혁론」, 2017; 김문식, 「다산 정약용의 인재선발론」, 2017; 백민정, 「『경세유표』와 정약용의 통치론: 신분 질서와 예치 문제를 중심으로」, 2017; 윤석호, 「丁若鏞 鄕遂論의 추이와 그 함의」, 2019; 최광만, 「『경세유표』의 교육개혁안 분석」, 2020.

에 대한 이해이다. 곧 탕평정치에서 세도정치로 넘어가는 과도기의 문제 인식이다. 다른 하나는 『경세유표』가 재평가되기 시작한 19세기 후반-20세기 전반 사회상이다. 이는 대한제국에서 강제병합으로 넘어가던 시기에 근대성 추구 과정에서 전통문화를 어떻게 인식하고 활용했는지와 깊은 관련이 있다. 이 책이 주목받은 것은 19세기 전반 정약용의 사회 인식과 19세기 후반 대한제국기 시대 상황에 일정한 공통점이 있었기 때문이다. 그러므로 여기에서는 우선 두 시대의 시각을 검토해보고, 다음으로 실제 『경세유표』의 국가 제도 개혁안에 대해 살펴보고자 한다. 일련의 검토 과정을 통해서 이 책이 시대를 초월하여 향유되고 있는 이유에 접근해보려고 한다.

1. 『경세유표』의 등장 배경

1) 정약용의 편찬 의도

『경세유표』의 편찬 의도를 살펴보는 방법은 두 가지이다. 하나는 정약용의 출사 이력을 통해서 간접적으로 시대 상황을 검토하는 것이며, 다른 하나는 그가 남긴 「방례초본인邦禮草本引」을 토대로 직접적으로 살펴보는 것이다.

우선 정약용의 관로가 처음부터 순탄했던 것은 아니다. 그는 성균관에 들어가서 네 번이나 초시를 보고도 최종 급제에 이르지 못하였다. 정조는 눈여겨봐온 정약용이 등과하지 못하자 특별한 은택을 내려 출사시켰다. 『경세유표』에서 상세히 다루고 있는 교육, 출사, 승진 등 관료제 운영 전반에 대한 문제의식이 바로 이 시기부터 싹텄을 것이다.

정약용은 관직 생활이 시작되자 국왕의 특별한 관심 속에서 청직淸職을 두루 거쳤다.[6] 그는 국왕의 시종신侍從臣으로서 화려한 관직 생활을 영위하였을 뿐 아니라 『원행을묘정리의궤園幸乙卯整理儀軌』·『화성정리통고華城整理通考』·『사기영선史記英選』·『규운옥편奎韻玉篇』·『춘추좌씨전春秋左氏傳』·『마과회통麻科會通』·『사기찬주史記纂註』·『오례의도척五禮儀度尺』 등 각종 전적典籍 편찬에도 수차례 참여하였다. 그동안 실학자를 하나로 묶어서 재야 지식인으로만 취급해온 인식과는 사뭇 다르다. 그는 조정에서 실제로 관료(정3품 당상) 생활을 겪으며 국가 제도의 정비 과정을 경험하였다. 이는 향후 그가 정교한 제도 개혁안을 마련하는 데 밑거름이 되었다.

그러나 정조가 훙서하고 순조가 즉위하자 서학西學 공격이 재개되어 유배 생활을 전전했다. 이미 정조 연간부터 정국 파동에 휘말려 수차례 탄핵이나 유배를 경험한 후였다.[7] 이 때문에 그는 탁월

---

[6] 정조 13년(1789) 희릉禧陵 직장直長, 초계문신抄啓文臣, 정조 14년(1790) 예문관검열藝文館檢閱, 용양위龍驤衛 부사과副司果, 사간원司諫院 정언正言, 사헌부司憲府 지평持平, 정조 15년(1791) 사간원 정언, 정조 16년(1792) 홍문관弘文館 수찬修撰, 정조 18년(1794) 경기京畿 어사御史, 정조 19년(1795) 금정도金井道 찰방察訪, 사간원 사간司諫, 승정원承政院 동부승지同副承旨, 병조참의兵曹參議, 승정원 우부승지右副承旨, 정조 20년(1796) 병조참지參知, 승정원 우부승지·좌부승지左副承旨, 부호군副護軍, 정조 23년(1799) 승정원 동부승지, 부호군, 형조참의 등을 역임하였다. 민족문화추진회 편, 「다산 정약용 연보」, 1997: 55-65.

[7] 정조 14년(1790) 해미현 유배, 정조 15년(1791) 전前 정언 이기경李基慶의 상소에 언급, 정조 19년(1795) 장악원 정正 조진정趙鎭井의 탄핵 상소, 정조 21년(1797) 우의정 이병모李秉模 파직 요청, 순조 원년(1801) 사헌부 탄핵 및 강진현 유배 등이다. 『正祖實錄』卷33, 正祖 15年 11月 甲申(13日); 『正祖實錄』卷43, 正祖 19年 10月 癸未(6日); 『正祖實錄』卷46, 正祖 21年 6月 癸巳

한 군주가 없어도 지탱할 수 있는 국가 제도의 정비에 더욱 관심을 기울인 듯하다. 순조 후반에는 정약용을 석방하고 두 차례나 세자·국왕의 시약侍藥에 참여시키는 분위기가 감지된다.[8] 그는 다시 출사를 준비한 듯하다. 순조 17년(1817) 56세에 『방례초본邦禮草本』의 초고를 작성하였고, 헌종 2년(1836) 75세로 작고할 때까지 수정을 거듭하여[9] 『경세유표』로 다시 명명命名하였다.[10] 더욱이 『대전통편』은 정조 전반기에 편찬되어 정조 후반기 사회 변화상까지 담

(24日); 『純祖實錄』卷2, 純祖 元年 2月 乙卯(9日).

[8] 순조 10년(1810) 정약용의 아들 정후상이 격쟁하여 유배에서 향리로 추방하였고, 순조 30년(1830) 왕세자의 병환을 치료하게 하였고, 순조 34년(1834) 국왕의 병환을 치료하는 데 참여하게 하였다. 『純祖實錄』卷13, 純祖 10年 9月 癸酉(21日); 『純祖實錄』卷31, 純祖 30年 5月 辛酉(5日); 『純祖實錄』卷34, 純祖 34年 11月 甲戌(13日).

[9] 예컨대 「춘관수제春官修制」 '과거지규科擧之規'에서는 문과 40명 중 장원 1명, 갑과 3명, 을과 9명, 병과 27명으로 하였으며, 과거급제자를 40명으로 정하는 것을 무과에도 그대로 적용하였다. 「하관수제夏官修制」 '무과武科'에서도 무과 장원 1명은 선지관宣旨官에, 갑과 3명은 선전관宣傳官에, 을과·병과 36명은 선령관宣令官(당시 武兼에 해당)에 제수한다고 하였다. 반면에 「천관수제天官修制」 '삼반관제三班官制'에서 문과·무과는 처음 입사하는 자리를 36명으로 규정하고 무과는 선전관을 모두 선령관으로 고친다고 서술하였다. 이는 「춘관수제」와 「하관수제」에서 확대한 40명의 정원이나 「하관수제」에서 세분화한 선지관·선전관·선령관 등과 불일치한다. 「천관수제」에서는 선전관을 선령관으로 바꾸어야 한다고 했으며, 급제자 중 뛰어난 자는 『선전록』에 기록한다고 하여 명칭 혼돈이 심하다. 아직 「하관수제」와 같이 선지관, 선전관, 선령관, 『선전록』 등의 명확한 구분이 이루어지지 않았고, 부분적으로 세부 항목이 수정되면서 책의 전체 항목과 연동해서 보완되지 못했다. 김백철, 「하관수제」, 2019: 1777.

[10] 1822년(순조 22) 이전에 '경세유표經世遺表'라고 고쳤고 '자찬묘지명自撰墓誌銘'에는 본래 48권으로 전한다고 한다. 우경섭, 「경세유표〈古5120-171〉 해제」(서울대학교 규장각한국학연구원 http://kyudb.snu.ac.kr/book/view.do).

을 수 없었다. 이에 정약용은 선왕대에 미처 완성하지 못한 국가 개혁론을 구체화하였을 뿐만 아니라 현실의 이해관계에 얽매여 타협적으로 아문을 조정할 수밖에 없었던 제약[11]에서 벗어나 재야의 자유로운 입장에서 총체적인 청사진을 제시하였고, 국가 제도를 일원화할 것을 염원하였다.[12]

정약용이 작성한 「방례초본인」에는 편찬 의도를 직접 밝혀두었다. 그는 예禮와 법法을 비교한 뒤 예로 국가를 다스릴 것을 천명하면서 우리나라의 예를 정립한다는 취지에서 '방례邦禮'라고 칭하였다. 이는 서주 이상사회를 담고 있다고 여겼던 『주례周禮』 체제를 계승한 이유이기도 했다.[13] 또한 개혁에 대한 당위성을 강조하면

[11] 예컨대 무과에 선발 인원 수를 제한해야 하며 과거급제 후에는 관직을 부여해야 한다고 하였다. 「하관수제」에서 만과萬科나 경과慶科 등 특별한 과거가 자주 행해지던 현실을 비판하였다. 숙종-정조대에 만과가 이루어졌으나 간단한 기예만으로 과거에 합격하고 관직이 주어지지 않아 과거의 이름이 천해졌다고 지적하였다. 정조 때 사도세자를 기념하기 위해 만과가 행해졌는데 상당 기간 벼슬길이 열리지 않았다. 이후 장용영의 설치로 다소 해소되었으나 순조대 다시 혁파되어 만과의 효용은 크지 않았다. 또한 잦은 왕실의 행사 기념을 위한 경과의 남설濫設로 합격자만 있을 뿐 관직은 주어지지 않았다. 『經世遺表』 「夏官兵曹」; 『正祖實錄』 卷12, 正祖 5年 11月 庚子(2日); 이태진, 1985b: 273-297; 김백철, 2016b: 283.

[12] 〈표 31〉『경세유표』와 『대전통편』의 아문 변화

구분	천관	지관	춘관	하관	추관	동관
개칭	3	10	7	15	3	5
독립(복구)·신설	0	5	4	3	13	9

- 전거: 김백철, 「천관이조」, 2019c: 1774-1775; 김백철, 「지관호조」, 2019d: 1653; 김백철, 「춘관예조」, 2019e: 1697; 김백철, 「하관병조」, 2019f: 1596; 김백철, 「추관형조」, 2019h: 1689; 김백철, 「동관공조」, 2019i: 447.

[13] 『경세유표』의 전반부(六官六曹)에는 『주례』의 육관六官(천관·지관·춘관·하관·추관·동관)과 조선의 육조六曹(이조·호조·예조·병조·형조·공조)에 따른

서 효종의 대동법과 영조의 균역법 등을 전거로 내세워 국가 제도의 개편이 필요하다고 역설하였다.¹⁴ 이를 함부로 바꿀 수 없다는 사람들에 대해서는 국초에 상황이 여의치 못하여 임시방편으로 정한 제도가 많고 사익이 끼어든 경우도 있다고 비판하였고, 유형원이 『반계수록磻溪隧錄』을 지었으나 처벌받지 않았다고 전례를 들었다. 동시에 자신의 글 역시 미완이므로 훗날 다른 사람들의 수정이 가능하도록 '초본艸本'이라고 칭한다고 하였다.

다만 자신이 이 책을 쓴 취지의 핵심인 15개 사안은 절대 바꾸어서는 안 된다고 명기하였다. 그 대상은 대체로 관제 및 관료제 운영 일반에 관한 것이 8개로 가장 많고,¹⁵ 다음으로 부세 제도 및 경

새로운 국가 제도의 청사진이 서술되어 있으며, 후반부(四官修制)에는 천관·지관·춘관·하관의 세부 주제 중에서 구체적인 항목을 설정하고 자신의 주장을 마치 연구논문처럼 작성하여 밝혔다. 『주례』 비교는 다음 참조. 문철영, 「다산 정약용의 『주례』 수용과 그 성격」, 1986; 이유진, 『丁若鏞 周禮論의 硏究』, 1996; 김인규, 「조선후기 『주례』의 수용과 국가례: 다산 정약용의 『주례』 이해와 국가례」, 2016.

14 정약용이 개혁의 모범으로 영조(균역법·노비법·한림천법)를 제시한 반면에 (『經世遺表』卷首, 邦禮艸本引 등) 우회적으로 정조(규장각·초계문신)를 비판한 방식도 흥미롭다(『經世遺表』「春官禮曹」, 弘文館 등). 또 조선의 현실 제도를 비교할 때 『대전통편』보다 『속대전』을 언급하고 있어서 특이하다. 이는 경험해보지 못한 군주(영조)에 대한 과도한 추앙과 직접 경험한 근면한 군주(정조)에 대한 애증이 혼재된 결과인 듯하다.

15 ① 관직을 120으로 한정하고 6조曹에서 각 20관서官署를 거느리는 것, ② 관계官階를 9품으로 하고 정正·종從 구별은 오직 1품·2품에만 적용하는 것, ③ 호조戶曹를 교관敎官으로 하고 육부六部를 육경六卿으로 삼고 향삼물鄕三物을 두어 만민을 가르치는 것, ④ 고적考績하는 법을 엄하게 하고 그 조목을 상세히 하여 당우唐虞의 옛법대로 회복하는 것, ⑤ 삼관三館·삼천三薦하는 법을 혁파해서 신진은 귀천을 구분하지 않는 것, ⑥ 능陵을 수호하는 관직을 처음 벼슬하는 자에게 맡기지 않는 것, ⑦ 대과·소과를

제정책에 관한 것이 6개이다.[16] 이 밖에 북학北學 계승을 전면에 내세우는 신문물 수용과 부국강병론富國强兵論이 1개이다.[17] 이상은 그가 어디에 초점을 두었는지 알 수 있다. 특히 개화기 적자생존適者生存의 사회진화론[18]이 도입되던 시기에 "부국강병을 도모한다"[19]라는 직접적인 서술은 큰 반향을 일으켰을 것으로 추정된다.

2) '실학' 담론하의 재조명

『경세유표』는 과연 어떻게 후대에 다시 소환되었을까? 그동안 통설은 1930년대 다산 서거 100주년을 기념하여 『여유당전서』를 간행한 이후 활발히 전개된 조선학운동을 그 전환점으로 이해해왔다.

그런데 2000년대를 전후하여 실학 담론의 재검토 논의가 다양한

합쳐서 하나로 만들고 급제자 36명을 뽑는 데 식년시만 두고 특별 과거를 없애는 것, ⑧ 문과·무과의 정원을 같게 하고 과거급제자는 모두 관직에 보임되도록 하는 것 등이다. 丁若鏞, 『經世遺表』「邦禮草本引」.

[16] ⑨ 전지 10결結 머리에 1결을 취해서 공전公田으로 하고 농부에게 조력하도록 하며, 세를 별도로 거두지 않는 것, ⑩ 군포의 법을 없애고 9부賦의 제도를 정리하여 민역民役을 크게 고르게 하는 것, ⑪ 둔전屯田하는 법을 마련하고 경성 수십 리 안은 모두 삼군三軍의 전지로 삼아 왕도를 호위하도록 하고 경비를 줄이며, 읍성 몇 리 이내는 모두 아병牙兵의 전지로 하여 군현을 호위하도록 하는 것, ⑫ 사창社會의 한도를 정하고 상평常平의 법을 세워서 간사함과 제멋대로 하는 일을 막는 것, ⑬ 중전中錢·대전大錢·은전銀錢·금전金錢을 주조하여 구부환법九府圜法의 등급을 분변하여 중국으로 빠져나가는 길을 막는 것, ⑭ 향리鄕吏의 정원을 제한하고 세습을 금지하는 것 등이다. 丁若鏞, 『經世遺表』「邦禮草本引」.

[17] ⑮ 이용감利用監을 개설하고 북학北學의 방법을 의논하여 부국강병을 도모하는 것이다. 丁若鏞, 『經世遺表』「邦禮草本引」.

[18] 허버트 스펜서, 『진보의 법칙과 원인』, 2014: 17-36, 67-93, 103-105.

[19] "以圖其富國强兵." 丁若鏞, 『經世遺表』「邦禮草本引」.

각도에서 활발하게 이루어졌다.[20] 그중 하나는 일제강점기 도입된 주자학朱子學 대對 반反주자학(또는 『周禮』) 담론의 이분법 분류에 대한 문제제기였다.[21] 유교망국론의 관점에서 근대성을 찾는데 주자학 극복을 과제로 전제했기 때문이다.[22] 이러한 도식적인 설명 방

20 이태훈, 『실학 담론에 대한 지식사회학적 고찰: 근대성 개념을 중심으로』, 2004: 20-35, 75-92, 122-134, 231-236; 신항수, 「비판적 시각으로 살펴본 실학 연구」, 2005: 200-211; 조성산, 「실학 개념 논쟁과 그 귀결」, 2011: 20-36; 김치완, 「茶山學으로 본 實學과 近代개념에 대한 비판적 접근」, 2013: 225-230; 노관범, 『기억의 역전: 조선사상사의 새로운 이해』, 2016: 276-319; 노관범, 2018: 447-473.

21 ① 조선 후기 실학자들이 주자朱子 인식에 긍정적인 점, ② 송대 주희朱熹가 고문古文 운동을 벌이고 『주례』를 존숭한 점, ③ 청 초기 학자들도 주자를 존중한 점, ④ 대만의 치앤무錢穆 등이 훈고학訓詁學과 이학理學을 집대성한 인물로 주희를 평가하고 있는 점, ⑤ 조선에서도 당색을 불문하고 『주례』를 모범으로 내세우고 있는 점 등이 대표적 반박 사례이다. 【주례찬양】『朱子語類』11卷 98條; 『朱子語類』33卷 84條; 『朱子語類』66卷 9條; 『朱子語類』86卷 5條; 【고문강조】『朱子語類』11卷 115條; 『朱子語類』11卷 132條; 『朱子語類』114卷 14條; 康有爲, 『新學僞經考』卷6, 「漢書劉歆王莽傳藝辨僞 第六」(1891)〔蔣貴麟 主編, 『康南海先生遺著彙刊』1, 1976: 131-137〕; 康有爲, 『新學僞經考』卷3上, 「漢書藝文志辨僞 第三上」(1891)〔蔣貴麟 主編, 1976: 64-66〕; 錢穆, 「주자학의 세계」, 1989: 39-48; 趙吉惠 외, 『중국유학사』3, 1997: 317-350, 434-438; 王茂, 『청대철학』1, 1995: 25-131; 김백철, 「조선후기 영조대 탕평정치의 이념과 『주례』」, 2005a: 311-312(김백철, 2010a).

22 다카하시 도루 역시 이러한 전제하에 주리론-주기론을 대립적 관념으로 설정하고 조선 유학을 당쟁사관에 입각해 비판하였다. 다카하시 도루, 『조선의 유학』, 1999: 99-278; 한자경, 「다카하시 도루의 조선유학 이해의 공과 과: 주리·주기 분류를 중심으로」, 2013: 5-11, 17-18; 이동희, 「장지연의 『조선유교연원』의 특징에 대하여: 다카하시의 「조선유학대관」과 비교」, 2007: 190-193; 이동희, 「다카하시 도루高橋亨의 조선조 주자학 연구의 허와 실: 오늘날 철학적 관점에서의 비판적 고찰」, 2015: 210-214, 241-244.

식은 더 이상 통용되지 않고 있다.

최근 또 다른 문제가 제기되고 있다. 갑신정변 이전부터 일본 유학생을 중심으로 후쿠자와 유키치福澤諭吉의 문명론이 개화파에게 이식되었고,[23] '실학' 담론 자체도 일본에서 수입된 산물이라는 점이다.[24] 더욱이 이는 1907년 친일 단체인 대동학회大東學會의 주도로 일본제국의 근대 지상주의를 찬양하는 데 일조한 운동이었으며,[25] 1929년 이나바 이와키치稻葉岩吉가 조선 유학사에 처음 적용한 용어라는 지적이다.[26] 따라서 실학의 개념 설정의 모순과 취지의 불순함으로 인해 학술용어 사용 자체에 반대하는 여론마저 생

[23] 쓰키아시 다쓰히코,「조선개화파와 후쿠자와 유키치」, 2012: 326-328; 이태훈,「대한제국기 일본 유학생들의 유학생활과 유학의식: 1900년대 일본 유학생들의 '일본론'을 중심으로」, 2015: 159-187; 이태훈,「1900년대 전반 '대한제국 비판세력'의 동향과 정치적 결집과정」, 2020: 269-296. 그의 문명론은 독립론과 연결되어 원론적인 "문명-독립" 개념만 개화파에게 이식되었고 이후 문명개화론의 세례를 받은 이들은 친일 관료로 변신하였다. 그러나 여기에 제국주의 사회진화론이 내재되어 있고, '일본의 독립獨立'을 위해 '정한론征韓論'이 정당화된다는 사실은 간과되었다. 후쿠자와 유키치,『문명론개략』, 2020: 485-540; 다카시로 코이치, 2013: 24-26, 45-66, 95-98, 129-130.

[24] 후쿠자와 유키치의 '실학'은 후학에 의해서 '학문science' 총체로 이해되지만 본인이 설정한 기본 개념은 "실질적이고" "일용에 맞는 것"을 의미했다(『學問의 勸諭』1871-1876;「福翁白話」, 1908). 논자에 따라 이를 조선과 일본의 공통점 혹은 차이점으로 보는 관점이 공존한다. 배관문,「근대 전환기 일본의 실학: 야마가타 반토와 후쿠자와 유키치」, 2015: 80, 90-91; 사사키 슌스케·가카오카 류,「일본과 한국에서의 '실학'의 근대화」, 2018: 159; 강지은,「조선시대 실학 개념에 대한 고찰」, 2019: 137; 노관범, 2016: 306-308.

[25] 단 노관범은 근대 실학의 여러 갈래 중 하나로 소개하고 있다. 노관범, 2016: 312-313.

[26] 강지은, 2019: 140.

겨났다.[27]

하지만 여기에는 몇 가지 간과된 문제가 있다. 첫째, 기원론의 검토이다. 곧 고종대 전통 학문의 발굴과 정책화 노력에 관한 것이다.[28] 실학자의 저작에 대한 주목이 과연 일본제국의 실학 개념 도입 이후에 이루어졌는가 하는 데는 근원적인 의문이 있다.[29] 근대적 학문 개념으로서 '실학' 용어가 일본제국으로부터 수입되었다고 하더라도[30] 고종은 이전부터 박규수朴珪壽를 적극 등용하였고[31] 그 선조

27 배영대, 「① 프롤로그: 실학과 근대」, 2018. 3. 17.; 배영대, 「② 18세기 토지 공개념 '정전론' 겉은 개혁, 속은 복고」, 2018. 3. 24.; 배영대, 「③ 시대 역행한 신분해방 반대론」, 2018. 4. 7.; 배영대, 「④ 상업 발전 막은 '억말론'」, 2018. 4. 21.; 배영대, 「⑤ 북한의 반민족성」, 2018. 5. 5.; 배영대, 「⑥ '민국' 외면했는데 근대적인가」, 2018. 5. 19.; 배영대, 「⑦ '왕정 vs 공화정' 이분법의 오류」, 2018. 6. 2.; 배영대, 「⑧ 실학-동학 계승 관계 맞나」, 2018. 6. 16.; 배영대, 「⑨ 식민사관 극복하려다 대변」, 2018. 7. 14.; 배영대, 「⑩ 에필로그」, 2018. 7. 21.(이상 모두 『중앙SUNDAY』 수록 "실학별곡-신화의 종언" 기획기사).

28 노관범, 2016: 281-292.

29 전통시대에는 실학이 실천 학문으로 쓰이다가 근대 이후 실용 학문으로 의미가 변화되었는데, 국내에서는 근대 개념이 도입된 사례로 박은식의 '實用 있는 各學問'(『韓國痛史』, 1915), 장지연의 '經濟之學'(「朝鮮儒敎淵源」, 1917), 이능화의 '經世의 學'(『朝鮮佛敎史』, 1918), 최남선의 '實學'(『朝鮮歷史講話』, 1930) 등이 거론되고 있다. 노관범, 2018: 448, 452-453; 사사키 슌스케·가카오카 류, 2018: 166; 강지은, 2019: 144.

30 강지은, 2019: 137-144.

31 박규수가 세운 공로로 북학도 재인식된 듯하다. 고종 원년(1864)-2년 (1865)·고종 10년(1873) 박규수의 3대조를 추증할 때 박지원을 이조참의·이조참판·좌찬성으로 올렸고, 순종 4년(1911)에는 시호를 내리기에 이르렀다. 『承政院日記』, 同治 3年(고종 1) 正月 10日(壬子)·同治 4年(고종 2) 3月 3日(戊戌)·同治 12年(고종 10) 12月 25日(己亥);『承政院日記』, 隆熙 4年(순종 4) 8月 19日·20日(陰曆 7月 15日(丙辰)·16日(丁巳)).

인 북학의 대표주자인 박지원朴趾源의 『열하일기熱河日記』에 주목하였다.32 또한 황현黃玹의 『매천야록梅泉野錄』(1910)에서도 고종이 부국강병에 뜻을 두고 『여유당집與猶堂集』을 참고했다고 한다.33 특히 대한제국기 광무光武 3년(1899) 『황성신문皇城新聞』에서는 정약용을 '경제학經濟學 대선생大先生' 등으로 칭하면서 『목민심서牧民心書』와 『방례초본』을 소개하였고,34 광무 5-6년(1901-1902) 광문사廣文社에서는 『흠흠신서欽欽新書』와 『목민심서』를 연활자본으로 간행하였으며,35 융희隆熙 2년(1908) 이건방李健芳은 「방례초본서邦禮草本序」를 쓰면서 이 책을 널리 배포하고 강론하여 훗날 부강해지기를 꿈꾸었다.36

그렇다면 일본제국이 근대 학문 개념을 설정하기 이전에 '실학'

32　이태진, 「'海外'를 바라보는 北學: 『열하일기』를 중심으로」, 2011: 91-92.
33　김태영, 「실학연구의 어제와 오늘」, 2011b: 4. 단 『매천야록』은 판본에 따라 해당 기사를 찾기 어려우며, 고종이 참고했을 것으로 추정되는 판본은 규장각본인데 현재 서울대학교 규장각한국학연구원에는 『경세유표』〈奎6915〉, 〈奎7090〉, 〈古5120-171〉(이상 필사본), 〈奎고37〉, 〈海士한20〉(이상 1914년 조선광문회본) 등이 전해진다.
34　노관범, 2018: 450.
35　정약용, 『흠흠신서』, 1901〈古6025-4-217〉; 정약용, 『목민심서』, 1902〈古6025-3-233〉(이상 국립중앙도서관 소장); 김선희, 2017: 70. 단 『경세유표』는 1914년 조선광문회(최남선 편편)에서 처음 일부가 간행되었고, 1934-1938년 신조선사新朝鮮社(정인보·안재홍 교교)에서 『여유당전서』의 일환으로 간행되었다. 안병직, 2021: 487-488.
36　김태영, 2011b: 6. 특히 이건방은 서구 중심의 개화 논리에 반대하고 당시 '실심실행實心實行'의 일환으로 전통 속에서 『경세유표』를 발굴하여 몽테스키외나 루소에 비견하면서 현실 개혁의 대안을 모색했다고 한다. 최근 이 같은 근대적 시선은 비판받고 있으나 대한제국기 자주적인 근대화 모색의 취지와는 가장 부합하는 듯하다. 한정길, 「蘭谷 李建芳의 양명학 이해와 현실 대응 논리」, 2018: 282-290; 김경수, 「다산 정약용의 민권론에 대한 비판적 연구」, 2019: 14-18.

으로 칭하지 않았어도 실학의 학풍(經世·經濟之學)을 계승하고 있었다고 보아야 하지 않을까?[37] 특히 외세 간섭하의 갑오개혁이나 자주적인 광무개혁에서도 정권은 교체되었을지라도 제도상 근대적인 국가 개혁은 연속적으로 추진되고 있었다. 이는 당시 부국강병을 꿈꾸던 개화 관료 전반의 공통된 인식이었기 때문이다.[38] 따라서 내적으로는 우리 지식인들의 전통 계승, 외적으로는 일본제국의 근대 학문이라는 복합적인 영향하에서 실학 담론이 부각되었다고 볼 수 있다.[39]

둘째, 주체의 문제이다. 설령 실학이 초기 외세 침탈기에 굴절된 개념이라고 할지라도 향후 연구를 주도한 이들은 대개 우리 지식인들이었고 그들의 자각이 강하게 반영되었는데,[40] 이 성과를 모두 무위로 돌릴 수 있는가 하는 점이다. 특히 1930년대 정인보는 일본제국에 맞서 조선학운동을 전개하였는데, 정약용을 자신과 민국民

---

[37] 노관범, 2016; 2018.
[38] 김충열, 「1880년대 개화파의 세계관 탐구: 실학과의 연속성의 관점에서」, 2021: 63, 85-88.
[39] 얄궂게도 정약용은 강제병합이 일어난 1910년에 비로소 정헌대부正憲大夫 규장각 제학(정2품)에 추증되었고, 박지원을 비롯한 30명과 더불어 시호를 받았다. 정약용과 박지원은 둘 다 같은 시기에 문도文度라는 시호를 받아서 특이하다(『純宗實錄』卷4, 純宗 3年 8月 19日(陽曆); 『承政院日記』, 隆熙 4年 (순종 4) 8月 20日(陰曆 7月 16日(丁巳))). 이미 1908년 고종 강제 퇴위 이후 반발을 무마하기 위해서 과거 정치범으로 신원되지 못한 대부분의 인사를 모두 복권시켜 40명의 죄명을 벗겨주고 78명의 관작을 회복시켰다(『純宗實錄』卷2, 純宗 元年 3月 21日(陽曆)·4月 30日(陽曆)). 이러한 분위기에 더하여 대한제국기 실학자가 재조명되면서 정약용이 2품 재신으로 추증되었다.
[40] 정호훈, 「조선후기 실학 연구의 추이와 성과: 해방 후 한국에서의 실학 연구, 방법과 문제의식」, 2019: 75-112.

國을 구분하지 않고 민국에 도움되기만을 꾀한 인물로 전제하고 그를 통해서 '참조선'의 전통시대상을 찾고자 하였다.⁴¹ 우리가 경계해야 할 것은 후쿠자와 유키치 같은 근대 지상주의하 "문명文明 대對 정체停滯"의 관점에서 조선 침략의 정당성을 역설하는 행태에 국한될 뿐이다.⁴² 오히려 시대적 한계에도 불구하고 전통을 보존하고자 노력했던 운동의 취지를 간과해서는 안 될 것이다.

셋째, 연구 대상의 문제이다. 후대의 극단적 인식으로 17-19세기 실학자들의 업적 자체를 평가절하할 수 있는가 하는 점이다. 단지 과도한 근대주의 시각이 문제였을 뿐⁴³ 그 연구 대상 자체가 문제를 일으킨 것은 아니다. 이는 대상과 시각을 지나치게 동일시해서 벌어진 문제이다. 그러므로 실학자의 저술 자체를 재평가하는 일은 여전히 필요하다.

---

41 한정길, 「위당 정인보의 양명학 연구와 다산 이해」, 2015: 100-104.
42 송석원, 「문명의 외연화와 지배의 정당성: 후쿠자와 유키치를 중심으로」, 2011: 72-82; 다카시로 코이치, 2013: 24-26, 45-66, 95-98, 129-130; 박균섭, 「후쿠자와 유키치 독법: 근대, 문명, 교육」, 2016: 105-111.
43 초기 연구에서 「탕론湯論」의 "천자는 여러 사람이 추대해서 이루어진다"거나 「원목原牧」의 "백성을 위해 통치자가 있다"는 표현을 근대정신의 원형으로 평가하였으나 그 연원은 『서경』의 "하늘이 백성을 도와 임금을 세우고 스승을 세운다"라는 표현이었다. 또한 『여씨춘추呂氏春秋』의 "한 사람으로서 천하를 다스리는 것이지 천하가 한 사람을 받드는 것이 아니다"와 『맹자』의 혁명 사상이 결부되어 이후 송·명대에 다양한 응용이 이루어졌으며 영조의 백성관으로 윤음을 통해 광범위하게 공유되었다. 정약용은 고전을 잘 계승하여 발전시켰으나 완전히 새로운 논리는 아니었다. 전호수, 2008: 25; 김백철, 2014a: 223-227; 김태환, 「민주공화적 요소를 기준으로 한 茶山 丁若鏞의 정치사상에 대한 평가」, 2019: 237-242.

2. 제도 개혁의 청사진: 서주에서 북학까지

1) 중앙·지방의 관제 개편

정약용은 「방례초본인」에서 조선의 국가 제도가 국초부터 급박하게 만들어져 미완에 그쳤기에 이후 제도가 더욱 문란해졌다고 진단하면서 반드시 개혁해야 한다고 역설했다. 그 방법으로 다음과 같은 중앙·지방아문의 대대적 개편안을 제시했다.

(1) 중앙아문 재조정

정약용은 『주례』의 이념을 전제로 하되 오랫동안 독자적인 제도를 보존해온 현실을 감안하여 『경국대전』·『속대전』·『대전통편』 등 조선의 법제를 기반으로 보완하고자 하였다. 육관六官 중 오관五官의 개략적인 변화상을 살펴보면 다음과 같다.

「천관이조天官吏曹」에서는 ① 조선의 현실을 감안하여 상황에 맞는 대안을 모색했다. 주나라의 제도가 『서경』「주관周官」과 『주례』로 서로 달리 전해지는데 양자를 종합해서 의정부와 육조가 설치되었으므로 여기에서 비롯되는 혼돈을 조정하기 위해 고민했다.[44]

---

44 『주례』에서는 천관총재가 왕명을 받아 신료를 통솔하지만 『서경』에는 삼공(太師·太傅·太保)이 별도로 있었기 때문이다. 이 때문에 총재를 조선 전기에는 삼정승으로 여겼고 조선 후기에 이르러 이조판서로 상정하는 형태로 변화했다. 『경국대전』은 국법을 '육전六典'으로 나누되 동반직(문반)과 서반직(무반)을 「이전」과 「병전」에 분속하였고, 심지어 육조六曹는 「이전」에 들어 있다. 육전의 서두에는 각기 속아문屬衙門이 표기되어 있는데 육조의 속아문을 지칭한다. 이는 육전과 육조는 불일치하지만 육전의 유

정약용은 『주례』의 육관과 조선의 육조를 결합함으로써 국법 종류를 분류하되 실무 아문을 명시하는 방식을 선택하였다. ②『경국대전』을 본받아 육조보다 품계가 높은 의정부·종친부宗親府·충훈부忠勳府·의빈부儀賓府·돈녕부·중추부 등 1품 아문을 오상사五上司라 칭하여 예외로 처리했으며, 나머지 아문은 모두 육조에 분속시켰다. ③『주례』육관의 360개 아문을 『경세유표』는 120개로 축소하였으며,[45] 또한 소속 아문을 조정하거나[46] 재정을 보충하였다.[47]

「지관호조地官戶曹」에서는 ①『주례』의 체계를 적극 계승하였다. 한성부의 오부五部를 육부六部로 한다거나 사학四學을 『주례』에 맞추어 육학六學으로 하는 등 6이란 숫자를 성수成數로 보아서 육관에 맞추어 제도를 개편하였다.[48] ②『주례』에는 없으나 조선에는 존재하는 관서를 일정한 체계 속에서 재편하고자 하였다.[49] ③ 기타 소

사有司로서 육조를 전제한 서술이다. 정약용은 이 같은 혼돈을 줄이고자 육관육조六官六曹를 병기한 것이다. 김백철, 「조선의 유교적 이상국가 만들기: 서주와 요순의 재인식 과정」, 2010b: 263-269(김백철, 2016a).

[45] 『經世遺表』「天官吏曹」; 김백철, 2019c, 1651-1654.
[46] 『주례』의 '천관'이 왕실 사무를 모두 관할하고 있는 점을 들어 호전의 사재감司宰監을 사선감司膳監으로 개칭하여 이조로 이속移屬시켰다(『經世遺表』「天官吏曹」, 司膳監). 반면에 예조의 관상감觀象監은 『주례』에 춘관으로 분류되어 있음에도 불구하고 본래 천관이 되어야 마땅하다면서 예조에서 이조로 이관하였다(『經世遺表』「天官吏曹」, 觀象監).
[47] 전체적으로 재정 감축을 목표로 하였으나 재원이 부족하다고 판단되는 전의감典醫監에는 오히려 세수를 확보하여 재정을 뒷받침하도록 하였다. 『經世遺表』「天官吏曹」, 典醫監.
[48] 『經世遺表』「地官戶曹」, 六部·六學.
[49] 예컨대 광흥창廣興倉은 사록창司祿倉으로, 군자감軍資監은 사희창司餼倉으로, 용산별영龍山別營은 사향창司餉倉으로 바꾸었으며, 상평창常平倉과 진휼청賑恤廳을 상평사常平司로 통합하여 재명명하고 균역청均役廳을 평부사平賦司로, 활인서活人署를 육보서六保署로 개명하였다. 『經世遺表』「地

속 아문도 일부 변경하였다.⁵⁰

「춘관예조春官禮曹」에서는 예조의 영역을 능동적으로 해석하여 범위를 확대하였다. ① 『주례』에서 춘관은 삼례三禮를 맡는 것이 주요한 직책인데, 『경국대전』에는 과거科擧·생도生徒가 처음 서술되어 있고 제례祭禮는 열 번째에 기록되어 있으니 잘못이라고 비판하였다.⁵¹ 이에 의례 기관을 전반적으로 조정하였다.⁵² ② 정약용은 언관을 예조의 범위로 재해석하였다. 삼대三代에는 간관諫官이 따로 없이 삼공三公·삼고三孤, 육관의 경대부卿大夫, 좌우에 시어侍御하는 신하도 모두 간관이었는데, 한漢 이래 별도로 두면서 언로가 막혔다고 비판하였다. 다만 역효과를 우려하여 우선 그대로 두되 문제점을 고쳐야 한다고 주장하였다. 이에 언론기관을 크게 정

官戶曹」, 司祿倉·司饎倉·司餉倉·常平司·平賦司·六保署).

50 한성부는 『주례』에는 없고 『경국대전』에는 「이전」에 수록되어 있으나 『주례』의 관점을 원용하여 호조로 이관하였다(『經世遺表』「地官戶曹」, 漢城府).

51 『經世遺表』「春官禮曹」; 김백철, 2019e: 1695-1698.

52 예컨대 태상시太常寺를 첫머리에 두고 위상을 높여 옥당으로 의망擬望하였고(『經世遺表』「春官禮曹」, 太常寺), 통례원通禮院을 중시하여 재정을 보충해야 한다고 보았다(『經世遺表』「春官禮曹」, 通禮院). 사직서社稷署는 전유사典壝司로 개칭하였고, 각 전殿·궁宮·묘廟·능陵·원園 등은 전묘사典廟司·수릉사守陵司를 세워서 일원적으로 관리하도록 하였다(『經世遺表』「春官禮曹」, 典壝司·典廟司·守陵司). 이는 『대전통편』에서 전·능·원을 묶어서 재정비하는 흐름을 계승한 것이다(김백철, 2008c: 355; 김백철, 2016b: 268-271). 또한 제례감齊禮監을 신설하여 민간의 관혼상제冠婚喪祭를 감독하고 사서士庶가 신분에 맞는 예제를 사용하는지를 규찰할 것을 제안했는데(『經世遺表』「春官禮曹」, 齊禮監), 마치 「추관형조」에서 금제사禁制司를 설치하여 민간의 사치를 막고자 한 것과 같은 맥락이다(『經世遺表』「秋官刑曹」, 禁制司). 이는 「천관이조」에서 관료제 전반을 새롭게 재설계하여 국가체제를 갖춘 것처럼 사회에서도 신분제에 맞는 의례를 갖추기를 주장한 것이다(『經世遺表』「天官吏曹」; 백민정, 2017: 128-135).

비하였다.⁵³ ③ 문한文翰 기구 역시 예조의 범주로 확대하였다. 문한 기구의 재정비를 통해서 국가 제도의 일원화를 꾀하고 과도하게 격하된 칭호를 회복하여 격식을 높이고자 하였다.⁵⁴ ④ 이 외에 여러 유관 기구도 함께 정비하였다.⁵⁵

53 삼사 중 사간원을 예조에 소속시켰는데, 『주례』에서는 「지관」에 두고 『경국대전』에서는 「이전」에 배치한 것과 다르다. 당시 폐단으로 간관諫官이 아침저녁으로 교체되는 것을 비판하였으며, 동시에 왕이 불러도 오지 않는 자는 엄히 다스려야 한다고 주장하였다. 또 사간원·사헌부의 관원은 중국처럼 모두 옥당(홍문관)에서 선발하여 청직을 유지해야 한다고 했는데(『經世遺表』「春官禮曹」, 司諫院), 이는 품계상 대간을 거쳐 옥당에 나아가는 절차를 정반대로 바꾼 것이다.

54 예컨대 홍문관은 예조에 배속시켰다. 홍문관의 옥당은 경연관經筵官뿐 아니라 지제교知制敎도 겸하였는데, 그중 지제교는 명칭을 지제고知制誥로 격상시키자고 주장했다. 이는 고려시대 명칭으로 되돌리는 조치였다(『知制誥』『高麗史』卷5, 世家5, 顯宗 16年 12月 戊午(10日), 『世宗實錄』卷9, 世宗 2年 9月 戊子(23日); 【知製敎】『世宗實錄』卷44, 世宗 11年 4月 壬寅(27日)). 동시에 홍문관의 간관 기능도 인정하였다(『經世遺表』「春官禮曹」, 弘文館). 또한 춘추관을 독립시켜 태사원太史院으로 격상시키고자 하였다. 예문관藝文館을 한림翰林이라고 하면서 이들이 국사를 관장하고 있는데 춘추관·예문관 모두 관서가 없어 빈 명칭으로 사관을 일컫는 점은 문제라고 보았다. 이에 궐내 사국史局을 건립해서 독립시키고자 하였다(『經世遺表』「春官禮曹」, 太史院). 아울러 교서관校書館은 교서감校書監으로 격상시켰는데, 『십삼경주소』의 중요도가 낮아진 사례를 들면서 과거에는 청직이었으나 대우가 현저히 떨어진 것이 문제라고 보고 청화직淸華職으로 만들고자 하였다(『經世遺表』「春官禮曹」, 校書監).

55 예컨대 성균관은 국자감國子監으로 고치고 태학太學에서 종친도 함께 교육시켜야 한다고 주장하였다. 국자國子인 종친을 종학宗學에서 따로 배우게 하는 것은 오히려 역차별이라고 하였다(『經世遺表』「春官禮曹」, 國子監; 김문식, 2017: 67-69; 최광만, 2020: 104-105. 승문원承文院은 승문감承文監으로 개칭하였다(『經世遺表』「春官禮曹」, 承文監)). 또 기로소耆老所는 양로사養老司로 개칭하고, 없어진 귀후서歸厚署를 복구하여 애영서哀榮署라 하고 조

「하관병조夏官兵曹」에서는 ① 상당수 아문의 위상을 조정하고 명칭도 개편하였다.[56] 이는 정조 연간 군영제 개편 논의가 완결되지 못하여 그 대안으로 제시한 것이다.[57] ② 조선의 군제 전반을 개편하여 삼사三司·삼국三局·삼위三衛·삼영三營 등으로 체계화하였다.[58] ③ 아문의 명칭도 개편하거나 신설하였다.[59]

    신朝臣의 장례에 문상과 장례를 돕도록 하였다(『經世遺表』「春官禮曹」, 養老司·哀榮署).

[56] 예컨대 중추부中樞府의 이름과 비변사의 기능을 통합하여 명실상부하게 만들고자 하였다. 정약용은 국가의 중책을 결정하던 충추부가 이름만 남고 기능이 없어진 점을 문제로 인식하였다(『經世遺表』「夏官兵曹」, 中樞府). 또한 총융청에 귀속되었던 경리청經理廳을 관성위管城衛로 개편하였다. 이는 수어청을 폐지한 후 남한산성에 귀속시키는 조치를 확장한 정책으로, 유명무실한 총융청을 폐지하여 북한산성에 붙이고 오히려 경리청을 관성위로 개칭하여 회복한 것이다(『經世遺表』「夏官兵曹」, 管城衛).

[57] 조선 전기 오위五衛가 전란을 겪으면서 오영五營(五軍營)으로 개편되는 동안 임시변통으로 제도가 수정되어 일정한 체계를 갖추지 못하였다. 숙종·영조·정조대 도성 수비 체제가 갖추어지면서 중앙 군영의 재편이 이루어졌다. 영조대 오군영을 국왕을 대리하는 병조판서의 일원적 지휘 체계하에 편제하는 제도가 마련되었고, 정조대 총융청·수어청 개폐開廢 논의로 진전되었다(이태진, 1985b: 262-283). 그러나 순조가 즉위하면서 장용영을 중심으로 추진해온 오군영 재정비도 무위로 돌아갔다(『純祖實錄』卷4, 純祖 2年 正月 壬辰(20日)). 이에 전체 군영의 일원적 체계를 마련하려는 염원이 정약용의 개혁안에 담긴 것이다(『經世遺表』「夏官兵曹」; 김백철, 2019f: 1774-1775).

[58] ① 삼사는 도총부都摠府를 좌액사左掖司로, 내병조內兵曹를 우액사右掖司로, 호위청扈衛廳과 별군직別軍職을 합쳐서 중위사中衛司로 개칭하여 만들었다(『經世遺表』「夏官兵曹」, 左掖司·右掖司·中衛司). ② 삼국은 선전청宣傳廳과 무겸武兼을 합쳐서 선교국宣敎局으로, 부장청部將廳과 충의위忠義衛를 합쳐서 의장국儀仗局으로, 수문청守門廳과 성문과 대궐을 수호하는 장수를 합쳐서 수어국守禦局으로 하였다(『經世遺表』「夏官兵曹」, 宣敎局·儀仗局·守禦局). ③ 삼위는 금군禁軍과 내금위內禁衛, 우림장羽林將과 충장忠

「추관형조秋官刑曹」에서는 ① 형조 소속 관청을 분리하여 전문화하고 자체의 정원은 축소한다고 적시하였다.[60] ② 주요 아문의 개편을 단행하였고,[61] ③ 일부 아문은 명칭을 바꾸었다.[62] ④ 신설 아문일지라도 기존에 유사한 업무를 관장하던 기관을 조정하기도 했다.[63]

壯, 충익忠翊 등을 합쳐서 용양위龍驤衛, 호분위虎賁衛, 우림위羽林衛로 재편성하였다(『經世遺表』「夏官兵曹」, 龍驤衛·虎賁衛·羽林衛). ④ 삼영은 훈련도감訓練都監을 도통영都統營으로, 어영청御營廳을 좌어영左禦營으로, 금위영禁衛營을 우위영右衛營으로 개칭하여 만들었다(『經世遺表』「夏官兵曹」, 都統營·左禦營·右衛營).

59 훈련원訓練院은 무거원武擧院으로, 사복시司僕寺는 태어시太馭寺로, 내사복內司僕은 승여사乘輿司로 고쳤다. 목어사牧圉司를 신설하여 마정馬政을 총괄하도록 하였다. 『經世遺表』「夏官兵曹」, 武擧院·太馭寺·乘輿司·牧圉司.

60 『經世遺表』「秋官刑曹」; 김백철, 2019h: 1687-1689.

61 소속 아문으로 의금부를 먼저 배치하였으며, 다음으로 사헌부를 설정하였다. 하지만 의금부는 순찰 기능을 비판하여 제외하였으며, 사헌부는 암행어사를 소속시키고 오히려 감찰 기능은 분리하여 감찰원監察院을 별도로 신설한 점이 특징이다. 『經世遺表』「秋官刑曹」, 義禁府·司憲府·監察院.

62 전옥서典獄署는 장리서掌理署로, 포도청捕盜廳은 토포영討捕營으로, 순장청巡將廳은 순경사巡警司로 바꾸었다(『經世遺表』「秋官刑曹」, 掌理署·討捕營·巡警司). 또 형조에 통합된 장례원掌隷院을 복설復設하여 노비를 통할하는 전담 관서를 설치하고자 하였다(『經世遺表』「秋官刑曹」, 掌隷院). 특히 신문고申聞鼓는 노고원路鼓院으로 개편하여 전담하도록 하였다. 다만 정약용은 신문고가 궐내에 설치되어 이용이 어려웠다고 지적하였으나 정조는 정반대로 궁궐 안에 있어도 접근 가능하다고 주장하였다(『經世遺表』「秋官刑曹」, 路鼓院; 김백철, 2016a: 334-335).

63 예빈시禮賓寺를 설치하여 역대 왕조의 시조 제사를 일괄적으로 맡도록 하였다. 본래 예조에서 시조 제사를 관할했는데, 『주례』를 준용하여 형조로 이관하였다(『經世遺表』「秋官刑曹」, 禮賓寺). 이는 『대전통편』 체제에서 각 왕조의 시조에게 제례를 행하도록 규정해둔 내용을 보완한 것이다(김백철, 2016b: 270-271).

(2) 지방제도 개편

「천관수제天官修制」'군현분등郡縣分等'에서는 군현의 등급을 나누는 기준을 제시하고 있다. 정약용은 민호民戶·전결田結의 다과를 합산하여 읍의 규모를 구분하는 새로운 방식을 만들어냈다.[64] 이는 18세기에 광범위하게 편찬된 읍지 편찬의 전통을 상당 부분 원용한 것으로 보인다.[65]

'군현분예郡縣分隸'에서도 전국의 지방제도를 완전히 새롭게 재편하였다.[66] 정약용은 중국과 같이 큰 나라도 13성省인데 우리나라를 8도道로 가른 것은 지나치다고 하였다. 하지만 정작 감사監司가 수천 리를 통제하는 것은 어렵다고 하면서 도를 분할하여 12성으로 만들었다.[67] 또한 경상도를 예로 들면서 이는 자신이 처음이 아

[64] 정약용은 합계가 2만 5,000 이상이면 대주大州로 구분하고, 2만 이상이면 대군大郡, 1만 5,000 이상이면 중군中郡, 1만 이상이면 소군小郡, 8,000 이상은 대현大縣, 6,000 이상은 중현中縣, 4,000 이상은 소현小縣 등 7등급으로 나누었다. 4,000 미만은 합병이 필요하다고 보았다(『經世遺表』「天官修制」, 郡縣分等). 현재 서울대학교 규장각한국학연구원의 읍지 해제에서도 이를 수정하여 사용하고 있다. 김백철, 「조선시대 咸鏡道 지역사 試論」, 2017a: 40; 〈지리지종합정보〉(서울대학교 규장각한국학연구원 http://kyujanggak.snu.ac.kr/geo/main/main.jsp).

[65] 영조대 『여지도서』의 편찬이 이루어져 지방 통치의 기초 정보가 수합되었으며, 정조 연간 사회변동으로 파생된 새로운 부세 정보 등을 대폭 보완하여 읍지가 편찬되었다. 정약용은 이때 수집된 지역의 호구 및 전결 정보를 바탕으로 새로운 구분 방식을 제안한 것이다. 이후 읍지 편찬은 고종대에도 수차례 이루어졌고 지방제도 개편 시 참고자료로 활용되었다. 양보경, 『朝鮮時代 邑誌의 性格과 地理的 認識에 관한 硏究』, 1987: 114-117; 김백철, 2016d: 286-302.

[66] 『經世遺表』「天官修制」, 郡縣分隸; 강석화, 2013: 150; 이진형, 2014: 252-253.

[67] 경기는 봉천성奉天省, 충청도는 사천성泗川省, 강원도는 열동성洌東省, 황

니라 임진왜란 때 방어 차원에서 논의가 되었다고 근거를 밝히고 있으므로 '술이부작述而不作'을 내세워 개혁의 정당성을 부여한 듯하다.

다만 조선의 도道를 버리고 청의 성省을 취한 점이나 이름을 개칭한 것은 다소 의아하다.[68] 그럼에도 군현 재편이 아무런 의의도 없었던 것은 아니다. 고종대 전국 지역의 군현 재편 조치가 수차례

해도는 송해성松海省 등으로 개칭하였다. 특히 북방과 남방의 4도는 각기 반분半分하여 8개의 성으로 만들었다. 전라도는 완남성完南省(현재 전북)과 무남성武南省(현재 전남)으로 구분하였으며, 경상도는 영남성嶺南省(경상좌도)과 황서성潢西省(경상우도)으로 나누었고, 평안도는 패서성浿西省(평안남도)과 청서성淸西省(평안북도), 함경도는 현도성玄菟省(함경남도)과 만하성滿河省(함경북도) 등이 되었다. 『經世遺表』「天官修制」, 郡縣分隷.

[68] 성省은 원대元代 행성行省(行中書省)에서 비롯되었으나 중서성 자체는 중국 전통이다. 다만 명대 '성'을 '도道'로 바꾸고, 청대 다시 '성'으로 바꾼 사례에서 이념적 인식은 전혀 달랐다. 치앤무는 한족 중심 시각에서 현대에도 성을 지방제도로 쓰는 것을 비판하였다(錢穆, 『中國歷代政治의 得失』, 1975: 179-183). 아마도 정약용은 이러한 개편을 중화中華의 모범적 규범으로 인식한 듯하다. 오히려 조선시대 도명道名은 신라하대-고려시대 전통을 계승하여 주요 도시의 이름을 연칭連稱하여 지어졌는데(김백철,「조선시대 상주의 통치구조와 중층적 위상」, 2019a: 113-115), 이를 버리고 지리 환경이나 역사 배경을 활용하는 방식을 제안하였다(장필영,「정약용의 지리적 관심에 대한 고찰: 『목민심서』, 『경세유표』를 중심으로」, 2014: 19-31). 이는 역사지리학에 관심이 많았기 때문으로 보이지만 현실성은 다소 취약했다. 영남은 조정에서 사용하는 이칭이었지만 나머지 지명은 당대에도 생소한 중국 지명이거나 새로운 작명이었다. 특히 현도성이나 패서성 등은 18세기 역사지리학의 입장이 반영되어 있으나 이는 현재 고대사 연구와 상당한 간극을 보인다(최슬기·박대재,「『我邦疆域考』역주·비평(1): 朝鮮考」, 2020: 361-380; 박대재·박찬우,「『我邦疆域考』역주·비평(2): 四郡總考·樂浪考」, 2020: 339-368; 이종록·박대재,「『我邦疆域考』역주·비평(3): 玄菟考」, 2020: 217-258; 김철민·박대재,「『我邦疆域考』역주·비평(4): 臨屯考·眞番考」, 2020: 241-266).

내려졌는데, 오늘날 남북도 체제의 원형이 되는 13도 체제가 이때 확립되었다.⁶⁹ 실제 광무 연간 개편된 5도 중 충청도 외에 4도가 정약용이 제안한 내용이다. 따라서 대한제국기 근대적 개혁에서 정약용의 정책을 참고하였음을 알 수 있다.

2) 관료제 운영의 변화

앞서 서술했듯이 정약용은 좋은 성적에도 불구하고 등과 과정에서 어려움을 겪다가 국왕의 총애를 입어 청요직을 두루 역임했으나 정조가 훙서하자 유배 신세를 면치 못했다. 이에 정치적 상황에 따른 부침浮沈을 최소화하기 위해서 안정적인 관료제 운영 방식에 주목할 수밖에 없었다.

(1) 삼반관제의 회복

'삼반관제三班官制'에서는 문관文官·무관武官·음관蔭官 등 전통적인 구분법을 재천명했다. 그동안 동반東班·서반西班 중심으로 운영되어 남반南班에 관한 규정은 미미하였다.⁷⁰ 이에 관료를 동일한 차원에서 선발하고 승진시킴으로써 국가체제를 정상화할 것을 희

---

69 『高宗實錄』卷34, 高宗 33年 8月 4日(陽曆);『官報』第397號, 勅令 第36號 地方制度官制改正件; 김백철, 2016d: 298-299.

70 문관·무관은 각종 국가 의례 시 동쪽·서쪽의 위차가 비교적 명확했으나(김백철, 2016a: 390 註17), 음관은 고려에서 남쪽이었으나 조선에서는 음서가 축소되면서 명확하지 않았다. 그럼에도 조선에서는 비과거 출신을 모두 음관으로 분류하여 여전히 등용하였다(임민혁,『조선시대 음관 연구』, 2002: 206-285).

망했다.71

구체적 방안으로 ① 문신은 문과급제자 36명을 종래의 제도를 준용하여서 교서감, 국자감, 승문감 등에 분관分館하였다가 우수한 사람 12명은 『홍문록弘文錄』에 기입하도록 하였다. 여기에 못 드는 사람은 추가로 유현록遺賢錄을 만들어 보완하는 체제를 갖추었다. 이는 정약용의 표현대로 "구슬과 같은 인재를 빠뜨리지 않아서" 인사 적체積滯를 막을 수 있다고 본 것이다.72 그 역시 『홍문록』·『도당록』에 들어가는 1-2차 선발 과정을 통과하였는데,73 당시의 경험을 살린 듯하다.

② 무신 역시 급제자 36명을 선령관宣令官(종래의 宣傳官)으로 삼았으며, 문벌이 좋은 12명은 변경 지역에 부방赴防하여 서북도권관西北道權官에 차임하여 경력을 쌓도록 하였다. 더욱이 문신의 『홍문록』에 견줄 수 있도록 우수한 사람 12명을 가려 『선전록宣傳錄』에 기입하고, 다시 여기에 들지 못한 사람은 『유재록遺才錄』에 들도록 하였다. 곧 문신·무신에 유사한 두 단계의 보완 체제를 갖추어서 적체 해소와 문과·무과 균형을 도모한 것이다.74

③ 남행 역시 36인을 뽑도록 하였다. 문과·무과가 아닌데도 정규 인원을 할당한 점이 흥미롭다. 특히 정약용은 남행을 산림山林을 등용하는 제도로 활용하고자 했다. 그는 과거를 통해 사람을 뽑

---

71 『經世遺表』「天官修制」, 三班官制; 『經世遺表』「春官修制」, 科擧之規·選科擧之規; 『經世遺表』「夏官修制」, 武科; 송낙선, 「다산의 인재등용을 위한 과거제 개혁에 관한 연구」, 2009: 58-64; 정성희, 「磻溪 經世學의 계승과 과거제 개혁론」, 2017: 400-406; 김문식, 2017: 79-107.

72 『經世遺表』「天官修制」, 三班官制.

73 『正祖實錄』卷34, 正祖 16年 3月 辛卯(22日)·丁酉(28日).

74 『經世遺表』「天官修制」, 三班官制.

는 것은 성왕聖王의 법이 아니라고 하면서 과거 때문에 사람을 도리어 버리고 만다고 한탄하였다. 『홍문록』·『선전록』의 보완 체제를 갖추어 인재가 폐기되는 것을 막은 것처럼 문과·무과에 들지 못한 인재를 구제하고자 노력하였다. 남행 중에는 문신 36자리 외에도 서류庶流 12자리와 무신도 36자리를 두었다. 정약용은 문과·무과가 제대로 시행된다면 서류를 남행에 둘 필요가 없으나 공정하지 못할 경우를 대비해서 마련해둔다고 하였다.[75]

④ 또한 문공文功·무공武功을 통해서 벼슬에 나아갈 수 있도록 하였다. 문공은 『십삼경주소十三經注疏』와 같은 경서經書를 간행하거나 자비로 방대한 서적을 수집한 공적을 말한다. 무공은 종래의 전란의 공훈이 아니라 읍성이나 요충지에 성성城을 쌓아서 관방關防을 만든 자를 이른다. 모두 국가적인 차원에서 진행해야 할 사업을 개인이 재물을 들여 성사시킨 경우이다. 이는 정약용이 고민했던 국가 재원 확충 문제와 맞닿아 있다.[76]

(2) 품계의 조정과 간소화

관료의 위계질서를 확보하는 방안으로 『주례』를 준용하여 상층

---

[75] 『經世遺表』「天官修制」, 三班官制.
[76] 숙종대는 대기근을 당하여 지역에서 자비로 구휼한 사람들에게 품계를 내리고 간헐적으로 벼슬까지 주었다가, 영조대부터 공명첩空名帖으로 더 이상 실직을 주지 않고 품계만 내리는 방식으로 제한하였다. 이러한 사례를 참고하여 범위를 확장시킨 듯하다. 서한교, 『조선후기 납속제도의 운영과 납속인의 실태』, 1995: 74-86; 김백철, 「朝鮮後期 英祖初盤 法制整備의 성격과 그 지향: 『新補受敎輯錄』 體裁를 중심으로」, 2009: 236-237(김백철, 2016b).

에서 하층으로 내려갈수록 숫자가 점차 늘어나는 피라미드구조를 만들어 관료제가 안정적으로 운영되도록 하였다.

① 1품 대신의 위상을 재조정했다. 이러한 원칙하에서 상위 관직이 더 많거나 아래와 동수인 자리를 모두 조정하였다.『서경』의 삼공·삼고를 준수하여 의정부의 품계도 조정하였다. 삼정승(정1품)은 삼공에 두는 대신에 좌·우찬성左右贊成(종1품)과 좌·우참찬左右參贊(정2품) 중에서 좌·우찬성은 1명을 증원하여 3명으로 하고 좌·우참찬의 혁파를 주장했다. 기존에 의정부가 정1품 3명, 종1품 2명, 정2품 2명으로 운영되었는데 이를 삼공·삼고에 맞추어 정1품 3명, 종1품 3명으로 만들고 의정부 대신을 모두 정2품인 육조의 판서보다 높게 만든 것이다. 이는 사실상 『경국대전』내 의정부-육조 피라미드pyramid구조를 회복하기 위한 노력이었다.77

② 1-2품 외에는 정正·종從의 구분을 생략하고자 했다. 내명부內命婦도 등급을 대폭 줄이고자 했다.78 「천관수제」에서도 관계官階 개정의 방향에 대해서 부연하였다. 조선은 본래 1-9품으로 구성되었고 각 품계는 정·종뿐 아니라 상계·하계 구분까지 있었다.79 조선의 품계는 동반·서반·종친훈척·외명부 등으로 명칭이 달랐다. 심지어 같은 품계 내에서조차 여러 명칭이 존재했다. 세월이 흐르면서 자주 바뀌었기 때문에 그 위계가 지켜지지 않았다. 이러한 문

---

77 『經世遺表』「天官吏曹」; 강석화, 2013: 137-138.
78 『經世遺表』「天官吏曹」, 命婦司.
79 『경국대전』에서 관계는 정직正職(정1품 이하 동반 30계階, 서반 30계), 잡직雜織(정6품 이하 동반 10계, 서반 10계), 토관직土官職(정5품 이하 동반 10계, 서반 10계), 종친宗親(정6품 이상 22계), 의빈儀賓(종3품 이상 12계) 등으로 통상적인 등급이 30개였지만 자품資品의 종류는 총 134계나 되었다. 김백철, 2016a: 387-395.

제점을 개선하여 명칭을 바로잡자는 것이 정약용의 주장이다. 그는 품계의 명칭을 문신·무신·종친훈척 등으로 나누어 본래 의미에 맞도록 고쳤으며 전체 등급도 재조정하였다.[80] 정약용의 방안은 종래의 방식을 원용하되 『주례』의 용어를 빌려 개정한 것이다.[81] 고종 연간에 이르러 3품 이하에서 정·종이 실제로 혁파되었는데,[82] 이는 갑오개혁 때의 조치였으나 광무개혁 이후로도 유지되었기에 정약용의 청사진을 고려한 개혁 정책으로 이해된다.

[80] 『주례』와 『서경』 「주관」을 참고하여 1품·2품만 종전대로 정正·종從으로 나누자고 하였다. 그 이하의 품계는 단품으로 하여 단순화할 것을 주장했다. 또한 『서경』의 삼공三公·삼고三孤와 『주례』의 경卿(上大夫)·중대부中大夫·하대부下大夫·상사上士·중사中士·하사下士 등을 회복하고자 했다. 정1품은 3공公, 종1품은 3소少, 정2품은 상대부, 종2품은 중대부, 3품은 하대부가 되었으며, 4-5품은 상사, 6-7품은 중사, 8-9품은 하사로 하였다. 이를 실제 품계명에도 적용하여 3품 이상만을 대부大夫로 칭하고 4품 이하는 낭郎으로 칭하였다. 본래 조선에서는 6품·7품을 기준으로 참내관·참외관을 구분하였고, 정3품 중에서도 당상관·당하관을 나누었으며, 1품·2품을 기준으로 대신大臣·정경正卿(宰相)을 나누었다(『經世遺表』 「天官修制」, 東班官階·西班官階·宗親勳戚).

[81] 다만 정약용은 국초의 기본 방침에 따라서 무신은 1품 관계를 두지 않았다고 하였는데(『經世遺表』 「天官修制」, 西班官階), 이는 실제 조선의 운영 방식과 다소 차이가 있다. 조선의 중추부는 정1품 아문이며, 서반관계로 정1품 영사領事를 두었다(『經國大典』 「兵典」, 京官職, 正1品衙門, 中樞府). 영의정 등이 체직되면 보내는 예우 관직이었을 뿐 아니라 문신이 많이 들어갔기에 간과한 듯하다. 그러나 제도상 서반관계는 정1품 관서와 관직이 모두 존재했다. 오히려 고려시대 1품이 한동안 비워져 있다가 조선의 개국으로 체제가 재정비되었다(『高麗史』卷77, 志31, 百官2, 文散階; 김백철, 2016a: 387-415).

[82] 『高宗實錄』卷32, 高宗 31年 7月 丙子(2日).

(3) 인사고과의 개혁

'고적지법考績之法'에서는 관료의 승진 심사에 대해서 상세한 기준을 제시하였다.[83] 지방의 수령에 대해서는 율기律己·봉공奉公·애민·이전·호전·예전·병전·형전·공전 등 아홉 가지 상세 지침을 제안하였으며 각기 여섯 조목으로 이루어졌다. 본래『주례』에는 육서六敘·육속六屬·육직六職·육련六聯,[84] 팔성八成·팔법八灋·팔칙八則·팔병八柄·팔통八統,[85] 구직九職·구부九賦·구식九式·구공九貢·구량九兩[86] 등 세부 법규가 등장하는데 이러한 서술방식을 원용한 듯하다. 율기의 내용은 목민관으로서 스스로를 검속檢束하는 문제를 다루고 있으며, 봉공은 외방에 나와 있는 신하의 도리를 강조하고 있고, 애민은 백성을 살피는 문제를 다루고 있다. 이 밖에 육전은 목민관의 구체적인 업무와 관련하여 항목이 세밀하게 작성되었다.[87] 여기서 언급된 내용은 그가 평생 수정하였던『목민심서』의 내용과 연관되는 부분이 많다.[88] 그 연원을 추적해보면 수령칠사守

---

[83] 강석화, 2013: 148-150; 이진형, 2014: 265-273.
[84] 『周禮』卷1, 天官冢宰, 小宰.
[85] 『周禮』卷1, 天官冢宰, 小宰·大宰.
[86] 『周禮』卷1, 天官冢宰, 大宰.
[87] ① 이전에서는 어진 이를 등용하는 문제가 주로 부각되었고, ② 호전에서는 백성의 교육, 전지田地의 관리, 부세 등 주로 백성과 맞닿아 있는 문제를 다루었다. ③ 예전에서는 제사, 예제, 학교 진흥 등이 적시되었으며, ④ 병전에서는 군사의 양성, 병마의 관리, 군정 등을 다루었다. ⑤ 형전에서는 신속한 송사의 판결, 도량형 관리, 치안유지 등이 언급되어 있다. ⑥ 공전에서는 산림천택, 성곽, 선박 등을 관리하는 문제를 다루었다.『經世遺表』「天官修制」, 考績之法.
[88] 『牧民心書』, 律己六條·奉公六條·愛民六條·吏典六條·禮典六條·兵典六條·刑典六條·工典六條.

슈七事를 확장하여 목민관의 임무를 아홉 가지 덕목으로 개편한 것이다. 정약용은 실무를 강화했을 뿐 아니라 윤리적 측면도 회복시킨 것이다.[89]

(4) 과거시험의 전면 개혁

정약용은 여러 항목에 걸쳐서 과거시험 개편에 총력을 기울였다.[90] 「천관수제」·「춘관예조」·「춘관수제」·「하관병조」·「하관수제」 등에서 산견되는데 종합하면 다음과 같다.[91] ① 문과와 무과를 동일한 기준으로 맞추고자 했다. 문과·무과는 우선 읍선邑選 → 읍거邑擧 → 주시州試 → 성시省試로 지방시를 치르고, 다음으로 회시會試 → 도시都試 → 도회都會로 중앙시를 진행하며, 마지막으로 전정친시殿庭親試 → 조고朝考를 거쳤다. ② 남행 역시 문과·무과와 비슷하게 시험 절차를 진행하고 선발 인원은 삼반三班 모두 40명으로 맞추었다. ③ 비상설 시험인 경과·만과萬科를 폐지하고 정기 시험인 식년시式年試만 남겨두었다. ④ 대과·소과를 폐지하고 통합하였다. ⑤ 선발 인원을 사전에 정하여 지역별로 할당하였다. ⑥ 최종

---

[89] 고려말 수령오사守令五事는 전야벽田野闢, 호구증戶口增, 사송간詞訟簡, 부역균賦役均, 흥학권농興學勸農 등인데, 신왕조가 개창되면서 염평공직廉平公直, 충청강개忠淸慷慨 등 윤리적 측면이 추가되면서 수령칠사守令七事가 공표되었다. 『경국대전』 단계에 이르면 점차 실무 요소만 남아서 대체로 농상성農桑盛, 학교흥學校興, 사송간詞訟簡, 간활식奸猾息, 군정수軍政修, 호구증戶口增, 부역균賦役均 등으로 재편되었다. 『高麗史』卷75, 志29, 選擧3, 銓注, 禑王 元年 2月·昌王 卽位年 7月; 『太宗實錄』卷12, 太宗 6年 12月 乙巳(20日); 『成宗實錄』卷158, 成宗 14年 9月 乙未(5日); 『經國大典』, 吏典, 考課.

[90] 김문식, 2017: 85-107.

[91] 〈부표 12〉 『경세유표』 문과·무과·남행 선발 절차 참조.

급제자에게는 바로 관직을 제수하여 대기하지 않도록 바꾸었다. ⑦ 문과는 39세, 무과는 49세를 상한으로 두어 과거 인원을 제한하였다. ⑧ 문과·무과는 공거원貢擧院·무거원武擧院을 두어 전담하게 했다.

그는 문풍文風·무풍武風의 우열을 가리자면 삼남 지방이 문풍이 우세하고 서북도가 무풍이 나은데, 현재 무과조차 삼남의 인사가 많다고 한탄하였다. 이에 근원적으로는 문과는 남부지방 사람을 많이 뽑고 무과는 북부지방 사람을 더 선발해야 하지만 단기간에 고치기 어려우므로 우선 선발 인원만이라도 동일하게 해야 한다고 주장했다.[92] 또한 문과는 지방 출신이 서울 사람보다 불리할 것에 대한 배려 조치를 취했다. 무과는 문과 출신에 비해서 글공부보다 실제 훈련 정도가 어떠한지에 초점을 맞추어 시험하도록 규정한 대목도 눈에 띈다. 이에 경문의 큰 글자(大文)만을 시험 보게 하고 뒤로 돌아서 암기하는 배송背誦도 금지하였다.[93]

3) 재정 개혁과 신물물 수용

(1) 재정 절감과 새로운 재원 발굴

정약용은 재정 절감을 주요한 기치로 내세웠으나 필요한 경우

---

[92] 다만 이 역시 당시 통념인 듯하나 실제 통계와는 다르다. 18-19세기 문집 등에서 보이는 서북인 등용 문제는 문무과방목文武科榜目과 대조해보면 상반된 결론에 도달한다. 이것은 현실과 인식의 괴리로 보인다. 에드워드 와그너, 2007: 54-72; 김선주, 2015: 136-137; 정해은, 2020: 212; 김백철, 「18세기 영남 '叛逆鄕' 담론의 실상과 허상」, 2021b: 169-172(본서 7장 참조).
[93] 『經世遺表』「夏官修制」; 김백철, 「하관수제」, 2019g: 1776-1777.

증설도 마다하지 않았고, 그 대안으로 신규 세원의 적극적인 발굴을 주장했다.

첫째, 호조의 서리書吏를 감축했다. 아무리 사무가 번다하다고 할지라도 서리의 정원이 본래 38명에 불과했는데 60여 명으로 늘어났으니 지나치게 많다고 보아 20명으로 감축했다. 이는 용관혁파론冗官革罷論의 연장선상의 조치이다.[94]

둘째, 각 분야를 전문화하여 전담 기관을 두었다. 예컨대 『주례』의 경문이나 당대 현실을 감안한 전자서典桌署·사축서司畜署·판적사版籍司·경전사經田司·조운사漕運司·사광서司礦署·산학서算學署 등이 그것이다.[95] 판적사를 호조 내부의 속사屬司에서 외부의 속아문으로 독립시켜 호구 관리를 엄정히 하고, 경전사를 세워서 전정田政을 관장하게 하며, 조운사를 설치하여 세곡 운송의 안전을 강화하고, 사광서를 세워서 광물 채굴권을 국가가 적극 행사해야 한다고 주장했다.[96]

셋째, 세제 개혁을 주장했다.[97] 복잡한 세수 체계를 간편하게

---

[94] 관제 개혁의 부연 설명을 보면 정약용 자신의 경험 편차에 따라 서술의 상세함에 차이가 있는데, 이서배 농간에 대해 강한 분노가 묘사되어 있다. 이는 『목민심서』의 정서와 동일하다. 『經世遺表』「地官戶曹」; 김백철, 2019d, 1594-1596.

[95] 『經世遺表』「地官戶曹」, 典桌署·司畜署·版籍司·經田司·漕運司·司礦署·算學署.

[96] 『經世遺表』「地官戶曹」, 版籍司·漕運司·司礦署.

[97] 「지관수제」는 '전제田制(1-12)', '전제별고田制別考(1-3)', '부공제賦貢制(1-7)', '창름지저倉廩之儲(1-3)', '상평창조례常平倉條例', '호적법戶籍法', '교민지법敎民之法', '균역사목추이均役事目推移(1-2)', '총론摠論', '전선사용의戰船使用儀' 등으로 구성되어 있고 세부 사안별로 자신의 주장을 밝히고 있다.

바꾸어 통일하는 전면적인 변화로 상정되었다. 그중 ① 전제田制의 개혁을 가장 중시하였다.[98] 대개 중국 고대의 정전론井田論(순조 17, 1817)이 핵심 골자이다.[99] 이는 여閭를 중심으로 전제를 개편하는 여전론閭田論(정조 23, 1799)보다 훨씬 더 서주의 제도에 가깝다.[100] 특히 이러한 개혁의 전제로서 양전 방법을 소개하면서 경작자를 '시작時作'으로 표기하는 방안을 제시했는데,[101] 이는 광무양안에 그대로 반영되었다.[102] 다음으로 ② 공법貢法은 대동법의 설행 과정을 잘 정리하였고 개편하기보다 보완하는 방법을 다루었다.[103]

---

[98] 신용하, 1983: 63-67, 69-72, 74-79; 홍덕기, 1990: 295-313; 서근식, 2002: 99-103; 이정철, 2012b: 116-122; 최윤오, 2019a: 273-279; 최윤오, 2020a: 275-287.

[99] 『經世遺表』「地官修制」, 田制1-5, 井田論; 『經世遺表』「地官修制」, 田制9-12, 井田議.

[100] 여전론은 관직 생활 중에 제시하여 현실에 연루되는 부분이 많았던 반면에 정전론은 해배 이후 낙향하던 때이므로(윤석호, 2018: 81-90, 282-300) 보다 자유롭게 천착한 듯하다. 다만 그동안은 여전제를 정전제보다 훨씬 강도 높은 개혁안으로 평가해왔다(김용섭, 「조선 후기 토지개혁론의 추이」, 1989: 66-67). 최근에 들어서야 정전제가 종래 유자들의 정전론과는 다소 다르다는 지적이 제기되었으며, 정약용의 정전론을 그의 여전제와 고대 정전론을 융합한 형태로 재평가하고(최윤오, 2019a: 276), 오히려 방점을 토지제도의 전면 개혁뿐 아니라 전제가 되는 양전量田에 두어 주목한 연구도 등장하였다(전호수, 2008: 54-87). 양자 중 어느 쪽이 더 이상적인지는 판별하기 어려우나 서주西周의 이미지를 정전井田이라는 표현을 통해 가져오려고 한 것만은 분명하다.

[101] 『經世遺表』「地官修制」, 田制考6, 邦田議.

[102] 한국역사연구회 토지대장연구반, 『대한제국의 토지조사사업』, 1995: 198-256; 한국역사연구회 토지대장연구반, 『대한제국의 토지제도와 근대』, 2010: 75-106, 339-354; 왕현종, 『대한제국의 토지조사와 토지법제』, 2017: 245-303.

[103] 『經世遺表』「地官修制」, 賦貢制1-7.

③ 양역은 균역법을 적극 찬양하고 보완책을 제시한 점이 특징인데,[104] 이는 당대 비판적 지식인들의 분위기와는 사뭇 다르다.[105] 결국 그는 조·용·조 중에서 전세 개편을 중심으로 논의하였고 대동·균역은 오히려 선왕의 개혁을 긍정하면서 보완하였다.[106]

넷째, 세원 발굴에 초점을 맞추었다. 조선에서는 전세만 주목하여 부세를 간과하고 있다고 비판하고 다양한 세원의 개발을 역설하였다. ① 사축서를 세워서 양을 기르고, ② 평부사平賦司를 상설기관으로 두어 송전松田·죽전竹田·칠림漆林·저림楮林·과원果園·육축六畜 등에 대한 과세 여부를 고려해야 한다고 주장했다.[107] 더욱이 산림천택의 이익을 확보하고자 ③ 산우시山虞寺를 세워서 산림행정을 관할하고, ④ 임형시林衡寺를 세워서 임목林木을 특화하여 담당할 것을 제안하였다.[108] 그중 임목에는 차茶 재배를 주요 사

---

[104] 『經世遺表』「地官修制」, 均役事目追議1·2; 김백철, 「17-18세기 대동·균역의 위상: 조선시대 재정개혁 모델의 모색」, 2015: 73(본서 2장 참조).

[105] 정연식, 2015: 104-107, 129, 146, 178-179.

[106] 정약용의 잡세 비판은 그동안 『목민심서』와 함께 전제 개혁의 근거로 활용되었다(『經世遺表』「地官修制」, 田制7; 『牧民心書』, 戶典六條, 稅法下). 동시에 세제의 복잡성도 비판의 대상이 되어왔다. 그러나 총액이 실제로 많은지를 보아야 하고 복잡한 세목이나 다양한 세원은 구분해야 한다. ① 정약용 본인이 조선의 전세를 1/100세, 전세 및 대동을 1/40세(북방)-1/30세(남방)로 평가했고(『經世遺表』「地官修制」, 賦貢制7), 실제 조·용·조 총액은 생산량의 약 5-10% 내외 정도에 불과했다(김백철, 2021a: 350). ② 복잡성 비판은 현대사회의 세제에 대입해도 비슷한 결론에 이른다. 이는 사회가 발전함에 따라 제도가 복잡하게 변화하기 때문이다. 그 역시 세수의 다양화라는 관점에 동의하고 있다(『經世遺表』「地官修制」, 均役事目追議1·2). 그러므로 잡세 문제는 이서吏胥의 농간에 대한 강도 높은 비판과 전제 개혁을 통한 단일세 지향에서 유래한 것으로 보인다.

[107] 『經世遺表』「地官戶曹」, 平賦司.

[108] 정경민, 「정약용의 재원확보구상과 관료 및 민의 역할」, 2020: 267-274.

례로 제시하였다. 또한 ⑤ 천형시川衡寺를 세워서 나라의 큰 하천을 관리하며 어량魚梁의 이익을 관장하도록 하였으며, ⑥ 택우시澤虞寺를 세워서 천택을 맡도록 하였다.109 이는 『주례』의 태재太宰가 관장하는 팔칙·구직九職·구부九賦·구공九貢을 토대로 부세 개념을 원용하고,110 관직명은 사도師徒 휘하의 산우山虞·임형林衡·천형川衡·택우澤虞 등을 빌려온 것이다.111

(2) 북학의 추구

정약용은 앞서 살폈듯이 북학의 추구를 부국강병의 전면에 내세움으로써 근대국가 만들기를 지상과제로 삼았던 고종 연간 지식인들에게 큰 반향을 일으켰다. 구체적인 안은 다음과 같다.

첫째, 각종 제도 편찬 시 중국 제도를 적극적으로 참조했다.112 앞서 살폈듯이 정약용은 중국과 같이 큰 나라도 13성인데 우리나라를 8도로 가른 것은 지나치다고 하면서도 결국 12성으로 만들었다. 또한 이름도 봉천성奉天省(경기)·사천성泗川省(충청도)·열동성洌東省(강원도) 등 중국식 작명을 적극 도입했다. 그리고 삼위와 삼영의 군사는 청의 『대청회전大淸會典』에서 팔기군八旗軍의 제도를 참고하여 색깔로 구분하도록 한 점도 흥미롭다.113

---

109 『經世遺表』「冬官工曹」, 山虞寺·林衡寺·川衡寺·澤虞寺.
110 팔칙은 공貢·부賦를 재용으로 설명하며, 구직은 천하의 직업을 열거하면서 우형虞衡이 등장하며, 구부·구공은 세금의 다양한 종류가 나타난다. 대개 한대漢代 이래 발달한 상업이 정현鄭玄의 주注·가공언賈公彦의 소疏로 되살아나는 듯하다. 『周禮注疏』「天官冢宰」, 太宰, 八則·九職·九賦·九貢.
111 『周禮注疏』「地官司徒」, 山虞·林衡·川衡·澤虞.
112 『經世遺表』「天官修制」, 郡縣分隸; 강석화, 2013: 150; 이진형, 2014: 252-253.

둘째, 분야별 전담 아문을 신설하였다. 행인사行人司를 신설하여 중국과 일본으로 가는 사신의 일을 맡도록 하였는데, 이는 『주례』의 대행인의 직책이 추관에 있으므로 형조에 두었다.[114] 광무 연간 여권을 발급하기 위해 만든 수민원綏民院과 가장 역할이 비슷하다.[115] 또한 수원사綏遠司를 설치하여 해도海島 백성을 다스리는 기관을 두었다. 명칭만 보면 고종대 수민원과 유사하지만 실제로는 고종대 지역별로 도서島嶼(莞島·突山·智島)만을 묶어 전담으로 관할하는 군郡을 별도로 설치한 정책과 연동된다.[116] 해도 지역은 어염의 이익이 많은 곳이어서 궁방의 백성 침탈도 잦았기 때문에 특별히 전담 아문을 두고자 한 것이다.[117] 곧 균역법 입안 과정에서 중앙의 세원으로 재편된 어염선세에 대한 추가 조치로 이해된다. 그리고 장서원掌胥院을 설치하여 이서배吏書輩의 농간을 막고자 한 점도 특이하다. 이는 서리의 행패를 정약용 자신이 몸소 겪으면서 가장 큰 폐단으로 여겼기 때문이다.[118]

셋째, 신기술을 육성하고자 했다.[119] ① 신문물 도입을 총괄하는 기구를 설치하고자 했다. 이에 이용감利用監을 설치하여 중국의 선진기술을 적극적으로 수용하고자 했다.[120] 실제로 고종대는 통리기

---

113 『經世遺表』「夏官兵曹」, 右衛營.
114 『經世遺表』「秋官刑曹」, 行人司.
115 『高宗實錄』卷42, 高宗 39年 11月 16日(陽曆); 이민원, 『고종과 대한제국: 왕국과 민국 사이』, 2022: 211-216.
116 『高宗實錄』卷34, 高宗 33年 2月 3日(陽曆).
117 『經世遺表』「秋官刑曹」, 綏遠司.
118 『經世遺表』「秋官刑曹」, 掌胥院.
119 『經世遺表』「冬官工曹」; 김성준, 2012: 691-697; 김백철, 2019i: 446-448.
120 丁若鏞, 『經世遺表』「邦禮草本引」; 『經世遺表』「冬官工曹」, 利用監. 단 '이용감' 명칭은 원대元代에도 확인된다(李穀, 『稼亭集』卷4, 記, 韓國公鄭公祠堂記).

무아문統理機務衙門이 만들어졌을 뿐 아니라[121] 외국과 차례로 통교하고 사신·유학생을 파견했으며,[122] 박문원博文院 역시 해외 문물을 수집하는 역할을 맡았다.[123]

② 신기술 수용에 대응하고자 업무별 아문을 두었다. 전도사典堵司를 두어 도성 내 가옥의 규모를 정연하게 관리하도록 했다. 이는 중국 북경의 사례를 준용하고자 한 것이다.[124] 또한 와서瓦署는 견와서甄瓦署로 개칭하고 이용감을 통해 중국에서 기와와 벽돌 굽는 방법을 배워와서 이곳에 담당하게 하자고 주장하였다.[125] 이는 『열하일기』에 소개된 중국의 신식 건축법인 벽돌 사용을 염두에 둔 기술로 보인다.[126] 그리고 사옹원司饔院의 분원을 독립시켜 번자감燔瓷監으로 하고 이용감에서 유리 만드는 기술을 배워와 이를 담당하게 하자고 하였다.[127] 심지어 그는 나라가 가난한 것이 수레를 사용하지 않아서라고 비판하면서 전궤사典軌司를 설치하고자 했는데,[128] 광무 연간 수레가 철도로 바뀌었기에 철도원鐵道院이 가장

---

121 『高宗實錄』卷17, 高宗 17年 12月 甲寅(21日).

122 【사신-유학】1876년 일본 수신사修信使(『高宗實錄』卷13, 高宗 13年 2月 甲申(22日)), 1881년 일본 조사시찰단朝士視察(東萊府暗行御史)(『日槎集略』人, 同行錄;『高宗實錄』卷18, 高宗 18年 12月 壬申(14日)), 중국 영선사領選使(『高宗實錄』卷18, 高宗 18年 2月 戊午(26日)), 1883년 미국 보빙사報聘使(『高宗實錄』卷20, 高宗 20年 6月 甲寅(6日));【해외 통교】1875년 일본, 1883년 미국, 1884년 영국-독일, 1885년 러시아, 1886년 이탈리아, 1887년 프랑스, 1892년 오스트리아(황현, 『매천야록』, 2006: 117).

123 『高宗實錄』卷43, 高宗 40年 正月 23日(陽曆).

124 『經世遺表』「冬官工曹」, 典堵司.

125 『經世遺表』「冬官工曹」, 甄瓦署.

126 李健芳, 『經世遺表』「邦禮草本序」; 박지원, 『열하일기』 1, 2017: 68.

127 『經世遺表』「冬官工曹」, 燔瓷監.

128 『經世遺表』「冬官工曹」, 典軌司; 김성준, 2012: 694-695.

근접한 정책이다.129 구체적인 대상은 다르지만 고종대 우정국郵政局-우체사郵遞司, 전보국電報局-통신사通信司, 광학국鑛學局, 수륜원水輪院 등을 설치한 것130도 같은 맥락으로 보인다.

③ 신기술을 적극 수용하는 동시에 그에 걸맞은 아문의 명칭도 개칭하였다. 군기시軍器寺는 사병시司兵寺로 고치고, 수성금화사修城禁火司는 수성사修城司로 개칭하고, 주철소鑄錢所는 전환서典圜署로, 제용감濟用監은 직염국織染局으로 개칭하고 장흥고長興庫는 사연서司筵署로 고쳤다. 그리고 전설사典設司는 병조에서 공조로 이관해왔다.131 그중 전환서는 고종대 전환국典圜局으로 실현되었다.132

넷째, 경제사범과 관련된 문제를 해소할 아문을 신설하였다. 양형사量衡司를 설치하여 전국의 도량형을 통일하고자 하였는데, 같은 지역 안에서도 시장과 관아의 측량값이 서로 달라서 문제가 된다고 보았다. 이는 부세의 기준이 될 뿐만 아니라 당시 성장해가던 화폐경제의 토대가 된다는 점에서 중요한 정책이었다.133 이 역시 고종대 평식원平式院으로 실현되었다.134 아울러 권계사券契司를 설치하여 각종 매매 문서를 국가에서 공증하는 것을 재정비하였는

---

129 『高宗實錄』卷40, 高宗 37年 4月 6日(陽曆).
130 【우정국】『高宗實錄』卷21, 高宗 21年 9月 辛未(30日);【우체사】『高宗實錄』卷33, 高宗 32年 閏5月 丙寅(26日);【전보국】『高宗實錄』卷24, 高宗 24年 3月 辛丑(13日);【통신사】『高宗實錄』卷39, 高宗 36年 6月 24日(陽曆);【광학국】『高宗實錄』卷42, 高宗 39年 2月 16日(陽曆);【수륜원】『高宗實錄』卷42, 高宗 39年 4月 11日(陽曆).
131 『經世遺表』「冬官工曹」, 司兵寺·修城司·典圜署·織染局·司筵署·典設司.
132 『經世遺表』「冬官工曹」, 典圜署; 김성준, 2012: 692-693;『高宗實錄』卷20, 高宗 20年 10月 乙丑(18日).
133 『經世遺表』「秋官刑曹」, 量衡司.
134 『高宗實錄』卷42, 高宗 39年 7月 19日(陽曆).

데, 이 역시 고종대 지계아문地契衙門과 연관된다.135

또한 진관사津關司를 설치하여 주요 교통 요지에서 세금을 징수해야 한다고 보았다.136 이는 『맹자孟子』에 나오는 "관關에서는 기찰만 하고 부세는 징수하지 않는다"137라는 전통적인 유가의 사고방식과 배치되는 것이기도 해서 부세 체계를 바라보는 정약용의 적극적인 시각을 살펴볼 수 있다. 직금서職金署를 설치하여 속전을 징수하는 일을 맡겨 재정이 부족한 각 아문에 고루 분배되도록 조치하였고,138 장역서掌域署를 만들어 나라 안의 묘지를 관장하도록 하였다.139

3. 개혁안의 지향

정약용은 조정 출사 시 관료 생활과 유배 시 향촌 생활을 두루 경험하였으므로 중앙과 지방의 사정에 비교적 밝은 편이었다.140 실학이 재야의 실효성 없는 구호에 그쳤다는 종래의 비판과는 현저히 다르다. 다만 정약용의 저작이 훌륭하다고 하더라도 흠결이 없을 정도로 완벽하지는 않다.141 하지만 약간의 한계에도 불구하

---

135 『經世遺表』「秋官刑曹」, 券契司; 『高宗實錄』卷41, 高宗 38年 10月 20日(陽曆).
136 『經世遺表』「秋官刑曹」, 津關司.
137 "關譏而不征." 『孟子』, 梁惠王章句下.
138 『經世遺表』「秋官刑曹」, 職金署.
139 『經世遺表』「秋官刑曹」, 掌域署.
140 그는 화성행차 시 주교舟橋를 놓거나 화성 건설 시 거중기擧重機를 만들어 상당한 공헌을 하였다. 김평원, 「정약용이 설계한 擧重機와 轆轤의 용도」, 2017: 235-272.
141 정약용은 ① 상대적으로 조선의 전통보다는 중국의 제도를 더 좋아하는 편이었고(『經世遺表』「天官修制」, 郡縣分隷), ② 일원성이나 통일성을 지나

고 개혁안에 대한 탐구는 여전히 유효하다. 『경세유표』에서 드러나는 공통의 서술 기준을 갈무리해보면 다음과 같다.

첫째, 가장 근본적인 원칙은 고전古典 정신에 입각한 통일성 추구이다. 곧 서주 이상사회를 조선의 현실에 맞게 적용해보려고 노력한 점이다. ① 중앙관서의 명칭을 통일하였다. 『경국대전』 육전을 『주례』 육관으로 개편했으며, 군제를 개혁하여 삼사·삼국·삼위·삼영으로 체계화하였고, 교육기관을 개편하여 육부·육학으로 만들었다. ② 아문이나 관직의 명칭을 바꾸었다.[142] ③ 소속기관을 변경하였다.[143] ④ 새로운 아문을 신설하였다.[144] ⑤ 아문 간 통

치게 강조하거나(『經世遺表』「地官戶曹」, 六部·六學) 다소 현실을 초월한 이상적인 개혁안을 만들기를 좋아했으며(신용하, 1983: 61-80; 이을호, 1991: 97-143; 서근식, 2002: 91-111; 엄기석, 2016: 251-290), ③ 능력 본위를 주장하면서도 여전히 향촌 사족으로서 신분 구별을 중시했다(백민정, 2017: 149-160). ④ 현실 비판이 과도하여 의도치 않게 시대 상황을 왜곡한 경우도 보인다. 물가物價 기록은 고문서古文書와 차이를 보이며(최승희, 「『한국고문서연구』」, 1993: 155-156), 조선 전기 신문고 접근이 어렵다고 비판했으나(『經世遺表』「秋官刑曹」路鼓院) 태종대만 1,359건에 달한다(『經世遺表』「秋官刑曹」, 路鼓院; 김백철, 2016a: 334-335). ⑤ 다른 글에서 지역사회의 낭설浪說을 수록하여 음모론의 소재로 악용되기도 했다(김호, 2016: 122-142).

142 예컨대 균역청을 평부사, 활인서는 육보서로, 광흥창은 사록창으로, 군자감은 사희창으로, 용산별영은 사향창으로, 사직서는 전유사로, 지제교는 지제고로, 춘추관은 태사원으로, 교서관은 교서감으로, 귀후서는 애영서로, 기로소는 양로사로, 성균관은 국자감으로, 승문원은 승문감으로, 전옥서는 장리서로, 포도청은 토포영으로, 순장청은 순경사로, 신문고는 노고원으로, 훈련원은 무거원으로, 사복시는 태어시로, 내사복은 승여사로 고쳤다.

143 예컨대 「호전」의 사재감을 사선감으로 개칭하여 이조로 이속시키고 「병전」의 전설사는 공조로 이관하였다. 「이전」의 한성부는 호조로 옮겼다. 심지어 「예전」의 관상감은 『주례』에 춘관으로 분류가 되어 있음에도 불구하고 천관 귀속의 당위성을 주장하며 이조로 이관하였다. 「이전」의 사관원은 『주례』에서는 지관이지만 예조에 배속시켰다.

합 작업도 진행했다. 비변사의 개편을 통해서 의정부의 위상을 되찾고, 비변사와 중추부를 통합하여 중추부로 재편했다. 상평창常平倉·진휼청賑恤廳을 상평사常平司로 통합했다. ⑥ 지방의 군현을 재편했다. 8도를 12성으로 개편했는데, 남북도 개념은 고종대 13도제 개정 시 반영되었다.

둘째, 국가 체계상 관료제 운영의 전면 개편이다. ① 관품의 재편이다. 1품 대신을 우대하였고, 품계를 간소화하여 3품 이하 정·종 구분을 폐지하였다. ② 삼반관제의 회복이다. 문반·무반·남행의 등용 시험을 개혁하여 비슷한 과정을 거쳐 동일한 인원을 선발하였다. 특히 문공·무공으로 관직 진출이 가능하도록 하였다. ③ 중앙과 지방의 인사고과 개편이다. 중앙은 문한文翰 기관를 조정하여 복수의 문한 기구를 단일화하고 엘리트 관료의 선발을 보다 엄격히 관리하여 청직의 승진 체계를 재편하였다. 외방은 목민관의 고과 규정을 강화했는데, 새로운 산업의 관리를 명시하거나 '애민'을 별도로 강조하였다. 이는 19세기 세도정치가 재원과 민심을 얻지 못하면서 국가를 피폐하게 만들었던 상황을 예견한 것이나 다름없다.

셋째, 경제적인 관점에서 비용 절감 및 세원 확보이다. ① 용관을 혁파해서 아문의 숫자를 360개에서 120개로 축소했다. ② 호조 서리를 감원했다. ③ 산우시·임형시·천형시·택우시 등을 세워서 산

---

144 예컨대 전자서, 사축서, 경전사, 산학서, 사광서, 조운사, 판적사, 평부사, 금제사, 제례감, 전묘사, 수릉사, 공거원, 목어사, 예빈시, 감찰원, 장서원, 장례원을 설치함으로써 자성粢盛, 가축, 전정田政, 산학算學, 광업, 세곡 운송, 호구, 송전松田·죽전竹田·칠림漆林·저림楮林·과원果園·육축六畜, 사치 금지, 관혼상제冠婚喪祭, 전殿·궁宮·묘廟, 능릉·원園, 과거, 마정馬政, 전 왕조 시조, 감찰, 이서, 노비 등을 관리하였다.

림천택의 이익을 확보하려고 했다. ④ 양형사·권계사·직금서·장역서 등을 설치하여 경제사범을 단속하고 세금 부과 기준 및 세금 재원을 동시에 마련했다. ⑤ 행인사·수원사를 신설하여 해외무역이나 해안의 경제활동에서 세원을 발굴하였다.

넷째, 북학 정신의 계승이다. 중국 전통 중 청 문화도 포함되었다. 정조 연간 처음으로 조정에서 청 황제를 존숭하는 발언을 남기기 시작했는데,**145** 정약용도 이러한 분위기에 자극받은 듯하다. ① 지방제도의 성省이나 팔기군 깃발 도입, 이용감·전도사·전궤사의 설치, 소과-대과 통합 정책 등이 대표적이다. ② 신기술 도입과 관련해서 사병시·수성사·전환서·직염국·사연서 등으로 개편을 주장했다.

결국 『경세유표』는 18-19세기 조선 사회상을 분석하는 동시에 화려한 중국 고사에 대한 지식을 원용함으로써 새로운 국가체제로의 개편을 모색하고자 했다. 따라서 정약용의 청사진은 고종대 표방한 구본신참의 가치관에 잘 부합한다. 이는 실제 고종대 근대화 정책과 맞물려 생각할 여지가 많다.**146** 정약용은 조선 후기 경제체제의 변화 과정에서 새로운 경제적 이익에 주목하였는데 이것이 바로 제도 개혁의 청사진을 탄생시키는 배경이 되었다. 그랬기에

---

145 숙종대는 청 황제를 노주虜主(강희제)로 불렀으나 정조대 영주英主(건륭제)라는 표현이 등장했다. 『肅宗實錄』卷3, 肅宗 元年 5月 壬午(24日); 『正祖實錄』卷6, 正祖 2年 7月 丙申(9日).

146 고종대 반영된 개별 정책을 모아보면 ① 전환서는 전환국으로, ② 권계사는 지계아문으로, ③ 전궤사는 철도원으로, ④ 양형사는 평식원으로, ⑤ 행인사는 수민원으로, ⑥ 이용감은 통리기무아문과 박문원으로, ⑦ 수원사는 완도군·돌산군·지도군으로, ⑧ 12성은 13도로 각기 반영되었다. 또한 ⑨ 1품·2품만 정·종으로 나누는 정책이나 ⑩ 양전 시 '시작(소작인)'을 표기하는 정책 등도 채택되었다.

대한제국기뿐 아니라 강제병합 이후에도 미완의 개혁에 대한 미련이 『경세유표』를 끊임없이 현실세계로 소환해왔던 것이다.

결론

1. 관점의 환기

정조시대에 대한 인식은 1990년대를 기점으로 크게 변화하여 정조시대는 새로운 관점하에 개혁의 시대로서 비정되었다. 경제적 번영과 정치적 민주화라는 토대 속에서 18세기사가 긍정적으로 재평가되었다. 동시에 정조의 사친 사도세자가 비운을 맞이하였기에 극적인 효과가 강조되어 핍박받는 왕세손의 이미지가 창출되었고, 정조대는 재위 만년까지도 개혁을 완수하지 못한 미완의 시대로 평가되기 일쑤였다.

하지만 정조는 약자이기는커녕 즉위와 동시에 두 차례에 걸친 대규모 피의 숙청을 단행했다. 특히 반왕 세력으로 오인되던 노론 벽파는 실제로는 정조의 지지 세력인 청류 중에서 최대 규모를 자랑했다. 벽파의 영수 심환지조차 인사권과 병권을 십수 년간 독차지하며 왕의 측근으로서 총애를 받았다. 정조는 반왕파를 결코 용납하지 않았으며 철저히 숙청했다. 단지 왕의 정책에 대한 비판은 허용되었으므로 이는 그들이 비판적 지지자였음을 의미한다. 2000년대 정조의 비밀 어찰이 발견되자 국왕과 심환지의 관계도 명백히 드러났다.

미완의 개혁이라는 평가는 대개 정약용으로 상정되는 남인의 입장이나 영남 지역에서 전해지던 정조 사후의 실각이라는 경험을 이입해서 이해하는 방식이다. 실제로 시파는 정조 사후 정순왕후 수렴청정기에도 정승으로 기용되었고 수렴 이후에는 정권 창출에 성공하여 붕괴되지 않았다. 또한 남인조차 내부의 서학 세력만 제거되었으며, 영남인은 오히려 출사가 증가하였다. 실각에 대한 통념은 채제공 계열(정약용 등)의 몰락을 지나치게 시파·남인·영남인에게 확대 적용하여 감정이입을 한 결과였다. 그러나 정조는 노론·소론·남인, 그리고 시파·벽파 모두의 군주였다. 따라서 이 책에서는 기존 통념과는 다소 다른 관점에서 정조의 군주상을 허상과 실상의 경계라는 측면에서 살펴보고자 하였다.

2. 정조시대의 사회경제적 배경

조선의 재정 개혁은 15-16세기 경제변동인 금납화 현상으로 촉발되었다. 17세기 전쟁과 기근으로 피폐해진 위기 상황을 극복하기 위한 조정의 대응책이 대동·균역으로 나타났다. 이는 세금의 형평성을 제고했을 뿐 아니라 다음과 같은 결과도 낳았다.

첫째, 국가재정의 일원적인 통합 운영이 강화되었다. 대동법의 실시로 중앙 재원이 확보되면서 선혜청이라는 중앙 재정 기구가 만들어졌고, 막대한 중앙 재원이 비축되었다. 이때 비축한 물력은 정조가 문물제도를 정비하는 데 요긴하게 활용되었다.

둘째, 경제정책의 기조가 바뀌었다. 숙종대 대동법을 전후하여 공인이 등장하였고, 영조대 균역법이 타결되자 공시당상을 설치하고 공시순문을 정기적으로 열어서 정책 대상을 공인·시인에게로 확대하였다. 이를 경험한 신료들과 왕세손이 신해통공(정조 15, 1791)을 기획하는 것은 자연스러운 귀결이었다.

셋째, 사회 신분의 범주가 재편되었다. 대동·균역으로 양인의 문제가 해결되자 외방에서 농사를 짓는 공노비의 신공 감면책도 추진되었다. 숙종-영조대는 공노비도 국가에서 돌보아야 할 백성으로 전제하였다. 영조 만년에는 농민과 공노비의 세율이 같아졌다. 탕평이 사족의 정계 진출을 확대시키고 서얼의 허통으로 이어졌다면, 균역은 양인의 세 부담을 감면시키고 선문군관·공시인·공노비 등의 지위 향상에게 기여하였다. 이것이 정조 연간 공노비 혁파 논의와 순조대 현실화의 배경이 되었음은 물론이다.

넷째, 정치사상의 변화로 이어졌다. 17-18세기 대동·균역을 추진하면서 백성과 국가는 운명공동체로 간주되었다. 이른바 '민국民國'이 개혁 추진의 여파로 정치 개념으로 정착되면서 백성관의 재인식에도 영향을 미쳤다. 중국에서는 20세기 공화정의 번역어로서 '민국'이 창안되었으나 조선은 이미 수백 년 동안 민의民意에 기반한 국가 운영론을 펼치고 있었다. 따라서 정조가 물려받은 사회경제적 상황은 약 1세기 이상 지속되어온 세제 개혁의 최종 결실이었다.

3. 정조의 군주상: 탕평의 계승자와 국법의 수호자

정조는 자신의 의사를 명백히 전달하기 위해 의리명변서와 윤음을 적극 활용했다. 즉위 초 국왕은 창덕궁 인정전에 나가 신하의 불충을 만천하에 교시하고 이를 종사를 무너뜨릴 위기로 전제했다.『명의록』은 역모 사건을 진압하면서 충역 시비를 명백히 변별하고자 편찬한 것이다. 정조가 행한 일련의 조치는 상당히 계획적이고 의도된 행보였다. 규장각 설치를 명하여 자신의 정책을 뒷받침하는 기구를 설립하였고, 정적 숙청을 정당화하는 국왕의 의리명변서인『명의록』을 편찬하도록 하였다. 찬집 시기를 전후하여「대고」를 반포함으로써 국가 전반의 운영 방략을 밝혔다. 따라서 정조 즉위 초를 왕권이 미약한 시기로만 파악하는 것은 상당히 어폐가 있다. 최소한『명의록』편찬 시기에 국왕은 이미 승리자로서 자신의 위치를 공고히 하고 대내외에 과시하였다. 이에 국왕이 의리명변서를 반포한 행위는 오히려 정적 숙청 이후 극형의 정당성을 홍보하기 위한 목적으로 이해되며, 일견 '정치선전'으로도 보인다. 군주의 권력은 이미 즉위 초부터 공고하였다.

윤음은 국왕이 직접 쓴 대국민 담화문의 성격을 띠고 있어 대부분 전국에 반포되었다. 그중『유중외대소신서윤음』(정조 6, 1782)에는 송덕상 사건의 처리 경과가 담겨 있다. 즉위 초에는 노론 청류를 달래고자 산림을 초빙하였고, 인사 제도 역시 이조전랑권이 복구되어 후퇴하였으나, 이 사건의 여파로 모두 선왕의 탕평정치기 모습으로 되돌아갔다. 곧 젊은 왕세손은 각 붕당의 청류를 규합하기 위해 붕당의 '청의'를 공인하는 이른바 '의리탕평'을 추진하였으나, 군주의 권위가 정점에 오르자 시비是非의 판별자로 나서면서 선왕(영조)의 '파붕당'에 입각한 '황극탕평'으로 복귀하였다. 급기야 정조는『어정황극편』을 편찬하기에 이른다.

이때 시파·벽파의 분기가 이루어졌다. 영조 후반 등장한 "척신계(홍봉한) 대 청류계(김치인)" 구도는 정조 초반 청류계의 일방적

승리로 재편되었다. 노론-소론-남인 중 개혁 지향적인 청류가 왕세손의 즉위를 도와서 옹주가(화완옹주)·척신가(정순왕후-혜경궁)를 토벌하였다. 청류 중 가장 큰 세력이 노론계였고, 이들은 송시열을 필두로 노론의 의리 명분을 다시 세우는 작업을 본격화하였다. 이는 영조가 재위 전반기에는 소론을, 후반기에는 노론을 각기 중용하였으나 어느 한 붕당의 일방적인 정당성은 결코 인정하지 않았기 때문이다. 그러나 정조는 즉위와 동시에 최대 지지 세력의 숙원 사업을 들어줄 수밖에 없었다. 이것이 노론의 의리가 확립된 이유이다.

하지만 이를 주도했던 홍국영·송덕상이 제거되자 소론계가 집권하면서 새로운 국왕의 시론을 대변했고, 이때부터 정조는 타협적인 정국 운영에 변화를 주었다. 이후 군주의 뜻에 순응하는 이들은 시세에 영합하는 시파라고 비판받았다. 초기 정권이 반역 혐의로 붕괴되자(송덕상 사건) 노론 청류 상당수는 비판적인 입장을 보이며 벽파로 전환하였다. 벽파의 공세가 가중되자 정조는 청론이 아래의 신하에게 있다면 좋겠지만 지금은 그렇지 못하다고 비판하였고, 나라를 위할 줄만 알면 좋은 시의가 된다고 역설하였다. 곧 시파와 벽파는 군주의 의리에 대한 동참 여부를 묻는 이념 구도에서 만들어진 것이다. 자연히 이는 영조 후반 척신과 청류의 대립 구도를 벗어난 것이며, 순조대 혜경궁 가문과 정순왕후 가문의 지지 여부와도 다른 것이다. 그럼에도 후대에 사람들이 일부 인적 구성원의 유사성을 바탕으로 전후 시기에 시파와 벽파의 구도를 함부로 동일시함으로써 정조대 정치 구도를 제대로 파악하기 어렵게 만들어왔다. 심지어 이는 당대인들조차 개인의 신념이나 의지는 간과한 채 가문에 종속된 인간 군상으로 예단하여 계보를 파악하려고 해서 생긴 문제였다.

한편 18세기 왕정은 법제 정비사업에 매진했다. 15세기에 만들어진 통치 체제가 이미 수백 년이 지났으므로 이를 현실에 맞게 수정할 필요가 있었다. 『대전통편』은 점차 법제 정비의 성격이 변모하여 『경국대전』이나 『속대전』과 같은 대전류 편찬으로 격상되었다. 『대전통편』의 가장 큰 특징은 두 대전이 별개의 기둥이 되었고, 영조 후반-정조 초반 수교를 정리하여 또 하나의 기둥으로서 3단 체재體裁를 갖추었다는 점이다. 이를 통해 정조의 수교도 대전류의 위상을 부여받았다. 게다가 『전률통보』를 통해 대전류와 『대명률』의 합본이 시도되어 현행법을 기준으로 실효성 있는 조문이 재정리되었고, 각종 사목·절목이 수시로 제정되어 상시 관리 체계가 확립되었으며, 지류의 편찬으로 실무 지침은 더욱 풍부해졌다. 이로써 명실공히 조선의 국법 체계가 재구축되었다.

특히 그동안 법제 정비의 주안점은 「형전」이었으나, 유독 『대전통편』에서만 「병전」의 비중이 커졌다. 이미 숙종-영조대는 『경국대전』 이후 누적된 각종 법제서·수교를 대전 체제 내에 반영하였는데 그중 형법의 비중이 압도적으로 높았다. 이러한 배경하에서 영조대 관형주의가 표방된 것이다. 숙종이 시작하고 영조대 구축한 토대는 정조대 이르러 보완이 이루어졌다. 여기에 정조가 자신의 색깔을 입히는 작업을 벌인 것이다. 「병전」의 비중이 압도적으로 높아졌지만 「이전」 역시 그다음으로 높은 증보률을 보인다. 곧 정조는 문반·무반의 관료조직을 재편해낸 것이다. 한편으로는 왕실 전적을 정리한다는 명분하에 규장각을 설치하고, 초계문신 제도를 두어 친위 기구로 만들고, 인사 제도를 개편하여 전국의 인재를 고루 등용하였다. 다른 한편으로는 관무재·시사를 자주 시행하여 무신을 육성하고, 장용영을 설치하여 친위 세력을 강화하였다. 더욱이 장기간의 평화로 인해 간과되어온 무비의 필요성을 역설하고, 숙종대부터 시작된 관방 정비, 영조대 삼군영 중심의 한성 방어 체제 수립 등을 이어 사도유수부 중심의 수도권 방어 체제로 확대 개편하였다. 이것이 평화시에 수도권의 상업 경제망을 이룬다는 것은 주지의 사실이었다. 이는 동시대 유럽에서 군주권을 제한하여 법치주의를 확립하고자 했던 것과 달리 국왕이 국법의 수호자로서 법을 통한 지배를 강화함으로써 자신의 입지까지 제고하는 전략이었다.

4. 후대의 기억 전쟁

17세기 말 갑술환국 이후 남인은 실각하였고 더 이상 단독 집권이 가능한 정치세력으로서의 출사가 불가능해졌다. 이에 경종-영조-정조대에 남인의 등용 정책을 적극적으로 펼쳐나갔다. 특히 영조는 남인의 등용에 각별히 신경을 썼고, 덕분에 제3당에 불과하던 남인이 정조 연간에는 정승의 반열에 이르렀다. 그중에는 영남 남인도 포함되었다. 갑술환국이나 무신란 혹은 신유박해에도 불구하고 남인·영남인의 등용 자체가 중지된 적은 없었다. 그저 정승에 오르지 못했을 뿐이다. 그러나 정승 진출 사례가 정조대 채제공이 마지막이 되자 남인을 위시하여 영남인까지 극심한 차별 의식에 사로잡혔다. 19세기에 서서히 영남 차별 인식이 등장한 것이다. 정조의 훙서와 자신들의 실각을 동일시함으로써 마치 정조와 남인(혹은 영남남인)을 운명공동체처럼 여겼다.

하지만 냉정히 말하자면 국왕에게 남인은 여러 지지 세력 중 하나에 불과했으며 심지어 최대 세력도 아니었다. 실제로는 군주의 지지기반을 확대하기 위해서 소수 정파를 포용한 것이다. 이에 정조 연간 다양한 영남 우대 정책이 펼쳐졌고, 이를 기화로 영남이 사도세자 신원을 적극 주장하여 정조의 마음을 사려고 노력했던 것이다. 이러한 구도는 고종대에 이르러 그대로 재현되어 사도세자의 신원과 영남남인 류후조의 정국 주도로 나타난다.

그러나 조선시대 500년간 영남인 과거급제자는 한성을 제외하면 전국 1위를 기록하고 있었다. 한성은 수시로 시험을 보기 때문에 지방에서 응시하기는 쉽지 않았으므로 한성을 이길 수는 없었다. 또 영남만큼 많은 과거급제자가 나온 곳이 평안도이다. 전국 1-2위를 점하는 두 도에서 유독 차별론을 주장하는 것은 결코 우연이 아니다. 18세기는 서북인·영남인 등용 정책을 적극 펼쳤지만 500년 중 유일하게 등용이 약간 줄어든 시기이다. 이는 역설적으로 탕평 군주들이 전국의 인재를 고르게 선발하면서 과거를 독점하던 경상도·평안도의 비중이 줄어든 결과였다. 그런데 이것을 차별로 볼 수 있을지는 의문이다. 더욱이 단지 과거급제뿐 아니라 장원·아원·탐화랑 등의 성적 우수자, 실제 출사나 고위직 진출 등에서 모두 영남인의 비율이 상당히 높게 나타난다. 영남이 차별당했다면 다른 도는 멸시를 당했다고 보아야 하며, 전국에서 가장 많은 71개 고을을 지닌 도를 억압하고도 왕정이 지탱되기는 어렵다. 그럼에도 민간에 떠돌던 각종 유언비어가 세월이 흐르면서 더욱 팽창하여 믿음으로 굳어진 것이다. 심지어 18세기 탕평정치기보다 19세기 세도정치기 영남인의 등과 비율은 더 높아졌다. 또 다카하시 도루高橋亨가 제기했던 노론 망국론과 달리 고종대 영남인의 과거급제 비율이 조선 500년 중에서 가장 높았다. 그렇다면 망국의 책임을 노론에게만 돌리기도 어렵다. 이처럼 이념이나 편견을 넘어서 실제 18세기 모습을 살펴볼 필요가 있다.

한편 실학에 대한 관점은 중층적 인식을 바탕으로 하고 있다. 실학 담론에 대해 현재 알려진 통설은 대개 1930년대 정약용 서거 100주년을 기념한 『여유당전서』의 간행과 그로 인한 조선학운동의 결과로 이해하는 것이다. 여기에는 당시 조정은 무능하여 패망했으나 재야의 지식인은 근대사회를 예비하고 있었다는 희망이 담겨져 있었다. 특히 일본 에도시대 고학파古學派의 편협한 이해 방식인 반주자학 논리가 실학의 주요 개념으로 전제되었다. 결국 일본제국 관학자인 다카하시 도루가 조선은 주리론·주기론의 공리공담으로 붕괴되었고 그 책임은 노론에게 있다고 주장한 내용을 답습한 것이다. '실학' 용어도 본래 유가의 보통명사이지만, 일본의 후쿠자와 유키치를 필두로 문명개화론을 펼친 이들을 통해 재수입되면서 근대국가에 필요한 실용 학문으로 재인식되었다. 한말 일본식 실학 개념을 수용한 이들이 친일 단체로 전환된 것은 결코 우연이 아니었다. 이러한 실학 개념은 불행히도 일본제국의 문명화 논리를 배경으로 깔고 있으며, 그들이 보는 주자학에 대한 선입견을 기반으로 하고 있다.

하지만 실학자로 분류되는 이들 중 유형원의 글은 모두 조정에서 17세기 정책으로 채택하거나 18세기 정책 입안 시 주요한 자료로 활용한 바 있다. 정약용은 18세기 정조대 관료 생활을 통해서 정책 입안에 참여했으며, 그가 남긴 개혁안은 19세기 고종대 적극 채택되었다. 재야 학자의 개혁안이 조정에서 채택되지 못했다는 기존의 주장과 전혀 다른 사실이다. 또한 대중적으로도 대한제국기 근대국가 건설의 청사진으로 유형원이나 정약용의 글을 '경세학經世學(혹은 經濟學)'으로 신문에 소개하고 적극적으로 알리는 작업을 시도했다. 따라서 일본의 실학 개념이나 조선학운동이 등장하기 이전에도 실학자의 성과는 이미 조정에서 채택하고 있었고, 고종대는 더욱 대중적으로 알려지면서 적극 수용해나간 것이다.

또한 주자는 중국 학계에서는 훈고학訓詁學과 이학理學을 집대성한 인물로 보고 있다. 그렇기에 청대 고증학자나 조선의 실학자가 공히 주자를 존중하는 글을 남긴 것은 당연한 일이었다. 일본 에도시대 고학파만이 주자학의 전체 규모를 인지하지 못하고 한당유학(훈고학)을 계승하면서 신유학(주자학)을 비판한다고 자평했던 것이다. 이에 그동안 주자학을 비판하고 근대사회를 예비하는 정책으로 평가해온 실학 연구의 상당수가 유교 경전에 등장하는 중국 고대의 모습이거나 『주자어류』의 발언임이 밝혀지는 웃지 못할 촌극이 벌어지고 말았다.

정약용의 『경세유표』는 18-19세기 조선 사회상을 분석하는 동시에 화려한 중국 고사를 원용하여 새로운 국가체제로의 개편을 모색했다. 정약용의 청사진은 고종대 근대화 정책과 관련하여 생각해볼 여지가 많다. 이는 국왕을 보좌한 개화 관료들이 북학파 계열이었다는 점과 군주 자신이 규장각의 방대한 장서藏書를 읽으며 북학 공부에 매진한 현실과 무관하지 않았다. 고종은 갑신정변을 겪은 뒤 근대화 정책을 재추진하면서 '영종'을 '영조'로 바꾸었으며 청일전쟁 이후 광무개혁을 추진하면서 '정종'도 '정조'로 고쳤다. 물론 황제국으로 체제가 바뀌자 사도세자(장조)부터 효명세자(문조)까지 황제로 추존한 조치의 연장선상이었다. 갑오개혁이 일본제국 주도의 근대 지상주의를 통해 입헌군주제를 빙자하여 군주권을 제한하고 일본군이 궁궐을 점령한 상태에서 친일 내각을 세워서 조선을 장악하려는 시도에 불과했다면, 광무개혁은 구본신참을 내세워 만국공법萬國公法 체계의 주권국가로서 황제가 주도하는 제국을 천명한 것이었다. 이에 전통의 모범으로서 영조-정조 연간이 재조명되고 경세학자도 주목받았다. 그랬기에 대한제국기뿐만 아니라 강제병합 이후에도 미완의 개혁에 대한 미련이 『경세유표』를 끊임없이 현실세계로 소환했던 것이다.

결과적으로 정조시대의 관심은 18세기 자체의 가치뿐 아니라 현재적 관점의 변화에 기인한 바가 크다. 에드워드 핼릿 카Edward Hallett Carr가 주창한 "과거와 현재의 끊임없는 대화"가 가장 잘 어울리는 사례가 '정조신드롬'이 아닐까 한다.

정조는 궁극적으로 조선왕조가 14세기부터 18세기 전반까지 사회변동에 능동적으로 대처한 성과를 고스란히 물려받았다. 사실상 증조부(숙종)와 조부(영조)가 이룩한 세제 개혁으로 인해 사회가 훨씬 안정된 상태였다. 숙종이 정치적 환국과 학문적 처분을 통해 얻은 군사君師의 권위와 영조가 부단한 노력으로 구축한 자애로운 요순의 이미지는 신왕이 경제적 안정과 정치적 권위를 얻는 데 크게 기여하였다.

그럼에도 불구하고 사회 불만 세력이나 지방 반란까지 원천적으로 막을 수는 없었다. 이것은 정조가 스스로 해결해야 할 난제였다. 그는 즉위 초부터 사건이 발생하면 단호한 처분으로 반왕 세력 토벌에 나섰다. 때로는 의리명변서로, 때로는 윤음으로 군주의 처분을 정당화함으로써 '탕평의 계승자' 이미지를 만들어냈다. 동시에 선왕의 법제 정비사업을 계승하여 역대 법전을 집대성하고 상시 관리 체계를 만들어 국법 체계를 재구축하였다. 또한 무비를 강화하고 규장각과 장용영의 친위 기구를 만들어 법전에 명문화함으로써 '국법의 수호자'로서 왕권을 강화해나갔다.

왜곡된 기억을 갈무리해보면 18세기 탕평군주가 지역 인재를 균형 있게 선발하고자 했던 정책은 역설적으로 영남의 과거급제자 수가 일시적으로 감소하는 추세를 만들어냈다. 이는 정조 훙거 이후 남인이나 영남인이 자신의 처지를 국왕의 죽음과 동일시하게 하여 지역 차별론으로까지 왜곡되었다. 그러나 앞서 보았듯이 조선 500년은 물론이거니와 19세기에도 영남인의 출사는 항상 최상위권을 차지했다. 또한 영조-정조대 실학자의 개혁안이 조정에서 채택되고 고종대 정약용의 개혁안이 상당수 수용되었음에도 불구하고 국망의 현실 속에서 이러한 사실은 잊힌 채 마치 실학이 수용되지 못하고 근대국가 전환에 실패해서 패망한 것처럼 다르게 기억되었다. 이러한 경향은 일제강점기를 거치면서 더욱 악화되었다. 이와 같은 조선 후기의 잘못된 전승은 일종의 '기억 전쟁'을 방불케 한다. 따라서 정조시대의 재조명은 현재의 시각, 18세기 역사상, 정조 사후 후대인의 기억 등에 대해서 총체적으로 되짚어보는 계기가 될 수 있을 것이다.

부표

⟨부표 1⟩ 정조시대 연구 성과(1954-2000)

연도	54	55	56	57	58	59	60	61	62	63	64	65	66	67	68	69
논문	0	0	0	0	1	0	0	0	0	0	1	2	0	1	1	0
저역서	1	0	0	0	0	0	0	1	0	0	0	0	0	0	0	0
소계	1	0	0	0	1	0	0	1	0	0	1	2	0	1	1	0
연도	70	71	72	73	74	75	76	77	78	79	80	81	82	83	84	85
논문	1	3	0	1	0	0	0	1	2	1	1	3	3	0	6	1
저역서	0	1	1	0	0	5	0	1	6	1	0	0	0	0	0	0
소계	1	4	1	1	0	5	0	2	8	2	1	3	3	0	6	1
연도	86	87	88	89	90	91	92	93	94	95	96	97	98	99	00	
논문	3	3	4	2	3	3	13	3	11	10	19	12	19	33	16	
저역서	0	0	0	0	0	27	5	0	8	14	8	2	40	3	4	
소계	3	3	4	2	3	30	18	3	19	24	27	13	59	36	20	

- 기준: 국사편찬위원회 『한국사연구휘보』.
- 단 1990년대 이전 높은 빈도는 영인·번역(1978년 『홍재전서』·『화성성역의궤』, 1991년 『정조실록』).

〈부표 2〉 KBS 다큐멘터리 정조시대 방영 내역(1994-2001)

번호	주제	프로그램명	방송사	방영일	제작 연도
1	탕평과 붕당	역사의 라이벌	KBS1	1994. 12. 17.	1994
2	정조는 어떻게 한강을 건넜는가	역사추리	KBS1	1995. 9. 23.	1995
3	사도세자가 뒤주에서 죽은 까닭은	역사추리	KBS1	1996. 1. 27.	1996
4	정조의 사인 보고서	역사추리	KBS1	1996. 2. 3.	1996
5	정약전의 흑산도 리포트	역사추리	KBS1	1996. 9. 20.	1996
6	정조의 신도시	역사추리	KBS1	1996. 10. 4.	1996
7	정조가 자주 성밖을 나간 까닭은	역사추리	KBS1	1996. 10. 11.	1996
8	규장각	역사탐방	KBS1	날짜 미상	미상
9	조선 최대 정치 이벤트: 화성 회갑잔치	역사스페셜	KBS1	1998. 11. 28.	1998
10	조선판 사건 25시	역사스페셜	KBS1	1999. 7. 31.	1999
11	신랑 66세 신부 15세 영조의 결혼식	역사스페셜	KBS1	1999. 11. 27.	1999
12	사라진 보물창고 외규장각	역사스페셜	KBS1	2001. 1. 13.	2001

- 기준: 〈부표 3〉

〈부표 3〉 KBS 다큐멘터리 방영일 및 주제 목록(1994-2001)

日));	방영일	세부 주제	프로그램명
1	1994. 10. 22.	이순신과 원균	역사의 라이벌
2	1994. 11. 5.	최영과 이성계	역사의 라이벌
3	1994. 11. 12.	대원군과 명성황후 1	역사의 라이벌
4	1994. 11. 19.	대원군과 명성황후 2	역사의 라이벌
5	1994. 11. 26.	정몽주와 정도전	역사의 라이벌
6	1994. 12. 17.	탕평과 붕당	역사의 라이벌
7	1995. 1. 7.	김종서와 수양대군	역사의 라이벌
8	1995. 1. 21.	허균과 이이첨	역사의 라이벌

9	1995. 1. 28.	최충헌과 이의민	역사의 라이벌
10	1995. 2. 4.	황진이와 허난설헌	역사의 라이벌
11	1995. 2. 18.	성삼문과 신숙주	역사의 라이벌
12	1995. 3. 4.	김옥균과 민영익	역사의 라이벌
13	1995. 3. 1.	김성일과 황윤	역사의 라이벌
14	1995. 4. 1.	원효와 의상	역사의 라이벌
15	1995. 4. 8.	고려냐 조선이냐	역사의 라이벌
16	1995. 4. 15.	이성계와 이색	역사의 라이벌
17	1995. 4. 22.	이방원과 정도전	역사의 라이벌
18	1995. 4. 29.	태조와 태종	역사의 라이벌
19	1995. 5. 8.	왕과 사관	역사의 라이벌
20	1995. 5. 13.	세종과 최만리	역사의 라이벌
21	1995. 5. 20.	황희와 맹사성	역사의 라이벌
22	1995. 5. 27.	수양과 안평	역사의 라이벌
23	1995. 6. 10.	김종직과 성준	역사의 라이벌
24	1995. 6. 17.	무오사화 김일손과 이극돈	역사의 라이벌
25	1995. 8. 26.	서경덕과 황진이	역사의 라이벌
26	1995. 9. 2.	이황과 조식	역사의 라이벌
27	1995. 9. 23.	정조는 어떻게 한강을 건넜는가	역사추리
28	1995. 10. 7.	명성황후 시해의 진실	역사추리
29	1995. 10. 14.	사육신 묘는 왜 7기인가	역사추리
30	1995. 11. 18.	을사조약 왜 무효인가	역사추리
31	1996. 1. 6.	김삿갓은 한 사람이 아니었다	역사추리
32	1996. 1. 27.	사도세자가 뒤주에서 죽은 까닭은	역사추리
33	1996. 2. 3.	정조의 사인 보고서	역사추리
34	1996. 3. 8.	김정호의 꿈, 조선의 네트워크를 구축하라	역사추리
35	1996. 3. 22.	세종의 비밀 프로젝트	역사추리
36	1996. 4. 5.	100년의 논쟁과 광개토왕비의 비밀	역사추리
37	1996. 4. 26.	신돈	역사추리

38	1996. 5. 3.	운현궁 솟을대문 뒤집혀 달린 까닭은	역사추리
39	1996. 6. 14.	장보고의 꿈	역사추리
40	1996. 7. 5.	이순신의 죽음	역사추리
41	1996. 9. 6.	임진왜란은 노예전쟁이었다	역사추리
42	1996. 9. 20.	정약전의 흑산도 리포트	역사추리
43	1996. 10. 4.	정조의 신도시	역사추리
44	1996. 10. 11.	정조가 자주 성밖을 나간 까닭은	역사추리
45	1996. 10. 18.	조선조 마지막 비망록 낙선재	역사추리
46	1996. 10. 22.	3년 복이냐 1년 복이냐 예송논쟁의 산물이냐	역사추리
47	1996. 11. 5.	행주대첩 행주치마의 승리인가	역사추리
48	1996. 11. 11.	왕조실록 어떻게 보관했나	역사추리
49	1996. 12. 3.	허생이 떼돈 번 까닭은	역사추리
50	1996. 12. 10.	세종이 구구단을 외운 까닭은	역사추리
51	1997. 1. 7.	토정비결에 숨은 뜻은	역사추리
52	1997. 2. 11.	조선시대 백과사전	역사추리
53	1997. 3. 11.	조선시대 블랙박스	TV 조선왕조실록
54	1997. 3. 18.	나라 이름을 조선으로 정한 까닭은	TV 조선왕조실록
55	1997. 3. 25.	개국 프로젝트 제1호 종묘	TV 조선왕조실록
56	1997. 4. 1.	킹메이커 정도전의 사후 이력서	TV 조선왕조실록
57	1997. 4. 15.	태조가 태종에게 활을 쏜 까닭은	TV 조선왕조실록
58	1997. 4. 29.	세종 즉위, 태종의 시나리오	TV 조선왕조실록
59	1997. 5. 13.	세종 600주년: 세종, 최초의 여론조사를 실시하다	TV 조선왕조실록
60	1997. 6. 17.	단종은 영월에 살아 있다.	TV 조선왕조실록
61	1997. 8. 5.	홍길동은 실존 인물이었다.	TV 조선왕조실록
62	1997. 8. 19.	연산군의 다섯 가지 폭정	TV 조선왕조실록
63	1997. 9. 23.	발 뒤의 정치	TV 조선왕조실록
64	1997. 9. 30.	다시 보는 임진왜란(1): 7년 전쟁 패배는 60일뿐이었다	TV 조선왕조실록
65	1997. 10. 7.	다시 보는 임진왜란(2): 전쟁 중에도 과거를 실시했다	TV 조선왕조실록

66	1997. 10. 27.	21c 통일 한국의 수도는	TV 조선왕조실록
67	1997. 10. 28.	조선 최초의 해외파병 실리외교로 풀었다	TV 조선왕조실록
68	1998. 10. 17.	영상 복원: 무용총 고구려가 살아난다	역사스페셜
69	1998. 10. 25.	고종의 X파일! 군함을 구입하라	역사스페셜
70	1998. 11. 7.	발해는 왜 동해를 건넜는가?	역사스페셜
71	1998. 11. 14.	고구려군, 아차산 최후의 날	역사스페셜
72	1998. 11. 21.	고려시대, 우리는 로켓을 쏘았다	역사스페셜
73	1998. 11. 28.	조선 최대 정치 이벤트: 화성 회갑잔치	역사스페셜
74	1998. 12. 5.	한반도, 고인돌 왕국의 수수께끼	역사스페셜
75	1998. 12. 12.	조선판, 사랑과 영혼: 400년 전의 편지	역사스페셜
76	1998. 12. 19.	신라의 왕궁은 어디에 있었나?	역사스페셜
77	1999. 1. 9.	철저 분석, 고구려 수나라 전쟁	역사스페셜
78	1999. 1. 16.	최초 발굴: 아파트고분의 미스터리	역사스페셜
79	1999. 1. 23.	3000년 전의 고래사냥: 울주 암각화의 비밀	역사스페셜
80	1999. 1. 30.	미륵사는 무왕의 승부수였다	역사스페셜
81	1999. 2. 6.	신라산 양탄자는 일본 최고의 인기상품이었다	역사스페셜
82	1999. 2. 13.	거북선 머리는 들락거렸다	역사스페셜
83	1999. 2. 20.	가야 흥망의 블랙박스, 철갑옷	역사스페셜
84	1999. 2. 27.	3일간의 재판, 영국인 베델을 추방하라	역사스페셜
85	1999. 3. 6.	사비시대의 타임캡슐, 백제 대향로	역사스페셜
86	1999. 3. 13.	진주대첩	역사스페셜
87	1999. 3. 20.	영상 복원: 해상왕국 고려의 군함	역사스페셜
88	1999. 3. 27.	완도 바닷속 3만 청자의 비밀	역사스페셜
89	1999. 4. 3.	새롭게 밝혀지는 운주사 천불천탑의 비밀	역사스페셜
90	1999. 4. 10.	신라인도 원샷을 했다: 삼잔일거	역사스페셜
91	1999. 4. 17.	김홍도의 풍속화는 국정 자료였다	역사스페셜
92	1999. 4. 24.	대원군이 만든 459장의 보물 지도	역사스페셜
93	1999. 5. 1.	고구려기획 제1편 고구려 비밀의 문 광개토대왕비	역사스페셜
94	1999. 5. 8.	고구려기획 제2편 동방의 피라미드 장군총	역사스페셜

95	1999. 5. 15.	청동거울의 비밀: 일본천황은 백제인인가	역사스페셜
96	1999. 5. 22.	5천만 자의 하이테크 '팔만대장경'	역사스페셜
97	1999. 6. 5.	가야인은 성형수술을 했다	역사스페셜
98	1999. 6. 12.	최초 공개! 임진왜란 최후의 전투도	역사스페셜
99	1999. 6. 19.	고려부인, 염경애	역사스페셜
100	1999. 6. 26.	한국전쟁 최대의 미스터리 '북한군은 왜 3일간 서울에서 머물렀나'	역사스페셜
101	1999. 7. 3.	왜 신라에만 여왕이 있었나?	역사스페셜
102	1999. 7. 10.	추적, 화랑세기 필사본의 미스터리	역사스페셜
103	1999. 7. 17.	2500년 전 한반도는 전쟁 중이었다	역사스페셜
104	1999. 7. 24.	허준은 과연 스승을 해부했을까?	역사스페셜
105	**1999. 7. 31.**	**조선판 사건 25시, 박여인 변사 사건**	**역사스페셜**
106	1999. 8. 7.	삼별초, 진도에 또 다른 고려가 있었다	역사스페셜
107	1999. 8. 14.	왕건의 훈요십조는 조작되었는가?	역사스페셜
108	1999. 10. 2.	**桓檀古記**	역사스페셜
109	1999. 10. 9.	한글은 집현전에서 만들지 않았다	역사스페셜
110	1999. 10. 16.	석굴암 불상에도 색을 칠했다?	역사스페셜
111	1999. 10. 23.	미스터리 추적, 신라의 소정방 피살 사건	역사스페셜
112	1999. 10. 30.	외교 비사, 서희는 거란 80만 대군을 어떻게 물리쳤나?	역사스페셜
113	1999. 11. 6.	명량대첩의 비밀	역사스페셜
114	1999. 11. 20.	세종 때 조선에 재팬타운이 있었다	역사스페셜
115	**1999. 11. 27.**	**신랑 66세 신부 15세 영조의 결혼식**	**역사스페셜**
116	1999. 12. 4.	이몽룡은 실존 인물이었다	역사스페셜
117	1999. 12. 11.	500년 大工事 조선에 운하가 있었다	역사스페셜
118	1999. 12. 18.	300년 전 '여성군자'가 쓴 요리백과 「음식디미방」	역사스페셜
119	2000. 1. 1.	광개토대왕 정복 루트를 가다: 염수의 비밀	역사스페셜
120	2000. 1. 8.	광개토대왕 정복 루트를 가다: 미지의 장벽, 대흥안령 산맥	역사스페셜
121	2000. 1. 22.	고구려 철갑기병 동아시아 최강이었다	역사스페셜

122	2000. 1. 29.	고구려인의 재산목록 1호는 수레였다	역사스페셜
123	2000. 2. 12.	조선왕조실록이 山으로 간 이유는?	역사스페셜
124	2000. 2. 19.	제주에 천년 왕국이 있었다	역사스페셜
125	2000. 2. 26.	온천궁궐, 온양행궁의 비밀	역사스페셜
126	2000. 3. 4.	조선왕가 최초의 의문사: 누가 소현세자를 죽였는가?	역사스페셜
127	2000. 3. 11.	한국의 폼페이 풍납토성 지하 4m의 비밀	역사스페셜
128	2000. 3. 18.	1500년간의 침묵, 순장 고분의 미스터리	역사스페셜
129	2000. 3. 25.	역사 버라이어티, 왕건 코리아	역사스페셜
130	2000. 4. 1.	역사추적, 심청의 바닷길	역사스페셜
131	2000. 4. 8.	조선시대 우리는 하늘을 날았다	역사스페셜
132	2000. 4. 15.	신라 최후의 미스터리, 마의 태자	역사스페셜
133	2000. 4. 22.	고구려비가 중원에 있는 까닭은?	역사스페셜
134	2000. 4. 29.	조선시대에도 자유부인이 있었다	역사스페셜
135	2000. 5. 6.	원효는 왜 파계승이 되었나?	역사스페셜
136	2000. 5. 13.	로마 유리 2000년 전 신라에 오다	역사스페셜
137	2000. 5. 20.	제3의 세력 내시	역사스페셜
138	2000. 5. 27.	현장 확인, 겸재정선의 300년 전 한강	역사스페셜
139	2000. 6. 3.	조선왕조 기피 인물 1호, 허균	역사스페셜
140	2000. 6. 17.	북녘땅 고구려 고분벽화, 무엇을 그렸나?	역사스페셜
141	2000. 6. 24.	'佛國寺: 그 이름에 담긴 비밀은?'	역사스페셜
145	2000. 7. 1.	조선시대에도 학생회가 있었다	역사스페셜
146	2000. 7. 8.	조선시대 역관은 최고 갑부였다	역사스페셜
147	2000. 7. 15.	고려 개국의 예언서, 도선비기는 실재했나?	역사스페셜
148	2000. 7. 22.	조식이 지리산에 12번이나 오른 까닭은?	역사스페셜
149	2000. 7. 29.	연개소문, 독재자인가? 영웅인가?	역사스페셜
150	2000. 8. 5.	신윤복, 왜 여인을 그렸나?	역사스페셜
151	2000. 8. 12.	발굴! 스티코프의 비밀 수첩, 김구는 왜 북으로 갔나?	역사스페셜
152	2000. 8. 19.	삼국통일의 교두보, 삼년산성의 비밀	역사스페셜

153	2000. 8. 26.	조선시대 궁녀는 전문직이었다	역사스페셜
154	2000. 9. 2.	고려말 왜구는 전문 전투 집단이었다	역사스페셜
155	2000. 9. 9.	탐라 순력도, 제주는 군사 요새였다	역사스페셜
156	2000. 9. 23.	금관은 죽은 자의 것이었다	역사스페셜
157	2000. 10. 7.	개천절 기획 2부작 제1편: 비밀의 왕국 고조선	역사스페셜
158	2000. 10. 14.	개천절 기획 2부작 제2편: 집중 분석, 고조선인은 어떻게 살았나?	역사스페셜
159	2000. 10. 21.	흑치상지 묘지석: 1,604자의 비밀	역사스페셜
160	2000. 10. 28.	궁예	역사스페셜
161	2000. 11. 4.	토우: 신라인의 사랑과 진실	역사스페셜
162	2000. 11. 11.	2000년 전, 늑도는 국제무역항이었다	역사스페셜
163	2000. 11. 18.	현존하는 최고의 역사서 삼국사기의 진실은?	역사스페셜
164	2000. 11. 25.	천재 시인 최치원은 조기 유학생이었다	역사스페셜
165	2000. 12. 2.	태풍이 찾아낸 고려 벽화, 그 숨겨진 이야기를 밝힌다!	역사스페셜
166	2000. 12. 9.	이성계의 또 다른 왕궁, 회암사	역사스페셜
167	2000. 12. 16.	추적! 임나일본부의 정체	역사스페셜
168	2001. 1. 6.	고선지 1부: 서역으로 간 고구려인	KBS 신년스페셜
169	2001. 1. 7.	고선지 2부: 파미르를 넘어 세계사 속으로 '고선지'	KBS 신년스페셜
170	2001. 1. 13.	사라진 보물창고 외규장각	역사스페셜
171	2001. 1. 20.	기생 홍랑의 지독한 사랑	역사스페셜
172	2001. 1. 27.	천 년 전의 벤처, 해상왕 장보고	역사스페셜
173	2001. 2. 3.	21세기 최대 복원 사업: 경복궁이 되살아난다	역사스페셜
174	2001. 2. 10.	고대사 수수께끼 안악 3호분, 그 주인공은 누구인가?	역사스페셜
175	2001. 2. 17.	김유신은 왜 천관녀를 버렸나	역사스페셜
176	2001. 2. 24.	송시열, 실록에 왜 3,000번 올랐나?	역사스페셜
177	2001. 3. 10.	역사만이 희망이다. 단재 신채호	역사스페셜
178	2001. 3. 17.	조선 최대의 지하조직, 활빈당	역사스페셜
179	2001. 3. 24.	백제 최후의 날, 일본은 왜 지원군을 보냈을까?	역사스페셜

180	2001. 3. 31.	포석정은 놀이터가 아니었다	역사스페셜
181	2001. 4. 7.	선덕여왕의 비밀코드, 첨성대	역사스페셜
182	2001. 4. 14.	매창이 사랑한 남자, 천민 유희경	역사스페셜
183	2001. 4. 21.	대가야의 마지막 왕자, 월광은 어디로 갔나?	역사스페셜
184	2001. 4. 28.	최초 발굴, 신라 대왕암	역사스페셜
185	2001. 5. 5.	부석사 지하에는 13m 용이 있다	역사스페셜
186	2001. 5. 12.	철저 분석, 일본 역사 교과서	역사스페셜
187	2001. 5. 19.	500년 전 조선은 시계 왕국이었다	역사스페셜
188	2001. 5. 26.	중국 속에 또 다른 고구려가 있었다. 이정기 왕국	역사스페셜
189	2001. 6. 2.	0.3mm의 예술, 감은사 사리함	역사스페셜
190	2001. 6. 16.	후백제 대왕 견훤, 왜 몰락했는가?	역사스페셜
191	2001. 6. 23.	백제의 암호: 사비성 목간 31자의 비밀	역사스페셜

-기준: 1994. 10. 11.-2001. 6. 23.《역사의 라이벌》,《역사추리》,《TV 조선왕조실록》,《역사스페셜》등 정규편성 KBS 다큐멘터리 한정. 단 고딕체는 정조시대.

〈부표 4〉 2000년대 정조시대 주요 단행본 출간 현황(1990년대 도서 일부 포함)

구분	도서명
학술도서	정옥자, 『정조의 수상록 일득록 연구』, 일지사, 2000; 한영우, 『정조대왕 화성행행 반차도』, 효형출판, 2000; 김문식, 『정조의 경학과 주자학』(정조대의 문헌 1), 문헌과해석사, 2000; 강혜선, 『정조의 시문집 편찬』(정조대의 문헌 2), 문헌과해석사, 2000; 임미선, 『정조대의 예술과 과학』(정조대의 문헌 3), 문헌과해석사, 2000; 정재영, 『정조대의 한글 문헌』(정조대의 문헌4), 문헌과 해석사, 2000; 한영우 편, 『정조대왕 화성행행 반차도』, 효형출판, 2000; 한신대학교박물관, 『정조대왕 서거 이백주년 추모전』, 신구문화사, 2000; 김동욱 외, 『정조시대 화성 신도시의 건설』, 백산서당, 2001; 최홍규, 『정조의 화성 건설』, 일지사, 2001; 한신대학교박물관, 『정조시대의 명필』, 신구문화사, 2002; 나영일, 『정조시대의 무예』, 서울대학교출판부, 2003; 편집부, 『국역 정조국장도감의궤』 1-4, 민속원, 2005; 최홍규, 『정조의 화성 경영 연구』, 일지사, 2005; 송지원, 『정조의 음악정책』, 태학사, 2007; 김문식, 『정조의 제왕학』, 태학사, 2007; 남현희 편, 『일득록, 정조대왕어록』, 문자향, 2008; 정해득, 『정조시대 현륭원 조성과 수원』, 신구문화사, 2009; 국립중앙박물관, 『정조 임금 편지』, 그라픽네트, 2009; 성균관대학교 동아시아학술원, 『정조어찰첩(보급판)』, 성균관대학교출판부, 2009; 지두환, 『정조대왕과 친인척』 1·2, 역사문화, 2009; 정조, 『정조 이산의 오경백편』, 느낌이있는책, 2009; 박현모, 『정조 사후 63년: 세도정치기의 국내외 정치 연구』, 창비, 2011; 김인걸 외, 『정조와 정조시대』, 서울대학교출판문화원, 2011; 김해영, 『철학자, 정조의 효치를 분석하다』, 안티쿠스, 2012; 역사학회 편, 『정조와 18세기』, 푸른역사, 2013; 이봉호, 『정조의 스승, 서명응의 철학』, 동과서, 2015; 백승호, 『정조의 신하들』, 한국학중앙연구원출판부, 2016; 정조, 『정조 책문, 새로운 국가를 묻다』, 신창호 옮김, 판미동, 2017; 역사비평편집위원회 편, 『정조와 정조 이후: 정조시대와 19세기의 연속과 단절』, 역사비평사, 2017; 김지영, 『길 위의 조정: 조선시대 국왕 행차와 정치적 문화』, 민속원, 2017; 김준혁, 『화성, 정조와 다산의 꿈이 어우러진 대동의 도시』, 더봄, 2017; 김준혁, 『정조가 만든 조선의 최강군대 장용영』, 더봄, 2018; 다산학술문화재단 편, 『다산학사전』, 사암, 2019; Christopher Lovins, King Chŏngjo: An Enlightened Despot in Early Modern Korea, State University of New York Press, 2019; 김지영, 『정조의 예치: 예를 바로잡아 백성의 마음을 기르다』, 휴머니스트, 2020; 김호, 『정조의 법치: 법의 저울로 세상의 바름을 살피다』, 휴머니스트, 2020; 백승호, 『정조의 문치: 글쓰기로 인의의 정치를 펴다』, 휴머니스트, 2020; 허태구, 『정조의 무치: 문무를 갖춘 완전한 나라를 꿈꾸다』, 휴머니스트, 2020.
교양도서	상종열, 『DJ는 정조를 만났는가』, 이다미디어, 1999; 이상우, 『정조대왕 미스터리 왜 그의 혁명은 실패했는가』, 동방미디어, 1999; 정옥자, 『정조의 문예사상과 규장각』, 효형출판, 2001; 유봉학, 『정조대왕의 꿈』, 신구문화사, 2001; 이이화, 『이이화의 한국사 이야기 15: 문화군주 정조의 나라 만들기』, 한길사, 2001; 박현모, 『정치가 정조』, 푸른역사, 2001; 이상각, 『이산 정조대왕: 조선의 이노베이터』, 추수밭, 2007; 한영우, 『정조의 화성행차』, 효형출판, 2007; 구수석, 『정조시대 훈련대장 구선복』, 민창사, 2007; 이한우, 『정조: 조선의 혼

교양도서	이 지다』, 해냄, 2007; 여설하,『이산과 음모: 영조와 사도세자 그리고 정조』, 생각하는책, 2007; 이상우,『정조대왕 이산』, 로크미디어, 2007; 이덕일,『정조와 철인정치의 시대』1·2, 고즈윈, 2008; 손인순,『정조 이산 어록』, 포럼, 2008; 김준혁,『이산 정조, 꿈의 도시 화성을 세우다』, 여유당, 2008; 김태형,『심리학자, 정조의 마음을 분석하다』, 역사의 아침, 2009; 박시백,『박시백의 조선왕조실록 16: 정조실록』, 휴머니스트, 2010; 김용관,『CEO, 정조에게 경영을 묻다』, 법문사, 2010; 안대회,『정조의 비밀편지』, 문학동네, 2010; 김진국,『정조의 혼 화성을 걷다』, 이너스, 2010; 박영목,『정조의 복수, 그 화려한 여드레』, 시간의 물레, 2010; 백승종,『정조와 불량선비 강이천』, 푸른역사, 2011; 김문식,『정조의 생각: 조선 최고의 개혁군주는 어떻게 탄생했는가』, 글항아리, 2011; 박현모,『정치평전』, 민음사, 2018; 한영우,『정치평전』상·하, 지식산업사, 2017; 박현모,『정치평전』, 민음사, 2018; 김준혁,『리더라면 정조처럼』, 더봄, 2020.
역사소설	류은경,『이상, 정조대왕』1-5, 디오네, 2007; 손양희,『이산 찬란한 나라: 소설 정조대왕』, 보성출판사, 2007; 여설하,『소설 정조 이산』, 두드림, 2007; 김탁환,『열녀문의 비밀』1·2, 민음사, 2007; 강신재,『이산 정조대왕』1-4, 행림출판사, 2007; 정은궐,『성균관 유생들의 나날』1·2, 파라미디어, 2009; 정은궐,『규장각 각신들의 나날』1·2, 파라미디어, 2009; 이수광,『조선명탐정 정약용』1·2, 산호와 진주, 2011; 이재운,『왕의 눈물: 정조와 연암결사(고립무원·의문의 죽음·왕가의 비극)』1-3, 현문미디어, 2011.
아동도서	윤승운,『조선시대: 영조, 정조편(만화)』, 송우출판사, 1993; 윤승운,『맹꽁이 서당 7: 조선시대 정조편』, 웅진주니어, 2005; 김준혁,『수원화성, 정조의 꿈이 담긴 조선 최초의 신도시』, 해피북스, 2006; 햇살과 나무꾼,『정조: 백성을 위해 새 세상을 열어라』, 랜덤하우스 코리아, 2006; 박신식,『정조대왕, 이산』, 대교출판, 2007; 김준혁,『정조: 이산, 새로운 조선을 디자인하다』, 웅진씽크하우스, 2007; 표시정,『정조』, 주니어파랑새, 2007; 김희석,『백성을 사랑한 개혁군주, 이산 정조』, 능인, 2007; 남동욱,『노빈손, 정조대왕의 암살을 막아라』, 뜨인돌, 2007; 동네스케치,『만화 정조대왕 이산』1·2, 대교출판, 2007; 이원,『이산 정조대왕, 조선을 빛낸 개혁군주』, 홍진P&M, 2007; 장유정,『이산 정조대왕』1, 재미북스, 2007; 리정영 외,『정조와 함께 떠나는 화성기행』, 문학동네어린이, 2008; 어린이조선왕조실록편찬위원회,『어린이조선왕조실록 5: 정조-순종』, 주니어김영사, 2007; 김재연,『정조 이산』, 사이시옷, 2007; 허순봉,『영조대왕과 이산 정조』, 은하수미디어, 2008; 정조,『일득록: 만화로 읽는 동양철학 17』, 드림아이 그림, 태동출판사, 2008; 유지현,『조선왕실의 보물 의궤: 정조 임금님 시대의 왕실 엿보기』, 토토북, 2009; 민병덕,『정조대왕』, 혜원출판사, 2009; 전상훈,『만화로 배우는 조선왕조실록 15: 정조편』, 삼성교육미디어, 2009; 김준혁,『왜 정조는 화성을 쌓았을까』, 자음과 모음, 2011; 김준혁,『수원화성: 정조의 꿈이 담긴 조선 최초의 신도시』, 주니어김영사, 2019.

<부표 5> 「존현각일기」의 주요 사건 일지

존현각일기 上				
	일자	사건 내용		비고
1	英祖 51年 2月 5日	액정(동궁속료) 비리를 거론하는 와언 유포.		와언/근시 위협
2	英祖 51年 2月 7日	와언 문제(화완옹주).		와언
3	英祖 51年 2月 8日	익명서 사건.		익명서
4	英祖 51年 2月 11日	익명서 사건 연루자 체포. 홍인한 연루.		익명서
5	英祖 51年 4月 5日	홍인한의 반발(왕세손의 외척 자중론).		와언/의심
6	英祖 51年 5月 3日	왕세손의 홍인한 비판. 홍봉한과 분리 대응. 홍인한의 동궁 보호론(외척 대표. 정후겸과 연결. 북촌(홍지해·윤양후·김상익) 연계. 동궁을 팔아서 자기 세력을 부식).		호가호위
7	英祖 51年 5月 25日	과거 방목으로 정후겸과 다툼. 정후겸의 추궁(왕세손이 간여했다고 의심).		인사 갈등
8	英祖 51年 6月 10日	홍인한의 홍국영 견제.		근시 위협
9	英祖 51年 6月 15日	화완옹주의 감시망.		감시
10	英祖 51年 6月 19日	신회와 홍인한의 인사 추천.		인사 갈등
11	英祖 51年 6月 20日	홍인한의 인사 문제.		인사 갈등/와언
12	英祖 51年 6月 21日	서연의 강관과 대화를 조작하여 유포.		근시 위협/와언
13	英祖 51年 6月 23日	서연의 대화 문제로 화완옹주의 추궁.		와언
14	英祖 51年 7月 5日	왕세손의 정후겸 비난(영조의 평가를 활용).		와언
15	英祖 51年 7月 10日	정후겸·홍인한의 홍국영 비판.		근시 위협
16	英祖 51年 7月 11日	왕세손의 화완옹주·정후겸 모자의 잦은 밀담 비난.		와언
17	英祖 51年 7月 13日	홍인한의 홍국영 비판.		근시 위협
18	英祖 51年 8月 3日	왕세손이 정민시·홍국영과 부언에 대한 고민 논의.		근시 위협/와언
19	英祖 51年 8月 11日	홍상간의 무도함과 세손을 빙자하여 권세를 탐함.		호가호위
20	英祖 51年 8月 14日	정후겸의 무례한 추궁·윤양후의 계략.		근시 위협/와언
21	英祖 51年 9月 19日	정후겸이 유언호의 뇌물 여부를 추궁하여 왕세손을 괴롭힘.		근시 위협/와언

22	英祖 51年 10月 3日	정후겸·홍인한이 왕세손을 감시. 영조 환후가 위중한데도 정상이라고 강변함.	감시
23	英祖 51年 10月 4日	홍인한이 홍지해를 재상으로 만들려는 술책을 벌이고 한익모를 원망함.	인사 갈등
24	英祖 51年 10月 5日	정후겸의 김종수 비난.	인사 갈등
25	英祖 51年 10月 7日	영조의 대리청정 시도(황형하교 언급).	대리청정
26	英祖 51年 10月 8日	영조의 담현증 심각. 정후겸의 말꼬리 잡기. 화완옹주의 의심.	와언/농간
27	英祖 51年 10月 13日	정후겸이 장지항을 비난하는 와언 유포.	근시 위협/와언
28	英祖 51年 10月 14日	화완옹주의 의심·추궁.	인사 갈등/와언
29	英祖 51年 10月 16日	화완옹주의 홍국영 비난. 홍인한·정후겸 혈당을 맺고 계동(홍지해·윤양후)과 연계함.	근시 위협/와언
30	英祖 51年 10月 27日	정후겸이 비망기를 왕세손에 내린다고 의심.	의심/와언
31	英祖 51年 10月 30日	영조가 위독한데도 정후겸·홍인한이 병세를 거짓으로 아룀.	농간
32	英祖 51年 閏10月 5日	화완옹주와 정후겸이 왕세손을 꼭두각시로 조정하려고 함.	호가호위
33	英祖 51年 閏10月 15日	정후겸이 대리청정 문제로 왕세손을 떠봄.	농간
34	英祖 51年 閏10月 19日	홍지해·홍인한 관계. 홍술해 체차.	의심
35	英祖 51年 閏10月 26日	흉도가 왕세손의 영조 환후에 문안한 것을 오히려 비난함.	와언
존현각일기 下				
	일자	사건 내용	비고
36	英祖 51年 11月 1日	홍인한 정승. 화완옹주·정후겸 소행.	호가호위
37	英祖 51年 11月 3日	정민시가 체차되자 왕세손이 홍국영과 위급상황에 대해 논의.	대책 논의
38	英祖 51年 11月 5日	왕세손이 정후겸·구상·김상묵·윤양후·홍인한·홍지해 등에 대해 비판.	대책 논의
39	英祖 51年 11月 15日	대리청정 하교.	대리 문제
40	英祖 51年 11月 20日	홍인한 三不必知說로 대리청정 반대. 주서 박상집은 기록하지 않음.	대리 문제
41	英祖 51年 11月 23日	영조가 위독한데도 화완옹주·정후겸이 대리청정을 저지함.	대리 문제
42	英祖 51年 11月 27日	흉도에게 핍박당하는 일을 후세에 남기고자 일기에 남긴다고 명기함.	감시

43	英祖 51年 11月 28日	영조의 황형 언급. 대리청정 의지 강조.	대리 문제
44	英祖 51年 11月 30日	영조의 대리청정 엄교. 대리 반대 움직임. 刺客·鴆毒說 유포.	대리 문제
45	英祖 51年 12月 1日	화완옹주의 홍국영 비난. 왕세손의 홍국영과 수습책 상의.	대리 문제
46	英祖 51年 12月 2日	왕세손의 정민시, 홍국영 소견. 대리 반대의 대응책 상의.	대리 문제
47	英祖 51年 12月 3日	영조의 서명선 상소 검토 및 가자. 화완옹주의 반감.	대리 문제
48	英祖 51年 12月 4日	영조의 송형중 추가 처벌.	대리 문제
49	英祖 51年 12月 7日	영조의 대리청정 의지 강조.	대리 문제
50	英祖 51年 12月 8日	화완옹주 및 정후겸이 대리청정을 사양하는 상소를 올리라고 왕세손을 핍박함.	대리 문제/모욕
51	英祖 51年 12月 10日	대리청정 후 홍인한 집안 사람의 반감. 정후겸의 희롱.	대리 문제
52	英祖 51年 12月 13日	가주서 박상집이 홍인한을 비호하여 불리한 사실을 기록하지 않음.	대리 문제
53	英祖 51年 12月 20日	영조의 傳禪 의지 피력.	대리 문제
54	英祖 51年 12月 21日	심상운이 온실수를 언급하는 흉서를 올리고 화완옹주가 비호함.	대리 문제
55	英祖 51年 12月 23日	홍인한이 대리청정을 반대하기 위해서 영조의 환후가 쾌차할 것이며 대리하교는 신하를 시험하는 것이라고 왜곡함.	대리 문제/흉언
56	英祖 51年 12月 27日	심상운의 온실수를 재론하며 영조의 회복을 빌미로 대리청정을 반대하는 무리에 대해 비판함.	대리 문제/흉언
57	英祖 52年 1月 9日	홍인한이 변론하면서 오히려 신응현의 상서를 내세워 당론으로 몰아세우고자 함.	대리 문제
58	英祖 52年 1月 25日	홍지해·민항렬의 인사 문제로 갈등.	인사 갈등
59	英祖 52年 2月 28日	홍인한이 영조의 환후가 깊은 것을 악용해서 인사를 농단, 영조가 홍인한·홍지해를 좌주 문생 관계로 비판하는 비망기를 내림, 왕세손이 홍봉한·홍인한을 이복형제로 분리하여 평가, 김시묵의 홍인한 정승 추천을 비판, 정후겸·홍인한이 다투다가 김시묵으로 인해서 연결되었음을 거론. 윤양태·홍상간·민항렬·홍지해 등이 부화뇌동하여 홍국영을 모해함.	대리 문제/근시 위협/부언

〈부표 6〉 정조 연간 삼정승의 당색 비율

연도	영의정	좌의정	우의정	비고
정조 즉위년	金尙喆(노)	申晦(노)	李溵(소)	범청류 세력기
정조 즉위년	金陽澤(노)	金尙喆(노)	鄭存謙(노)	
정조 1	金尙喆(노)	鄭存謙(노)	徐命善(소)	
정조 2	金尙喆(노)	鄭存謙(노)	徐命善(소)	
	金尙喆(노)	徐命善(소)	鄭弘淳(소)	
정조 3	徐命善(소)	洪樂純(노)	鄭弘淳(소)	
정조 4	金尙喆(노)	李溵(소)	李徽之(노)	
	金尙喆(노)	徐命善(소)	李徽之(노)	
정조 5	金尙喆(노)	徐命善(소)	李徽之(노)	
	徐命善(소)	×	李徽之(노)	
정조 6	徐命善(소)	洪樂性(노)	李徽之(노)	
	徐命善(소)	洪樂性(노)	李福源(소)	
	徐命善(소)	李福源(소)	金熤(노)	
정조 7	鄭存謙(노)	李福源(소)	金熤(노)	
정조 8	鄭存謙(노)	李福源(소)	金熤(노)	
정조 8	徐命善(소·시)	洪樂性(노·벽)	×	시벽 분립기
정조 9	徐命善(소·시)	洪樂性(노·벽)	×	
정조 10	鄭存謙(노·시)	洪樂性(노·벽)	×	
	鄭存謙(노·시)	李福源(소·시)	金熤(노·시)	
	金致仁(노·벽)	李福源(소·시)	金熤(노·시)	
정조 11	金致仁(노·벽)	李在協(소·시)	趙璥[趙浚](노·벽)	
	金致仁(노·벽)	李在協(소·시)	俞彦鎬(노·벽)	
정조 12	金致仁(노·벽)	李在協(소·시)	李性源(소·시)	
	金致仁(노·벽)	李性源(소·시)	蔡濟恭(남·시)	
정조 13	金致仁(노·벽)	李在協(소·시)	蔡濟恭(남·시)	
	金熤(노·시)	李在協(소·시)	蔡濟恭(남·시)	
	金熤(노·시)	李性源(소·시)	蔡濟恭(남·시)	
	李在協(소·시)	蔡濟恭(남·시)	金鍾秀(노·벽)	

부표 **429**

정조 14	金熤(노·시)	蔡濟恭(남·시)	金鍾秀(노·벽)	시벽 분립기
정조 15	金熤(노·시)	蔡濟恭(남·시)	金鍾秀(노·벽)	
정조 16	洪樂性(노·벽)	蔡濟恭(남·시)	朴宗岳(노·시)	
	洪樂性(노·벽)	蔡濟恭(남·시)	金履素(노·시)	
정조 17	蔡濟恭(남·시)	金宗洙(노·벽)	金履素(노·시)	
	洪樂性(노·벽)	金履素(노·시)	金憙(노·시)	
정조 18	洪樂性(노·벽)	金履素(노·시)	金憙(노·시)	
	洪樂性(노·벽)	金履素(노·시)	李秉模(노·시)	
정조 19	洪樂性(노·벽)	金履素(노·시)	李秉模(노·시)	
	洪樂性(노·벽)	俞彦鎬(노·벽)	蔡濟恭(남·시)	
	洪樂性(노·벽)	蔡濟恭(남·시)	尹蓍東(노·시)	
정조 20	洪樂性(노·벽)	蔡濟恭(남·시)	尹蓍東(노·시)	
정조 21	洪樂性(노·벽)	蔡濟恭(남·시)	尹蓍東(노·시)	
	×	蔡濟恭(남·시)	李秉模(노·시)	
정조 22	×	蔡濟恭(남·시)	李秉模(노·시)	
	×	李秉模(노·시)	沈煥之(노·벽)	
정조 23	×	李秉模(노·시)	沈煥之(노·벽)	
	×	李秉模(노·시)	李時秀(소·시)	
	李秉模(노·시)	沈煥之(노·벽)	李時秀(소·시)	
정조 24	李秉模(노·시)	沈煥之(노·벽)	李時秀(소·시)	
정조 24	沈煥之(노·벽)	李時秀(노·시)	徐龍輔(노·시)	사후

- 전거: 『正祖實錄』, 『承政院日記』, 『日省錄』 등.
- 노: 노론, 소: 소론, 남: 남인, 시: 시파, 벽: 벽파, ×: 기록 없음, ■: 시파.
- 정조 즉위년-8년: 범청류 세력기, 정조 8-24년: 시벽 분립기.
- 당색은 다음 참조. 김성윤, 1996; 최성환, 2009.

<부표 7> 관무재 설행 시기

연산군	중종	명종	선조	광해군	인조	효종	현종	숙종	경종	영조	정조
연산군 10	중종 3	명종 5	선조 17	광해군 2	인조 3	효종 3	현종 3	숙종 5(2회)	경종 3	영조 4	정조 2
	중종 10	명종 8	선조 27	광해군 3?	인조 6	효종 4	현종 5	숙종 7	경종 4	영조 8	정조 7
	중종 17	명종 12		광해군 4	인조 18	효종 6?	현종 6	숙종 8		영조 10	정조 13
	중종 20	명종 14		광해군 11		효종 9	현종 10	숙종 20		영조 20	
	중종 23	명종 18					현종 14	숙종 25		영조 22	
	중종 28							숙종 26		영조 27	
	중종 30							숙종 30		영조 29	
	중종 31							숙종 33		영조 35	
								숙종 39			
								숙종 45			
1	8	5	2	4	3	4	5	11	2	8	3

- 기준: 실록.

<부표 8> 정조 연간 시사 설행 빈도

일자	빈도	일자	빈도	일자	빈도	일자	빈도
정조 즉위년	2	정조 7	19	정조 14	21	정조 21	14
정조 1	9	정조 8	9	정조 15	11	정조 22	6
정조 2	9	정조 9	16	정조 16	18	정조 23	9
정조 3	9	정조 10	13	정조 17	10	정조 24	2
정조 4	3	정조 11	14	정조 18	10	총 257회	
정조 5	6	정조 12	4	정조 19	10		
정조 6	7	정조 13	15	정조 20	11		

- 기준: 실록.

〈부표 9〉 인조대 경상도 문과급제자

인조대	1	2	3	4	5	6	7	8	9	10	11	12	13	14
인원	2	20	2	0	10	0	6	4	2	0	10	2	7	1
인조대	15	16	17	18	19	20	21	22	23	24	25	26	27	합계
인원	1	5	12	0	0	3	0	1	1	13	0	13	4	119

- 전거: 송준호·송만호 편, 『조선시대 문과백서(상): 태조-인조』, 2008: 436-515.

〈부표 10〉 『경상도안』의 지역별 본관 분류

구분	본관 성씨	구분	본관 성씨
경상 (125)	江城文氏, 江陽李氏, 居昌劉氏, 居昌愼氏, 居昌章氏, 慶山金氏, 慶山全氏, 慶州李氏, 慶州安氏, 慶州金氏(鷄林金氏), 慶州孫氏, 慶州鄭氏, 慶州陳氏, 慶州崔氏, 高靈金氏, 高靈朴氏, 高靈申氏, 固城李氏, 固城朴氏, 廣平李氏, 龜山朴氏, 軍威方氏, 杞溪俞氏, 金寧金氏, 金海金氏, 金海裵氏, 金海許氏, 達城徐氏, 大邱徐氏, 東萊鄭氏, 靈山辛氏, 醴泉權氏, 聞慶宋氏, 聞慶錢氏, 碧珍李氏, 密城朴氏(密陽朴氏), 密城孫氏(密陽孫氏), 密城楊氏(密陽卞氏), 鳳城姜氏, 奉化鄭氏, 缶林洪氏, 盆城金氏, 盆城裵氏, 泗川李氏, 商山金氏, 尙州周氏, 善山金氏(一善金氏), 宣城金氏, 星山金氏, 星山都氏, 星山呂氏, 星山李氏(星州李氏), 星山裵氏(星州裵氏), 星州都氏, 鵝洲申氏, 安東權氏, 安東金氏, 安東張氏, 野城金氏, 冶城宋氏, 延日金氏, 延日鄭氏(烏川鄭氏), 永陽李氏(永川李氏), 彦陽金氏, 英陽金氏, 英陽南氏, 永川崔氏, 永川皇甫氏, 龍宮金氏, 蔚山朴氏(興麗朴氏), 蔚山吳氏, 月城金氏, 月城李氏, 月城孫氏, 月城崔氏, 宜寧南氏, 宜寧余氏, 仁同張氏, 宜寧玉氏(宜春玉氏), 義城金氏(聞韶金氏), 一直孫氏(安東孫氏), 眞寶李氏, 義興芮氏, 晉陽姜氏(晉州姜氏), 晉陽柳氏(晉州柳氏), 晉陽鄭氏(晉州鄭氏), 晉陽河氏(晉州河氏), 眞城李氏, 晉州蘇氏, 車城李氏, 昌寧成氏, 昌寧李氏, 昌寧張氏, 昌寧曺氏, 昌原具氏, 昌原愼氏, 昌原丁氏, 昌原黃氏, 淸道金氏,	한양 (1)	漢陽趙氏
		강원 (15)	江陵金氏, 江陵劉氏, 江陵崔氏, 江陵咸氏, 寧越申氏, 寧越嚴氏, 三陟朴氏, 寧越辛氏, 寧越厳氏, 原州元氏, 旌善金氏, 旌善李氏, 旌善全氏, 鐵城李氏, 平康蔡氏
		전라 (46)	康津安氏, 高敞吳氏, 光州盧氏, 錦城羅氏, 金溝李氏, 羅州丁氏, 南原梁氏, 南原尹氏, 南原黃氏, 南平文氏, 潭陽田氏, 潭陽河氏, 羅州羅氏, 羅州林氏, 羅州丁氏, 礪山宋氏, 綾城具氏, 務安朴氏, 潘南朴氏, 寶城宣氏, 寶城吳氏, 壽城羅氏, 順天金氏, 順天朴氏, 順天李氏, 順天張氏, 順興安氏, 沃溝李氏, 玉山金氏, 玉山張氏, 玉山全氏, 完山金氏, 完山李氏, 長水黃氏, 長興高氏(長澤高氏), 長興馬氏, 全州柳氏, 全州李氏, 全州全氏, 全州崔氏, 濟州高氏, 耽津安氏, 耽津崔氏, 咸平魯氏(咸豊魯氏), 和順崔氏, 興陽李氏

경상 (125)	淸道白氏, 靑松沈氏, 草溪卞氏(八溪卞氏), 草溪鄭氏(八溪鄭氏), 漆原尹氏, 漆原諸氏, 平海黃氏, 豊基秦氏, 豊山金氏, 豊山柳氏, 豊山洪氏, 河東鄭氏, 河濱李氏, 河陽許氏, 鶴城李氏, 咸安朴氏, 咸安李氏, 咸安趙氏, 咸陽呂氏, 咸陽朴氏, 咸陽吳氏, 陜川李氏, 咸昌金氏(咸寧金氏), 檜山黃氏, 興海裵氏, 興海崔氏	충청 (38)	公州李氏, 光山金氏, 光山盧氏, 光山李氏, 槐山皮氏, 錦山金氏, 丹陽禹氏, 德山李氏, 驪陽陳氏, 文化柳氏, 扶餘白氏, 瑞山柳氏, 瑞山鄭氏, 西原鄭氏, 遂安金氏, 新昌孟氏, 新昌裵氏, 新昌表氏, 牙山蔣氏, 牙山蔣氏, 永同金氏, 沃川金氏, 沃川陸氏, 沃川全氏, 恩津宋氏, 恩津林氏, 全義李氏, 珍山陳氏, 鎭川宋氏, 天安金氏. 淸安李氏, 淸州鄭氏, 淸州韓氏, 淸風金氏, 忠州石氏, 忠州池氏, 泰安朴氏, 韓山李氏
		평안 (3)	延州玄氏, 中和楊氏, 平壤黃氏
경기 (30)	廣州李氏, 廣州安氏, 交河盧氏, 南陽房氏, 南陽洪氏, 德水李氏, 驪江李氏, 驪州李氏, 驪州陳氏, 驪興閔氏, 利川徐氏, 朔寧崔氏, 水原金氏, 水原白氏, 楊根金氏, 陽川崔氏, 仁川許氏, 利川徐氏, 仁川李氏, 仁川蔡氏, 竹山金氏, 竹山朴氏, 坡平廉氏(坡州廉氏), 坡平尹氏, 平澤林氏, 平澤朴氏, 豊壤趙氏, 開城高氏, 開城王氏, 秋溪秋氏	황해 (20)	鳳山李氏, 瑞興金氏, 安岳李氏, 延安金氏, 延安李氏, 延安宋氏, 延安田氏, 延安車氏, 長淵盧氏, 載寧康氏, 載寧李氏, 平山申氏, 平山李氏, 豊川盧氏, 豊川任氏, 海州吳氏, 海州鄭氏, 海州崔氏, 谷山延氏, 谷山韓氏
		귀화 (16)	曲阜孔氏, 廣東陳氏, 隴西李氏, 上谷麻氏, 新安朱氏, 潁陽千氏, 浙江張氏, 南陽葛氏, 德水張氏, 幸州奇氏, 幸州殷氏, 鳳城琴氏, 苞山郭氏(玄風郭氏), 檜山甘氏, 洪川皮氏, 咸從魚氏

- 전거: 河謙鎭 編, 『慶尙道案』I-II, 2013.

〈부표 11〉 숙종 후반-영조대 괘서사건 사례

구분	일자	괘서 출현 지역	비고
1	숙종 37년 4월 30일	한양 延恩門	서울
2	숙종 40년 5월 2일	한양 敦義門	서울
3	숙종 41년 11월 1일	한양 闕門	서울
4	영조 3년 12월 12일	전주	호남
5	영조 3년 12월 14일	남원 場市	호남
6	영조 4년 1월 17일	한양 西小門	서울
7	영조 4년 2월 17일	한양 鐘街	서울
8	영조 4년 2월 19일	전주(모의)	호남
9	영조 9년 3월 1일	남원 場市	호남
10	영조 10년 정월 2일	대구 鎭營門	영남
11	영조 14년 11월 24일	한양 宮城	서울
12	영조 16년 2월 5일	남원	호남
13	영조 17년 10월 20일	한양 大闕 紅馬木	서울
14	영조 24년 5월 21일	청주, 문의	호서
15	영조 31년 2월 4일	나주	호남
16	영조 38년 2월 28일	한양 闕文(모의)	서울
17	영조 39년 9월 28일	나주 望華樓	호남
18	영조 50년 10월 28일	해남	호남

- 기준: 실록.

〈부표 12〉『經世遺表』 문과·무과·남행 선발 절차

구분	邑	邑	本州	省	京			朝廷		主管
文科	邑選 (選士) 2880명	邑學 (擧子/擧人) 1920명	州試 (960명)	省試 (480명)	會試 (進士) 240명	都試 (240명)	都會 (급제 40명)	親試	朝考 (관직 제수)	貢擧院
武科	邑選 (選士) 2880명	邑學 (擧子) 1920명	州試 (960명)	省試 (480명)	會試 (進武) 240명	都試 (240명)	都會 (급제 40명)	親試	朝考 (관직 제수)	武擧院
南行	邑薦 (960명)		州薦 (480명)	省薦 (240명)	曹薦 (120명)	會薦 (60명)	相府 (40명)	國王 (관직제수)		

- 전거:『經世遺表』「春官禮曹」, 貢擧院;『經世遺表』「夏官兵曹」, 武擧院;『經世遺表』「天官修制」,
三班官制;『經世遺表』「春官修制」, 科擧之規·選科擧之規;『經世遺表』「夏官修制」, 武科.

참고문헌

1. 사료

원전

『高麗史』,『朝鮮王朝實錄』,『承政院日記』,『日省錄』,『經國大典』,『受敎輯錄』,『新補受敎輯錄』,『典錄通考』,『增補典錄通考』,『續大典』,『大典通編』,『典律通補』,『大典會通』,『大明律』,『萬機要覽』,『通文館志』,『秋官志』,『奎章閣志』,『弘文館志』,『度支志』,『增修無冤錄』,『增補文獻備考』,『貢弊』,『市弊』,『均役廳事目』,『戡亂錄』,『闡義昭鑑』,『明義錄』,『續明義錄』,『명의록언ᄒ』,『쇽명의록』,『皇極編』,『列聖御製』,『諭中外大小臣庶綸音』,『諭京畿民人綸音』,『御製諭濟州民人綸音』,『御製諭咸鏡南北關大小民人等綸音』,『御製諭大小臣僚綸音』,『(御製)王世子册禮後各道身軍布折半蕩減綸音』,『諭中外大小民人等斥邪綸音』,『御製本固寧本固寧』,『御製深祝油然需然』,『御製夙夜勤』,『御製可矜者民其便者君』,『御製祈民安』,『御製君爲民』,『輿地圖書』,『湖西邑誌』,『嶺南邑誌』,『湖南邑誌』,『親耕儀軌』,『奮武錄勳都監儀軌』,『奮武原從功臣錄券』,『周禮註疏』,『月印千江之曲』,『金剛經』,『磻溪隧錄』,『經世遺表』,『牧民心書』,『李光鉉日記』,『定辨錄』,『玄皐記』,『隨聞錄』,『我我錄』,『桐巢漫錄』,『黨議通略』,『龜峯集』,『市南先生文集』,『果菴集』,『錦帶詩文抄』,『稗林』,『擇里志』,『戊申倡義錄』,『朝鮮金石文總覽』,『嶺南人物考』.

영인본

국립중앙박물관 편, 2009,『국립중앙박물관 소장 정조 임금 편지』, 국립중앙박물관.

南紀濟, 1927,『我我錄』, 我我錄出版社.

南紀濟, 1928,『我我錄』, 普文社.

南夏正, 1925,『桐巢漫錄』, 匯東書館.

李建昌, 1910,『黨議通略』, 朝鮮光文會.

이이화 편, 1983,『朝鮮黨爭關係資料集』1-20, 여강출판사.

정약용, 1901,『흠흠신서』, 광문사.

정약용, 1902,『목민심서』, 광문사.

정약용, 1914,『經世遺表』, 朝鮮光文會.

정약용, 1934-1938,『與猶堂全書』, 新朝鮮社.

정약용, 1974-1975,『여유당전서 보유』1-5, 다산학회 편, 경인문화사.

정약용, 1981,『與猶堂全書』1-6, 경인문화사.

정약용, 2012,『定本 與猶堂全書』1-37, 다산학술문화재단 편, 다산학술문화재단.

정조 명편, 1972,『조선왕조법전집 3: 대전통편·속대전』, 중추원 편, 경인문화사.

정조 명편, 1973,『輿地圖書』上·下, 국사편찬위원회.

정조 명편, 1978,『국조인물고』상·중·하, 서울대학교출판부.

정조 명편, 1992,『대전통편』, 중추원 편, 학민문화사.

정조 명편, 1994,『화성성역의궤』상·하, 서울대학교 규장각.

정조 명편, 1998,『대전통편』상·하, 서울대학교 규장각.

정조, 1978,『홍재전서』1-5, 문화재관리국.

채제공, 1975,『번암선생문집』상·하, 광성문화사.

河謙鎭 編, 2013,『慶尙道案』I-II, 아라.

번역본

고종 명편, 1960, 『국역 대전회통』, 한국고전국역위원회 옮김, 고려대학교.
고종 명편, 1993-1996, 『대전회통 연구』 1-4, 이종일 옮김, 한국법제연구원.
남하정, 2017, 『동소만록』, 원재린 옮김, 혜안.
박지원, 2017, 『열하일기』 1-3, 김혈조 옮김, 돌베개.
박함원 외, 2015, 『사도세자의 죽음과 그후의 기억: 『현고기』 번역과 주해』, 김용흠 외 옮김, 서울대학교출판문화원.
석가모니, 1992, 『금강경』, 김지견 옮김, 민족사.
성종 명편, 1985, 『역주 경국대전(번역편)』, 한국정신문화연구원 옮김, 한국정신문화연구원.
성종 명편, 1987, 『역주 경국대전(주석편)』, 한국정신문화연구원 옮김, 한국정신문화연구원.
성종 명편, 1998, 『신편 경국대전』, 윤국일 옮김, 신서원.
심낙수, 2016, 『충역의 시비를 정하다: 『정변록』 역주』, 김용흠 외 옮김, 서울대학교출판문화원.
안확, 2015, 『조선문명사』, 송강호 옮김, 우리역사연구재단.
영조 명편, 2017, 『천의소감』, 박현순 외 옮김, 한국고전번역원.
王與, 2003, 『신주무원록』, 김호 옮김, 사계절.
王與, 2004, 『역주 증수무원록언해』, 송철의 외 옮김, 서울대학교출판문화원.
이문정, 2021, 『수문록』 1-2, 김용흠 외 옮김, 혜안.
이중환, 1993, 『택리지』, 이익성 옮김, 을유문화사.
정교, 2004, 『대한계년사』 1, 조광 외 옮김, 소명출판.
정약용, 1986, 『경세유표』 1-4, 민족문화추진회 옮김, 민족문고간행회(정약용, 1997, 『경세유표』 1-3, 민족문화추진회 옮김, 한길사).
정조 명편, 1954, 『대전통편』, 법제처 옮김, 법제처.
정조 명편, 1977-1979, 『화성성역의궤』 상·중·하, 수원시 옮김, 신구문화사.
정조 명편, 1978, 『영남인물고』, 강주진 옮김, 탐구당.
정조 명편, 2020, 『육주약선·육고수권: 조선 정조가 편정한 당나라 재상 육지의 국가경영책』, 당윤희 외 옮김, 서울대학교출판문화원.

정조 명편, 2022, 『황극편』 1, 김용흠 외 옮김, 혜안.
정조, 1996, 『홍재전서』, 송준호 외 옮김, 고려대학교 민족문화연구소.
정조, 1998, 『국역 홍재전서』 1-20, 민족문화추진위원회 옮김, 민족문화추진위원회.
정조, 2006, 『신편국역 정조심리록』 1-5, 민족문화추진회 옮김, 한국학술정보.
정조, 2009, 『정조어찰첩』, 진재교 외 옮김, 성균관대학교출판부.
정조, 2017, 『정조 책문: 새로운 국가를 묻다』, 신창호 옮김, 판미동.
채제공, 1975, 『번암집』, 남만성 옮김, 대양서적.
한우근·이성무 편, 1985, 『사료로 본 한국문화사: 조선후기편』, 일지사.
혜경궁 홍씨, 1961, 『한중록』, 이병기·김동욱 교주, 민중서관.
혜경궁 홍씨, 2008, 『한중록』, 정은임 교주, 이회문화사.
혜경궁 홍씨(혜빈궁), 2020, 『혜빈궁일기: 현전 유일의 궁궐 여성처소 일지』, 정병설 옮김, 서울대학교출판문화원.
홍중인, 2019, 『대백록』, 김용흠 외 옮김, 혜안.
황현, 2006, 『매천야록』, 허경진 옮김, 서해문집.

2. 연구 논저

강경훈, 2001, 「중암 姜彝天 문학 연구: 18세기 근기남인-소북문단의 전개와 관련하여」, 동국대학교 국어국문과 박사학위논문.
강만길 외, 1990, 『다산의 정치경제 사상』, 창작과비평사.
강만길 편, 2000, 『한국 자본주의의 역사』, 역사비평사.
강만길, 1976, 「정조: 문예부흥의 영주」, 『한국의 인간상』 1, 신구문화사.
강석화, 1989, 「丁若鏞의 官制改革案 硏究」, 『한국사론』 21, 서울대학교 국사학과.
강석화, 2013, 「다산의 중앙정부 조직안과 관료제의 공적 운영」, 『다산과 현대』 65, 연세대학교 강진다산실학연구원.
강순애, 1985, 「正祖朝 奎章閣의 圖書編纂 및 刊行」, 『奎章閣』 9, 서울대학교.
강주진, 1978, 「서문」, 『영남인물고』, 탐구당, 서울대학교출판부.

강지은, 2019, 「조선시대 실학 개념에 대한 고찰」, 『한국사학보』 75, 고려사학회.

강지혜, 2017, 「정조 즉위년 소론의 사도세자 신원소 제기와 정조의 대응: 『親鞠日記』의 심문기록을 중심으로」, 『전북사학』 51, 전북사학회.

고동환, 1998, 『서울상업발달사연구』, 지식산업사.

고동환, 2007, 『조선시대 서울도시사』, 태학사.

고동환, 2013, 『조선시대 시전상업 연구』, 지식산업사.

고석규, 1985, 「16, 17세기 공납제 개혁의 방향」, 『한국사론』 12, 서울대학교 국사학과.

고석규, 1996, 「상품유통과 공납제의 모순」, 『(신편)한국사』 28, 국사편찬위원회.

고성훈, 1992, 「정조조 정감록 관련 역모사건에 대하여: 이경래·문인방 사건을 중심으로」, 『하석 김창수교수화갑기념 사학논총』, 논총간행위원회.

고성훈, 2000, 「조선후기 변란의 전형: 미륵신앙과 정감록을 내세운 변란」, 『민란의 시대: 조선시대의 민란과 변란들』, 가람기획.

고성훈, 2008, 「정조 연간 삼수부 역모사건의 추이와 성격」, 『사학연구』 90, 한국사학회.

고수연, 2008, 『1728년 무신란과 청주지역 사족동향』, 충북대학교 사학과 박사학위논문.

고수연, 2011a, 「1728년 호서 지역 무신란의 반란군 성격」, 『역사와실학』 44, 역사와실학회.

고수연, 2011b, 「1728년 호남 무신란의 전개 양상과 반란군의 성격」, 『역사와담론』 60, 호서사학회.

고수연, 2013, 「『무신창의록』을 통해 본 18, 19세기 영남남인의 정치 동향」, 『역사와담론』 65, 호서사학회.

고수연, 2015, 「조선 영조대 무신란의 실패 원인」, 『한국사연구』 170, 한국사연구회.

고영진, 2018, 「호남남인 윤선도의 관계망」, 『민족문화연구』 81, 고려대학교 민족문화연구원.

곽낙현, 2011, 「『大典通編』「兵典」試取를 통해 본 무예」, 『武道研究所誌』 22-2,

용인대학교 무도연구소.

구대열, 1999, 「러일전쟁」, 『(신편)한국사』 42, 국사편찬위원회.

구덕회, 2001, 「『수교집록』 해제」, 『원문·역주 수교집록』, 청년사.

구덕회·홍순민, 2000, 「『신보수교집록』 해제」, 『원문·역주 수교집록』, 청년사.

구선희, 1994, 「해방 후 남한의 한국사 연구 성과와 과제」, 『한국사』 23, 한길사.

국사편찬위원회, 2002, 『고등학교 국사』 상·하, 교육부.

권기석, 2011, 『족보와 조선 사회: 15-17세기 계보의식의 변화와 사회관계망』, 태학사.

권내현, 2004, 『조선후기 평안도 재정 연구』, 지식산업사.

권내현, 2014, 「17세기 후반 18세기 전반 조선의 은 유통」, 『역사학보』 221, 역사학회.

권진호, 2008, 『19세기 영남학파의 종장 정재 류치명의 삶과 학문』, 한국국학진흥원.

규장각 편, 1981a, 「明義錄」, 『奎章閣韓國本圖書解題: 史部1』, 서울대학교 규장각.

규장각 편, 1981b, 「續明義錄」, 『奎章閣韓國本圖書解題: 史部1』, 서울대학교 규장각.

규장각 편, 1994, 「明義錄」, 『奎章閣韓國本圖書解題 續集: 史部1』, 서울대학교 규장각.

규장각 편, 2001a, 「明義錄諺解」, 『奎章閣所藏語文學資料: 어학편해설』, 서울대학교 규장각.

규장각 편, 2001b, 「續明義錄諺解」, 『奎章閣所藏語文學資料: 어학편해설』, 서울대학교 규장각.

김경수, 2019, 「다산 정약용의 민권론에 대한 비판적 연구」, 『철학사상』 74, 서울대학교 철학사상연구소.

김경희·김광태 역, 2006, 『국역 명의록』, 민족문화추진회.

김규성, 2011, 「병인박해의 사회적 배경에 대한 연구: 1860-1865년을 중심으로」, 『누리와 말씀』 29, 인천가톨릭대학교출판부.

김기봉, 2012, 「태양왕과 만천명월주인옹: 루이 14세와 정조」, 『역사학보』 213, 역사학회.

김대준, 2004, 『고종시대의 국가재정 연구』, 태학사.

김덕현, 2019a, 「고종 친정 초기 지방관 임용과 당파정치: 함경도 지방관 임용에 대한 사례연구」, 『한국문화』 85, 서울대학교 규장각한국학연구원.

김덕현, 2019b, 「19세기 후반 당파정치와 당파 기록물의 이중성: 승정원일기(초)와 조보(초)의 사례분석을 중심으로」, 『대동문화연구』, 성균관대학교 대동문화연구원.

김동철, 1980, 「蔡濟恭의 經濟政策에 관한 考察: 특히 辛亥通共發賣論을 中心으로」, 『부대사학』 4, 부대사학회.

김동철, 1996, 「국제교역의 발달과 마찰」, 『(신편)한국사』 28, 국사편찬위원회.

김동철, 2011, 「16-18세기 동아시아 교역망과 은 유통」, 『동아시아의 역사』 II, 동북아역사재단.

김문식, 1996, 『조선후기 경학사상 연구: 정조와 경기학인을 중심으로』, 일조각.

김문식, 1997, 「18세기 후반 정조 능행의 의의」, 『한국학보』 23-3, 일지사.

김문식, 2000, 『정조의 경학과 주자학』, 문헌과 해석사.

김문식, 2004, 「1779년 정조능행과 남한산성」, 『한국실학연구』 8, 한국실학학회.

김문식, 2009, 「새로 발굴한 정조어찰의 종합적 검토: 정조 말년의 정국 운영과 심환지」, 『대동문화연구』 66, 성균관대학교 대동문화연구원.

김문식, 2011, 『정조의 생각: 조선 최고의 개혁군주는 어떻게 탄생했는가』, 글항아리.

김문식, 2017, 「다산 정약용의 인재선발론」, 『다산학』 31, 다산학술문화재단.

김백철(Kim, Paekchol), 2011b, "King Yŏngjo's T'angp'yŏng Policy and its Orientation: The trio of the king, state, and people", *International Journal of Korean History, Vol. 16-1*. Center for Korean History.

김백철, 2005a, 「조선후기 영조대 탕평정치의 이념과 『주례』」, 『한국사론』 51, 서울대학교 국사학과.

김백철, 2005b, 「明義錄」, 『규장각소장 왕실자료해제·해설집』 3, 서울대학교 규장각.

김백철, 2005c, 「명의록언히」, 『규장각소장 왕실자료해제·해설집』 3, 서울대학교 규장각.

김백철, 2005d, 「續明義錄」, 『규장각소장 왕실자료해제·해설집』 3, 서울대학교 규장각.

김백철, 2005e, 「쇽명의록」, 『규장각소장 왕실자료해제·해설집』 3, 서울대학교 규장각.

김백철, 2005f, 「영조대 국왕의리명변서의 편찬과 의미」, 『규장각소장 왕실자료해제·해설집』 4, 서울대학교 규장각.

김백철, 2005g, 「정조대 국왕의리명변서의 편찬과 의미」, 『규장각소장 왕실자료해제·해설집』 4, 서울대학교 규장각.

김백철, 2007a, 「조선후기 숙종대 『수교집록』의 편찬과 성격: 체재분석을 중심으로」, 『동방학지』 140, 연세대학교 국학연구원.

김백철, 2007b, 「조선후기 영조대 『속대전』 위상의 재검토: 「형전」 편찬을 중심으로」, 『역사학보』 194, 역사학회.

김백철, 2007c, 「조선후기 영조대 백성관의 변화와 '민국'」, 『한국사연구』 138, 한국사연구회.

김백철, 2008a, 「조선후기 숙종대 국법 체계와 『전록통고』의 편찬」, 『규장각』 32, 서울대학교 규장각한국학연구원.

김백철, 2008b, 「조선후기 영조대 법전 정비와 『속대전』의 편찬」, 『역사와 현실』 68, 한국역사학회.

김백철, 2008c, 「조선후기 정조대 법제 정비와 『대전통편』 체제의 구현」, 『대동문화연구』 64, 성균관대학교 대동문화연구원.

김백철, 2008d, 「山林의 徵召와 出仕: 朴世采의 辭職疏를 중심으로」, 『규장각』 33, 서울대학교 규장각한국학연구원.

김백철, 2009, 「朝鮮後期 英祖初盤 法制整備의 성격과 그 지향: 『新補受教輯錄』 體裁를 중심으로」, 『정신문화연구』 32-2, 한국학중앙연구원.

김백철, 2010a, 『조선후기 영조의 탕평정치: 『속대전』의 편찬과 백성의 재인식』, 태학사.

김백철, 2010b, 「조선의 유교적 이상국가 만들기: 서주와 요순의 재인식 과정」, 『국학연구』 17, 한국국학진흥원.

김백철, 2010c, 「英祖의 義理明辯書 『闡義昭鑑』 편찬과 정국 변화: 堯舜의 두 가지 얼굴, 탕평군주와 전제군주의 경계」, 『정신문화연구』 33-4, 한국학중앙연구원.

김백철, 2010d, 「조선후기 정조대 『대전통편』 「병전」 편찬의 성격」, 『군사』 76, 국방부 군사편찬연구소.

김백철, 2011a, 「영조의 윤음과 왕정전통 만들기」, 『장서각』 26, 한국학중앙연구원.

김백철, 2011c, 「'탕평'을 어떻게 볼 것인가」, 『조선후기 탕평정치의 재조명』 상, 태학사.

김백철, 2011d, 「1990년대 한국 사회의 '정조신드롬' 대두와 배경: 나약한 임금에서 절대계몽군주로의 탄생」, 『국학연구』 18, 한국국학진흥원.

김백철, 2012a, 「영조만년의 초월적 권위와 '대탕평': 영조 48년(1772) 김치인 사건을 중심으로」, 『역사학보』 214, 역사학회.

김백철, 2012b, 「영조의 순문과 위민정치: '애민'에서 '군민상의'로」, 『국학연구』 21, 한국국학진흥원.

김백철, 2013a, 「조선시대 역사상과 공시성의 재검토: 14-18세기 한국사 발전모델의 모색」, 『한국사상사학』 44, 한국사상사학회.

김백철, 2013b, 「영성군 박문수(1691-1756)의 정계 활동: 탕평관료의 중층적 위상에 대한 검토」, 『한국사연구』 163, 한국사연구회.

김백철, 2014a, 『두 얼굴의 영조: 18세기 탕평군주상의 재검토』, 태학사.

김백철, 2014b, 「세계 속 한류의 대두와 역사적 배경」, 『국학연구』 24, 한국국학진흥원.

김백철, 2015, 「17-18세기 대동·균역의 위상: 조선시대 재정개혁 모델의 모색」, 『국학연구』 28, 한국국학진흥원.

김백철, 2016a, 『법치국가 조선의 탄생: 조선 전기 국법체계 형성사』, 이학사.

김백철, 2016b, 『탕평시대 법치주의 유산: 조선후기 국법 체계 재구축사』, 경인문화사.

김백철, 2016c, 「정조 초반 『명의록』과 왕권의 위상: 만들어진 이미지와 실상의 경계」, 『대동문화연구』 95, 성균관대학교 대동문화연구원.

김백철, 2016d, 「고종대 邑誌의 연대분류 試論: 규장각 자료의 書誌비교를 중심으로」, 『규장각』 49, 서울대학교 규장각한국학연구원.
김백철, 2017a, 「조선시대 咸鏡道 지역사 試論」, 『규장각』 51, 서울대학교 규장각한국학연구원.
김백철, 2017b, 「『천의소감』의 서사구조와 명분론」, 『천의소감』, 한국고전번역원.
김백철, 2018, 「오래된 미래 교과서: 안확의 『조선문명사』」, 『동아시아고대』 50, 동아시아고대학회.
김백철, 2019a, 「조선시대 상주의 통치구조와 중층적 위상」, 『한국학논집』 74, 계명대학교 한국학연구원.
김백철, 2019b, 「정조 6년(1782) 윤음의 반포와 그 성격: 송덕상 사건을 중심으로」, 『한국학논집』 75, 계명대학교 한국학연구원.
김백철, 2019c, 「천관이조」, 『다산학사전』, 사암.
김백철, 2019d, 「지관호조」, 『다산학사전』, 사암.
김백철, 2019e, 「춘관예조」, 『다산학사전』, 사암.
김백철, 2019f, 「하관병조」, 『다산학사전』, 사암.
김백철, 2019g, 「하관수제」, 『다산학사전』, 사암.
김백철, 2019h, 「추관형조」, 『다산학사전』, 사암.
김백철, 2019i, 「동관공조」, 『다산학사전』, 사암.
김백철, 2021a, 『왕정의 조건: 담론으로 읽는 조선시대사』, 이학사.
김백철, 2021b, 「18세기 영남 '叛逆鄕' 담론의 실상과 허상」, 『영남학』 76, 경북대학교 영남문화연구원.
김백철, 2021c, 「『경세유표』의 등장과 개혁안의 성격: 19세기 전통과 근대의 만남」, 『규장각』 58, 서울대학교 규장각한국학연구원.
김백철, 2022, 「조선시대 경상도지역 고을의 형성과 변화: 지리지자료를 중심으로」, 『대구경북연구』 21-1, 대구경북연구원·대구경북학회.
김봉곤, 2018, 「영남남인 하대관의 가문계승의식과 향촌사회활동」, 『남명학연구』 58, 경상대학교 경남문화연구원.
김선주, 2015, 「조선후기 평양의 '사족'」, 『국학연구』 27, 한국국학진흥원.
김선혜, 1994, 「清初 地丁銀制 改革에 대한 一考察」, 숙명여자대학교 사학과 석사학위논문.

김선희, 2017, 「근대 전환기 다산 저술의 출판과 승인: 『경세유표』를 중심으로」, 『동방학지』 180, 연세대학교 국학연구원.

김성우, 2001, 『조선중기 국가와 사족』, 역사비평사.

김성우, 2012, 『조선시대 경상도의 권력 중심 이동』, 태학사.

김성윤, 1990, 「정조 연간의 정국구도와 그 동향」, 부산대학교 사학과 석사학위논문.

김성윤, 1992, 「탕평의 원리와 탕평론」, 『부대사학』 15·16, 부대사학회.

김성윤, 1997a, 『조선후기 탕평정치 연구』, 지식산업사.

김성윤, 1997b, 「정조대의 토지제·노비제 개혁논의와 정치권」, 『지역과사회』 3, 부경역사연구소.

김성윤, 2001, 「기호남인의 홍범이해」, 『조선시대사학보』 16, 조선시대사학회.

김성윤, 2002, 「영조대 중반의 정국과 '임오화변': 임오화변의 발생원인에 대한 재검토를 중심으로」, 『역사와 경계』 43, 부산경남사학회.

김성준, 2012, 「茶山 정약용의 유통물류·상업관 연구: 『經世遺表』를 중심으로」, 『해운물류연구』 28-4, 한국해운물류학회.

김세용, 2012, 「조선시대 읍호승강에 대한 일고찰: 강원도를 중심으로」, 『사림』 42, 수선사학회.

김세용, 2013, 「조선후기 지방통치정책과 읍호승강: 17세기를 중심으로」, 『사림』 46, 수선사학회.

김영진, 2016, 「조선후기 당파보 연구(2): 『남보』」, 『대동문화연구』 94, 성균관대학교 대동문화연구원.

김옥근, 1972, 「조선후기 전세제도 연구」, 『부산산업대학논문집』 9, 부산산업대학교.

김옥근, 1975, 「대동법연구: 公剩色, 主要規例, 貢人」, 『경제사학』 1, 경제사학회.

김옥근, 1984·1988, 『조선왕조재정사연구』 I·III, 일조각.

김옥근, 1988, 「대동법연구」, 『경영사학』 3, 한국경영사학회.

김용섭, 1989, 「조선후기 토지개혁론의 추이」, 『동방학지』 41, 연세대학교 국학연구원.

김용흠, 2017, 「『경세유표』를 통해서 본 복지국가의 전통」, 『동방학지』 180, 연세대학교 국학연구원.

김우철, 2000, 『조선후기 지방군제사』, 경인문화사.

김우철, 2002, 「균역법은 왜 성공하지 못했나」, 『내일을여는역사』 8, 내일을 여는역사·민족문제연구소.

김윤곤, 1971, 「대동법의 시행을 둘러싼 찬반양론과 그 배경」, 『대동문화연구』 8, 성균관대학교 대동문화연구원.

김윤조, 2013, 「18세기 영남과 기호 소론가의 학문과 문학 교류」, 『한국학논집』 53, 계명대학교 한국학연구원.

김익수, 2005, 『茶山實學에 있어서 經學과 經世學의 關聯性 研究』, 경상대학교 국민윤리학과 박사학위논문.

김인걸 외, 2011, 『정조와 정조시대』, 서울대학교출판문화원.

김인규, 1992, 「태종대의 공노비정책과 그 성격: 태종 17년 공노비추쇄사목 14조를 중심으로」, 『역사학보』 136, 역사학회.

김인규, 2013, 「清雍正帝의 통치기반과 통치철학」, 『동양문화연구』 13, 영산대학교 동양문화연구원.

김인규, 2016, 「조선후기 『주례』의 수용과 국가례: 다산 정약용의 『주례』 이해와 국가례」, 『퇴계학논총』 27, 퇴계학부산연구원.

김인호, 2019, 『조선시대 영남지역 문과급제자 연구』, 안동대학교 사학과 박사학위논문.

김정기, 2000, 「차관제공」, 『(신편)한국사』 44, 국사편찬위원회.

김정자, 2009, 「영조말-정조초의 정국과 정치세력의 동향」, 『조선시대사학보』 44, 조선시대사학회(이태진 외 편, 2011b, 『조선후기 탕평정치의 재조명』 하, 태학사).

김정자, 2010, 『正祖代 通共政策의 施行에 관한 研究』, 국민대학교 국사학과 박사학위논문.

김정자, 2012, 「정조대 전반기의 정국동향과 정치세력의 변화(I)」, 『한국학논총』 37, 국민대학교 한국학연구소.

김정자, 2013, 「朝鮮後期 正祖代의 政局과 市廛政策: 貢市人詢瘼을 중심으로」, 『한국학논총』 39, 국민대학교 한국학연구소.

김정자, 2016, 「정조대 전반기의 정국동향과 정치세력의 변화(II): 『이재난고』를 중심으로」, 『조선시대사학보』 78, 조선시대사학회.
김종수, 1996, 「군역제도의 붕괴」, 『(신편)한국사』 28, 국사편찬위원회.
김종수, 2003, 『조선후기 중앙군제연구: 훈련도감의 설립과 사회변동』, 혜안.
김종수, 2018, 『숙종시대의 군사체제와 훈련도감』, 한국학중앙연구원출판부.
김준혁, 2015, 「정조의 御製文·御撰命撰書를 통한 사도세자 현양」, 『중앙사론』 42, 중앙대학교 사학연구소.
김지영, 2005, 『조선후기 국왕 행차에 대한 연구: 의궤반차도와 거동기록을 중심으로』, 서울대학교 국사학과 박사학위논문(김지영, 2017, 『길 위의 조정: 조선시대 국왕 행차와 정치적 문화』, 민속원).
김지영, 2016, 「18세기 후반 정조대 '元子'의 탄생과 胎室의 조성」, 『藏書閣』 35, 한국학중앙연구원.
김지영, 2020, 『정조의 예치: 예를 바로잡아 백성의 마음을 기르다』, 휴머니스트.
김철민·박대재, 2020, 「『我邦疆域考』 역주·비평(4): 臨屯考·眞番考」, 『한국사학보』 81, 고려사학회.
김충열, 2021, 「1880년대 개화파의 세계관 탐구: 실학과의 연속성의 관점에서」, 『한국동양정치사상사연구』 20-1, 한국동양정치사상사학회.
김치완, 2013, 「茶山學으로 본 實學과 近代개념에 대한 비판적 접근」, 『역사와 실학』 52, 역사실학회.
김태영, 1996, 「과전법의 붕괴와 지주제의 발달」, 『(신편)한국사』 28, 국사편찬위원회.
김태영, 2011a, 「경세유표에 드러난 다산 경세론의 역사적 성격」, 『퇴계학보』 129, 퇴계학연구원.
김태영, 2011b, 「실학연구의 어제와 오늘」, 『한국사 시민강좌』 48, 일조각.
김태웅, 2022, 『대한제국과 3.1운동: 주권국가건설운동을 중심으로』, 휴머니스트.
김대환, 2019, 「민주공화적 요소를 기준으로 한 茶山 丁若鏞의 정치사상에 대한 평가」, 『양명학』 54, 한국양명학회.
김태희, 2017, 「다산 정약용의 군주론과 『경세유표』」, 『동방학지』 181, 연세대학교 국학연구원.

김평원, 2017, 「정약용이 설계한 擧重機와 轆轤의 용도」, 『다산학』 30, 다산학술문화재단.

김학수, 1998, 「갈암 이현일 연구: 정치활동을 중심으로」, 『조선시대사학보』 4, 조선시대사학회.

김현진, 2012, 「『심리록』을 통해 본 정조의 범죄판결 특성과 대민교화정책」, 『한국학연구』 28, 인하대학교 한국학연구소.

김호, 2016. 11. 4-6., 「記憶, 敍事 그리고 歷史大衆化: '正祖毒殺說'과 茶山 丁若鏞」, 東京, 第16回韓日歷史家會議(김호, 2017, 『조선왕실의 의료문화』, 민속원).

김호, 2020, 『정조의 법치: 법의 저울로 세상의 바름을 살피다』, 휴머니스트.

김호동, 2010, 『몽골제국과 세계사의 탄생』, 돌베개.

나영일 외, 2006, 『조선중기 무예서 연구』, 서울대학교출판부.

나영일, 2004, 『정조시대의 무예』, 서울대학교출판부.

나영일, 2005, 『무과총요 연구』, 서울대학교출판부.

노관범, 2016, 『기억의 역전: 조선사상사의 새로운 이해』, 소명출판.

노관범, 2018, 「근대 초기 실학의 존재론: 실학 인식의 방향 전환을 위하여」, 『역사비평』 122, 역사비평사.

노대환, 2017, 「19세기에 드리운 정조의 잔영과 그에 대한 기억」, 『정조와 정조 이후: 정조시대와 19세기의 연속과 단절』, 역사비평사, 2017.

노혜경, 2007, 「18세기 한 영남남인의 관직 생활: 권상일의 『청대일기』를 중심으로」, 『사학연구』 88, 한국사학회.

다산학술문화재단 편, 2019, 『다산학사전』, 사암.

도광순, 1998, 「영남학파의 개념과 성격특성」, 『영남학파의 연구』, 병암사.

류승주, 1994, 「조선후기 대청무역이 국내산업에 미친 영향」, 『아세아연구』 37-2, 고려대학교 아세아문제연구소.

류영익, 2000, 「갑오경장」, 『(신편)한국사』 40, 국사편찬위원회.

문경득, 2016, 「영조대 무신란 관련 변산적의 성격」, 『한국사학보』 63, 고려사학회.

문광균, 2012, 「17세 경상도지역 공물수취체제와 영남대동법의 실시」, 『한국사학보』 46, 고려사학회.

문광균, 2013, 「영남대동법 시행 초기 지방재정의 개편과 그 성격」, 『한국사연구』 161, 한국사연구회.

문광균, 2015, 「영남대동법 시행 이후 대동세 배분방식의 변화와 저치미 운영」, 『역사학보』 225, 역사학회.

문광균, 2019, 『조선후기 경상도 재정 연구』, 민속원.

문용식, 2000, 『조선후기 진정과 환곡운영』, 경인문화사.

문철영, 1986, 「다산 정약용의 『주례』 수용과 그 성격」, 『사학지』 19, 단국대학교 사학회.

민족문화추진회 편, 1997, 「다산 정약용 연보」, 『경세유표』 I, 한길사.

박경, 2015, 「18세기 기사남인의 복관작 청원을 통해 본 격쟁의 정착: 목래선, 이현일 후손들의 복관작 청원을 중심으로」, 『사총』 86, 고려대학교 역사연구소.

박광용, 1984, 「탕평론과 정국의 변화」, 『한국사론』 10, 서울대학교 국사학과.

박광용, 1990, 「정조 연간 시벽당쟁론에 대한 재검토」, 『한국문화』 11, 서울대학교 한국문화연구소.

박광용, 1991, 「인물평전: 사극 왕도에서 왜곡된 홍국영의 참모습」, 『역사비평』 15, 역사비평사.

박광용, 1994, 『조선후기 '탕평' 연구』, 서울대학교 국사학과 박사학위논문.

박광용, 1998, 『영조와 정조의 나라』, 푸른역사.

박균섭, 2016, 「후쿠자와 유키치 독법: 근대, 문명, 교육」, 『교육사상연구』 30-3, 한국교육사상연구회.

박대재·박찬우, 2020, 「『我邦疆域考』 역주·비평(2): 四郡總考·樂浪考」, 『한국사학보』 79, 고려사학회.

박도식, 2011, 『조선전기 공납제 연구』, 혜안.

박명규 외, 2011, 『식민권력과 근대지식: 경성제국대학 연구』, 서울대학교출판문화원.

박병련 외, 2004, 『남명학파와 영남우도의 사림』, 예문서원.

박상섭, 2008, 『국가·주권』, 소화.

박상현, 2012, 「18세기 '해도진인설'의 변화양상과 의미」, 부산대학교 사학과 석사학위논문.

박성순, 2008, 「정조대 김하재 사건의 전말과 성격」, 『조선시대사학보』 47, 조선시대사학회.

박인찬, 2012, 「동양과 서양 사이: 『한중록』, 『붉은 왕세자빈』, 초문화적 문화 소통의 한계」, 『새한영어영문학』 54-1, 새한영어영문학회.

박정규, 1993, 「조선시대 교서 윤음에 관한 연구」, 『한국적 커뮤니케이션 모델의 탐구』 I, 한국언론학회.

박종기, 2015, 『고려사의 재발견』, 휴머니스트.

박종목, 2012, 『實學의 社會改革論과 民本主義 法思想』, 고려대학교 법학과 박사학위논문.

박종수, 1993, 「16, 17세기 전세의 정액화 과정」, 『한국사론』 30, 서울대학교 국사학과.

박창희, 2012, 『영남대로 스토리텔링』, 해성.

박철상 외, 2011, 『정조의 비밀 어찰, 정조가 그의 시대를 말하다』, 푸른역사.

박평식, 1999, 『조선전기 상업사 연구』, 지식산업사.

박평식, 2009, 『조선전기 교환경제와 상인 연구』, 지식산업사.

박현모, 2001, 『정치가 정조』, 푸른역사.

박현모, 2011, 『정조 사후 63년: 세도정치기의 국내외 정치 연구』, 창비.

박현모, 2018, 『정치평전』, 민음사.

박현순, 1997, 「16-17세기 공납제 운영의 변화」, 『한국사론』 38, 서울대학교 국사학과.

박홍갑, 2002, 『우리 성씨와 족보이야기』, 산처럼.

박홍규, 2019, 「신국사상의 침략성」, 『메이지유신의 침략성과 재인식의 문제』, 동북아역사재단.

방송문화진흥회 편, 1995, 『다매체시대의 방송편성정책』, 한울아카데미.

방송위원회, 1994, 『93 방송편성·정책연구위원회 종합보고서』, 방송위원회.

배관문, 2015, 「근대 전환기 일본의 실학: 야마가타 반토와 후쿠자와 유키치」, 『일본사상』 29, 한국일본사상사학회.

배연숙, 2010, 「위당 정인보의 조선학 성립배경에 관한 연구」, 『철학논총』 59, 새한철학회.

배요한, 2014, 「정하상의 「상재상서」에 관한 연구: 헌종대 「척사윤음」과의 비교를 중심으로」, 『장신논단』 46-1, 장로회신학대학교 기독교사상과문화연구원.

배우성, 2004, 「정조의 유수부 경영과 화성인식」, 『한국사연구』 127, 한국사연구회.

배현숙, 2005, 「규장각 조직에 관한 연구」, 『동양학』 37, 단국대학교 동양학연구소.

백민정, 2017, 「『경세유표』와 정약용의 통치론: 신분 질서와 예치 문제를 중심으로」, 『다산학』 31, 다산학술문화재단.

백승종, 1999, 「18-19세기 『정감록』을 비롯한 각종 예언서의 내용과 그에 대한 당시대인들의 해석」, 『진단학보』 88, 진단학회.

백승종, 2006, 『정감록 역모사건의 진실게임』, 푸른역사.

백승철, 2000, 『조선후기 상업사 연구』, 혜안.

백승호, 2020a, 『정조의 문치: 글쓰기로 인의의 정치를 펴다』, 휴머니스트.

백승호, 2020b, 「정조 연간 남인 문단과 지성인의 결속」, 『한국문화』 89, 서울대학교 규장각한국학연구원.

변태섭, 1986, 『한국사통론』, 삼영사.

서근식, 2002, 「茶山 丁若鏞의 國家改革論: 田制改革論을 중심으로」, 『동양고전연구』 17, 동양고전학회.

서태원, 1999, 『조선후기 지방군제연구: 영장제를 중심으로』, 혜안.

서한교, 1995, 『후기 납속제도의 운영과 납속인의 실태』, 경북대학교 사학과 박사학위논문.

설석규, 1984, 「규장각과 정조의 개혁정치」, 경북대학교 사학과 석사학위논문(설석규, 1986, 「규장각 연구」 상·하, 『대구사학』 29·31, 대구사학회).

성낙훈, 1965, 「한국당쟁사」, 『한국문화사대계』 II, 고려대학교 민족문화연구소.

손계영, 2015, 「『性齋先生文集刊所用下記』를 통해 본 19세기 후반 문집 간행과정과 간행비용 분석」, 『고문서연구』 46, 한국고문서학회.

손대현, 2018, 「윤기의 작품에 나타난 과폐 비판의 양상과 근기남인의식의 형상화」, 『어문학』 141, 한국어문학회.

손병규, 2008, 『조선왕조 재정시스템의 재발견: 17-19세기 지방재정사 연구』,

역사비평사.

손혜리, 2019, 「한문학을 통해 되돌아보는 차별과 배제의 역사」, 『한국한문학연구』 76, 한국한문학회.

송낙선, 2009, 「다산의 인재등용을 위한 과거제 개혁에 관한 연구」, 『한국행정사학지』 25, 한국행정사학회.

송석원, 2011, 「문명의 외연화와 지배의 정당성: 후쿠자와 유키치를 중심으로」, 『한국동북아논총』 60, 한국동북아학회.

송양섭, 2008, 「부역실총에 나타난 재원 파악방식과 재정정책 부역실총」, 『역사와 현실』 70, 한국역사연구회.

송양섭, 2011, 「正祖代 『軍國摠目』의 체재와 군비·군사재정의 파악」, 『사림』 38, 수선사학회.

송양섭, 2013, 「18세기 比摠制의 적용과 齊民政策의 추진」, 『한국사학보』 53, 고려사학회.

송양섭, 2014, 「18세기 '公' 담론의 구조와 그 정치·경제적 함의」, 『역사와 현실』 93, 한국역사연구회.

송양섭, 2015, 『18세기 조선의 공공성과 민본이념: 손상익하의 정치학, 그 이상과 현실』, 태학사.

송준호·송만호 편, 2008, 『조선시대 문과백서(상): 태조-인조』, 삼우반.

송찬섭, 1998, 「양전사업」, 『(신편)한국사』 30, 국사편찬위원회.

송찬식, 1997, 『조선후기 사회경제사의 연구』, 일조각.

신복룡, 2001, 『한국사 새로보기』, 풀빛.

신승운, 1987, 「조선조 정조명찬 인물고에 관한 서지적 연구」, 성균관대학교 도서관학과 석사학위논문.

신양선, 1988, 「채제공의 사회경제사상에 대한 고찰」, 『경주사학』 7, 경주사학회.

신용하, 1983, 「茶山 丁若鏞의 閭田制 土地改革思想」, 『규장각』 7, 서울대학교 규장각(신용하, 2000, 『조선후기 실학파의 사회사상연구』, 지식산업사).

신주백, 2011, 「'조선학운동'에 관한 연구 동향과 새로운 시론적 탐색」, 『한국민족운동사연구』 67, 한국민족운동사학회.

신항수, 2005, 「비판적 시각으로 살펴본 실학 연구」, 『내일을여는역사』 21,

내일을여는역사·민족문제연구소.

신현승, 2016, 『제국 지식인의 패러독스와 역사철학』, 태학사.

신효승, 2015, 「영조대 도성 방위의 수성전술 체계」, 『역사와실학』 56, 역사실학회.

심승구, 2005, 「조선전기의 관무재 연구」, 『향토서울』 65, 서울특별시사편찬위원회.

심재우, 1995, 「18세기 獄訟의 성격과 刑政運營의 변화」, 『한국사론』 34, 서울대학교 국사학과.

심재우, 1997, 「조선후기 人命사건의 처리와 '檢案'」, 『역사와 현실』 23, 한국역사연구회.

심재우, 1998, 「『전률통보』 해제」, 『典律通補』 상, 서울대학교 규장각.

심재우, 1999, 「정조대 『흠휼전칙』의 반포와 형구 정비」 『규장각』 22, 서울대학교 규장각.

심재우, 2003, 「조선시대 법전편찬과 형사정책의 변화」, 『진단학보』 96, 진단학회.

심재우, 2005, 『『심리록』 연구: 정조대 사형범죄 처벌과 사회통제의 변화』, 서울대학교 국사학과 박사학위논문(심재우, 2009, 『조선후기 국가권력과 범죄 통제: 『심리록』 연구』, 태학사).

심재우, 2007, 「조선말기 형사법 체계와 『대명률』의 위상」, 『역사와 현실』 65, 한국역사연구회.

안대회, 2010, 『정조의 비밀편지』, 문학동네.

안병직, 2021, 『경세유표에 관한 연구』, 동서문화사.

안장리, 2020, 『조선 국왕 영조 문학 연구』, 세창출판사.

안종철, 2011, 「윌리엄 그리피스(William E. Griffis)의 일본과 한국 인식, 1876-1910」, 『일본연구』 15, 글로벌일본연구원.

양보경, 1987, 『朝鮮時代 邑誌의 性格과 地理的 認識에 관한 硏究』, 서울대학교 지리학과 박사학위논문.

양진석, 1999, 『17, 18세기 還穀制度의 운영과 機能 변화』, 서울대학교 국사학과 박사학위논문.

엄기석, 2016, 「丁若鏞의 井田制論과 兵農一致的 軍制改革案」, 『조선시대사학

보』 79, 조선시대사학회.
역사문제연구소 기획, 2011, 「세금제도가 바뀌어도 힘든 살림살이: 수취체제의 변화」, 『미래를 여는 한국의 역사』 3, 웅진지식하우스.
역사비평편집위원회 편, 2017, 『정조와 정조 이후: 정조시대와 19세기의 연속과 단절』, 역사비평사.
역사학회 편, 2013, 『정조와 18세기』, 푸른역사.
연정열, 1988a, 「『수교집록』에 관한 일연구」, 『논문집』 11-1, 한성대학교.
연정열, 1988b, 「『속대전』과 『대전통편』에 관한 일연구」, 『논문집』 12, 한성대학교.
연정열, 1989a, 「『수교집록』과 노비의 관한 일연구」, 『노동경제논집』 12-1, 한국노동경제학회.
연정열, 1989b, 「『전록통고』에 관한 일연구」, 『논문집』 13-1, 한성대학교.
연정열, 2000, 「신보수교집록에 관한 일연구」, 『논문집』 24-1, 한성대학교.
염정섭, 1998a, 「『대전통편』 해제」, 『대전통편』 상, 서울대학교 규장각.
염정섭, 1998b, 「조선후기 한성부 준천의 시행」, 『서울학연구』 11, 서울시립대학교 서울학연구소.
염정섭, 2002, 「18세기 후반 正祖代 勸農策과 水利 진흥책」, 『한국문화』 29, 서울대학교 한국문화연구소.
오갑균, 1984, 「분무공신에 대한 분석적 연구」, 『논문집』 21, 청주교육대학교.
오갑균, 1997, 「영조 무신란에 관한 고찰」, 『역사교육』 21, 역사교육연구회.
오갑균, 1999, 「정조초의 왕권 확립과 시벽론」, 『논문집』 36, 청주교육대학교.
오두환, 2000, 「금융지배」, 『(신편)한국사』 44, 국사편찬위원회.
오미일, 1986, 「18-19세기 공물정책의 변화와 공인층의 변동」, 『한국사론』 14, 서울대학교 국사학과.
오미일, 1987, 「18·19세기 새로운 貢人權·塵契 창설운동과 亂塵活動」, 『규장각』 10, 서울대학교 규장각한국학연구원.
오성, 1992, 「자본주의맹아론의 연구사적 검토」, 『한국사 시민강좌』 9, 일조각.
오수창, 1997, 「세도정치의 성립과 전개」, 『(신편)한국사』 32, 국사편찬위원회.
오수창, 2002, 『조선후기 평안도 사회발전 연구』, 일조각.

오수창, 2008, 「조선시대 평안도 출신 문신에 대한 차별과 통청」, 『한국문화연구』 15, 이화여대 한국문화연구원.

오수창, 2012, 「18세기 조선 정치사상과 그 전후 맥락」, 『역사학보』 213, 역사학회.

오영교 외, 2005, 『조선후기 체제변동과 속대전』, 혜안.

오종갑, 1989, 「綸音諺解 語彙 索引(I)」, 『한민족어문학』 16, 한민족어문학회.

오종록, 1988, 「조선후기 수도방위체제에 대한 일고찰: 오군영의 삼수병제와 수성전」, 『사총』 33, 역사학연구회.

오종록, 2002, 「왜 다시 정조의 개혁을 주목하는가」, 『내일을여는역사』 9, 내일을여는역사·민족문제연구소.

왕현종, 2017, 『대한제국의 토지조사와 토지법제』, 혜안.

우경섭, 2013, 『조선중화주의 성립과 동아시아』, 유니스토리.

우인수, 1994, 「조선 숙종조 남계 박세채의 노소중재와 황극탕평론」, 『역사교육논집』 19, 역사교육학회(이태진 외 편, 2011a, 『조선후기 탕평정치의 재조명』 상, 태학사).

우인수, 1999, 『조선후기 산림세력 연구』, 일조각.

우인수, 2015, 『조선후기 영남남인 연구』, 경인문화사.

우인수, 2020, 「영조대 영남남인 류정원의 관계 진출과 관직 생활」, 『대구사학』 140, 대구사학회.

우홍준, 2006, 「'독자영역'으로서의 향약의 권위와 국가권위와의 관계」, 『한국행정학보』 40-4, 한국행정학회.

원유한, 1971, 「조선후기 화폐정책에 대한 일고찰: 고액전의 鑄用論議를 중심으로」, 『한국사연구』 6, 한국사연구회.

원유한, 1972, 「조선후기 화폐유통에 관한 일고찰: 전황문제를 중심으로」, 『한국사연구』 7, 한국사연구회.

원유한, 2000, 「조선후기 대청관계 및 인식의 변화」, 『아세아문화연구』 4, 경원대학교 아시아문화연구소.

원유한, 2008, 『조선후기 화폐사』, 혜안.

원재린, 2004, 「영조대 후반 소론-남인계 동향과 탕평론의 추이」, 『역사와현실』 53, 한국역사연구회.

원재린, 2012,「『동소만록』에 반영된 남하정의 정국인식」,『역사와현실』 85, 한국역사연구회.

원창애, 2007,「조선시대 문과급제자의 관직 진출 양상」,『조선시대사학보』 43, 조선시대사학회.

원창애, 2009,「조선시대 문과중시급제자 연구」,『역사와실학』 39, 역사실학회.

원창애, 2010,「문과방목에 담긴 양반사회의 구조와 변화」,『한국사 시민강좌』 46, 일조각.

원창애, 2011,「조선시대 예문관 분관 실태와 한림의 관직 승진 양상」,『조선시대사학보』 57, 조선시대사학회.

원창애, 2012,「조선시대 문과직부제 운영 실태와 그 의미」,『조선시대사학보』 63, 조선시대사학회.

유봉학, 1983,「18세기 남인 분열과 기호남인 학통의 성립:『동소만록』을 중심으로」「한신논문집」 1, 한신대학교출판부.

유봉학, 1996,『꿈의 문화유산, 화성』, 신구문화사.

유봉학, 2001,『정조대왕의 꿈: 개혁과 갈등의 시대』, 신구문화사.

유봉학, 2009,『개혁과 갈등의 시대: 정조와 19세기』, 신구문화사.

유봉학, 2013,『실학과 진경문화』, 신구문화사.

유새롬, 2006,「17세기 서인의 학통의식과 栗谷年譜의 편찬」,『한국사론』 52, 서울대학교 국사학과.

유재빈, 2022,『정조와 궁중회화: 문예군주 정조, 그림으로 나라를 다스리다』, 사회평론아카데미.

유현재, 2014,『조선후기 鑄錢정책과 財政활용』, 서울대학교 국사학과 박사학위논문.

육군군사연구소, 2012,『한국군사사 7-8: 조선후기 I-II』, 경인문화사.

윤석호, 2018,『丁若鏞 經世學의 國家改革論과 農者得田』, 연세대학교 사학과 박사학위논문.

윤석호, 2019,「丁若鏞 鄕遂論의 추이와 그 함의」,『민족문화연구』 84, 고려대학교 민족문화연구원.

윤용출, 1998a,「요역제의 붕괴와 모립제의 대두」,『(신편)한국사』 30, 국사편찬위원회.

윤용출, 1998b,『조선후기의 요역제와 고용노동』, 서울대학교출판부.

윤혜영, 2011,「조선시대 윤음 언해본에 나타난 인용구조 연구」,『한말연구』 29, 한말연구학회.

윤혜영, 2013,「조선시대 윤음 언해본에 나타난 어찌마디 연구」,『한말연구』 32, 한말연구학회.

이강한, 2013,『고려와 원제국의 교역의 역사: 13-14세기 감춰진 교류상의 재구성』, 창비.

이경구, 2007,『조선후기 안동 김문 연구』, 일지사.

이경식, 1983,『조선전기 토지제도연구』, 일조각.

이경식, 1998,『조선전기 토지제도연구 II: 농업경영과 지주제』, 지식산업사.

이경식, 2006,『한국 중세 토지제도사: 조선전기』, 서울대학교출판부.

이근호, 2002,『영조대 탕평파의 국정운영론 연구』, 국민대학교 국사학과 박사학위논문(이근호, 2016,『조선후기 탕평파와 국정운영』, 민속원).

이근호, 2010,「영조대 무신란 이후 경상감사의 수습책」,『영남학』17, 경북대학교 영남학연구원.

이근호, 2014a,「조선후기 남인계 가문의 정치사회적 동향」,『역사와담론』69, 호서사학회.

이근호, 2014b,「석전 광주 이씨 가문과 근기남인의 제휴」,『한국학논집』57, 계명대학교 한국학연구원.

이기백, 1990(초판 1961),『한국사신론』(수정판), 일조각.

이기봉, 2022,「朝鮮後期 正祖의 立法觀에 관한 考察:『大典通編』편찬 과정을 중심으로」,『역사와 경계』, 122, 부산경남사학회.

이동희, 2007,「장지연의『조선유교연원』의 특징에 대하여: 다카하시의「조선유학대관」과 비교」,『한국학논집』35, 계명대학교 한국학연구원.

이동희, 2015,「다카하시 도루高橋亨의 조선조 주자학 연구의 허와 실: 오늘날 철학적 관점에서의 비판적 고찰」,『한국학논집』60, 계명대학교 한국학연구원.

이만열, 1979,「日帝 官學者들의 韓國史 叙述」,『한국사론 6: 韓國史의 意識과 述』, 국사편찬위원회.

이만열, 2000, 「한국사연구」, 『(신편)한국사』 45, 국사편찬위원회.
이민원, 『고종과 대한제국: 왕국과 민국 사이』, 선인, 2022.
이상무, 2020, 「관무재 대거 정시 운영 연구: 『시예등록』을 중심으로」, 『한국교육사학』 42-1, 한국교육사학회.
이상백, 1965, 『한국사: 근세후기편』, 진단학회 편, 을유문화사.
이선아, 2018, 「18세기 호남의 노론계 서원과 평해황씨」, 『전북사학』 54, 전북사학회.
이성무, 1978, 「국조인물고해제」, 『국조인물고』 상, 서울대학교출판부.
이성무, 1998, 「조선후기 당쟁사에 대한 제설의 검토」, 『국사관논총』 81, 국사편찬위원회.
이성임, 2013, 「16-17세기 '貢役戶'와 戶首」, 『역사연구』 24, 역사학연구소.
이성학, 1984, 「韓國古邑의 置廢 및 名號陞降·變遷攷」, 『사회과학』 3, 경북대학교 사회과학대학.
이성훈, 2005, 「정조의 서예관과 서체」, 서울대학교 고고미술사학과 석사학위논문.
이성훈, 2019, 『조선후기 사대부 초상화의 제작 및 봉안 연구』, 서울대학교 고고미술사학과 박사학위논문.
이수건, 1995, 『영남학파의 형성과 전개』, 일조각.
이수건, 2003, 『한국의 성씨와 족보』, 서울대학교출판부.
이승재, 2018, 「채제공 『정원록』 연구」, 『한문학논집』 50, 근역한문학회.
이연숙, 2002, 「17-18세기 영남지역 노론의 동향: 송시열 문인가문을 중심으로」, 『역사와실학』 23, 역사실학회.
이영미, 2020, 「한국 관련 기록의 집대성: 그리피스(William E. Griffis: 1843-1928)와 『은둔의 나라 한국』」, 『한국학연구』 58, 인하대학교 한국학연구소.
이영학, 2017, 「대원군 집권기의 농업정책」, 『한국학연구』 44, 인하대학교 한국학연구소.
이욱, 2003a, 「18세기 鳴旨島 公鹽制 運營의 變化와 그 性格」, 『한국사연구』 120, 한국사연구회.
이욱, 2003b, 「17·18세기 궁방·아문의 어염절수 확대와 의미」, 『역사민속학』

17, 한국역사민속학회.

이욱, 2011, 「조선 영조대 무신란과 안동지방의 의병」, 『한국사학보』 42, 고려사학회.

이원균, 1971, 「영조 무신란에 대하여: 영남의 정희량난을 중심으로」, 『부대사학』 2, 부대사학회.

이원명, 2004, 『조선시대 문과급제자 연구』, 국학자료원.

이유진, 1996, 『丁若鏞 周禮論의 硏究』, 동국대학교 철학과 박사학위논문.

이유진, 2000, 「정약용의 『경세유표』의 연구」, 『한국사상사학』 14, 한국사상사학회.

이윤상, 1999, 「통감부시기 재정제도의 개편」, 『(신편)한국사』 42, 국사편찬위원회.

이을호, 1966, 『다산경학사상연구』, 을유문화사.

이을호, 1991, 『다산의 생애와 사상』, 을유문화사.

이재룡, 1994a, 「조세」, 『(신편)한국사』 24, 국사편찬위원회.

이재룡, 1994b, 「진상」, 『(신편)한국사』 24, 국사편찬위원회.

이재현, 2014, 「18세기 이현일 문인의 신원운동과 추숭사업」, 『대구사학』 117, 대구사학회.

이재현, 2016, 「순조대(1800-1834) 안동지역 유림의 정치적 동향」, 『퇴계학과 전통문화』 59, 경북대학교 퇴계연구소.

이재호, 1981, 「탕평정책의 본질고(상)」, 『부산대학교 논문집 1: 인문·사회과학편』, 부산대학교(이재호, 1995, 『朝鮮政治制度硏究』, 일조각).

이재호, 1982, 「탕평정책의 본질고(중)」, 『부대사학』 6, 부산대학교 사학회(이재호, 1995, 『朝鮮政治制度硏究』, 일조각).

이재호, 1983, 「탕평정치[탕평정책]의 본질고(하)」, 『인문논총』 24, 부산대학교(이재호, 1995, 『朝鮮政治制度硏究』, 일조각).

이정철, 2003, 「仁祖初 三道大同法 論議와 經過」, 『한국사연구』 121, 한국사연구회.

이정철, 2005, 「大同米·布의 構成: 『湖西大同節目』·『全南道大同事目』을 중심으로」, 『한국사학보』 19, 고려사학회.

이정철, 2009, 「조선시대 貢物分定 방식의 변화와 大同의 語義」, 『한국사학보』

34, 고려사학회.

이정철, 2010, 「磻溪 유형원의 대동법 인식: 조선후기 개혁론의 '두 가지 입장'에 대해서」, 『역사학보』 206, 역사학회.

이정철, 2011, 「대동법의 성립에서 김육의 역할」, 『사총』 72, 고려대학교 역사연구소.

이정철, 2012a, 『대동법, 조선 최고의 개혁』, 역사비평사.

이정철, 2012b, 「정약용의 전제개혁론의 역사적 맥락」, 『한국사학보』 47, 고려사학회.

이존희, 1984, 「조선왕조의 유수부 경영」, 『한국사연구』 47, 한국사연구회.

이종록·박대재, 2020, 「『我邦疆域考』 역주·비평(3): 玄菟考」, 『한국사학보』 80, 고려사학회.

이종범, 1984, 「1728년 무신란의 성격」, 연세대학교 사학과 석사학위논문.

이준구, 1995, 「양반층의 증가와 분화」, 『(신편)한국사』 34, 국사편찬위원회.

이진형, 2014, 「다산 정약용의 외관제 개혁론: 『경세유표』를 中心으로」, 『한국사상사학』 48, 한국사상사학회.

이진형, 2017, 『茶山 丁若鏞의 鄕村社會認識과 改革 構想』, 연세대학교 사학과 박사학위논문.

이철성, 2003, 『17, 18세기 전정운영론과 전세제도 연구』, 선인.

이철성, 2006, 「『輿地圖書』에 나타난 田結稅 항목의 텍스트적 이해」, 『한국사학보』 25, 한국사학회.

이충우 외, 2013, 『다시 보는 경성제국대학』, 푸른사상.

이태진 외 편, 2011a, 『조선후기 탕평정치의 재조명』 상, 태학사.

이태진 외 편, 2011b, 『조선후기 탕평정치의 재조명』 하, 태학사.

이태진 편, 1985, 『조선시대 정치사의 재조명』, 범조사 (이태진 편, 2003, 『조선시대 정치사의 재조명』, 태학사).

이태진, 1972-1973, 「사림과 유향소 복립 운동(상·하)」, 『진단학보』 34·35, 진단학회 (이태진, 1989, 『조선유교사회사론』, 지식산업사).

이태진, 1985a, 「'당쟁'을 어떻게 볼 것인가」, 『조선시대 정치사의 재조명』, 범조사 (이태진, 2003, 『조선시대 정치사의 재조명』, 태학사).

이태진, 1985b, 『조선후기의 정치와 군영제 변천』, 한국연구원.

이태진, 1989a, 「안확」, 『한국사 시민강좌』 5, 일조각.

이태진, 1989b, 「16세기 동아시아 경제변동과 정치·사회적 동향」, 『조선유교 사회사론』, 지식산업사.

이태진, 1990a, 『奎章閣小史』, 서울대학교.

이태진, 1990b, 「사화와 붕당정치」, 『한국사특강』, 서울대학교출판부.

이태진, 1992a, 「정조의 『대학』 탐구와 새로운 군주론: 「題先正晦齋續大學或問卷首」 作送배경」, 『이회재의 사상과 그 세계』, 성균관대학교 대동문화연구소(이태진 외 편, 2011b, 『조선후기 탕평정치의 재조명』 하, 태학사).

이태진, 1992b, 「조선후기 양반사회의 변화: 신분직역제와 향촌사회 운영구조변동을 중심으로」, 『韓國社會發展史論』, 일조각(이태진, 2008, 『한국사회사연구』(증보판), 지식산업사).

이태진, 1993, 「정조: 유교적 계몽절대군주」, 『한국사 시민강좌』 13, 일조각.

이태진, 1994, 『왕조의 유산: 외규장각 도서를 찾아서』, 지식산업사.

이태진, 1998, 「인구의 감소」, 『(신편)한국사』 30, 국사편찬위원회.

이태진, 2000, 『고종시대의 재조명』, 태학사.

이태진, 2011, 「'海外'를 바라보는 北學: 『열하일기』를 중심으로」, 『한국사 시민강좌』 48, 일조각.

이태진, 2022a, 『일본제국의 '동양사' 개발과 천황제 파시즘』, 사회평론 아카데미.

이태진, 2022b, 『일본제국의 대외 침략과 동방학 변천』, 사회평론 아카데미.

이태훈, 2004, 『실학 담론에 대한 지식사회학적 고찰: 근대성 개념을 중심으로』, 전남대학교 사회학과 박사학위논문.

이태훈, 2015, 「대한제국기 일본 유학생들의 유학생활과 유학의식: 1900년대 일본 유학생들의 '일본론'을 중심으로」, 『역사와 실학』 57, 역사실학회.

이태훈, 2020, 「1900년대 전반 '대한제국 비판세력'의 동향과 정치적 결집과정」, 『역사와 실학』 73, 역사실학회.

이헌창, 2017, 「조선왕조의 정치체제: 절대군주제」, 『경제사학』 65, 경제사학회.

인하대학교 한국학연구소 편, 2009, 『중국 없는 중화』, 인하대학교출판부.

임민혁, 2002, 『조선시대 음관 연구』, 한성대학교출판부.

임승표, 2001, 『朝鮮時代 賞罰的 邑號陞降制 硏究』, 홍익대학교 사학과 박사학위논문.
장경순, 2018, 「마거릿 드래블의『붉은 왕세자빈』: 여행문학과 글쓰기 그리고 재현」,『현대영미소설』25-2, 한국현대영미소설학회.
장동우, 2005, 「『속대전』「예전」과『대전통편』「예전」에 반영된 17세기 전례논쟁의 논점에 대한 고찰」,『한국실학연구』9, 한국실학학회.
장유승, 2020, 「「필원산어」연구: 영남남인 정체성과 문학사 인식을 중심으로」,『한문학논집』55, 근역한문학회.
장필영, 2014, 「정약용의 지리적 관심에 대한 고찰:『목민심서』,『경세유표』를 중심으로」,『지리교육논집』58, 서울대학교 지리교육과.
장희홍, 2006, 「동학농민혁명기 조선 정부의 농민군 진압과정과 지방관에 대한 대책」,『동학연구』20, 한국동학학회.
전광수, 2009, 『茶山 法思想의 倫理的 性格에 관한 硏究』, 부산대학교 국민윤리학과 박사학위논문.
전상욱, 2011, 「호서대동법 실시 전후 진상의 운영과 변화」,『중앙사론』34, 중앙대학교 중앙사학연구소.
전성건, 2010, 『茶山의 禮治思想 硏究』, 고려대학교 철학과 박사학위논문.
전윤선, 1998, 「1930년대 '조선학' 진흥운동 연구: 방법론의 모색과 민족문제 인식을 중심으로」, 연세대학교 사학과 석사학위논문.
전형택, 1989, 『조선후기 노비신분변동 연구』, 일조각.
전호수, 2008, 『茶山 丁若鏞의 政治經濟認識과 井田制 土地改革論 硏究』, 충북대학교 사학과 박사학위논문.
정경민, 2020, 「정약용의 재원확보구상과 관료 및 민의 역할」,『역사와실학』72, 역사실학회.
정경희, 1994, 「17세기 후반 '전향노론' 학자의 사상: 박세채·김간을 중심으로」,『역사와현실』13, 한국역사연구회.
정긍식, 2005, 「『속대전』위상에 대한 소고: "봉사 및 입후"조를 대상으로」,『서울대학교 법학』46-1, 서울대학교 법학연구소.
정긍식·조지만, 2003, 「조선전기『대명율』의 수용과 변용」,『진단학보』96, 신단학회.

정두영, 2013, 「정조대 도성방어론과 강화유수부」, 『서울학연구』 51, 서울시립대 서울학연구소.

정만조, 1977, 「均役法의 選武軍官: 閑遊者 문제와 관련하여」, 『한국사연구』 18, 한국사연구회.

정만조, 1982, 「영조 14년 안동 김상헌서원 건립 시비」, 『한국학연구』 1, 동덕여자대학교 한국학연구소.

정만조, 1983, 「영조대 초반의 정국과 탕평책의 추진」, 『진단학보』 56, 진단학회(이태진 편, 1986, 『조선시대 정치사의 재조명』).

정만조, 1996, 「조선후기의 良役變通論: 정치상황과 관련해 본 하나의 시론」, 『한국 근세 문화의 특성: 조선왕조 후기(12): 군사·외교부문』, 제26회 동양학학술회의록.

정만조, 1997, 「양역변통론의 추이」, 『(신편)한국사』 32, 국사편찬위원회.

정병설, 2012, 『권력과 인간: 사도세자의 죽음과 조선왕실』, 문학동네.

정성일, 2004, 「조선의 동전과 일본의 은화: 화폐의 유통을 통해 본 15-17세기 한일관계」, 『한일관계사연구』 20, 한일관계사학회.

정성일, 2012, 「조선과 일본의 은 유통 교섭」, 『한일관계사연구』 42, 한일관계사학회.

정성희, 2017, 「磻溪 經世學의 계승과 과거제 개혁론」, 『한국실학연구』 34, 한국실학학회.

정수환, 2013, 『조선후기 화폐유통과 경제생활』, 경인문화사.

정순옥, 2005, 『조선시대 사죄심리제도와 『심리록』』, 전남대학교 사학과 박사학위논문.

정연식, 1993, 「조선후기 '役摠'의 운영과 양역변통」, 서울대학교 국사학과 박사학위논문.

정연식, 2015, 『영조대의 양역정책과 균역법』, 한국학중앙연구원출판부.

정옥자 외, 1999, 『정조시대의 사상과 문화』, 돌베개.

정옥자, 1978, 「정조의 학예사상: 홍재전서 일득록 문학조를 중심으로」, 『한국학보』 4-2, 일지사.

정옥자, 1981, 「奎章閣 抄啓文臣 硏究」, 『奎章閣』 5, 서울대학교.

정옥자, 1982, 「正祖의 抄啓文臣敎育과 文體政策」, 『奎章閣』 6, 서울대학교.

정옥자, 2000, 『정조의 수상록 일득록 연구』, 일지사.

정옥자, 2001, 『정조의 문예사상과 규장각』, 효형출판.

정옥자, 2013, 「정조와 정조대 제반정책」, 『서울학연구』 51, 시립대학교 서울학연구소.

정재용, 2016, 「18세기 말-19세기 초 의리문제를 둘러싼 안동지역 남인과 노론의 대립」, 안동대학교 사학과 석사학위논문.

정준영, 2017, 「이마니시 류의 조선사, 혹은 식민지 고대사에서 종속성 발견하기」, 『제국 일본의 역사학과 조선: 식민주의 역사학과 제국 2』, 소명출판.

정준영, 2022, 『경성제국대학 법문학부와 조선 연구: 지양으로서의 조선, 지향으로서의 동양』, 사회평론아카데미.

정진영, 2015a, 「18세기 영남 노론의 존재형태: 영조 14년(1738) 안동 김상헌서원 건립과 훼파를 통해 본 '새로운 세력'에 대한 검토」, 『한국사연구』 171, 한국사연구회.

정진영, 2015b, 「18세기 서원건립을 둘러싼 향촌사회의 갈등관계: 영조 14년(1738) 안동 김상헌서원 건립 문제를 중심으로」, 『조선시대사학보』 72, 조선시대사학회.

정필준, 2015, 「1860-1870년대 근기남인의 내부갈등과 동향」, 서울시립대 국사학과 석사학위논문.

정해득, 2015, 「『한중록』의 집필목적과 그 영향」, 『조선시대사학보』 74, 조선시대사학회.

정해은, 2003, 「조선후기 西班人事 규정집 『西銓政格受敎筵奏輯錄』의 검토」, 『장서각』 10, 한국학중앙연구원.

정해은, 2020, 『조선의 무관과 양반사회』, 역사산책.

정호훈, 2004, 『朝鮮後期政治思想研究: 17세기 北人系 南人을 중심으로』, 혜안.

정호훈, 2017, 「조선후기 새로운 국가구상의 전통과 『경세유표』」, 『동방학지』 180, 연세대학교 국학연구원.

정호훈, 2019, 「조선후기 실학 연구의 추이와 성과: 해방 후 한국에서의 실학 연구, 방법과 문제의식」, 『한국사연구』 184, 한국사연구회.

조강희, 2006, 『영남지방 양반가문의 혼인관계』, 경인문화사.

조경래, 1987, 『西洋近世史』, 日新社.
조광, 1973, 「번암 채제공의 서학관 연구」, 『사총』 17·18, 고대사학회.
조낙영, 2015, 『조선후기 유수부재정 연구: 강화·광주·화성유수부를 중심으로』, 서울대학교 국사학과 박사논문.
조성산, 2011, 「실학 개념 논쟁과 그 귀결」, 『한국사 시민강좌』 48, 일조각.
조영현, 2013, 「동아시아사 교과서의 '은 유통과 교역망': 주제의 설정과 그 의미」, 『동북아역사논총』 39, 동북아역사재단.
조재곤, 2000, 「청일전쟁과 1894년 농민전쟁」, 『(신편)한국사』 40, 국사편찬위원회.
조준호, 2006, 「18세기 전반 근기남인의 분포와 무신란」, 『성호학보』 3, 성호학회.
조지만, 2007, 『조선시대의 형사법: 대명률과 국전』, 경인문화사.
조찬용, 2003, 『1728년 무신사태 고찰』, 아이올리브.
조찬용, 2012, 『1728년 무신봉기와 300년 차별』, 학고방.
조혜인, 2009, 『공민사회의 동과 서』, 나남.
조혜인, 2012, 『동에서 서로 퍼진 근대 공민사회』, 집문당.
지두환, 1994, 『조선전기 의례연구: 성리학 정통론을 중심으로』, 서울대학교출판부.
지두환, 1997, 「인조대의 대동법 논의」, 『역사학보』 155, 역사학회.
지두환, 2000, 「효종대 대동법 논의」, 『한국사상과 문화』 10, 한국사상문화학회.
차문섭, 1961, 「임란 이후의 양역과 균역법의 성립」 상·하, 『사학연구』 10·11, 한국사학회.
차문섭, 1973, 『조선시대 군제연구』, 단국대학교출판부.
차문섭, 1976, 「균역법의 의의와 영향」, 『한국사』 13, 국사편찬위원회.
차문섭, 1995, 『조선시대 군사관계 연구』, 단국대학교출판부.
차미희, 1999, 『조선시대 문과제도 연구』, 국학자료원.
차미희, 2001, 「『속대전』의 文科시험 停擧규정 검토」, 『사학연구』 64, 한국사학회.
차세영, 2018, 『조선의 인사임용제도와 영향요인에 관한 연구: 유교적 실적주의를 중심으로』, 서울대학교 행정학과 박사학위논문.

차용진, 1983, 「清代 '地丁銀'制 成立에 關한 一考察」, 성균관대학교 사학과 석사학위논문.

차장섭, 1997, 『조선후기 벌열연구』, 일조각.

차하순, 1973, 『서양근세사: 르네상스의 사회와 사상』, 탐구당.

차혜원, 2004, 「18세기 청조의 언론통제와 관료사회」, 『동방학지』 125, 연세대학교 국학연구원.

차혜원, 2009, 「18세기, "손가감위조문서"와 清朝의 정보 유통」, 『명청사연구』 32, 명청사학회.

채관식, 2006, 「1930년대 '조선학'의 심화와 전통의 재발견」, 연세대학교 사학과 석사학위논문.

채광수, 2017, 「경주 여주이씨 玉山派의 章山書院 건립과 운영: 조선후기 영남지역 노론계 서원 건립 사례 연구」, 『한국서원학보』 4, 한국서원학회.

채광수, 2019a, 「1728년 무신난과 居昌 褒忠祠 건립의 성격」, 『역사교육논집』 70, 역사교육학회.

채광수, 2019b, 「조선후기 영남지역 노론계 가문의 분포와 서원건립 추이」, 『한국서원학보』 8, 한국서원학회.

채광수, 2020, 「영남 소론계 가문의 존재와 계승 양상: 봉화 진주강씨 姜恪 가문을 중심으로」, 『대구사학』 139, 대구사학회.

최광만, 2020, 「『경세유표』의 교육개혁안 분석」, 『교육사학연구』 30, 교육사학회.

최기영, 2000, 「언론의 구국투쟁」, 『(신편)한국사』 46, 국사편찬위원회.

최봉영, 1992, 「임오변화와 영조말 정조초의 정치세력」, 『조선후기 당쟁의 종합적 검토』, 한국정신문화연구원.

최석기, 2019, 『조선후기 경상우도의 학술동향』, 경인문화사.

최성환, 2009, 『정조대 탕평정국의 군신의리 연구』, 서울대학교 국사학과 박사학위논문(최성환, 2020, 『영·정조대 탕평정치와 군신의리』, 신구문화사).

최성환, 2015, 「혜경궁의 처지와 『한중록』의 다면적 사실성」, 『조선시대사학보』 74, 조선시대사학회.

최슬기·박대재, 2020, 「『我邦疆域考』 역주·비평(1): 朝鮮考」, 『한국사학보』 78,

고려사학회.

최승희, 1989, 『한국고문서연구』, 지식산업사.

최승희, 1993, 「『한국고문서연구』」, 『한국사 시민강좌』 13, 일조각.

최완기, 1990, 「대동법 실시의 영향」, 『국사관논총』 12, 국사편찬위원회.

최완기, 1994, 「붕당정치의 전개와 정국의 변화」, 『한국사』 9, 한길사.

최완수 외, 1998, 『진경시대』 1-2, 돌베개.

최우혁, 2019, 「정조-순조대 근기남인의 분화와 정치명분 확립」, 『조선시대사학보』 90, 조선시대사학회.

최윤오, 2019a, 「다산 정약용의 土地公槪念과 閭田制」, 『동방학지』 187, 연세대학교 국학연구원.

최윤오, 2019b, 「다산 정약용의 역사인식과 토지론」, 『다산과 현대』 12, 연세대학교 강진다산실학연구원.

최윤오, 2020a, 「다산 정약용의 토지개혁론과 현실인식」, 『동방학지』 190, 연세대학교 국학연구원.

최윤오, 2020b, 「『목민심서』에서 『경세유표』로의 전환: 양전제와 방전법을 중심으로」, 『학림』 45, 연세사학연구회.

최윤오, 2020c, 「반계 유형원과 다산 정약용의 토지개혁론 비교: 여리경과 여전론을 중심으로」, 『한국사연구』 188, 한국사연구회.

최이돈, 1986, 「16세기 낭관권의 형성과정」, 『한국사론』 14, 서울대학교 국사학과(최이돈, 2017, 『조선중기 사림정치』, 경인문화사).

최주희, 2011, 「18세기 중반 『度支定例』類 간행의 재정적 특성과 정치적 의도」, 『역사와 현실』 81, 한국역사연구회.

최주희, 2012, 「18세기 중반 定例類에 나타난 王室供上의 범위와 성격」, 『장서각』 27, 한국학중앙연구원.

최주희, 2014, 「조선후기 선혜청의 운영과 중앙재정구조의 변화: 재정기구의 합설과 지출정비 과정을 중심으로」, 고려대학교 한국사학과 박사학위논문.

최창희, 1999, 「국채보상운동」, 『(신편)한국사』 43, 국사편찬위원회.

최형국, 2012, 「正祖의 文武兼全論과 兵書 간행: 認識과 意味를 中心으로」, 『역사민속학』 39, 한국역사민속학회.

최효식, 1995,『조선후기 군제사연구』, 신서원.

한국민족미술연구소, 2014,『진경문화: 찬란한 우리 문화의 꽃』, 현암사.

한국사특강편찬위원회, 1990,『한국사특강』, 서울대학교출판부.

한국역사연구회 토지대장연구반, 1995,『대한제국의 토지조사사업』, 민음사.

한국역사연구회 토지대장연구반, 2010,『대한제국의 토지제도와 근대』, 혜안.

한명기, 1992,「17세기초 은의 유통과 그 영향」,『규장각』15, 서울대학교 규장각.

한명기, 2004,「16, 17세기 명청교체와 한반도: 재조지은, 은, 그리고 쿠데타의 변주곡」,『명청사연구』22, 명청사학회.

한상권, 1996a,『조선후기 사회와 소원제도: 상언·격쟁 연구』, 일조각.

한상권, 1996b,「조선후기 산송의 실태와 성격: 정조대 상언·격쟁의 분석을 중심으로」,『성곡논총』27-4, 성곡언론문화재단.

한상권, 2009a,「정조의 군주관」,『조선시대사학보』41, 조선시대사학보.

한상권, 2009b,「갈등과 소통: 1779년 정조의 영릉거둥」,『국학연구』14, 한국국학진흥원.

한상권, 2009c,「백성과 소통한 군주, 정조」,『역사비평』89, 역사비평사.

한영국, 1960-1961,「호서에 실시된 대동법(상·하)」,『역사학보』13·14, 역사학회.

한영국, 1961·1963·1964,「호남에 실시된 대동법(上·二·三·四)」,『역사학보』15·20·21·24, 역사학회.

한영국, 1976,「대동법의 실시」,『한국사』13, 국사편찬위원회.

한영국, 1998,「대동법의 시행」,『(신편)한국사』30, 국사편찬위원회.

한영우, 1997,『다시 찾는 우리역사』, 경세원.

한영우, 1998,『정조의 화성행차 그 8일』, 효형출판.

한영우, 2000,『정조대왕 화성행행 반차도』, 효형출판.

한영우, 2008,『문화정치의 산실, 규장각』, 지식산업사.

한영우, 2013a,『과거 출세의 사다리 1: 태조-경종』, 지식산업사.

한영우, 2013b,『과거 출세의 사다리 2: 광해군-영조』, 지식산업사.

한영우, 2013c,『과거 출세의 사다리 3: 정조-철종』, 지식산업사.

한영우, 2017,『정치평진』상·하, 시식산업사.

한우근, 1986(초판 1970), 『한국통사』(개정판), 을유문화사.

한자경, 2013, 「다카하시 도루의 조선유학 이해의 공과 과: 주리·주기 분류를 중심으로」, 『철학사상』 49, 서울대학교 철학사상연구소.

한홍구, 2019, 「한국민주주의와 지역감정: 남북분단과 동서분열」, 『역사연구』 37, 역사학연구소.

허태구, 2020, 『정조의 무치: 문무를 갖춘 완전한 나라를 꿈꾸다』, 휴머니스트.

허태용, 2009, 『조선후기 중화론과 역사의식』, 아카넷.

허태용, 2014a, 「1728년 무신란 진압과 『감란록』의 편찬」, 『한국사연구』 166, 한국사연구회.

허태용, 2014b, 「영조대 탕평정국하 국가의리서 편찬과 무신란 해석: 『감란록』, 『어제대훈』, 『천의소감』의 비교검토」, 『사학연구』 116, 한국사학회.

玄采, 1906, 『東國史略』, 普成館.

홍덕기, 1990, 「茶山 丁若鏞의 土地改革思想 硏究: 閭田論을 중심으로」, 『범한철학』 5, 범한철학회(홍덕기, 2018, 『(다산 정약용의) 토지개혁사상』, 전남대학교출판문화원).

홍준화, 2007, 『대한제국기 조선의 차관교섭과 국제관계』, 고려대학교 사학과 박사학위논문.

황선엽, 1997, 「명의록언해」, 『문헌과 해석』 1, 문헌과 해석사.

황재문, 2019, 「1728년 무신란 관련 문헌의 재검토」, 『국문학연구』 40, 국문학회.

황태연, 2020a, 『17-18세기 영국의 공자 숭배와 모럴리스트』 상·하, 넥센미디어.

황태연, 2020b, 『근대 독일과 스위스의 유교적 계몽주의』, 넥센미디어.

황태연, 2020c, 『근대 프랑스의 공자 열광과 계몽철학』, 넥센미디어.

3. 해외 연구

외국 학자 국내 발표

다카시로 코이치高城幸一, 2013, 『후쿠자와 유키치의 조선정략론 연구: 『時事新報』 조선관련 평론(1892-1990)을 중심으로』, 선인.
야마모토 스스무山本進, 2013, 「조선후기 은 유통」, 『명청사연구』 39, 명청사학회.
쓰키아시 다쓰히코月脚達彦, 2012, 「조선개화파와 후쿠자와 유키치」, 『한국학연구』 26, 인하대학교 한국학연구소.
히라키 마코토平木實, 1982, 『조선후기 노비제 연구』, 지식산업사.

외국 학자 국내 번역

가토 요코加藤陽子, 2003, 『근대 일본의 전쟁논리』, 박영준 옮김, 태학사.
가토 요코加藤陽子, 2012, 『만주사변에서 중일전쟁으로』, 김영숙 옮김, 어문학사.
가토 요코加藤陽子, 2018, 『왜 전쟁까지』, 양지연 옮김, 사계절.
가트, 아자Gat, Azar 외, 2020, 『민족: 정치적 종족성과 민족주의, 그 오랜 역사와 깊은 뿌리』, 유나영 옮김, 교유서가.
게일, 제임스 S.Gale, James Scarth, 2018, 『조선, 그 마지막 10년의 기록(1888-1897)』, 최재형 옮김, 책비.
그렙스트, 아손Grebst, William Andersson, 2005, 『스웨덴 기자 아손, 100년 전 한국을 걷다: 을사조약 전야 대한제국 여행기』, 김상열 옮김, 책과함께.
그리피스, 윌리엄 E.Griffis, William E., 1999, 『은자의 나라 한국』, 신복룡 옮김, 집문당
김선주Kim, Sun Joo, 2020, 『조선의 변방과 반란, 1812년 홍경래의 난』, 김범 옮김, 푸른역사.
다카하시 도루高橋亨, 1999, 『조선의 유학』, 조남호 옮김, 소나무.
도이힐러, 마르티나Deuchler, Martina, 2018, 『조상의 눈 아래서』, 김우영 외 옮

김, 너머북스.
라이샤워, 에드윈 O.Reischauer, Edwin Oldfather, 1989a, 「초기의 한국: 중국형 국가의 출현」, 『동양문화사』 상, 김한규 외 옮김, 을유문화사.
라이샤워, 에드윈 O.Reischauer, Edwin Oldfather, 1989b, 「고대 일본: 중국문명의 섭취」, 『동양문화사』 상, 김한규 외 옮김, 을유문화사.
라이샤워, 에드윈 O.Reischauer, Edwin Oldfather, 1989c, 「메이지시대의 근대화」, 『동양문화사』 하, 김한규 외 옮김, 을유문화사.
런던, 잭London, Jack, 2001, 『잭 런던의 조선사람 엿보기: 러일전쟁 종군기』, 윤미기 옮김, 한울.
류쩌화劉澤華, 2019, 『중국정치사상사 3: 수당송원명청』, 장현근 옮김, 글항아리.
맥켄지, F. A.McKenzie, F. A., 1999, 『대한제국의 비극』, 신복룡 옮김, 집문당.
미타니 타이치로三谷太一郎, 2020, 『일본 근대는 무엇인가』, 송병권 외 옮김, 평사리.
베버, 막스Weber, Max, 1981, 『지배의 사회학』, 금종우 외 옮김, 한길사.
베스타, 오드 아르네Westad, Odd Arne, 2022, 『제국과 의로운 민족: 한중 관계 600년사』, 옥창준 옮김, 너머북스.
브룩, 티모시Brook, Timothy, 2008, 『베르메르의 모자: 베르메르의 그림을 통해 본 17세기 동서문명교류사』, 박인규 옮김, 추수밭.
비숍, 이사벨라 버드Bishop, Isabella Bird, 1994, 『한국과 그 이웃 나라들』, 이인화 옮김, 살림.
사사키 슌스케·가카오카 류佐々木 俊介·片岡龍, 2018, 「일본과 한국에서의 '실학'의 근대화」, 『한국종교』 43, 조성환 옮김, 원광대학교 종교문제연구소.
스펜서, 허버트Spencer, Herbert, 2014, 『진보의 법칙과 원인』, 이정훈 옮김, 지만지.
쓰키아시 다쓰히코月脚達彦, 2014, 『조선의 개화사상과 내셔널리즘』, 최덕수 옮김, 열린책들.
시미즈 이사오清水勳, 2008a, 『메이지 일본의 알몸을 훔쳐보다』 1, 김희정 외 옮김, 어문학사.

시미즈 이사오淸水勳, 2008b,『메이지 일본의 알몸을 훔쳐보다』2, 김희정 외 옮김, 어문학사.

아부-루고드, 재닛Abu-Lughod, Janet L., 2006,『유럽 패권 이전: 13세기 세계체제』, 박흥식 외 옮김, 까치.

아라이 신이치荒井信一, 2014,『약탈 문화재는 누구의 것인가』, 이태진 옮김, 태학사.

야마구치 게이지山口啓二, 2001,『일본근세의 쇄국과 개국』, 김현영 옮김, 혜안.

에커트, 카터Eckert, Carter, 2008,『제국의 후예: 고창 김씨가와 한국 자본주의의 식민지 기원, 1876-1945』, 주익종 옮김, 푸른역사.

오페르트, 에른스트 야콥Oppert, Ernst Jakob, 2019,「금단의 나라 조선」,『하멜 표류기·조선전·금단의 나라 조선』, 신복룡 옮김, 집문당.

와그너, 에드워드Wagner, Edward W., 2007『조선왕조 사회의 성취와 귀속』, 이훈상 옮김, 일조각.

와그너, 엘라슈Wagner, Ellasue C., 1999,「한국의 아동생활」,『조선의 모습·한국의 아동생활』, 신복룡 옮김, 집문당.

왕마오王茂, 1995,『청대철학』1-3, 김동휘 옮김, 신서원.

요나하 준與那覇 潤, 2013,『중국화 하는 일본: 동아시아 문명의 충돌 1천년사』, 최종실 옮김, 페이퍼로드.

융이永誼, 2013,『白銀祕史』, 류방승 옮김, RHK.

위그햄, 헨리Whigham, Henry J., 2009,『(영국인 기자의 눈으로 본) 근대 만주와 대한제국』, 이영옥 옮김, 살림.

웨더포드, 잭Weatherford, Jack, 2013,『칭기스칸 잠든 유럽을 깨우다』, 정영목 옮김, 사계절.

차오찌후이趙吉惠 외, 1997,『중국유학사』1-3, 김동휘 옮김, 신서원.

치앤무錢穆, 1975,『中國歷代政治의 得失』, 신승하 옮김, 박영사.

치앤무錢穆, 1989,『주자학의 세계』, 이종재 외 옮김, 이문문화사.

카, 에드워드 핼릿Carr, Edward Hallett, 2016,『역사란 무엇인가』, 김택현 옮김, 까치.

커즌, 조지 N.Curzon, George N., 1996,『100년 전의 여행 100년 후의 교훈』, 나

종일 옮김, 비봉출판사.

키신저, 헨리Kissinger, Henry Alfred, 2012, 『헨리 키신저의 중국 이야기』, 권기대 옮김, 민음사.

테일러, 메리 린리Taylor, Mary Linley, 2014, 『호박 목걸이』, 송영달 옮김, 책과함께.

페어뱅크, 존 킹Fairbank, John King Fairbank, 1994, 『신중국사』, 중국사연구회 옮김, 까치.

프랑크, 안드레 군도Frank, Andre Gunder, 2004, 『리오리엔트』, 이희재 옮김, 이산.

하라 다케시原武史, 2000, 『직소와 왕권』, 김익한 외 옮김, 지식산업사.

헐버트, 호머Hulbert, Homer, 1999, 『대한제국멸망사』, 신복룡 옮김, 집문당.

헤세-바르텍, 에른스트 폰Hesse-Wartegg, Ernst Von, 2012, 『조선 1894년 여름』, 정현규 옮김, 책과함께.

후쿠자와 유키치福澤諭吉, 2020, 『문명론 개략』, 성희엽 옮김, 소명출판.

외국어 자료

內藤湖南, 1947, 『中國近世史』, 弘文堂.

大類伸 외, 1936, 『西洋近世史』, 平凡社.

石井壽夫, 1940, 「後期李朝黨爭史について一考察: 後期李朝理學至上主義國家社會の消長よりみたる(一)·(二)·(完)」, 『社會經濟史學』10-6·7, 會經濟史學[이태진 편, 2003, 『조선시대 정치사의 재조명』, 태학사].

小倉紀藏, 2012, 『朱子學化する日本近代』, 藤原書店.

松丸道雄 外, 1997, 『中國史4: 明·淸』(世界歷史大系), 山川出版社.

岩井茂樹, 2020, 『朝貢·海禁·互市: 近世東アジアの貿易と秩序』, 名古屋大學出版會.

林泰輔, 1892, 『朝鮮史』, 吉川半七[2020, 『조선사: 번역·해제』, 편무진 외 옮김, 지식과교양].

林泰輔, 1901, 『朝鮮近世史』, 吉川半七.

林泰輔, 1912, 『朝鮮通史』, 富山房.

蔣貴麟 主編, 1976, 『康南海先生遺著彙刊』1, 宏業書局.

長野虎太郎·細井肇, 1921, 『朋黨士禍の檢討』, 自由討究社.

蔣兆成·王日根 共著, 2001, 『康熙傳』, 商務印書館[2010, 『강희제 평전』, 이은자 옮김, 민음사].

齋藤淸太郎, 1930, 「西洋近世史講話」, 『史林』15-3, 史學硏究會(京都帝國大學文學部內).

前川貞次郎 외, 1953, 『西洋近世史』, 創元社.

朱謙之, 1940, 『中國思想對於歐洲文化之影響』, 商務印書館[2010, 『중국이 만든 유럽의 근대』, 진홍석 옮김, 청계].

弊源坦, 1907, 『韓國政爭志』, 三省堂.

Bernays, Edward, 2018, *Propaganda*, Desert[2009, 『프로파간다』, 강미경 옮김, 공존].

Black, Jeremy, 1990, *Eighteenth Century Europe 1700-1789,* Macmillan Education Ltd.

Dardess, John W., 1985, *Confucianism and Autocracy: Professional Elites in the Founding of the Ming Dynasty,* University of California Press.

Deuchler, Martina, 1995, *The Confucian Transformation of Korea: A Study of Society and Ideology,* Harvard University Press[2003, 『한국 사회의 유교적 변환』, 이훈상 옮김, 아카넷].

Duncan, John B., 2000, *The Origins of the Chosŏn Dynasty*, University of Wasington Press[2013, 『조선왕조의 기원』, 김범 옮김, 너머북스].

Dutcher, George, 1967, "The Importance of Enlightened Despotism", Roger Wines ed., *Enlightened Despotism: Reform or Reaction?,* D. C. Health and Company.

Elliot, Mark C., 2009, *Emperor Qianlong: son of heaven, man of the world*, Pearson Longman[2011, 『건륭제』, 양휘웅 옮김, 천지인].

Ferguson, Wallace Klippert, 1940, *The Renaissance,* Holt, Rinehart and Winston[1989, 『서양근세사: 중세에서 근대로의 이행』, 이연규 외 옮김, 집문당].

Friedrich, Carl J. ed., 1958, *Authority,* Havard University Press.

Fukuyama, Francis, 2012, *The Origins of Political Order: From Prehuman Times to the French Revolution,* Farrar Straus & Giroux[2012, 『정치질서의 기원』, 함규진 옮김, 웅진지식하우스].

Gagliardo, John G., 1967, *Enlightened Despotism,* Harlan Davidson Inc.

Haboush, JaHyun Kim, 1988, *A Heritage of Kings: One Man's Monarchy in the Confucian World* , Coumbia University Press[2017, 『왕이라는 유산』, 김백철 외 옮김, 너머북스].

Hartung, Fritz, 1967, "A Definition of Enlightened Despotism", Roger Wines ed., *Enlightened Despotism: Reform or Reaction?,* D. C. Health and Company.

Hegel, Georg Wilhelm Friedrich, translated by H. B. Nisbet, 1975, *Lectures on the Philosophy of the World History,* Cambridge University Press[1978, 『역사철학강의』, 권기철 옮김, 동서문화사].

Kang, David C., 2012, *East Asia Before the West: Five Centuries of Trade and Tribute*, Columbia Univ Press, 2012.

Kelsen, Hans, 1949, "Autocracy", *General Theory of Law And State,* Harvard University Press.

Kim, Paek-chol, 2019, "King Chŏngjo, An Enlightened Despot in Early Modern Korea by Christopher Lovins(review)", *Seoul Journal of Korean Studies, Vol. 32-2,* Kyujanggak Institute for Korean Studies, Seoul National University.

Lady Hyegyong, translated by JaHyun Kim Haboush, 1996, *The Memoirs of Lady Hyegyŏng,* Berkeley: University of California Press.

Lieberman, Victor B., 2003, *Strange Parallels, Vol. 1-2,* Cambridge University Press.

Lieberman, Victor B., ed., 1999, *Beyond Binary Histories: Re-Imagining Eurasia to C. 1830,* University of Michigan Press.

Lovins, Christopher, 2019*, King Chŏngjo: An Enlightened Despot in Early Modern Korea,* State University of New York Press.

Montesquieu, translated by Thomas Nugent, 1949, *The Spirit of Laws,* Hafner Publishing Co., Inc[1988, 『법의 정신』, 이명성 옮김, 홍신문화사].

Mungello, David E., 1989, *Curious land: Jesuit accommodation and the origins of Sinology,* University of Hawaii Press[2009, 『진기한 나라 중국: 예수회의 적응주의와 중국학의 기원』, 이향만 외 옮김, 나남].

Mungello, David E., 2005, *The great encounter of China and the West, 1500-1800*, Rowman & Littlefield Publishers[2009, 『동양과 서양의 위대한 만남, 1500-1800』, 김성규 옮김, 휴머니스트].

Perry, Matthew Calbraith, 1857, *Narrative of the expedition of an American squadron to the China Seas and Japan*, D. Appleton and company.

Qing, Jiang, ed., 2013, *A Confucian Constitutional Order*, Princeton University Press.

Quesnay, François, 1767, *Despotisme de la Chine*[2011, Édition en format texte par Pierre Palpant, www.chineancienne.fr, septembre; translated by Lewis Adams Maverick, 1946, "Despotism in China", *China: a model for Europe*, Paul Anderson Company; 『支那論』, 勝谷在登 옮김, 1940, 白揚社; 1992, 『中華帝國の專制制度』, 談民擇 옮김, 商務印書店; 2014, 『중국의 계몽군주정』, 나정원 옮김, 엠애드].

Shaw, William, 1981, *Legal Norms in a Confucian State*, Center for Korean Studies, Institute of East Asian Studies, University of California.

Spence, Jonathan D., 1965, *Ts'ao Yin and the K'ang-hsi Emperor: bondservant and master*, Yale University Press.

Spence, Jonathan D., 1975, "Autocracy at Work: A Study of the Yungcheng Period, 1723-1735 by Pei Huang", *The American Historical Review*, Vol. 81-4, The American Historical Association.

Spence, Jonathan D., 1988, *Emperor of China: self portrait of K'ang Hsi*, New York: Vintage Books[2001, 『강희제』, 이준갑 옮김, 이산].

Stanley, Amy, 2012, *Selling Women: Prostitution, Markets, and the Household in Early Modern Japan*, University of California Press.

Stanley, Amy, 2021, *Stranger in the Shogun's City: A Japanese Woman and Her World*, Scribner Book Company.

Wittfogel, Karl August, 1955, *Oriental Despotism: A Comparative Study of Total Power*, Yale University Press[1991, 『東洋의 專制主義: 總體的 權力의 比較研究』, 구종서 옮김, 法文社].

Woloch, Isser, 1982, *Eighteenth-Century Europe: Tradition and Progress, 1715-1789*, W. W. Norton & Company Inc.

4. 기타(연도순)

교과서

신영범 외, 2012, 『역사(하)』, 교학도서.
양호환 외, 2012, 『역사(하)』, 교학사.
정선영 외, 2012, 『역사(하)』, 미래엔.
정재정 외, 2012, 『역사(하)』, 지학사.
조승래 외, 2012, 『역사(하)』, 대교.
조한욱 외, 2012, 『역사(하)』, 비상교육.
주진오 외, 2012, 『역사(하)』, 천재교육.
김덕수 외, 2013, 『역사1』, 천재교과서.
김형종 외, 2013, 『역사1』, 금성출판사.
양호환 외, 2013, 『역사1』, 교학사.
이문기 외, 2013, 『역사1』, 두산동아.
정선영 외, 2013, 『역사1』, 미래엔.
정재정 외, 2013, 『역사1』, 지학사.
조한욱 외, 2013, 『역사1』, 비상교육.
주진오 외, 2013, 『역사1』, 천재교육.
한철호 외, 2013, 『역사1』, 좋은책신사고.
김덕수 외, 2020, 『역사2』, 천재교육.
김태웅 외, 2020, 『역사2』, 미래엔.
김형종 외, 2020, 『역사2』, 금성출판사.
노대환 외, 2020, 『역사2』, 동아출판.
박근칠 외, 2020, 『역사2』, 지학사.
이병인 외, 2020, 『역사2』, 비상교육.
이익주 외, 2020, 『역사2』, 리베르스쿨.

신문

「방송편성표」,『조선일보』, 1981. 1. 1.-1981. 12. 31.
「방송편성표」,『중앙일보』, 1981. 1. 1.-1981. 12. 31.
「방송편성표」,『한국경제신문』, 1981. 1. 1.-1981. 12. 31.
「신복룡교수의 한국사 새로보기: 훈요십조와 지역감정」,『동아일보』, 2001. 6. 22.
「칼럼: 깜짝쇼라도 보고 싶다」,『부산일보』, 2009. 6. 5.
「칼럼: DJ가 YS와 손을 맞잡았더라면」,『부산일보』, 2009. 8. 21.
「전우용의 서울탐사: 충정로, 일본 세력의 서울 침투 제1루트」,『한겨레21』 916, 2012. 6. 21.
「칼럼: 이념갈등 들여다보면 가족사의 한풀이」,『데일리안』, 2013. 3. 18.
「칼럼: 자유시장경제가 더 나은 사회통합 이룬다」,『데일리안』, 2013. 4. 25.
「훈요십조 8조 근거로 현종 측근 위작설 주장」,『중앙SUNDAY』321, 2013. 5. 5.
「오대산본 '효종실록' 1책 돌아와 외」,『조선일보』, 2020. 7. 20.
「물난리에 죽은 소 500마리… "200만원도 못받고 죽인다"」,『중앙일보』, 2020. 9. 10.

소설

김영곤, 1973,『왕비열전 16: 정조』, 고려출판사.
김주영, 1984,『객주』1-9, 창작과비평사.
이병주, 1985,『지리산』1-7, 기린원.
이남교, 1989,『高百神鳥』1-2, 고려원.
이병주, 1989,『산하』1-7, 늘푸른.
조정래, 1989,『태백산맥』1-7, 한길사.
박범신, 1990,『황야』1-3, 정한.
이은성, 1990,『소설 동의보감』1-3, 창작과비평사.
유현종, 1990-1991,『사설 정감록』1-4, 우석출판사.
김주영, 1991,『화척』1-5, 문이당.

황인경, 1992, 『소설 목민심서』 1-5, 삼진기획.
송지영, 1993, 『소설 장보고』 상·중·하, 외길사.
이인화, 1993, 『영원한 제국』, 세계사.
박경리, 1994, 『토지』 1-16, 솔출판사.
박희웅, 1994, 『정조대왕 탕탕평평』 상·중·하, 시간과 공간사.
조정래, 1994-1995, 『아리랑』 1-12, 해냄출판사.
이문열, 1995, 『대륙의 한』 1-5, 둥지.
정립, 2002, 『광개토태제』 1-10, 아이디어북.
드래블, 마거릿, 2005, 『붉은 왕세자빈』, 전경자 옮김, 문학사상사.
함싱크, 마르크, 2009, 『충신』, 이수영 옮김, 문이당.
함싱크, 마르크, 2017, 『배교』, 이수영 옮김, 글문천왕.

다큐멘터리

〈규장각〉, 《역사탐방》, KBS1, 날짜 미상.
〈정조는 어떻게 한강을 건넜는가〉, 《역사추리》, KBS1, 1995. 9. 23.
〈사도세자가 뒤주에서 죽은 까닭은〉, 《역사추리》, KBS1, 1996. 1. 27.
〈정조의 사인 보고서〉, 《역사추리》, KBS1, 1996. 2. 3.
〈정약전의 흑산도 리포트〉, 《역사추리》, KBS1, 1996. 9. 20.
〈정조의 신도시〉, 《역사추리》, KBS1, 1996. 10. 4.
〈정조가 자주 성밖을 나간 까닭은〉, 《역사추리》, KBS1, 1996. 10. 11.
〈조선 최대 정치 이벤트: 화성 회갑잔치〉, 《역사스페셜》, KBS1, 1998. 11. 28.
〈조선판 사건 25시〉, 《역사스페셜》, KBS1, 1999. 7. 31.
〈신랑 66세 신부 15세 영조의 결혼식〉, 《역사스페셜》, KBS1, 1999. 11. 27.
〈조선왕조실록이 산으로 간 까닭은〉, 《역사스페셜》, KBS1, 2000. 2. 12.
〈사라진 보물창고 외규장각〉, 《역사스페셜》, KBS1, 2001. 1. 13.
〈유네스코 지정 세계기록유산, 승정원일기에 들어 있는 역사의 보물〉, 《역사스페셜》, KBS1, 2002. 3. 23.
〈박지원의 열하일기 4천 리를 가다 1부: 고구려성을 넘어 요하를 건너다〉, 《HD역사스페셜》, KBS1, 2006. 7. 28.

〈박지원의 열하일기 4천 리를 가다 2부: 청의 심장부, 열하에서 황제를 만나다〉,《HD역사스페셜》, KBS1, 2006. 8. 4.
〈93년 만의 귀환, 조선왕조실록〉,《HD역사스페셜》, KBS1, 2006. 8. 11.
〈아버지의 눈물〉,《한국사 전》, KBS1, 2007. 7. 21.
〈조선의 르네상스를 그리다, 단원 김홍도〉,《한국사 전》, KBS1, 2007. 10. 13.
〈피눈물의 기록 한중록, 혜경궁 홍씨 1부〉,《한국사 전》, KBS1, 2008. 6. 21.
〈피눈물의 기록 한중록 혜경궁 홍씨 2부〉,《한국사 전》, KBS1, 2008. 6. 28.
〈무예도보통지 1부: 무의 시대〉,《다큐프라임》, EBS, 2008. 7. 22.
〈무예도보통지 2부: 무사들의 귀환〉,《다큐프라임》, EBS, 2008. 7. 23.
〈조선의 프로페셔널 화인 1부: 김홍도〉,《다큐프라임》, EBS, 2008. 7. 28.
〈조선의 프로페셔널 화인 2부: 신윤복〉,《다큐프라임》, EBS, 2008. 7. 29.
〈비밀편지 299통, 정조는 왜 정적과 밀통했나〉,《역사추적》, KBS1, 2009. 3. 28.
〈수도원에 간 겸재 정선, 80년 만의 귀향〉,《역사스페셜》, KBS1, 2009. 10. 3.
〈145년 만의 귀환, 외규장각 도서〉,《역사스페셜》, KBS1, 2011. 3. 17.
〈의궤 8일간의 축전 1부: 사중지공〉,《KBS 대기획》, KBS1, 2013. 10. 10.
〈의궤 8일간의 축전 2부: 불취무귀〉,《KBS 대기획》, KBS1, 2013. 10. 17.
〈의궤 8일간의 축전 3부: 오늘은 기쁜날〉,《KBS 대기획》, KBS1, 2013. 10. 24.
〈개혁군주 정조, 소상인들의 눈물을 닦아주다〉,《역사저널 그날》, KBS1, 2015. 5. 17.

드라마

〈하늘아 하늘아〉(KBS2, 1988).
〈조선왕조 500년: 한중록〉(MBC, 1988-1989).
〈왕도〉(KBS, 1991).
〈야망〉(MBC, 1995).
〈대왕의 길〉(MBC, 1999).
〈TV 목민심서〉(KBS2, 2000).
〈홍국영〉(MBC, 2001).

〈대장금〉(MBC, 2003-2004).

〈정조암살미스터리 8일〉(OCN, 2007).

〈한성별곡-正〉(KBS2, 2007).

〈이산〉(MBC, 2007-2008).

〈바람의 화원〉(SBS, 2008).

〈조선추리활극 정약용〉(OCN, 2009-2010).

〈무사 백동수〉(SBS, 2010).

〈성균관스캔들〉(KBS2, 2010).

〈옷소매 붉은 끝동〉(MBC, 2021).

영화

〈영원한 제국〉(박종원 감독, 1995).

〈귀천도〉(이경영 감독, 1996).

〈왕의 남자〉(이준익 감독, 2005).

〈미인도〉(전윤수 감독, 2008).

〈조선명탐정: 각시투구꽃의 비밀〉(김석윤 감독, 2011).

〈바람과 함께 사라지다〉(김주호 감독, 2012).

〈역린〉(이재규 감독, 2014).

〈조선명탐정: 사라진 놉의 딸〉(김석윤 감독, 2014).

〈사도〉(이준익 감독, 2015).

〈조선명탐정: 흡혈괴마의 비밀〉(김석윤 감독, 2017).

오페라

〈정조대왕의 꿈〉(2005 초연).

〈동백꽃 아가씨〉(2017 초연).

뮤지컬

〈정조대왕〉(2006 초연).
〈정조: 만천명월주인옹〉(2016 초연).
〈시간여행 그날 정조〉(2020 초연).
〈즐풍목우〉(2021 초연).

연극

〈혜경궁 홍씨〉(2015 초연).
〈정조와 햄릿〉(2018 초연).

수록 원고 출전

구분	장	출전	비고
연구 서설	1장	김백철, 2011, 「1990년대 한국 사회의 '정조신드롬' 대두와 배경: 나약한 임금에서 절대계몽군주로의 탄생」, 『국학연구』 18, 한국국학진흥원.	전면 개고
		Kim, Paek-chol, 2019, "King Chŏngjo, An Enlightened Despot in Early Modern Korea by Christopher Lovins(review)", Seoul Journal of Korean Studies, Vol. 32-2, SNU Kyujanggak Institute for Korean Studies.	전면 개고
	2장	김백철, 2015, 「17-18세기 대동·균역의 위상: 조선시대 재정개혁 모델의 모색」, 『국학연구』 28, 한국국학진흥원; 김백철, 2021, 『왕정의 조건: 담론으로 읽는 조선시대사』, 이학사 일부 수록.	전면 개고
제1부	3장	김백철, 2016, 「정조 초반 『명의록』과 왕권의 위상: 만들어진 이미지와 실상의 경계」, 『대동문화연구』 95, 성균관대학교 대동문화연구원.	전면 개고
	4장	김백철, 2019, 「정조 6년(1782) 윤음의 반포와 그 성격: 송덕상 사건을 중심으로」, 『한국학논집』 75, 계명대학교 한국학연구원.	전면 개고
제2부	5장	김백철, 2008, 「조선후기 정조대 법제 정비와 『대전통편』 체제의 구현」, 『대동문화연구』 64, 성균관대학교 대동문화연구원; 김백철, 2016, 『탕평시대의 법치주의 유산』, 경인문화사 일부 수록.	전면 개고
	6장	김백철, 2010, 「조선후기 정조대 『대전통편』 「병전」 편찬의 성격」, 『군사』 76, 국방부 군사편찬연구소; 김백철, 2016, 『탕평시대의 법치주의 유산』, 경인문화사 일부 수록.	전면 개고
제3부	7장	김백철, 2021, 「18세기 영남 '반역향' 담론의 실상과 허상」, 『영남학』 76, 경북대학교 영남문화연구원; 김백철, 2021, 『왕정의 조건: 담론으로 읽는 조선시대사』, 이학사 일부 수록.	전면 개고
	8장	김백철, 2021, 「『경세유표』의 등장과 개혁안의 성격: 19세기 전통과 근대의 만남」, 『규장각』 58, 서울대학교 규장각한국학연구원.	전면 개고